1 MONTH OF
FREE
READING

at

www.ForgottenBooks.com

By purchasing this book you are
eligible for one month membership to
ForgottenBooks.com, giving you
unlimited access to our entire
collection of over 1,000,000 titles via
our web site and mobile apps.

To claim your free month visit:
www.forgottenbooks.com/free1310851

ISBN 978-0-428-80968-3
PIBN 11310851

América Castro

COMPENDIO

DE LA

DE

AMÉRICA

POR

Doctor en Derecho y Ciencias Sociales de la Universidad de Buenos Aires,
y en Ciencias Históricas de la Universidad Central de Madrid.

PRÓLOGO DE

Catedrático de Historia Americana en la Universidad Central de Madrid.

TOMO II

ANGEL ESTRADA Y COMP.ª

EDITORES

BOLÍVAR, 470, BUENOS AIRES

1913

Homenaje

á la

República Argentina

en el Centenario de su Independencia

1810=1910

Escudo de armas de la Ciudad de Buenos Aires (1744) que se conserva en el Museo
Histórico Nacional de dicha Ciudad.

ÍNDICE DEL TOMO II

TÍTULO III

LOS ENEMIGOS DE FELIPE II

ÉPOCA TERCERA

LAS COLONIAS (SIGLOS XVII-XVIII)

TÍTULO PRIMERO

LAS COLONIAS ESPAÑOLAS

TÍTULO II

LAS COLONIAS PORTUGUESAS

TÍTULO III

LAS COLONIAS INGLESAS Y FRANCESAS

É P O C A   C U A R T A

LA INDEPENDENCIA (SIGLO XX)

TÍTULO PRIMERO

LA INDEPENDENCIA DE LOS ESTADOS UNIDOS

TÍTULO II

EL PRÓLOGO DE LA REVOLUCIÓN SUD-AMERICANA

TÍTULO III

LOS MOVIMIENTOS INICIALES (1810-1816)

TÍTULO IV

LA ETAPA HERÓICA (1815-1826)

TÍTULO V

EL BRASIL, EL URUGUAY Y EL PARAGUAY (1810-1828)

TÍTULO VI

MÉJICO Y AMÉRICA CENTRAL Y PANAMÁ (1816-1910)

TÍTULO VII

LAS GRANDES ANTILLAS (1789-1902)

ÉPOCA SEGUNI

SIGLO XVI

TITULO PRIMERO

Conquistas y exploraciones en América del Norte y América Central.

CAPÍTULO I

EL VALLE DE MÉJICO (1519-1521).

1. Las Crónicas. – 2. Velázquez y Cortés. – 3. Aguilar y Doña Marina. – 4. Vera Cruz. 5. Cempoalla.—6. La destrucción de los buques.—7. Quetzatlcoatl. – 8. Tlaxcala. 9. Cholula. – 10. Cortés y Montezuma.—11. La expedición de Narváez. – 12. La Noche Triste. – 13. El sitio de Méjico.

1.—La conquista del Anahuac y la desmembración y ani- Las Crónicas.
quilamiento de la *Confederación Azteca,* es uno de los episodios más románticos que registra la Historia.

Poseemos, afortunadamente, verídicas relaciones de tan interesante epopeya. Las cartas de *Hernán Cortés,* las fascinadoras
páginas del soldado-cronista *Bernal Díaz del Castillo,* los Có-
dices y pictografías indígenas *(Lienzo de Tlaxcala,* etc.), las
narraciones de *Ixtlilxochitl, Tezozomoc,* etc. y los admirables
trabajos de *Prescott, Bandelier, Icalbazceta, Orozco y Berra,
Genaro García, Alaman* y otros investigadores meritísimos,
nos permiten conocer al detalle los incidentes del luctuoso
choque de los soldados españoles con los guerreros Nahuatl,
y el trágico fenecimiento de estos últimos. La índole de este
Compendio no nos permite relatar extensamente tales sucesos.
Hemos de limitarnos á sintetizar los más característicos, subs-
trayéndonos todo lo posible, y en aras de la brevedad, á la poderosa sugestión de su épico encanto (1).

---

(1) Vse. las Referencias del presente Capítulo, y las del Cap. VII. Vol. I. La
única edición de la Crónica de *Bernal Díaz del Castillo,* hecha según el *Códice autógrafo,* es la publicada por el eminente historiador Mejicano *Genaro García.* (Hist.
verdadera de la Conquista de la Nueva España. Vol. I-II. Méjico, 1904-1905), á cuyo

2. – El rescate habido por *Juan de Grijalba*, en su desgraciada expedición á San Juan de Ulua, las relaciones de *Alvarado*, y las noticias de los indios sobre la riqueza de sus pueblos, determinaron al Gobernador de Cuba, *Velázquez de Cuellar*, á enviar una nueva expedición que los conquistara. (1518.)

Eligió para mandarla, no sin grandes vacilaciones, al hidalgo extremeño *Hernán Cortés*, su antiguo secretario y compañero de armas. Tenía á la sazón *Cortés* treinta y cuatro años. Había nacido en Medellín, cursado latinidad en Salamanca y emigrado á Indias en demanda de oro y gloria. Era arrestado, impetuoso, caballeresco, amador de honras, amigo de aventuras y recio combatiente. Heredero directo de los que rindieron á Granada, y émulo de los que en Italia luchaban en los ejércitos del Gran Capitán *Gonzalo Hernández de Córdoba*, era, como ellos, español á toda vena, leal á su Rey y sinceramente cristiano. Apacible en su persona y bienquisto en la Colonia, había sido honrado dos veces con la alcaldía de la villa de Santiago de Baracoa, en la que estaba avecindado. Por sus brillantes dotes militares, por el éxito que le acompañó en sus empresas y por su don de gentes y habilidad política, es, sin duda, el más grande de los Conquistadores Españoles del Nuevo Mundo y ocupa lugar preferentísimo entre los *héroes representativos* de la Europa de su época (1).

Cortés recibió con gran entusiasmo la comisión de *Veláz-*

---

texto me atengo en este libro. Ha sido traducida al Inglés por *A. Percival Maudslay*, y publicada recientemente (hasta el Cap. CXXXVI), con abundancia de preciosos mapas y bien coleccionadas bibliografías, índices, etc., en los Vols. XXIII-XXIV y XXV. Serie II de la *Hakluyt Society* de Londres. (3 Vols. 1908-1910). Designo en mis citas la Edición Mejicana con la abreviatura (E. M.), y la traducción inglesa con las letras (T I.).

(1) Sobre la persona, aspectos, carácter, etc., de *Cortés*, véase entre otros á *Helps*. Spanish-Conquest. Lib. X. Cap. I. *Las Casas*. Hist. Ind. Lib. III, Cap. CXV y sig. *Alamán*. Disertaciones, etc. N.os 5 y 6. *Prescott*. Conq. of. México. *Mac. Nutt. Fernando Cortés*. Cap. I y XVIII y sus notas. *Gomara*. Conq. de México. (Hist. Prim. Ind. I, pág. 296 y 594). *Vargas Machuca*. Milicia Indiana. I, pág. 60 á 104. *Bernal Díaz del Castillo*. Hist. Verd. (E. M.), cap. XLII, etc., etc. Son de utilísima lectura para el carácter militar de la época las Crónicas del Gran Capitán. (Edición *Rodríguez Villa*, 1908).

Fig. 1.-- Retrato al óleo de Hernán Cortés (Palacio Municipal de Méjico).

quez. Empleó su actividad y su crédito para preparar el viaje, y no sin vencer hábilmente las suspicacias del Gobernador y las intrigas de sus confidentes, zarpó con rumbo á *Trinidad,* para reforzar sus municiones de guerra y boca, y reunir mayores fuerzas, y desde allí á la *Habana* con idénticos objetos· Apenas había llegado, temeroso *Velázquez* de que se alzara contra él y le negara obediencia, decidió destituirle del mando.

No consiguió su propósito. Activó el hidalgo sus preparativos, y no sin escribir á *Velázquez* «con palabras tan buenas y de ofrecimientos que los sabía muy bien decir», desacató francamente su autoridad, haciéndose á la vela el 10 de Febrero de 1519 con el mismo derrotero de *Juan de Grijalba.*

Aguilar y Doña Marina. 3. — Al llegar á la isla de Cozumel, tuvo *Cortés* la suerte de rescatar de su cautiverio á *Jerónimo de Aguilar,* naúfrago de la desdichada expedición de *Nicuesa* (1511), que por su larga permanencia entre los indios conocía perfectamente su lengua *(Maya-Quiche).*

Poco más tarde, y como resultado de un ataque de los indios del *Río Tabasco,* rechazado victoriosamente por los expedicionarios, recibió *Cortés,* como tributo, veinte jóvenes indias, entre las cuales venia la célebre *Marina,* esclava Azteca, de los Tabasqueños, que por su inteligencia, su fidelidad y su dominio de la lengua *Nahuatl,* que no había olvidado, y *Maya,* que había aprendido en Tabasco, prestó á *Hernán Cortés* inapreciables servicios. Con su auxilio y con el de *Aguilar,* y no obstante lo engorroso de la conversación por dos intérpretes, pudieron los conquistadores entenderse con los indios, conocer sus propósitos y salvarse de gravísimos peligros. Como más adelante veremos, sin el auxilio de *Aguilar* y *Doña Marina,* acaso *Cortés* y sus compañeros hubieran perecido mucho antes de llegar á Méjico (1).

Vera Cruz. 4. — Subyugados los Tabasqueños, no sin rudos combates, continuó *Cortés* su viaje hasta *San Juan de Ulua.* Encontró al llegar dos correos ó emisarios *(calpixqui),* Aztecas, á quienes manifestó su deseo de penetrar en Méjico. Limitáronse los enviados á manifestar á *Cortés* que comunicarían sus deseos á *Montezuma* de cuya parte le entregaron ricos presentes, á ha-

(1) *Bernal Díaz.* Cap. XVII á XXXVII, pág. 52-104 (E. M.). — Comp. *Gomara,* op. cit. p. 302-10. *Las Casas,* op. cit. Cap. 116 á 123. *Cortés.* Cartas de Relación. Carta I (Vera Cruz. Julio 10-1519), pág. 1 y sig. (Hist. Prim. Ind. Vol I) — Vse. también *Mac. Nutt,* op. cit. pág. 17 y sig. y sus notas. *Helps,* op. cit II, 179 y sig. *Prescott,* op. cit. p. 119 y sig. *Herrera,* op cit. Dec. II. Lib. III, Cap. XII-XIII. Relación *Andrés de Tapia* en Icalbazceta. Coll. de Documentos. Vol. 2, pág. 551 y sig. etc.

cer reproducir con sus pintores los rostros, armas, caballos
etc., de los Europeos y á dar fastuosos informes sobre la riqueza y poderío de los temibles *Señores del Lago*.

Excitó, naturalmente, tal suceso la codicia de los soldados
Españoles, aprove-
chándolo *Cortés* para
asegurarse su fideli-
dad y unirles irrevo-
cablemente á sus des-
tinos. De acuerdo con
sus adictos, y á pesar
de las intrigas de los
partidarios de *Veláz-
quez,* que querían vol-
ver á Cuba, decidió
fundar una colonia
que llamó *Villa Rica
de la Vera Cruz,* nom-
brando, con el parecer
de los principales de su
ejército, sus autorida-
des y Consejo. Renun-
ció ante él la comisión
que tenía de *Velázquez*
é hízose luego nom-
brar *Capitán General*
y *Justicia Mayor* de la
nueva colonia «hasta
que S. M. otra cosa
mandase». Afirmada

Fig. 2. – Facsímil de la portada de la Década III de
Herrera con retratos de Cortés, Olid, etc.
(Ed. Madrid 1601.)

así su autoridad y fortificado el afecto de sus soldados, no vaciló en internarse en el país y llevar adelante su empresa [1].

---

(1) *Bernal Díaz,* op. cit. (E. M.), cap. XL y sig. *Gomara,* op cit. pág. 314 y sig.
Cortés. Cartas de Relación. (I-Julio 10-1519). Ed. cit. pág 8 y sig. *Herrera,* op. cit.
Dec. II, Lib. V. Cap. 6 y sig. *Torquemada.* Mon. Ind. Lib. VI, Cap. XVIII. *Robert-
son,* op. cit. III, pág. 25 y sig. *Mac. Nutt,* op. cit. pág. 87 y sig. etc., etc.

5. — Llegaron en tanto al campamento español dos emisarios indígenas con proposiciones de amistad del jefe tribal y Consejo de *Cempoalla*, tributarios de los Aztecas á quienes temían y odiaban. Advirtió *Cortés* por sus palabras el estado de desunión y descontento de lo que creia poderoso reino, y empezó á tramar el habilísimo plan de desmembramiento que había

Tenochtitlan.

Fig. 3. — Página del llamado *Lienzo de Tlaxcala* existente en el Museo de México.

de darle el triunfo. Recibió afablemente á los enviados de *Cempoalla* y prometió visitarlos y remediar, como buen paladín caballeresco, sus agravios. Hízolo, en efecto, en su camino á *Quiahuitzlan,* lugar elegido por *Alvarado* para trazar la villa fortificada, que fué la segunda *Vera Cruz* ó *Villa Rica;* y oyó con atención las amargas quejas contra los Aztecas de los Cempoallenses, ofreciéndoles su protección y ayuda. Auxiliáronle, en cambio, los de Cempoalla en la construcción de la villa. Levantáronse en poco tiempo chozas, iglesia, fortaleza, atarazanas y murallas, persuadiéndose más y más los de Cempoalla que los extranjeros eran seres superiores, cuya poderosa *medicina* y guerrero empuje podía destruir el odiado dominio del implacable *Tenochtitlan*.

Presentáronse en esto los *"calpixqui"* de *Montezuma* á percibir el acostumbrado tributo. Fueron desobedecidos, y si no lo impide *Cortés*, hubieran sido sacrificados. Ya en rebelión abierta contra sus tiranos indígenas, no les quedó á los Cempoallenses otro recurso que someterse á los Europeos. Cambiaron de amo, concluyeron con *Cortés* un tratado de alianza, declaráronse tributarios del Rey de España y ofrecieron luchar con él contra sus antiguos señores. Cerca de treinta pueblos *Totonecas* de la sierra siguieron el ejemplo de *Cempoalla*. La deleznable y sanguinaria fábrica política de los Confederados del Anahuac empezó á desmoronarse.

Fig. 4 – Armas en la 1.ª edición latina de las cartas de Cortés. – (Nurenberg, Agosto 1524).

6. – Animado *Cortés* con semejantes venturas, siguió preparando su decisiva campaña. Para prevenir el mal efecto que en la Corte Española habían de causar las quejas de *Velázquez*, envió á España á sus adictos *Porto-Carrero* y *Montejo*, con ricos presentes para el *Emperador Carlos V*, y una atenta carta-relación de sus descubrimientos. (Carta Julio 10 de 1519). Los partidarios del Gobernador de Cuba seguían, sin embargo, intrigando en el campamento. Juzgaban temerarios los proyec-

Destrucción de los buques.

tos de avance de *Cortés;* temían penetrar en el que suponían poderoso imperio y formaron el designio de apoderarse de uno de los bergantines y volverse á Cuba, para que *Velázquez* pudiera interceptar el tesoro y los pliegos que *Cortés* enviaba á España. Descubrió el caudillo esta conspiración y la reprimió con entereza; pero persuadido de que el peligro de insubordinación subsistía si no se privaba en absoluto á los vaci-

Fig. 5. – Portada de la edición de la carta segunda de Cortés. (Zaragoza, 1524).

lantes y á los descontentos de los medios de volver á Cuba, tomó, con el consentimiento entusiasta de sus capitanes, una resolución heróica. Á semejanza del general Siciliano *Agatocles,* que *quemó* sus naves antes de invadir á Cartago (310 ant. de J.C.), destruyó *"(dió de través)"* Hernán Cortés las suyas, quitando así á aquél puñado de aventureros toda ocasión ó medio de evitar el peligro por la huída, y decidiéndoles á vencer ó sucumbir guerreando (1).

Quetzatcoatl.

7. – El año 1519, era *mago rey ó jefe supremo (tlacatehcuhli)* de los Confederados Aztecas, el llamado Emperador *Montezuma Xocoyotzin* (el joven) elegido en 1502 por el Consejo y consagrado en las aras de *Huichilobos,* temible númen de la guerra. Era *Montezuma,* según los cronistas indígenas, en extremo sanguinario y soberbio. Había sido derrotado por sus

(1) Vse. *Fiske.* Discovery II, pág. 247 y sig. *Prescott,* op cit pag. 167 y sig. *Mac. Nutt,* op. tit. pág. 104 y sig. *Oviedo.* Hist. de las Indias. Lib. XXXIII. Cap. II, *Orozco y Berra.* Conquista, etc. Vol. IV, cap. 8 *Alamau.* Disertaciones. II. *Ixtilxochitl.* Hist. Chichimeca, cap. LXXXII. *Bernal Díaz,* op. cit. (E. M.). Cap. LVII y sig., pág. 163, etc. *Gomara,* op. cit., pág. 324, etc , etc.

vecinos de Tlaxcala y era odiado por sus tiranizados tributarios.

Preconizaban los antiguos mitos *Nahuatl*, que el héroe-dios, *Quetzatcoatl* (serpiente alada) antes de emigrar con misterioso rumbo, *había prometido volver*, como vengador, á los valles Mejicanos, para derrotar al tenebroso *Tetzcalipoca*, aniquilar su dominio y extirpar del Anahuac los ritos sangrientos. El supersticioso espíritu de *Montezuma* y sus jerarcas, relacionó con estos mitos la llegada de los españoles á Méjico, los consideró como seres sobrenaturales *(tehules)*, y de acuerdo con sus obsesionados hechiceros, decidió propiciarles con presentes. Aquellos hombres *barbados* y *blancos*, que venían en *casas aladas y flotantes*, montaban animales extraños y vestían corazas lucientes, no podían ser otros que los mensajeros de *Quetzatcoatl* para anunciar la caída de Méjico.

Fig. 6. – Montezuma – Rex Ultimus Mexicanus.
(Montanus & Ogilby).

Esta firme creencia en la fatal destrucción del poderío Azteca, era común á sacerdotes y guerreros. Poco antes de la llegada de los españoles, una serie de sucesos extraños, interpretados como funestos presagios, parecían confirmar tan fatídicos presentimientos. El lago Texcoco había crecido repentinamente (1510); una de las torres del gran *teocalli* se había in-

cendiado con violencia; un indio arrebatado por un águila
fantástica, y la célebre *Papantzin,* hermana de *Montezuma,* á
quien se supuso resucitada, trajeron al jefe supremo mensajes
de destrucción y de muerte.

El *tlacopan* ó Consejo tampoco sabía á qué atenerse. Una
estrella errante, la aparición de un cometa, las llamaradas mismas del Popocatepetl, todos los fenómenos naturales, se consideraban como siniestros vaticinios. La mayoría de los jefes
creía inútil resistir tan poderosos *tehules. Cuitlahuac,* cacique
de Itztapalalpa, urgió con profética clarividencia la inmediata
destrucción de los huéspedes, pero no fué oido. Prevaleció la
opinión de los supersticiosos, y *paralizó la oposición* de las tribus Nahuatl á la entrada de los españoles, *favoreciendo decisivamente* al caudillo *Cortés* en todas las etapas de su empresa
temeraria. Dejemos por un momento al *tlacatehculi* y sus estupefactos consejeros para acompañar á *Cortés* y los suyos en
su luctuosa y extraordinaria marcha hacia Méjico (1).

La campaña de Tlaxcala. 8.—Emprendióla *Cortés* con sus aliados, dejando en el gobierno de Vera Cruz á *Juan de Escalante.* Llevaba *Cortés* 450
infantes, bien armados y defendidos, media docena de cañones
de poco calibre y hasta 15 caballos, que imponían con sus ginetes más supersticioso terror á los indígenas que los cañones
mismos.

No hemos de detenernos á describir las penalidades é incidentes de los conquistadores en esta dura jornada. Basta recorrer con la imaginación en el estupendo Ferrocarril Mejicano
el camino actual de Vera Cruz á Méjico, sus recios y sublimes
panoramas, las ingentes gargantas de la Sierra Madre, las fuen-

(1) *Bancroft.* México. I, pág. 101-103. *Fiske.* Discovery. II, pág. 229 y sig. y sus
notas. *Muc. Nutt,* op. cit. pág. 42 y sig. *Tezozomoc.* Cron. Mexicana. Cap. LXXX y
sig. *Fray Diego Durán.* Hist. de las indias, etc. I, cap. LXVII, etc. *Bernal Díaz,* op.
cit. Cap. XXXVIII, pág. 109 y sig (Vol. I. E. M.). *Sahagún,* op cit. Libro VI. Cap.
29. Sobre la curiosa tradición del indio arrebatado por el águila, perpetuada en los
bajo-relieves de la actual Iglesia de San Hipólito (Méjico), Vse. *Obregón.* México
Viejo, pág. 1 y sig. Comp. en general *Clavigero.* Storia del México. Vol. I, pág. 230
y sig. *Frazer.* Golden Bough. Parte I. Vol. I, pág. 47-51-356 y sig. y mis capítulos V
y VII. Tít. II, Vol. I, con sus notas y referencias.

tes del Atoyac, los llanos de Otumba y la meseta mejicana, para darse cuenta de los obstáculos naturales que venció *Cortés* en su peligrosa ruta. Salieron los españoles de Cempoalla el día 16 de Agosto de 1519, y pasando por *Xicochimalco, Teoxihuacan* y *Texotla,* ascendieron la meseta del Anahuac, llegando, después de fatigosos días, á los campos tribales de la llamada por los cronistas *República de Tlaxcala.*

Fig. 7.—Página del *Lienzo de Tlaxcala*. (Museo Mejicano).

Ya dijimos que este poderoso pueblo había rechazado varias veces y victoriosamente á sus mortales enemigos los Aztecas. Cuando vieron acercarse á los españoles, el Consejo Tribal, desoyendo la opinión del supersticioso jefe *Maxicatzin,* que reputaba inútil resistir á los *tehules,* y alentado por el ardoroso cacique *Xicotencatl,* decidió oponerse á sus avances.

Iniciaron por tanto la ofensiva, cargando furiosamente contra los españoles que diezmaron las huestes *Tlaxcaltecas* con su fuego mortífero. Recurrieron los indígenas á su antigua táctica de emboscadas, sorpresas y retiradas aparentes. Mantúvose *Cortés* heróicamente en sus posiciones defensivas, y después de dos días de pelear sin descanso, consiguió debilitar el poder agresivo de las *fratrias* de *Xicotencatl*, y tomando *la ofensiva* consiguió desbaratar á los aterrorizados indígenas en varios ataques decisivos, en los que pereció la flor de los guerreros de Tlaxcala, y reducir á los demás á favorables términos.

En vano *Xicotencatl*, instigado por sus hechiceros, creyó posible vencer á los españoles en un ataque nocturno. La vigilancia del caudillo extremeño desbarató sus designios. Los espías enviados al campo español volvieron mutilados á Tlaxcala. El desesperado ataque nocturno fué rechazado vigorosamente. Los guerreros tlaxcaltecas, destrozados, heridos, aterrorizados y sin alientos, desistieron de luchar por más tiempo con los que creían mensajeros solares y decidieron contraer con ellos alianza defensiva y ofensiva, y aprovechar su incontrastable empuje para humillar y destrozar á sus encarnizados y antiguos enemigos de la *Confederación Azteca*.

Con tan poderosos auxiliares, que por sí solos habían tenido en jaque á los guerreros de *Montezuma*, los reducidos tercios españoles se convirtieron en ejército para *Tenochtitlan* formidable.

Facil es imaginar el terror y la desesperación de los Confederados Aztecas al tener noticia de lo sucedido. Indudablemente, pensaron, debían ser poderosísimos *tehules* los que tan fácilmente habían conseguido subyugar la *República de Tlaxcala*.

Cholula. 9. — Siguieron adelante los castellanos con sus nuevos amigos. El éxito felicísimo de la campaña de Tlaxcala, redobló su ciega confianza en las brillantes dotes de su caudillo, y avivó sus deseos y esperanzas de apoderarse de las ansiadas riquezas de la capital Mejicana.

A los pocos días de marcha, entraron en *Cholula*, pueblo sagrado en el Anahuac, centro del culto de *Quetzatcoatl* y aliado de los Aztecas. Fueron recibidos los expedicionarios con aparente cordialidad y veneración; pero á los pocos días, excitados por los hechiceros y los emisarios de *Montezuma,* prepararon los *Cholultecas* la destrucción de los invasores. La astucia y habilidad de *Doña Marina,* cuya ayuda en esta ocasión fué decisiva, y la feliz estrella de *Cortés,* le hicieron sabedor de los traicioneros designios de los jefes y sacerdotes de *Cholula.* Citólos á una conferencia amistosa, con el pretexto de comunicarles su próxima marcha á Méjico. Acudieron todos confiados y deleitándose en su próxima venganza.

Fig. 8.—La ruta de Cortés. — Valle del Estado de Veracruz.

El golpe de mano que había de aniquilar á *Cortés* y los suyos se había preparado, según creían, con absoluto secreto. Cuál no sería su sorpresa al oir á éste reprocharles violentamente su traición, declararles planes, que creían ocultos, é informarles que desde aquel momento eran sus prisioneros de guerra. Mientras increpaba *Cortés* en cercado recinto á los estupefactos caciques, oyóse el estampido de los cañones, y los terribles ginetes Castellanos cargaron implacables contra los indígenas, que huyeron á la desbandada entre aullidos de dolor y de espanto. Fué terrible la carnicería. Cientos de indígenas, acaso miles, cayeron destrozados. Los prisioneros fueron quemados vivos, arrasadas las casas comunales, derribados los ídolos é incendiados los templos, teniendo, sin embargo, buen cuidado el astuto caudillo español, de protejer, y en apariencia disculpar, á los emisarios de *Montezuma*, enviándoles á informar á su Señor de aquella triste matanza y sanguinario escarmiento (1).

Cortés y Montezuma. 10.—El día 1.º de Noviembre de 1519, reanudaron los españoles su marcha hacia Méjico, por *Itzcalpan*, *Tlamanalco* é *Itztapalotengo*. Al llegar á este punto presentóse el Señor de *Tetzcoco* á darles la bienvenida en nombre de *Montezuma*, y entraron con él á la calzada de *Itztapalapan* que cruzaba rectamente la laguna hasta llegar á Méjico, y desde la cual se veían á ambos lados multitud de pueblos, unos entre el agua, otros en tierra firme y todos hermoseados por imponentes edificios. Este panorama, tan pintoresco como nuevo, causó hondísima impresión en *Cortés* y sus compañeros. Todas las ensoñadas maravillas del ambicionado Cathay, surgieron ante los imaginativos conquistadores con vividez extraordinaria. "Nos que-"damos admirados, escribe *Bernal Díaz* y decíamos que pare-"cía á las cosas de encantamento que cuentan en el libro de "Amadís, por las grandes torres y *cues* y edificios que tenían "dentro en el agua, y todas de calicanto, y aun algunos de "nuestros soldados dezian que si aquello que vian si hera "entre sueños...„

No podemos detenernos á describir las maravillas de *Te-*

(1) Vse. *Bernal Díaz*, op. cit. Cap. LXII-LXXXIV, pág. 177 y sig. Vol. I. (E. M.). *Gomara*. op. cit. pág. 326 y sig. (Vol. I. Hist. Prim. Indias). *Ixtlilxochitl.* Hist. Chichimeca. Cap. LXXX-LXXXIX. *Tezozomoc*. op. cit., cap. CX y sig. *Muñoz Camargo*. Hist. de Tlaxcala. pág. 27 y sigts. *Sahagún*, op. cit. Lib. XII. Cap. XI y Lib. I, cap. III (Cholula). Cartas de *Hernán Cortés* (Ed. Rivadeneira). Carta II, pág. 15 v sig. Relación *Andrés de Tapia* en *Icalbazceta*, pág. 569 y sig. *Clavigero*. Storia Antica, II. 69, etc. *Torquemada*, op. cit. Lib. IV, cap. XXX y sig. Compárese *Fiske*. Discovery. Vol. II, pág. 251 y sig. y sus notas. *Bandelier* 10 th. Rep. Peabody Museum, pág. 153 y sig. *Id*. Archeol: Tour, pág. 79 á 262 (Cholula). *Herrera*. Dec. II. Lib. VI, cap. II y sig. y sus notas. *Orozco y Berra*, op. cit. Vol. IV, cap. IX y sig. *Prescott*, op. cit. Lib. III, cap. IV á VIII pág. 216, etc. *Mac. Nutt*, op. cit., cap. V-VI, pág. 127 y sig. y sus notas y referencias. *Robertson*, op. cit. Libro V. Vol. II, pág. 45 y sig. *Bancroft*. Nat. Races. Vol. IV, pág. 470 y sig. y las referencias. (Notas 11 y 12, p. 471), etc., etc. Vse. también mi Vol. I, Tit. II, Cap. II y VII, etc., etc.

nochtitlan, sus calzadas y acueductos, sus puentes estratégicos, sus grandes recintos comunales, sus palacios y sus templos. Todo era extraño para los conquistadores, todo grandioso, todo estupendo. Puede, sin duda, calificarse como uno de los momentos más románticos de la Historia Americana, aquel en que *Cortés* y los suyos vieron por vez primera aquel enorme pueblo, genuína representación de una etapa de la evolución cultural de la humanidad, separada de la suya por seculares periodos étnicos. No la entendieron ni podían entenderla. Tuviéronla por creación hadada y fabulosa; por algo no descrito ni aun soñado por los andantes Palmerines de sus leyendas caballerescas (1).

Cuando llegaron los españoles al punto de unión de las calzadas de *Itztapalapa* y *Coyohuacan* (8 de Noviembre de 1519), encontraron á varios caciques que venían precediendo á *Montezuma,* quien les recibió casi á las puertas de Méjico con veneración supersticiosa. El *«jefe de hombres»,* anonadado por sus religiosos terrores y paralizado por su indecisión, sentíase como vencido antes de combatir, é introdujo en la temida *Tenochtitlan* á los que habían de aniquilarla.

Alojáronse los españoles en un enorme edificio, antiguo *tecpan* ó lugar del Consejo. Pasados los primeros días de mutuos agasajos, comprendió *Cortés* lo peligroso de su situación, pues desvanecido con la proximidad el reverencial respeto de los indígenas por los invasores, la destrucción de estos últimos era inminente. El peligro era mucho más grave que el corrido en Cholula, pues si el Consejo Tribal hubiera sitiado simplemente

(1) Vse. *Icalbazceta,* op. Varios. I, pág. 317-333-363-385 *Fiske.* Discovery. II, pág. 263 y sig. y sus referencias. *Cortés.* Carta II (ed. cit.), pág 31 y sig. *Gomara,* op. cit., cap. LXX y (ed. cit.), pág. 339 y sig. *Bandelier* 10 th.-Rep., pág. 148 y sig 11, pág. 408 y sig y 12, pág. 581 y sig. y sus preciosas notas. *Torquemada,* op. cit. II, pág. 481 y sig. *Herrera.* Dec. II. Lib. VII. Cap. XI y sig. *Oviedo.* Lib. XXXIII. Cap. II, etc. *Bancroft.* Nat. Races. II, 160-414. III, 307. IV, 504, etc. y sus notas. *Bernal Díaz,* op. cit. Cap. LXXXVIII-XCI, pág. 270 y sig. (E. M.). *Prescott,* op. cit. Lib. IV. Cap. I-II, pág. 280 y sig. *Bernal Díaz.* (Trad. *Maudslay).* Vol. II. Ap. A, y mapas Méjico. Rel. *Andrés de Tapia* en *Icalbazceta.* Col. Dec. II, pág. 555 y sig. *Orozco y Berra,* Hist. Vol. IV. Cap. III y sig. *Id.* Memoria para la carta Hidrográfica del Valle de Méjico (Méjico, 1864). *Torquemada.* Mon. Ind. II, pág. 483, etc., etc.

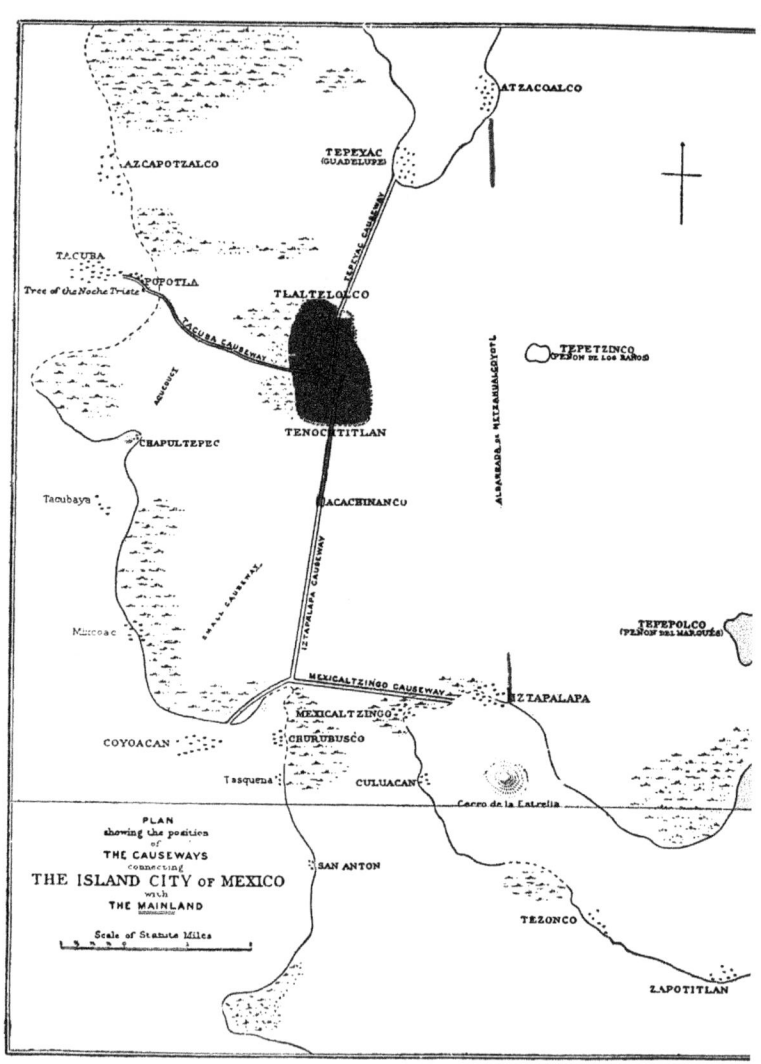

Fig. 9. – Las calzadas de Tenochtitlan (Maudslay).

por hambre á los invasores, no tenían éstos salvación posible. *Cortés* no se arredró, decidiendo, con temeridad de leyenda, capturar á *Montezuma*, y mantenerlo prisionero [como salvaguardia. Pronto tuvo *Cortés* pretexto para ejecutar su atrevidísimo designio. La guarnición española dejada en Vera Cruz, fué atacada por el jefe azteca *Quauhpopoca*. *Cortés*, acompañado de sus capitanes, quejóse del insulto al *"jefe de hombres"*, exigiendo, no sólo el castigo de los culpables, sino que *Montezuma* mismo se trasladara, como prueba de su buena fe, al *tecpan* donde los españoles estaban alojados. Cedió de grado ó por fuerza el infeliz *Montezuma*, dándose como prisionero voluntario á *Cortés* con gran sorpresa de sus súbditos. Por esta audacísima extratagema convirtióse prácticamente *Cortés* en jefe supremo de la Confederación Azteca, pues aunque aparentó respetar la autoridad del *tlacahtehculi*, viviendo éste y sus Consejeros bajo el propio techo del caudillo español, mal podían resistirse á sus imposiciones y mandatos.

Así se explica que el infeliz *Montezuma* permitiera y aun ordenara, que *Quauhpopoca* y otros jefes, fuesen quemados por haber atacado á *Escalante;* se explica que pusiera á disposición de *Cortés* á los jefes de *Tetzcoco, Tlacopan*, etc., que pretendieron resistir, y se explica, por fin, que el terrible Señor del Anahuac, el autócrata de los valles Aztecas, el supremo sacerdote de Huitzlipochtli, *jurara obediencia al Emperador Carlos V*, sollozando y rendido como mujer infortunada (1).

11.—Fácilmente pudo reunir *Cortés* un tesoro considerable que repartió con sus soldados, pero con tantas deducciones y reservas que muchos hubo que no quisieron su parte. *Cortés* apaciguó como pudo á los descontentos, entregándose todos á **La expedición de Narváez.**

---

(1) *Hernán Cortés.* Carta II. (Ed. cit.), pág. 26 y sig. *Gomara*, op. cit., pág. 339 y sig. *Bernal Díaz*, op. cit. Lib. VI. Cap. LXXXIX-CIX. Vol. I, pág. 268 á 350 (E. M.). *Prescott*, op. cit. Lib. IV, cap. III-IV-V, pág. 316 y sig. Rel. *Andrés Tapia*, loc. cit. *Herrera.* Dec. II. Lib. VII, cap. IV-V, etc. *Alamán*, 2.ª Disertación (sobre calzada Iztapalapan, etc.). *Sahagún*, op. cit. Lib. XII Cap. XI-XII, etc. *Torquemada*. Mon. Ind. Lib. IV. Cap. LIV, etc. Comp. *Orozco y Berra*. Conq. México. Vol. IV, pág. 298 y sig. *Helps*, op. cit. Vol. II, pág. 214. *Mac. Nutt*, op. cit., pág. 204 y sig. *Fiske*. Discovery. II, p. 265 y sig. y sus notas, etc., etc.

la molicie y el descanso. Lento y ocioso transcurrió el invierno. Al empezar la primavera (1520), fueron sorprendidos los castellanos por alarmantes noticias que venían de la costa. En los primeros días de Abril había llegado á San Juan de Ulua *Pánfilo de Narváez* con 16 embarcaciones y 1.500 hombres de guerra. Le enviaba el Gobernador *Velázquez* para apresar y castigar como traidores á *Cortés* y á los suyos que contra su autoridad se habían alzado abiertamente. *Cortés* no se arredró. Dejando á *Alvarado* en Tenochtitlan al frente de unos cuantos hombres, marchó con los restantes y en son de guerra al encuentro de *Narváez*, acampado á la sazón cerca de Cempoalla. Fuese por sus extraordinarios poderes de sugestión, ó repartiendo tejuelos y joyas de oro entre los soldados de *Narváez*, pronto los ganó á su partido. Cuando llegó la hora del combate, *Narváez* contaba con muy pocos fieles. Luchó, sin embargo, con denuedo, pero fué herido, derrotado y hecho prisionero por *Cortés* que alistó bajo sus victoriosos estandartes todos los guerreros que militaban á las órdenes del vencido caudillo (1).

El Invictíffimo Emperador CARLOS Quinto Rey natural de Castilla y de Leon etc.

Fig. 10. – El Emperador Carlos V de Alemania, I de España.

(1) *Bernal Diaz*, op cit. I. Cap. CIX á CXXIV. *Gomara*, op. cit , pág. 359 y sig. *Cartas de Cortés*. II, pág. 36. Rel. *Andrés Tapia*, loc. cit. *Orozco y Berra*, op. cit. Vol. IV. Cap. VI-VII. *Prescott*, op. cit., pág. 337 y sig. y sus notas. *Mac. Nutt*, op. cit., pág. 223 y sig. *Oviedo*. Hist. Ind. Lib. XXXIII. Cap. XLVII. Cortés permaneció en Tenochtitlan desde Noviembre del 1519 hasta los primeros días de Mayo del 1520. Atacó á Narváez, (*Orozco y Berra*, etc.), el día 29 de Mayo.

Regresó *Cortés* á Tenochtitlan con brillante refuerzo de hombres, caballos y armas. Allí le esperaban graves sucesos. El imprudente *Alvarado*, sospechando acaso un ataque de los indígenas, había ensangrentado las calles de Méjico con inútil matanza el día consagrado anualmente á los sacrificios primaverales, al *Tetzcalipoca*, para obtener pingües cosechas. *Montezuma* pudo detener un tanto la furia de sus compatriotas, pero la situación de *Alvarado* y los suyos se hizo insostenible y peligrosísima.

Entró *Cortés* en Méjico el día 24 de Junio y, no sin reprochar á *Alvarado* su loca y sanguinaria acción, procuró remediar el mal de la mejor manera posible.

12. — Desconocedor, sin embargo, de la autoridad del Consejo Tribal *(tlatocan)*, y creyendo que le bastaba retener la persona de *Montezuma* para dominar á sus súbditos, libertó á su hermano *Cuitlahuac*, dándole orden de que hiciese reabrir los mercados desiertos. La liberación de este jefe determinó la terrible crisis. Reunióse el Consejo Tribal, depuso á *Montezuma*, nombró en su lugar á *Cuitlahuac* „jefe de hombres" y decidió pelear con los españoles hasta expulsarlos de la ciudad sagrada. Inicióse al siguiente día furioso ataque contra el fortificado recinto de *Cortés* y los suyos. Los cañones castellanos ensangrentaron las calles. Los guerreros Aztecas redoblaron su furia. En vano *Cortés* obligó á *Montezuma* á presentarse en los baluartes para aplacar á los suyos. Ya no era *"jefe de hombres"* ni sumo sacerdote. Había perdido su autoridad y su carácter sagrado. Herido gravemente por una flecha ó piedra lanzada por sus antiguos súbditos, expiró á los pocos días despreciado por propios y extraños. Antes de morir el cuitado jefe,

La Noche Triste.

Fig. 11.—Autógrafo del Emperador Carlos V.

hicieron los Castellanos desesperada salida,construyendo torres de madera movibles para atacar el principal *teocalli* desde donde los Aztecas amenazaban incendiar la fortaleza en que estaban aquéllos. Pelearon los Castellanos como leones, asaltaron furiosamente el adoratorio y luchando cuerpo á cuerpo con los indígenas consiguieron al fin dominarlo (1).

No por ello dejaron de encontrarse los castellanos en gravísimo peligro. Eran pocos, y las numerosas turbas *Mexica* mandadas ahora por *Cuitlahuac* y por el bravo *Quauhtemoc*, habían sentenciado á muerte á los invasores. *Cortés* decidió evacuar la ciudad, y á la media noche del día 30 de Junio (1520), emprendieron sigilosamente la retirada, llevando un puente portátil para cruzar las cortaduras de las calzadas cuyos pasos habían sido destruídos por los indios. Vislumbraron éstos la retirada de los españoles. Sonó pavoroso el atambor sagrado en lo alto de los adoratorios, y al llegar los europeos á la cortadura cercana á *Tolteocalli* (hoy sitio del templo cristiano de San Hipólito), fueron sorprendidos por una multitud de guerreros Aztecas que los atacaron ferozmente.

El desorden fué horroroso. Los *Mexica*, atropellándose para avanzar, se herían entre sí en la oscuridad de la noche. Otro tanto hacían los castellanos. Caían al agua unos y otros en confusión terrible. Los gritos de guerra se confundían con los ayes de los moribundos. *Cortés*, con reducido número de sus soldados pudo pasar á *Tacuba* entre montones de cadáveres. Al rayar el alba llegaron al cerro de *Tototltepec* (hoy sitio de la Iglesia de Nuestra Señora de los Remedios), donde se refugiaron. Más de la mitad de los guerreros españoles y casi todos los auxiliares indígenas sucumbieron en aquella te-

---

(1) *Bernal Díaz*, op. cit. Cap. CXXV-CXXIX "e dixo el Montezuma: yo tengo creído qu· no aprovecharé cosa ninguna para que cese la guerra, porque ya tienen alzado otro Señor, etc.» (Cap. CXXVI). Vse. *Fiske*, op. cit. II, p. 285 y sig. *Prescott*, op. cit., pág. 393 y sig. *Torquemada*. Mon. Ind. Lib. 4. Cap. 70. *Herrera*. Hist. feu. Dec. II. Lib. 10, Cap. 10. *Gomara*, op. cit. Cap. 107. Comp. el juicio de *Ixtlilxochitl* of Montezuma. Hist. Chic. Cap. 88. Cartas de *Cortés*. II, pág. 41 y sig. *Sahagún*, op· cit. Lib. XII. Cap. LXXXVIII. *Mac. Nutt*, op. cit , pág. 244 y sig. y sus notas, etc., etc.

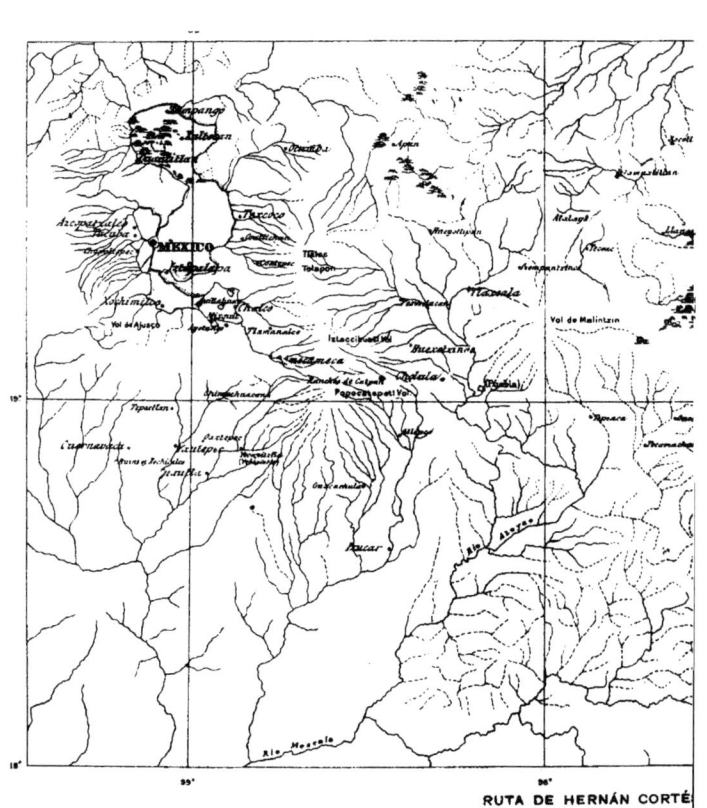

RUTA DE HERNÁN CORTÉ

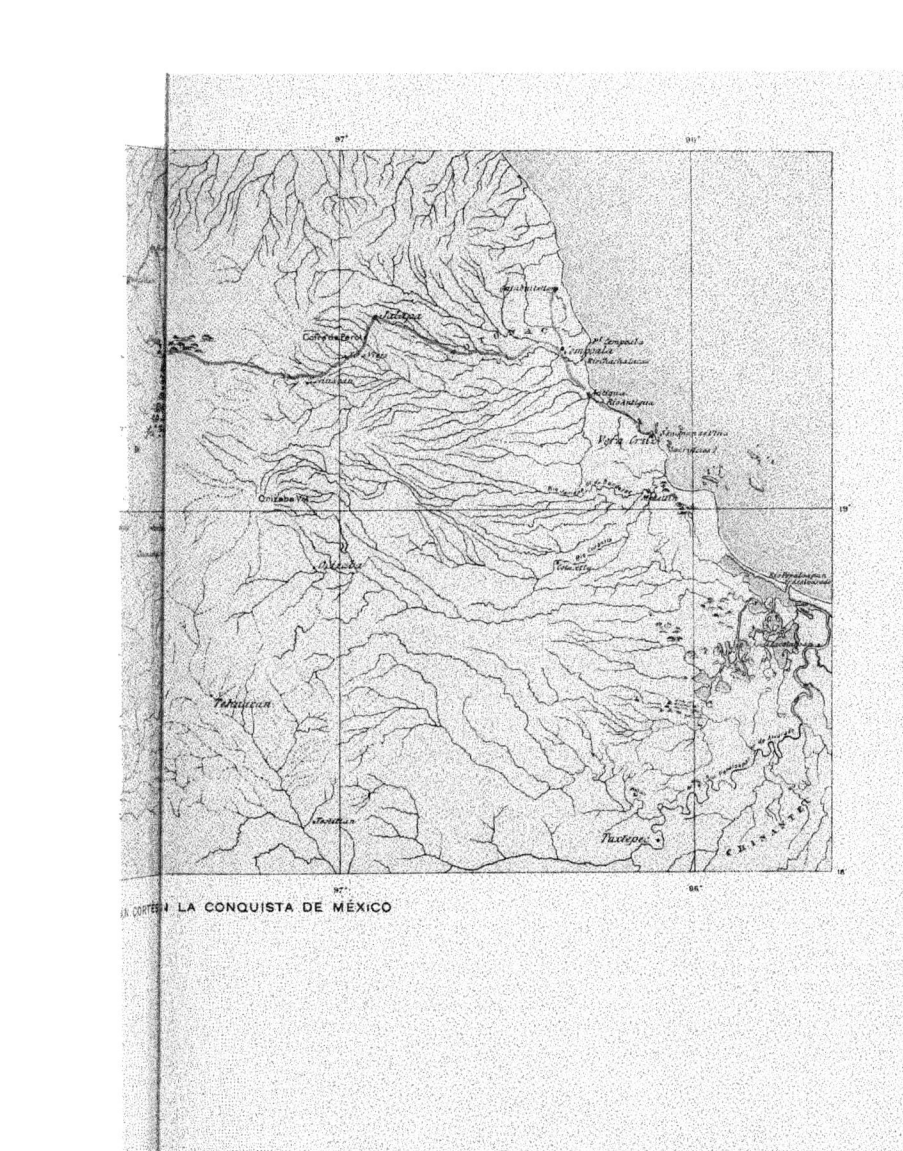

rrible huída ó fueron hechos prisioneros. La mayor parte de sus cañones, sus caballos, sus tesoros y sus bagajes, quedaron en el fondo del lago. Con razón la historia ha consagrado esta melancólica jornada con el nombre de *Noche Triste*. En la mañana del día 1.º de Julio hizo *Hernán Cortés* alarde de los restos de su ejército, y al contemplar la magnitud del desastre aquel varón de epopeya homérica, prorrumpió, según se afirma, en amarguísimo llanto (1).

13.— Pronto recobró el caudillo su habitual entereza, decidiendo dirigirse con los suyos á Tlaxcala, único punto donde esperaban encontrar acogida favorable. Después de seis días de penosísima marcha, llegaron al valle de *Otumpan (Otumba)*, inquietados siempre por los indígenas que habían reunido sus principales fuerzas en aquellas llanuras por las que *Cortés* en su marcha hacia Tlaxcala debía pasar necesariamente. Ante aquella multitud de guerreros Aztecas,

Fig. 12 — Bajo relieve del atrio de la Iglesia de S. Hipólito (Méjico).

El sitio de Méjico.

vió al punto el caudillo la necesidad de vencer ó morir en batalla decisiva. Trabóse la lucha desesperadamente. La estrella de *Cortés* volvió á surgir radiante. Fracasó la temible embos-

(1) «Víamos nuestras muertes á los ojos y las puentes que estaban alzadas, etc.» *Bernal Díaz*, op. cit. Cap. CXXVIII y sig. Sobre el sitio de esta derrota, etc., y probable ubicación de las calzadas. Vse. la traducción de *Maudslay* citada, Vol. II. Ap. A. B. C., pág. 308 y sig. Comp. *Orozco y Berra.* op. cit. Vol. IV., pág. 450 y sig. *Oviedo*, op. cit. Lib. XXXIII. Cap. LIV. *Herrera*, op. cit. Dec. II. Lib. X. Cap. XII, Cartas de *Cortés*. II, pág. 44 y sig. *Sahagún*. op. cit. Lib. XII, cap. XXVII. *Prescott*, op. cit., pág. 398 y sig. y sus notas. *Mac. Nutt*, op. cit., pág. 272 y sig. y sus notas. *Ixtlilxochitl*. Hist. Chich. Cap. LXXXIX. *Gomara*, op. cit., pág. 368 y sig. etc., etc.

cada Azteca, fueron derrotadas las huestes tribales, y gano sobre ellas *Cortés* sangrienta victoria recobrando su perdido prestigio. Era tiempo. México había enviado á Tlaxcala embajadores, urgiendo la destrucción de los Europeos, y sin el triunfo de *Otumba* acaso los *tlaxcaltecas* hubieran atacado también á sus temerarios aliados.

El sitio de Méjico. 14. – No sucedió así. Los *tlaxcaltecas* recibieron y hospedaron á los españoles con amistosa fidelidad. Ocupóse *Cortés* durante el otoño (1520) en operaciones militares y diplomáticas entre los pueblos cercanos á Tlaxcala *(Tepeyacac, Guayabos,*

Fig. 13. - Iglesia de Nuestra Señora de los Remedios, edificada en el sitio en que Cortés y los suyos se retiraron después de la Noche Triste. (Maudslay).

Chalco, Xalacingo, etc.), derrotando sanguinariamente á los que se resistían y haciendo alianzas con los enemigos de Tenochtitlan. Fundó en esta época la villa de *Segura de la Frontera.*

Reforzadas las huestes Castellanas por varias expediciones venidas de Cuba, resolvieron volver á Méjico para recuperarlo, dirigiéndose desde luego á *Tetzcoco* con numerosísimos aliados indígenas. Conocedor por experiencia de los recursos estratégicos de *Tenochtitlan,* decidió preparar embarcaciones que deberian armarse á orillas del lago de Méjico, transportando de Tlaxcala todo lo necesario. Establecido en *Tetzcoco* el cuartel general, rompió *Cortés* las hostilidades con un asalto sobre *Itztapalapa,* donde estuvieron á punto de perecer ahogados.

La viruela que importaron los castellanos había hecho en México furiosos estragos. *Cuitlahuac* había muerto de tan terrible enfermedad, siendo su sobrino *Quauhtemoc* nombrado en su lugar "jefe de hombres".

Cortés lanzó al agua sus bergantines, dividiendo su ejército en tres cuerpos mandados por *Alvarado, Sandoval y Cristóbal de Olid*, y reservándose él la dirección de la flotilla.

Quauhtemoc, por su parte, proveyó enérgicamente á la defensa de sus territorios. Había obtenido del *tecpan* el ofrecimiento solemne de «*que por via ninguna no avian de hazer paces sino morir todos peleando ó quitarnos á nosotros (los Españoles) las vidas*».

Sería largo detallar los incidentes del épico sitio de *Tenochtitlan* por los castellanos, brillante y verídicamente descrito por historiadores y cronistas. La lucha fué larga, encarnizada y sin cuartel. Sitiadores y sitiados rivalizaron en valor y audacia. Principió el sitio el 21 de Mayo de 1521 y duró ochenta y cinco días. *Quauhtemoc* y los suyos pelearon desesperadamente, no obstante carecer de víveres y de agua por haber cortado los castellanos el viaje ó acueducto de *Chapultepec*. Cuando habían perecido los más de ellos, todavía los subsistentes, sobreponiéndose con bárbaro estoicismo al hambre, la sed, el cansancio y la peste, para defender su tierra, rechazaban con indómita fiereza las proposiciones de paz de los sitiadores. Por fin, reducidos los Mejicanos al rincón ó barrio Noroeste de la ciudad, cuando no era ésta síno un montón de escombros y cadáveres putrefactos, la resistencia se hizo imposible, cayendo para siempre la gran *Tenochtitlan* y la bárbara *Confederación Azteca* (1).

---

(1) *Bernal Diaz*, op cit. Cap. CXXIX-CLVI. *Mac. Nutt*, op cit , pág. 293 y sig. *Orozco y Berra*, op. cit., Vol. IV, pág. 468 y sig. *Prescott*, op. cit., pág. 459 á 566 y sig., con sus notas y referencias. Cartas de *Cortés*, ed. cit. II, pág. 49 y sig. *Gomara*, op. cit. Cap. CXXIV y sig. *Herrera*. Dec. III, Lib. I. Cap. VII y sig. *Sahagún*, op. cit. Lib. XII. Cap. XXXIV. *Torquemada*. Lib. IV. Cap. CXIII. *Ixtlilxochitl*, op. cit., pág. 49 y sig. Vse. en especial (detalles estratégicos). *Bandelier*, 10 th. Rep. Peabody, Mus., pág. 56 y sig. y sus notas y referencias.

CUESTIONARIO

1 – ¿Cuáles son los más notables cronistas de la Conquista de México?

2. – ¿Quién era Hernán Cortés?

3. – ¿En qué fecha se hizo á la vela para México?

4. – ¿Quiénes fueron Aguilar y D.ª Marina?

5. – ¿Qué importancia tienen en la Conquista de México?

6. – ¿Qué política adoptó Cortés en Cempoalla?

7. – Cómo empezó á desmoronarse la Confederación Azteca?

8. – Qué dificultades tuvo Cortés con sus soldados?

9. – ¿Destruyó ó quemó sus buques?

10. – ¿Qué influencia tuvo el mito de Quetzatcoalt en la Conquista Mexicana?

11. – ¿Qué decidió el Consejo Azteca al saber la venida de Cortés?

12. – ¿Que rumbo siguió Cortés hasta llegar á Tlaxcala?

13. – ¿Cómo venció á los Tlaxcaltecas?

14. – ¿Qué importancia tuvo para los conquistadores la alianza con Tlaxcala?

15. – ¿Cómo fueron recibidos en Cholula los Castellanos?

16. – ¿Qué motivó la matanza de Cholula?

17. – *¿Qué impresión causó á los Castellanos la ciudad ó pueblo de Tenochtitlan?*
18. – *Cómo recibió á Cortés el* tlacatehculi *Montezuma?*
19. – *¿Cómo aprovechó Cortés la debilidad moral de Montezuma?*
20. – *¿Cómo venció Cortés á* Narvaez?
21. – *¿Cómo murió* Montezuma?
22. – *Quién fué* Quauhtemoc?
23. – *¿Qué derrota sufrieron los españoles en la noche del 30 de Junio de 1520?*
24. – *¿Cómo pelearon sitiadores y sitiados en Méjico?*
25. – *¿Cómo cayó la* Tenochtitlan *Azteca?*

Referencias: Véanse las del capítulo siguiente y las mencionadas en mi Cap. VII; Tit. II, Epoca. I, Vol. I.

CAPÍTULO II

AMÉRICA CENTRAL

Cortés y Quauhtemoc. 1. – Apenas entraron los conquistadores españoles en la ciudad vencida "llena de cabezas cortadas, cuerpos muertos y pestilencia„, surgieron, por el reparto del soñado botín, acaloradas disputas, de que fué víctima el bravo *Quauhtemoc,* último *jefe de hombres* y tenaz defensor de su pueblo. Hecho prisionero al tratar de alejarse en una canoa, fué llevado á presencia de *Cortés* que, según *Bernal Díaz,* le abrazó y "le hizo mucho amor á el y á sus capitanes„. *Quauhtemoc* se limitó á decir al caudillo con espartana entereza: *Señor Malinche ya é hecho lo que soy obligado en defensa de mi ciudad, y no puedo más, y pues vengo por fuerza y preso ante tu persona, toma tu puñal que tienes en la cinta y mátame luego con él... Cortés* le reiteró sus amistosas protestas, pero cuatro días después se trasladaba á *Coyoacan* llevando engrillado al heróico *Quauhtemoc* y demás jefes Aztecas.

La desenfrenada orgía con que la castellana soldadesca celebró su triunfo, y la curiosa procesión de desagravio á continuación celebrada, no hicieron olvidar á aquéllos rudos aventureros lo mezquino del botín repartido, comparado con los montes de oro con que creyeron ver premiados sus titánicos esfuerzos.

Llegaron hasta acusar á *Cortés* abiertamente de ocultar, de acuerdo con *Quauhtemoc,* el tesoro de *Montezuma.* Los oficiales reales, celosos por *el quinto* del Monarca, instaron al caudillo para que diese tormento á *Quauhtemoc,* obligándole así á descubrir el lugar donde dicho tesoro se suponía enterrado. Fuese por ambición, por temor de serios disturbios, ó porque su autoridad sobre los suyos como la del Emperador Romano *Othon,* fuese bastante para *ordenar* un crimen, pero no para *impedirlo* (1), el caso fué que consintió en someter á

tormento á *Quauhtemoc* y á uno de sus indios principales quemándoles los pies y las manos á fuego lento.

Sufrió el jefe indígena con valeroso estoicismo aquel atroz suplicio, y como su subordinado le mirara doblegado por el

Fig. 14.—Bajo relieve del tormento de Quauhtemoc. (Gab. Guerra).

sufrimiento, pidiéndole acaso licencia para revelar el secreto, apostrofóle diciéndole: *¿Estoy yo acaso en algún deleite ó baño? Quauhtemoc* fué arrancado por *Cortés* de manos de sus verdugos y curado de sus quemaduras lo mejor posible; su compañero pereció en la tortura (2).

2.—Las noticias de la caída de Méjico se extendieron bien El Mar del Sur. pronto en los territorios Aztecas. Los jefes tribales de los pueblos vecinos se apresuraron á enviar emisarios para solicitar alianzas con el conquistador triunfante. *Cortés* envió á algunos soldados á *Mechoacan* para explorar el país y descubrir, si po-

(1) Othoni nonudum auctoritas inierat ad prohibendum scelus: juberae jam poterat. *Tácito* Hist. Lib l (pág. 36. Vol. XL. B.ª C. ª).

(2) Vse. *Bernal Díaz* op. cit. Cap. CLVI y sig., pág. 130 y sig. Vol. II (E. M) Comp. *Doc. Ined. Indias* (proceso Cortés). Vol. XXVII, pág. 382. *Orozco y Berra* op. cit. Vol. IV, Lib. III, Cap. IX. *Gomara* op. cit. Cap. CXLV, etc. *Herrera* Dec. III, Lib. II, Cap. VII. *Mac Nutt*. op. cit., pág. 371 y sig. y sus notas, etc., etc. y en especial *González Obregón*. Mexico viejo, pág. 11 y sig., sus atinadas notas y referencias. – El suplicio de *Quauhtemoc,* si bien explicable por las costumbres de la época, es, sin duda, una mancha en la historia del gran caudillo castellano.

sible fuese, *un buen fuerte en el Mar del Sur*. Como *Colón*, soñó siempre *Hernán Cortés* en encontrar el estrecho que había de facilitar el camino al Cathay y sus fabulosas riquezas. Las cartas del conquistador á su Rey, demuestran que despues de subyugada *Tenochtitlan*, fué el hallazgo del referido estrecho una de sus principales preocupaciones. Con este objeto ordenó la construcción de buques aptos para exploraciones de las costas Norte y Sur de Vera Cruz, y destacó á sus lugartenientes *Sandoval, Alvarado,* etc., que recorrieron, naturalmente, sin encontrar lo que buscaban, los territorios *Zapotecas* de *Tuxtepec*, las costas del Golfo hasta *Coatzacoalcos,* y las cercanías del *Usumacinta* (actual estado de Tabasco). Lograron fundar los exploradores, no sin repetidos combates con los indígenas, la villa del *Espíritu Santo* (1).

Reconstrucción de Méjico. 3.—Estas expediciones en demanda del soñado paso hacia la India, no impidieron á *Cortés* dedicarse con febril actividad á reoiganizar el destrozado organismo Azteca y reconstruir la ciudad de México. Hízose *la traza* ó plano de la nueva ciudad, que formaba un cuadrado cercado por un foso, compuesto de acequias. Repartiéronse á los conquistadores lotes de terreno, con la condición de que los edificaran y vivieran cuatro años. Se fijaron lugares para los barrios indígenas, haciéndose construir á los vencidos sus *jacales* de *tajamanil* y sus humildes casas de adobe. Construyeron los españoles las suyas de cal y canto, reservándose *Cortés* los dos célebres palacios conocidos con el nombre de "*Casa nueva y vieja de Montezuma*" que reforzó con almenadas torres. Se creó un *Consejo Municipal* ó *Cabildo*, y para el mejor manejo de los vencidos hizo revivir *Cortés* el cargo de "*cihuatlcohuatl*" ó jefe civil, reservándose naturalmente para sí el de *jefe de hombres*. Construyéronse *atarazanas* especiales para guardar los bergantines y defender la ciudad; se establecieron tres mercados *(Plaza Mayor, Tlalelolco,* etc.), y se compuso el viaje de agua de *Chapul·*

(1) Vse. *Bernal Díaz.* op. cit. Cap. CLX y sig. *Hernán Cortés,* Cartas IV-V. (Septiembre 3-1526)-(15 Oct. 1524), pág. 96 y sig. (Ed. cit.) *Mac Nutt* op. cit., pág. 385 y sig. y sus notas. *Prescott* op. cit., pág. 199 y sig., etc., etc.

tepec, cortado durante el sitio. Como el célebre Obispo *Fonseca* que era, según frase de *Bernal Díaz,* "contra todos los conquistadores que servimos á S. M.", había prohibido en España la exportación á Indias de armas y pólvora, á falta de hierro aprovechó *Cortés* el zinc descubierto en las minas de *Tasco,* donde parece se usaba como moneda, y llegó hasta hacer extraer del cráter mismo del Popocatepetl el azufre necesario para fabricar pólvora. Todo ello mientras estuvo en vigencia la prohibición del empecatado Obispo de Burgos. Procuró además *Hernán Cortés* desenvolver los recursos del país conquistado; dictó acertadas leyes; prohibió el juego; estableció lazaretos de leprosos, fundición de metales, etc., sin olvidar las cárceles, picotas y horcas, y gobernó, en fin, como habil estadista aquella ciudad sui-géneris, mitad cuartel, mitad campamento, que le obedecía como á señor absoluto. Así nació el *Méjico Colonial* sobre las ruinas del *Tenochtitlan Azteca* (1).

4. — Para atender á la conversión de los indios y al fiel cumplimiento de las prácticas religiosas entre los españoles, solicitó *Cortés* con ardorosa insistencia del Emperador Carlos V, el envío de misioneros á México. Merced á las gestiones del Monarca español, los Papas León X (1521) y Adriano VI (Mayo 1522), otorgaron amplias Bulas á los *Religiosos de la Orden de San Francisco* para evangelizar los nuevos territorios. Vinieron, en consecuencia, á la Nueva España tres venerables varones *(Fray Juan de Tecto, Ayora* y el extraordinario *Fray Pedro de Gante)* primero, y poco más tarde (Mayo 1524) los célebres *doce frailes Franciscanos,* cuyas admirables vidas llenan brillantes páginas de la Historia Eclesiástica Indiana, y lograron, con fatigas y sacrificios heróicos, introducir el cristianismo en Méjico. Venía entre ellos el verídico cronista y abne-

Los Misioneros Franciscanos.

---

(1) Vse. *Obregón,* op. cit., pág. 48 y sig. y sus notas. *Orozco y Berra.* Not. Ciudad de Mexico, etc., pág. 81 y sig. Actas Cabildo Ciudad Mexico (Abril-15-1524) *Icalbazceta.* Op. Varios, I, pág. 317 y sig. *Mac Nutt,* op. cit., pág. 383 y sig., y sus notas. *Bernal Díaz.* op. cit. (E. M.) II, pág. 217 y sig. *Prescott* op. cit. pág. 421 y sig., etc., etc.

gado sacerdote *Fray Toribio de Benavente (Motolinia)* y el incansable apostol *Fray Martín de Valencia.*

El relato detallado de los árduos trabajos y espirituales conquistas en la Nueva España de estos doce varones apostólicos, pertenece á la *Historia de la Iglesia Americana.* Amadísimos de los indios, venerados por los Castellanos y protegidos decididamente por *Hernán Cortés,* "que fué el primero, dice *Bernal Díaz,* que al llegar Fray Martín de Valencia á México se arrodilló ante él y le besó los hábitos», lograron en poco tiempo copioso fruto evangélico. Fundaron en Méjico mismo el convento é iglesia de San Francisco (1525) que fué la primera que se

Fig. 15 - Gonzalo de Sandoval (Herrera).

construyó en la Nueva España. Poco tiempo después vinieron á México los *Misioneros Dominicos,* cuyo Prior fué *Fray Domingo de Betanzos,* y edificaron otro convento en *Tepetlaxtoc,* cerca de Tetzcoco (1).

Dificultades de Cortés. 5.—No pudo *Cortés* seguir mucho tiempo con tranquilidad sus trabajos de reconstrucción y buen gobierno. Mientras estaba en Alemania Carlos V, el Obispo *Fonseca,* enemigo del caudillo y protector de *Velázquez,* nombró al insignificante cortesano *Cristóbal de Tapia* gobernador de los territorios de Nueva España con cargo de residenciar al valeroso y prudente

(1) V. *Fray Gerónimo de Mendieta* Historia Eclesiástica Indiana (Ed. *Icalbazceta,* Méjico MDCCCLXX). Lib. III, pág. 183 y sig. y el Lib. V, pág 572 y sig., para las vidas de Fray Martín de Valencia, Fray Pedro de Gante (Motolinia), etc. Comp. *Torquemada.* Mon. Ind Lib. V. pág. 16. *Icalbazceta.* Opusc Varios II, pág. 381 y sig. I, pág. 317 y sig. III, pág. 5 y sig. etc. *Sahagún,* op. cit. pág. 131 y sig. *Bernal Díaz.* op. cit. Cap. CXXI. Vol. 2 (E. M.), pág. 262 y sig. *Cartas de Indias.* n.° VIII y XVIII (Ed. Ministerio de Fomento).—A *Fray Toribio de Benavente* los caciques y señores de Mexico, dice *Bernal Díaz.* pusieron el nombre de *Motolinia,* que quiere decir en su lengua el *"Fraile pobre",* porque cuanto le daban por Dios lo daba á los indios y se quedaba algunas veces sin comer, y traía unos hábitos muy rotos y andaba descalzo. La mejor edición de la "Historia de los Indios de Nueva España" de *Fray Toribio Benavente* es la publicada por *Icalbazceta* en el vol. I de su Coll. de Documentos para la Historia de Mexico, precedida de una biografía de *Ramírez.*

caudillo extremeño. Llegó el comisionado de *Fonseca* á Villa Rica, para tomar posesión del mando. *Cortés* despachó inmediatamente á *Sandoval* y otros de sus adictos para conferenciar con él, obligándole, con imposiciones y dádivas, á reembarcarse á Santo Domingo. No pararon aquí las dificultades de *Cortés*. Nuevos enviados de *Fonseca* llegaron á México con idéntico objeto y órdenes firmadas por el Emperador mismo. Ganólos también *Cortés* á su partido con regalos de todo género, y para contrarestar la enemiga de *Fonseca* envió al Emperador todo el oro que le correspondía por su real quinto en los despojos de México, y mucho del oro y de las joyas pertenecientes á *Montezuma* y *Quauhtemoc* que se había apropiado. Gran parte de este tesoro fué capturado en el mar por corsarios de *Francisco I* de Francia, entonces en guerra con España; pero llegaron á manos del Emperador los despachos de *Cortés*, y no obstante las intrigas de *Narváez, Velazquez* y *Fonseca*, nombróle (Octubre 1522) definitivamente Gobernador, Capitán General, y Justicia Mayor de Nueva España. Tuvo noticia *Cortés* de tal nombramiento cuando su lugarteniente *Alvarado* se ocupaba precisamente de aniquilar al capitán *Garay*, que con autorización de Velázquez tomó posesión de los territorios de *Panuco. Garay* abandonó su empresa, siendo recibido en Méjico por *Cortés* con amabilidad ostentosa. Poco tiempo después murió, siendo sepultado con pompa (1).

6. — Vimos anteriormente (pág. 514, vol. I), que después de **Exploraciones** la ejecución de *Vasco Núñez de Balboa*, el Gobernador de **desde Panamá.** Panamá *Pedrarias* envió distintas expediciones exploradoras al Mar del Sur sin que ninguna llegara más allá del paralelo 9º *(Pascual de Andagoya)*. Sin embargo, *Gil González Dávila*, debidamente autorizado por el Rey de España, hizo construir algunos buques en el río de las Balsas, salió con ellos de Panamá (Enero 1522) desembarcó en el Golfo de San Lúcar, y siguiendo desde allí su viaje por tierra entró en los dominios

(1) V. *Bernal Díaz*. op. cit. Cap. CLVIII y sig. *Prescott*, op. cit. pág. 495 y sig. y sus notas. *Cartas de Cortés*. III, pág. 70 y sig. *Winsor*. Narr. & Crit. Hist. of. América. II, pág. 384 y sig., etc etc.

del cacique *Nicarao* que dió su nombre á la actual Nicaragua. Exploró *González Dávila* las riberas de los lagos Nicaragua y Managua, recorriendo luego la costa hasta el *Golfo Fonseca,* que llamó así en recuerdo de su protector el Obispo de Burgos.

Sin fuerzas bastantes para resistir los ataques de los naturales *(Chontales, Cholotecas, Aztecas),* volvió con escaso botín á Panamá, donde decidió, al volver de España, acometer por el Este (Honduras) la conquista de los territorios que acababa de descubrir. Sabedor sin embargo, *Pedrarias* de los proyectos de *González Dávila,* equipó algunas naves que, mandadas por su capitán *Hernández de Córdoba,* despachó á Nicaragua

Fig. 16. – Guatemala, Honduras, Nicaragua (Helps).

con encargo de fundar colonias. Salió *Córdoba* de Panamá á fines de 1523. Desembarcó en el *Golfo de Nicoya,* fundó en sus inmediaciones una población con el nombre de *Bruselas,* y más tarde otra con el de *Granada,* subyugó á los indios y llegó á las orillas del *lago Managua,* fundando el pueblo de *León* que convirtió luego en capital de aquellas regiones.

Construyó en seguida una pequeña embarcación, exploró con ella el *río Nicaragua,* y descubrió el *río de San Juan,* cuya navegación emprendió hasta asegurarse que desembocaba en el Atlántico (1524).

Entre tanto, *Gil González Dávila* había desembarcado en Honduras, y al conocer los avances de *Córdoba* en las tierras á que creia tener derecho, atacó á éste, viéndose obligado

á abandonar el campo y retirarse á Honduras precipitadamente (1).

7. — Mientras los hombres de Panamá realizaban las conquis- **Cristóbal de Olid**
tas referidas, *Cortés*, un tanto desembarazado de sus enemigos **en Honduras.**
y envidiosos, volvió á dedicar atención preferentísima al descubrimiento del soñado estrecho en el Mar del Sur. Con este
objeto envió como explorador á uno de sus más valientes capitanes, llamado *Cristóbal de Olid*. Salió éste de Vera Cruz en

Fig. 17. — El *Orizaba*, visto desde el Ferrocarril Mexicano.

Enero (1524), dirigiéndose á la Habana para comprar municiones y caballos. Seducido y halagado allí en su vanidad de
soldado por los partidarios de *Velázquez*, decidió emprender
por su propia cuenta y provecho la exploración de la costa,
prescindiendo de *Cortés* que le había enviado. Apenas desembarcó *Olid* en Honduras donde fundó el pueblo del Triunfo
de la Cruz, supo *Hernán Cortés* su traición y se apresuró á
organizar un pequeño ejército que puso á las órdenes de *Fran-*

(1) Vse. autoridades citadas en la nota de la pág. 514 de mi vol. I. y en especial
Rel. del Adelantado *Pascual de Andagoya* (Trad. *Markkam*. Hakluyt Soc. pág. 31
y sig. y sus notas.)

cisco de Las Casas, oficial de su confianza, para obligar á *Olid* á prestarle obediencia. *Las Casas* tuvo la desgracia de naufragar cerca de las costas de Honduras y vióse forzado á implorar clemencia del rebelde mismo á quien fué á dominar, que le declaró prisionero de guerra.

Gil Gonzalez Dávila, que pretendió por su parte disputar á *Olid* la posesión del territorio de Honduras, también fué derrotado y hecho prisionero. No tardaron mucho los dos vencidos en ponerse de acuerdo. Decididos ambos á deshacerse

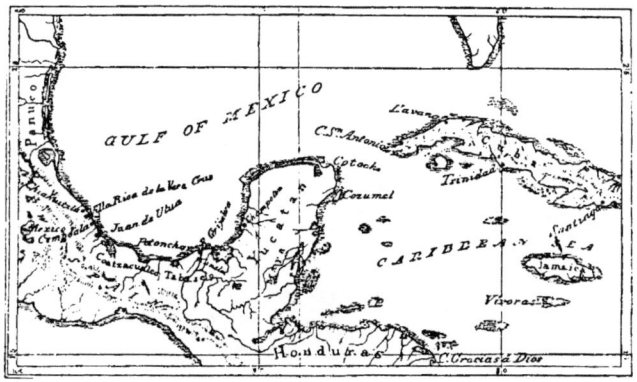

Fig. 18. – Yucatán, Honduras y el Golfo de Méjico. (Helps).

de su rival y congraciarse con *Cortés,* asesinaron á *Olid* durante la noche, teniendo especial cuidado de mandar instruir al día siguiente un proceso contra él por traición y rebeldía en armas. *Las Casas,* como enviado por *Cortés,* tomó el mando de las fuerzas, y adelantando los descubrimientos, fundó á poco la ciudad de *Trujillo.*

Desgraciada expedición de Cortés. 8. – Entre tanto *Hernán Cortés,* alarmado con las noticias del naufragio de *Las Casas,* y dispuesto á no dejar á *Olid* sin castigo, organizó otro cuerpo de tropas con el que emprendió por tierra una expedición á Honduras.

Al salir para esta expedición revistióse *Cortés* de extraordinaria pompa. Llevaba sus criados, pajes, juglares, etc. Le acompañaba como intérprete *Doña Marina*, y para lo espiritual llevaba al abnegado *Fray Juan de Tecto,* de cuya compañía y doctrina gustaba en extremo. La expedición fué desgraciadísima y no añadió un ápice al renombre militar del célebre caudillo. Las fatigas por todos sufridas en aquellos espesísimos boscajes, insalubres pantanos y montañas ingentes, fueron increibles. Las provisiones llegaron á agotarse. Muchos perecieron de fiebres malignas, otros de hambre, entre ellos *Fray Juan de Tecto,* que dió su alma á Dios, dice un cronista de la época *"arrimándose á un árbol, de pura flaqueza."* En

Fig. 19.— La garganta de Mitlac (F. C. Mexicano).

Marzo de 1525 hicieron los maltrechos aventureros alto en la provincia de *Acalan,* donde *Hernán Cortés,* sin formación de causa, y por supuesta traición ó rebeldia, hizo ahorcar al heróico y desgraciado *Quauhtemoc* y otros jefes Mejicanos que la expedición acompañaban. Este injustificable é inútil acto de crueldad fementida amargó con el remordimiento la vida de *Cortés* y empañó para siempre su brillante carrera. Desde *Acalan* siguieron los castellanos su camino hasta encontrar á algunos soldados que les dieron noticia del triunfo de *Las Casas* y de la muerte del rebelde *Cristóbal de Olid. Cortés* acampó en Trujillo, confirmando á *Las Casas* en el gobierno. Llegaron allí á sus oídos desagradables noticias de México. Suponiéndolo sus enemigos naúfrago é inerme, propagaron maliciosamente

su muerte, apoderándose del mando y persiguiendo implaca‐
blemente á sus adictos. Fué tal la anarquía y el pillaje, que
muchos, entre otros los frailes Franciscanos, viéronse obliga‐
dos á abandonar la ciu‐
dad, y se temió un levan‐
tamiento de los indíge‐
nas. *Cortés* apresuróse á
volver á México (15 de
Abril de 1526), en un frá‐
gil bergantin, que derivó
hasta Cuba, llegando á
San Juan de Ulua al poco
tiempo (1).

La conquista de Guatemala

9. – Un mes antes de la
salida de *Olid* á la con‐
quista de Honduras, ha‐
bía enviado también *Her‐
nán Cortés* hacia el Sur
al valeroso é impulsivo
guerrero *Pedro de Alva‐
rado,*deseoso de conquis‐
tar los territorios de *Gua‐
temala* (2), que unían á
Nicaragua con México, y

Fig. 20. – Armadura de Hernán Cortés.
(Armería Real de Madrid.)

de cuyas ciudades, palacios y riquezas tuvieron los castellanos
vagas noticias. Auxiliado por el jefe Tribal de *Tehuantepec,*

---

(1) Vse. *Mendieta,* op. cit. Lib. V, pág. 607. *Cortés.* Cartas de Relación V. pág.
121 y sig. Ed. cit. *Mac. Nutt,* op. cit., pág. 405 y sig *Prescott,* op. cit., pág. 589 y
sig. y sus referencias. *Bancroft.* Central América. Vol. I (Ed 1886), pág. 537 y sig. y
sus notas y referencias. *Orozco y Berra,* op. cit. Vol. IV, pág. 329 y sig., etc , etc.

(2) Vse. *Bancroft.* Central América. I, Cap. XXII, etc., pág. 617 y sig. con sus no‐
tas y referencias. Según *Fuentes y Guzmán,* Recordación Florida. (Madrid, 1882), pág·
29 y sig., el nombre de *Guatemala* se deriva de *Coctecmalan,* es decir: «Palo de Le‐
che». comúnmente llamado «Yerba Mala» en la Guatemala antigua, y en lengua meji‐
cana *Quauhtemali,* árbol podrido. Comp. *Juarros.* Comp de la Historia de la Ciudad
de Guatemala. (Ed. 1818). Vol. II, pág. 257 y sig., citado por *Bancroft,* loc. cit., pág.
620. Nota 4. *Prescott,* op. cit., pág. 587 y sig. *Bernal Díaz,* op. cit. (E. M.). Cap.
CCIII, pág. 480 y sig., etc., etc.

penetró *Alvarado* por Soconusco en el país de los *Quiches* y *Cakchiquels (Mayas)*, con los que tuvo que sostener recios combates. Al entrar en *Utatlan*, principal pueblo de los *Qui ches*, estuvo á punto de perecer quemado por un complot se. mejante al de Cholula. Apercibióse á tiempo, arrasó el pueblo y condenó á la hoguera á los jefes *Quiches* conjurados.

Con ayuda de los *Cak chiquels*, enemigos mortales de los *Quiches*, sojuzgó los vecinos pueblos del de *Utatlan*.

Fué luego recibido amigablemente en *Patimanit* con cuyo jefe contrajo alianza, ayudándole á castigar á sus

Fig. 21.—Territorios de Guatemala y Tuzulutlan (Helps).

vecinos y tributarios. Estableció allí su cuartel general y siguió sus correrías por sus inmediaciones, hasta que las lluvias le obligaron á retirarse á cuarteles de invierno. (Julio, 1524).

Los abusos de los soldados españoles tuvieron desastrosos resultados. Los *Cakchiquels* se rebelaron contra sus dominadores, devastaron el país, que proporcionaba provisiones á *Alvarado* y los suyos, y los atacaron con salvaje brío. Mal lo hubieran pasado los castellanos si no hubieran recibido refuerzos enviados por *Cortés* de Méjico. Con ellos, y no sin épicas luchas, lograron, por fin, apoderarse de la fuerte posición de

Mixco, invadir con exito el valle de *Zacatepec* y subyugar di-
latados territorios.

10. — La conquista de Guatemala se realizó con sanguinaria
violencia. *Pedro de Alvarado,* su caudillo, acusado de codicioso y tiránico por sus soldados y colonos, después de echar los
cimientos de *San Salvador* y *Santiago de los Caballeros,* se
puso en viaje para España
para defenderse y confirmar
su precario titulo á los territorios descubiertos. El Rey
le confirió (Diciembre 27-
1527) los de *Adelantado y
Capitán general de Guate-
mala* (1). Su hermano *Jorge,*
que quedó en su ausencia al
frente del gobierno, invadió
los hoy territorios de *Costa
Rica,* sometiendo varios pueblos. Como *Alvarado,* al volver á Guatemala redoblara
sus desafueros, dispuso el
rey que fuese residenciado
por la Audiencia de Méjico.
Comisionó este tribunal
para ello á *Alfonso de Maldonado;* *Alvarado* huyó á Honduras, donde se embarcó precipitadamente para España. *Maldonado* se hizo cargo del gobierno de Guatemala, que desempeñó
acertadamente. Por estas fechas habia llegado á Nicaragua con
algunos religiosos Dominicos el incansable Apóstol *Fray Bartolomé de las Casas,* pasando desde allí á Guatemala para poner en práctica su sistema de *Conquista Pacífica.* El carácter
belicoso de los Mayas y las sangrientas guazavaras de *Alva-*

Fig. 22. – Pedro de Alvarado
(Herrera).

---

(1) *Alvarado* consiguió justificarse en España, volviendo á Guatemala. Murió en
una expedición á Guadalajara de un golpe de un caballo al repechar una áspera sierra. (Julio 14-1541) Vse. *Herrera.* Dec. VII-41-I. *Bancroft,* op. cit. Vol. II, pár. 201
y sig. y sus notas y referencias

rado, habían hecho conocer aquellas regiones con el nombre de *Tierra de la Guerra. Las Casas* y sus compañeros, predicando la fe cristiana, con músicas, cantos, obsequios y abnegada dulcedumbre, consiguieron penetrar en las tribus indígenas y hacer con sus ardorosas y sencillas prédicas que muchos abrazaran consciente ó inconscientemente el cristianismo, que abandonaran los sacrificios humanos y que acogieran á los españoles sin recelos. La *Tierra de la Guerra* cambió su nombre por el de *Provincia de la Vera Paz*. Auxilió grandemente á *Las Casas* en sus planes apostólicos el heroico *Fray Luis de Cáncer*. Ambos permanecieron en Guatemala hasta

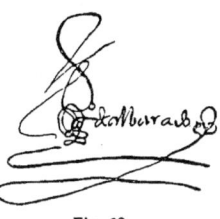

Fig. 23.
Autógrafo de Alvarado.

el año 1538, en el que partieron para España en busca de nuevos religiosos, dejando á *Fray Pedro de Angulo* como Prior del incipiente Convento de Guatemala (1).

11. — Durante la ausencia de *Cortés* de la capital mejicana, **Cortés y Carlos V.** sus envidiosos consiguieron que el Emperador Carlos V enviase á Nueva España un comisionado especial para investigar la conducta del caudillo. Fué nombrado al efecto *D. Luis Ponce de León*, joven de grandes talentos y gentil carácter, que murió de fiebre pocas semanas después de llegar á Nueva España.

Otro tanto aconteció al achacoso hidalgo *D. Marcos de Aguilar*, nombrado para sustituir á *Ponce*. Los enemigos de *Cortés* no vacilaron en acusarle de haber envenenado á los dos comisionados. Muerto *Aguilar*, fué sustituído por *Estrada*, que mortificó á *Cortés* en toda forma y vejó cruelmente á los indígenas.

Su lugarteniente *Nuño de Guzmán*, partidario acérrimo de *Velázquez*, obtuvo la gobernación de *Panuco*, subyugó á

---

(1) Vse. *Bancroft*, op. cit., Vol. II, Cap. VIII y XX, pág. 133 y sig. y 341 y sig. y sus notas y referencias. Comp. *Mac Nutt*. Las Casas, pág. 180 y sig. *Gutierrez*. **Las Casas**, pág. 160 y sig. *Fiske*. Discovery. II, pág. 464 y sig., etc., etc.

sangre y fuego los territorios de *Nueva Galicia* (1) y estableció en ellos algunas colonias.

No pudiendo *Cortés* soportar la desconsideraciór y malicio-sas intrigas de *Guzmán* y *Estrada*, decidió embarcarse para España y solicitar allí justicia. Recibióle el Emperador con grandes honores, oyó con atención sus descargos y le confir-

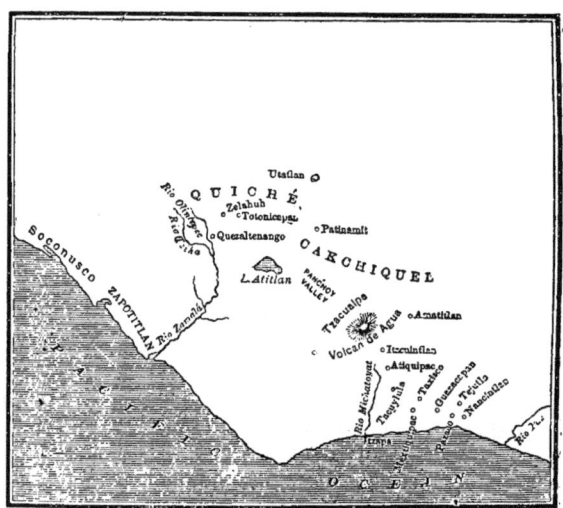

Fig. 24. – Territorios conquistados por Pedro de Alvarado. (Bancroft).

mó en el rango de Capitán general, dándole además el título de *Marqués del Valle de Oaxaca*, y concediendo también á su instancia privilegios para los *conquistadores*, pingües dotes para las hijas de *Montezuma* y dinero para levantar iglesias y conventos. (Julio, 1529.)

No confirmó, sin embargo, el Emperador á *Cortés* en el *Gobierno civil* de la colonia. Antes al contrario, creó la *Real*

(1) *Xalisco* "en su lugar acordó yr á pacificar y conquistar la provincia de Xalis-co, *que agora se dice* la *Nueva Galicia*». Bernal *Díaz*, op. cit. Vol. **II**, pág. 402 (E. M.). Vse. *Herrera*. Décadas. Vol. I, pág. 15 y sig. (Audiencia de México); etc.

Audiencia áe Nueva España, que presidió interinamente el célebre Obispo *Fray Juan de Zumárraga,* hasta la llegada del Presidente efectivo *D. Sebastián Ramírez de Fuen Leal,* Obispo entonces de Santo Domingo. La primera misión de la Audiencia fué residenciar á *Guzmán* y á los suyos que trataron de librarse del juicio saliendo de Méjico, bajo pretexto de pelear contra los *Chichimecas* (1).

12. — *Cortés* volvió á Nueva España á mediados de Julio de 1530. Como la Audiencia, siguiendo instrucciones expresas del Emperador, le negara la entrada á la ciudad de Méjico, hubo de retirase á sus estados de *Oaxaca,* edificando su palacio en *Cuernavaca* y dedicándose con ahinco al cultivo de la caña de azúcar y del gusano de seda, á la introducción del carnero merino y á la creación de molinos y otras industrias.

El descubrimiento de California.

Su afán de nuevas conquistas no le permitió, sin embargo, continuar en vida tan pacífica. Fijo en su idea de explorar el Mar del Sur, armó (Mayo, 1532) dos embarcaciones que, mandadas por su primo *Diego Hurtado de Mendoza,* salieron de Acapulco con rumbo hacia California. Naufragó una de ellas, llegando la otra con gravísimo peligro hasta Jalisco y desistiendo de seguir adelante. Dos años después salieron de Tehuantepec otras dos embarcaciones mandadas pór *Hernando de Grijalva* y *Diego de Becerra. Grijalva* descubrió la isla de Santo Tomé, cerca de la Baja California y volvió á Tehuantepec. *Becerra* fué asesinado por su piloto *Ortun Jiménez,* quien tomó el mando del buque, recorriendo con él las costas del Jalisco hasta la Bahía de *Santa Cruz (La Paz),* donde fué muerto por los indígenas. Su buque fué apresado por *Guzmán* en su viaje de vuelta. Estas desgraciadas tentativas decidieron á *Cortés* emprender en persona otra expedición con el mismo rumbo. En 1536 envió tres embarcaciones á Tehuante-

(1) *González Obregón.* Precursores. Ind. México. Sig. XVI, p. 12 y sig. y sus notas y referencias. *Helps.* Spanish. Conquest. Vol. III, pág. 102 y sig. y sus notas. *Doc. Inéditos,* de Indias. Vol. III, p. 157. IV, pág. 150 y sig., etc., etc. *Herrera.* Dec. IV. Lib. IV. Cap. I. Vse. Indice. Vol. IV. *(Hernán Cortés). Bernal Díaz,* op. cit. Cap. CXC-CCIV, pág. 350 y sig. *Mac. Nutt,* op. cit., pág. 415 y sig. *Prescott,* op. cit., pág. 601 y sig. y notas, etc., etc.

pec, á donde fué por tierra; recuperó y recompuso el buque apresado por *Guzmán* y exploró con penaliuades increibles la costa Californiana hasta unas 50 leguas más allá de La Paz. Como tardara en volver á México, el *Virrey Mendoza,* á instancias de la familia del Caudillo, envió embarcaciones para buscarle. De-

Fig. 25.—Mapa de la expedición de Hernán Cortés á Honduras (Helps).

jó en California á *Francisco de Ulloa* y regresó desanimado á Acapulco· Todavía envió desde allí tres buques más á *Ulloa* que volvieron sin fruto alguno á Méjico.

Costaron estas aventuras á *Hernán Cortés* cerca de 200.000 castellanos de oro, que la Corte Española (no obstante la cédula de Abril 1.º, 1539, que ordenaba el pago), no devolvió nunca, ni á él ni á sus herederos. Quedó, sin embargo, merced á tales fatigas, descubierta la *costa del Pacífico desde Panamá al río Colorado* y circunnavegada hasta *Çedros* ó *Cerros* la provincia de la *Baja California.* Con la llegada á Nueva España de su primer *Virrey D. Antonio de Mendoza,* hombre moderado y de tino político, puede considerarse iniciada *la historia Colonial de la Nueva España,* de cuyo Virreinato dependía la Gobernación y Audiencia de Guatemala por aquellas fechas, y más tarde (1573) los territorios de Costa Rica, Panamá y Honduras (1).

(1) *Winsor.* Narr. & Crit. Hist., of. América. II, pág. 430 y sig. y sus notas y referencias. *Bernal Díaz,* op. cit., II, pág. 411 y sig. Cap. CC. *Bancroft.* Mexican States,

13. — La relación de lo ocurrido á *Hernán Cortés* en los últimos años de su azarosa y brillante carrera, pertenece á su biografía más bien que á la Historia Americana, propiamente dicha. Limitada su autoridad por el Virrey, un tanto desprestigiado por sus desgraciadas expediciones á California, y cansado de luchar con sus enemigos, abandonó para siempre el caudillo (1540) los territorios Mejicanos.

Al llegar á España fué recibido por el Emperador con
frialdad. Sus instancias fueron desoídas. En 1541, tomó parte
en la desgraciada expedición á Argel, mandada por *Doria*, en
la que apenas pudo salvar su persona. Quebrantado por los
años y los sufrimientos empezó á declinar rápidamente y se retiró á la aldea sevillana de *Castilleja de la Cuesta*. Allí rindió á
Dios su espíritu (2 de Diciembre 1547) el más grande de los
capitanes Españoles que regaron el Nuevo Mundo con su sangre. La leyenda de su célebre copa de esmeraldas puede muy
bien servirle de epitafio (1).

Inter natos mulierum
Non surrexit major.

Vol. I. Cap. II y sig. y sus notas y referencias. *Id*. Hist. California. Vol. I, pág. 41
y sig. *Davidson*. Voyages of. Disc. and. Exp. on the *N. W. Coast*, etc. *(N. S. Coast
& Geodetic Survey*, 1886. Ap. VII), etc., etc. Sobre el origen del nombre de *California*. Vse. *Winsor*, op. cit. II, p. 443. Nota I, etc.

(1) *Prescott*, op. cit., pág. 618 y sig. *Gomara*, op. cit., pág. 454 y sig. *Mac. Nutt*
op. cit., p. 529 y sig. *Calvete de la Estrella*. De Rebus Gestis *Ferdinandi Cortessi*.
(Ed. *Icalbazceta*. Coll. Doc. Ined. Mexico. Vol. I). *Orozco y Berra*, op. cit. IV,
pág. 347 y sig. *Cortés* fué sepultado en la capilla de los Duques de Medina Sidonia de
la Iglesia de San Isidoro de Sevilla. Allí permanecieron sus restos hasta el 1562, año en
que se trasladaron á México al Monasterio de San Francisco de Tezcoco, primero, á la
Iglesia de San Francisco de México, más tarde (1629), y, por último, al *Hospital de
Jesús de Nazareth* (1794). Como los exaltados del año 1823 trataran de profanar el sepulcro del valeroso caudillo y dispersar sus cenizas, el excelente patriota y escritor
mejicano *D. Lucas Alamán*, se apresuró á ocultar los venerados restos en lugar seguro, *que hasta hoy se desconoce*, consintiendo en que se propagara, para mayor seguridad, la leyenda de haber sido remitidos á Italia á casa de los Duques de Monte-
leone. Esta leyenda *ha sido aceptada sin beneficio de inventario* por algunos escritores. Vse. *Alamán*. Disertaciones históricas. Vol. II, pág. 61 y comp. *Riva Palacio*.
México á través de los siglos. Vol. II, pág 353. Nota. *Prescott*, op. cit., pág. 625.
Nota I. *Robertson*. Hist. de América. (Ed. Barcelona, 1840). Vol. III, p. 145 y sig. y
sus notas, etc., etc.

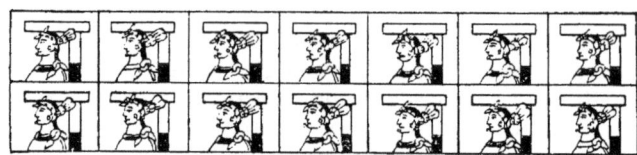

CUESTIONARIO

---

1. – ¿Cómo trató Cortés *al heroico* Quauhtemoc?
2. – ¿Cómo sufrió el jefe indígena el suplicio?
3. – ¿Qué razones determinaron á Cortés á explorar el Mar del Sur?
4. - ¿Qué territorios recorrieron sus lugartenientes?
5. - ¿Qué medidas tomó Cortés *para reconstruir la ciudad de Méjico?*
6. – ¿Qué oficio indígena hizo revivir, y cuál reservó para sí?
7. -- ¿Cómo se introdujo el cristianismo en Méjico?
8. – ¿Quiénes fueron sus primeros apóstoles?
9. – ¿Qué dificultades tuvo Cortés *con el* Obispo Fonseca?
10. – ¿Cómo las solucionó?
11. – ¿Qué territorios descubrió Gil González Dávila?
12. – ¿Qué poblaciones fundó Hernández de Córdoba?
13. – ¿Quién fué el conquistador de Honduras?
14. – ¿Qué pueblo fundó Francisco de las Casas?
15. – ¿Qué territorios recorrió Cortés en su expedición á Yucatán, y qué resultados obtuvo?
16. – ¿Cómo pereció Quauhtemoc?

17. – ¿Quién fué el conquistador de Guatemala?
18. – ¿Qué tribus indígenas sometió y cómo consolidó su conquista?
19. – ¿Qué territorio se concedió á Fray Bartolome de las Casas?
20. – ¿En qué forma lo conquistó?
21. – ¿Cómo recompensó á Cortés el Emperador Carlos V?
22. – ¿Con qué fines se instituyó la Real Audiencia de Nueva España?
23. – ¿Qué industrias desarrolló Cortés en sus estados de Oaxaca?
24. – ¿Cómo se descubrieron los territorios de California?
25. – ¿Dónde murió Hernán Cortés, y dónde fué enterrado?

REFERENCIAS

Generales. – Véase mi Vol. I. Tit. II, Cap. VII, pág. 280.

Especiales. – Véanse también las relacionadas en el Vol. I, pág. 280. Son además de utilisima consulta las obras siguientes: *González Obregón*, México Viejo (París, 1900). *F. A. Mac Nutt*, Fernando Cortés & the Conquest of Mexico. *Huber Howe Bancroft*, History of Mexico, San Francisco (1883-88), 6 vols. *Idem íd.*, History of Central America. 3 vols., San Francisco, 1886. *Genaro García*, Caracter de la Conq. Española en América y en México (México, 1901). *Alaman*, Disertaciones sobre la Historia de la República Mexicana (México, 1844-1849). *J. García Icalbazceta*, Obras (Bib. de Autores Mexicanos, volúmenes 1-3-6-9 12-14-18-20-23, México, 1896-99). *Helps* (Sir Arthur), The Life of Hernando Cortés, 2 vols., Londres, 1871. *Milla* (José), Hist. de la América Central, etc. (continuada por *Gómez Carrillo)*, Vols. I á V, Guatemala, 1879-1905. *Manuel M. de Peralta*, Costa Rica, Nicaragua y Panamá en el siglo XVI, etc., Madrid, 1883. *Orozco y Berra*, Apuntes para la Historia de la Geografía en México (Méjico, 1881). *Clavigero* (Fco. Saverio), Hist. Antigua de México. Trad. Mora. Londres, 1826 y Méjico 1844 (en especial vol. III). *Gamez*, Hist. de Nicaragua (Managua, 1889). *Juarros Domingo*, Comp. de la Historia de la ciudad de Guatemala (Guatemala, 1857) etc., etc.

Fuentes. – Coll. Doc. para la Hist. de España *(Fuensanta del Valle y Sancho Rayon*, Indices Vol. 61-73). *Bernal Díaz del Castillo*, Hist. Verdadera de la Conq. de Nueva España (Ed. Genaro García, 2 vol., Méjico, 1904). *López de Gomara*, Conq. de México, 2.ª parte de la Crónica General de las Indias (Hist. Prim. Ind. I, pág. 294). *Andrés de Tapia,* Relación (Publicada por *Icalbazceta,* Coll. Doc. Hist. Mexico, Vol. II, págs. 554-594). *Calvete de la Estrella,* De Rebus Gestis Ferdinandi Cortessi, 1548-1560 (Coll. Doc. Icalbazceta, Vol. I). Coll. Doc. Inéditos relativos al Descubrimiento, Conquista y Colonización de las Posesiones Españolas en América y Oceanía *(Pacheco y Cárdenas,* 42 vols.) Relación de *Alfaro de Santa Cruz* (Coll. Doc. Inéditos relativos al Desc., Conq. y Organización de las Antiguas Posesiones de Ultramar, 2.ª Serie, Academia de la Historia, Vol. I). Relaciones del Yucatán (Coll. Doc. Inéd., 2.ª Serie, Vols. XI-XIII). *Francisco Cervantes de Salazar,* Tres diálogos latinos (Trad. y ed. *Icalbazceta,* Méjico, 1875). Cartas de *Bernal Díaz del Castillo* al Emperador Carlos V (1552, Guatemala) y al Rey Felipe II (Id., 1558) en Cartas de Indias (Ed. Min. de Fomento, págs. 38 y 45). *Diego López Cogolludo,* Hist. de Yucatán (Madrid, 1688). *Archivo Mejicano* (Ed. *Ignacio L. Rayon),* Documentos para la Historia de Méjico (2 vols. 1852-53). Documentos para la Historia de Méjico, Series I, II, III y IV (Méjico, 1853-57). Doc. Historia de Méjico (Ed. *García Pimentel,* Madrid, 1903-1904). *Bernardino de Sahagún,* Hist. Gen. de las cosas de la Nueva España (Ed. *C. M.ª Bustamante,* Méjico, 1829-1830). *Torquemada,* Mon. Indiana (Ed. *Barcia,* 3 vols., Madrid, 1723). *Agustín de Vetancurt,* Teatro Mexicano (Ed. México 1697). Relaciones, Hist. y Geog. de la América Central (Introducción de *Serrano y Sanz.* Suárez, Madrid, 1908), etc., etc., y las relacionadas en mi Vol. I, Cap. VII, pág. 281.

Bibliografías. —*John Carter Brown,* Bibliotheca Americana, Part I (1493-1600). Providence 1865-66. Epítome de la Biblioteca Oriental, etc., de *León y Pinelo* (Ed. *González de Barcia,* Madrid, MDCCXXXVII-VIII). *Bandelier,* Notes on the Bibligraphy of Yucatan & Central America (Procc. Am. Ant. Society. New Series Vol. I, 1880). Las coleccionadas por *Bancroft* México, Vol. I. *Idem,* Central America, Vol. I. Las de *Winsor,* Narr. & Crit. Hist. of America, Vol. II, pág. 217 y sig. (Cartografía) y págs. 397 á 472. La bien seleccionada de *Maudslay,* en su traducción inglesa de la Historia Verdadera de Bernal *Díaz del Castillo,* Vol. I, pág. 315 y siguientes. Véanse también las mencionadas en mi Vol. I, Cap. VII, y para fuentes documentales y Ms. (América Central), la Introducción y Notas de la Edición *Suárez* de las Relaciones Histórico Geográficas de la América Central (fol. IX-LXXX), Madrid, 1908.

CAPÍTULO III

EXPLORACIONES EN LAS COSTAS Y EN EL INTERIOR
(1520-1561)

Expediciones de 1. — La región que se extiende desde el Mississipí hasta el
Garay y Pineda. Atlántico, fué barrera infranqueable para los colonos españoles del Nuevo Mundo. En los inmensos territorios Norte Americanos, fracasaron dolorosamente las empresas de los exploradores Castellanos. Sólo dejaron el imborrable recuerdo de
sus infructuosas hazañas.

Dos años después de la expedición al Yucatán de *Hernández de Córdoba* (Tomo I, pág. 493), el Gobernador de Jamaica *Francisco de Garay,* deseoso de descubrir el ambicionado
é ilusorio estrecho que conducía á las Indias, equipó cuatro
embarcaciones que, mandadas por el Piloto Cartógrafo *Alonso
de Pineda,* exploraron durante ocho ó nueve meses (1519) las
costas del Golfo de Méjico, desde la Florida hasta Tampico,
reconociendo la embocadura de un río que llamaron del *Espíritu Santo* (Río Mobile-Alabama) y tratando amistosamente
con las tribus indígenas que poblaban sus orillas. Desespe-
ranzados de encontrar el estrecho que buscaban, y sin recursos para fundar pueblos, volvieron á Jamaica preconizando la
fertilidad de las tierras descubiertas. Animado *Garay* por las

relaciones de su piloto, solicitó y obtuvo de Carlos V una Real Cédula para colonizar los mencionados territorios. (Provincia del *Amichel*, etc.) Armó una poderosa expedición (1523) con tal objeto, pero como anteriormente vimos, al llegar al río Panuco halló sus orillas ocupadas por los soldados de *Cortés*

Fig. 26. – Probables derroteros de *Pineda* (1519), *Gordillo* (1521), *Esteban Gómez* (1526) en las costas de la America del Norte.

que mantuvo ser aquellas tierras de su jurisdicción de la Nueva España.

Obligado *Garay* por la deserción de los suyos, rindió vasallaje á su diplomático y habilísimo rival, entregándole sus naves, etc. y desistiendo de su empresa. Poco tiempo después

(Diciembre 1523) falleció de una pulmonía, en la ciudad de Méjico (1).

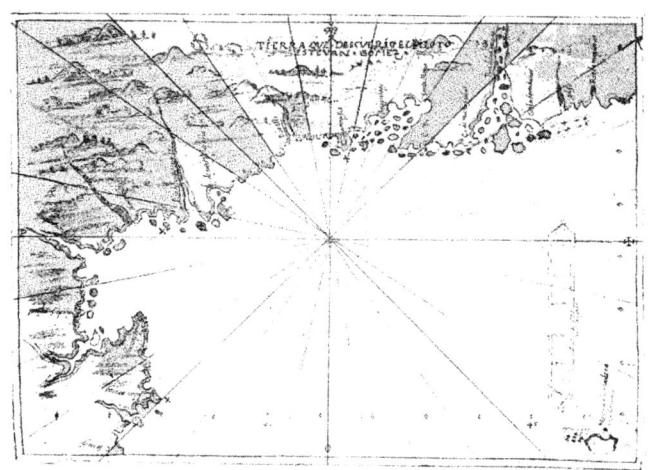

Fig. 27. – La tierra que descubrió el piloto *Esteban Gómez* (Islario *Alonso de Santa Cruz*, 1550).

El paso del Noroeste.

2. – Los viajes de *Pineda, Garay*, etc., demostraron claramente la inexistencia en aquellas latitudes del estrecho que uniendo los dos mares había de facilitar el viaje „*á las islas que criaban los aromas y las perlas*". Por otra parte, cuando los

(1) Vse. *Navarrete*. Coll. Viajes. III, págs. 147-151 (reproduce la Real Cédula en favor de Garay). *Herrera*. Dec. II, Lib. X, Cap. XVIII. *Pedro Martyr de Anglería*. Dec. VII, Lib. V, Cap. I y II. Dec. VIII, Lib. I. Cap. I y II. Lib II, Cap II y III. *Bernal Díaz del Castillo* op. cit. Cap. CLXII. El río del Espíritu Santo ha sido identificado por algunos escritores con el Mississipi, pero no obstante la autorizadísima opinión de *Woodbury Lowery*. *Spanish Settlments*, pág. 150 y sig. y sus notas, me inclino, siguiendo á *Scaife*, America Its Geographical History, págs. 139 y 176, y á *Hamiltón* Colonial Mobile, Cap. II, á quienes también sigue *Bourne*, op. cit. pág. 137, á identificar el río descubierto por Pineda *con el Mobile*. Sobre la locación, etc., de la llamada *Provincia de Amichel*, véase también *Harrisse*. Disc. of North America, pág. 161 y sigs. *Winsor*. N. & C. H. of A. Vol. II, pág. 238 y sus notas y referencias (pág. 284 y sig).

compañeros de Magallanes volvieron á España, diéronse cuenta los Cosmógrafos de que entre América y Asia existía un Océano mucho más vasto y proceloso que el ensoñado por el Almirante *Colón*. Túvose, pues, como indiscutible axioma geográfico que desde el Estrecho de Magallanes hasta lo que estaba descubierto al Norte, era todo el Nuevo Mundo *„una tierra continuada sin la partir ni dividir la mar"*. (1)

Definidos nuevamente los límites de los dominios ultramarinos de Españoles y Portugueses en las *Juntas de Badajoz* (1524), siguieron estos últimos en sus expediciones á la India su antigua ruta, y como no se conocía la anchura del Continente Septentrional aún inexplorado, y la ruta Magallánica era larga y dificultosísima, determinaron los navegantes buscar *al Norte de la Florida el paso á Cathay y las Molucas,* que importaba para la España de entonces el dominio completo del comercio del mar. Así surgió la larga y peligrosa porfía, la odisea de tres siglos en demanda del *paso del Noroeste* que, como veremos más adelante (Capítulo XI), no había de descubrirse hasta que *Sir Robert Mc Clure*, en 1854, pasó desde el Estrecho de Bering al de Davis, entre las islas del Océano Glacial (2).

Fig. ·28· – Pesquerías de Terranova (738).

(1) *Oviedo*. Hist. General, Lib. XXI, Cap XI, pág. 150, Vol. 2.º
(2) *Pedro Martyr*, op. cit. Dec. VI. Cap. IX y X. *Fiske*. Discovery II, pág 487 y sus notas. *Bourne*, op. cit., pág. 137 y sig. *Gomara*. Hist. Gen. de las Indias (Hist. Prim. In.), Vol. I. pág. 220 y sig. Comp. *Guillemard*. Magallanes, pág. 14 y siguien-

3.—Ya en el año 1521, el Licenciado *Lucas Vázquez de Ayllón*, Oidor de la Audiencia de Santo Domingo, había enviado una carabela mandada por *Gordillo* para explorar las costas de la Tierra Firme y las Bahamas. Navegando entre dichas islas encontró *Gordillo* otra carabela mandada por *Pedro*

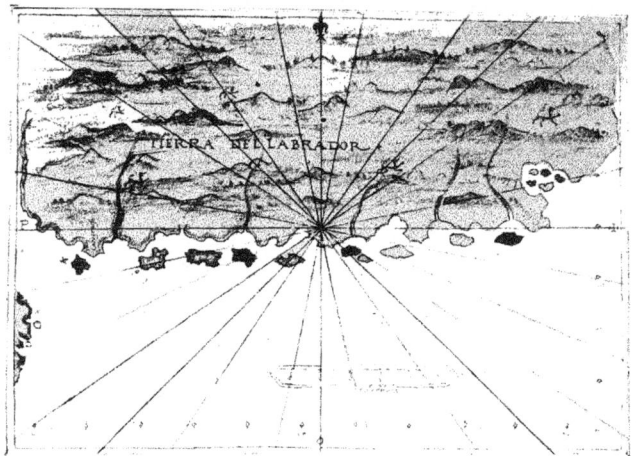

Fig. 29. – La tierra del Labrador. (Islario *Alonso de Santa Cruz*. 1550).

de Quexos, enviada á aquellas regiones para capturar indígenas. Uniéronse los dos pilotos, y haciendo rumbo Noroeste, llegaron á la boca de un río que llamaron *San Juan Bautista (Georgetown - Carolina del Sur)*. *Gordillo*, contrariando las instrucciones de *Vázquez de Ayllón*, limitóse como *Quexos* á apoderarse de algunos esclavos y volver con ellos á Santo Domingo, donde la Real Audiencia les devolvió la libertad. No se desanimó el Oidor *Ayllón* por el fracaso de su subordinado *Gordillo*, y prévia Real Cédula obtenida (1523) del Empera-

tes, etc., etc. Sobre el viaje de *Sir Rober Mc Clure*, véanse las notas y referencias del Cap. XI. Comp. *Randall*. Voyages towards the Northwest (1496-1631), pág. 21 y sig. etc.

dor Carlos V, autorizándole para explorar 800 leguas de costa y *seguir un estrecho si le encontraba,* hízose personalmente á la vela en Santo Domingo (1526) al mando de lucida expedición. En las cercanías del actual *Cabo Fear,* fundó una colonia *(San Miguel)* de vida tumultuosa y efímera. Su incapacidad militar, "pues nunca había vestido coraza ni ceñido espada", los rigores del clima y los violentos ataques de los indígenas *(Algonquinos)* desmoralizaron á su gente. Surgió el descontento y la anarquía en la naciente colonia. No supo *Ayllón* sofocarla, y para colmo de desgracia, falleció de fiebre al poco tiempo (Octubre 13). Los colonos abandonaron para siempre aquellas inhospitalarias tierras (1).

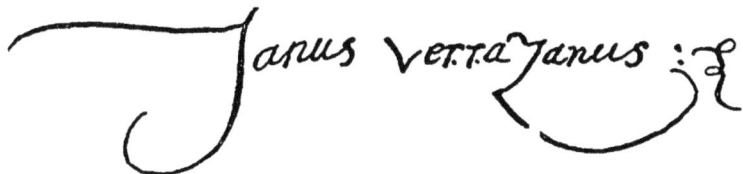

Fig. 30.—Autógrafo de Verrazano.

Al mismo tiempo que *Ayllón* y los suyos perecían en San Miguel, el piloto *Esteban Gómez,* desertor de la expedición de Magallanes (Vse. Tomo I, pág. 518) obtuvo permiso del Emperador Carlos V *"para encontrar entre Bacalaos y la Florida un camino para Cathay... y ver si en las revueltas y vastos rodeos de nuestro Océano, se encuentra salida para ir al que comunmente llaman Gran Can* (2).

El iluso *Esteban Gómez* salió de la Coruña á principios

(1) Vse. *Winsor.* N. & C. H. II, pág. 238 y sig. y sus referencias: *Harrisse.* Discovery, pág. 209 y sig. La Real Cédula en favor de Ayllón (Junio 12-1523) notable por sus disposiciones en favor de los Indios, está reproducida en *Navarrete.* Viajes-III, pág. 155 y 164. Vse. en especial sobre este viaje *Woodbury Lowery,* op., cit., pág. 151-157 y 160-168 y apéndice II, pág. 447 con sus bien seleccionadas referencias. Comp. *Oviedo.* Hist. General, III- XXXVII. Proemio y Cap. 1, pág. 623.

(2) Vse. *Pedro Martyr.* Dec. VI, Cap. X (Vol IV, pág. 63), *Capitulación* para el descubrimiento del Catayo Oriental (Marzo 27-1525) en favor de Esteban Gómez *(Doc. Inéditos,* XXII, pág. 74).

del 1525 con rumbo al Noroeste. Tocó tierra entre Maine y Terranova, recorriendo la costa hacia el Sur hasta cerca del paralelo 35º. La crudeza del invierno le convenció de que aun encontrando el ansiado estrecho no podría atravesarle. Contentóse, pues, como *Gordillo,* con cargar su carabela de esclavos indios y volverse á España. Había costeado infructuosamente la América del Norte desde Labrador al Cabo **Cod,** y las bocas de los ríos Conecticut, Hudson y Delaware (1).

Ayllón y *Gómez* sólo encontraron en aquellas costas árboles, frutas y *«tierras útiles conformes con nuestros paralelos y grados polares».* No trajeron oro ni especias. Sus viajes, pues, de indudable importancia geográfica, no interesaron á nadie en la Metrópoli, donde las riquezas de Méjico y Perú subyugaban naturalmente todos los aventureros espíritus.

Qué necesidad tenemos nosotros, decía un cronista de la época, comentando el viaje de Ayllón, *de estas cosas vulgares entre los Europeos?... Hacia el Sur han de caminar los que buscan las riquezas que guarda el equinoccio, no hacia el frío Norte...* (2)

El viaje de Verrazano.

4. — El piloto *Esteban Gómez* fué precedido en las costas Norte Americanas por algunos navegantes al servicio de Francia. Prescindiendo de los viajes de los pescadores Normandos y Bretones á los bancos de Terranova, la primera expedición exploradora francesa que menciona la Historia, fué la del navegante Florentino *Giovanni da Verrazano* ó *Verrazanus* al servicio del Rey Francisco I, de Francia. *Verrazano,* identificado erróneamente por varios historiadores con el pirata *Juan Florin,* que capturó los tesoros mejicanos enviados por *Cortés* al Emperador Carlos V, costeó (Enero á Julio 1524) la actual *Carolina del Norte,* y entró en la *bahía de Nueva York* y el río *Hudson,* llegando hacia el Norte hasta *Terranova.* Poco ó nada

---

(1) *Harrisse.* Disc. of North America, pág. 230 y sig. *Winsor,* N. & C. H. II, página 241 y sig. y sus referencias. *Bourne,* op , cit., pág. 140 y sig. *Herrera,* Dec. III, Lib. VIII, Cap. VIII. *Woodbury Lowery,* op., cit., pág 171 y el apce. I.

(2) *Martyr de Anglería,* op. cit. Dec. VIII, Lib. X (Vol. III, pág. 448). *Hakluyt* Voyages, V. pág. 475, etc.

se sabe de los incidentes del viaje de *Verrazano,* ni de su suerte ulterior. Fué recibido con gran alegría en Dieppe por comerciantes y pilotos, pero imposibilitado de volver á fundar colonias en la tierra descubierta, parece ser que volvió á la mar como corsario y hecho prisionero en las Canarias, fué ahorcado en Sevilla como pirata y "enemigo público de las gentes„ (1).

Cartier y Roberval·

5. – Diez años transcurrieron sin que los trastornos interiores de Francia y sus contínuas guerras en España é Italia, permitieran al impulsivo y versatil *Francisco I,* de Francia, ocuparse de nuevas exploraciones. Hubiera tal vez olvidado semejantes aventuras marítimas si su favorito *Brión de Chabot,* entonces Almirante de Francia (1534), no le hubiera decidido á seguir los derroteros abiertos por *Verrazano.* A instan-

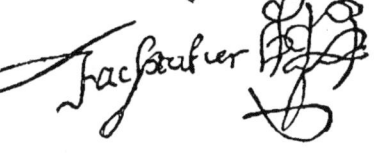

Fig 31. – Retrato y autógrafo de *Jacques Cartier.* *(Charlevoix,* Hist. Nouv. France).

---

(1) *Gab. de Cárdenas.* Ens. Cronológico, Vol. VIII, pag. 75 (Año 1524). Ed. Madrid, 1829, que lo identifica sin prueba alguna con el pirata *Juan Florentín,* error seguido por varios autores. Vse. *Fiske.* Disc. II, pág. 493 y sig. y compse. *Peragallo* Bull. Soc. Geog. Ital. 2.ᵃ, Serie IX, pág. 189, que desvanece cumplidamente la afirmación de *Cárdenas.* Sobre el viaje, etc. de *Verrazano,* véase en especial *Winsor·* N. & C. H., Vol. IV, pág. 4 á 18 y sus notas. *Murphy.* Voyage of Verrazano, pág. 21 y sig. *De Costa:* Verrazano the Explorer, pág. 14 y sig. con sus notas bibliográficas. *Parkmann:* Pionneers of France, pág. 185 y sig. y notas pág. 227. *Harrisse:* Discovery, pág. 219 y sig. *Bourne:* op. cit., página 143 y sig. *Lavisse et Rambaub.* Hist. Generale, Vol. IV, pág. 978 y sig.. etc., etc.

cias, pues, del referido *Chabot,* comisionó el monarca francés
á *Jacques Cartier,* hábil navegante de St. Malo, para descubrir
un estrecho entre los dos Océanos.

Salió *Cartier* de St. Malo (Abril 1534) con rumbo al Norte,
pasó alrededor de Terranova, exploró el Golfo de San Lorenzo y descubrió la isla de *Anticosti.* En Mayo del 1535,
emprendió nuevo viaje explorando cuidadosamente el *Río de
San Lorenzo,* que llamó de *Hochelaga,* con el mismo cuidado

y objeto (Tomo I, pági-
na 514) con que veinte
años antes habia explora-
do *Solís* el Río de la Plata (1515), similar en grandeza, latitud y condicio-
nes al San Lorenzo, en el
Continente Sud America-
no. Pasando el caudaloso
Saguenay, llegó *Cartier*
(Septiembre 1.º) á la al-
dea indígena *(Hurones-
Iroqueses)* de *Stadaconé,*
edificada cerca de la histórica roca sobre la que
hoy se levanta *Quebec,* y

Fig. 32.—Francisco I. (De un medallón de cera
del siglo XVI del Museo de Cluny).

siguió luego por el *San Lorenzo* con una pequeña embarcación hasta *Hochelaga* (hoy Montreal), donde desembarcó, avis-
tando, después de trabajosa marcha á través de los bosques,
un ingente promontorio que llamó *Mont-Royal,* y dió á la
moderna *Hochelaga* su nombre. Impedido por las cascadas de
Lachine para seguir navegando el San Lorenzo, retrocedió hasta *San Carlos,* donde bloqueado por los hielos, invernó de
Noviembre á Marzo. El 16 de Julio pudo volver á Francia.

Animado *Francisco I* por este viaje de *Cartier,* decidió enviarle nuevamente á colonizar las tierras de *Canadá* y *Hochelaga,* que formaban, decía la capitulación, *la extremidad occidental del Asia.* Nombró el Monarca como Virrey de los men-

cionados territorios á *Jean François de la Roque, Sieur de Roberval* y á *Jacques Cartier,* Almirante de la flota. Salió este
último de St. Malo (Mayo 1541), arribó á *Stadaconé* (Quebec),
donde construyó un fuerte, exploró las cataratas cercanas á
Montreal (Hochelaga), y esperó en vano á *Roberval* que no
llegó hasta la primavera siguiente (Abril 1542), cuando *Car-*

tier, impotente para
mantener su colo-
nia, la abandonaba
y volvía á Francia.
Ordenó *Roberval* á
Cartier que perma-
neciera en el Cana-
dá. Pero fuese por
una razón ó por
otra, el Almirante
desobedeció al Vi-

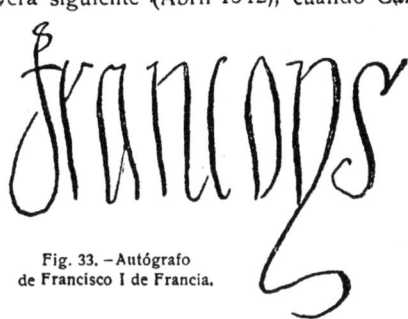

Fig. 33. – Autógrafo
de Francisco I de Francia.

rrey, dejándole abandonado con los suyos á los rigores del
invierno Canadiense. Nada se sabe de lo ocurrido á *Roberval*
y su gente después de la partida de *Cartier,* pero es evidente
que la proyectada colonia no prosperó. Como más adelante
veremos, la verdadera fundación de la *Nueva Francia* había de
hacerse por otro explorador más grande en la historia que
Cartier y *Roberval;* el célebre *Samuel de Champlain* (1).

6. – Los viajes de *Cartier* y *Verrazano,* y en especial el de **Errores geográ-**
este último, contribuyeron á extraviar el juicio de los geógra- **ficos.**
fos y navegantes de la época sobre la extensión y forma del
Continente Norte-Americano. En efecto, en 1529, *Jerónimo de*

(1) *Cárdenas.* Ens. Cron. Vol. VIII (años 1535-36), pág. 86 y sig. *Parkmann.* Pionneers, pág. 198 y sig. y sus notas. *Hakluyt.* Voyages (Goldsmid) XIII, pág. 76 y sig.
Lescarbot. Relation originale du Voyage de Jacques Cartier en 1534 (Ed. Paris, 1867),
pág. 9 y sig. El nombre de *Canadá* es indio y significa pueblo ó tierra. "Ils appellent
une ville *Canadá*", dice *Cartier* mismo en el Diario de su segundo viaje. *(Cartier.*
Discours du Voyage. Ed. Lit. Hist. Soc. de Quebec, citada por *Parkmann,* pág. 202,
nota I). Vse. en especial sobre Cartier y sus viajes al R. *Benj. J. de Costa,* en *Winsor.*
N. & C. H., Vol. IV, Cap. II, pág. 47 á 80 con sus preciosas notas críticas y referencias. *Harrisse.* op. cit., pág. 278 y sig. Comp. *Anquetil,* Hist. de France, Vol. V,
pág. 328 y sig., etc., etc.

Verrazano, cartógrafo, hizo un mapa de los territorios por su hermano descubiertos, en el que la península de la Florida aparecía unida con la llamada tierra de *Verrazano,* por un estrecho itsmo que dividía el hemisferio en tres masas continentales en vez de dos y cuya costa occidental estaba bañada por un mar imaginario (mar de *Verrazano).*

El mapa de *Munster* (1540), inspirado en el anterior, coloca al *Zipanqui* (Japón) muy cerca de Méjico, y aunque ya concibe su cartógrafo al Continente Americano *como un todo independiente del Asiático,* sitúa su extremo Septentrional en la misma latitud que la India Oriental, sugiriendo claramente la facilidad de llegar á ella por el supuesto *Mar de Verrazano.* Fué tan persistente en los geógrafos y marinos esta falsa idea de la forma del Continente Norte-Americano, que hasta el célebre navegante *Hudson,* ya muy entrado el siglo xvii, creía poder penetrar en el Océano Pacífico por el río de su nombre (1).

Pánfilo de Narváez en la Florida.

7.—La única manera de disipar estas fantasías era explorar en el interior del Continente y conocer su extensión. La primera de estas expediciones mediterráneas fué la de *Pánfilo de Narváez,* que deseoso de eclipsar á su rival *Hernán Cortés,* obtuvo del Emperador Carlos V (1526) una capitulación, concediéndole para colonizar, la costa del Golfo, *desde Méjico hasta la punta de Florida.* Salió *Narváez* de Cuba en el 1528 (Abril), tocó tierra en la Bahía de Tampa, y allí decidió, contra la opinión de *Alvar Núñez Cabeza de Vaca,* tesorero y cronista de esta expedición, enviar sus naves hacia Panuco y seguir el viaje por tierra. No encontraron los pilotos los puertos donde debían esperar á sus jefes, y después de un año de inútiles esfuerzos volvieron á la Nueva España. *Narváez* en tanto, con trescientos de los suyos llegó, después de dificultosísima marcha, al pueblo indio de *Apalache,* no lejos del ac-

---

(1) Vse. *Bourne,* op. cit., pág. 148 y sig *Weise.* Discoveries of America (N. Y. 1884). Cap. XI, y en especial *Winsor.* Maps of the Eastern Coast of N. América (1500-1535), Vol. IV, pág. 32, 46 y sus notas. *Id.* Cartography of the N. E. Coast of North America (153⁵-1560). Vol. IV, pág. 81 y sig. Comp. *Fiske* Discovery. Vol. II, páginas 494 y 546. *Harrisse.* Discovery, pág 214 y sig. y sus notas, etc., etc.

tual *Tallahassee*. Rechazados allí por los indios *(Timaquanos)* lograron, no sin enorme esfuerzo, construir cinco frágiles navichuelos en los que se embarcaron á fines de Septiembre. La ignorancia del arte de navegar, el exceso de gente y lo recio de los temporales de invierno, hicieron sucumbir una tras otra aquellas míseras barcazas. Sólo 80 náufragos, enfermos y ago-

Fig. 34. – La Nueva Francia y el Canadá. (Wytfliet, 1597)

tados, consiguieron arribar á una isla de la costa de Tejas (Matagorda). La noche misma en que llegaron, la barca de *Narváez*, impelida por el huracán, desapareció mar adentro. Nada volvió á saberse de ella, ni del desgraciado *Narváez* que se encontraba á bordo. El resto de las tripulaciones, vagando y sin rumbo en la costa, fué pereciendo paulatinamente. El hambre y las inclemencias del clima redujo á 15 el número de los náufragos (1).

(1) Vse. Naufragios de *Alvar Núñez Cabeza de Vaca*, etc. (Hist. Prim. Ind. Vol. I, pag. 571 y sig.) Cap. I á XXI. *Woodbury Lowery*, op. cit., pág. 172-198 y apce. I. con sus notas y referencias. *Herrera*. Dec I, Lib. IX, Cap. VII: Dec. IV, Lib. II, Cap. IV, etc. *Oviedo* op. cit Vol. III, Lib. XXXV, Cap. II, III y sig *Buckingham Smith*. American Ms. (1500-1560), pág. 90 y sig. *Bancroft*. North Mexican States, Vol. I, pág. 63 y sig. *Cárdenas y Cano*. Ens. Cron. Vol. VIII, pág. 77 y

8. – *Alvar Núñez Cabeza de Vaca,* con algunos de sus compañeros, viéronse forzados á convertirse en saludadores ó curanderos para congraciarse con los indígenas. Tuvieron la inesperada suerte de que curaran de sus dolencias algunos de los superticiosos dolientes indios que santiguaron ó ensalmaron. Cinco largos años malvivieron en aquellas tribus como médicos ó *shamanes.* En 1534 *Cabeza de Vaca,* con los únicos tres que sobrevivieron á tales fatigas *(Dorantes, Castillo* y el

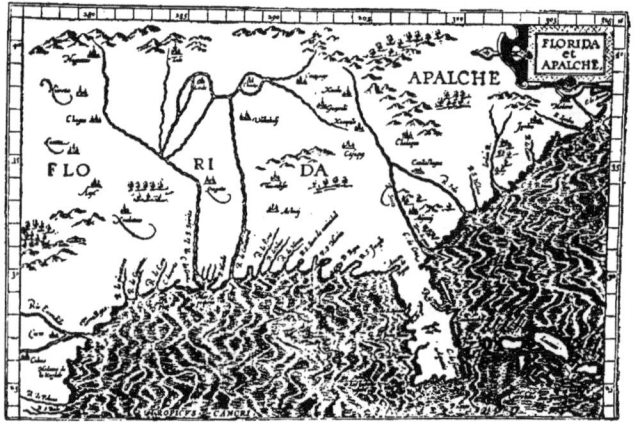

Fig. 35. La Florida y el territorio del Apalache (Wytfliet, 1597).

negro *Estevanico),* escaparon hacia el Oeste, viviendo ocho mortales meses en otras tribus, merced á la credulidad de los milagreros indígenas.

Su fama de *shamanes* fué extendiéndose en aquél territorio y bien pronto una extraña procesión de indígenas, precedida

sig. G. *Parker Winship.* The Coronado Expedition, 1540-42 (14 An. Rep. B. A. E I parte). Intca Histca pág. 345 y sig. «Yo os digo caballero pobre ó hidalgo necesitado, ó artesano de mal reposo, ó villano mal consejado..., que teneis justa paga de vuestro mal acuerdo, porque en el cavar... avia mas seguridad y quietud para el cuerpo y para el ánima que no escoger una liviandad tan notoria y peligrosa como hicistes en seguir á Panphilo de Narvaez»... *Oviedo.* Hist. Gen. Vol. III, pág. 596.

por los náufragos, siguió con desesperante lentitud su terrible marcha hacia el sol poniente.

Diez eternos meses duró esta última é increible jornada, desde las llanuras de *Tejas* al mar Pacifico. Siguieron *el Río Grande*, cruzaron el actual *estado de Chihuahua*, escalaron las fragosidades *de la Sierra Madre* y penetraron en los valles de *Sonora* hasta la aldea indígena (Punas) que llamaron de *Los Corazones*. Tuvieron allí noticias de haber llegado exploradores blancos. Con la natural ansiedad siguieron el curso del Río *Petatlan* en Sinaloa, donde por fin encontraron un pequeño destacamento de aventureros españoles que, mandados por *Alcaraz,* merodeaba á caza de esclávos por

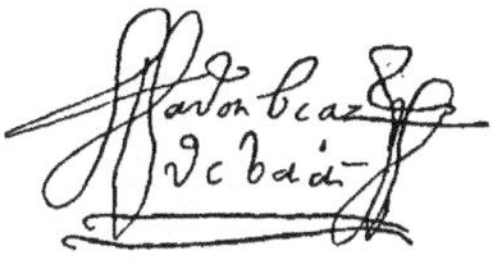

Fig. 36. – Autógrafo de Cabeza de Vaca.

aquellas latitudes. La sorpresa de *Alcaraz* y los suyos al oir á *Cabeza de Vaca,* no es para descrita. Juntos siguieron por Culiacan hasta *Compostela* (Nueva Galicia) donde el Gobernador *Nuño de Guzmán,* los recibió con amabilidad extrema. El día 24 de Julio de 1536 llegaban los cuatro héroes de aquella estupenda jornada á la ciudad de Méjico (1).

9. — La gobernación de la Florida fué concedida por el Emperador al brillante caudillo *Hernando de Soto,* que había alcanzado en el Perú pingües riquezas y envidiable renombre. En la capitulación ó *asiento* (20 de Abril 1537) se le autorizaba para conquistar las tierras comprendidas entre el *Río de las Palmas* y la *Florida,* nombrándole al mismo tiempo gobernador de Cuba. Salió *Hernando de Soto* de esta isla (1539) con nueve embarcaciones bien pertrechadas y cerca de 700 hombres; desembarcó en *Tampa,* invernó en el *Apalache* y empren-

Hernando de Soto en el Mississipí

(1) Vse. *Cabeza de Vaca.* Naufragios, etc. (Ed. citada). Cap. XXI á XXXVIII. *Oviedo,* op. cit. III, Lib. XXXV. Cap. IV y sig., pág. 599 *Woodbury Lowery,* op. cit. pág. 198 y sig. y Apén. K. (Sobre la ruta vse. pág 204, nota 1). *Bandelier.* Contributions to the Hist. of the S. W. partion of the U. S. pág. 31 y sig. y sus preciosas notas. *Parker Winship.* Coronado Exp. Int. Hist., pág. 347. Itinerario, pág 341. *Cárdenas y Cano,* op. cit, pág. 86 y 104. Comp. *Winsor* N. & C. H, Vol. II, pág. 242 y sig. y notas críticas, pág. 256 y sig. (Vol. II), etc., etc.

dió en la primavera su marcha hacia el N. E., en busca de la tierra que decían los indios estar en el otro mar (Marzo 1540). Pasó por varios pueblos indígenas *(Creeks, Yuchees,* etc.), cruzó las *Montañas Azules* y tuvo en *Mauvilla* un recio y desgraciado encuentro con los indígenas. Sin arredrarse por ello, y ocultando á su gente, para evitar deserciones, que *Maldonado*

Fig. 37.—Mapa de América del Norte *(Munster,* 1540).

esperaba con las naves en el cercano puerto de *Ochuse,* siguió camino hacia el N. O. acampando para invernar en el poblado de *Chicaça* (Diciembre 30). Los indios incendiaron el campamento con grandes pérdidas para los españoles. Consiguió *de Soto* derrotarlos y al llegar la primavera (1541) reanudó sus exploraciones. El día 8 de Mayo descubrió el gran *Río Mississipí,* cruzóle cerca del actual *Menphis,* y después de buscar en vano *el otro mar* en los llanos de Arkansas, volvió hacia el S. E. á cuarteles de invierno. Fué durísima esta tercera invernada. Los que no perecieron en ella, llegaron á la primavera extenuados é inermes. *Hernando de Soto*, enfermóse gravemente, y no sin despedirse de los suyos con serena resignación, y nombrar á *Moscoso* para sucederle en el mando, entregó al Creador su in-

domable espíritu (Mayo 21 - 1542)· Para impedir que los indios profanasen su cadáver, fué arrojado al fondo del *Mississipí,* digno sepulcro de tan gran explorador y caudillo. *Moscoso* y el resto de los expedicionarios, lograron construir algunos bergantines, y después de peligrosa navegación (no tenían ya armas de fuego) por el *Mississipí,* alcanzaron su desembocadura, costearon el Golfo de

Fig. 38. – *Hernando de Soto.* (Facsímile de un grabado de las Décadas de *Herrera.)*

Méjico y llegaron por fin á Panuco (Septiembre 10-1543) *cuatro años, tres meses* y *once días* después de haber desembarcado en la Bahía de Tampa (1).

---

(1) *Garcilaso de la Vega.* La Florida del Inca, etc., Lib. I á VI (Ed. Madrid 1829). *Oviedo:* op. cit. Vol. III, Lib. XVII, pág. 544 y sig. *Herrera:* Dec. Vol. III. Dec. VI, Lib. VII, Cap IX á XII. Dec. VII, Lib. I, Cap. X al XV. *Shipp:* De Soto & Florida. pág 24 y sig. *Shea,* en *Winsor:* N. & C. H. of A. II, pág. 425 y sig. y sus referencias, *Biedma:* Coll. Doc. Flo., pág 47 y sig. *Woodbury Lowery:* op. cit., pag. 213 y sig. y sus notas. Sobre la situación de *Mauvilla, Chicaça,* etc., vse. notas *Lowery,* pág. 230, 31, 33, y sobre el punto en que cruzaron los descubridores el Río Mississipi, la nota 2ª *(Lowery)* de la pág. 237, etc., etc.

10. – Las noticias de la expedición de *Cabeza ae Vaca,* des-
pertaron en Méjico interés extraordinario. Según una leyenda
Europea, en el siglo VIII había fundado un Obispo que huyó
de España al ser invadida por los Arabes, *siete soberbias ciudades* en una isla *(Antilla)* del Mar Tenebroso. Existía también
entre los Mejicanos otra leyenda sobre *Siete Cuevas,* de las
que en muy lejanos tiempos venieron al Anahuac, los antepa-

Fig. 39. – Probable derrotero de *Hernando de Soto* y sus compañeros.
(Mayo 1539-Noviembre 1543).

sados de los *Nahuatl.* La ardorosa fantasía de los colonos de
la Nueva España amalgamó estas dos fábulas, y al saber por
Cabeza de Vaca la existencia de un vasto territorio al Norte de
Méjico, resolvieron buscar en aquella dirección las siete ricas
y fantásticas ciudades de la medioeval conseja. El *Virrey Mendoza* encargó esta exploración al monje franciscano *Fray Marcos de Niza,* que había estado en el Perú y en Guatemala y
era abnegado, observador y de buen tino para tratar con los
aborígenes. Se le dió como guías al negro *Estebanico* compa-

ñero de *Cabeza de Vaca,* y á algunos indios *Pimas,* cristiani-
zados en Méjico. *Fray Marcos* emprendió su marcha desde
Culiacan (1539), siguió la costa hacia el *Yaqui,* derivó al Este
y avistó las aldeas *Zuñis* de Nuevo Méjico. *Estebanico,* que se
había adelantado con un
pequeño destacamento
de indios, fué muerto por
los guerreros de *Cibola*
(Kiakima). Detúvose ate-
rrorizado *Fray Marcos,* y
se limitó, como Moisés, á
avistar desde una altura
el pueblo de *Hawnikuh,*
que creyó ser la primera

Fig. 40.—Autógrafo de Hernando de Soto.

de las *siete ciudades de Cibola,* y comparó con la Tenochtitlan Azteca, volviendo á Culiacan apresuradamente (1).

11.—Seis meses después (Febrero 1540) de volver á Culia- **La expedición**
can el iluso *Fray Marcos de Niza,* salía de dicho pueblo una **de Coronado.**
lucida expedición exploradora, mandada por *Francisco Váz-
quez de Coronado,* Gobernador entonces de Nueva Galicia,
por nombramiento de su personal amigo el *Virrey Mendoza,*
que desplegó grandes energías para que nada faltara á los expedicionarios. Llevaba *Coronado* caballos y provisiones abundantes, y dos buques mandados por *Alarcón* tenían orden de
seguir la costa de California para mantener la comunicación

(1) Los Zuñis conservan hasta hoy entre sus tradiciones, la del *Mejicano Negro,*
cruel y voraz, á quien se dió muerte en Kiakima, y precedió á los Mejicanos (Españoles) que subyugaron el territorio de los Zuñis. Vse. *Woodbury Lowery:* op. cit.,
pág 254 y sig., Cap. V, *Bandelier:* S. W. Contributions, pág. 12 y sig. y sus notas.
Herrera: Vol. III. Dec. V, Lib. IX, Cap. I, etc. (Vse. Indice). *Biedma:* Coll. Doc.
Flo., pág. 136 y sig. *Ternaux Compans:* Doc. Rel. Cibola, Vol IX, pág. 29 y sig. y
Apénd. *Parker Winship:* Coronado, Exp. Int. Hist., pág. 353 y sig. Inst. de *D. Anto
nio de Mendoza (Doc. Ined.* Hist. Esp., Vol. III, pág. 325) *Winsor.* N. & C. H. Vol. II,
pág. 475 y sig. y referencias, pág. 499. Sobre la leyenda Nahuatl de las *Siete Cuevas,*
vse. *Brinton:* M. of the N. W., pág. 243 y sig. *G. S Jones:* Cave Myths of the Am.
Indians. (Mag. Am. His., Vol. XII). *Gatschet:* Mig. Legend, Vol I, pág. 217 y sig.
Sobre la Europea de las *Siete Ciudades,* vse. *Winsor:* N. & C. H., Vol. I. pág. 49,
nota 6 y pág. 48 y sig *Herrera:* Vol. I. Dec. I, Lib I, Cap. II, *Greg. García.* Origen
de los Indios (Madrid, 1729). Cap XX, pág. 188 y sig., etc , etc,

con la Nueva España. *Alarcón* descubrió la desembocadura del *Río Colorado* que exploró cuidadosamente. *Coronado* dejó en Culiacan el grueso del ejército, atravesando con 50 jinetes y los guías indios el actual *Estado de Arizona* y derivando luego al Oriente hacia la *Cíbola* de *Fray Marcos de Niza,* que subyugó facilmente. Grande fué su desengaño al encontrar allí, en vez de las esperadas maravillas de las *Siete Ciudades,*

Fig. 41 —Ruta de *Hernando de Soto*, según Delisle (año 1707).

un rudimentario poblado de chozas de adobe. Desde *Cíbola* envió *Coronado* á *Melchor Díaz* á explorar la región del Norte del Golfo de California. *Díaz,* con los hombres de Culiacan cruzó el Río Colorado y exploró el Oeste del país infructuosamente. También envió *Coronado* á *Tovar* á la provincia de *Tusayan* (N. O. de Cibola). El único resultado de esta expedición fué el descubrimiento del gran *Cañón del Colorado* "donde los desgarados de los barrancos á el parecer (desde "arriba) de un estado de hombre eran mayores que la torre "mayor de Sevilla"... Cuando el grueso del ejército volvió á Cibola, emprendió *Coronado* la marcha hacia la parte media del Nuevo Méjico, acampando para invernar en *Tiguex* á orillas del Río Grande. Los abusos de autoridad de los expedicionarios provocaron aquí un ataque de los indígenas *(Moquis)*, rechazado por los españoles, que castigaron á los prisioneros con severidad inútil y cruenta. En la primavera de 1541, reanudó *Coronado* su exploración, para llegar al pueblo descrito con brillantes colores por los cautivos de *Tiguex*. Después de dos meses de recias andanzas, alcanzaron el ansiado *Quivira,* que en definitiva no era sino un poblado de indios semi-nómadas en el centro del actual Estado de *Kansas*. Desesperando *Coronado* después de este nuevo fracaso de encontrar las legendarias *Siete Ciudades,* abandonó la empresa, volviendo á Nueva España con su gente. Movidos por su ardiente celo, permanecieron en aquellas regiones los misioneros Franciscanos *Fray Juan de Padilla, Fray Juan de la Cruz* y *Fray Luis de Escalona,* que

Fig. 42. — Autógrafo de Coronado.

después de heróicos trabajos apostólicos, murieron mártires de los indígenas. Otro tanto aconteció años después en la Florida (1549) al célebre Dominico *Fray Luis de Cáncer,* compañero de *Fray Bartolomé de las Casas,* en la conquista espiritual del *Tuzulatlan* (Véase Cap. II) ó *Tierra de la Guerra* (1).

(1) Vse. *Woodbury Lowery,* op. cit. Cap. VI, pág. 282 y sig. con sus notas y referencias. *Winsor.* N. & C. H. of A. II, pág. 480 y sig. y pág. 498 y sig. *Bandelier:* Contributions, etc., pág 101 y sig. *Cárdenas y Cano.* En Crón. Vol. VIII, pág. 104 etc. *G. Parker Winship:* The Coronado Exp. (14 Rep B. A. E. 1.ª parte). Int. Hist., pág. 345 y sig. y sus notas. Relación de la jornada de Cíbola. compuesta por *Castañeda de Nacera (Winship.* op cit., pág. 414 y sig.). Relación postrera de Cíbola (id. pag. 566 y sig.) Narración de *Juan de Jaramillo (Pacheco y Cárdenas.* Doc. Ind. Vol. XIV, pág 304 y sig. etc., etc.) Sobre los *Pueblos* y sus tribus, véase *mi Vol. I, Tít. I,* Cap. II, pág. 36 y sig. y *Tít. II,* Cap VI, pág 219 y 231 y sig. con sus notas y referencias. Sobre las vidas y martirios de *Fray Juan de Padilla, Fray Luis de Cáncer,* etc., véase *Woodbury Lowery,* op. cit., Lib. III, Cap. II y III. pág. 401 y sig. con sus notas. y Apén. S á X. *Winsor.* N. & C. H. of A. II, pág. 254 y sig. y sus notas. Comp. *Mac Nutt.* Las Casas, Cap. XIV, pág. 191 y sig. *Mendieta.* Hist. Ecl. Ind. Lib. V, Parte 2.ª, Cap. III, pág. 742 y sig. *Dávila Padilla.* Historia de la fundación y discurso de la província de Santiago, de México, etc. (Madrid, 1596) Lib. I, Cap. IV y sig. Lib. II, Cap. XXIX, etc., etc.

12.—El naufragio en la costa Norte del Golfo de Méjico
(1553), de una numerosa flota con rico cargamento, y el de la
Farfán (1554) en la costa atlántica del Golfo de Santa Elena,
demostraron la necesidad de tener un establecimiento ó refugio seguro en las peligrosas costas de la Florida, para salvar
vidas y haciendas.

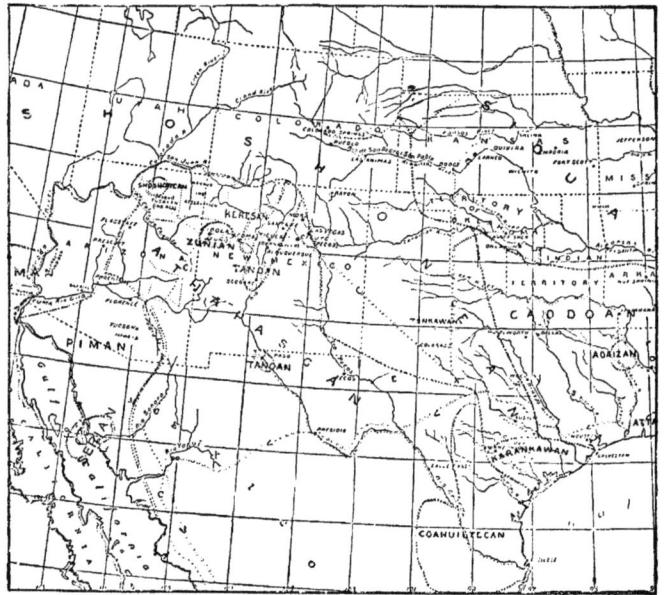

Fig. 43.—Probables derroteros de *Coronado* (C.) y *Alvar Núñez Cabeza de Vaca,*
según *Woodbury Lowery* (Spanish Settlements)

En 1558, el monarca *Felipe II,* sucesor de *Carlos I,* autorizó
al entonces Virrey de Nueva España *D. Luis de Velasco,* para
intentar nuevamente la empresa de colonizar la Florida,
abandonada desde la muerte de *Hernando de Soto* y *Fray
Luis de Cáncer.* Previo un reconocimiento somero, *Velasco*
despachó (1559) una expedición de 1.500 hombres entre sol-

dados y labradores, para iniciar la colonización en la *Bahía de Pensacola*. El lugar elegido no era apropósito, y en vano se trató de encontrar otro más conveniente. El invierno fué durísimo. Muchos colonos perecieron. El segundo verano. la mayoría de los sobrevivientes emprendieron, con *Angel de Villafañe*, una expedición

Fig. 44. – En la costa de California.

colonizadora á la costa atlántica en *Santa Elena (Port Royal Sound)*. Al llegar allí (Mayo 1561), viendo *Villafañe* la imposi-

Fig. 45. – El Gran Cañón del Colorado.

bilidad de establecer otra colonia en tales lugares y no sin continuar infructuosamente sus exploraciones hasta la *Bahía de Chesapeake*, decidió volver á la Española. La colonia de *Pensacola* fué también abandonada al poco tiempo.

Estos continuos desastres en la Florida, convencieron á *Felipe II* de la improbabilidad de que fuese ocupada dicha región por los franceses. Ordenó, por tanto, que no se intentara más el colonizarla. Como veremos más adelante, pronto dispuso lo contrario obligado por inesperados sucesos (1).

Por lo demás, las expediciones Españolas que dejamos referidas, y en especial las de *Coronado* y *Hernando de Soto*, revelaron gran parte del Continente Norte-Americano, fijaron ideas sobre su extensión, y disiparon errores geográficos. Como ejemplos de habilidad, energía y resistencia física, superan á las similares de los Franceses é Ingleses en América de Norte, llevan el épico sello de la España de la época, y ocupan alto y honroso lugar entre las grandes exploraciones que registra la Historia.

(1) Vse. *Winsor*. N. & C. H. Vol. II, pág 256 á 261 y 283 y sig. *Woodbury Lowery*, op. cit. cap. VIII, pág. 350 y sig. y sus notas. *Cárdenas y Cano*. Ens. Crón. (año 1553, etc.) Vol. VIII. Dec. V, pág. 120 y sig. (Ed. citada), etc., etc.

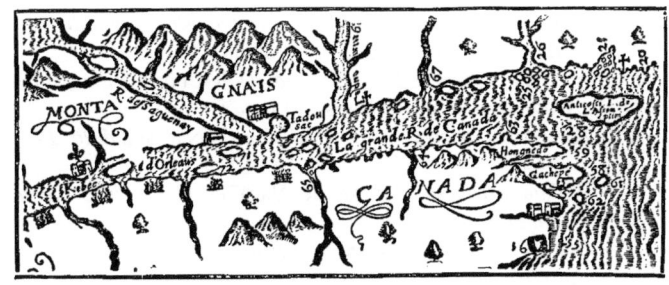

CUESTIONARIO

1. – ¿Qué costas exploró el piloto Alonso de Pineda?
2. – ¿Qué resultados tuvo la expedición de Francisco de Garay?
3. – ¿Qué demostraron los viajes de Pineda y Garay?
4. – ¿Qué interés tenía para España el descubrimiento del llamado Paso del Noroeste?
5. – ¿Qué resultado tuvieron las expediciones de Vázquez de Ayllón?
6. – ¿Qué tierra descubrió el piloto Esteban Gómez?
7. – ¿Qué importancia tienen los viajes de Ayllón y Esteban Gómez?
8. – ¿Quién fué Giovani da Verrazano?
9. – ¿Qué costas exploró?
10. – ¿A quién envió Francisco I de Francia para descubrir el estrecho entre los dos Océanos?
11. – ¿Qué río exploró Cartier y qué tierras descubrió?

12. – *¿Qué resultados dieron los establecimientos fundados en territorios del* Canadá *por* Roberval?

13. – *¿Qué importancia tiene el mapa de* Jerónimo Verrazano?

14. – *¿A qué errores geográficos dió lugar?*

15. – *¿Qué resultados tuvo la expedición de* Narváez *á la Florida?*

16. – *¿Cómo atravesó* Cabeza de Vaca *el Continente Norte Americano?*

17. – *¿Qué derrotero siguió en su dificultosa jornada?*

18. – *¿Qué río descubrió* Hernando de Soto?

19. – *¿Dónde y cómo murió?*

20. – *¿Qué leyendas impulsaron la exploración de los territorios del Norte de Méjico?*

21. – *¿Qué poblado descubrió* Fray Marcos de Niza?

22. – *¿Qué rumbo siguió* Coronado *en su expedición?*

23. – *¿Cuánto duró y qué resultado tuvo?*

24. – *¿Cómo murieron los Misioneros* Padilla, Escalona *y* Cáncer, *y qué tierras pretendieron evangelizar?*

26. – *¿Qué resultados tuvieron las tentativas del* Virrey Velasco *para colonizar la Florida.*

REFERENCIAS

Generales. — Véanse las de los Caps. VI-VII, Tít. II, Vol II, pág. 239. *Lavisse et Rambaud,* Histoire Generale, Vols. IV-V. *George Bancroft.* United States, Vol. I, etc., etc.

Especiales. — *Woodbury Lowery,* The Spanish Seltlements, within the present limits of the United States (New York, 1901). *Theodore Irving,* History of the Soto's Conquest of Florida (New York, 1857). *Frank W. Blackmar,* Spanish Colonization in the Southwest (John Hopkins, University Studies, VIII, n.º 4). *Francis Parkman,* Pionneers of France in the New Wordl (Boston, 1906). *Brewort,* Verrazano the Navigator (New York, 1874). *Dr. Karl Lechner,* Verrazanus (Globus, 1890, págs. 114, 189, 153). *George Dexter,* en Winsor, N. & C. H. of A., Vol. IV, págs. 4-9. *Rev. Benjamín J. de Costa,* en Winsor, N. & C. H. of A., Vol. IV, págs. 47-62. *John Gilmary Shea,* en Winsor, N. & C. H. of A., Vol. II, Cap. IV, pág. 231. *Henry W. Haynes,* en Winsor, N. & C. H. of A., Vol. II, Cap. VII, pág. 473. *Hubert Howe Bancroft,* History of the North Mexican States (1884). *Idem,* History of Arizona & New-Mexico (1889). *A. J. Bandelier,* Contributions to the History of the Southwestern portion of the United States (Papers of the Arch. Inst. of America, Serie V, 1890, etc.) *Idem,* Fray Juan de Padilla, etc. (Am. Catholic Quarterly Rewiew, XX, 551-565, Julio 1890), *Idem,* Final Report of investigations among the Indians of the S. W. United States, etc. (Papers of the *Arch. Inst. of America,* Cambridge. Parte I, 1890, II, 1892) etc.

Fuentes. — Exploraciones Francesas. *Hakluyt,* Principal navigations, traffiques, etc. (Ed. *Edmund Goldsmid* (16 vols., 1884-1890), Vol. XIII, 77. *Higginson,* Book of American Explorers (Boston, 1877), págs. 91-117. Disco urs du voyage fait par le Capitaine *Iaques Cartier,* etc. (1.er viaje), Rouen, MDXCVIII, reimpreso en Voyages de decouverte au Canadá, *Lit. & Hist. Soc. of Quebec* (1843, 1.ª Serie). Brief Recit & succincte narration de la navigation faicte es Isles de Canada, Hochelage, etc. (París, 1545), reimpreso por *Tross* (París, 1863) con notable Introducción histórica de *D'Avezac.* *Marc Lescarbot,* Hist. de la Nouvelle France, etc. (París, 1612), reimpresa por *Tross* (París, 1866). *Pierre François Xavier de Charlcvoix,* Hist. de la Nouvelle France, París, 1744 (Trad. Inglesa con notas de *I. G. Shea,* New York, 1866 72, 6 vols.). *Gabriel Cárdenas y Cano,* Ensayo Cronológico para la Hist. de la Florida (Edición Madri d, 1829), etc., etc. El célebre mapa de *Jerónimo de Verrazano* se conserva en el Museo Borgiano del Colegio de «Propaganda Fide«, en Roma (reproducido *Brewort,* Verrazano, pags. 124-125).

Exploraciones Españolas. — Véanse las relacionadas en el Capítulo anterior y las del Cap. II, Tít. I, Vol. I, pág. 47. — Véanse además *Naufragios de Alvar Núñez Cabeza de Vaca* y *Relación de la jornada que hizo en la Florida,* etc. (Hist. Prim. Indias, Vol. I, págs. 518-548). Diario de *Rodrigo Rangel,* en *Oviedo.* Hist. Gen., Lib. XVII, Caps. XXVI á XXVIII, págs. 560 á 577, Madrid, 1710. *Garcilaso de la Vega,* La Florida del Inca (Ed. Madrid, 1829, con proemio de *D. Gabriel Daza de Cárdenas*). Relaçam verdadeira dos trabalhos q ho gouernador dõ Fernãdo de Souto. é certos fidalgos portugueses, passaron no descubrimēto da Provincia da Frolida... por un *fidalgo Delvas* (Ed. Reai Ac. Lisboa, 1844). *Luis Hernández de Biedma,* Relación ue la jornada que hizo Hernando de Soto, etc. (En *Buckingham Smith,* Coll. varios Doc. para la Hist. de la Florida, 1857). Rel. *Fray Marcos de Niza,* etc. *(Pacheco* y *Cárdenas,* Doc. Inéd., Vol. III, pág. 329). Relación del suceso de la jornada que *Francisco Vázquez* hizo en el Desc. de la Cibola, etc. *(Buckingham Smith,* Coll., pág. 147). Traslado de las nuevas y noticias, etc., de una ciudad que llamaron Cibola *(Pacheco* y *Cárdenas,* Doc. Inéd., Vol. XIX, pág. 529). Relación *Joan Jaramillo (Buckingham Smith,* Coll., pág. 155) Relación de la jornada de Cibola por *Castañeda de Nacra* y Relación postrera de Sivola (copia *Icalbuzceta* transcritas textualmente, con otros documentos y admirable Introducción, Historia, Mapas, Ilustraciones y Bibliografía, por *G. Parker Win-*

ship. Coronado Expedition, 1540-1542, 14th An. Rep. Bur. Am. Et., Parte I, págs. 414-637 (1892-1893). *Gil González Dávila,* Teatro Eclesiástico de la Prim. Iglesia de las Ind. Occ. (Madrid, MDCXLIX). *Mota Padilla,* Hist. de la Conq. de la Prov. de Nueva Galicia (Ed. *Icalbazceta,* Méjico, 1872). *Joan Suárez de Peralta,* Tratado del Desc. de las Indias y su Conquista, etc. (Ed. *D. Justo Zaragoza,* en sus Noticias Historiales de la Nueva España, con un precioso Indice Geográfico, Biográfico y de palabras americanas (Madrid, 1878). *Fray Ag. de Padilla Dávila,* Hist. de la Fundación y Discurso de la Prov. de Méjico, etc. (Madrid, 1596). *Fray Antonio de Remesal,* Hist. de la Prov. de San Vicente de Chiapa y Guatemala, de la Orden de Santo Domingo (Madrid, 1619).

Cartografía. — Islario de *Alonso de Sta. Cruz,* etc. (Ed. *Weeser* Innsbruck, 1908). *Winsor;* N. & C. H. of A., Vol. IV, págs. 32-46 (Costa Este, y Mar Verrazano) y IV, págs. 80-102 (Costa NE.), etc.

Bibliografías. — Véanse las del Capítulo anterior y las del Cap. II, Tít. I, Vol. I, pág. 47. Véanse además *Winsor,* N. & C. H. of A., Vol. II, pág. 283 (Florida). *Idem,* 498 (Nuevo Méjico), Vol. IV, págs. 18-25 (Verrazano, etc.). *Idem,* 62 á 80 (Cartier). *Cárdenas y Cano,* Ens. Cron. (Ed. 1829, Madrid) en la Int., págs. 12 á 57, *Parker Winship.* op. cit., págs. 599 á 613. *Larned,* Lit. of Am. Hist., págs. 59 á 63, 375 á 383, 395 á 406, etc. *Am. Catholic Hist. Society,* Records (1884-1901), y las notas de *Woodbury Lowery,* op. cit., *Bancroft,* etc., etc.

TÍTULO SEGUNDO

Conquistas y exploraciones en América del Sur.

CAPÍTULO I

LA CONQUISTA DEL PERÚ (1522-1533)

1. Pascual de Andagoya en el Biru. — 2. Pizarro, Almagro y Luque. — 3. El descubrimiento. — 4. Pizarro en España. — 5. San Miguel de Piura. — 6. Huascar y Atahualpa. — 7. La marcha á Cajamarca. — 8. Captura de Atahualpa. — 9. El rescate. — 10. Almagro en Cajamarca. — 11. Repartición del rescate. — 12. Proceso y ejecucióu del Inca Atahualpa.

1. — Las palabras del hijo del cacique de *Comagre* y las más indubitadas del jefe tribal de *Tumaco,* dieron al malogrado descubridor del Mar del Sur (V. vol. I, pág. 504) vagas, pero seductoras nuevas de la existencia y las riquezas del llamado *Imperio Incásico.*

Pascual de An-dagoya en el Biru.

Después de la ejecución de *Vasco Núñez de Balboa,* los capitanes de *Pedrarias,* trataron en vano de descubrir y penetrar en tan codiciado territorio. La tierra del *Biru* fué, durante años, la más meridional que conocieron los españoles en la costa Americana del Mar Pacífico, y dió su nombre á los desconocidos pueblos del Sur del Itsmo de Panamá. Los extensos dominios de los *Incas,* llamáronse, pues, *Biru* ó *Peru,* mucho antes de ser conquistados y aun descubiertos.

En el año 1522, el prudente y virtuoso caballero *Pascual de Andagoya,* nombrado por *Pedrarias* protector general de los indígenas del Itsmo, emprendió una expedición al Sur, arribando á las cercanías del *Golfo de San Miguel,* y explorando la provincia de *Biru,* cuyos caciques, que subyugó facilmente, confirmaron las noticias de *Balboa* sobre el país de los Incas. Preparábase *Andagoya* á seguir adelante en sus exploraciones con el rumbo indicado por tales jefes indios, pero cayó gravemente enfermo viéndose forzado á regresar á Panamá.

Excitada la codicia de *Pedrarias*, por las relaciones del Adelantado *Andagoya*, pidióle, según este mismo nos cuenta, "que diese la jornada á *Pizarro*, *Almagro* y *Luque*, que eran compañeros, porque tan gran cosa no parase de seguirla»...*Andagoya* accedió generosamente (1).

Pizarro, Almagro y Luque. 2. — El bravo aventurero *Francisco Pizarro* tenía á la sazón más de cincuenta años. Había nacido en *Trujillo* (1470), y era hijo natural de *D. Gonzalo de Pizarro*, Capitán de los Tercios de Italia. Fué en su niñez porquerizo, y desde muy joven

Fig. 46. — Página 1.ª de la Historia de los Incas de *Sarmiento de Bengoa* (Ms. 1572.)

(1) Vse. mi *Vol. I*, pág. 508 y sus notas. Relación *Pascual de Andagoya* en *Navarrete*. Viajes. Vol. III. Sec. III, pág. 396 y sig. *Winsor*. Narr. & Crit. Hist. of America. Vol. II, Cap. VIII. *(Markham)*, pág. 504 y sig. y sus notas y referencias. *Oviedo*. Hist Gen. Vol. IV, lib. 45, cap. I y Proemio, lib. 46. Comp. la traducción de *Markham* Narrative of the proceedings of Pedrarias Davila•••••• Written by the Adelantado *Pascual de Andagoya*. Hakluyt Society, London. 1865, pág. 40 y siguientes, con Introducción y precioso mapa. Vse. también *Herrera*. Dec. III, lib. V. cap. XI, pág. 169, etc , etc.

soldado. Llegó al Darien en 1509 con *Alonso de Ojeda*. Como soldado rudo y sin cultura (no sabía leer ni escribir), contentóse en la colonia con desempeñar fielmente las empresas de guerra que le fueron confiadas. Obtuvo así la confianza de *Balboa*, como había obtenido la de *Ojeda* y obtuvo después la de *Morales*, *Espinosa* y *Pedrarias*. Era *Pizarro* disciplinario, inflexible, reservado, astuto, durísimo para el trabajo y la fatiga, y de alma acerada y sin escrúpulos. Tenía grandes

Fig. 47. – El conquistador Francisco Pizarro (según *Herrera*).

condiciones de caudillo y supo siempre hacerse obedecer por los suyos é inspirarles confianza. Era modesto y desaliñado en el vestir; gran jugador **(1)** **y** poco amante de la sensualidad y

(1) «Nunca se vistió sino un saco de paño negro, con los faldamentos hasta el tobillo y el talle á los medios pechos, y unos zapatos de venado blanco y un sombrero blanco y su espada y puñal... Muy pocos negocios le hacían dejar el juego, especialmente cuando perdia, si no eran nuevos alzamientos de indios.» etc. *Garcilaso de*

la molicie. Inferior de todo punto á *Hernán Cortés* en educación, caballerosidad y talento estratégico, consiguió encum-
brarse á pesar de sus graves defectos (comunes á los soldados de su época), merced á su indomable energía y á su voluntad perseve-
rante.

El capitán
*D. Diego de Al-
magro*, era tam-
bién extremeño,
hijo de modes-
tos labradores y
nacido en *Al-
magro*. Fué sol-
dado bravísimo
y sufrido, y en
las Indias com-
pañero íntimo é
inseparable de
Pizarro. Era de
carácter más
franco é irrefle-
xivo que este
último, pero
inferior como
caudillo. A fuer
de impulsivo,
generoso y ale-
gre, fué muy

Fig. 48. — El Adelantado D. Diego de Almagro. (*Herrera*).

popular entre la soldadesca. Era aproximadamente de la misma edad de *Pizarro;* tampoco sabia leer ni escribir, y tenía,
más ó menos acentuados, sus mismos vicios y sus mismas virtudes militares.

Hernando de Luque era un clérigo muy influyente en el Da-

la Vega. Comentarios Reales del Perú, 2 a parte. Lib. III, Cap. VIII, pág. 150 y 151.
Comp. *Prescott*. Conquest of Perú. (Ed. London, 1892), pág. 337 y sig.

rien. Maestrescuela de su iglesia. Había reunido pingüe hacienda; disfrutaba de la privanza de *Pedrarias,* y protegía decididamente á *Pizarro* y *Almagro,* proporcionándoles á interés el dinero necesario para sus audaces empresas (1).

3. — Las primeras expediciones exploradoras de *Pizarro* y *Almagro* fueron desgraciadas (1524-1525). Apenas consiguieron llegar al *Río San Juan,* de donde regresaron á Panamá más ricos de esperanzas que de despojos y noticias. Recibióles *Pedrarias* con desabrimiento y hubiera prohibido futuras tentativas, á no haber excitado los descubridores su insaciable codicia ofreciéndole admitirle á las ganancias del descubrimiento proyectado sin que pusiera en él nada de su parte (2). Sólo faltaban fondos para continuar la empresa. Supo buscarlos el infatigable *Luque,* formalizándose entonces la famosa y *solemne contrata* iniciadora de la conquista del Perú, por la cual el Canónigo entregaba *veinte mil pesos de oro á Pizarro* y *Almagro* para equipar la expedición descubridora, poniendo ellos sus personas é industria para efectuarla. Las ganancias debían dividirse entre los tres asociados por iguales partes (3).

---

(1) *Garcilaso de la Vega,* op. cit. Lib. III. (2.ª parte), Cap. VIII y IX y Lib. I, Cap. I. *Quintana.* Vida de los Españoles Célebres. *Francisco Pizarro.* Tomo I (XII Bca. Clásica), pág. 200 y sig. y T. II, Apéndice I (no sabían escribir ni firmar ni Pizarro ni Almagro), pág. 367 y sig. *Zárate.* Hist. del Descubrimiento y Conq. del Perú, etc. (Hist. Prim. Ind Vol II). Cap. IX, Lib. IV, etc. *Helps.* Spanish Conquest. Vol. III (Ed. New York, 1902), pág. 289 y sig. y sus notas y referencias. *Oviedo.* op. cit., Vol. IV, pág. 147 y sig. (Lib. 46, Cap. I). *Robertson,* op. cit., Vol. III (Ed. Barcelona, 1840), pág. 150 y sig. y sus notas. *Prescott,* Conq. of Perú, pág. 309 y sig. (Almagro), pág. 336 y sig. (Pizarro) y pág. 97 y sig. con sus notas y referencias. Comp. *P. Ricardo Cappa.* S. J. Estudios críticos (Madrid, 1889), Vol. II, Pág. 66 y sig. y Vol. III, pág. 285, etc., etc.

(2) Véase el curioso relato que hace *Oviedo.* Hist. gen. Vol. III. Lib. XXIX, Cap. XXIII, pag. 118 y sig , de "porqué via el capitán Diego de Almagro, é porqué prescio, echó fuera de su compañía en las cosas é intereses del Perú á *Pedrarias Dávila.*" Es característico de la época y nos muestra la ambición y venalidad de *Pedrarias.*

(3) Esta célebre escritura se firmó en Panamá en 10 de Marzo de 1526. Parece ser que los 20.000 pesos no los dió *Luque* sino como gestor ó testaferro de *Gaspar de Espinosa,* según consta, dice *Caravantes,* Not. Gen. del Perú, citado por *Quintana,* en una escritura otorgada en Panamá en 6 de Agosto de 1531, ante el mismo Escribano, por la cual, refiriéndose *Luque* á la antecedente del 1526, "*cede y traspasa á Espinosa, por haber recibido de él los 20.000 pesos, la tercera parte que tenía en la empresa.*" Vse. el texto de estas escrituras en *Quintana.* op. cit. Vol II. Cap. II, pág. 369.

De acuerdo con este convenio, salieron nuevamente (1526) *Pizarro* y *Almagro* de Panamá, con dos navíos gobernados por el hábil piloto *Bartolomé Ruiz*, y descubrieron el poblado de *Atacamez* (Río de las Esmeraldas), en la entonces provincia Incásica de *Chinchasuyu* (Vse. vol. I, pág. 333). Sin fuerzas bastantes para desembarcar, resolvieron que *Almagro* y *Ruiz* se hicieran á la vela para Panamá, y que *Pizarro* permaneciera, con parte de la fuerza, en la isla *del Gallo* (1.º 57' Lat. Norte).

Los soldados, temerosos de perecer en aquellos manglares, hicieron llegar al Gobernador sus quejas, en un célebre memorial que llevó, engañado, á Panamá *Almagro* mismo (1). Compadecido *Pedro de los Ríos*, decidió enviar á la *isla del Gallo* dos embarcaciones, mandadas por *Pedro de Tafur*, con orden terminante de que *Pizarro* y su gente regresaran en ellas. Negóse el tenaz caudillo, alentado por cartas de sus socios (2), á obedecer la orden del Gobernador; trazó con su espada una línea de Oriente á Occidente en la arena de la playa, y según refieren las crónicas, arengó á sus soldados como sigue: *"Por aquí* (Sur) *se va al Perú, á ser ricos; por aquí* (Norte) *á Panamá, á ser pobres. Escoja el que fuere buen castellano lo que más bien le estuviere»*... Sólo *trece* valientes, cuyos nombres registra la Historia (3), se decidieron á pasar

----

(1) Un soldado llamado *Saravia* metió en un gran ovillo de algodón, que como regalo enviaba á la esposa del Gobernador, una carta firmada de muchos, en que sumariamente daban cuenta de sus penalidades. La epístola terminaba con una cuarteta en la que se pintaba á *Pizarro* y *Almagro* como socios de un matadero.
Decía así:

> ■Pues señor Gobernador,
> mírelo bien por entero
> que alla va el *recojedor*
> y aca queda el *carnicero.*■

Vse. *Prescott.* Conq. of Perú, pág. 123, notas 1, 2, 3, según *Montesinos.* Anales. Ms. (1527), Comp. *Quintana,* op. cit., pág. 315 y 16 y su nota (1), etc. etc.
(2) La expresión literal de tales cartas era que se quedara *«aunque supiese reventar,.* Vse. Quintana, op. cit. pág. 317.
(3) Véase, para los nombres de estos soldados y su suerte, *Winsor.* N. & C. H. of A. II. Cap. VIII. *(Markham,* pág. 510, nota 1). Comp. *Zárate.* Conq. del Perú. (Hist. Prim. Ind. Vol. II). Cap. II, pág. 464 y sig., etc.

al lado del Sur, y solo con ellos permaneció *Pizarro* en la *isla del Gallo*, primero, y en la de *Gorgona*, después, á donde cruzaron en una balsa. *Tafur* regresó á Panamá con el resto de la gente. El caudillo y sus compañeros pasaron en la isla

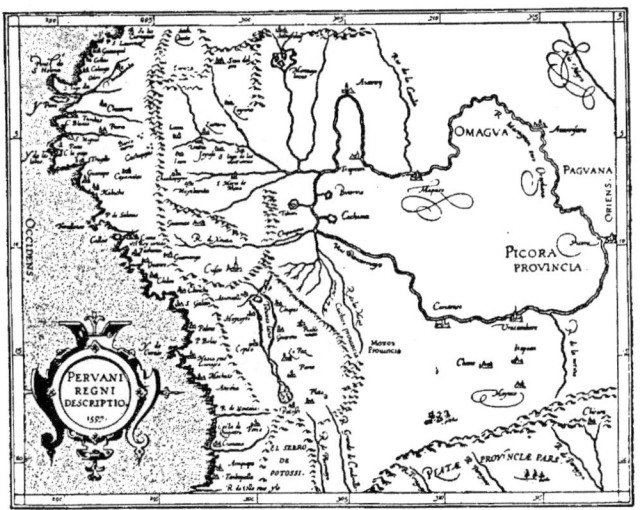

Fig. 49. – Mapa del Perú (siglo XVI) (*Wytfliet*, 1597).

de *Gorgona* siete terribles meses de hambre, enfermedades, desolación y desesperanza. Olvidaron, sin embargo, tales sufrimientos al ver un buque de socorro enviado desde Panamá, y con él siguieron hacia el Sur para aprovechar el *plazo final* que les otorgó *Pedro de los Ríos*, para descubrir ó abandonar la empresa. Fueron esta vez los elementos propicios y en veinte días pudieron llegar á las tranquilas aguas del *Golfo de Guayaquil*. Numerosos poblados indios y cultivados valles, embellecían aquellos parajes dominados por las estupendas cumbres Andinas. Siguieron los expedicionarios su viaje, llegando á poco á avistar el pueblo de *Tumbez*, importante for-

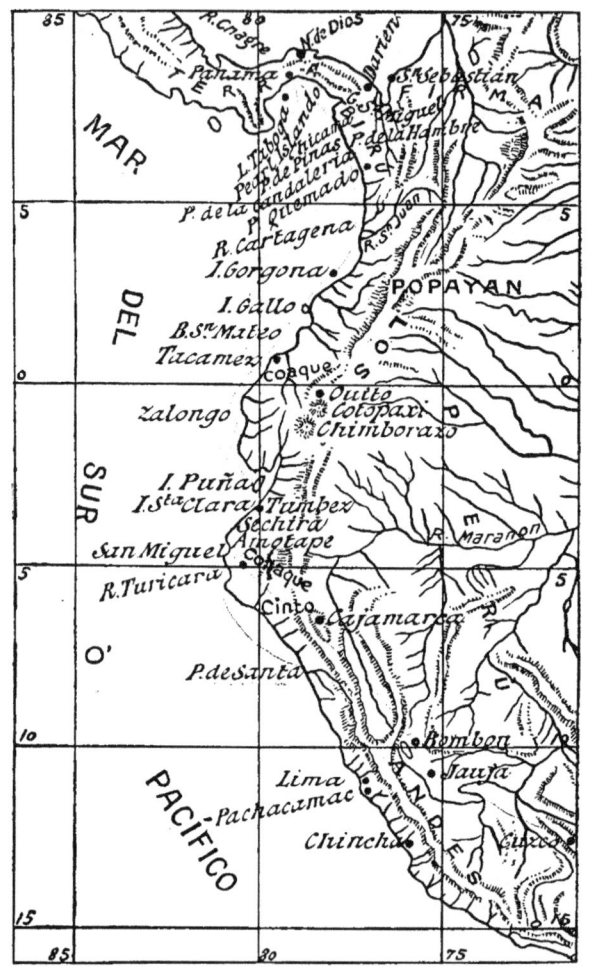

Fig. 50.—Rutas de Francisco Pizarro y sus compañeros, de Panamá
á Puerto Santa (1527) y al Cuzco (1533).

taleza en aquella época (1527) de los límites septentrionales del *Tahuantisuyu*, residencia favorita del Inca *Tupac Yupanqui*, poblada por industriosos *mitimaes* (V. vol. I, pág. 351), y provista de acueductos, templos y casas de vírgenes del Sol,

suntuosamente dotados. *Pizarro* y los suyos habían descubierto al fin las esplendorosas regiones Incásicas.

Siguieron explorando las costas, no sin recoger halagüeño informes de boca de los asombrados indígenas, que en todas partes recibieron á los extranjeros con testimonios de amistad hasta el puerto de *Santa* (9º lat. Sur), y volvieron desde allí á Panamá,

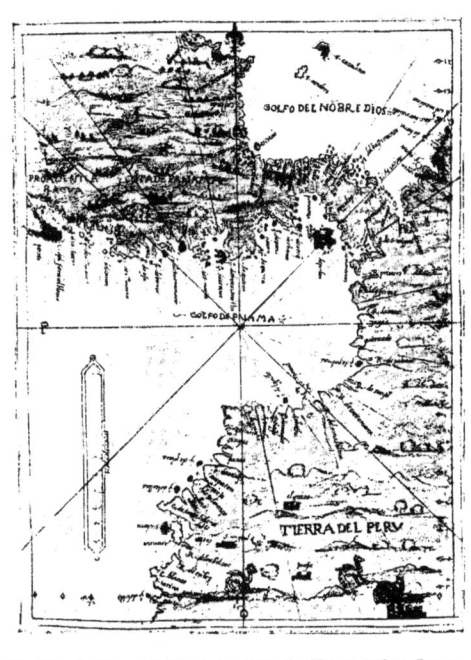

Fig. 51. — La Tierra del Perú. (Isolario de *Alonso de Sta. Cruz*).

tocando nuevamente en *Santa Cruz, Tumbez*, etc. y embarcando llamas vivas, vasos de oro y plata, y mantas de fina vicuña. Llevaron también dos ó tres jóvenes indios para que más adelante les sirvieran de intérpretes (1527) (1).

(1) Vse. *Prescott*. op. cit. Lib. II. Cap. I al IV., pág. 89 á 142 y sus notas. *Herrera*. Dec. III. Lib. VI. Cap. XIII. Dec. IV. Lib. IX. Cap. I y sig., etc. *Fco. de Jeréz*. Verdadera relación, etc. (His. Prim. Ind. Vol. II), pág. 320. *Zárate*. Conq. del Perú

Pizarro en España.

4. – Ni los relatos de Pizarro sobre la riqueza de lo descubierto, ni las instancias de *Almagro* y *Luque,* decidieron al Gobernador de Panamá á otorgarles nuevos contingentes. Los asociados decidieron acudir directamente á la corte. Concertóse, no sin ciertos temores proféticos por parte de *Luque* (1), que *Pizarro* pasara á España, en nombre de todos, para negociar con el Emperador *Carlos V.*

Llegó *Pizarro* á Toledo donde se encontraba la corte en 1528, y al año siguiente, por influjo de la *Reina Isabel,* esposa del Monarca, obtuvo una *capitulación* (Julio 26 de 1529) para conquistar y poblar el Perú desde el Río de Santiago "hasta doscientas leguas de tierra por la misma costa„, en la forma y condiciones usuales para esta clase

Fig. 52. – Consejo de Jefes. – Vasija peruana encontrada en el Cuzco.

de convenios (2). Se le nombró además Capitán General del Perú, dándole autorización para usar el escudo de su padre y añadirle nuevos cuarteles con el *Águila Imperial* y los símbolos del pais conquistado (3). *Diego de Almagro,* (así como los trece de la Gorgona)

(H. P. Indias). Cap. I y II, pág. 463 y sig. *Helps.* Spanish Conquest. Vol. III. Libro XVI. Cap. I y II, pág. 289 y 321 y sus notas. *Winsor,* op. cit. II, Cap. VIII *(Markham),* pág. 505 y 12 y sus notas. *Quintana* op cit., pág. 298 y 330. *Garcilaso de la Vega.* Comentarios Reales (Ed. Madrid, 1722). Lib. I. Cap. I á XIII., fol. 1 y sig. Comp *P. Ricardo Cappa.* S. J. op cit I. pag 66 á 97. Para la descripción de los lugares descubiertos, como estaban 'en la época. Véase la preciosa crónica de *Cieza de León.* Crónica del Perú 1.ª parte (Hist. Prim. Ind. Vol. II). Cap. III, IV, XLV, LII. LIII (Guayaquil, Tumbez, etc.) y LV á LXV, etc., etc.

(1) Luque conocía bien el corazón humano, y en especial el de Pizarro. *«Plegue á Dios,* dijo á sus socios, *que no os hurtéis el uno al otro la bendición como Jacob á Esaú. Yo holgara todavía que á lo menos fuérades entrambos.»* V. *Quintana.* op. cit. Vol. I, pág. 331.

(2) El texto completo de la *capitulación* entre Pizarro y el Emperador está reproducido íntegramente en *Prescott.* op. cit. Apéndice 7.º, pág. 481. Es de utilísima lectura. Comp *Navarrete.* Colec. Doc Vol. III, pág. 116, etc., etc.

(3) El lema del escudo concedido á Pizarro era como sigue: *"Caroli Cæsaris auspicio, labore ingenio, et impensa, ducis Pizarro inventa et pacata».* No podía menos de molestar á Almagro tal ingratitud y jactancia. \ se. *Quintana.* op. cit. página 334.

fué hecho *"hidalgo de solar conocido»* y nombrado teniente de la fortaleza de Tumbez, ofreciéndole el gobierno del Perú para el caso de faltar *Francisco Pizarro.* Á *Bartolomé Ruiz,* se le otorgó el título rentado de Piloto Mayor del Sur, y á *Hernando de Luque,* el de Protector de los indios del Perú, hasta que el Papa erigiera en Obispado la Iglesia de Tumbez.

Antes de marchar *Pizarro* á Sevilla para armar su expedición, pasó por Trujillo, su villa natal. *Hernando, Gonzalo* y *Juan Pizarro,* hermanos suyos por padre, y *Martín de Alcántara,* también su hermano sólo por madre, decidieron seguirle al Perú. Todos eran pobres, ambiciosos y valientes como las armas. *Hernando* era el más culto y el único legítimo.

No sin grandes dificultades, y merced á los sanos consejos y generoso auxilio del Conquistador de Méjico *Hernán Cortés,* entonces en Sevilla (1529), consiguieron los *Pizarros* equipar una escuadrilla de cinco naves, haciéndose *Francisco* á la mar, para evitar dilaciones, en la capitana (19 de Enero del 1530), y esperando en la Gomera á *Hernando* su hermano, que capitaneaba las otras con *Pedro de Candia.* Desde allí siguieron juntos hasta *Nombre de Dios.*

Á la nueva de la llegada de *Pizarro,* corrieron á saludarle sus dos compañeros, y el recibimiento que se hicieron no desdijo de su amistad antigua. Contristóse, sin embargo, *Almagro* al conocer la *capitulación.* Como sus trabajos y gastos más habían sido por ganar honra que hacienda, dolióse de la menguada estima que el Rey hacía de sus servicios. Desagradóle además, en extremo, que *Pizarro* trajera á sus hermanos y en especial á *Hernando* para participar de las glorias y beneficios de la conquista. Era este último en demasía despectivo y soberbio; todo le parecía poco y todo lo despreciaba (1). *Alma-*

---

(1) ... truxo tres ó cuatro hermanos suyos, tan soberbios como pobres, é tan sin hacienda como deseosos de alcanzarla... E de todos ellos el *Hernando Piçarro,* solo era legitimo, é mal legitimado en la soberbia; hombre de alta estatura é gruesso, é la punta de la nariz con sobrada carne y encendida: y este fué el desavenidor del sosiego de todos, etc. *Oviedo.* Hist. gen. Lib. XLVI. Cap. I. Vol. IV. pág. 148 y Prohemio. Lib. XLVII. Vol. IV, pág. 252. Comp. *Prescott.* op. cit. pág. 149. *Garcilaso de la Vega.* Com. Reales. Parte 2.ª Lib. I. Cap. XVI, folio 17, etc.. etc.

gro no pudo soportar mucho tiempo los continuos desaires de aquel hidalgo, especie de maléfico genio que parecía destinado á viciar la empresa del Perú con la impetuosidad de sus pasiones y rencillas. A punto estuvo de romper violentamente con los *Pizarros,* pero á ruegos de *Luque* y *Espinosa,* dió tregua á sus airados rencores, no sin que se obligara *Francisco Pizarro* á no pedir ni para sí, ni para sus hermanos, merced ninguna del Rey hasta que se diese á *Almagro* una gobernación *que comenzase donde acababa la suya,* y á repartir por partes iguales entre los *tres asociados primitivos* todos los beneficios de la empresa. Conciliados así los ánimos, pudo darse principio á la conquista (1)

Fig. 53. — Escudo Imperial de la portada de la edición de la *Historia del Perú*, de *Jerez*, publicada en Venecia (1535).

San Miguel de Piura.

5. — En Enero del 1531, salieron de Panamá los *Pizarros* con tres embarcaciones y cerca de 200 hombres. Desembarcaron en el puerto de *San Mateo.* Siguieron por tierra hasta *Coaque,* y subyugaron la provincia de *Puerto Viejo.* Allí se les reunió, con algunos veteranos de Nicaragua, el bravo *Sebastián de Benalcazar.* Juntos arribaron á la isla de *Puna,* cuyas tribus estaban en guerra con los de Tumbez. Tomaron los es-

(1) Vse. *Robertson.* Hist. Ame. Vol. III, pág 161 y sig. *Herrera.* Dec. IV. Lib. III. Cap. IX, etc. *Winsor,* N. & C. H. of A. Vol. II, Cap. VIII *(Markham),* pág. 512. *Prescott.* op. cit. Lib. III. Cap. I, pág. 143 y sig. *Pedro Pizarro.* Desc. y Conq del Perú. (Doc. Ined. Hist. Esp. Vol. V, pág 201 y sig.) *Zárate.* op. cit. Cap. III, pág. 464. *Quintana.* op. cit. pág. 330 y 39. P. *Ricardo Cappa.* S. J. op. cit. Vol. II, pág. 97 á 112 y III, pág. 1 y sig. *Helps.* op. cit. Lib. XVI. Cap. II. Vol. III, pág. 313 y sig., etc., etc.

pañoles partido por los *Tumbecinos* para congraciarse con ellos, lo que irritó, naturalmente, á los de *Puna*, que les atacaron furiosamente. Llegó en esto á la isla *Hernando de Soto* con nuevos refuerzos, y decidieron todos atravesar á *Tumbez*. Desvaneciéronse al llegar á este pueblo las esperanzas de apoderarse de sus riquezas. Las guerras intestinas del país Incásico le habían reducido á cenizas y escombros. Sus tribus recibieron hostilmente á los españoles. Desembarcaron éstos á pesar de ello y escarmentaron á los indígenas. En estos preparativos y escaramuzas pasó más de un año. *Pizarro*, sin esperar los refuerzos que según convenio debía enviarle desde Panamá *Diego de Almagro*, internóse re-

Fig. 54. — Restos de murallas Incásicas.

sueltamente en el país con los recursos de que disponía. Para asegurar, sin embargo, la retirada, en caso de desastre, y tener expedita la comunjcación por mar con Panamá, fundó en el lugar que hoy ocupa *Piura*, una colonia llamada *San Miguel*, Después de tranquilizar el valle de *Tangarala* salió con sus hombres de guerra con dirección á *Cajamarca*, donde sabía encontrábase el *Inca Atahualpa*, por informes que los de Tumbez le dieron. (Septiembre 24, 1532.) (1)

6. — Dejemos á *Pizarro* y los suyos seguir su temeraria jornada, para decir algo de la conflagración que por aquellas Huascar y Atahualpa.

(1) *Zárate*. op. cit. Cap. II y III, pág. 474 (H. P. I.) *Fco. de Jerez*. op. cit. pág. 322 y 25 (H. P. I). *Cieza de León* 1.ª parte. Crónica del Perú (H. P. I.). Cap. III y XI.VI etc., pág. 309 á 412. *Garcilaso de la Vega*. Com. Reales, II Lib. I. Cap. XVI á LVIII, fol. 18. *Prescott*. op. cit Lib. Iil. Cap. I. pág. 343 y sig. *P. Ricardo Cappa*. S. J. op. cit. Vol. III, pág. 1 y 19. *Quintana*. op. cit. pág 340 á 352. *Robertson*, op. cit. Vol. III, pág. 160 y sig. con sus notas, etc., etc.

fechas dividió el país Incásico, preparando fatalmente la violenta rotura de su vasto y complicado organismo político.

El Inca *Huayna Ccapac* emprendió en 1513 una campaña conquistadora de los territorios tribales de Quito, que duró

HISTORIA GENERAL

TRATA, EL DESCUBRIMIENTO, DE EL,

LAS GUERRAS CIVILES, QUE HUVO

SOBRE LA PARTIJA DE LA TIERRA.

ESCRITA

DIRIGIDA

SEGUNDA IMPRESION, ENMENDADA, Y AÑADIDA,

UNA DE LOS CAPITULOS, Y OTRA DE LAS MATERIAS.

Mariam non tetigit

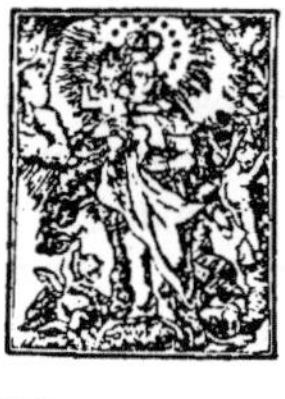

Primum peccatum.

En . . . En la Oficina Real, y à Costa de . . .
Impresor de Libros, se hallaràn en su Casa.

Fig 55. – Portada de la 2.ª parte de la Historia General, de *Garcilaso de la Vega.*

cerca de catorce años. Al partir del Cuzco, llevó consigo á su hijo *Atahualpa,* habido en su tercera esposa del "*ayllu*" del Sol *(Ccoya),* dejando allí al cuidado de sus tíos y hermanos, á su hijo segundo *Inti Cusi Hualpa,* llamado *Huascar* por el pueblo de su nacimiento. La campaña de Quito, brillantemente conducida por *Huayna Ccapac,* reveló las excelentes dotes militares, no sólo de *Atahualpa,* sino de algunos jefes Quiteños *(Quizquiz, Chalcuchima, Rumiñani,* etc.) que adquirieron entre los suyos nombre y fama de guerreros habilísimos y valientes.

Huayna Capac, murió en Quito (1525) declarando heredero, á falta de su primogénito *Ninan Cuchi,* muerto poco después de su padre, á su segundogénito *Huascar,* que fué proclamado Inca. El cuerpo de *Huayna Capac (Malqui)* fué trasladado pomposamente al Cuzco. *Atahualpa* no acompañó el cortejo, ni rindió pleito homenaje á su hermano *Huascar.* Estalló por esta y otras causas la gue-

Fig. 56. — En el camino al Cuzco.

rra civil entre ambos. *Atahualpa,* auxiliado por los Quiteños, logró vencer á *Huascar* en sangrientos combates *(Ambato, Tumipampa, Yanamarca,* etc.), apoderándose al fin de su persona en emboscada luctuosísima. Los guerreros de *Huascar* se dispersaron, los jefes *Quiteños* entraron triunfadores en el Cuzco, y no sin vengarse cruelmente en los del linaje y bandería de *Huascar,* hicieron que el *Consejo diese la borla á Atahualpa,* proclamándole *Inca,* con el acostumbrado ceremonial (1).

(1) Vse. *Garcilaso de la Vega.* op. cit. Lib. IX. Cap. 1 á XV y en especial XXXII

— 93 —

Llegaron á la sazón á oídos de *Atahualpa,* acampado cerca de *Cajamarca,* extrañas noticias del avance de los españoles.

Eran para él seres misteriosos y sobrenaturales, que tuvo por enviados del *"Viracocha",* y decidió propiciar. Fuese por un sentir supersticioso, análogo al del desgraciado *Montezuma* en Méjico, ó por la seguridad de poder aniquilar en caso necesario y en cualquier momento la columna española, cuyo escaso número conocía por su hermano y mensajero *Titu Atauchi,* dejóla llegar hasta su campamento, pensando probablemente aprovechar este inesperado auxilio, para sojuz-

Fig. 57. — Efigies de los Incas, según Herrera. (Portada de la Dec. V.ª de la Historia General.)

á XL, pág. 202 y sig. Vol. I. *Zárate.* op. cit. Lib. I Cap. XI y XII, pág. 471 y sig. *Markham.* The Incas of Peru. Cap. XVI, pág. 241 y sig. *Cieza de León.* Crón. del Perú, 2.ª parte (Ed. *Jiménez de la Espada).* Cap. LXI y LXXIII, pág. 228 y sig. *Seb. Lorente.* Hist. Ant. Perú. Lib. III. Cap. III, n.º 4, pág. 197 y sig. Comp. *Manuel de Mendiburu.* Dic Hist. Geog. Vol. I, pág. 378 y sig. (Atahualpa). *Herrera* Dec. V. Lib. VI. Cap. X. *P. Ricardo Cappa.* S. J. op. cit. III, pág. 21 y sig. etc., etc.

gar definitivamente las tribus afectas á su hermano *Huascar*.

7.— Cerca de dos meses tardaron *Pizarro* y los suyos en llegar á Cajamarca, y en todos los poblados indígenas del camino *(Caxas, Guacabamba,* etc.), fueron recibidos con cordialidad. Dejando de lado el camino á *Chincha*, escalaron las ásperas serranías que separan los territorios de Cajamarca de los valles de la costa, llegando al pié de una fortaleza indígena colocada estratégicamente sobre un desfiladero angosto. No encontraron en ella guarnición alguna. Sin duda *Atahualpa* no quiso guardar aquel fuerte, desde donde si hubiera querido destruir á los expedicionarios, hubiera podido hacerlo facilmente. Despachó el caudillo español avanzadas que trajeron alarmantes noticias. Siguió, sin embargo, su camino y entró con sus guerreros en *Cajamarca* al atardecer del día 15 de Noviembre del año 1532. Acamparon cautelosamente los castellanos en una plaza cerrada por paredes bastante fuertes y altas, que sólo tenían dos salidas ó portillos á las calles y casas del pueblo que encontraron desierto. Las tropas de *Atahualpa* estaban extendidas en la falda de un cerro no lejos de la ciudad. El *Inca* había tomado astutamente sus precauciones para aniquilar á los españoles, si así le convenía (1).

8.— Á poco de llegar envió *Pizarro* á su hermano *Hernando* y á *Soto* como embajadores, para ofrecer sus respetos al *Inca* junto con sus servicios y amistad. Recibióles *Atahualpa* solemnemente, aceptando la amistad que *Francisco Pizarro* le ofrecía y accediendo á visitarle en Cajamarca, en prueba de su buena fe. Esta decisión del *Inca* favorecía grandemente los planes de *Pizarro* y el audaz golpe de mano que, á imitación de *Cortés*, preparaba para capturar al jefe que tan incautamente venía á ponerse en su poder.

Al atardecer del día siguiente entró *Atahualpa* en Cajamar-

---

(1) *Zárate*. op. cit. Lib. |II. Cap. IV, pág. 475. *Jerez* Conq. del Perú, pág. 325 y sig. (H. P. I.) *Garcilaso de la Vega*. op. cit. Cap. XVII y sig. Lib. I. Vol, II, fol. 20 y sig. *Cieza de León*, Crón. del Perú. (1.ª parte. H. P. I.). Cap. LXXVII, pág. 425 y sig. *Oviedo*. Hist. Gen. Vol. IV. Lib. XLVI. Cap. III á VII, pág. 150 y sig. *Prescott* op. cit. Lib. III. Cap. III y IV, pág. 169 y sig. y sus notas y referencias. Comp. *P. Ricardo Cappa*. S. J. op. cit. Cap. III, pág. 27 á 38, etc., etc.

ca con numerosa guardia. No dejó de sorprenderse al no ver á los españoles por parte alguna. *Pizarro* había dispuesto que permaneciesen escondidos infantes y ginetes (que debían guarnecer los caballos con pretales de cascabeles para que hicieran más ruido), los había dividido en tres bandas mandadas por su hermano *Hernando, Benalcázar* y *Soto*, había colocado al habil artillero *Pedro de Candia* con varios mosqueteros y dos

Fig. 58. – Parte de Cajamarca moderna y restos de la casa ó palacio de Atahualpa.

cañones pequeños *(falconetes)* en una torrecilla que dominaba el terreno, y había tomado, por fin consigo, veinte rodeleros que debían secundar directamente su acción.

Atahualpa llegó hasta la plaza con sus guerreros en aptitud pacifica. Salió únicamente á su encuentro el Dominico *Fray Vicente Valverde,* que, llevando un breviario en una mano y una cruz en la otra, dirigió al *Inca* preparado discurso, instándole á abrazar la fe cristiana y reconocer la soberanía del Rey español. Ni el tal discurso, ni la cruz, ni el breviario podían ser inteligibles para el *Inca,* aun en el dudoso caso de que las palabras del *P. Valverde,* fueran bien interpretadas por los lenguaraces indios. Parece ser que justamente irritado por la acti-

Fig 59 – El Inca Atahualpa (según *Herrera*).

tud de los castellanos, ó decidido á terminar con ellos, arrojó al suelo el breviario de *Valverde,* levantándose de las andas en que estaba y consultando con los suyos lo que convenía hacer.

Volvió el *P. Valverde* á donde estaba *Pizarro,* dándole cuenta de los dichos del *Inca.* Ya fuese incitado por las palabras del Dominico, ó por notar entre los indios movimiento y ruido alarmantes, *precipitó el caudillo español su premeditado ata-*

que. Dió la señal convenida, tronaron mosquetes y arcabuces, cargaron los de á caballo con furia contra aquella multitud de indios inermes, siguieron los infantes haciendo en ellos cuanto estrago pudieron con espadas, lanzas y ballestas, y los degollaron y pisotearon á su salvo, como á ovejas en redil. Los indígenas, atónitos y aterrorizados, recibían la muerte sin moverse ó se estorbaban y ahogaban al huir. *Francisco Pizarro*, con sus rodeleros, llegó donde estaba el *Inca*, asióle de la ropa é hízole venir á tierra. Los indios, sin tener ya á quien guardar ó respetar,

Fig. 60. —Antiguo palacio de Atahualpa, en Cajamarca.

se desbandaron. La obscuridad de la noche y la lluvia torrencial que sobrevino, pusieron fin á su matanza. *Atahualpa* y sus allegados quedaron prisioneros del vencedor (1).

El rescate. 9. — El *Inca* fué tratado al principio con todo miramiento, y la codicia de sus carceleros dióle esperanzas de recobrar su libertad. Ofreció á *Pizarro* como rescate cubrir de oro y plata el vasto aposento en que se hallaba hasta la altura de una línea que á buena altura trazó en la pared. Aceptó *Pizarro* la oferta

---

(1) Vse. *Robertson*. Hist. de la 'América Vol. III, pág. 173 y sig. y notas 34 y 35. *Prescott* op. cit. pág. 187 y 201 y sus notas. *Helps*. Spanish Conquest in America. Vol. III. Lib. XVI. Cap. IV, pág. 353 y sus notas. *Quintana*. op. cit., pág. 365-75. *Ric. Cappa*. S. J. op. cit. III, pág. 39 á 65. *Hernando Pizarro*. Carta á los Oidores. Sto. Domingo. (En *Quintana*. op. cit. II. apén. V), pág. 387-392. *Oviedo*. Hist. Gen. Vol. IV. Lib. XLVI. Cap. III, pág. 153 y sig. *Zárate*. op. cit. Lib. II. Cap. IV y V, pág. 476 y sig. (H. P. I.) *Pedro Pizarro*. Relación del Descto. etc. (En Coll. Doc. Ined. Hist. España. Vol. V.), pág. 201 y sig. *Jerez*. op. cit., pág. 328 y sig. (H. P. I.). *Garcilaso de la Vega*. op. cit. II. Ap. XXI-XXVII. Lib. I, fol. 25 y sig. Comp. *Naharro, Fr. Pedro Ruiz*. Relación de los hechos de los Españoles en el Perú, etc. (En Doc. Ined. Hist. Esp. Vol. XXVI), pág. 253 y sig. *Mendiburu*. Dic. Hist. Geog. Vol. 1, pág. 380 y sig. y Vol. VI, pág. 390 y sig. etc., etc.

y dió á su víctima promesa solemne de dejarle libre si cumplía su oferta con puntualidad. Envió, en consecuencia, *Atahualpa* mensajeros á los principales pueblos del "*Tahuantisuyu*", ordenando que se remitiese á Cajamarca todo el oro de sus palacios y templos, y que en todas partes se respetara á los castellanos como aliados, guardándose de moverles guerra. Aprovechando estas órdenes del *Inca,* que cumplieron al pie de la letra los "*curacas*" de los distintos "*ayllus*", salió *Hernando Pizarro* (Enero 1533) con un reducido destacamento hacia el Sur, llegando con un hermano del *Inca,* á quien en-

Fig. 61.—Un puente sobre el Apurimac.

contró en su camino, hasta *Pachacamac* (Lurin-Lima) para apoderarse del tesoro de su célebre templo. Desde allí marchó á *Jauja,* donde supo se encontraba el bravo jefe Quiteño *Chalcuchima,* decidiéndole á acompañarle en su viaje de vuelta á Cajamarca, que realizó en felices jornadas con las preciosas cargas que le iban entregando los "*curacas*" del camino y el poco oro que pudo recoger en Pachacamac. El mecanismo administrativo del país Incásico no se alteró con la prisión de *Atahualpa.* El pueblo veía con indiferencia este trasiego de metales preciosos. Siendo, como dijimos que eran (Cap. IX, Vol. I.), de uso privativo del *Inca* y de los templos y palacios, no podían extrañar que se propiciara con ellos á los castellanos, tenidos por seres superiores ó de origen solar. Fué necesario todo el desenfreno libidinoso y desaforada torpeza de algunos soldados *(Moguer, Zárate y Martín Bueno),* que en marcha triunfal llegaron hasta el Cuzco, para que se convencieran los atónitos indígenas del caracter de sus nuevos tiranos, y decidieran ocultar cuidadosamente el oro y la plata que buscaban aquellos con tanto ardor.

Almagro en Cajamarca.

Fig. 62.—Portada de un templo Incásico.

10.—Antes de que *Hernando, Pizarro y Chalcuchima* llegasen á Cajamarca ocurrieron allí sucesos que contribuyeron al trágico fin de la cautividad del *Inca Atahualpa.* Temiendo éste que su hermano *Huascar,* hablara con *Pizarro* y le inclinara á su bando, determinó mandarle matar. *Huascar* fué ahogado por sus guardianes en Antamarca, y su cadaver arrojado río abajo para que no fuese divinizado como las momias *(malquis)* de los "*hijos del Sol».* Sus parientes y allegados fueron también asesinados salvajemente, escapando sólo uno de sus hijos *(Huari-Titu)* que trajo á Cajamarca la noticia del atentado proporcionando á *Pizarro* gravísimos cargos contra *Atahualpa* y librándole de un enemigo temible por la mano misma del otro que tenía en su poder (1).

La otra novedad ocurrida en Cajamarca por estas fechas (Abril 1533), fué la llegada de *Diego de Almagro* con valiosos refuerzos militares y el título de Mariscal. Fué recibido afec-

(1) Vse. Relación del viaje que hizo el Capitán *D. Hernando Pizarro,* etc. *(Miguel Estete)* en *Jerez.* op. cit., pág. 338 y sig. (H. P. I.). *Zárate.* op. cit. Cap. VI, pág. 477 y sig. *Oviedo.* op. cit. Vol. IV. Lib. XLVI. Cap. XII, etc , pág. 187 y sig. *Hernando Pizarro.* Carta á los Oidores de Santo Domingo, etc. (en *Oviedo,* op. cit. Vol. IV. pág. 205 y sig.) *Quintana.* op. cit. I, pág. 377 y sig. *Helps.* op. cit. Vol. III. Lib. XVI. Cap, V, pág. 376 y sig. *Herrera.* op. cit. Dec. V. Lib. II. Cap. II, pág. 57 y sig. *Prescott* op. cit. Lib. III. Cap. V-VI, pág. 207 y sig. Sobre «*Pachacamac»* y sus tesoros, etc. Vse. *Garcilaso de la Vega.* op. cit. Vol. I. Cap. XXX, fol. 208. Vol. II. Lib. I. Cap. XXIX, etc. *Wiener:* Pérou et Bolivie, pág. 56-497-711, etc. *Cieza de León,* Crón. Perú 1.ª parte (H. P. I.). Cap. LXXII, pág. 42 y sig. *Pedro Sarmiento de Gamboa.* Hist. de los Incas. (Trad. *Markam.* Hakluyt Soc. MDCCCCVII), pág. 156 y sig. Cap. LVII á LXIX en especial este último. Vse. también *mi* Vol. I. Tit. II. Cap. IX, pág. 347, etc.

tuosamente por *Francisco Pizarro*, pero al volver *Hernando* triunfante de *Pachacamac*, no disimuló su disgusto por la presencia del viejo guerrero, á quien ni siquiera se dignó saludar. Sin la intervención de *Pizarro (Francisco)*, tal vez hubiera estallado en aquella emergencia el pavoroso incendio de sangrientos odios que, como vere-

Fig. 63.—Fortaleza Incásica.

mos más adelante, abrasó á los conquistadores del Perú.

II.—Siguieron llegando, en tanto, las cargas de oro y plata **Repartición del rescate.** del rescate de *Atahualpa* y aumentaba al verlas la impaciencia de los aventureros castellanos para repartirse tan pingüe botín. Los de *Almagro* querían entrar á la parte con los soldados de *Pizarro* y urgían la distribución. No hubiera sido político excluirlos del todo, y aunque no habían estado presentes en la captura del *Inca*, concertóse que recibieran *100.000 ducados* de los tesoros á dividir. Procedióse solemnemente (Junio 17-1533) al reparto, se apartaron los quintos reales, las joyas que por su singularidad ó hechura se acordó regalar á la Corte española, los 100.000 ducados de los Almagristas y los derechos del fundidor y aquilatador. El resto se distribuyó entre *Pizarro*, sus hermanos, capitanes y soldados equitativamente, y según sus contratos, méritos y graduación.

El tesoro ascendió á cerca de 1.326.539 *castellanos de oro* y 51.610 *marcos de plata*, equivalente en *valor comercial* á unos *quince millones y medio de pesos oro sellado* (15.500.000). No hay otro ejemplo en la historia de la Conquista Americana de un botín de tan valiosa cantidad (1).

(1) Vse. *Zárate*. op. cit. Cap. VII, pág. 473. *Jerez*. op. cit , pág. 343 y sig. La

12.—Parecía natural y lógico que después de repartido el tesoro entregado por el *Inca,* cumpliese *Pizarro* su solemne promesa de ponerle en libertad. No pensaba, sin embargo, tal cosa al astuto y acerado caudillo extremeño. Estaba, por el con_ contrario, resuelto á deshacerse de *Atahualpa* y condenarle á muerte sin preocuparse de lo inicuo de semejante resolución. Dejóse, en apariencia, influenciar por alguno$_s$

Fig. 61. – Ruinas del templo de Pachacamac (San Pedro de Lurín).

Almagristas y oficiales reales y en especial por el cruel y ca-

repentina abundancia de metales preciosos, trastornó naturalmente los valores. «La "cosa llegó á que si uno debia á otro algo le daban un pedazo de oro á bulto sin lo ·pesar y aunque le diese el doble de lo que le debía no se le daba nada y de casa en "casa andan los que debían ccn un indio cargado de oro buscando á los acreedores "para pagar lo que debían» etc. (Ibid. pág. 344). Vse. también *Herrera.* op. cit. Dec. V. Lib. II. Cap. III. *Prescott.* op. cit. Cap. VII, pág 221 y sig. *Helps.* Vol. III Lib. XVI. Cap. V, pág. 377 etc. El testimonio del *Acta notarial de repartición* del rescate Junio 17-1533) está integramente transcrita en *Quintana.* op. cit. Vol. II. Apéndice VI, pág. 400. Es casi imposible calcular exactamente la equivalencia de la suma del rescate de Atahualpa en monedas modernas. Para hacerlo *aproximadamente* podemos partir de la base que el *Castellano de oro* de principios del siglo XVI, tenía un *valor legal* aproximado de 2.75 °/₄ (dos pesos setenta y cinco centavos oro): y el *marco de plata,* copelada ó purísima, tenía un *valor legal de 3 °/₄* (tres pesos oro se-l.ado). Sabiendo, además, que la *fanega castellana de trigo (equivalente á 55'50⅓ litros),* valía á fines del siglo XV, cerca de *11 reales* (el peso oro tiene aproximadamente veintidós reales españoles plata), y que con *un castellano de oro,* podían comprarse (siglo XV, á fines) un poco más de *4 fanegas de trigo,* y con un *marco de plata,* alrededor de *cuatro fanegas y media,* y averiguando la cantidad de trigo *que puede comprarse hoy* en los diferentes mercados Americanos y Europeos con la misma suma, tendremos, con relativa aproximación, los *valores comerciales* en moneda moderna del *Castellano de oro,* y el *Marco de plata,* y por tanto, el *valor comercial* aproximado del rescate de Atahualpa. Vse. el ingenioso estudio de *D. Diego Clemencín* (Mem. Ac. de la Historia. Madrid, 1821, pág. 507-548) sobre la moneda de los Reyes Católicos y sus Tablas de precio medio del trigo en la España de fines del siglo XV. Vse. también *Mendiburu.* Dic. Ilis. Geog. Vol. I (Atahualpa), *Ric. Cappa.* op. cit. III, pág. 34 y sig. etc., etc.

viloso tesorero *Riquelme,* y decidió la muerte del *Inca,* como si se tratase de un reo vulgar. La ocasión era propicia para consumar el atentado. *Hernando Pizarro,* gran defensor del *Inca,* había salido para España á fin de obtener nuevos honores de su Monarca y demostrarle tangiblemente la inmensa riqueza de los territorios del Perú. El caballeresco *Hernando de Soto* había salido también con unos cuantos jinetes en descubierta hacia Huamachuco. La soldadesca veía en el *Inca* un grave peligro y clamaba por su muerte.

Formósele, pues, un irrisorio y tendencioso proceso, sin más testigos que los de cargo, cuyas declaraciones se tergiversaron infamemente por el intér-

Fig. 65. — El Inca en sus andas. Vasija Peruana encontrada en el Cuzco *(Wiener).*

prete *Felipillo,* y fué condenado sumariamente á ser quemado vivo. *Fr. Vicente Valverde,* á quien se llevó la causa, dióla por bien tramitada y justa, y aunque los mejores soldados de ambos caudillos, no queriendo manchar sus blasones y el nom-

Fig. 66. — Curiosa vasija Incásica representando un fraile español en su púlpito *(Wiener).*

bre de su patria con tal felonía, protestaron indignados y apelaron del fallo al Emperador, fueron desoídos, predominando los ambiciosos y villanescos y notificándose la atroz sentencia al *Inca Atahualpa* que se preparó estoicamente á morir. El día 29 de Agosto del 1533, dos horas después de anochecido, salió *Atahualpa* al suplicio á pie y con grillos. Acompañábale *Fr. Vicente Valerde,* que le ofreció librarle de la pena de la hoguera si consentía en ser bautizado. Aceptó *Atahualpa* la oferta para no morir quemado y se le administró el bautismo en aquel mismo lugar. Hecho ésto, fué entregado el sucesor de *Manco Ccapac* en manos de los verdugos, que atándole á un madero le ahorcaron en la obscuridad de la noche, al solo resplandor de las hogueras y entre las roncas voces de la soldadesca que entonaba el Credo con fanático convencimiento ó supersticioso terror.

Atahualpa fué muerto dos meses y medio después de repartidos sus esoros. Si sus crueldades fratricidas le hicieron odioso, rehabilita su memoria lo trágico de su fin. Otro tanto puede decirse de los que le mataron. *«No hay que reprenderlos,* escribe un cronista, *el tiempo y sus pecados les castigaron después: todos ellos acabaron mal.»*

Fig. 67. – Moneda de Carlos V.

La muerte del *Inca* trastornó profundamente el vastísimo organismo comunista construído por los *Hijos del Sol.* Rota la armonía que reinaba en el *Tahuantisuyu,* todo se desconcertó, los *yanaconas* subleváronse contra sus *"curacas",* los *mitimaes* huyeron á sus primitivas aldeas. No habiendo ya freno á la ambición de los grandes ni á la licencia de los pequeños, perdieron los *"curacas"* su autoridad. Se saquearon los graneros públicos, estallaron las rencillas ocultas entre las diversos *"ayllus",* ninguna provincia se entendió con las otras, las tribus se distanciaron entre sí y volvieron al aislamiento y salvajismo. Faltó, en una palabra, la clave que mantenía en pié aquel enorme edificio y, no obstante los desesperados y heróicos esfuerzos de sus últimos mantenedores, tardó bien poco en caer para siempre y pasar á la historia como cosa que fué (1).

_____

(1) La muerte de *Atahualpa* y la parte que en ella tomaron *Francisco Piza Valverde* han sido muy discutidas. Sobre lo inicuo del hecho no puede haber dos opiniones. La *"urgente necesidad"* que para disculparlo alegan algunos cronistas no está ni con mucho comprobada. La socorrida *"razón de estado"* de que echan mano algunos escritores para atenuailo *(Fiske.* Disc. II, 405), citando, por ejemplo, el caso de la muerte del *Duque de Enghien* por *Napoleón I,* sólo puede demostrarnos que *Bonaparte* procedió mal, pero no que *Pizarro* y *Valverde* procedieran bien. Uno y otro

se desmintieron reciamente al ser increpados por *Hernando de Soto* y sólo se apaciguaron *«porque el oro estaba por partir»* *(Oviedo.* Vol. IV, pág. 250). ¿Cuál de los dos fué más culpable? Es inútil discutirlo. Lo fueron ambos. *Pizarro* era, á su modo, un Nietzchiano, friamente utilitario y familiarizado con la sangre. Mató al Inca porque así creyó convenirle. Amañó con perfidia su proceso para cubrir las formas, y porque de sobra sabía *(Oviedo.* Vol. VI, pág. 243) *«que ningún capitán puede disponer «sin licencia de su Rey y Señor,* de la persona del príncipe que tiene preso, cuyo es de *«derecho.»* Encontró en *Valverde* auxiliar poderoso. Profesaba probablemente el Dominico la Etica de aquel Obispo *Esteve,* de Orihuela, que en sus Comentarios al libro de los Macabeos dedicado al Papa Clemente VIII, llevaba su intolerancia hasta sostener *«que los hijos podían lícitamente asesinar á sus padres si eran herejes ó idólatras.»* (Vse. Mem. *Ac. Historia.* Vol. VI, pág. 388. Sobre la poca lenidad de los eclesiásticos en el siglo de la Reina Católica, etc.). En aquellas luctuosas edades en que *«era costumbre de los cristianos que entraban á correr la frontera de los mo- «ros,* traer las cabezas de los enemigos muertos pendientes de los arzones, y darlas á *«*los muchachos para azorarlos á la guerra contra el infiel.» (Vse. Mem. Ac. Histor. citada, pág. 390) no eran raros los eclesiásticos y prelados aficionados á la guerra y de *«revoltosa memoria,»* según califica, por ejemplo, el truhan de Carlos V, *D. Francesillo,* al *Obispo Acuña,* en su Crónica Burlesca del Emperador. (Vse. la edición *Gayangos* de dicha Crónica y el precioso estudio de *Menéndez Pidal* sobre *D. Francesillo de Zúñiga* en la Rev. Arch. Bibliot. y Museos. 3.ª época, 1909-números 5, 6, 7, 8). El odio de *Valverde* contra Atahualpa por ser idólatra, favoreció en gran manera los torcidos designios de *Pizarro.* El villanesco y hedonista caudillo, y el inflexible clérigo, se completaban á maravilla. Los dos murieron trágicamente. *Pizarro* asesinado, como veremos, por los Almagristas. *Valverde* por los indios de la isla de la Puna. Las frases de *Oviedo* al relatar la muerte del Dominico, sintetizan lo anteriormente dicho sobre él. *«Aquel puñal,* escribe el cronista, *que tenía ceñido este «frayle* cuando fué presso Atabaliba, *razon fuera* que lo oviera guardado para de- *«*fenderse dessos indios de la Puna *que tampoco me paresçe que entendían la Biblia»...* (Vol. IV. Lib. XLVIII. Cap. VI, pág. 373.) Alcance la misericordia de Dios á los victimarios del Inca; la justicia histórica execrará su crimen y ensalzará los nombres de los justos, los humanos y caballerescos que se opusieron en vano á que se consumara honrando con ello á su patria y evitando á la tradicional hidalguia del soldado castellano tan infame y doloroso borrón. Vse. *Zárate.* op: cit. Lib. II. Cap. VII, pág. 478 y sig. *Jerez.* op. cit. pág. 344 y sig. *Oviedo.* Hist. Gen. Vol. IV. loc. cit. *Garcilaso de la Vega.* op. cit. II. Lib I. Cap. XXXVI-XXXVIII, fol. 46 y sig. *Robertson.* Hist. América. Vol. III, pág. 175 y sig. *Herrera.* Hist. Gen., Dec. V. Lib. III. Cap. IV, etc. *Prescott.* op. cit. pág. 225 á 239 y sus notas, y apéndice X, pág. 490 y sig. Relación de *Pedro Pizarro* (Doc. Ined. Hist. España. Vol. V, pág. 207 y sig.) *P. Ricardo Cappa.* S. J. op. cit. III, pág. 86 y sig. y sus notas. *Quintana.* op. cit. I, pág. 388 y sig *Mendiburu.* Dic. Hist. Geog. Vol. I, pág. 378 y sig. (Atahualpa). *íd.,* pág. 317 (Almagro). *íd.* Vol. VI, pág. 388-506 (Pizarro). *íd.* Vol. VIII, pág. 249-261 (Valverde). *Markham.* History of the Incas. pág. 250 y sig. *Helps.* op. cit. Vol. III. Lib. XVI. Cap. VI, pág. 388 y sig. y sus notas, etc., etc.

CUESTIONARIO

1. – *¿Cuál es el origen del nombre del* Perú?
2. – *¿Qué territorios exploró* Pascual de Andagoya?
3. – *¿Quién era* Francisco Pizarro?
4. – *¿Quiénes eran* Diego de Almagro *y* Hernando de Luque?
5. – *¿Hasta dónde alcanzaron* Pizarro *y* Almagro *en sus primeras expediciones descubridoras?*
6. – *¿Qué sucedió en la* Isla del Gallo?
7. – *¿Qué importancia tuvo el descubrimiento de* Tumbez?
8. – *¿Cómo recibió á* Pizarro *el Emperador Carlos V?*
9. – *¿Quiénes acompañaron á* Francisco Pizarro *al volver al Perú?*
10. – *¿Cómo recibió* Almagro *á los hermanos de* Pizarro?
11. – *¿Cómo y por qué fundó* Pizarro *la colonia de San Miguel de Piura?*
12. – *¿Qué guerra civil asolaba, al llegar los Españoles, los territorios Incásicos?*
13. – *¿Dónde supo el* Inca Atahualpa *la llegada de los Españoles?*

14. — *¿Qué incidentes ocurrieron á los Españoles en su marcha á Cajamarca?*

15. — *¿Qué participación tomó el Dominico* Fray Vicente Valverde *en la captura de Atahualpa?*

16. — *¿Cómo fué capturado el* Inca *por los* Españoles?

17. — *¿Qué rescate ofreció* Atahualpa *á* Pizarro *en cambio de su libertad?*

18. — *¿Qué sucesos notables ocurrieron en las expediciones de* Hernando Pizarro *á Pachacamac y de* Moguer *y sus compañeros al Cuzco?*

19. — *¿Cómo murió* Huascar, *y quién le mandó matar?*

20. — *¿Qué pretendió* Almagro *al llegar á Cajamarca?*

21. — *¿A cuánto ascendía en* monedas antiguas *el rescate de Atahualpa?*

22. — *¿Cómo puede calcularse aproximadamente su* valor comercial *en* moneda actual?

23. — *¿Tuvo intención* Pizarro *de cumplir la solemne promesa que hizo al Inca de ponerle en libertad?*

24. — *¿Cómo y por qué procedimientos fué muerto el* Inca Atahualpa?

25. — *¿Quiénes fueron los verdaderos culpables de su inicua ejecución?*

Referencias. — Véanse las del Cap. IX, Tít. II, Vol. I, y las relacionadas en el capítulo siguiente.

CAPÍTULO II

De Cajamarca al Cuzco.

1.—Temiendo *Pizarro* las consecuencias del desbordamiento social que siguió á la muerte de *Atahualpa,* juzgó necesario coronar un Inca, á cuya sombra pudiera seguir subyugando el país. Para captarse la voluntad de los jefes Quiteños hizo *dar la borla* á *Toparca,* hermano de *Atahualpa,* y acompañado del nuevo Inca y del guerrero *Chalcuchima,* emprendió su marcha al Cuzco (Septiembre 1533) con la vanguardia de su ejército. La retaguardia, con los bagajes, siguióle á los pocos días, y fué reciamente atacada por *Titu Auchi,* hijo también de *Huayna Ccapac,* que con más espíritu justiciero que *Pizarro,* de los ocho prisioneros castellanos que capturó, hizo matar á los que sabía habían actuado en el proceso de *Atahualpa,* dejando libres á los que se opusieron *(Chaves, Hernando de Haro,* etc.) á la ejecución del Inca.

Pizarro, con su vanguardia, siguió el camino real de los Incas, atravesó la provincia de Andaguaylas y llegó, después de algunos días de marcha, al risueño valle de *Jauja,* donde fundó la villa del mismo nombre. Desde allí envió á *Hernando de Soto* en descubierta hacia el Cuzco. Tuvo este bravo hidalgo serias escaramuzas con los indígenas y acaso hubiera perecido en los desfiladeros de *Vilcacunca* sin el oportuno auxilio de *Almagro,* que salvó su comprometida situación.

Con él volvió á Jauja, y reanudaron todos su camino al Cuzco, cruzando el Apurimac por el antiguo puente Incásico de
Huacachacu, y siguiendo por *Telca* hasta el valle de *Sacsahuana* donde acamparon. Ocurrió en esto la muerte de *Toparca.*
Culpó *Pizarro* de ella á *Chalcuchima,* y por tal sospecha, *y sin
prueba alguna,* (1) le condenó á ser quemado vivo. Murió estoicamente pronunciando hasta espirar el nombre, para él sagrado, de *Pachacamac.* Consumada esta nueva iniquidad, reanudó

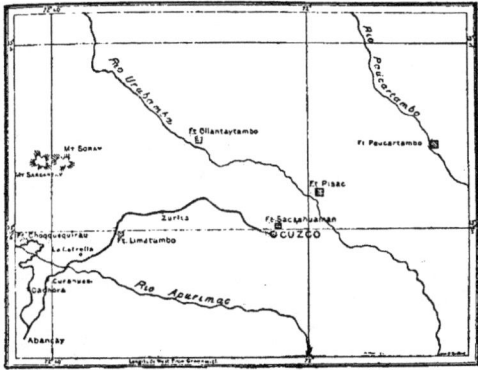

Fig. 68. — El Cuzco y las fortalezas que lo rodeaban.

Pizarro su jornada siguiendo probablemente la ancha y fuerte
calzada Incásica que permitía atravesar los tremedales de
Yahuar Pampa y conducía al Cuzco.

Poco antes de llegar á dicha ciudad, recibieron los expedicionarios la visita del nuevo *Inca Manco,* hermano de *Huascar,* que solicitó la alianza de *Pizarro* para ser coronado en el

---

(1) Los mismos Regidores de Jauja, hechuras de Pizarro, afirman en su carta al
Emperador que *"no hubo averiguación ni certenidad que el Capitán Chaliconiman le
había dado* (á Toparca) *hierbas ó á beber conque murió...."* (Vse. Carta de Justicia
dirigida al Emperador por la Justicia y Regimiento de la Ciudad de Jauja (Ms.) citados por *Prescott.* Conq. Perú, pág. 341, nota 3. Acordó matarle, dice *Herrera,* aunque pareció á alguien cosa fuerte *"pero los que siguen las razones de estado á todo
cierran los ojos."* Donoso argumento para disculpar iniquidades. Vse. *Herrera.* Dec.
Vol. III: Dec. V. Lib. VI. Cap. III, pág 132.

Cuzco como sucesor legítimo que era de *Huayna Ccapac*. Otorgó de buen grado el caudillo extremeño la protección deseada por el *Inca*, aseguróle, porque así le convenía, que mantendría su causa, y juntos atravesaron la serranía inmediata al Cuzco, donde entraron triunfalmente el día 15 de Noviembre de 1533 (1).

Fig. 69. – Iglesia de Santo Domingo del Cuzco, construída sobre el antiguo Templo del Sol. *(Wiener)*.

Manco Inca.

2. – Grande fué el júbilo de los castellanos al contemplar la fastuosidad bárbara de la ciudad Incásica. Saquearon sus templos y edificios públicos, y á pesar de haber ocultado los sacer-

---

(1) Vse. Rel. *Pedro Pizarro* (Doc. Ined. Hist. España. Vol. V), pág. 210 y sig. Relación *Ruiz de Naharro* (Doc. Ined. Hist. Esp.) Vol. XXVI, pág. 237 y sig. Rel. *Pedro Sancho en Ramusio.* Viaggi. Vol. III, folio 400. *Herrera* Hist. Gen. Dec. V. Lib. IV. Cap. X á XII. Lib. V. Cap. I á III. Lib. VI. Cap. I á III, etc. *Velasco* Hist. de Quito (Coll. *Ternaux Compaux.* Vol. XVIII-XIX) Vol. I. pág. 377 y sig. *Cieza de León.* Crón. del Perú, 1.ª parte (H. P. I.) Cap. LXXXI-LXXXIV á XCI, pág. 432 y sig. *Zárate.* Conq. del Perú (H. P. I.) Cap. VIII, pág. 80 y sig. *Garcilaso de la Vega.* op. cit. II. Lib. II, fol. 66 y sig. *Helps.* Spanish Conquest. Vol. IV. Lib. XVII. Cap. I, pag. 6. *Prescott.* Conq. of Peru. Lib. III. Cap. VIII, pág. 235 y sig. *Quintana.* op. cit. (Fco. Pizarro), pág. 398 y sig. *Ric. Cappa. S. J.* op. cit. III, pág. 86 á 106 y sus notas. *Robertson* Hist. America. Vol. III, pág. 188 y sig. etc., etc.

dotes y jefes indios, al saber su llegada, gran parte de los objetos de oro y plata dedicados al culto, aún pudieron repartirse los invasores cerca de *500.000 castellanos de oro* y *215.000 marcos de plata* (próximamente 8.000.000 de pesos oro actuales). Reunió en seguida *Pizarro* á los jefes partidarios de *Manco*, y le hizo coronar ceremoniosamente, declarándole, *con su anuencia*, vasallo del Rey español. Procedió luego el caudillo á organizar el gobierno municipal en el pueblo conquistado; nombró entre sus hermanos y privados, *Alcaldes* y *Regidores;* repartió tierras y palacios, *encomendó indios* y convirtió, en fin, la antigua capital Incásica en villa española colonial. Sobre el templo de Coricancha se construyó la iglesia cristiana de *Santo Domingo,* de la que fué, provisoriamente, nombrado Obispo *Fray Vicente Valverde. Francisco Pizarro,* ante el Ayuntamiento nombrado, tomó el título de *Gobernador.* (Marzo 1534) (1).

3.—No estuvo el caudillo mucho tiempo tranquilo en su flamante empleo. Al salir de Cajamarca había enviado á San Miguel de Piura á su fiel lugarteniente *Benalcazar* para que se encargara del gobierno de dicha colonia. Alucinado éste

Benalcazar y Alvarado en Quito.

---

(1) Vse. *Prescott.* Conq. Perú, pág. 243 y sig. y sus notas. La abundancia de oro y plata en el Cuzco fué tal, que uno de los conquistadores, *Manco Sierra de Leguizamo,* que hubo en el reparto «la figura del Sol que tenían hecha de oro los Incas en la casa del Sol... que valdría hasta 2.000 pesos de oro», se la jugó en una carta. Vse. Test. de *Manco Sierra de Leguizamo* en *Markham.* The Incas of Perú, pág. 299. Comp. *Fray Reginaldo de Lizarraga.* Desc. de las Indias-1605. (Ed. *D. Carlos Romero.* Bca. Hca. de Lima-1907. Vol. II Trim. III-IV), pág. 349 y sig. *J. R. Gutiérrez·* Kev. Peruana. Vol. II, pág 30-1879. *Ricardo Cappa.* S. J. op. cit. II, pág. 221. *Clemencín.* Mem. Ac. Hist. Vol. VI, pág. 507 y sig , etc , etc. Sobre el Cuzco del siglo xvɪ y su fundación por *Pizarro.* Vse. *Acta de la fundación* de la ciudad del Cuzco en *Mendiburu.* Dic. Hist. Geog. Vol. III. Doc. 10, pág. 392. *Markham.* op. cit., pág. 32, 77, 268, 289, etc. *Herrera* Hist. Gen. Dec. V Lib. VI. Cap. IV, pág. 133. *Manuel de Mendiburu.* Apuntes Hist. del Perú y not. Cronológicas del Cuzco·(Lima 1902), pág. 277 y sig. *Wiener.* op. cit. Cap. XVI, pág. 306. *Garcilaso de la Vega.* Com. Reales I. Lib. III. Cap. XX-XXIV... en ninguna parte deste reino del Perú, dice el admirable cronista *Cieza de León,* se halló forma de ciudad con noble ornamento si no fué este Cuzco... Si hay algunos pueblos no tienen traza ni orden ni cosa política que se haya de loar: el Cuzco *tuvo gran manera y calidad:* debió ser fundada *por gente de gran ser... Cieza de León.* Crón. Perú 1.ª parte (H. P. I) Cap. XCIII, pág. 437. Vse. también *mi Cap. IX.* Tít. II. Vol. I. con sus notas y referencias.

por las noticias de las riquezas de *Quito,* decidió por sí y ante sí emprender su conquista. Penetró en los desfiladeros Andinos, sostuvo con el quiteño *Rumiñaui* serios combates en los llanos de *Río Bamba,* y llegó por fin á la ciudad de Atahualpa que llamó *San Francisco de Quito.* No encontró

Fig. 70. – El mariscal Alonso de Alvarado (según *Herrera*).

en ella las riquezas anunciadas, pero supo en cambio, con gran sorpresa que otro destacamento de españoles se dirigía en son de guerra hacia su real. El célebre conquistador de Guatemala *Pedro de Alvarado* (Cap. II, Tít. I), había armado una lucida expedición en Nueva España, con el objeto de apoderarse de los territorios de *Quito* que aparentaba considerar extraños á la jurisdicción y concesiones reales de los Capitanes del Perú. El de Guatemala había desembarcado en la Bahía de *Caracas* ó de *Puerto Viejo* (Dep. Manabi-Ecuador) y después de vadear el *Río Daule,* había decidido traspasar la enorme barrera de montañas que le separaban de Quito. No podemos detenernos á describir la asombrosa y desesperada marcha de *Alvarado* y los suyos á través de los glaciares y altísimas mesetas de la estupenda *"Avenidas de Volcanes"* del Ecuador. Asusta aun hoy, estudiar la ruta seguida por aquel puñado de valientes que, hundidos en las nieves, ateridos por la ventisca, cegados por las cenizas volcánicas y sin más recursos que su indomable energía, llegaron desde el *Daule* á los peñascales del *Chimborazo,* á las espesuras del *Tunguragua,* y á los ingentes desfiladeros del *Altar (Ccapac-Uru)* y el *Sangay.* Una cuarta parte de los que formaban aquella brillante columna quedaron sepultados en la nieve ó fueron pasto de los condores. Los sobrevivientes encontraron

Fig 71. – En la ruta de *Pedro de Alvarado.*

en Río Bamba á *Benalcazar* y *Almagro,* decididos á detenerlos. No pelearon. Aun siendo superiores en número, creyeron más conveniente negociar con los del Perú. Cedió, en efecto, *Alvarado* á *Pizarro* sus doce buques y los restos de su ejército, mediante *120.000 castellanos de oro,* y después de

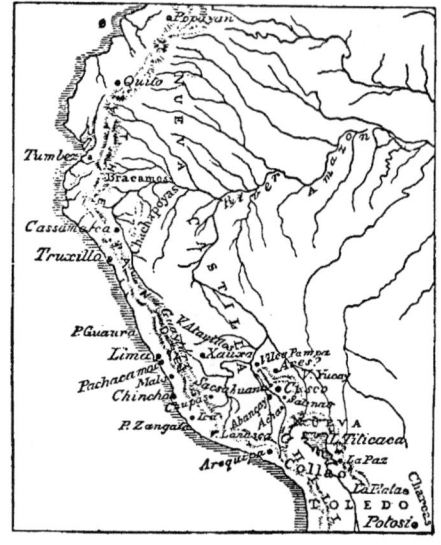

Fig. 72.—La *Nueva Castilla* y la *Nueva Toledo* (Helps).

La "Nueva Castilla,, y la "Nueva Toledo.,,

visitar el Cuzco, donde fué espléndidamente agasajado por *Francisco Pizarro*, regresó á *Guatemala*, en donde al poco tiempo murió. (Cap. II. Titulo I.) (1).

4.—Había llegado por estas fechas á España *Hernando Pizarro* con sus naos cargadas de plata y oro, que llenaron de riquezas á la hermosa Sevilla y su Casa de Contratación (2). El Emperador *Carlos V,* recibió con entusiasmo al guerrero; colmóle de honores; confirmó á *Francisco Pizarro* en su empleo de Gobernador y dió á

---

(1) Vse. *Zárate.* op. cit. Cap. IX á XI, pág. 480 y sig *Cieza de León* Crón del Perú 1.ª parte. Cap. XXXVI y XXXVII, XL á XLII (Quito) XLV-XLVI (Puerto Viejo), etc., pág. 392 y sig. *Herrera.* Hist. Gen. Dec. V. Lib. VI. Cap. V á XII. *Oviedo.* Hist. Gen. Vol. IV. Lib. XLVI. Cap. XX... En el qual se tracta de la yda del comendador don Pedro de Alvarado á la tierra austral, etc... *Garcilaso de la Vega.* Com. Reales, 2 ª parte. Lib. II. Cap IX-XVI. *Juan de Velasco.* Hist. Reino de Quito. (Ed. *Ternaux Compans).* Pte. 1.ª, pág. 223 y sig. *Prescott.* Conq. of Perú, pág. 253 y sig. y sus notas. *Quintana.* op. cit., pág. 410 y sig. *Markham.* Incas of Perú, pág. 93, 164, 173, 182, etc. *P. Ricardo Cappa.* op. cit. III, pág. 106 y sig. *Herrera.* Ap. para la Hist. de Quito (Paris 1874), pág. 110 y sig., etc., etc.

(2) Sobre la influencia de los metales preciosos llegados del Perú en la Sevilla del siglo xvi, Vse. Reflexiones del desc. comercio y gobernación de las Indias *(Mem. Ac. Hist.* Vol. VI), pág. 362 y sig.... según *Fray Tomás Mercado.* Suma de tratos y contratos, etc. Sobre la cantidad de oro y plata que trajeron las naos del Perú los años 1533-34. Vse. *Jerez.* Conq. del Perú (H. P. I.), pág. 345 y sig., etc.

Almagro el título de *Adelantado*. Concedió también á *Pizarro,* á más de las *200 leguas* de la primera capitulación, otras *setenta* hacia el Sur, que formaban un total de 270, á contar desde el pueblo de *Santiago* (1º 20' Lat. Norte). A *Almagro* le dió jurisdicción sobre otras doscientas leguas de país, á contar de los límites meridionales del gobierno de *Pizarro*. La provincia concedida á *Almagro* se llamó "*Nueva Toledo*" y la de *Pizarro,* "*Nueva Castilla*". Antes de que *Hernando Pizarro* volviese al Perú, recibió *Almagro* noticias de la nueva capitulación con el Emperador (Abril ó Mayo 1535). El viejo guerrero consideró al *Cuzco* dentro de los límites marcados á su provincia de *Nueva Toledo,* é hizo, en consecuencia, sus preparativos para apoderarse de él (1).

Juan y *Gonzalo Pizarro* trataron de impedírselo, y hubieran venido á las manos, si *Francisco Pizarro,* que estaba ausente, no hubiese regresado con premura al Cuzco. La habilidad y energía del *Gobernador,* y la versatilidad ó sobrada confianza del *Adelantado,* conjuraron provisionalmente el conflicto. Se convino que *Almagro* intentara la conquista de Chile, cuyas riquezas ponderaban los indígenas. Si no encontraba en tal región establecimiento favorable, *Pizarro* debía cederle una parte de su gobernación. *Almagro* levantó bandera para la nueva expedición, cuyos incidentes relataremos más adelante (Cap. III), y partió del Cuzco con rumbo al Sur (Julio 1535), acompañado del Jefe *Paullu* y del *Viliac-Uma* ó *gran sacerdote,* hermanos ambos de *Manco Inca* (2).

5. — Terminado este importante negocio volvió *Pizarro* á

---

(1) Vse. *Herrera.* op. cit. Dec. IV. Lib. III. Cap. V que extracta provisión en favor de Pizarro. *Cieza de León.* Guerra de las Salinas (Lib. I. Pte. 4.ª) Crónica del Perú. Cap 39. Comp *Raimondi.* Hist. Geográfica del Perú (Lima, 1876). Vol. II. Cap. 6-7. *Miguel Luis Amunategui.* Cuestión de límites entre Chile y la Rep. Argentina (Santiago. 1879). Vol. I, pág. 9 y sig. *Barros Arana.* Hist. Gen. de Chile. Vol. I, pág. 150 y sig., en especial notas 7 y 10. Cap. II. Pte. 2.ª, pág. 149-152.

(2) Vse. *Zárate.* op. cit. Lib. II Cap. XIII. *Garcilaso de la Vega.* op. cit. Pte. 2.ª Lib. II. Cap. XIX. *Herrera.* Hist. Gen. Dec. V. Lib. VII. Cap. VIII. *Quintana.* op. cit., pág. 426 y sig. *Prescott.* Conq. of Perú, pág. 262 y sig. y el Apén. XI (pág. 493), donde se transcribe el contrato ó avenencia entre Pizarro y Almagro de Junio 12-1535. Comp. *Ric. Ceppa.* S. J. op. cit. III, pág. 123 y sig., etc., etc.

Fundación de Lima.

los territorios de la costa y siguió ocupándose activa é inteligentemente de establecer un gobierno arreglado en los vastos países sometidos á su autoridad. Dividiólos en varios distritos, hizo reglamentos para la administración de justicia, para el laboreo de las minas y para el trabajo de los indios encomendados. Como el *Cuzco* distaba mucho del mar, fundó á orillas

del *Rimac*, en el risueño valle de su nombre (Enero 18 de 1535) la ciudad de *Lima*, que llamó *de los Reyes*, en recuerdo de *Carlos V* y su madre *D.ª Juana*, entonces Soberanos españoles. Hízose con regularidad la traza de la nueva villa; nombráronse autoridades y Cabildo, se repartieron solares, etc. y gracias á la enérgica diligencia del *Gobernador*, se levantaron edificios privados y públicos con tal rapidez, que en poco tiempo se vió surgir una ciudad, cuya Iglesia, Casa Ayuntamiento, palacios y casas, bella y sólidamente edificados, anunciaban su futura grandeza. Para promediar la gran distancia de la capital así fundada, hasta *San Miguel de Piura*, hizo fundar por *Miguel Astete*, que eligió el sitio, la actual ciudad de *Trujillo* y siguiendo también el buen acuerdo de *Almagro*, urgió la colonización de *Puerto Viejo*, para que los advenedizos que solían tocar en este punto no hostilizaran á los indígenas (1).

Fig. 73.-Inca con la *Masca Paicha* ó insignia de su dignidad. (Col. *Oscar B. Heeren*).

(1) Vse. *Prescott*. op. cit., pág. 259 y sig y sus notas. *Quintana*. op. cit., pág. 421 y sig. *Cieza de León*. Crón. del Perú, 1.ª parte. Cap. LXX- LXXI (Lima). Cap. LXVIII-XIX (Trujillo), etc., etc. *Garcilaso de la Vega*. op. cit. II. Lib. II. Cap. XVII. fol. 8² y sig. El *Acta de Fundación y Población* de la ciudad de Lima, etc., está transcrita en *Mendiburu*. Dic. Hist. Geog. Vol. III. Doc. XI. pág. 403. Comp. *Herrera*. op. cit. Dec. V. Lib. VI. Cap. XII, etc. *Middendorf*. Perú. Beobachtungen und Studien über das land, etc. Band I, pág. 2 y sig. y Planchas 1 á 32 y en especial el precioso artículo del sabio investigador Peruano *Marco A. Cabero*, sobre el Corregimiento de Saña, etc. (Rev. Histca. del Perú. Tomo I. Trim. II-III, Lima, 1906). Véase también *Simón Ayanque*. Lima por dentro y por fuera, etc. (Ed. Madrid, 1798), pág. 87 y sig. y *Fray Antonio de Calancha*. Crónica moralizada, etc. (Ed. Barcelona 1638). Lib. I. Cap. XXXVI', pág. 234 y sig. que transcribe el auto dado por D. Fco. *Pizarro* el día (18 Enero 1535) en que fundó la ciudad, etc., etc.

6.— Epoca fué esta de verdadera brillantez en la accidentada carrera del *Gobernador Pizarro*. Puso en ella de manifiesto el lado generoso y amable de su carácter y sus admirables dotes de organizador. Nunca, según sus biógrafos, estuvo más satisfecho. Afluían al Perú colonos y soldados en gran número. Daba á los primeros tierras convenientes para establecerse, y organizaba nuevas conquistas para los ansiosos de aventuras y gloria. *Garcilaso de la Vega* fué enviado á Buenaventura, *Porcel,* á Bracamoros y *Alonso de Alvarado* á Chachapoyas. Lima seguía creciendo y hermoseándose, Puerto Viejo, Trujillo, San Miguel, Jauja, Tumbez y otras poblaciones, aumentaban también con rapidez.

No fué, sin embargo, muy largo este período de paz. El *Inca Manco,* cansado de ser juguete de los invasores urdía en secreto un levantamiento

Fig. 74.—El Inca *Garcilaso de la Vega*, copia de un cuadro que existe en el Cuzco.

total del país. Las disensiones de los castellanos, la ausencia de *Almagro, Alvarado,* etc., y la dispersión de las tropas en el territorio, favorecían sus planes.

Sus hermanos *Paullu* y el *Villac-Uma,* que habían partido con *Almagro,* volvieron rápidamente al Cuzco, abandonando á este caudillo. *Manco Inca* salió del Cuzco para ponerse al frente de sus tropas. Denunciado á *Juan Pizarro* por los *Ca-*

ñaris, fué perseguido y encerrado en una fortaleza. Llegó en esto de España *Hernando Pizarro* y fué nombrado Gobernador del Cuzco (Nov. 1536). Creyó más político ganar al *Inca* por afecto, y le devolvió la libertad. *Manco* huyó del Cuzco para no volver más. Cuando, después de algunos días, quiso *Pizarro* perseguirle, era ya tarde. El bravo jefe avanzaba al frente de numerosos guerreros para sitiar la capital. *Juan Pizarro* quiso detener el temible avance de los indígenas, á orillas del Yucay. Hubo de volver al Cuzco llamado urgentemente por su hermano, que veía cubiertas de guerreros todas las alturas inmediatas á la ciudad. *Manco Inca* se hizo fuerte en *Sacsahuaman,* é inició el terrible sitio del Cuzco (Febrero, 1536). No podemos detenernos á describir los heróicos hechos de armas de sitiadores y sitiados. Como en la defensa de *Tenochtitlan,* dió en el *Cuzco* la raza Americana brillantes pruebas de su valor y estoicismo. Los Peruanos lle · garon hasta familiarizarse con el uso de las armas que habían quitado á los españoles, y á esgrimirlas diestramente. En el asalto de la fortaleza de *Sacsahuaman* fué muerto *Juan Pizarro. Hernando* la asaltó nuevamente y se apoderó de una de sus torres. El guerrero indígena que la defendía, como el célebre jefe Cántabro de las guerras Romanas, prefirió despeñarse antes que rendirse (1). El triunfo de *Hernando Pizarro* no hizo cejar á los indígenas. Siguieron sus guerreros acampados alrededor de la ciudad, esperando el momento más favorable para asaltarla. Todo en el Cuzco era desolación y ruinas (2). Habían transcurrido, sin embargo, siete largos meses (Febrero-Agosto 1536), se acercaba la época de la siembra y temeroso el *Inca* de que faltasen provisiones para lo futuro, licenció

(1) «Visto este orejón que se lo habían ganado y le habían tomado por dos ó tres partes el fuerte, arrojando las armas, se tapo la cabeza y el rostro con la manta y se arrojó del cubo abajo más de cien estados y ansi se hizo pedazos.... á *Hernando Pizarro* le peso mucho por no tomalle á vida. Rel. *Pedro Pizarro.*» (Doc. Ined. Hist. Esp.) V, pág. 220 y sig.

(2) «Certifico á S. M. que si no me acordara del sitio de la ciudad yo no la conosciera... agora la mayor parte está toda derivada y quemada.» Carta de *Valverde* al Emperador Carlos V. Marzo 20 de 1539. (Arch. Simancas.) Vse. *Prescott.* op. cit. pág. 273, etc.

Fig. 75.—El Cuzco desde Sacsahuaman.

gran parte de su gente, con orden de volver á la lucha una vez terminadas las faenas campestres. Reservó considerable fuerza para su guardia y se replegó á la fortaleza de *Ollantaitambo,* dejando alrededor de la ciudad numeroso cuerpo de ejército. Siguieron las desesperadas salidas de los castellanos y las recias defensas de los indígenas. Las cercanías del Cuzco se convirtieron en grandioso escenario de guerreras hazañas y ro_ mancesca liza de incesante fragor.

7.— En estos difíciles momentos regresó *Almagro* de su expedición al Sur, desencantado, maltrecho y ansioso de resarcirse de sus pérdidas, apoderándose del Cuzco. Sabedor *Hernando Pizarro* de las aviesas intenciones de *Almagro,* ofreció la paz á *Manco Inca,* para impedir que éste se aliara con *Almagro,* acampado á la sazón en *Arcos,* y envió al mismo tiempo á uno de sus capitanes para parlamentar con el *Mariscal.* Almagro se apodera de la ciudad.

Almagro manifestó terminantemente al parlamentario de los *Pizarros* que había decidido adueñarse del Cuzco por considerarlo dentro de los límites de su gobernación de *Nueva Toledo* (1). A su vez mandó embajadores á *Manco* reiterándole

(1) La medición no era facil, por no conocerse los verdaderos paralelos de latitud. Partiendo de Santiago (1º 20' Lat. Norte) y teniendo en cuenta que de las leguas españolas hay *17 y media* en el grado, las 270 leguas de Pizarro alcanzaban sólo *hasta la línea de Ica.* Cabía, pues, discusión, siendo tan justos los límites. Vse. *Herrera* Hist. Gen. Dec. VI. Lib. III. Cap. V *Antonio Raimondi.* Hist. Geog. Perú. loc. cit. comp. *Miguel Luis Amunategui* op. cit. pág. 87 y sig., etc.

su antigua amistad. El *Inca,* dudando de la sinceridad de tales embajadores, decidió destruir á *Almagro* y los suyos para evitar así la posibilidad de que se uniera con los *Pizarros* contra él. El bravo *Rodrigo de Orgóñez,* lugarteniente de *Almagro,* y los veteranos de la expedición á Chile, resistieron con bravura el inopinado y furioso ataque de los Peruanos, desbarataron sus huestes en el valle de *Yucay,* y les obligaron á refugiarse en O*llantaitambo. Almagro* y *Orgóñez,* no sin graves pérdidas, volvieron á su campamento de *Arcos.* Apenas

Fig. 76.—La fortaleza de Ollantaitambo (fachada Norte).

pudieron rehacerse, avanzaron en son de guerra hasta una legua del Cuzco (18 de Abril de 1537). *Pizarro* intentó un nuevo arreglo. Sus componedores fueron despedidos con rudeza por *Almagro.* La situación se hizo insostenible. En vano los *Oidores* del Cuzco trataron de evitar el derramamiento de sangre, estipulando una tregua. *Almagro* y los suyos la violaron, y en la noche del 19 al 20 de Abril (1537) penetraron en el Cuzco. Como encontraran vivísima resistencia, al llegar á la casa de los *Pizarros,* la incendiaron. *Hernando* y *Gonzalo* fueron hechos prisioneros. Así comenzaron las llamadas *guerras civiles* entre *Pizarros* y *Almagros.* No detallaremos sus episodios, descritos con prolija pluma por numerosos cronistas. Tienen para la *Historia Americana,* propiamente dicha, importancia muy secundaria y, por otra parte, no hubo en aquellas largas y encarnizadas luchas fratricidas sino desbordamientos de malas pasiones y hechos de melancólica y poco ejemplar recordación.

Nos limitaremos, pues, á apuntar los más culminantes (1).

8. — Sabedor *Francisco Pizarro* de lo sucedido en el Cuzco, envió sus embajadores á *Almagro,* quien reiteró sus intenciones de mantener en el Cuzco su autoridad. El bravo O*rdóñez,* su lugarteniente, batió decisivamente al Inca *Manco,* obligándole á huir

Batalla de las
Salinas.

Fig. 77.—Portada de la Década Sexta de *Herrera,* con viñetas del Sitio del Cuzco. (Ed. 1728).

(1) Vse. *Garcilaso de la Vega.* op. cit. II. Cap. XXII á XXXI, fol. 91 y sig. *Zárate.* Lib. III. Cap. III á V, pág. 487 y sig. *Herrera.* Hist. Gen. Dec. V. Lib. VIII. Cap. I á VI. Dec. VI. Lib. II. Cap. I á V, etc. *Oviedo.* Hist. Gen. Vol. IV. Lib. XLVII. Cap. VI á X. pág. 220 y sig. *Gomara.* Hist. de las Indias. (H. P. I.) Vol. I, pág. 236-38. *Prescott.* op. cit. Lib. III. Cap. X. pág. 266. Lib. VI. Cap. I, pág. 290-92 y sus notas. *Quintana.* op. cit., pág. 431 y sig. *Helps.* Spanish-Conquest. Vol. IV. Lib. XVII Cap. II á V, pag. 12. y sig. Sobre fortalezas y defensas del Cuzco, véase, entre otros, á *Rivero* y *Tschudi.* Peruvian Antiquities (Trad. *Hawks).* New-York, 1353, pág 109 y sig. Vse. también y especialmente, la *Relación* del sitio del Cuzco y principio de las guerras civiles, etc. 1535 á 1539. (Ed. *Fuensanta del Valle* y *Sancho Rayón.* Lib. raros y curiosos. Fomo XIII. Madrid, 1879), pág. 12 y sig. y comp. *Ricardo Cappa.* S. J. op. cit. Vol. III. pág. 173 á 179 y sus notas y referencias, etc., etc.

con su familia y pequeña corte de *«orejones»* á las fragosidades de Vilcabamba. El *Mariscal,* libre del enemigo indio, marchó hacia la costa con objeto de fundar una villa *(Chincha),*
que pretendió rivalizara con Lima. Allí recibió la noticia de

Fig. 78. – Cascada del Río Perene.

que *Hernando
Pizarro* y *Alva-
rado,* escapados
de su prisión
del Cuzco, se
dirigían á unir-
se con el *Gober-
nador.* Parla-
mentaron nue-
vamente los dos
rivales (13 No-
viembre 1537).
No se pudieron
poner de acuer-
do. *Hernando
Pizarro* atacó
en *las Salinas* á
Orgóñez, que
por enfermedad
del valetudina-
rio *Almagro*
mandaba sus
tropas, derro-
tándole comple-
tamente. El va-
liente *Orgóñez*
pereció en la re-
friega. *Hernan-*
do *Pizarro* entró triunfante en el Cuzco, y encerró al anciano
Almagro en una fortaleza. No contento con esto el implacable
Hernando Pizarro, preparó una serie de acusaciones contra el
Mariscal, su inveterado enemigo, y le hizo ejecutar. *Almagro*

fué sepultado en la Iglesia de la Merced del Cuzco (Abril-1538). Su hijo *Diego* fué enviado á Lima al palacio del *Gobernador*.

9. — Ordenó *Pizarro* que se le tratase como á hijo suyo y marchó al Cuzco, donde no sin confiscar los bienes de los Almagristas, restableció á los suyos en la gobernación. Envió á su hermano *Gonzalo* á conquistar los territorios de Charcas y á *Hernando* á España (1539) para explicar lo acontecido. *Hernando* fué recibido friamente en la corte española y encerrado por fin en el castillo de la Mota, de Medina del Campo, donde estuvo más de veinte años. Fué puesto en libertad en el 1562 y murió pocos años después. Muerte de Francisco Pizarro.

Pacificado el Cuzco, volvió *Francisco Pizarro* á Lima. Organizó desde allí varias expediciones conquistadoras *(Guanuco, Conchucos, Chachapoyas, Collao,* etc.), envió, como más adelante veremos, á *Gonzalo Pizarro* al Amazonas, y á *Valdivia* á Chile. Pasaron así siete ú ocho años que dedicó *Pizarro* á la administración de sus dominios. Trataba á los Almagristas con desprecio, y acabó por expulsar de su palacio al hijo del *Mariscal*.

Unióse el joven *Almagro* con algunos de sus partidarios y su mentor *Juan de Rada,* y tramaron un complot para asesinar al *Gobernador*. En la tarde del 26 de Junio (1541) los conspiradores atravesaron en armas la plaza de Lima y atacaron la casa de *Francisco Pizarro*. Defendióse éste con su acostumbrada bravura, pero fué mortalmente herido en la garganta, y besando la señal de la Cruz, que pudo trazar en el suelo con su sangre, espiró. Los conjurados salieron á la calle gritando: *«Viva el Rey!... Muerto es el tirano!... Póngase la tierra en justicia»!...* El joven *Almagro* fué proclamado gobernador del Perú. Tenía apenas veintidós años.

10. — No duró mucho su sanguinario triunfo. El Emperador Carlos V, mucho antes de morir *Francisco Pizarro,* había decidido nombrar un magistrado que actuara conjuntamente con el *Gobernador,* especialmente en lo relativo á *encomiendas* y tratatamiento de indios. Recayó tal oficio en el Licenciado El Gobernador Vaca de Castro.

Vaca de Castro, que debía también asumir el gobierno supremo en caso de morir *Pizarro*. Llegó el comisionado real á *Popayán*, y supo allí el asesinato del célebre caudillo. Proclamó inmediatamente sus credenciales y marchó al Cuzco para castigar á los victimarios de Lima. El joven *Almagro,* con buen

Fig. 79. – El Licenciado *Vaca de Castro,* Gobernador del Perú. (Según *Herrera*).

número de infantes y artillería, mandada por *Pedro de Candia,* salió á detenerle (Julio 1542). Encontráronse los beligerantes en la meseta de *Chupas,* cerca de Guamangá. Mandaba las tropas de *Vaca de Castro* el veterano *Francisco de Carvajal.* Trabóse rudo combate. *Carvajal* (llamado más tarde el "Demonio de los Andes") atacó con feroz denuedo. Defendióse

valerosamente *Almagro* el joven, pero capturados sus cañones
y muertos sus más valientes soldados,
hubo de darse por vencido y huir al
Cuzco. *Vaca de Castro* siguióle hasta
la ciudad, y le condenó á muerte.
Fué decapitado en la plaza pública y
enterrado cerca de su padre en la
Iglesia de la Merced. *Vaca de Castro*

Fig. 80.—Autógrafo de *Vaca de Castro*.

asumió, en nombre de la corona Española, el gobierno supremo del Perú.

11.—Tampoco fué largo su mando. Los apostólicos traba- **Las Nuevas**
jos del ardiente defensor de los indios, *Fray Bartolomé de las* **Leyes.**
Casas dieron por resultado la proclamación en Valladolid
(1542) de *nuevas leyes,* que privaban de sus encomiendas á los
conquistadores del Perú y prohibían terminantemente el servicio personal de los indígenas. *Blasco Núñez de Vela* fué
nombrado Virrey del Perú, para poner en vigor tales ordenanzas, auxiliado por un tribunal que se llamó "*Audiencia de
Lima,*", compuesto de un Presidente y cuatro magistrados más
(Oidores). El nuevo *Virrey* y los "*Oidores,* (*Cepeda, Zárate,
Alvarez, Tejada)* desembarcaron en Tumbez (Marzo 1544) y
siguieron por tierra á Lima, proclamando en el camino las
"Nuevas Leyes". Los conquistadores, exasperados por la priva-
ción de sus encomiendas, acudieron á *Gonzalo Pizarro* para

Fig. 81.—Autógrafo de *Blasco
Núñez de Vela.*

que les acaudillase en su resistencia. Hízolo éste, nombró á
Carvajal su lugarteniente y con
corto, pero aguerrido ejército,
se levantó en armas contra el
Virrey. Este no cedió. Despreciando prudentes consejos, entró en Lima, siguió cumpliendo
las *leyes nuevas,* y despachó á *Vaca de Castro* á la isla de San
Lorenzo, y luego á Panamá. *Gonzalo Pizarro* avanzó con los
suyos hasta Lima. Pelearon con los del Virrey en los llanos de
Añaquito (Enero 18-1546). *Blasco Núñez de Vela* fué derrotado

y herido. *Gonzalo Pizarro* levantó su estandarte en Lima y se declaró Gobernador del territorio *en abierta rebeldía* contra las *"Nuevas Leyes"* y *contra la corona real que las dictó. Carvajal* se retiró á Charcas.

Fig. 82.—El Licenciado *D. Pedro de La Gasca*, según retrato existente en Valladolid.

El Licenciado La Gasca.
12. — Antes de la batalla de Añaquito, se supo en España la rebelión de los *Pizarros*, y deseando evitar mayores males, se nombró al habil y astuto sacerdote *D. Pedro de la Gasca,* para que arreglara las diferencias entre los rebeldes y el Virrey. El Presidente *La Gasca* tuvo en Panamá noticias (Mayo-1546) de

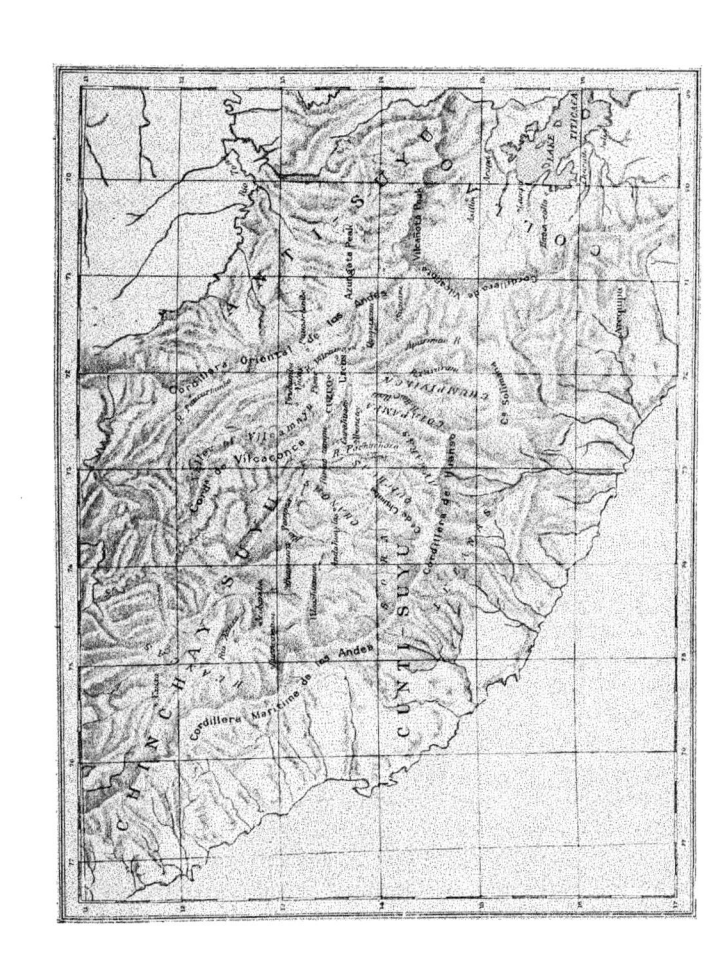

Fig. 83 – *Mapa del Perú Central (Hakluyt Society*, 1907).

Ja derrota y la muerte de *Blasco Núñez de Vela*. Las «*Nuevas Leyes*» habían sido revocadas por el monarca español (Octubre-20-1545), y, por lo tanto, era facil para *La Gasca* atraerse partidarios en el Perú. Encontró en Panamá la flota de *Gonzalo Pizarro*. Su capitán *(Hinojosa)* se sometió al *Presidente*, que una vez dueño de los buques, ofreció á los rebeldes el perdón del rey. *Gonzalo Pizarro* lo rechazó, pero muchos lo aceptaron, desertando de las filas del caudillo, que con sólo 500 hombres decidió luchar contra *La Gasca*. Este desembarcó en Tumbez (Abril-1547) y fué ganando gente á sus banderas. *Gonzalo Pizarro* pensó en huir á Chile, pero la victoria obtenida por el férreo *Carvajal* sobre las tropas de *Centeno*, que obedecían á *La Gasca*, le hizo cambiar de opinión. Marchó en triunfo hacia el Cuzco, no sin dar muerte á los prisioneros y fugitivos del ejército de *Centeno*. *La Gasca*, en tanto, consiguiendo cada día más adeptos y engrosando con ellos sus filas cruzó el Apurimac y avanzó hasta *Sacsahuana*. Allí se encontraron los dos ejércitos. Las deserciones se acentuaron en el de *Pizarro*. Escuadrones enteros se pasaron al campo de *La Gasca*. *Pizarro* tuvo que entregarse á merced del vencedor (Abril-10-1548). *Carvajal* fué hecho prisionero y ambos ejecutados en presencia del ejército.

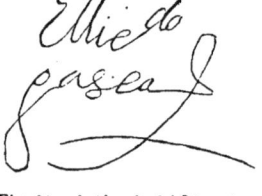

Fig. 84. – Autógrafo del Licenciado *La Gasca*.

La Real Audiencia. 13. — El Presidente *La Gasca* entró en seguida al Cuzco. Castigó severamente á los secuaces de *Pizarro* y trató de pacificar el país. No pudo conseguirlo. Cuando se preparaba á organizar las encomiendas y el trabajo de los Indios, de acuerdo con las ideas de los conquistadores, llegó una orden terminante del Emperador aboliendo el servicio personal de los indígenas. *La Gasca* no se atrevió á publicar esta ordenanza hasta no salir del Perú. En el año 1550 se embarcó para Panamá, dejando el país, sino en guerra abierta contra la corona, en grave estado de descontento y revolución. Los jueces de la *Real Audiencia* siguieron á cargo del Gobierno, hasta la llegada de *D. Antonio de Mendoza* (Septiembre-1551) nombrado Virrey. Este habil estadista, auxiliado eficazmente por el gran Arzobispo *Loaysa,* por *Fray Domingo de Santo Tomás,* y otros evangélicos protectores de los Indios, inauguró una era de franca y firme re-organización. Su prematura muerte (Julio 1552) la interrumpió y volvieron á surgir las sanguinarias discordias iniciadas por los *Pizarros.*

Acaudilló esta vez á los descontentos el bravo cabailero extremeño *Hernández de Girón,* que levantó en el Cuzco su rebelde bandera sosteniendo do *las antiguas encomiendas* y la esclavitud del indio. Aprisionó al *Corregidor* del Cuzco y á varios de sus oficiales, y los demás huyeron á Lima. Siguieron siete ú ocho meses de sangrientas luchas entre *Girón* y la *Audiencia.* Hubo recios encuentros, defecciones, represalias y crueldades. Por fin vióse *Girón* obligado á huir, siendo capturado en Jauja y decapitado en Lima (Diciembre-1554).

Fig. 85. – *D. Antonio de Mendoza,* Virrey del Perú.

Los jueces de la *Real Audiencia (Bravo de Saravia, Hernando de Santillán, González Altamirano* y *Mercado)* consiguieron así dominar esta importante rebelión, terminar estas terribles y encarnizadas luchas civiles y preparar el país para que el gran Virrey *Hurtado de Mendoza, Marqués de Cañete,* lo

la derrota
Leyes„ ha
bre-20-15-
partidario:
zalo Piza
que una v‹
perdón de›
aceptaron,
500 hombr
‹ có en Tum

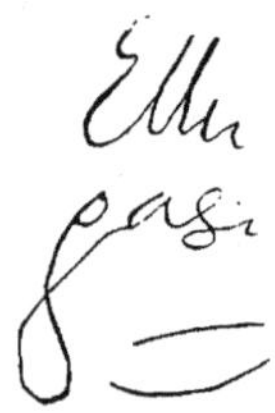

Fig. 84. – Autógra
do *La* (

los y engrosa
avanzó hasta S
tos. Las deserci‹
nes enteros se
que entreg
vajal fué
del ejér

La Real
Audiencia. 13.
Casti
cifi‹
o
d‹
n

caudil Francisco Pizarro?
*al Per*d*l Gobernador* Vaca

mada E*talla de las Chupas?*
*s «*Nu*eas Leyes» *respecto á*

*el Per*t
*B*lasco N*ñez de Vela?
lión de G*onzalo Pizarro?*
n Xaquaguana?
*descon*ntos *después de la*
*va*jal?
Audi*en*a *con la rebeldía de*
*c*es?
*bravo g*e*rrero* Manco Inca?

encaminara por las vias de la prosperidad y la paz. La nistoria de su admirable administración pertenece á la Epoca Colonial (1).

La muerte de
Manco Inca.

14. — Después de la decisiva derrota de *Manco Inca* por *Orgóñez,* lugarteniente de *Almagro* (1537), vióse forzado el jefe Indio á evacuar su fortaleza de Ollantaytampo. Se retiró á la región montañesa de *Vilcapampa,* entre el Apurimac y Vilcamayu. Su hermano *Paullu* se entregó á los españoles y vivió cerca del Cuzco *(Colcampata)* hasta su muerte. El *Inca Manco* mantúvose en su refugio con relativa independencia. Después de la derrota de *Almagro* el joven, por *Vaca de Castro,* algunos de los partidarios del primero *(Gómez Pérez, Diego Mén-*

---

(1) Vse. *Archivo de Indias*. Patronato. Estante 1. Tabla 6. **Leg.** 1/24; *íd.* 1, 4, 1/6; *íd.* 1, 6, 1/24; *íd.* 1, 6, 56|19; *íd.* 1, 4, 2/7; *íd.* 1, 4, 4/9; *íd.* 1, 5, 25/9; *id.* 1, 5, 33/17; *id.* 2, 2, 1/6. ¿Papeles del Perú, 1522-1560), etc., etc. *Doc. Ined. Hist. España.* Vol. XIII, pág. 423. (Carta *Las Casas).* XXVI, pág. 193. (Rel. *Contreras).* XXVI, pág. 177, 185, 193 y 274. (Xaquixaguana. *La Gasca).* íd. XLIX-L, pág. 5 á 206. XXVI, pág. 256. *(Almagro).* XIII, pág. 425. XXVI, pág. 221. *(Pizarro)* V, pág, 193. *íd.,* XXVI, pág. 193. (Rel. *Juan Pizarro).* XXVI, pag. 232. (Id. *Naharro)* Vol. LXVIII, pág. 1 á 451. *Cieza de León.* Guerra de las Salinas. Lib. I.Pte. 4.ª. Crón. del Perú. Vol. LXXVI, pág. 1. (*Cieza de León.* Guerra de Chupas. Lib. II de la parte 4.ª Cca.) etc., etc. *Cieza de León.* La guerra de Quito. (Lib. III de las Guerras civiles del Perú) Ed. *Jiménez de la Espada,* Madrid, 1877, pág. 1-175 y su precioso Prólogo y apéndices números 1 á 18. *Garcilaso de la Vega.* op. cit. Vol. II. Lib. II Cap. XXXI-XL. Lib. III. Cap. I á XXII. Lib. IV. Cap. I á XLII. Lib. V. Cap. I á XLIII. **Lib. VI.** Cap. I á XVIII, Lib. VII. Cap. I á XXX. *Zárate.* op. cit. Lib. III. Cap. III-XII. Lib. IV. Cap. I-XXII. Lib V. Cap. I-XXXV. Lib. VI. Cap. I-XIII, pág: 480 y sig. (Vol. II. Hist. Prim. Ind.) *Oviedo.* Hist. Gen. Vol. IV, Lib. XLVII. Cap. IX-XX, pág. 292 y sig. Lib. XLVIII Cap. I á VI, pág. 353 y sig. Lib. XLIX. Cap. I á XVI, pág. 378 y sig. *Calvete de Estrella* (J. C.) Rebelión de Pizarro en el Perú y vida de D Pedro Gasca. (Ed. *Paz y Meliá.* Madrid, 1889). Vol. I y II. Prólogo. Vol. I y apéndices. Vol. II, pág. 512 y sig. Indice nombres propios II, pág. 539 y sig. *Pedro Gutiérrez de Santa Clara.* Hist. de las guerras civiles del Perú, etc. (1544-48). Tomos I, II, III, IV (Ed. *Victoriano Suárez.* Madrid, 1904) Int. Bibliog. *Serrano y Sanz.* Vol. I, fol. 5 á 73, etc., etc. Comp. *Prescott.* op. cit. Lib. IV. Cap. I á IX. pág. 287-404. Lib. V. Cap. I á IV, pág. 405-473. *Mendiburu.* Dic. Hist. Geog. Vol. I, pág. 103. *(Almagro)* II, pág 80. *(Bravo Saravia)* II, pág. 263. *(Carvajal)* Vol. V. pág. 34. *(Arzobispo Loaysa)* VI, pág 63. *(Núñez de Vela)* íd. 388. *(Pizarro).* VIII, pág. 249. *(Valverde),* etc., etc. *Helps.* op. cit. Vol. IV. Lib. XVII. Cap. VI-X. pág. 41 y sig. Lib. XVIII. Cap. I á VIII, pág. 100 y sig. Lib, XIX. Cap. I á IX, pág. 131 á 138 con sus notas. *Ric. Cappa.* S. J. Est. Críticos. Vol. III, pág. 161 á 314 y apéndices. Vol. IV, pág. 1 á 250 con sus notas, apéndices (pág. 252 á 316), y referencias, etc., etc.

dez, etc.) huyeron á *Vilcapampa*. Fueron tratados por el *Inca* con gran amabilidad, y cuando éste supo la proclamación de las *"Nuevas Leyes"*, envióles como embajadores á *Blasco Núñez de Vela*, ofreciendo su ayuda al Virrey. *Gómez Pérez* era hombre colérico y brutal. Jugando un día á los bolos con el *Inca*, porfió tan soezmente, y con tal menosprecio del jefe Indio, que ofendido éste le dió un empujón diciéndole: *"Quítate allá, y mira con quién hablas"* *Gómez Pérez*, sin reflexionar las consecuencias de su acción, alzó el brazo con la bola que en la mano tenía y dió al *Inca* tan recio golpe en la cabeza, que lo derribó muerto. Los Indios, justamente exasperados, persiguieron al asesino y á sus compañeros, incendiaron su choza y los flecharon como á fieras, quemando sus cadáveres y echando al río sus cenizas.

Fīg. 86. – Ruínas Incásicas en Choqquequiraıı. *(Hiram Bingham)*.

Tan triste y poco gloriosamente murió el *Inca Manco*, digno representante de sus antepasados, guerrero valeroso y heróico, amante de su tierra y de su historia y fiel conservador de las tradiciones de su raza. Sucedióle en el oficio su hijo *Sayri Tupac* (1544) que siguió durante catorce años, con su .pequeña corte en *Vilcapampa*. Veremos más adelante el trágico aniquilamiento de este último *"ayllu"* de la vencida dinastía Incásica (1).

---

(2) *Markham*. Hist. of the Incas, pág. 254 y sig. *Garcilaso de la Vega*. II. Lib. IV. Cap. VII, pág. 195 y sig. *Gomara*. Hist. Gen. Cap. CLVII, etc., pág. 245 y sig. (H. P. I.), etc., etc.

CUESTIONARIO

----

1. – ¿Qué ruta siguió Pizarro *en su marcha al Cuzco?*

2. – ¿Cómo murió Chalcuchima?

3. – ¿Cómo organizó Pizarro *el gobierno del Cuzco?*

4. – ¿Quién conquistó la ciudad de Atahualpa y cómo se llamó?

5. – ¿Qué ruta siguió Pedro de Alvarado *en su expedición á Quito?*

6. – ¿Qué territorios concedió el Rey respectivamente á Pizarro y Almagro?

7. – ¿Estaba el Cuzco en los límites de la «Nueva Castilla» *ó en los de la* «Nueva Toledo»?

8. – ¿Cómo empezó á levantarse la ciudad de los Reyes *ó* Lima?

9. – ¿Cómo inició Manco Inca *el sitio del Cuzco?*

10. – ¿Cuánto duró y cómo terminó d cho célebre sitio?

11. – ¿Porqué se apoderó Almagro *de la ciudad del Cuzco?*

12. – ¿Quién derrotó definitivamente á Manco Inca *y dónde se retiró este Jefe?*

13. – ¿Qué resultados tuvo la batalla llamada de Las Salinas, *y cómo murió* Almagro?

14. – ¿Dónde y cómo murió Hernando Pizarro?

15. – *¿Quién asesinó al célebre caudillo* Francisco Pizarro?

16. – *¿Qué instrucciones trajo al Perú el Gobernador* Vaca de Castro?

17. – *¿Qué resultado tuvo la llamada Batalla de las Chupas?*

18. – *¿Cuál era el espíritu de las* «Nuevas Leyes» *respecto á los Indios?*

19. – *¿Qué efecto produjeron en el Perú?*

20. – *¿Dónde murió el Virrey* Blasco Núñez de Vela?

21. – *¿Qué carácter tuvo la rebelión de* Gonzalo Pizarro?

22. – *¿Cómo venció* La Gasca *en Xaquixaguana?*

23. – *¿Quién acaudilló á los descontentos después de la muerte de* Gonzalo Pizarro y Carvajal?

24. – *¿Cómo concluyó la* Real Audiencia *con la rebeldía de* Hernández de Girón *y sus secuaces?*

25. – *¿Cómo y dónde murió el bravo guerrero* Manco Inca?

REFERENCIAS

Generales. — Las mencionadas en los capítulos anteriores, y en el Cap. IX. Tít. II. Vol. I, principalmente las obras de *Herrera, Oviedo, Acosta, Gomara, Robertson, Helps,* etc.
Especiales. - *Markham.* Cuzco & Lima, etc. Londres, 1856. *Idem.* Pizarro and the Conquest, etc. of Perú & Chile, en *Winsor.* N. & C. H. of A. Vol. II. Cap. VIII. *Mendiburu* Dic. Hist. Geográfica del Perú. 8 vols. Callao, 1874-1890. *E. W. Middendorf.* Perú: Beobachtungen und Studien uber Das Land, etc. Berlín, 1893. *Joh. Jacob.* Von Tschudi Reisen durch Sud América. 5 vols. Leipzig, 1866. W. *H. Prescott.* Hist. of the Conquest of Perú (Ed. Londres, 1892). *Enrique Torres de Saldamando.* Hist. Encomiendas del Perú (Rev. Peruana II, 1880). *Ricardo Cappa,* S. J. Estudios Críticos acerca de la dominación Española en América. Vol. II, III, IV (Madrid, 1890). *Alcedo y Herrera.* Aviso Histórico Político Geográfico, con las noticias más particulares del Perú, etc. (Ed. Madrid, 1741). *Falb. Rudolph.* Das Land der Inca, etc. (Leipzig, 1883). *Belloc.* Historia del Perú. Lima, 1876. *Sebastian Lorente.* Hist. Ant. del Perú (Lima, 1860). íd. Hist. de la Conquista del Perú (Lima, 1861). Id. Hist. del Perú bajo la dinastía Austriaca (1542-1598). Lima, 1863. *Pío B. Mesa.* Anales de la ciudad del Cuzco. Cuzco, 1867. *Pedro T. Cevallos.* Hist. del Ecuador (3.ª Edición. Quito, 1900). *Wolf.* Viajes científicos por la República del Ecuador. Guayaquil, 1879. *H. Bancroft.* Central

América (Vol. II. Cap. III. *Alvarado). G. René Moreno.* Bolivia y Perú. Not. Hist. y Bibliográficas (Santiago, 1905). *Oliva Anello,* S. J. Vida de Varones Ilustres de la Compañía de Jesús de la provincia del Perú, etc. Lib. I. Lima, 1631. (Ed. *Pazos Varela.* Lima, 1895). *Raimondi Antonio.* Historia de la Geografía del Perú. Vol. I, II. Lima, 1875-79. *Pedro Portillo.* Las Montañas de Ayacucho y los Ríos Apurimac, etc. (Lima, 1901). El Corregimiento de Saña, etc. (*Marco A. Cabero* en Rev. Instituto. Hist. Peruana. Vol. I. Trimestres II, III, IV). *M. L. Amunategui.* Cuestión de límites entre Chile y la Rep. Argentina (Vol. I). *José T. Polo.* Los restos de Pizarro. (Rev. Inst. Hist. Perú. Vol. II. Trim. II, 1907). *D. Barros Arana.* Proceso de Pedro de Valdivia, etc. Santiago de Chile, 1873. *Quintana.* Francisco Pizarro (Vida Esp. Célebres. Vol. I. pág. 297). *Max-Uhle,* La Masca Paicha del Inca (Rev. Inst. Hist. Perú. Vol. I. Trim. II). *Simón Ayanque.* Lima por dentro y por fuera, etc. Madrid, 1798. *Geraldine Guiness.* Perú, its. History people & Religión (Londres, 1909), etc., etc.

Fuentes. Ms. — Documentos *Archivo Indias.* Sección 11. Real Patronato. Descubrimientos, etc. (Reino del Perú), é informaciones de Conquistadores (íd. íd.). *Academia de la Historia.* Coll. *Mata Linares* y *Muñoz* (Doc. relativos al Perú y sus Conquistadores. (V. Catálogos Ms.) *B. Nal. Madrid.* Sección Ms. S, 165. I. 26. J. 113, 40, 45, 130, 133, 88, 53, 127, 49, 13. M. 151. G. 127. Cc. 59. H. 40. S. 76, etc. etc. *British Museum.* Ms. in the Spanish Language (V. Catálogo *Gayangos.* Vol. I-IV. Londres, 1875-1893). **Impresos.** — Doc. Ined. Hist. España. Vol. V (Relación *Pedro Pizarro).* XXVI (Relación *Pedro Ruiz Naharro).* XLIX-L-LXXXV. (Vida de *Don Alonso Enríquez)* LXVIII. *(Cieza de León.* Guerra de las Salinas. Lib. I, 4.ª parte Guerras civiles) LXXVI. *(Cieza de León.* Guerra de Chupas. Lib. II, 4.ª parte. Guerras civiles), etc., etc. *Francisco de Jeréz.* Conq. del Perú (Hist. Prim. Indias. Vol. II). *Bernabé Cobo.* Hist. de la fundación de Lima. (Ed. de la Rosa. Lima, 1880. Rev. Peruana). *Cartas de Indias.* (Ed. Madrid, 1877). Cartas LXXX á XCVI, pág. 473-563. *Agustín de Zárate.* Hist. del Perú (Vol. II. Hist. Prim. Indias). *Cieza de León.* La Guerra de Quito. Lib. III, 4.ª parte. Guerras civiles (Ed. *Jiménez de la Espada,* con preciosa Introducción. Madrid, 1877), *Pedro José de Peralta Barnuevo Rocha.* Lima Fundada 1732. (Ed. *M. de Odriozola.* Coll. Doc. Lit. Perú. Tom. I, 1863). *Córdoba y Urrutia.* Las tres épocas del Perú, etc., 1844. (Coll. *Odriozola.* Tom. VII, 1875). Primera y segunda parte de la Hist. del Perú, por *Diego Fernández de Palencia* (El Palentino), 1571. (Coll. *Odriozola*. Tom. VIII, 1876). *Relación del si-tio del Cuzco,* etc., hasta la muerte de Diego de Almagro, 1535-1539. (Varias relaciones del Perú y Chile, etc. (Col. Lib. Esp. Raros y curiosos). Tom. XIII. Madrid, 1879). *Rebelión de Fran-cisco Hernandez Girón* en 1553 (íd. íd.). Libro primero de *Cabildos de Lima,* descifrado y anotado por *E. Torres Salda-mando, Patrón y Boloña.* Parte 1.ª á 3.ª. Lima, 1888. *Garcila-so de la Vega.* Hist. Gen. Perú. 2.ª parte Ed. Madrid, 1723. *López, de Caravantes* Fco. Noticia general del Perú, etc., 1610. Bca. de Palacio. Madrid. Ms. *Cavello de Balboa.* Hist. del Perú. (Coll. *Ternaux Compans.* Vol. XV) *Nobiliario.* Conquistado-res de Indias (Soc. Bibliof. Esp. Madrid, 1892). *Córdoba y Sa-linas.* Crónica de la orden de San Francisco en el Perú. Lima, 1651. Mem. *Real Academia de la Historia (Diego Clemencín).* Vol. VI, 1821. *Relación de todo lo sucedido en la Prov. del Perú* desde que Biasco Núñez de Vela fué enviado por S. M. á ser Visorrey, etc. (Lima. Imp. del Estado, 1870). *Torres Lan-zas. Pedro.* Rel. Descriptiva. Mapas, Planos, etc. Virreirato del Perú (Perú y Chile) en el Archivo de Indias, etc. Barcelona, 1906. *J. C. Calvete de la Estrella.* Rebelión de Pizarro, etc. y vida de D. Pedro Gasca. Vol. I-II. Ed. Madrid, 1889. *Pedro Gutiérrez de Santa Clara.* Hist. de las Guerras civiies del Perú. etc. (1514-1548). Vols. I-II-III-IV. (Ed. *Victoriano Suá-rez.* Madrid, 1910), etc., etc. y las relacionadas en mi Vol. I, Cap. IX, Tít. II.

Bibliografías. — *José Toribio Medina.* Bca Hispano Ame-ricana (1493-1810) Santiago de Chile, MDCCCXCVIII. *Men-diburu.* Dic. Hist. Geog. Vol. I. *Winsor* N. C. H. of A. Vol. II, pág. 563. *Gabriel René Moreno.* Biblioteca Peruana (San-tiago de Chile, 1896). *Martín Fdez. de Navarrete.* Bca. Mina. Española. 2 vols., 1851 *Fray Juan de San Antonio.* Bca. Uni-versal Franciscana, 1732. *Bca. Nacional de Lima.* Cat. Salón América-Lima, 1891. Santiago de Chile. *Bca. Nacional de Santiago de Chile.* Cat. Sección Americana. Santiago de Chile, 1902. *Antonio León Pinelo.* Epítome de la Bca. Oriental y Oc-cidental, etc. (Ed. *González de Barcia.* Madrid MDCCXXXVII-VIII), las generales relacionadas en los cap. anteriores y en el cap. IX. Tít. II. Vol. I, etc., etc.

Estandarte Real del Conquistador D. Francisco Pizarro, regalado al General D. José de San Martín por la Municipalidad de Lima, según Acta de Abril 2 del 1822.

CAPÍTULO III

LA CONQUISTA DE CHILE (1525-1561)

1. Expediciones al Estrecho de Magallanes.—2. Almagro en Chile —3. Pedro de Valdivia. — 4. Primeras guerras con los indígenas. - 5. Trabajos de colonización y exploraciones. - 6. Viaje de Valdivia al Perú.—7. Progresos de la conquista de Chile - 8. Muerte de Pedro de Valdivia.—9. Gobierno interino de Villagran. — 10. Muerte de Lautaro.—11. Campañas de D. García Hurtado de Mendoza. — 12. Su expedición al Sur de Chile.—13. Fin del gobierno de D. García Hurtado de Mendoza.

1.—El viaje de *Magallanes* y *Elcano,* determinó al Emperador *Carlos V* á disponer nuevas expediciones á las *Molucas.* Arreglados en el Congreso de Badajoz los reclamos del Rey de Portugal sobre la demarcación de tales islas, y fracasadas las expediciones de *Cortés* y *Esteban Gómez* (V. Cap. III. Tít. I) para buscar *por el Norte un paso á las Indias Orientales,* se decidió en España equipar armadas para llegar *por el Sur* hasta las referidas islas de la Especiería.

Expediciones al Estrecho de Magallanes.

Confióse el mando de la primera expedición dispuesta con tal objeto al Comendador D. *García Jofre de Loaysa,* que llevando por piloto mayor al ya célebre *Sebastián de Elcano,* salió de la Coruña con siete naves bien elegidas y fuertes (Julio 24-1525). El viaje fué desgraciadísimo. Atravesaron, después de terribles contratiempos, el Estrecho de Magallanes (Abril, 1526), y á poco de desembarcar en el Pacífico, murieron *Loaysa, Elcano,* y muchos de los expedicionarios principales. Algunos de los sobrevivientes recalaron á las costas de la Nueva España, otros llegaron á las islas *Molucas,* y como *Carlos V,* escaso de recursos para su coronación, había enagenado ya á Portugal las referidas posesiones oceánicas, se encontraron envueltos en desdichadas guerras con los Portugueses, en las que llevaron la peor parte. Doce años después de haber salido de La Coruña, pudo llegar, desvalido y mise-

rable á Valladolid, el primero que volvió de estos desdichados navegantes *(Urdaneta,* Febrero, de 1537). En tanto que la expedición de *Loaysa* corría su triste destino y al tiempo mismo que el Emperador concedió á *Pizarro* y *Almagro* sus territorios de *"Nueva Castilla"* y *"Nueva Toledo ",* concedió también á *Simón de Alcazaba* el derecho de poblar otro territorio de 200 leguas *("Nueva León"),* desde los límites meridionales de la provincia concedida á *Diego de Almagro.*

Fig. 87 – El navegante *Sebastián de Elcano.*

La expedición de *Alcazaba* fué más desastrosa, si cabe, que la de *Jofre de Loaysa.* Zarpó de Sanlucar (Septiembre, 1534) y después de azarosa navegación vino á fondear en una bahía

Patagónica (45º Lat. Sur. *Los Leones)*. Quiso fundar allí una colonia; hizo reconocer el país hasta las orillas del *Chubut,* pero los suyos se amotinaron y le dieron muerte, apoderándose de la nave capitana, con intención de lanzarse en ella á empresas piratescas. Acaudillaban á los sublevados los capitanes *Arias* y *Sotelo,* que á su vez fueron decapitados por orden de *Mori,* lugarteniente de *Alcazaba,* en una contrarevolución que tramó contra ellos. No pararon aquí las desgracias y padecimientos de estos arriesgados aventureros. La nave capitana, cuando decidieron volver hacia el Norte,

Fig. 88.—Cabo Pilar. Entrada al Estrecho de Magallanes por el Oceano Pacifico.

naufragó en las costas del Brasil, y á duras penas alcanzaron á arribar las demás á la isla de Santo Domingo (Agosto, 1535). Decididamente la exploración y conquista de Chile' debía partir de derroteros distintos (1).

2.—Vimos en el capítulo anterior que el viejo guerrero *Diego de Almagro,* alucinado por los engañosos diceres de los

Almagro en Chile.

(1) *Coll. Doc. Hist. España.* Vol. I, pág. 244. (*Elcano*). V. pág. 5. (*Jofre de Loaysa.* Rel. *Urdaneta*). íd. pág. 97. (*Alcazaba.* Rel. *Vehedor*). *Navarrete.* Coll. Viajes y Desc. Vol. IV, pág. 305 y sig. (Islas del Maluco). V, pág. 196 y sig. (*García de Loaysa*)- íd., pág. 440. (*Cortés y Alvaro de Saavedra*). Rel. viaje fragata «Santa Maria de la Cabeza,» (Madrid, 1788). Parte 2.ª. pág. 201 (*Loaisa*), pág. 213. (*Alcazaba*) y sus notas y referencias. Comp. Int. *Markham* á su traducción del viaje de *Sarmiento de Bengoa.* (Hakluyt Society. N.º XCI, año MDCCCXCV. *Barros Arana.* Hist. de Chile. I. pág. 142 y sig. (Cap. II), con sus preciosas notas. *Herrera.* Hist. Gen. Dec. V. Lib. VII. Cap. V, etc. *Miguel Luis Amunategui.* Cuestión de límites, etc. Vol. I, pág. 101 y sig. (Relación *Mori* (Anuario Hidrográfico de Chile. Vol. VII, pág. 559), etc., etc.

indios Peruanos, y cumpliendo lo pactado con *Pizarro*, levantó en el Cuzco su estandarte para la expedición á Chile. Logró reunir, á fuerza de dispendios enormísimos, cerca de 500 hombres bien armados y con ellos y algunos miles de "*yanaconas*" ó indios auxiliares, emprendió su marcha al Sur (1535). Después de algunas semanas de camino atravesaron los expedicionarios la altiplanicie del *Collao* hasta bordear el lago *Titicaca*, y cruzando luego serranías y desiertos, hicieron alto en

Fig. 89. −Patagonia y el Estrecho de Magallanes (Olivier du Noort, 1602).

Tupiza, cuatro meses después de salir del Cuzco. Desde allí, en lucha incesante y desastrosa con los indígenas, marcharon hasta el mísero poblado de *Chicoama* (cerca de Salta). Era la época del deshielo en las cordilleras. Los ríos estaban desbordados. El paso del *Guachipas* (curso superior del Salado) fué dificultosísimo. Los "*yanaconas*" se desbandaron á centenares. Los castellanos carecían hasta de lo más indispensable. Con increibles penalidades lograron pasar el desierto del "*Campo del Arenal*" para subir después hasta la *Puna de Atacama*. Allí perecieron miles de indios y pocos fueron los españoles que salvaron sin terribles heridas. El penetrante frío de las noches Andinas, la *puna* ó vértigo de las alturas, y las afiladas piedras del camino, les mortificaron cruelmente. *Almagro* se adelantó con veinte de los más sufridos hasta el valle de *Copiapó*. Recogió en él algunas provisiones, y logró con ellas saciar el hambre del resto de los expedicionarios. Todos descendieron al referido valle, donde descansaron algunas sema-

Fig 90. – Bahía de Valparaíso. (East & West Iudian Mirror, 1614-1617).

nas, continuando después hasta el de *Aconcagua*. El intérprete *Felipillo* sublevó á sus habitantes, que atacaron á los españoles reciamente. Consiguieron éstos derrotarlos y establecieron definitivamente sus reales en el valle. *Almagro* desde él dispuso varias expediciones exploradoras. *Juan de Saavedra,* á quien envió por la costa, llegó hasta la bahia que llamó de *Valparaiso*. *Gómez de Alvarado* avanzó hasta el *Maule. Almagro* en persona recorrió el territorio hasta el valle del *Maipo.* El oro no se encontraba por ninguna parte; el país parecióle pobrísimo; sus habitantes salvajes y miserables. Los españoles decidieron abandonar la empresa. Se concentraron en

el valle de *Copiapó,* emprendiendo desde allí, á través del de.
sierto de *Atacama,* el viaje de regreso. Por el *Collao, Tarapa-*
cá, Tacna, etc., llegaron á *Arequipa* (1537), desencantados,
hambrientos y maltrechos. Ya vimos anteriormente la trágica
suerte que cupo á *«los de Chile»* y su á caudillo, como des-
preciativa y burlescamente designaban los *Pizarristas* á tan
desgraciados expedicionarios (1).

Pedro de Val-
divia.

3. – Tres años después de volver *Almagro* de Chile y no
obstante la poca fe que todos tenían en los provechos que pudiera proporcionar su conquista, un bravo y distinguido oficial de *Pizarro* llamado *Pedro de Valdivia,* solicitó y obtuvo
permiso para emprenderla (1539). *Valdivia* era natural de la
Serena (Extremadura), había combatido en Italia y en Flandes, y llegado al Perú desde Venezuela. Guerrero habilísimo
y valiente, de aspecto simpático y de inteligencia despierta,
consiguió, al lado de *Pizarro,* distinguido puesto. Dada la
mala fama del pais y los escasos recursos de que disponía el
bravo *Valdivia,* apenas pudo reunir unos 150 soldados. Cuando se preparaba á partir, hubo de pactar con *Pedro Sánchez*
de la Hoz, que por aquellas fechas llegó al Perú autorizado
para hacer conquistas al Sur del Continente. Acordaron acometer la de Chile en común, y á principios del 1540 partió
Valdivia del Cuzco. *La Hoz* debía juntársele con sus elementos pasados cuatro meses. Después de pasar por Arequipa y
Moquegua, eligió *Valdivia* el camino del *desierto de Atacama.*
A los cuatro meses de marcha llegaron á un poblacho indígena á orillas del *Loa.* Allí recibió la noticia de que su socio
Sánchez de la Hoz se adelantaba con la pretensión de quitarle

---

(1) V. *Oviedo.* op. cit. IV. Lib. XLVI. Cap. XXX, pág. 243. *Herrera.* Hist. Gen.
Dec. V. Vol III. Lib. X. Cap. I á V. *Zárate.* Lib. III Cap. I á III, pág. 484. *Gar-*
cilaso de la Vega. op. cit. Parte 2.ª Lib. II. Cap. XXI-XXII, pág. 89 y sig. *Cieza de*
León. Cca. Perú. 2.ª parte. Cap. XXII. *Prescott.* Conq. of Perú. Lib. IV, pág. 287 y
sig *Pedro Pizarro.* Rel. cit., pág. 284 y sig. *Anónimo.* Conq. y Rel. del Perú. (Coll.
Doc. Ined. para la Hist. de América. Santiago de Chile, 1873). *Mendiburu.* Dic.
Hist. Geog. Vol. I, pág. 103-166. *Burmeister.* Descrip. physique de la Rep. Argentine. Cap. VIII. Notas y en especial *Barros Arana.* Hist. General de Chile. Vol. I.
Cap. III, pág. 49 y sig. *Mig. L. Amunategui.* Descubto. y Conq. de Chile (Santiago,
1852). Cap. III á VI, etc., etc.

el mando. Hízole prisionero *Valdivia,* obligándole á disolver la sociedad, cuyos pactos había violado, y dándole á elegir entre volver al Perú ó seguirle á la conquista Chilena. *Sánchez de la Hoz* eligió este último temperamento. Solucionado este incidente, avanzó la expedición hasta *Copiapó,* donde *Valdivia,* peleando con los indios, consiguió algunos víveres, y desde allí hasta el valle del *Mapocho* (1540) en el que los expedicionarios fijaron su campamento, trasladado des-

Fig. 91. – El conquistador *D. Pedro de Valdivia.*

pués un poco más al Sur, al pie del cerro del *Huelen* (dolor) que llamó de *Santa Lucía.* Al revés de los compañeros de *Almagro,* formaron, *Valdivia* y los suyos, halagüeño concepto de aquella hermosa región Americana, y decidieron fundar una ciudad, capital de aquel gobierno. Así nació *Santiago de Chile,* llamado entonces de *Santiago de Nueva Extremadura,* en honor del Apostol Santiago, patrono de los españoles ejércitos (12 de Febrero de 1541). Repartiéronse los solares como de costumbre. Construyéronse, de madera, barro y paja, las primeras habitaciones y la Iglesia. Se instituyó un *Cabildo* ó Ayuntamiento, y por resolución del mismo tomó *Valdivia* el título de *Gobernador* del territorio en nombre del Rey y con independencia de *Francisco Pizarro* (Junio 11-1541).

Fig. 92. — Bosquejo de las expediciones de Valdivia y sus compañeros. *(Winsor).*

4. — En un punto de la costa inmediato á la embocadura del Aconcagua *(Concon),* principió *Valdivia* á construir una nave para comunicarse con el Perú. Allí recibió la noticia de que se tramaba en la naciente capital una conspiración contra su vida. Presentóse en Santiago sin perder un instante, averiguó todos los pormenores de la criminal confabulación é hizo ahorcar al regidor *Martín de Solier* que la encabezaba. Apenas vencido este primer peligro, se vió el *Gobernador* en nuevas dificultades. Los indígenas se sublevaron á la vez en diversos puntos. En Concon destruyeron el bergantín que construia *Valdivia* y asesinaron á los trabajadores. Los indios acamparon á las márgenes del Cachapoal. *Valdivia* decidió atacarlos, dejando á su lugarteniente *Monroy* al mando de la capital. Apenas se había ausentado cayó sobre Santiago el cacique *Michimalonco,* al frente de numerosa hueste. La ciudad en formación fué completamente incendiada, y á pesar de la heróica resistencia de sus pobladores, persistieron los indios en el ataque, hasta que *Valdivia* regresó á *Santiago* y consiguió derrotarlos. Los indios huye-

ron, pero el incendio había destruído los víveres almacenados por los colonos, que empezaron á sufrir cruelmente sin esperanzas de socorro.

En esta situación se pasó el primer año. Los colonos recibieron la noticia del asesinato de *Francisco Pizarro*, transmitida por los indios. *Valdivia* se determinó á despachar algunos emisarios al Perú para inquirir noticias y pedir socorros. *Alonso de Monroy* y cinco castellanos recibieron este encargo.

Fig. 93. – El Aconcagua, en el camino de Santiago á Mendoza. (*Scott Elliot*).

Para dar una idea halagüeña de la riqueza de Chile, *Valdivia* reunió el poco oro que había recogido y lo convirtió en estriberas y otros utensilios que distribuyó entre sus emisarios (Enero 1542).

5. – Los colonos permanecieron todavía año y medio en constante lucha con los indígenas y reducidos á las mayores extremidades. Al fin (Septiembre de 1543), fondeó en Valparaiso un buque mandado por *Monroy* con socorros, y pocos meses después llegó por tierra él mismo con un auxilio de 70 jinetes. *Monroy*, después de reclamar en vano la protección de *Vaca de Castro*, levantó en el Perú bandera de enganche, lo-

Trabajos de colonización y exploraciones.

grando reunir algunos voluntarios y pertrechar la nave que traía.

Con estos auxilios, *Valdivia* reedificó á Santiago y mandó á uno de sus capitanes á fundar una ciudad en el valle de Coquimbo, que recibió el nombre de *La Serena* (1544). Despachó también al Sur dos expediciones mandadas por los capitanes *Francisco de Villagran* y *Francisco de Aguirre,* que sometieron todo el país hasta el otro lado del Maule.

Decidió también hacer reconocer la costa del mar del Sur hasta el Estrecho de Magallanes, por donde pensaba establecer una comunicación con España. Designó al capitán genovés *Juan Bautista Pastene*, que acababa de llegar del Perú para mandar la escuadrilla descubridora, y á *Jerónimo de Alderete* para tomar posesión del terreno que se descubriera (1544). *Pastene* y *Alderete*, después de explorar hasta el grado 41 de latitud Sur, volvieron á Valparaiso, no sin hacer frecuentes desembarcos.

Fig. 94. – Mapa del Continente Sud-Americano de Ramusio (1556).

Viaje de Valdivia al Perú. 6. – Pero como para llevar adelante sus proyectos de conquista, *Valdivia* necesitaba poseer más recursos, comisionó á los capitanes *Monroy y Pastene* y á *Antonio de Ulloa,* en quienes tenía completa confianza, para que fueran á España á informar al Rey de la ocupación de Chile y á pedirle mercedes para sus conquistadores. Los comisionados partieron de Valparaíso en Septiembre de 1545.

Los deseos de *Valdivia* no se realizaron. *Monroy* falleció al desembarcar en el Perú. *Ulloa* traicionó á su jefe invirtiendo el dinero que le diera en organizar una expedición para arrebatarle sus conquistas. *Pastene,* en cambio, equipó una nave y volvió á Santiago con las noticias de la rebelión de los *Pizarros* (1547), á quienes *Valdivia* estaba ligado con vínculos de gratitud. Pudo, sin embargo, en él, más que su amistad con *Gonzalo Pizarro,* la lealtad que á su Rey debía, y dejando el gobierno de la colonia á *Francisco de Villagran,* se embarcó para el Perú (Diciembre 10-1547). Permaneció allí hasta el año 1549. En la batalla de Xaquixaguana, tendió tan hábilmente la línea realista, que el mismo *Carvajal,* que ignoraba su presencia en el Perú, percatóse de ella por el buen orden táctico de los escuadrones. *"Valdivia está en la tierra,* cuentan que exclamó, *y rige el campo, ó el diablo».* Mo-

Fig. 95.—El conquistador *Pastene.*

mentos después de la victoria hizo prisionero al terrible *"Demonio de los Andes",* y el *Licenciado La Gasca,* provisto de amplios poderes de Carlos V, saludó al caudillo de Chile con el título de *Gobernador,* confirmando así sus anhelos y esperanzas.

7.—Durante la ausencia de *Valdivia,* su lugarteniente *Villagran* tramó una conspiración para apoderarse del gobierno. Cuando el caudillo se preparaba á regresar á Santiago, llegó al Callao una fragata, enviada por el Cabildo de dicha ciudad

Progresos de la Conquista de Chile.

Chilena, que traía un acta de acusación contra *Valdivia*. *La Gasca* dióle traslado de tal acta para que pudiera defenderse. Hízolo así *Valdivia* en un escrito del más alto interés histórico, que decidió á *La Gasca* á dictar en su favor sentencia absolutoria (Noviembre 19-1548). Libre ya de tan malicioso proceso, activó *Valdivia* su regreso á Chile, embarcándose en

Fig. 96.—El puerto de *El Callao*. (Hulsius, 1620).

Arica con su fiel capitán *Alderete* y doscientos soldados que había conseguido reclutar en el Perú (Enero 27-1549). Estaban á la sazón los españoles de Chile en situación peligrosísima. Los indios de Copiapó y Coquimbo habían arrasado La Serena, siendo cruelmente castigados por *Villagran*. La llegada de *Valdivia* era oportuna para dar impulso á la conquista. Mandó al capitán *Aguirre* á repoblar La Serena; despachó á *Villagran* al otro lado de los Andes; dictó sabias ordenanzas para el arreglo de la colonia, y cuando creyó afianzada su autoridad, marchó en persona á los territorios del Sur para subyugarlos y ocuparlos. Aquella parte del país era la más poblada. *Valdivia* vióse obligado á combatir rudamente. Llegó á las orillas del *Bio-bio* y fundó la ciudad de *La Concepción*, en la espaciosa bahía de Talcahuano (Marzo 1550). A los pocos días de comenzada la construcción de la nueva villa, fueron asaltados por las históricamente célebres tribus de los *Mapuches* ó *Araucanos* (V. Vol. I. Cap. VIII. Tít. II). Los castellanos rechazaron tal ataque, escarmentando cruelmente á los indios.

Valdivia pasó el *Bio-bio* sin resistencia, y fundó las ciudades de la *Imperial, Valdivia, Angol* y *Villarica*. Regresó luego á *La Concepción* para invernar (1552), persuadido de que deja-

Fig. 97. – Autógrafo de *Francisco de Villagran*.

ba conquistada la mayor parte de los territorios del Sur, cuando en realidad no había hecho sino diseminar sus tropas por el país, con exceso de confianza ó notoria imprudencia. Satisfecho de su obra, envió á España á *Jerónimo de Alderete*, para obtener de la corona nuevas concesiones en premio de sus servicios.

Fig. 98.—Autógrafo de *Jerónimo de Alderete*.

8.—Pronto, sin embargo, iba á empezar á eclipsarse su buena estrella. El anciano jefe Mapuche, *Colocolo,* propuso á los jefes de su tribu el aliarse con las vecinas y atacar juntos á los invasores. Nombróse jefe supremo militar de esta confederación ofensiva al bravo guerrero *Caupolican*, célebre por su sagacidad y valentía.

Muerte de Pedro de Valdivia.

Caupolican abrió la campaña contra los españoles cayendo de improviso sobre la fortaleza de Tucapel que arrasó, apesar de la heróica resistencia de sus defensores.

Fig. 99. – Autógrafo del cronista *Góngóra de Marmolejo.*

Valdivia se hallaba en La Concepción (Diciembre 1553), cuando tuvo noticias de este desastre. Creyendo que era facil repararlo, salió de la ciudad acompañado sólo de 50 jinetes·

Los campos que atravesó estaban desiertos, y al llegar á Tucapel sólo halló los escombros del fuerte.

Lautaro, joven indio que había servido á *Valdivia* y recibido el bautismo con el nombre de Felipe, huyó al Indio y presentó, en una asamblea de los Araucanos, hábil plan de campaña. Consistía simplemente en reconcentrar el ejército indio y presentar al enemigo diversas bandas, unas en pos de otras,

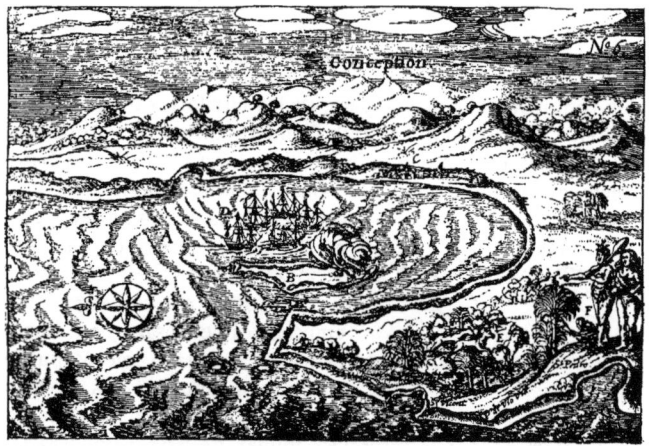

Fig. 100.—*La Concepción*. (East & West Indian Mirror, 1614-1617).

de manera que los españoles se rindieran de cansancio cuando todavía quedasen nuevas divisiones Indias sin entrar en combate.

El plan de *Lautaro* produjo el deseado efecto (Enero 1554). En el campo mismo de Tucapel, los soldados de *Valdivia* se vieron vigorosamente acometidos por espesos pelotones de indios, y aunque hicieron prodigios de valor y arrollaron y destrozaron las primeras divisiones enemigas, nuevos cuerpos de tropas vinieron á reemplazar á los derrotados. Agobiados los castellanos, dispusieron la retirada. Los indios impidieron su fuga, tomándoles prisioneros ó dándoles muerte. *Valdivia* mismo cayó en manos de los enemigos y fué asesinado salvajemente (1).

9.—La noticia de la muerte de su caudillo aterrorizó á los castellanos. *Valdivia* había dejado un testamento cerrado en Santiago de que el Cabildo de La Concepción poseía copia. El difunto gobernador señalaba para sucederle en el mando, en primer lugar, á *Jerónimo de Alderete,* que entonces se hallaba en España; en segundo á *Francisco de Aguirre,* que había pasado al otro lado de los Andes, y en tercer lugar á *Francisco de Villagran,* que se hallaba en el Sur. La reputación militar de este jefe, indujo á los habitantes de las ciudades meridionales á confiarle el mando.

Villagran comenzó su gobierno mandando despoblar la ciudades de Angol y Villarica por falta de soldados con que defenderlas. A fines de Enero de 1554, salió de *La Concepción* con 180 hombres y se internó en el territorio Araucano por el lado de la costa. Al atravesar las ásperas serranías de

Fig. 101.—Soldado Español de Infantería, siglo XVI. (*Barros Arana*).

Marigueñu, se vió súbitamente atacado por los enemigos. *Lautaro* estaba allí, y acometió á los españoles con tanta vio-

(1) Vse. *Barros Arana* Historia General de Chile (Santiago, 1884). Vol I, pág. 203 á 438 con sus notas y referencias. *Id.* Proceso de Pedro de Valdivia (Santiago, 1874), pág. 7 y sig. *Miguel Luis Amunategui.* Descto. y Conquista de Chile (Santiago, 1862), pág. 34 y sig. Comp. *Alonso Góngora de Marmolejo.* Histoia de Chile. (Ed. Gayangos. Mem. Hist. Española. Vol. IV. Madrid, 1550), pág. 23 y sig. *Alonso de Ercilla.* La Araucana (Coll. Rivadeneira. Vol. XVII), pág. 4 y sig. Crónica de *Mariño de Lobera* (Vol. VI. Coll. de Historiadores de Chile), pág. 6 sig., etc., etc.

lencia, que tardó poco en destrozarlos. Muchos perecieron, otros, incluso *Villagran,* pudieron huir. El gobernador interino no pensó más que en abandonar á *La Concepción* y retirarse con sus pobladores hacia Santiago.

Francisco de Aguirre habia llegado de su expedición á Tucuman y en virtud del testamento de *Valdivia* se había hecho reconocer como gobernador en La Serena. La colonia amenazaba dividirse y perecer.

En vista de ello, el Cabildo de Santiago comunicó á la Audiencia de Lima sus temores de que estallara una lucha sangrienta entre los dos pretendientes. En Mayo de 1555, llegó la decisión de dicha Audiencia. Disponía que se suprimiese el empleo de Gobernador, que los Cabildos administrasen en lo civil y en lo militar sus respectivos distritos y que fuese reedificada la ciudad de *La Concepción.* Los Cabildos cumplieron estas órdenes aun convencidos de su ineficacia.

Muerte de Lautaro.

Fig. 102.—Soldado Español de Caballería, siglo xvi. (*Barros Arana*).

10.—Los Araucanos mientras tanto, no permanecieron inactivos. *Lautaro,* al saber que los españoles reconstruían á Concepción, atacó, sin pérdida de tiempo, á sus defensores, y les obligó á evacuarla. Entonces parece que convino con *Caupolican* en dividir su ejército en dos grandes cuerpos, uno de los cuales, mandado por este jefe, debia atacar las ciudades de la Imperial y Valdivia, que quedaban en pie en el Sur, mientras el otro marchaba á atacar las del Norte.

Antes que los *Araucanos* pusieran en ejecución este proyecto, llegó á Santiago una nueva provisión de la Audiencia de Lima por la cual se nombraba á *Francisco de Villagran* Corregidor y Justicia Mayor de Chile, reconcentrando así en una sóla mano la autoridad que se había dividido. Organizóse la resistencia contra los indigenas. Un cuerpo de tropas salió á detener la marcha de *Lautaro* (Noviembre 1556). Después de varios combates de resultado indeciso, logró *Villagran* sorprender el campamento del astuto jefe á orillas del río Mataquito, y derrotar por completo á sus guerreros. *Lautaro* cayó muerto en este combate, peleando desesperadamente (Abril 1557).

Fig. 103.—El atardecer en la Cordillera Andina.

Con esta derrota frustróse por completo la reconquista de Chile. por los Araucanos. Desaparecido *Lautaro,* que era su encarnación, los guerreros *Mapuches* se dividieron ó desbandaron.

En estos mismos días llegó á Chile un nuevo mandatario, con abundantes recursos para mejorar la situación de la colonia. El entonces Virrey del Perú, *D. Andrés Hurtado de Mendoza,* dió el gobierno de Chile á su hijo *D. García,* joven de veintidós años, dotado de la prudencia y energía de la edad madura. Venía el nuevo *Gobernador* bien provisto de pertrechos, armas y caballos, y le acompañaban habilísimos guerreros, entre los cuales venía como capitán el alto poeta de *La Araucana, D. Alonso Ercilla de Zúñiga.*

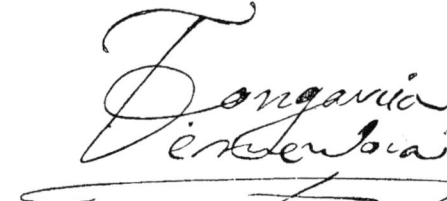

Fig. 104.—*D. García Hurtado de Mendoza.*

11. — Lo primero que hizo *D. García* después de recibirse del mando en Coquimbo (Abril 1557), fué remitir á Lima á los dos rivales *Villagran* y *Aguirre* para evitar nuevos disturbios. Cuenta un cronista que cuando *Aguirre* vió llegar á su enemigo *Villagran* como reo, al mismo buque en que él se hallaba, se reconcilió con él diciéndole: *«Mire Vuesa merced, Señor General, lo que son las cosas del mundo; ayer no cabíamos los dos en un reino tan grande y hoy nos hace D. García caber en una sóla tabla...»* El Gobernador *Hurtado de Mendoza* reunió sus tropas en la isla de Quiriquina, esperó allí algunos refuerzos de Santiago, y cuando se creyó en situación de resistir al enemigo Araucano con ventajas, desembarcó en la costa y empezó á construir un fuerte.

En este sitio fué violentamente atacado por *Caupolican* y sus guerreros, que hicieron prodigios de valor y mantuvieron algún tiempo indeciso el encuentro.

Por fin los arcabuces y falconetes de *D. García* clarearon tan mortíferamente las filas indias, que los aguerridos *Mapuches* hubieron de retirarse vencidos y dar por fracasado el ataque. Animado con este triunfo, pasó el ejército Español el *Bio-bio* para subyugar el territorio Araucano y reedificar sus destruidas villas. Tuvo que sostener en las *Lagunillas* y en el valle de *Millarapue* recias batallas con los guerreros Araucanos. En ambas salió triunfante. Castigó cruelmente á los vencidos, pero ni las matanzas ni las mutilaciones á que se les condenaba, quebrantaron el ánimo valeroso de aquellos luchadores indomables.

D. García mandó reedificar la ciudad de *La Concepción* y fundó otra con el nombre de *Cañete* (Enero 1558). Los vecinos de *Villarica,* que se habían refugiado en *La Imperial,* recibieron orden de volver á aquella ciudad. Los indios intentaron otro golpe de mano. *D. García* lo rechazó fácilmente y acampó para descansar en *Villarica,* que sus antiguos colonos repoblaron.

12.—Desde allí continuó su marcha al Sur, junto á las faldas de la Cordillera de los Andes. Caminaban los castellanos por terrenos boscosos, de profundas quebraduras y extensas lagunas, y lodazales en que los caballos se enterraban hasta el pecho. Los días eran fríos y tormentosos, ponían tristeza en las almas y fatigaban los cuerpos. *D. García* y los suyos supieron, sin embargo, sufrir con entereza los terribles rigores de aquella naturaleza desgarradora á fuer de espléndida. A fines de Febrero del 1558, la columna expedicionaria avistó un hermoso brazo de mar y, en lejanía, las islas del Archipiélago de *Chiloé. D. García* dispuso que una partida de arcabuceros hiciera en ellas la primera exploración. *D. Alonso de Ercilla* fué del número de los exploradores. Desde allí, *D. García* dispuso la vuelta al Norte de la columna expedicionaria. En su marcha echó los cimientos de la ciudad de *Osorno.*

Expedición de D. García al Sur de Chile.

— *

Durante el viaje de *Don García, Caupolican* había preparado un golpe contra la ciudad de Cañete. El capitán *Alonso de Reinoso*, que mandada en la plaza, lo supo por un indio y tomó sus medidas para derrotar á *Caupolican*. Este se presentó con su ejército á las puertas de la ciudad y penetró confiadamente en ella; pero los castellanos cayeron de improviso sobre los asaltantes, é hicieron en ellos la más

Fig. 105. — *D. Alonso de Ercilla y Zúñiga.*

espantosa carnicería. *Caupolican* fué hecho prisionero y condenado á muerte.

El heroico jefe de los *Araucanos* pereció estóicamente en suplicio horroroso y dilacerante (1).

13. — La terrible muerte de este bravo *toqui* de los *Mapuches,* no puso término á la guerra. Los *Araucanos* habían establecido su campamento en Quiapo, detrás de unas palizadas, y desde allí daban frecuentes guazabaras. A su vuelta de Chiloé, *D. García* les atacó en sus propios atrincheramientos, logrando dispersarles. Los indios se convencieron, *por el momento,* de que eran impotentes para luchar contra el vigor y los elementos militares de los invasores.

El gobernador fundó la ciudad de *Los Infantes de Angol.* Sus soldados, dilataron los límites de su gobierno al otro lado de los Andes y echaron, còmo veremos más adelante, los cimientos de la ciudad de *Mendoza.*

La campaña contra los Araucanos había durado quince meses y, en este espacio de tiempo, *D. García Hurtado de Mendoza* había fundado y repoblado varias villas, había reedificado las fortalezas destruídas y pacificado y reconocido el país hasta la región de las islas. Tenía derecho á esperar del rey el premio de sus servicios. Cuál no sería, por tanto, su despecho al saber que el Monarca español había decretado su destitución, nombrando á *Francisco de Villagran* para sucederle. Resignóse á la decisión real con honda tristeza y, por primera vez durante su gobierno, pasó á Santiago para poner en orden la administración de la colonia.

La noticia de la destitución de *D. García* fué recibida con placer por la mayoría de los pobladores de su territorio. A pesar dé sus brillantes dotes guerreras, no era querido por sus gobernados. Era parcial, injusto y arbitrario en sus decisiones. Su genio arrebatado é impulsivo le arrastró repetidas veces á reprobables y poco meditadas violencias. Su vida solitaria y fastuosa, su orgullo nobiliario y el alejamiento de los suyos

---

(1) El suplicio á que fué condenado y en que pereció estoica y valerosamente el heróico *Caupolican,* es de tan horrible crueldad, que prefiero no detallarlo. *Ercilla* lo describe en forma que por su vividez estremece. Vse. *Ercilla.* La Araucana (Ed. *Rivadeneira).* Canto XXXVI, pág. 127, Estrofas 5 á 8.

le atrajeron odiosidades sin cuento. A principios del 1561 recibió la noticia de la muerte del Virrey, su padre. Sin esperar la llegada de *Villagran* abandonó á Chile para siempre. Fué sometido en el Perú á *juicio de residencia* y condenado á fuertes penas. Pasó á España y consiguió, merced á su influjo

Fig. 106. — Las Cataratas de Laja.

en la Corte, que se revocara tal sentencia. Antes de mucho tiempo la guerra Araucana volvió á encenderse. La historia de esta heróica resistencia de dos siglos de las tribus *Mapuches* contra el Europeo, pertenece á la Época Colonial. Con *Don García Hurtado de Mendoza* puede considerarse terminado el periodo Histórico de la *Conquista de Chile* (1).

(1) Vse. *Barros Arana*. op. cit Vol. II. Cap. XII á XXII, pág. 5 á 262, con sus admirables notas bibliográfieas y críticas. *Mariño de Lobera*. op. cit. Cap. XXXVI y sig. *Góngora de Marmolejo*. op. cit. Cap. XV y siguientes. Libros del Cabildo de Santiago (Coll. Hist. de Chile. Vol. I), pág. 5 y siguientes. *Suarez de Figueroa*. Hechos de D. García Hurtado de Mendoza, Madrid, 1613. Lib. I (Coll. Hist. de Chile. Vol. V). *Pedro de Oña*, El Arauco Domado. (Ed. Rivadeneira. Coll. Autores Españoles. Vol. XXIX). Cantos I á VIII, etc. *Ercilla*. La Araucana. Cantos XV á XXXVII, pág. 65 y sig. *Diego Ronquillo*, Relación de lo ocurrido en Chile, etc. (Ed. *Gayangos*. Ap. Historia de Góngora de Marmolejo). Vse. también la hermosa biografía de *Ercilla* de *Ferrer del Río*, en la edición de La Araucana. (Real Academia Española, 1866). *Miguel Luis Amunategui*. loc. cit., etc., etc.

CUESTIONARIO

1.—¿Qué resultados tuvo la expedición de Loaysa *al Maga-llanes?*

2.- ¿Qué incidentes ocurrieron en la expedición de Alcazaba?

3.--¿Qué rutas siguió Almagro *en su expedición á Chile?*

4. - ¿Qué resultados tuvo tal expedición?

5.—¿Quién era Pedro de Valdivia?

6.—¿Qué ruta siguió en su expedición á Chile, y qué villas fundó?

7.--¿Cómo y por quien fué incendiada la ciudad de San-tiago?

8. - ¿Quién fundó la actual ciudad de La Serena?

9.—¿Qué territorios exploraron Pastene *y* Alderete *en el mar Pacífico?*

10.—¿Á quién envió á España Pedro de Valdivia?

11. - ¿Qué intervención tuvo Valdivia *en la batalla de Xa-quixaguana?*

12. - ¿Dónde fué procesado Valdivia, *y por quién?*

13.—¿Qué ciudades fundó en los territorios de los Mapuches?

14.—*¿Qué célebres caudillos indígenas encabezaron la resistencia de los* Araucanos *á la Conquista Española?*

15.—*¿Dónde y cómo fué muerto* Pedro de Valdivia?

16.—*¿Quién asumió el gobierno de la colonia después de morir* Pedro de Valdivia?

17.—*¿Qué nueva derrota sufrieron los españoles mandados por* Villagran?

18.—*¿Cómo murió* Lautaro?

19.—*¿Quién era* D. García Hurtado de Mendoza?

20.—*¿Qué medidas tomó contra* Villagran *y* Aguirre *al llegar á Chile?*

21.—*¿Dónde venció á los bravos guerreros* Araucanos?

22.—*¿Cómo fueron descubiertas las islas de* Chiloé?

23.—*¿Dónde murió el célebre jefe indio* Caupolican?

24.—*¿Qué ciudad fundó* Hurtado de Mendoza?

25.—*¿Cómo y porqué fué destituido por el Monarca Español del Gobierno de Chile?*

REFERENCIAS

Generales. – Las mencionadas en los capítulos anteriores y en el Cap. VIII. Tít. II. Epoca I. Vol. I.

Especiales. – Las mencionadas en el Capítulo anterior en lo relativo á *Almagro, Valdivia, Mar del Sur,* etc., y en el Capítulo V. Tít. II. Epoca II. Vol. I. *Bartolomé Leonardo de Argensola.* Hist. de la Conq. de las Molucas. Madrid, 1609. *J. Ignacio Molina.* Comp. de la Hist. Geog. Natural y Civil de Chile (Trad. Española, 1.ª parte de *Arquellada y Mendoza,* y 2.ª parte de *Cruz y Bahamonde.* Madrid, 1787-1795). *Diego de Rosales.* Hist. Gen. del Reino de Chile (Ed. *Benjamín Vicuña Mackena.* Santiago, 1877-78). *Claudio Gay.* Hist. Física y Política de Chile, 23 vols. París, 1844-1854. *Diego Barros Arana.* Hist. Gen. de Chile, 11 vols. Santiago, 1884-1890. *Miguel Luis Amunategui.* Desc. y Conq. de Chile. Santiago, 1852. *James Burney.* Chronological History of the Voyages and discoveries in the South Sea. London, 1803-1817. *The East & West Indian Mirror,* etc. Hakluyt Society, 2nd. Series núm. 18-1906. *Callander.* Terra Australis Cognita, 3 vols. Edimburgo, 1766-1768. *Pedro González de Agueros.* Desc. Historial de la Provincia y Archipiélago de Chiloé, etc. Madrid, 1791. *Felipe G. de Vidaurre.* Hist. Geog. Natural y Civil del Reino de Chile. (Int. y notas. *J. T. Medina).* 2 vols. Sant. 1889. *Ramón Guerrero Vergara.* Los descubridores del Estrecho de Magallanes, etc. Santiago, 1880. 2 vols. *J. T. Medina*. Relaciones de Chile, etc. Santiago, 1901-1902. (Coll. Historiadores de Chile. Vols. XXVII-XXIX) *Miguel de Olivares*. Hist. Militar, Civil y Sagrada, etc. (Coll. Hist. Chile. Vol. XXVI. Santiago, 1901). *José Pérez García*. Hist. Nat. Militar, Civ. y Sag. del Reino de Chile. (Ed. *José T. Medina*. Coll. Hist. Chile. Vols. XXII-XXIII. 1900). *Tomás T. Ojeda*. Los Conquistadores de Chile. Vol. I. (Anales de la Universidad de Chile. Tomos CXXI-CXXII). Santiago, 1908. *C. Morla Vicuña*. Estudio Hist. sobre el Descubrimiento y Conq. de la Patagonia y Tierra del Fuego. Leipzig, 1903. *Germán Domínguez Ríos*. Apuntes históricos sobre Don Francisco de Villagran, etc. (Santiago, 1907). *G. J. Scott Elliot*. Chile. its history and development, etc. Londón, MCMVII, etc., etc. Son también de utilísima lectura los preciosos Compendios de *Valdés Vergara*. (3.ª Ed. Valparaiso, 1901). *Luis Galdames*. (Santiago de Chile, 1906), y el Manual de Hist. y Cronología de Chile de *B. Menéndez* (París, 1880).

Fuentes. —Además de las mencionadas en el capítulo anterior, en lo relativo á Chile y sus conquistadores, las siguientes:

Ms. — *Archivo de Indias*. Patronato. Papeles referentes á la guerra, socorro y pacificación del Reino de Chile. (Est. 2. Caj. 4. Leg. I, etc). Guerra de Chile (2, 4 $^1/_3$ y 2, 4 $^3/_7$) Contratación. (2, 5 $^1/_6$). Flotas de Indias. (2, 5 $^1/_4$). Informaciones de Conquistadores. (1, 4 $^3/_6$-1, 4 $^{14}/_{19}$-1, 5 $^{23}/_7$-1, 5 $^{37}/_{21}$-1, 6 $^{10}/_{23}$) Valdivia. (1. 5; $^{19}/_3$) Villagran, etc., etc. *Bca. Nacional*. Sección *Ms.* J. 154 (Magallanes y Elcano) X. 153. J. 62. Ac. 47 (Varios) J. 132. (Derroteros) H. 86. (Indios Araucanos) M. 137. (Guerras y gobierno hasta García de Loyola. J. 113. (Mendoza), etc., etc. **Impresos.** Coll. *Doc. Ined. Hist. de España*. Vol. V. (Viaje de Loaysa. Rel. *Urdaneta)*. Id. (Viaje Alcazaba. Rel. *Vehedor)*. Vol. XLVIII. *(Alonso González de Nájera*. Desengaño y reparo de la guerra de Chile, 1601-1608). Vol. XXVI (Rel. *Hernando y Pedro Contreras)*. Vol. I. (*Navarrete*. Biografía de Elcano) Vol. LXXVIII *(Aganduru Moriz*. Hist. de las islas Filipinas. Lib. I. Cap. V al XVI) Vol. XCV. (Carta *Bastida* á *Hurtado de Mendoza*, 1563), etc. *José Toribio Medina*. Coll. Doc. Ined. para la Historia de Chile. Santiago, 1888-1902. 30 vols. *Id*. Relaciones de Chile, etc. (Santiago 1902. Coll. Historiadores de Chile. (Vol. XXVII-XXIX). Actas del Cabildo de Santiago, 1541-1627. 9 vols. (Coll. Hist. Chile). *Navarrete*. Coll. Viajes y descubrimientos. Vol. V. (Viajes de *Loaysa* y *Saavedra*. Documentos). *Alonso Ercilla de Zúñiga*. La Araucana. (Ed. Real Acad. Española. Madrid, 1866). *Alonso de*

Góngora de Marmolejo. Historia de Chile, 1572-75. (Ed. *Gayangos.* 1850. Vol. IV. Mem. Histórico Español). Crónica de *Mariño de Lobera* Revisión de *Bartolomé de Escobar,* S. J. (Coll. de Historiadores de Chile. Vol. VI). *Pedro de Oña.* El Arauco Domado. Lima, 1596. (Ed. Rivadeneira. Vol. XXIX. Bca. Autores Españoles). *Cristobal Súarez de Figueroa.* Hechos de D. García Hurtado de Mendoza, cuarto Marqués de Cañete. Madrid, 1613. (Ed. *Barros Arana.* Vol. V. Coll. Hist. Chile, 1864). **Corografía.** *J. T. Medina.* Ensayo acerca de una Mapoteca Chilena. Santiago, 1889. *Winsor* N. & C. H. of America (Corograph. Hist. of S. A.). Vol. VIII, pág. 369 y sig. *Torres Lanzas.* Mapas y planos Virreinato del Perú, etc. Barcelona, 1906. *Juan López de Velasco.* Geografía y descripción Universal de las Indias, etc, desde 1571 á 1574. (Vol. XXVII. Coll. Hist. de Chile. Santiago, 1901) etc., etc.

Bibliografías.—Las relacionadas en los capítulos anteriores. *J. Toribio Medina.* Bca. Hispano-Chilena (1523-1827). Santiago, 1897-1899. 3 vols. *Id.* Historia de la Literatura Colonial de Chile, Santiago, 1878. *Ramón Briseño.* Estadística Bibliográfica de la Literatura Chilena. *Barros Arana.* Hist. Gen. de Chile. Vol. II. Cap. XXII y las notas. Vol. I y II. *Winsor.* N. & C. H. of America. Vol. II, pág. 572 y VIII, pág. 346, etc., etc.

CAPÍTULO IV

EL AMAZONAS Y EL DORADO (1525-1600)

Las leyendas de El Dorado. 1. – Así como la investigación de la llamada *"piedra filosofal"* por los alquimistas medioevales condujo paulatinamente á utilísimos descubrimientos químicos, abriendo el camino á los adelantos modernos, la creencia en los fabulosos mitos de *"El Dorado"* ú *"hombre de oro"*, en los fantásticos tesoros de la recóndita *"Casa del sol"*, y en el estupendo reino de los misteriosos *Omaguas*, determinaron la exploración y el conocimiento geográfico de las regiones Septentrionales del Continente Sud Americano.

Los hombres del siglo XVI, suponían situados los referidos prodigios, semejantes al de las «siete ciudades» de *Coronado* y *Marcos de Niza* (Tit. I. Cap. III), al oriente de las Cordilleras Andinas, á orillas de maravillosos lagos, ó en el centro de bosques espesísimos. Los aventureros españoles, de tan exaltada imaginación como temerario arrojo, persiguieron con ardorosa tenacidad estas seductoras quimeras, y el fantasma de oro y plata que obsesionaba sus ambiciosos espíritus, tomó, como el Proteo mitológico, formas distintas. Los colonos de Venezuela y Bogotá exploraron las riberas del Orinoco y el Río Negro en busca del *"rey cubierto de oro"* de la laguna, ó de la riquísima *"Casa del sol"*. Los hombres de Quito y el Norte del Perú, hablaban de un Imperio *Omagua* mucho más rico que el Incásico, y los conquistadores del Cuzco y de Charcas soñaban con las imaginarias ciudades de *Manoa, Enim* ó *Paytiti*,

– 164 –

situadas, según ellos, á orillas de los maravillosos lagos por descubrir, en las lejanías y fragosidades Andinas. Estas románticas ilusiones impulsaron á aquellos crédulos soldados á emprender expediciones descubridoras, cuyos relatos leemos con asombro en las crónicas (1).

Fig. 107. – Cómo soñaron los exploradores del siglo xvi la fantástica ciudad de *Manoa*.

Las gobernaciones de Santa Marta y Cartagena.

2. – En el año 1521 (Diciembre 15), se hizo asiento con *Rodrigo de Bastidas* vecino de Santo Domingo, "para que hiciese algunas poblaciones en la parte de la *«Tierra Firme»* dicha de Santa Marta y explorada por el desgraciado *Alonso de Ojeda* (V. Cap. V, Tít. II, Ep. II, Vol. I). En el año 1525, partió *Bastidas* de Santo Domingo, saltó en tierra en Santa Marta, penetró algunas leguas en el interior y fundó el poblado de *Bonda*. Fué apuñalado por su segundo *Villafuerte,* y mal curado de sus heridas abandonó la empresa y murió en Cuba.

(1)
....
Lo finje cada cual ao se le antoja
Y en cuanto se descubre, corre y anda
Se lleva del dorado la demanda.
....
....
Tierra que de ninguno fué hollada,
Y reinos que demoran al Oriente
de aqueste nuevo reino de Granada, etc.

Juan de Castellanos, Varones ilustres de Indias. Pte. 3.a Elegía á Benalcázar. Canto II, pág. 453. (Bca. Aut. Esp. Vol. IV.)

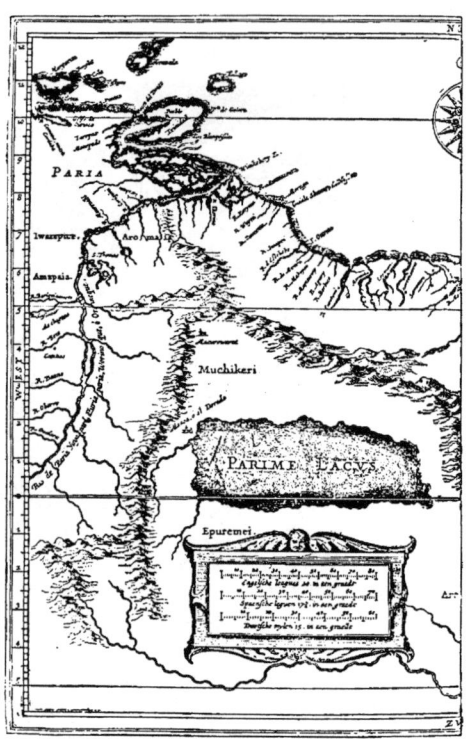

Fig. 108. — El Lago Dorado ó Parima, donde los exploradores del siglo XVI suponían existente la ciudad de *Manoa*. (De Laet, 1630).

El Emperador Carlos V había, en tanto, concedido al madrileño *Pedro de Heredia* (1532) una gobernación en Tierra Firme, desde el *Río Grande de la Magdalena* hasta el *Río del Darien. Heredia,* más feliz que sus antecesores, desembarcó en *Calamari,* que llamó *Cartagena,* por su semejanza con el puerto de Cartagena en España, y penetrando en la tierra y luchando con sus naturales, exploró las riberas del Magdalena y llegó hasta el pueblo de *Zenu* donde obtuvo respetable cantidad de oro, de las sepulturas indígenas (1).

(1) Vse. *Herrera.* Hist. Gen. Dec. III, fol. 24, 175, 210, etc. Dec. V, 29, 30), 31, etc. Dec. VI, 83, 200, etc. *Castellanos.* Var. Ilt. Indias. P te. 2.ª Hist. y Rel. de las cosas acaecidas en Santa Marta, etc. Cantos I á IV. *Id.* Elegía V. A la muerte de *Pero Fernández de Lugo.* (Coll. Ant. Esp , pág. 258 y sig.). *Id.* 3.ª parte. Hist. de Cartagena. Canto I á IX, pág. 363 y sig., etc. *Oviedo.* Hist. Gen. Vol. II. Lib. XXVI. Cap. I á X. (Santa Marta.) *Id.* Lib. XXVII. Cap. V á XI. (Heredia), etc., etc.

3. – Los actuales territorios de *Popayán* y *Antioquía* también fueron explorados insistentemente. El conquistador de Quito, *Benalcázar,* tuvo noticias de las riquezas de los territorios *Chibchas* (V. Vol. I, Cap. IX, Tít. II), á los que supuso pertenecer la legendaria ciudad de Manoa. Decidió conquistarlos. Salió, pues, de Quito en demanda de *El Dorado,* atravesó las tristes y despobladas serranías que dividen las cuencas del Magdalena y del Cauca, y descubrió y exploró el valle de *Patia* y la tierra de *Popayán* (1535), cuyos numerosos poblados y bien cultivados campos excitaron sus ambiciosos anhelos. Fijos los expedicionarios en su idea de conquistar *El Dorado,* no fundaron en Popayán colonia alguna. Siguieron adelante hasta *Cali* y no sin serios encuentros con los indígenas consiguieron fabricar un fuerte á orillas del Cauca. *Ampudia,* lugarteniente de *Benalcázar,* envió desde allí á su capitán *Cieza* á explorar los valles del Norte. Llegaron estos expedicionarios hasta un paraje que después se llamó *Cartago,* y unidos todos, bajo el mando de *Benalcázar* (1536), rompieron su marcha hacia el Oriente, por las espesuras y atascaderos de *Encerma.* Después de peregrinar por ásperos breñales y avolcanadas tierras, llegaron á los llanos de *Neiva* fundando el pueblo de *Timaná,* siguiendo luego hasta la actual *Antioquía* por las orillas del Cauca. Dos años después (1538), y dominado el compás que después se denominó *Gobernación de Po-*

Fig. 109. – El cronista *Juan de Castellanos.*

– 167 –

payán, consiguió *Benalcázar* traspasar las montañas de *Suma Paz*, y llegar por Caqueza, hasta los dominios del *Bogotá* de los Muiscas. Grande fué su sorpresa y desagrado al encontrar en ellos á otros expedicionarios españoles acaudillados por el "bravo y prudente„ *Gonzalo Jiménez de Quesada* (1).

Jiménez de Quesada en el país de los Chibchas.

Fig. 110.—El conquistador *Gonzalo Ximenez de Quesada*.

4.—Dijimos anteriormente (Vol. I, Cap. IX, Tít. II) que las tribus de la familia lingüística de los *Chibchas*, habitaban las altiplanicies Andinas de Bogotá y Tunja y los valles de Pacho, Caqueza, Tensa, etc., desde Santa Rosa y Sogamoso á los llanos del Río Meta. En el 1536, *Jiménez de Quesada*, enviado por *Fernández Lugo*, Gobernador de Santa Marta, á explorar sus territorios, llegó por el *Río César* hasta el *Magdalena* que remontó cerca de 100 leguas, hasta descubrir el poblado de *Tora*.

Allí invernó, teniendo que sufrir increibles penalidades, y sostener sangrientos combates con los indígenas. Por los

---

(1) Vse *Oviedo*, op. cit. Vol. II. Lib XXVII. Cap. XII, pág. 460. *Castellanos*. Var. Ilt. de Indias. Parte 3.ª Elegía á la muerte de *Don Sebastián de Benalcázar*. Canto I á XI, pág. 444 y sig. (Coll. Aut. Esp.) *López Gomara*. Hist. de las Indias. (Coll. Aut. Esp. Vol. XII), pág. 199-201. (Cartagena, Zenu, Sta. Marta). *Acosta*. Hist. Nat. y Moral de las Indias. Lib. II. Cap. XII. *Garcilaso de la Vega*, op. cit. II. Lib. IV. Cap. XXXIII, pág. 246, etc., etc.

cautivos supo que al oriente de las montañas que ocultaban su horizonte existía un pueblo poseedor de inmensas riquezas. Abandonó para buscarlo con sus soldados el curso del Magdalena, traspasó, después de varias tentativas las sierras de Opón, y penetró en el territorio de los *Chibchas*. El limitado espacio de este *Compendio*, no nos permite detallar los románticos incidentes de su conquista, tan hazañosa y épica como la del Perú ó la Mejicana.

Hemos de limitarnos á fijar sumariamente la ruta de *Quesada*, mencionando las villas que fundó ó dominó en sus jornadas. Por la sierra de Opón, llegó á los dominios

Fig. 111.—El arbol llamado del Pan. (Venezuela).

del *Bogotá* á quien desbarató, fundando allí la ciudad de *Santa Fé de Bogotá*. Pasó después á *Chía*, subyugándolo, y dió á la tierra el nombre de *«Nuevo Reino de Granada»* en recuerdo de su patria. Desde *Bogotá* envió varios destacamentos para reconocer el país y buscar las minas de esmeraldas, descubrió y sometió los poblados del *Hunsa* ó *Tunja*, y fundó también la villa de este nombre.

Cuando recorría el *valle de la Trompeta* y procuraba poblar á *Turmeque,* tuvo que volver á *Bogotá* consiguiendo derrotar á los guerreros *Muiscas* que habían atacado su guarnición. Ofrecióles la paz después de castigarles severamente. Muerto el *Bogotá,* y debilitada la resistencia de sus guerreros, repartió *Quesada* entre los suyos las tierras de la nueva ciudad; nombró sus autoridades y Cabildo y decidió marchar á España para que su monarca le confirmara en el gobierno de los territorios descubiertos y ratificara como bueno el reparto hecho de la gran cantidad de oro que obtuvieron en su conquista (1). Ocupábase *Jiménez de Quesada* en los preparativos de viaje y en el buen gobierno de su naciente villa y había enviado á su hermano *Hernando* á reconocer las *Sierras Nevadas,* cuando se vió sorprendido por la llegada de los hombres de Quito, acaudillados por *Benalcázar* (1538).

Los Alemanes en Venezuela.

5. — Y no fueron *Quesada* y *Benalcázar* los únicos conquistadores Europeos que se encontraron en la altiplanicie de *Bogotá,* viniendo por rumbos distintos. Al poco tiempo de descubrir *Ojeda* (V. Vol. I, Cap. V, Tít. II, Ep. II), las costas de Venezuela y de establecerse *Rodrigo de Bastidas* en Santa Marta, el Emperador *Carlos V* hizo un convenio con los *Velser,* poderosa compañía de comerciantes de Augsburgo para colonizar estas ricas provincias. Convinieron los *Velser* con el Emperador, por medio de sus agentes *Enrique de Alfinger* y *Jerónimo Sailler,* en fundar dos ciudades y tres fortalezas en Venezuela, en el término de dos años, y llevar allí 300 españoles y 50 mineros alemanes en cambio de la concesión de los territorios que se extendían desde el Cabo de la Vela hasta Mazapacana, sin límite por el Sur, y con excepción de las regio-

---

(1) Sólo en Tunja obtuvieron los Castellanos 191.294 pesos de oro fino, 37 288 de oro bajo ó chafalonia, 18.750 pesos de plata finisima y más de 1.815 esmeraldas de gran tamaño. Vse. *Oviedo* (Según *Jiménez de Quesada*). op. cit. Vol. II. Lib. XXVI. Cap. XVIII y XXXI, pág. 378 y sig. *Castellanos*. Hist. Nuevo Reino de Granada- (Ed. *Paz y Melia*) Madrid 1886. Vol. I. Canto I á VIII y X XI. Vol. II. Canto XVIII-XIX, etc., pág 69 y sig. *Herrera*. op. cit. Dcc. V. fol. 251 y sig. Dec. VI, fol. 4 á 170, etc. *Lucas Fernández Piedrahita*. Hist. Gen. de las Conquistas del Nuevo Reino de Granada. (Ed. *Caro*. Santa Fe de Bogotá, 1581), pág. 25 y sig., etc., etc.

nes ya concedidas á *Juan de Ampués*, que había fundado y colonizado á Coro (1527).

Alfinger y *Sailler* partieron de España en el 1528. Desembarcó *Alfinger* en Coro, y meses después (1530), emprendió una expedición en demanda de El Dorado, dejando como Gobernador de Coro á su lugarteniente *Sailler*. La relación de las crueldades de *Alfinger* con los indios en esta expedición, sublevan los espíritus, y exceden á lo imaginable. Al llegar *Alfinger* á la confluencia del *Río César* con el *Magdalena*, la noticia de tales rigores atemorizó á los indígenas, que

Fig. 112. – Los rápidos del Río Guayre. (Venezuela).

con débil resistencia entregaron provisiones y ornamentos de oro á aquellos brutales aventureros. Tan rico fué el botín obtenido, que *Alfinger* decidió enviar con él á Coro á 25 de sus soldados con orden de que obtuvieran refuerzos. Un año entero esperó la vuelta de tales emisarios. Desesperanzado al fin por su tardanza, siguió con los suyos la corriente del *Magdalena*, llegando todos febriles, destrozados y hambrientos hasta el valle de *Chinacota*. Atacados allí con furia por los indígenas,

Alfinger, mal herido en el cuello, murió. Sus asendereados compañeros, diezmados por el hambre, los sufrimientos y las fiebres, consiguieron regresar á Coro (1532).

6. — Muerto *Alfinger,* se concedió en Castilla el gobierno de Venezuela á otro caballero alemán llamado *Jorge de Spires* nombrando su segundo á *Nicolás Fedreman.* Llegaron ambos á Coro (1534), con lucida expedición, y resolvieron explorar sus territorios hasta encontrar las soñadas riquezas de la ciudad

Fig. 113. – Lucha con los Indios del Atrato.
(Grabado del siglo xvi).

desconocida y misteriosa hasta entonces. *Spires* salió de Coro con su infanteria, caballería y numerosos indios auxiliares, cruzó las montañas cerca de las aguas altas del *Tocuyo* y después de esperar varios meses el descenso de las inundaciones, penetró con increíbles fatigas, en regiones *aún* hoy imperfectamente exploradas. Para evitar las montañas, tuvo que sufrir, al vadear lagunas y ríos, ataques sangrientos de los indígenas, y penalidades de todo género. Cruzó, por fin, *Spires* el *Guaviare,* venció sus degradadas tribus y después de descansar á orillas del *Papamene* regresó con su gente á Coro, después de tres años de ausencia (1538). Poco después murió *Spires* en su tranquilo gobierno de Venezuela (1540).

Nicolás Fedreman había salido de Coro con refuerzos para encontrarse con *Spires,* pero tentado por la ambición, decidió explorar por su cuenta el país, y rehuyó el encuentro con su jefe. Apartándose, pues, de la ruta de *Spires,* esperó al pié de las montañas, cerca del *Río Casanare,* que pasara la estación de las lluvias, vadeó después el *Río Meta,* y no sin peregrinar tenazmente en aquellas mortíferas regiones durante tres años buscando el Dorado de sus ensueños, atravesó por su parte más dificultosa las cordilleras de *Suma Paz,* llegando á los valles del «*Bogotá*» (Abril 1539) para encontrarlos, como sabemos ya, ocupados por *Quesada* y *Benalcázar.*

Fig. 114.—En los boscajes venezolanos. (Imatacá).

Fué verdaderamente extraordinario este encuentro de *Benalcázar, Quesada* y *Fedreman,* en la meseta de Bogotá, después de recorrer por opuestos rumbos gran parte de los territorios Septentrionales de Sud América. Firmóse entre los tres conquistadores un convenio por el cual *Fedreman* ponía, mediante un precio, sus tropas á las órdenes de *Quesada.* Juntos todos siguieron por el Río Magdalena, separándose luego para dirigirse á sus gobernaciones respectivas. *Jiménez de Quesada* á poco de llegar á Santa Marta, se embarcó para España, esperando obtener de la Corona pingües mercedes y la confirmación de sus oficios. El territorio de los *Chibchas* estaba definitivamente subyugado, y en los antiguos y destruídos poblados indígenas, empezaban á surgir coloniales centros (1).

7. — También en esta época realizóse una de las expediciones descubridoras más estupendas de la historia. En el año 1539, el Marqués *Francisco de Pizarro,* comisionó á su hermano *Gonzalo* para explorar y tomar posesión de los países ricos en canela y metales preciosos que existían, según decires indigenas, al oriente de Quito. Partió *Gonzalo Pizarro* con abun-

dantes pertrechos y fuerzas con rumbo al Este, y subyugó la provincia de los *Quixos,* y atravesando las cordilleras, fué á parar al valle de *Zumaque,* donde se les unió el bravo caballero extremeño *Francisoo de Orellana,* su lugarteniente. Atormen-

Fig. 115. – En la ruta de *Fedreman.*

tó *Pizarro* á los indígenas de *Zumaque* para obtener noticias de El Dorado. No pudo, naturalmente, conseguirlas. Emprendió, sin embargo, durísima marcha hasta las orillas del *Río Coca,* que atravesó con grandes fatigas y en contínuas luchas con los indios. Por las márgenes del *Coca,* vadeando pantanos, cruzando sabanas inundadas y en medio de torren-

(1) *Oviedo,* op. cit. Vol II. Lib. XXV. Cap. I á XXII, pág 269 y sig. *Juan de Castellanos* Var. Illus. Ind. 2 a pte. Elegía I. (A la muerte *Micer Ambrosio,* etc.) y El. II. (A la muerte *George Spires.* etc.), pag. 186 á 224, etc. *Castellanos.* Hist. Nva. Granada. Vol. I. Canto IX, pág. 257. *Gomara* Hist. de las Indias. pág. 262. (Ed. citada.) *Piedrahita,* op. cit. (Ed. *Caro).* Pte. 1.a Lib. X. Cap. II, etc. *Herrera.* Dec. VI, fol. 11 á 82. Dec. V, fol. 211, etc. Dec. IV, fol. 681, etc. *Fedreman.* Indianische Historia, 1557. Trad. *Ternaux Compans.* Voyages. Vol. I, pág 112 y sig. (Paris 1837.) Comp. *Winsor.* N. & C. H., of America. Vol. II, pág. 578 y siguientes con sus notas y referencias y la introducción de *William Bollaert* a la traducción de la Esp de *Ursua y Aguirre.* (Hakluyt. Soc. MDCCCLXI), fol. 1 á XVIII, etc , etc.

ciales lluvias, siguieron *Pizarro* y los suyos, con hambre y terribles contratiempos, hasta ochenta leguas antes de la desembocadura del *Coca* en el *Napo*. Allí construyeron un fragil bergantín, en el que *Orellana* debía embarcarse y buscar por el *Coca* provisiones para sus compañeros. Era tan fuerte la corriente de este río, que en menos de tres días llegó *Orellana* á su confluencia con el *Río Napo*. Allí arengó á los suyos, demostróles lo dificultoso de la vuelta y las riquezas que les esperaban si seguían adelante. No obstante la oposición de *Fray Gaspar de Carvajal* y del hidalgo *Sánchez de Vargas*, decidieron todos seguir adelante hasta el Atlántico y abandonar á *Gonzalo Pizarro* y los suyos. El último día de Diciembre (1540) emprendió *Orellana* su extraordinario é increible viaje. Encontrando á veces tribus hospitalarias y otras hostiles, y arrancándolas de grado ó por fuerza su sustento, llega-

Fig. 116.—Soldado español del siglo xvi.

ron en Mayo (1541) á la populosa región de *Machiparo*, limítrofe del territorio de los *Omaguas*. Aquí fué terrible la lucha, pero el valor y pericia de los expedicionarios triunfó al fin de las emboscadas indígenas, y después de recoger provisiones pudieron continuar su viaje por el caudaloso *Amazonas*.

Antes de llegar á la desembocadura del inmenso estuario Brasileño, se detuvieron los expedicionarios quince días para, preparar su viaje marítimo. Hicieron cordajes de fibras vegetales, y velas de sus propias mantas. El día 26 de Agosto salieron del *Amazonas* al Océano en aquellos frágiles bergantines, sin provisiones, ni pilotos, y con aparejos miserables. Habían navegado por el *Napo* y el *Amazonas*, más de 1.800

leguas!... Singlaron hacia el Norte, á lo largo de las costas del Brasil y Guayana. La navegación fué trabajosísima. Arrastrados, después de terribles y penosos días por las tremendas corrientes que *Colón* llamó *«Bocas del Dragón»*, fueron á dar, sin apercibirse de donde estaban, á la isla de *Cubagua* (Septiembre 1541), donde fueron recibidos como merecían por sus compatriotas, dedicados allí á la pesca de las perlas. De Cubagua marchó *Orellana* á España para dar cuenta al rey de sus hazañas. El monarca español otorgóle gustoso el dominio de los territorios descubiertos, que se llamaron más tarde la *«Nueva Andalucía»*. En el año 1544, armó *Orellana* una nueva expedición al río de su nombre (hoy Amazonas), mas apenas llegó á su barra, falleció de una fiebre maligna y sus tripulaciones se dispersaron hacia la isla de la Margarita, ó perecieron. Tal fué, bosquejada á grandes rasgos, la célebre expedición de *Orellana*. Como descubridor es, sin duda, el más grande de los de su tiempo, y su temerario viaje por el Amazonas no tiene rival en la historia geográfica del mundo (1).

Fig. 117. – Ornamento en oro de los Chibchas, representando un *"zaque"* á bordo de una balsa. (Museo de Leipzig.)

La expedición de Von Hutten. 8.–*Hernán Pérez de Quesada*, hermano del conquistador de *«Nueva Granada»*, que quedó á cargo del gobierno de Bo-

(1) *Herrera.* Dec. VI. Lib. XI. Cap. II á VII, pág. 191 y sig. *Garcilaso de la Vega.* op. cit. II. Pte, Lib. III. Cap. II á IV. Vol. II, pág. 138 y sig. *López Gomara.* Hist. de las Indias. (Coll. Aut. Esp.), pág. 210 y sig. *Acuña* Nuevo Descto. del gran río de las Amazonas. (1641). Relación núm. I y II. (Reimpresión. Madrid 1891 pág 1.) *Southey.* Hist. do Brazil. (Trad. *Oliveira y Castro*) Río Janeiro. 1862 Tomo I pág. 125 y sig. *Pizarro y Orellana.* Var. III. del Nuevo Mundo. (Madrid 1639). Vida *Gonzalo Pizarro.* Cap. II y sig., etc., etc.

gotá durante la ausencia de este último, ilusionado por los relatos de las aventuras de *Fedreman,* se propuso seguir sus derroteros, y buscar nuevamente la *"casa del Sol",* y sus ansiados tesoros. *Hernando* era completamente distinto á su hermano *Gonzalo,* mucho más violento y cruelísimo. Antes de salir de Bogotá asesinó inútilmente á su jóven *"zaque"* y á otros jefes *Chibchas.* Su expedición fué desgraciadísima. Después de vagar un año por los afluentes del Amazonas, y perder la mitad de su gente, tuvo que volver á Bogotá, sin honra ni provecho. Fué, sin embargo, el primero que pudo penetrar en los territorios tribales de los indios *Muzos* ó *Musos.* Murió herido por un rayo, en un viaje por mar á Cartagena de Indias (año de 1545).

Fig. 118. – Los Médicos *ó "piaches"* del Orinoco, según *Gumilla.*

Mientras *Quesada* penetraba en los .llanos centrales por el lado de Bogotá, el simpático, bravo y prudente caudillo alemán, *Felipe Von Huten,* debidamente autorizado por el Obispo *Bastidas,* entonces gobernador de Venezuela (1541), emprendió otra expedición en demanda del Dorado. La expedición salió de Coro por mar, desembarcó en Burburata, marchó desde allí á *Barquisimeto*, y por los llanos, hasta *La Fragua*, donde invernó. En la primavera siguió adelante, con la misma ruta de *Quesada*. Los guías indios le abandonaron, y después de vagar cerca de un año con increíbles privaciones y fatigas, se apercibió que había estado moviéndose en un círculo y había vuelto al sitio desde donde había salido doce meses antes!... No desanimó este fracaso al bravo *Von Huten*. Siguiendo las indicaciones de los indios *Uaupes*, sus fieles aliados, decidió lanzarse en busca de las forjadas riquezas de la llamada *Macatoa*, de las tribus Omaguas. Después de varios días de marcha entre los ríos *Guaviare* y *Caqueta*, llegó á las primeras tolderías *Omaguas*. Fué furiosamente atacado por dichos indígenas, y cayó herido en la refriega. Sus amigos los *Uaupes* le curaron en extraordinaria forma. Comprendiendo la inutilidad de luchar con los *Omaguas*, volvió á Coro para buscar refuerzos. Al llegar allí encontró el gobierno de *Venezuela* en manos del brutal soldado *Carvajal*, que le hizo degollar sin formación de juicio. Así terminó el dominio de los *Velsers* en Venezuela, que tan románticas páginas añadieron á la historia de su descubrimiento. En el 1546, el sanguinario *Carvajal* fué ejecutado por el Licenciado *Pérez de Tolosa*, enviado como Gobernador desde España; los alemanes fueron depuestos del mando, y los españoles colonizaron poco á poco los territorios Venezolanos (1).

Ursua y Lope de Aguirre.

9. — Vimos que *Gonzalo Jiménez de Quesada* marchó á España para solicitar la gobernación de Nueva Granada. No lo consiguió. Fué nombrado, en cambio, *Luis Alonso de Lugo* (1542), que duró poco tiempo en el mando. Su sucesor y juez *Armendáriz*, envió en busca de El Dorado al galante y atrevido caballero vizcaino *Pedro de Ursua*, que si no encontró lo que buscaba, fundó, en cambio, la villa de *Pamplona* en su primera expedición.

Años después llegaron á Santa Marta noticias del viaje del jefe indio *Viraratu* con dos portugueses, por el *Amazonas*,

---

(1) Véanse las referencias de la Nota I, pág. 174 de este mismo Capítulo

que confirmaba las antiguas fábulas del "lago escondido" y la "ciudad de oro". *Ursua* emprendió una nueva expedición en su demanda (1560). En botes navegó el *Huallaga,* hasta el *Marañón,* y el *Marañón* hasta cerca de *Machiparo.* En este punto, sus soldados, encabezados por el celebérrimo y jagua-resco tirano *Lope de Aguirre,* le asesinaron, y *se declararon desligados de toda obediencia al rey de España. Lope de Aguirre,* después de asesinar á su compañero *Guzmán* y á todos los descontentos, y escribir al rey *Felipe II* una de las cartas

Fig. 119.—El moderno Barquisimeto.

de desafío más peregrinas y audaces que registra la historia de la época, siguió con sus fieles hasta la boca del *Río Negro,* cuyo curso remontó, cruzando probablemente por el *Casiquiare* hasta el *Orinoco,* y desde allí al Océano. Las crueldades ejercidas por *Aguirre* y los suyos *(Marañones)* en este estupendo viaje, no tienen igual en la historia del descubrimiento. Todo en esta expedición fué hondamente trágico; todo está empapado en sangre. Una vez en el Océano el neurótico y sanguinario *Aguirre,* se apoderó de la isla de la *Margarita,* y decidió invadir á Nueva Granada. Internóse, pues, con su banda de foragidos por tierras de Venezuela, hasta que fué detenido cerca de Barquisimeto y derrotado por un pequeño destacamento español mandado por *García de Paredes*. Los *"Marañones"* le abandonaron, y viéndose casi solo, después de apuñalar á su propia hija para que no cayera viva en manos de sus enemigos, se rindió, siendo ejecutado al poco tiempo. El tirano *Lope de Aguirre,* rebelde, sanguinario, audaz, ingenioso, ateo, blasfemo, cruel y desenfrenado, es, apesar de todo, una de las figuras de más curioso estudio en la Historia de la Conquista Española en América (1).

Otras expedi·ciones en busca de "El Dorado".

10. — El trágico desenlace de la expedición de *Ursua* no arredró á los soldados españoles para emprender nuevos viajes en demanda del "Dorado", y las riquezas de los *"Omaguas"*. Describiremos sucintamente las expediciones de mayor importancia geográfica. En el 1568, *Pedro Malaver de Silva,* obtuvo en España una concesión para colonizar 200 leguas de los territorios *Omaguas*, y al mismo tiempo, *Diego Fernández*

---

(1) El texto íntegro de la carta de *Aguirre* á *Felipe II,* y firmada *"rebelde hasta la muerte por tu ingratitud. — Lope de Aguirre, El Peregrino,"* está en la Relación de la Jornada de Omagua y El Dorado, por el Bachiller *Francisco Vázquez,* y en la enmendada por *Pedrarias de Almesto* (B. Nal. Madrid. Ms. J. 136 y J. 142), publicadas con una admirable introducción histórica bibliográfica por el Marqués de la *Fuensanta del Valle* (Soc. Bibliófilos Españoles. Madrid, MDCCCLXXXI). Ha sido traducida tal relación por *William Bollaert* (de la obra de *Pedro Simón*) y publicada con una erudita introducción de *Markham,* por la Hakluyt Society (Londón, MDCCCLXI) El señor *Serrano y Sanz* en el tomo XV de la Nueva Bca. de Autores Españoles. *(Bailly Baillière* Madrid, 1909), publica también esta relación sin decir de quién es y copiándola, hasta en algunas de sus notas, de la preciosa edición de *Fuensanta del Valle, que ni siquiera menciona.* En cuanto á la ruta de *Aguirre,* sigo á Markham (Int. á la traducción *Bollaert* citada, pág. 46.) conforme con *Acuña* (op. cit , pág. 4.) etc., etc. y no vacilo en afirmar que el tirano siguió el Río Orinoco hasta su desembocadura. Comp. *Southey.* The expedition of Orsua, etc. (London, 1821), pág. 5 y sigs. Jornada del Río Marañón de *Toribio de Ortigosa* (B. N. Ms. J. 143) publicada también en la Nueva B. C. Aut. Esp. Vol. XV, (Hist. de Indias, II, pág. 305 y sig). Descubrimiento del Río de las Amazonas, etc. (Bca. Nacional Ms. Q. 196, con un curioso mapa en colores). *Castellanos.* Var. Ils. de Indias. Parte 1.ª Elejía XIV. Cantos II á YII. (Bca. *Rivadeneira.* Vol. IV, pág. 159 y sig.) *Garcilaso de la Vega.* op. cit. II. Lib. VIII. Cap. XIV, pág. 493, etc. *Piedrahita.* op. cit. Parte 1.ª Lib. XI. Cap. IX, pág. 591 y sig. *Pedro Simón.* Noticias Historiales, etc. Not. VI. Parte 1.a. Cap. I á LII. *José de Oviedo y Baños.* Hist. de la Conq. y población de la Prov. de Venezuela (Madrid, 1723). pág. 77 y sig. *Herrera,* Hist. Gen. Dec. VII. Vol. III folio 227. VIII, Vol. IV, fol. 73 y sig., etc., etc

de Serpa consiguió otra análoga para conquistar, desde las Bocas del Dragón por el Orinoco, hasta los límites de la concesión de *Malaver de Silva*. Detenido *Serpa* en España por la sublevación de los Moriscos (1568), *Silva* se adelantó, desembarcó cerca de *Burburata* y recorrió los llanos del Sur de Ve-

Fig. 120.—Las Bocas del Orinoco (según *Schomburgk-Ralegh's Discovery).*

nezuela (1569). Poco tiempo después llegó á la "Tierra Firme" *Malaver de Silva,* desembarcando cerca del Río Salado. Fundó allí la villa de *Santiago de los Caballeros,* trató de descubrir hacia el Sur, pero se vió obligado á retroceder ante los briosos ataques de los guerreros *Cumanagotos.* Volvió á España en busca de auxilios, los consiguió, y emprendió un segundo

Fig. 121.—Tumba indigena. (Río Tocantines).

viaje en busca de El Dorado (1574), que terminó también trágicamente por la resistencia de las tribus *Caribes* del Orinoco.

Antonio de Berreo, yerno del conquistador de Bogotá, *Jiménez de Quesada,* salió años después de Nueva Granada (1582), y siguiendo el curso de los ríos Cassanare y Meta, fué á parar al Orinoco, sufriendo como sus antecesores increíbles trabajos. Bajó el Orinoco luego, hasta su desembocadura y arribó á la isla de la Trinidad, de la que se hizo nombrar Gobernador. Esta fué la última de las numerosas expediciones españolas del siglo XVI en busca del fantástico *«reino del oro».* Sus resultados económicos fueron tan desconsoladores y desastrosos como grande su importancia geográfica (1).

Fig. 122.—Armada española atacada por la inglesa.

Sir Walter Ralegh en las Guayanas. 11.—Y no fueron sólo los españoles los que, seducidos por la quimera dorada, recorrieron ardorosamente las costas septentrionales de Sud América. El célebre *Sir Walter Ralegh,* uno de los hombres más completos y notables de su nación y de su tiempo, soldado, navegante, poeta, cortesano, estadista, his-

(1) Vse. *Marhkam.* Int. á la traducción de *W. Bollaert* de la Fxp. de Ursua y Aguirre (Hak. Soc.), MDCCCLXI, fol, 50 y sig., con sus notas y referencias. Comp. *Schomburkg.* Ralegh Discovery of Guiana, pág. 17 y sigs.

toriador y filósofo, también tuvo en la corte de *Isabel de Inglaterra* noticias de las riquezas que se decían escondidas en los misteriosos senos de los boscajes Andinos, y decidió conquistarlas. Después de su infructuosa expedición á *Virginia,* de que hablaremos más adelante (Tít. III, Cap. I), armó otra en Plymouth (1595), con rumbo á los territorios de la *«Nueva Andalucía»,* llamados en lengua indígena *Guayana,* explorados

Fig. 123. — Retrato y autógrafo de la Reina Isabel de Inglaterra.

en especial por *Herrera* (1535), en busca de El Dorado. Al llegar á la isla de la Trinidad, *Ralegh* la asaltó é hizo prisionero á su gobernador, *Antonio de Berreo.* Tratóle con amabilidad y obtuvo de él informes sobre *«El Dorado»* y la llamada por los indios *«Manoa»,* ciudad, según ellos, de extraordinaria riqueza. Los informes de *Berreo,* confirmados por los de los indios, coincidían también con los obtenidos por *Ralegh* en Inglaterra. Sin arredrarse, pues, por las dificultades de la empresa, se lanzó

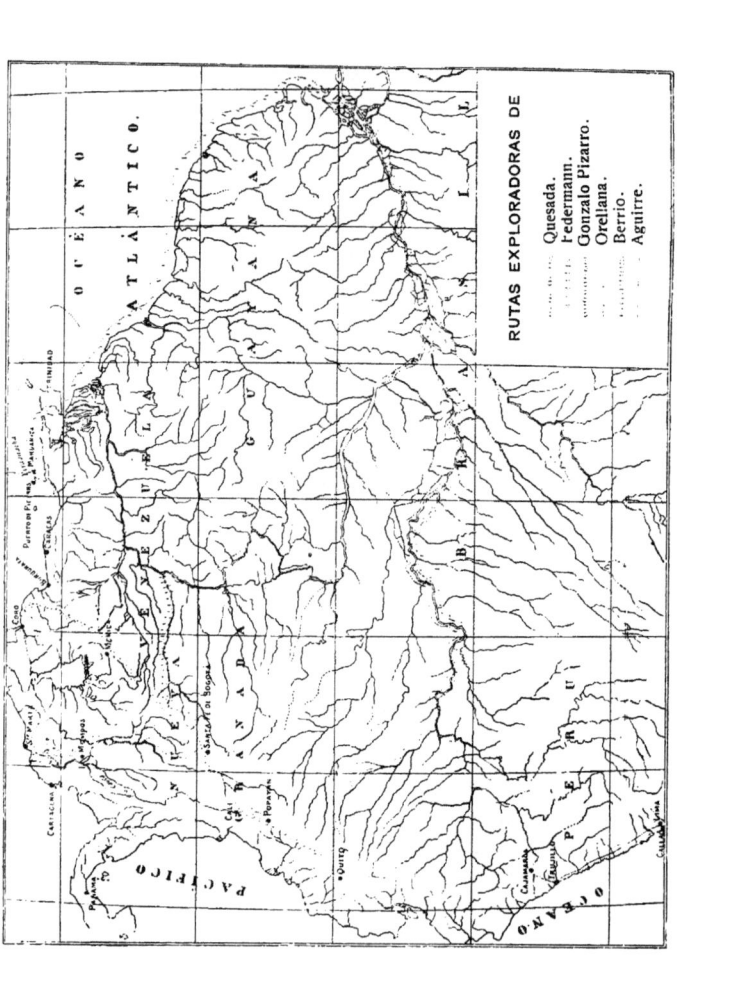

RUTAS EXPLORADORAS DE

Quesada.
Federmann.
Gonzalo Pizarro.
Orellana.
Berrío.
Aguirre.

corriente arriba por el Orinoco, hasta el *Río Caroni,* viéndose obligado á regresar. No encontró los tesoros buscados, pero consiguió formar con varias tribus indígenas del Orinoco una alianza contra los españoles, dejando en rehenes, y hasta su vuelta, dos de sus soldados como prueba de su buena fé. Firmemente convencido de la existencia de *"El Dorado",* y resuelto á arrebatárselo á España, de quien fué siempre mortal enemigo, publicó un libro que fué leído en Inglaterra con gran avidez, en el que, si bien describía exactamente lo que él pudo observar en su viaje, acogía sin reservas las leyendas sobre la *"Manoa"* y demás ciudades quiméricas. En 1596 envió á Guayana al capitán *Lawrence Keymis,* que ponderó al regresar la riqueza mineral del país. *Ralegh,* después de su brillante victoria naval sobre la armada española en la bahía de Cádiz (Junio 21 1596), envió á Guayana otra nueva expedición al mando del capitán *Berry,* que fracasó. No se desanimó el voluntarioso *Ralegh,* y de acuerdo con *Gilbert,* trató de armar una poderosa flota que transportara la gente y pertrechos necesarios, para fundar una colonia inglesa en los valles del Orinoco. En tal empresa se ocupaba, cuando acusado de conspirador por los favoritos del melancólico y perseguido monarca *Jaime I,* hijo de la desgraciada *María Stuardo,* fué encerrado trece años en la Torre de Londres. Indultado al fin, consiguió, no obstante la influencia é instancias del célebre *Conde de Gondomar,* entonces embajador español en la corte del rey *Jaime I,* armar una expedición de once buques, con

Fig. 124. – *Sir Walter Ralegh.*

la que hizo rumbo á la isla de la Trinidad (1617). Enfermo é incapacitado para marchas dificultosas, envío desde allí á su propio hijo *Walter* y al capitán *Keymis* á explorar el Río Orinoco en busca de las ansiadas minas. Los expedicionarios fueron atacados por los españoles cerca de *Santo Tomás,* primer asiento de las colonias inglesas de la Guayana. El jóven *Walter* perdió su vida en la refriega. *Keymis* se suicidó por creerse responsable de tal desastre. *Sir Walter Ralegh,* desolado y sin ánimos, volvió á Inglaterra (1618). Apenas desembarcó fué procesado por haber roto con su viaje el tratado de paz entonces existente entre Inglaterra y España, y el cuitado *Jaime I,* accediendo á los vengativos deseos de la corte española, consintió cobardemente en que se condenara á muerte á *Sir Walter Ralegh,* que fué decapitado el día 29 de Octubre del 1618.

Fig. 125. – Autógrafo de Jaime I de Inglaterra.

Tan inicua decisión del rey, indignó á todos y, á pesar del desgraciado folleto que publicó el genial *Lord Bacon* difamando al muerto y defendiendo al coronado verdugo, los espiritus independientes de entonces, y la Historia de hoy, proclamaron y proclaman como grande el nombre de *Sir Walter Ralegh,* y execraron el de *Jaime I* como criminoso y despreciable (1).

(1) Vse. *Winsor.* N. & C. H. of America. Vol. III. Chap. III. *(William Wirt Henry),* pág. 103 y sig. con sus notas y referencias. Comp. *Lafuente.* Hist. de España. Vol. III, pág. 178 y sig. *Gumilla.* Hist Nat. Civil y Geog. de las Naciones, situadas en las riberas del Río Orinoco, etc. (Ed. Barcelona MDCCLXXXXI). Tomo I, pág. 26 y sig. *J. A. Froude.* English Seamen in the XVI ᵗᵉⁿ Century. (London, 1908), pág. 193 y sig. *Herrera.* Hist. General. Dec. IV, fol. 215 y sig. Dec. V, fol. 115, etc. Vse. Tabla General. Vol. IV. *(Alonso de Herrera.)* "Y á todo esto desde Mazapacana á «Barquisimeto, dice *Herrera* se llama Nueva Andalucía, *y en lengua de Indios, la «Guayana, que contiene desde la Margarita hasta el Río Marañón... donde están los «indios Omaguas. i Amigas con las Provincias del Dorado y otras.»* Dec. IV. Lib. X. Cap. VII, pág. 215, etc., etc.

CUESTIONARIO

1. – *¿Qué influencia tuvieron las leyendas de* El Dorado *en la exploración Americana?*
2. – *¿Dónde se suponían existentes las fabulosas ciudades de* Manoa, Enim, *etc.?*
3. – *¿Qué territorios recorrió* Rodrigo de Bastidas?
4. – *¿Qué territorios exploró* Pedro de Heredia?
5. – *¿Qué ruta siguió* Benalcazar *hasta* Bogotá?
6. – *¿Dónde estaba la gobernación de* Popayán?
7. – *¿Qué ruta siguió* Jiménez de Quesada *hasta los territorios* Chibchas?
8. – *¿Qué incidentes notables ocurrieron en esta expedición?*
9. – *¿Qué territorios Americanos comprendía el* Nuevo Reino de Granada?
10. – *¿Qué cronistas célebres tuvo la expedición de* Ximénez de Quesada?
11. – *¿Quiénes eran los* Velsers?
12. – *¿Qué ruta siguió en sus exploraciones* Ambrosio de Alfinger?
13. – *¿Quiénes fueron los sucesores de* Alfinger *en su gobernación de Venezuela?*

14. – *¿Qué tres conquistadores se reunieron casualmente en las planicies de Bogotá?*

15. – *¿Qué expedición hizo* Gonzalo Pizarro *al país llamado* de la canela?

16. – *¿Quién fué el descubridor del Amazonas?*

17. – *¿Qué ruta siguió* Orellana *en su célebre viaje?*

18. – *¿Qué expedición hizo* Von-Huten *en demanda de El Dorrado?*

19. – *¿Cómo terminó la colonización Alemana en Venezuela?*

20. – *¿Qué tuvo de notable la expedición de* Ursua y Aguirre *en demanda de* El Dorado?

21. – *¿Qué ruta siguió el tirano* Lope de Aguirre, *y cómo murió?*

22. – *¿Qué otras expediciones posteriores hicieron los españoles en busca de* El Dorado?

23. – *¿Qué ruta siguió en su expedición* Antonio de Berreo?

24. – *¿Quién era* Sir Walter Ralegh?

25. – *¿Qué expediciones hizo á la Guayana y cómo murió?*

REFERENCIAS

Generales. – Las mencionadas en los capítulos anteriores y en el Cap. IX. Tít. II. Vol. I. *Winsor*. N. & C. Hist. of América. Vol. III. Cap. III, etc.

Especiales. – *José de Oviedo y Baños*. Hist. de la Conquista y Población de la Prov. de Venezuela. (Ill. con notas, etc. por *C. Fernández Duro*. Madrid, 1885). *J. A. Froude*. English Seamen in the XVI. Century (London, 1908). Voyages of Hawkins. Frobisher and Drake (Ed. *Payne* and *Beazley*. Int. I á LIII. Oxford, 1907). *Borda. J. J*. Hist. de la Comp. de Jesús en Nueva Granada (2 vols. Poissy, 1872). *J. Acosta*. Comp. Histórico del Desc. y Colon. de Nueva Granada en el siglo XVI. (París, 1848). *J. M. Groot*. Hist. Eclesiástica y Civil de Nueva Granada, etc. 2 ed. 5 vols. Bogotá, 1889-93. *F. G. Suarez*. Historia General de la Rep. del Ecuador. Vol. I-VII y Atlas Arqueológico. Vol. VIII-IX. (Quito, 1890-94). Nueva Granada. *Comisión Corographica*. Geografía física y política de las Prov. de la Nueva Granada, etc. Bogotá. Imp. del Estado, 1856). *Eliseo Reclus*. Colombia. (Trad. *Vergara Velasco*. Bogotá, 1893). *José María O. Quijano*. Historia Patria (Bogotá, 1894). Vol. I. *Alvaro Restreppo Euse*. Hist. de Antioquia (Medellín, 1903). *J. Rivero*. Hist. de las misiones de los Llanos de Casanare y los Ríos Orinoco y Meta, 1736 (Ed. Bogotá, 1883). *M. A. Uribe*. Geografía General y Comp. Hist. del estado de Antioquia en Colombia (París, 1885). *José Gil Fortaul*.

Hist. Constitucional de Venezuela. Vol. I (Berlín, 1907). *B. Tavera Acosta*. Anales de Guayana. Vol. I (Bolivar, 1905). *Le Febvre de la Barre*. Description de la France Eqvinoctiale cy devant apellée Goyanne, etc. (París, 1666). *Burney*. History of the Buccancers of America (London, 1897). *F. Loraine Petre*. The Republic of Colombia (London, 1906), etc., etc.

Fuentes.—Ms. Archivo de Indias, *Patronato*, 2, 2 $^1/_6$ (1520-1586), 2, 4 $^1/_9$, 2, 5 $^1/_4$ (Flotas de Indias), 2, 5 $^1/_{20}$ y 2, 5 $^1/_{21}$ (Corsarlos Ingleses). 2, 5 $^1/_{92}$ (Corsarios Franceses). 1, 6 $^{42}._5$ (Orellana). 1, 6 $^{56}/_{19}$ (Gonzalo Pizarro). 2, 1, 3 (Quesada). 2, 1 $^1/_{27}$ (Papeles de Gobierno. Jamaica, Margarita, etc., 1515-1594), etc., etc. *Bib. Nacional*, Sección Ms. J. 136-J. 142-J.143-Q. 196, etc., etc.—**Imp.**—*Juan de Castellanos*. Elegías de Ilustres Varones de Indias (Bca. Rivadeneira. Vol. IV, Madrid, 1852). *Id.* Historia del Nuevo Reino de Granada. (Ed. *Paz y Melia*, Madrid, 1886). *Fray Pedro Simón*, Primera parte de las Noticias Historiales de las Conquistas de Tierra Firme en las Indias Occidentales. Cuenca, 1627. *Lúcas Fernández de Piedrahita*, Hist. Gen. de las Conquistas del Nuevo Reino de Granada (Amberes, 1688, 1.ª parte). *Relación de todo lo que sucedió* en la Jornada de Omagua y Dorado, hecha por *Pedro de Ursua* (Ed. *Ramírez de Arellano*. Madrid, MDCCCLXXXI, según Ms. J. 136 y J. 142. B. Nac. *William Bollaert*, The Expedition of *P. de Ursua & Lope de Aguirre* in search of El Dorado, etc., etc., in 1560-1. (Trad. de la 6.ª Not. Hist. de Simón. Hak. Soc, MDCCCLXI). *Sir Walter Ralegh*, The Discoverie of the Empire of Guiana. (Ed. *Sir Robert. H. Schomburgk*. Hak. Soc, 1848). Jornada del Río Marañón de *Toribio de Ortiguera*, etc. (Ed. Nueva Bib. Aut. Esp., según ms. Q 196. Bca. Nacional, Vol. XV, Madrid, 1909). *Fedremann*, Indianische Historia, Hagenaw, 1557). (Trad. *Ternaux Compans*. Voyages. Vol I. París, 1837). *Karl Klunzinger*, Antheil der Deutschen ander Gutdeckung von Südamerica. (Stuttgart, 1857). *Dr. Moritz Weinhold*, Uber Nicolaus Federmann's Reise in Venezuela, 1529-1531. (Dresden. 1868). *Antonio Caulin*, Hist. de la Nueva Andalucía, etc. (Madrid, 1779). *Jacob A. von Heuvel*, El Dorado, etc. (New York, 1844), etc., etc. Véanse también las mencionadas en el capítulo anterior y en el Cap. IX. Tit. II. Vol. I.

Bibliografías.—Vse. *Winsor*, N. & C. H. of A. Vol. II, pág. 577 y sig. *J. M. Vergara y Vergara*, Hist. de la literatura en Nueva Granada, etc., 1538-1820. (Bogotá, 1867), y las relacionadas en los capítulos anteriores y en el Cap. IX, Tít. II, Vol. I de este *Compendio*.

CAPITULO V

LA CONQUISTA DEL BRASIL (1500-1580).

1. — Estaban tan preocupados los portugueses con sus conquistas en las Indias Orientales, que por mucho tiempo miraron en menos los países que había descubierto *Cabral* en 1500. Sin embargo, diversos expedicionarios españoles y franceses recorrieron sus costas para cargar sus naves con una madera por ellos llamada "*brazil*", semejante á un palo de tinte originario del Oriente, que había sido muy valioso en la Edad Media.

Cuando el rey de Portugal, *Don Juan III,* supo que los españoles trataban de formar establecimientos en las orillas del Río de la Plata, temeroso de sus avances, determinó tomar posesión de las tierras del *Brasil* y colonizarlas por cuenta de su corona. Al efecto equipó una flota que puso bajo el mando de *Martím Alfonso de Souza.*

Martím Alfonso, con su hermano *Pero Lopes,* futuro cronista de esta expedición, zarparon de Tejo (Diciembre 1530), y después de tocar en las islas de Cabo Verde, arribaron (Enero 1531) á la costa del Brasil, cerca de Olinda Después de apresar dos navíos franceses que volvían á Europa con rico cargamento de *palo brazil,* reunió *Souza* su flota cerca del actual Pernambuco. Desde allí envió á *Diego Leite* con dos carabelas hacia el Norte y siguió con las demás naves hacia el Río de la Plata. Visitó la actual Bahía, hizo construir en Río de Janeiro, donde se detuvo varios meses, una fortaleza y continuó hasta *Cananea* (Isla del Abrigo) y el arroyo *Chuy* (hoy frontera meridional del Brasil). Una furiosa tempestad hizo naufragar su nave capitana y uno de sus bergantines, obligán-

Martím Alfonso de Souza.

dole á desistir de la empresa del Río de la Plata, y volver hacia el Norte. Llegó *Martím Alfonso* á la costa de San Vicente
en Enero del 1532, agradóle el sitio y resolvió fundar allí la
primer colonia regular portuguesa que se estableció en el Brasil. Repartió solares, construyó algunas casas y una pequeña
iglesia y envió á su hermano *Pero Lopes* (Mayo 1532) á informar de lo sucedido al rey de Portugal. Llegó en esto á San

Fig 125 —Embarcando para la conquista. (Grabado del siglo xvi).

Vicente *Juan de Souza*, portador de una carta regia que parti-
cipaba á *Martím Alfonso* que se había resuelto dividir el Brasil en *Capitanías* y concederle. la de San Vicente. *Martím
Alfonso de Souza*, en vista de la decisión de su monarca, regresó á Portugal en busca de refuerzos, dejando en ella, como
gobernador interino al *Párroco* ó *Vicario* de la flamante iglesia de San Vicente, *Gonzalo Monteiro* (1).

(1) Vse *Galanti* Comp. Hist. Brazil. I, pág. 46 y sigtes. y sus notas y referen-
:ias *Southey* Hist do Brazil. (Trad. *Oliveira* Río Janeiro, 1862). Cap. II á VI, pág.
50 y sig Sobre el célebre Caramurú *(Diego López)* y su naufragio en el Brasil. Vse.
Varnhagen O Caramurú devante historia. Rev do Inst. Geog. é Hist Brazil. Vol. X,
pág 128 y sig La Crónica de *Pero Lopes de Souza* fué publicada por *Varnhagen.*
(Rev Inst Hist) Vol. XXIV, pág 29 y sig Vse. también, y en especial, *Varnhagen.*
Hist. Gral. do Brazil. Vol. I, pág 36 y sigtes. y sus referencias.

2. — Las consideraciones que movieron al rey de Portugal
Don Juan III (1521-57) para dividir el Brasil entre algunos de
sus hidalgos, rehacios en general á las expediciones á las llamadas Indias Occidentales, fueron la necesidad de colonizarlas para defenderlas contra las agresiones extranjeras. Las *Capitanías* concedidas por el monarca portugués fueron *hereditarias,* vinculadas en la familia de los donatarios, que gozaron
de extensísimos privilegios y amplia jurisdicción civil y crimi-

Fig. 127.—La entrada al puerto de Río Janeiro.

nal, limitada únicamente por las prohibiciones de imponer la
pena capital y de acuñar moneda. Los colonos que recibían
tierras en las nuevas *Capitanías,* las poseían, á su vez, en virtud
de un contrato *("O Foral")* por el que se declaraban tributarios de la corona Portuguesa, de la célebre *Orden de Caballería del Cristo* y del Señor de la Capitanía, gozando, en cambio, de exenciones de impuestos y ventajas de todo género.
Los extranjeros podían establecerse también como colonos en
las *Capitanías* si eran católicos, y no se vedaba el comercio á
los navíos que no fueran portugueses, siempre que lo hicieran
entre la metrópoli y la colonia.

Todos estos alicientes y privilegios decidieron á algunos

señores portugueses á dirigirse hacia las *Indias Occidentales*
en busca de riquezas, en vez de conquistarlas en las *Orientales.*
Las *Capitanías* concedidas fueron *quince,* y sus límites fijados
por líneas imaginarias trazadas desde un punto de la costa hacia el Oeste y hasta
la frontera incierta
de los dominios
Castellanos.

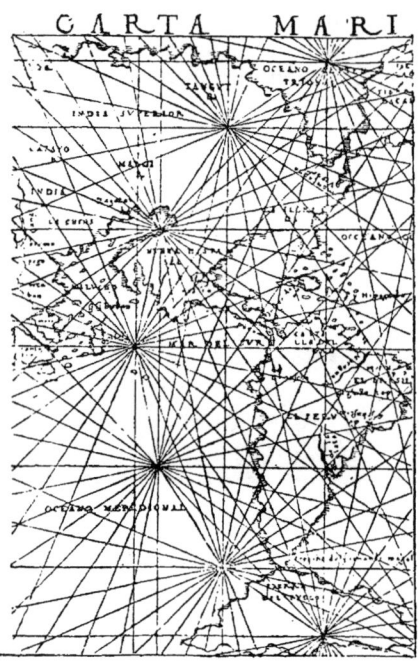

Fig. 128. - Carta marina de Sud América. (Ptolomeo, 1548).

La Capitanía de
San Vicente fué
otorgada, como di-
jimos, á *Martim
Alfonso de Souza.*
Catástrofes y des-
gracias de todo gé-
ñero hicieron de-
caer su capital, lla-
mada también de
San Vicente, que
cedió su primacía
á la villa de *Santos.*
A *Pero Lopes de
Souza* se le otorgó
otra capitanía, divi-
dida en tres por-
ciones: *(Santa Ana,
San Amaro, Itama-
racá).* Los asaltos
de los indígenas
arruinaron bien
pronto las colonias de *Lopes de Souza* y algo análogo sucedió
con las de *St. Thomé,* concedida á *Pero Goes da Silveira,* con
la del *Espíritu Santo,* concedida á *Vasco Fernandes Coutinho,*
las del *Marañón,* concedidas á *Andrade* y al valiente nauta
Ayres da Cunha, etc., etc. Otras capitanías no llegaron ni siquiera á establecerse. La única que progresó, debido, sin

puda, á las condiciones personales de su concesionario *Duarte Coelho* (1534), fué la de Pernambuco, llamada también *Nova Lusitania*, á cuya villa de *Olinda* acudieron colonos de todas partes. (1)

3.— El sistema de *Capitanías hereditarias*, que dió buen re- sultado á los portugueses en Madeira y las islas Azores, no podia prosperar en los territorios Brasileños. Ya fuese por la enorme distancia y consiguiente aislamiento de las capita- **El gobierno de Thomé de Souza.**

nias entre sí, por la dificultad de luchar con los indígenas, ó por la mucha exten-sión de las tales capitanías, no era posible con-solidarlas. Con-vencido de ello el rey de Por-tugal, decidió crear *un gobier-no general* que asumiese los poderes conce-didos á los go-

Fig. 129.— Indios *tupis* rechazando un ataque. (Grabado del siglo XVI).

bernadores ó capitanes hereditarios (1559). La villa de Bahía de todos los Santos fué la capital de este gobierno, siendo nombrado gobernador el hidalgo *Thomé de Souza*, hombre distinguido por sus talentos administrativos, y por el valor y prudencia que había demostrado en las posesiones portu-guesas del Asia y del Africa. *Souza* partió de Tejo (Febrero

---

(1) Vse. *Galanti*, op. cit., pág. 139 y sig. *Varnhagen*, op. cit., pág. 146 y sig. («O Foral«, etc.). Comp. Rev. Inst. Hist. Geog. Brazil. Vol. IX, Pte. 2.ª, pág. 456 y sig. *Mello Moraes*. Chorog. do Imp. do Brazil. Vol. 1, pág. 189 y sig. *José Bernar-do Fernandes Gama*. Mem. Hist. de Pernambuco. (Ed. 1846.) Vol. IV, pág. 327 y sig., etc., etc.

de 1549) con numerosa expedición colonizadora y desembarcó en Bahía, donde fundó una nueva villa en sitio más favorable que la primitiva. Hizo luego una expedición al Sur, acompañado por el célebre Misionero Jesuíta *P. Nobrega,* para enterarse del estado de aquellas capitanías. En todas partes dictó acertadísimas órdenes é hizo progresar la colonización emprendida sin plan ni concierto por los concesionarios de las capitanías. De Río Janeiro, decidió, según escribía al rey, hacer una población *"honrada é boa".* En San Vicente aprobó la fundación de la antigua villa de *Santos* y estableció la de *Concepción.* En las sierras de la *Piratininga* (Río Ipiranga y San Pablo), elevó á categoría de villas algunos poblados. Volvió luego á la capital, que siguió progresando, y recibió allí al primer Obispo del Brasil, *D. Pero Fernandes Sardinha* (1552). Deseoso *Thomé de Souza* de volver á Portugal, dejó el gobierno del Brasil, siendo honrosamente recibido (1553) por su Monarca y recompensado por sus trabajos y habilidad política. Ocurrió en el gobierno de *Thomé de Souza* el naufragio y largo cautiverio entre los indígenas del navegante alemán *Hans Staden,* que legó á la historia un precioso libro sobre los usos y costumbres de los *Tupinambas* y *Tamoyos,* en cuyas manos cayó hasta que pudo ser libertado por la tripulación del navío francés *"Catherine Waterville"* (1554), en el que volvió á su patria. (1)

---

(1) Vse. *Southey,* op. cit. Cap. VII-VIII. Vol. I, pág. 249 y sig. y sus referencias. *Galanti* S. J., op. cit. I, pág. 180 y sig. *Varnhagen,* op. cit., pág. 45 y sig. El primer Obispo del Brasil, *D. Pedro Fernández Sardinha,* pereció asesinado por los salvajes en un naufragio ocurrido en la Ensenada de los Franceses (1556), entre los Ríos San Francisco y Curururipe. (Vse. *Galanti,* op. cit., pág. 221.) Como las tierras del Brasil se consideraron desde el principio como pertenecientes á la *"Orden del Cristo",* estaban sujetas en lo espiritual al *Vicario de Thomar,* delegado de la Santa Sede. En 1522 confirió el Papa *Adriano VI* á *Don Juan III* el título de gran maestre de la *"Orden del Cristo",* incorporada luego á la corona portuguesa por Bula del Papa *Julio III* (1551). Perteneció, pues, desde esta fecha á la referida corona el *Patronato* de la iglesia colonial brasileña. (Vse. *Galanti,* op. cit., pág. 199.) La curiosísima relación de las aventuras de *Hans Staden,* ha sido traducida al inglés por *Albert Tootal* y publicada con precioso prefacio, introducción y notas de *Burton.* (Prefacio I á LVII. "Itinerarios", etc.) (Introduction "Indians of Brasil". LXII á XCVII), por la Hakluyt Society. V. The Captivity of *Hans Stade* of Hesse. etc. Hakluyt. Soc. nº LI. Londres, MDCCCLXXIV.

4. – Con el gobernador *Thomé de Souza* (1549) vinieron al **Los Misioneros Jesuítas.**
Brasil aquellos heróicos Misioneros Jesuítas *(PP. Nobrega, Alpiscueta*, etc.), que tan decisivamente favorecieron con sus apostólicos trabajos el desarrollo de la colonización portuguesa en tal territorio. El rey *Don Juan III,* que había enviado al Oriente á *San Francis-co Javier,* no quiso dejar desamparada en lo religioso á su nueva colonia y encomendó la misión del Brasil al *P. Simón Rodrí-guez,* amigo y discípulo de *San Igna-cio de Loyo-la,* y más tarde al *P. No-brega* y sus compañeros. No nos permite, muy á

Fig. 130.—San Francisco Javier, Apostol de las Indias Orientales.

nuestro pesar, el limitado espacio de este compendio relatar, aun ligeramente, los admirables hechos de estos abnegados varones, que en la Historia Americana llenan muchas y muy brillantes páginas. Tampoco podemos detenernos á narrar los trabajos y las luchas de aquel admirable Jesuíta, *P. José de Anchieta,* apóstol eximio del Brasil, sacerdote fervoroso, maestro pacientísimo, médico, sangrador, artesano, filólogo y político. cuyo ardiente celo, laboriosa vida y elevadísimo espiritu, alaban los historiadores y preconizaron los cronistas.

En el año 1553, desembarcó el Gobernador *Duarte da Costa,* que vino á suceder á *Thomé de Souza.* Al año siguiente, el

P. *Nobrega* y sus compañeros, entre ellos el ya mencionado P. *Anchieta,* fundaron un colegio en las planicies de Piratininga, cuyo superior fué el P. *Manuel de Paiva.* Como se celebrase en él la primera misa el día de la Conversión de San Pablo (Enero 25-1554), se llamó Colegio de SanPablo, y á su alrededor fué formándose la actual ciudad del mismo nombre (1).

Fig. 131.—San Ignacio de Loyola, fundador de la Compañía de Jesús.

(1) Vse. *Galanti,* op. cit. Vol. I, pág. 190 y sig. y sus notas. *Southey,* op. cit. I, pág. 278 y sigtes. y sus referencias. Cartas del P. *Nobrega, Anchieta,* etc. (Annaes da Bibl. Nac de Río Janeiro. Vol. II), pág. 28 y sig. *Francisco de Andrade.* Cron. do rey *Don Joao III.* I, fol. 27 y sig. *Simao de Vasconcellos.* Chronica da Companhia de Jesus do estado do Brazil, etc. (Edición anotada y con preciosa introducción de *Fernandes Pinheiro.* Río Janeiro, 1864.) Lib. I. II, pág. 14 y sigtes. *Id,* Vida do Padre *Joseph de Anchieta.* (Lisboa, 1672), fol. 7 y sig. *Cretineau Joly.* Hist. de la Comp. de Jesús. Vol. I. Cap. I á IX, etc. *Watson.* Spanish & Portuguese South America. Vol. II. Cap. V. *A. G. de Mello Moraes.* Hist. do Brazil. Vol. I, pág. 121 y sig. *Varnhagen.* Hist. Gral. do Brazil. (Río Janeiro, 1877.) Vol. I, pág. 87 y sig., etc . etc.

5. – No tardaron mucho tiempo los Portugueses en ver tur- badas sus colonias del Brasil por invasiones extranjeras. El Vicealmirante de Bretaña, *Nicolás Durand de Villegagnon*, quiso organizar en América una especie de principado, escogiendo para ello á Río Janeiro, de cuyo territorio, ya frecuentado por sus compatriotas, tenía halagüeñas noticias. Para realizar con buen éxito sus planes, interesó en ellos al rey *Enrique II*,

Fig. 132. – La actual ciudad de San Pablo.

y al *Almirante Coligny*, á quien hizo creer que la colonia á fundarse en el Brasil, sería pacífico refugio de los protestantes franceses *(Hugonotes)* perseguidos en Europa.

Ayudado decididamente por el referido *Coligny*, consiguió *Villegagnon* armar una pequeña flota, que salió del Havre el 12 de Julio de 1555. Llegaron á la Bahía de Río Janeiro y se establecieron en una de sus islas, que los indígenas llamaban *Serigipe* (hoy *Villegagnon*), construyendo en ella una fortaleza que llamaron de *Coligny*, en honor del mencionado Almirante. El caudillo francés escribió desde tal isla cartas á los directores de la *Iglesia Reformada de Ginebra* pidiendo le enviaran teólogos *Calvinistas* para que predicasen en el Brasil su Evangelio. Fechaba dichas cartas en el *"Rio Guanabara, de la Francia Antártica»*. Considerando *Coligny* tal pedido como

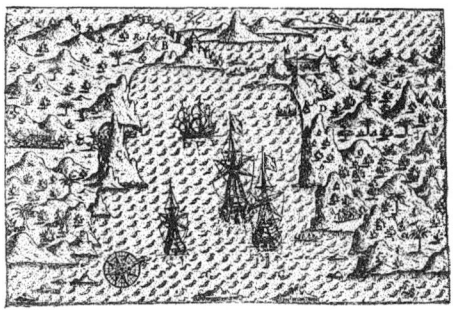

un primer paso para la difusión en América de su fé Calvinista, recomendó á los Ginebrinos la conveniencia de acceder á él.

El reformador *Calvino* decidió, en consecuencia, enviar al Brasil (Septiembre 1556)

Fig. 133. – Río de Janeiro, 1599. *(Olivier du Noort*, 1602).

catorce protestantes suizos, pastores, teólogos y artistas, entre los que iba el célebre cronista *Juan de Lery.* A ellos se unieron algunos hidalgos franceses, embarcándose todos en tres buenos navíos, proporcionados por el rey de Francia *Enrique II* y mandados por *Boisle·Comte*, sobrino de *Villegagnon,* que llegaron á Río Janeiro en Marzo de

Fig. 134. – El Reformador *Calvino* presidiendo el Consejo de Ginebra (1549).

1557. Fueron recibidos en triunfo por *Villegagnon* quien adjuró pública y solemnemente su religión católica, adoptando el credo Calvinista. No duró, sin embargo, mucho tiempo la amistad de *Villegagnon* con los Ginebrinos. Surgieron á poco entre unos y otros religiosas controversias que se agriaron con el pasar del tiempo y las intrigas de los colonos, hasta tal punto, que abrazando *Villegagnon* la fe *Luterana*, decidió expulsar de la isla á los *Calvinistas*. Hízolo cruelmente, y los *Calvinistas,* después de sufrir dos meses de hambre y abandono en el Continente Brasileño, regresaron en un navío fran-

Fig. 135. – Los Grandes Reformadores Protestantes.

cés al Havre. Poco se sabe de lo que aconteció después á *Villegagnon.* Parece ser que se embarcó para Europa (1559), donde murió oscurecido y olvidado (1571) (1).

---

(1) *A. G. de M. llo Moraes,* op. cit. I, pág. 157 y sig. *Varnhagen,* op. cit. I, pág. 85 y sig. *Galanti,* op. cit., pág. 233 y sig., con sus notas. *Southey,* op. cit. I, pág. 368 y sig., con sus referencias. *Paul Gaffarel.* Histoire du Brasil Français, (París, 1878), pág. 5 y sig. *Charles Reybaud.* La colonisation de Brasil. Documents officiels. (París, 1888), pág. 17 y sig. *Thevet.* Singularitez de la Fce. Antarctique. (Ed. *Gaffarel.* París, 1878.) Gap. II y sig. *Jean de Lery.* Histoyre d'un voyage facit en la terre du Brasil. (Ed. *P. Gaffarel.* París, 1880), pág 49 y sig., etc. Comp. *Lavisse & Rambaud.* Hist. Gral. Vol. IV, pág. 217 y sig., etc., etc.

El Gobernador
Men de Sá.

6. – La corte Portuguesa no toleró estas agresiones de los franceses. Descontento *Juan III* de su gobernador *Duarte da Costa*, nombró á *D. Mendo* ó *Men de Sá*, prudente é ilustrado hidalgo de su Consejo. Procuró este gobernador con verdadero celo desarraigar los numerosos males administrativos que viciaban la vida colonial, y ayudó decididamente la obra

Jesuítica de la propagación del cristianismo y la reducción de las tribus indias. Subyugó á los caciques *Paraässu* y á los de *Ilheos,* sufriendo resignado la muerte de su propio hijo *Fernando,* víctima de los indígenas de *Spíritu Santo.* En 1560, y con la escuadra enviada por la corte Portuguesa, al mando de *Baitholomeu de Vasconcellos,* atacó seriamente (Marzo 15) la fortaleza de

Fig. 136. – Mapa de América del Norte y del Sur.
(*Wylfliet*, 1597).

los franceses en la *isla Villegagnon,* destruyéndola y obligando á sus defensores á refugiarse entre las tribus indias de las cercanas costas. Visitó la capitanía de San Vicente, enviando expediciones al interior en busca de oro *(Braz Cubas, Luis Martínez,* etc., etc.) y volvió á Bahía, insistiendo con la metrópoli en la colonización de Río de Janeiro. En el 1562, los indios *Tamoyos,* excitados por los franceses que habían huído de la isla de Villegagnon, formaron una liga ofensiva para atacar á San Pablo. El cacique *Martím Alfonso* (Tiberi-

202

cá), amigo de los Portugueses, pudo rechazar el temible asalto indígena. Los Jesuítas *Nobrega* y *Anchieta*, marcharon valerosamente al campo enemigo como parlamentarios, y después de varios meses de sufrimientos y peligros increíbles, lograron detener el bárbaro avance de las desenfrenadas hordas indígenas, y convenir con sus caciques un tratado de paz *(Iperoyg-1563)*, que salvó la situación de la colonia de San Pablo. Las colonias de San Vicente y de Bahía, fueron en esta época asoladas por terrible

Fig. 137. -- Portada del *Additamentum* none partis Americæ de *De Bry.* (Franckfort, 1602).

peste variolosa (1563) y por las crueldades de los colonos con los indígenas, que trataron en vano de moderar los Misioneros Jesuítas.

7.—Al saber en la metrópoli la noticia del armisticio de *Iperoyg,* enviaron al Brasil á *Estacio de Sá,* sobrino del Gobernador, con orden de reforzar el ataque contra los franceses y sus auxiliares indígenas. Llegó *Estacio de Sá* á Río, en Febrero de 1564, avistóse con el *P. Nobrega* en Guanabacá, decidieron ambos pasar á San Vicente, y á pesar de las vacilaciones y dificultades de algunos colonos y oficiales, logró el jesuíta, con sus entusiastas arengas, reunir, bajo el mando de *Estacio de Sá* (1565), una pequeña armada de seis naos y varias embarcaciones menudas, con municiones y pertrechos Embarcáronse todos en ellas (Enero 20) desembarcando cerca del *Pan de Azucar,* á principios de Marzo y arrojando allí los cimientos de una nueva ciudad que más tarde se llamó *Villa Velha.* Después de rechazar con denuedo á los indios *Tamoyos-*

Expulsión de los Franceses de Río de Janeiro.

— 203 —

siguieron preparándose para atacar los fuertes franceses de la costa. Después de un año de indecisión y habiendo llegado nuevos refuerzos, asaltaron por fin (Enero 1567) denodadamente el fuerte francés de *Uraçumirim* (actual *Praia do Flamengo)* haciendo huir ó acuchillando á sus defensores*franceses* y *Tamoyos.* Pasaron en seguida los vencedores á la isla de *Maracayá,* fuerte posición de los confederados, y lograron una victoria total sobre ellos. Un mes después de este decisivo triunfo, que festejó la ciudad con algaradas jubilosas, falleció *Estacio de Sá* de una herida de flecha.

Fig. 138. – La vuelta del Pirata. (Siglo xvi).

Nombró el Gobernador, en vez de él, como capitán de la nueva ciudad, á otro sobrino suyo, *Salvador Correa de Sá,* concediéndole la mitad de la isla de Maracayá, que por ello se denominó *del Gobernador.*

Los Franceses que escaparon se hicieron á la vela para Pernambuco é intentaron establecerse en *Recife.* Fueron rechazados por el Comandante de *Olinda,* y se vieron obligados á volver á su patria, abandonando para siempre aquellas risueñas tierras de Río Janeiro, que sin la energía de *Men de Sá* y la decisión del *P. Nobrega,* tal vez hubieran permanecido siempre en poder de la Francia (1).

8. — Después de su victoria sobre los Franceses, transfirió el Gobernador la nueva ciudad de Río al actual *Morro do Castello,* activó su edificación y fortificó su barr: En medio de la nueva villa fundaron los jesuítas un colegio que fué dotado por la corona Portuguesa. Dictó también en esta época *Men de Sá.* **División de Brasil en dos Gobiernos.**

y de acuerdo con *Cartas Regias* que recibió en Río, leyes prohibiendo reducir á los indios á la esclavitud (excepto los cautivos en guerra justa, &) y poniendo severo dique á las crueldades é injusticias de que eran víctima los referidos indígenas, de parte de los colonos.

Fig. 139.—Paisaje del Corcovado (Río Janeiro).

El moderado, activo y honesto *Men de Sá,* falleció en Bahía (Marzo 1572). Dos años antes, y á los cincuenta y tres de su edad, murió también, por todos venerado, el entonces Rector

(1) *Galanti.* S. J. op cit., pág. 247 y sig., con sus notas y referencias. *Rev. Inst. Geog. é Hist. Brazil.* Vol. XLIX, pág. 42 y sig. *Id.* XXI, pág. 13 y 14. (Carta *Men de Sá* al rey. Junio, 16-1560.) *Id.* Vol. II, pág. 541 y sig. (Asalto de San Pablo) *Id.* III, pág. 248 y sig. (Esp. Franceses), etc., etc. *Southey,* op. cit. I, pág. 370 y sig. y sus referencias marginales. *Pizarro.* Mem. Hist. de Río de Janeiro (1820). Vol. I, pág. 12 y sig. *Varnhagen (Visconde de Porto Seguro).* Hist. Braz. Vol. I, pág. 230 y sig. *Gaffarel.* Hist. Brasil Français, pág. 312 y sig. y sus notas *Silva Lisboa*: Annaes do Rio do Janeiro VI, pág. 158 y sig. *Francisco Solano Constancio.* Hist. do Brazil. (Ed. Paris, 1859.) Vol. I, pág. 139 y sigtes., etc., etc.

del Colegio de Río Janeiro, *P. Manuel da Nobrega*, gloria indiscutible de su patria y de su religión Ignaciana. Antes de morir *Men de Sá*, y á instancias suyas, fué nombrado gobernador *D. Luis Fernández de Vasconcellos*, que salió de Tejo con seis navíos, llevando á su bordo al *P. Ignacio de Azevedo* con buen número de nuevos misioneros Jesuítas. Cerca de la isla de Palma, la nave en que iban estos operarios Evangélicos, fué capturada por una escuadrilla de la Rochela, al mando del

Fig. 140. – Las Cataratas del Araguava.

Calvinista *Jaques de Soria.* El *P. Azevedo*, y cuarenta de sus compañeros murieron mártires (Julio 15-1570) del fanático Francés.

Vasconcellos, sabedor de tal desgracia, se hizo á la vela, siendo arrastrado por los vientos y las corrientes á las costas de la Nueva España y arribando después de infinitos desastres á las Azores. En la isla Madera fué acometido por otra escuadrilla francesa, mandada por *Joao de Capdeville*, que, tan fanático y cruel como *Jaques de Soria*, después de rendir el buque de *Vasconcellos*, que murió peleando bravamente, asesinó á catorce jesuítas más que habían logrado sobrevivir á todos aquellos peligros.

En Diciembre del 1572, considerando la corte portuguesa demasiado extensa la colonia del Brasil, la dividió en *dos gobiernos*, del Norte y del Sur. El primero, cuya capital era *Bahía*, llegaba por el Sur hasta Porto Seguro, exclusivamente. El del Sur, cuya capital era *Río de Janeiro*, abrazaba el resto de las antiguas capitanías meridionales. Otorgóse el gobierno del Norte á *Luis de Brito de Almeida* y el del Sur al *Dr. Antonio Salema,* profesor de la Universidad de Coimbra. *Salema* venció á los indómitos *Tamoyos* y á los *Tupinambas* y expulsó á los franceses de Cabo Frío. *Luis de Brito* extendió hasta el Río Real su dominación y conquistas. En el gobierno de *Brito* hiciéronse varias expediciones al interior del país para descubrir minas y capturar indígenas. En 1575 se expidió por el Papa Gregorio XIII un breve desmembrando la Iglesia de Río de la de Bahía y elevando la primera á obispado independiente. El primer Obispo de Río Janeiro fué *D. Bartholomeu Simoes Pereira* (1577). (1)

9. – Ocurrieron en esta época en Europa sucesos que influyeron decisivamente en la suerte de las colonias del Brasil.

Fig 141.—La costa del Brasil. *(Jean de Lary,* 1578*).*

Muerto el joven Rey *Don Sebastián* en la desastrosa batalla de *Alcazar-Kibir* (1578), tomó el anciano Cardenal *D. Enrique* las riendas del gobierno de Portugal, empezando pronto á discutirse quién había de suceder al desgraciado *Don Sebastián,* que no tuvo herederos directos. Presentáronse varios pretendientes al trono vacante, entre los que estaban el ambicioso monarca español *Felipe II,* y *Don Antonio* de Portugal, Prior de Crato. El Cardenal *D. Enrique* opinó que debía nombrarse á *Felipe II.* Compró éste con promesas y dádivas á los nobles portugueses, envió contra el *Prior do Crato, D. Antonio,* al terrible *Duque de Alba,* que le venció, haciéndole huir á

---

(1) Vse. *Galanti,* op. cit. I, pág. 296 y sig., con sus notas Sobre el *P. Ignacio Azevedo* y sus compañeros mártires. Vse. la nota 1.ª del mismo autor á la pág 296. Comp. *Southey,* op. cit. Vol. I, pág. 314 y sig. y sus referencias. *Lavisse et Rambaud,* op. cit. Vol. IV, pág. 215, etc. *Varnhagem,* op. cit I, pág. 285 y sig., etc., etc.

Francia, y entró por fin triunfante en Portugal, siendo aclamado rey en *Thomar* por los nobles de su bandería dinástica. *Portugal pasó al dominio de España*. Trajo al Brasil la noticia de lo sucedido en la Metrópoli al gobernador *Telles Barreto* (1582), que sin demora hizo aclamar el nuevo régimen en las capitanías.

En el 1577, el rey *Don Sebastián* había reunido nuevamente los dos gobiernos del Brasil *en un solo gobierno general* que asu-

Fig. 142. – En el Río Paguba. *(Matto Grosso)*.

mió *Lorenço da Veiga*. Murió este funcionario á poco de llegar á Bahía (1581), acaso de tristeza, al saber que su hermano *Tristan Vaz da Veiga* había entregado á los castellanos la Torre de San Julián, traicionando su patria. Los negocios de las colonias portuguesas quedaron en manos del monarca español con la intervención de un *Consejo* llamado de Portugal.

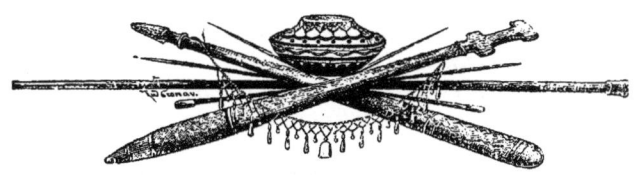

CUESTIONARIO

1. – ¿Qué determinó al rey de Portugal á colonizar las tierras del Brasil?
2. – ¿Qué territorios exploró Martim Alfonso de Souza?
3. – ¿Cuál fué la primer colonia regular portuguesa en el Brasil?
4. – ¿Qué derechos tenían los concesionarios de las Capitanías hereditarias del Brasil?
5. – ¿En cuántas capitanías se dividió el Brasil por el rey de Portugal?
6. – ¿Cuáles fueron las Capitanías que progresaron más?
7. – ¿Qué resultados tuvo la división del Brasil en las Capitanías hereditarias?
8. – ¿Qué hizo de notable en su gobernación Thomé de Souza?
9. – ¿Dónde estableció su capital?
10. – ¿Quién fué el primer Obispo del Brasil y cómo murió?
11. – ¿Quién fué Haus Staden y qué libro notable escribió?
12. – ¿Quiénes fueron los primeros misioneros que vinieron ai Brasil?
13. – ¿Qué importancia tienen las figuras del P. Nobrega y el P. Anchieta en la historia del Brasil?
14. - ¿Quién era Villegagnon?

15. – ¿Quién le auxilió decididamente en su empresa colonizadora?
16. – ¿Dónde estableció y cómo se llamó á su primera colonia?
17. – ¿Qué sucesos notables ocurrieron en el gobierno de Mem de Sá?
18. – ¿Qué intervención tuvieron los PP. Nobrega y Anchieta en el tratado de paz de Iperoyg?
19. – ¿A quién envió el rey de Portugal para luchar en el Brasil con los franceses?
20. – ¿Dónde venció Estacio de Sá á los colonos franceses?
21. – ¿Qué resultados tuvo la referida victoria portuguesa?
22. – ¿En cuántos gobiernos se dividió el Brasil después de la expulsión de los franceses, y cuáles fueron sus capitales?
23. – ¿Cómo murió el gobernador Vasconcellos y los jesuítas que le acompañaron en su viaje al Brasil?
24. – ¿Qué sucesos ocurrieron en Portugal en el año 1578?
25. – ¿Qué monarca se apoderó del trono portugués y sus colonias del Brasil?

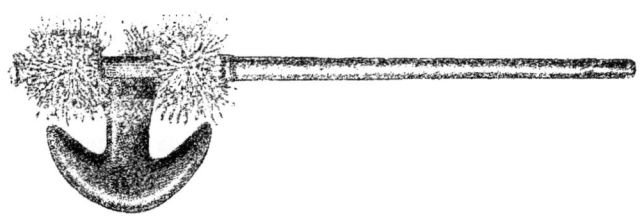

REFERENCIAS

Generales.—*Winsor*. Narr. & Crit. Hist. of America. Vol-VIII, pág. 354 y sig. Las Historias Generales de *Francia, Portugal* y *España*, de la *Compañía de Jesús*, del *Calvinismo*, etcétera, etc. *Cambridge Modern History* (Cambridge University Press, 1909). Vol, I. (The Renaissance) Vol II. (The Reformation) Vol. III. (The Wars of Religion) etc., y las mencionadas en los capítulos anteriores.

Especiales.—*Southey*. Historia do Brazil (Trad. *Oliveira* y *Castro)*. 6 vols. Río de Janeiro, 1862. *Raphael M. Galanti.* S. J. Compendio de Historia do Brazil. 4 vols. São Paulo, 1896. *Lescarbot*. Histoire de la Nouvelle France. Vol. II (París, 1862). *P. Gaffarel*. Histoire du Brasil Français (París, 1878). *Baron Edouard de Septenville*. Bresil sous la domination Portugaise (París, 1872). *Varnhagem* (Visconde de Porto Seguro). Hist. geral do Brazil antes da sua reparação e independencia de Portugal (2 vols. Río Janeiro, 1877). *Fco. Solano Constancio*. Hist. do Brazil (París, 1839). *J. de Mello Moraes*. Corographica Historia (5 vols. Río, 1858-1863). *Id*. Brazil Histórico (Río, 1866-67). *Id*. Hist. do Brazil (2 vols. Río, 1871-73). *Id*. Crónica geral é minuciosa do Imperio do Brazil desde á descoberta do Novo Mundo, etc. (Vol. I-II. Río, 1886). *Pierre Denis* Brazil. (Trad. *Myall*. London. MCMXI). Associação do quarto centenario do descobrimento do Brazil. *Livro do Centenario* (Río, 1900-1901). Vol. I-II. *Manuel Ayres de Casal.* Corografia brazilica, etc. (Río, 1817). *Antonio Alejandro Bor-*

ges dos Reis. Chorographia é historia do Brazil, etc. (Bahía, 1894). *Ignacio Joaquím da Fonseca.* Descobrimento do Brazil (Río de Janeiro, 1895). *Oliveira Martins.* O Brazil, e as Colonias Portuguesas, etc. (Lisboa, 1877). *Vicente do Salvador.* Historia do Brazil (Río, 1879), etc.. etc.

Fuentes. – Documentos para á historia da conquista, etc., do Brazil (Annaes Bibl. Nac. Río Janeiro. Vol. XXVI, 1905). Documentos relativos á *Mem de Sá,* etc. (Annaes Bibl. Nac. Río Janeiro. Vol. XXVII, 1906). *Charles Reibaud.* La colonisation du Brasil: Documents officiels (Paris, 1858). Vida del *P. Ioseph de Anchieta,* de la Compañía de Jesús. Provincial del Brasil. Traducida por el *P. Estéban de Paternina* (de la de *Beretario,* MDCXVII). Salamanca, 1618. Diario da Navegaçao de *Pedro Lopes de Souza* pela costa do Brazil (1530-1532), é Livro da Viagem da nao «Bretoa« ao «Cabo Iris« (en 1511), por *Duarte Fernández.* (Ed. *F. A. Varnhagem.* Río de Janeiro, 1867). *Magalhaes de Gandavo.* Hist. da Prov. de Sancta Cruz á qui vulgarm̃ete cham̃amos Brazil, etc. Lisboa, 1576. (Ed. Coll. de Noticias para á Hist. e Geog. das Naçoes Ultramarinas, etc. *Real Acad. de Sciencias de Lisboa,* 1836. Vol. IV, n.º 4). Carta *Pero Vaz de Caminha,* em 1 Maio 1500, etc. (Ed. *Pereyra da Costa.* Pernambuco. 1900). *Gabriel Soares de Souza.* Tratado Descriptivo do Brazil em 1587 (llamado «Roteiro Geral«). Ed. *Varnhagem.* Río de Janeiro, 1851. *Sebastiao da Rocha Pitta.* Historia da America portugueza, etc. (2 ed. rev. é annot. por *J. L. Goes.* Lisboa, 1889). Viajem as Indias Orientaes de *Giovani da Empoli* em 1503. (Noticias Ultramarinas. Vol. III, n.º 6). *Narrativa Epistolar* de una viagem é Missao Jesuítica pela Bahia, Ilheos, etc. (Ed. *Varnhagem.* Lisboa, 1847). *Simao de Vasconcellos.* Chronica da Companhia de Jesus do Estado do Brazil, etc. (Int. notas, etc. *Fernandes Pinheiro.* Rio Janeiro, 1864). Warhafftige, Historia mend beschseibung einer landtschafft, der Wilden, etc. Da sie *Hans Stadem* von Stomburg. Marpurg, 1557. (Trad. inglesa de *A. Tootal.* Anotada, etc., por *R. F. Burton.* Hakluyt Society n.º LI. MDCCCLXXIV). *André Thevet.* Les singularités de la France Antartique autrement nommée Amerique. París, 1557. (Ed. *Paul Gaffarel.* París, 1878). *P. José de Anchieta.* Epístola quam plurimarum rerum naturalium, etc. Anno Domini, 1560. ...... Mensis Maii: Minimus Societatis Jesu. (Pubda. Vol, I, n.º 1, 2, 3. *Not. Ultramarinas. R. Ac. Lisboa). Jean de Léry.* Histoire d'un voyage faict en la terre du Bresil. La Rochelle, 1578. (Ed. *Gaffarel.* Int. et Notes. París, 1880), etc., etc., y las relacionadas en mi Cap. VIII. Tit. II. Vol. I.

Bibliografías. – Vse. *Winsor*. N. & C. H. of A. Vol. VIII· pág. 349-391. *Trubner*. Bibliotheca Brasilica. Londres, 1879· *Garraux*. *A. L.* Bibliographie Bresilienne (1500-1898). París, 1898. *J. F. da Silva*. Diccionario Bibliographico Portuguez. 7 vols. y 10 vols. Suplementos. Lisboa, 1858-1900 y en especial el magnífico y bien ordenado *Catalogo da Exposiçao de Historia do Brazil*, realizada pela Bibliotheca Nacional do Río de Janeiro, bajo la dirección del *Dr. B. F. Ramiz Galvão*. Sup. *Saldanha de Gama*. (2 vols. Río Janeiro, 1881) modelo de Bibliografía Histórica Americana.

CAPÍTULO VI

Las dos corrientes conquistadoras.

1. – El concepto del descubrimiento y la conquista de América es, sin duda, progresivo. La etapa histórica evolutiva que principia en Guanahani con *Cristobal Colón,* termina con la dominación de los vastos territorios Argentinos. En esta hermosa región Americana, grave y solemne como sus inmensos estuarios, teatro de epopeyas, coso de bizarrías y madre de pueblos; en esta privilegiada tierra, cuna de caudillos heróicos, fuerte y severa como sus llanuras sin término, gloriosa y radiante como el sol de su bandera de cielo y nubes, vinieron á encontrarse los explora dores del Atlántico y los del Pacifico, las dos corrientes con·

Fig. 143 – Sebastián Caboto.

quistadoras del siglo décimo sexto. En ésta la futura patria de *San .Martin* y de *Belgrano,* se reunieron los hombres del Perú con los del Río de *Solís;* los capitanes castellanos de cimera airosa, espada al cinto y adarga al pecho, con los navegantes audaces que arrancaron al Océano sus terribles secretos; los pacientes pilotos que desafiaron tempestades en sus

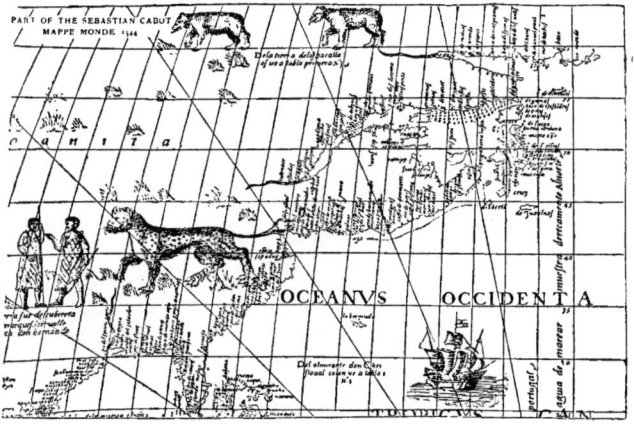

Fig. 144. – Parte del Mapa-Mundi de Sebastián Caboto (1544).

frágiles carabelas, y los temerarios guerreros que ganaron riquezas y blasones con sus lanzas y su sangre.

El dolor y el sacrificio virilizan y ensalzan á los individuos y á los pueblos. En las márgenes del caudaloso Plata, escenario de ardorosas luchas, desengaños desoladores y tragedias tristísimas, surgió y creció la ciudad libre, la ciudad grande, la ciudad reina de Sud América. Aquellas pobres y combatidas colonias castellanas y aquellos grupos conquistadores que proféticamente *convergieron* en los territorios Argentinos, no obstante su Odisea secular de sangre y de lágrimas, lograron convertirse en nación gloriosa y *divergir* nuevamente para libertar un mundo.

· He aquí por qué considero la conquista del Río de la Plata como la culminación natural de la del Continente Sud Americano, y la bosquejo en este lugar, aun alterando un tanto el orden cronológico de mi *Compendio*.

El viaje de Alejo García. 2. – El descubridor del Río de la Plata *Juan Díaz de Solís,* pereció, como dijimos (Vol. I. pág. 515), á manos de los *Guaraníes,* en las inmediaciones de Martín Chico. Algunos de sus compañeros, al volver á España después de tan desas. troso suceso, naufragaron en el *Puerto de los Patos,* vién-

Fig. 145. – La expedición de *Ayolas* al Alto Perú.

dose obligados á permanecer en aquellas playas. Creyeron oir allí de los indígenas que muy al Occidente existía un *Rey* ó *cacique blanco.* (tan fantástico como *El Dorado* del Perú), cuyos dominios eran abundantes en metales preciosos, y decidieron buscarlo. *Alejo García,* con cuatro de sus valientes compañeros, y buen número de auxiliares indios, penetró por la actual *Corumbá,* atravesó el *Chaco* y llegó por los territorios tribales de los *Chanes* hasta el país de los *Charcas,* en las serranías del Perú. Sus ocho años de permanencia (1516-1524) entre los indios *Guaraníes,* le enseñaron á dominar su lengua

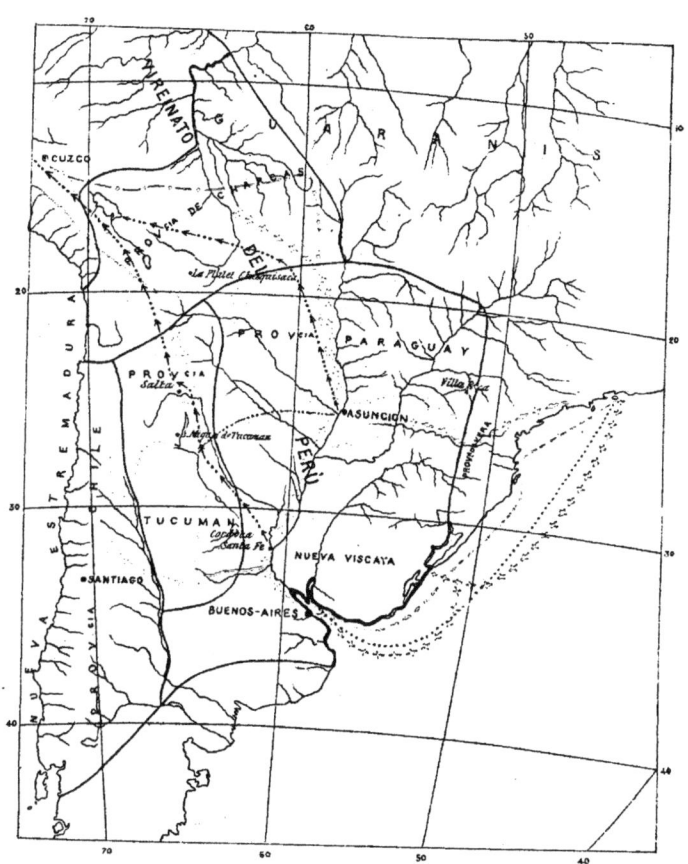

CONQUISTAS Y VIAJES EN EL SIGLO XVI

EXPEDICIÓN DE DIEGO PACHECO	VIAJES DE IRALA	
" DE CÉSAR	" DE ALVAR NUÑEZ CABEZA DE VACA	
" DE DIEGO DE ROJAS	" DE PEDRO MENDOZA Y JUAN AYOLAS	
VIAJES DE JUAN DE GARAY	" DE SEBASTIÁN CABOT	
" DE GARCÍA RODRÍGUEZ	" DE JUAN DIAZ SOLÍS	
" DE ULDERICO SCHMIDEL		

y conocer sus hábitos y carácter. Sus auxiliares le fueron, por tanto, fieles y utilísimos. No pudiendo, sin embargo, subyugar á los *Charcas*, que resistieron tenazmente sus avances,

regresó al Paraguay con valioso botín, después de haber viajado más de 1.000 leguas, explorado las tierras de los *Mbayaes*, los *Charcas*, etc., llegado á los Andes Peruanos y realizado, en fin, un estupendo viaje, comparable sólo á los de *Almagro, Orellana* ó *Aguirre*. Preparaba *Alejo García* una segunda expedición, cuando fué asesinado con sus cuatro compañeros por los indios *Guaraníes*, en la orilla izquierda del Río Paraguay, como á unas 50 leguas de la

Fig. 146. – La expedición de Irala á través del Chaco.

actual ciudad de La Asunción (1525). La expedición de *García*, notabilísima en sí misma, inicia la serie de viajes emprendidos por los exploradores del Río de la Plata hacia la cordillera Andina. Así como la fabulosa creencia en "*El Dorado*" marcó los rumbos de los conquistadores de Bogotá y Venezuela, la ilusión del "*Rey Blanco*" determinó los derroteros de los sucesores de *Solís* y *Alejo García* (1).

3. — El navegante veneciano *Sebastián Caboto*, de quien hablamos en otro lugar (Vol. I, página 438), alucinado por los descubrimientos de los castellanos, pasó al servicio de España, siendo nombrado *Piloto Mayor* (1518) después de la muerte de *Solís*. A principios del 1525, obtuvo del Emperador *Carlos V*, con preferencia á otros solicitantes, una concesión para ir por el Estrecho de Magallanes en demanda de las tierras del

Fig 147.
Ataque á Buenos Aires (Schmidel).

(1) La autenticidad del viaje de *Alejo García* no creo pueda atacarse. *Ruy Díaz de Guzmán*, La Argentina (Ed. B. Aires, 1882) Lib. I. Cap. V y *Nicolas Techo*. S. J Hist. de la Prov. del Paraguay. Lib. I. Cap. II (Vol. I, pág. 38. Ed. *Uribe y Compañía*, 1897), confunden esta expedición con la de *Pero Lobo*, mandada por *Martın Alfonso de Souza* en 1531. Si *Alejo García* era Portugués ó Español, y si su viaje se hizo por Portugal ó por España, es á mi entender, discusión estéril y de escasísimo interés para la *Historia General de América*. *Alejo García* y sus compañeros, náufragos y abandonados ocho largos años en Martín Chico, no contaron, seguramente, ni con Portugal ni con España para emprender su extraordinaria expedición en demanda del «*Rey Blanco*». Vse. sobre estos puntos á *Herrera*. Hist. Gen. Dec. II. Cap VIII, etc. *Navarrete*. Viajes. Vol. III, pág. 134. *Pedro Martyr de Anglería*. Dec. III. Lib X (Vol. II, pág. 432, Ed. *Torres Asensio*). *Alvar Núñez Cabeza de Vaca*. Comentarios: Cap. LIV-V, etc. !Ed. *Estrada*, facsímil, 1912) *Lafone Quevedo:* Solís, etc., pág. 14 y sig. *J T. Medina:* Solís. Vol. I, pág. 250 y sig. y sus notas. *M. Domínguez:* La Sierra de la Plata, pág. 12 y sig. *Madero:* Hist. Prov. B Aires (B. A. 1892), pág. 42 y sig. *Gambon.* S. J. Hist. Arg , Vol. I, pág. 48 y su nota pág. 50. Comp. *Varnhagem:* Hist. do Brazil. I, pág. 107 y sig. y sus referencias. Rev. Inst. Hist. Brazileiro. Vol. XVII. pág. 2 y sig. *Vasconcellos.* Datas célebres é factos notaveis. Hist. Brazil (Pernambuco, 1890). Vol. I, pág. 57 y sig. *Galanti.* Comp. Hist. Brazil. I, pág. 68 y sigs. y sus referencias, etc., etc.

Maluco y de "las otras islas é tierras de Tarsis é Ofir y el Catayo Oriental é Cipango, etc..." No sin grandes dificultades monetarias consiguió *Caboto* zarpar de Sanlúcar (Abril 3-1526) con tres naves *(Santa María de la Concepción, Santa Maria del Espinar* y la *Trinidad),* y una pequeña carabela, en dirección á las Canarias. Rumbeó desde allí al Cabo San Agustín, viéndose obligado por las corrientes á recalar cerca de Pernambuco. Las noticias que allí le dieron sobre el fantástico *"Rey Blanco"* le decidieron *á cambiar su derrotero* y explorar el Río de *Solís,* en vez de seguir á las Molucas. Navegando junto á la costa y, después de recorrer en todo su largo la isla de *Santa Catalina,* fué á surgir á la parte Sur de la misma y al abrigo de otra isla pequeña y deshabitada que llamaron de *"El Reparo".* Encontró allí *Caboto* dos náufragos de la expedición

Fig. 148. – La fundación de Buenos Aires por *D. Juan de Garay.* (Cuadro de Moreno Carbonero).

de *Solís (Montes* y *Ramírez)* y otro de la expedición de *Loaysa* que corroboraron con sus informes los obtenidos en Pernambuco sobre las riquezas de la Sierra de la Plata. Entre la isla de Santa Catalina y la tierra firme naufragó la nave en que navegaba *Caboto,* siendo éste el primero que cobardemente la abandonó, huyendo en un esquife á tierra. Con el resto de su armada fondeó en el *Puerto de los Patos,* siguiendo desde allí hasta la desembocadura del Río de la Plata, que remontó unas 40 leguas, hasta una ensenada que llamó de *San Lázaro* (Abril 6-1527). Otro de los sobrevivientes de la expedición de *Solís (Francisco del Puerto)* que encontró *Caboto* en estas alturas, le aconsejó que remontara el Paraná, donde hallaría pingües riquezas. Hízolo así *Caboto* con una de sus naves (Mayo 8-1527), fundó en la confluencia del Carcarañá y el Coronda un fuerte que llamó de *Sancti Spiritus,* dejó en él 30 de sus hombres y siguió navegando aguas arriba el *Paraná* hasta cerca de *Itati,* retrocediendo luego hasta la desembocadura del *Río Paraguay,* que también exploró, hasta su unión con el *Bermejo.* Por aguas de este río destacó un bergantín al mando de *Miguel Rifos.* A los pocos días regresaron en él flechados y maltrechos, el piloto *Montoya* y doce de sus compañeros. El resto de los desgraciados exploradores del Bermejo, habían perecido asesinados por las tribus indias que poblaban sus orillas. Ante tamaño desastre, y escaseando los mantenimientos, decidió *Caboto* regresar á *Sancti Spiritus.* Apenas había navegado unas 30 leguas por el Paraná, divisó dos embarcaciones españolas que remontaban el río. Las mandaba *Diego García de Moguer.*

Fig. 149.
El trabajo de los indios „encomendados".

Diego García había salido de La Coruña (Enero 15-1526) en demanda del río descubierto por *Solís,* de quien fué compañero en 1525. Era habilísimo y experimentado piloto y uno de los pocos que regresó con *Elcano* á España en la gloriosa nao "*Victoria*". *García,* después de invernar en Santa Catalina, llegó al Río de la Plata en los últimos meses del año 1527. Supo, al llegar, que *Caboto,* faltando á lo capitulado con el Emperador, había cambiado su derrotero y exploraba los territorios del Plata.

García avanzó hasta *Sancti Spiritus* é intimó á *Rodrigo Caro,* lugarteniente de *Caboto,* la entrega del fuerte y el abandono de aquellas costas que sólo á él pertenecían por concesión real. Hizo la misma intimación á *Caboto* cuando se encontraron en el Paraná. Para solucionar el conflicto, convinieron en regresar juntos á *Sancti Spiritus* y enviar desde allí á España procuradores que defendieran sus derechos. Mientras tanto emprendieron, de común acuerdo *García* y *Caboto,* la navegación del Paraguay, internándose en el *Pilcomayo.* Viéronse pronto obligados á regresar para socorrer á *Sancti Spiritus,* amenazado por los indígenas. Llegaron tarde. El fuerte había sido destruído por los indios y asesinados la mayoría de sus defensores.

ARGENTINA Y CONQVISTA DEL RIO DE LA PLATA, CON OTROS ACAECimientos de los Reynos del Peru, Tucuman, y estado del Brasil, por el Arcediano don Martín del Barco Centenera.

Dirigida a don Cristoual de Mora, Marques de Castel Rodrigo, Virrey, Gouernador, y Capitan general de Portugel, por el Rey Philipo III. nuestro Señor.

Con licencia, En Lisboa, Por Pedro Crasbeeck. 1602.

Fig. 150.—Portada de la edición de Barco de Centenera del 1602, ejemplar de la Biblioteca Real de Madrid.

García y *Caboto* acordaron regresar á España en busca de refuerzos. Hízolo *Caboto* con tal premura, que no vaciló en abandonar cruelmente (Julio 22-1530) á *Montoya* y sus compañeros en la isla de Lobos (1).

El Adelantado D. Pedro de Mendoza.

4.– Las expediciones de *Caboto* y *García* y la vuelta de *Pizarro* del Perú con la gloriosa nueva de sus conquistas, multiplicaron las aventuras Españolas á Indias. Atendiendo á la solicitud de *D. Pedro de Mendoza*, concedióle el Emperador (1534) la conquista de los territorios del Río de *Solís*, dándole el título de "*Adelantado*". Zarpó *Mendoza* de Sanlúcar con lucida expedición de once naves (Septiembre 1535). En las inmediaciones de Cabo Verde, recia tempestad separó sus embarcaciones. Siete de ellas llegaron al Plata. Las restantes, con la capitana, en que iba el *Adelantado*, arribaron á Río de Janeiro. Detúvose allí algún tiempo *Mendoza*, hizo ejecutar á su lugarteniente *Osorio*, atendiendo insidiosas delaciones, y zarpó nuevamente hacia el Sur, entrando á poco (Enero 1536) por el Río de la Plata, reuniéndose en San Gabriel con su hermano *D. Diego* y fondeando con toda su flota en la *Boca del Riachuelo*. El primer cuidado de los expedicionarios fué levantar un fuerte, un templo y algunas chozas, que fueron base de misérrima villa que llamaron *Nuestra Señora de*

(1) "Así fué el fin, dice el cronista *Oviedo* (Hist. Gen. Vol. II, pág. 177), que hizo la armada de *Sebastián Gabotto*, el cual sintieron las bolsas de los que le armaron é las vidas é personas de los que le siguieron... acabando sin honra ni provecho..." Vse. también *C. Fernández Duro*. Los Cabotos. (Bol. Real Ac. Hist. Vol. XXII. Marzo, 1893), pág. 257 y sig. *Harrisse*. John & Sebastián Cabot (Paris, 1882), pág 317 y sig. *Charles Deane*. The Voyages of the Cabots (en *Winsor*. N. & C. H. of A. Vol. III. Cap. I), pág. 5 y sig. *Navarrete*. Col. de viajes, etc. Tomo V, pág. 442 y sig. *Madero*. Hist. del Pto. de B. Aires (B. A., 1892), pág. 52 y sig., 144-146. Apce. N.o 4, etc. *Félix J. Oútes*. El primer establecimiento español en el territorio argentino (B. A., 1902), pág. I y sig. *Id*. El Puerto de los Patos, etc. (B. A., 1903), pág. 17 y sig. *M. Rdo. Trelles:* Diego García, primer descubridor del Río de la Plata (B. A., 1879), pág. 5 y sig. *Lafone Quevedo*. El "Sebastián Gaboto" de Henry Harrisse, etc. (Bol. Inst. Geog. Arg. Vol. XIX, 1898). Cuad. 1 á 6, etc., el magnífico Atlas. Hist. de la Rep. Arg. de *J. J. Biedma*. Lam. V y pág. 12. (Edición *A. Estrada y Cía*. B. A. 1909), y la admirable y definitiva obra sobre esta materia del historiador chileno *Don J. T. Medina*. (El veneciano *Sebastián Caboto* al servicio de España, etc. Tom. I. Texto. Tom. II. Documentos. Santiago de Chile, MCMVIII). Cap. I á XXIII, etc., y sus notas, referencias y bibliografía.

Buenos Aires ó *Santa María de Buen Aire*. Los furiosos ataques de los *Querandíes*, en uno de los cuales pereció *D. Diego de Mendoza* (Río Luján, Junio 15-1536) con sus mejores guerreros, y la falta absoluta de mantenimientos, fueron mermando las huestes de *Mendoza*, que, ante situación tan desesperada, resolvió enviar á *D. Gonzalo de Mendoza* á las costas del Brasil y á *D. Juan de Ayolas* al Río Paraná con el fin de obtener algunos víveres. Después de cincuenta días de hambre y sufrimientos de todo género, en que llegaron algunos soldados á comerse los cadáveres de sus propios compañeros, regresaron *Mendoza* y *Ayolas* con provisiones. Las tríbus indias no dejaban en tanto de hostilizar á los invasores. Aliados los *Querandíes* con los *Charruas, Guaraníes* y *Chanases*, asaltaron en gran número la fortaleza, destruyéndola é incendiando las rudas habitaciones de la desgraciada colonia. El *Adelantado,* sin abandonarla por completo, se trasladó á la boca del *Carcarañá,* donde levantó otro fuerte llamado *Corpus Christi* y también *Nuestra Señora de la Buena Esperanza.* Poco tiempo estuvo en él. Quebrantadísimo por las enfermedades, los sufrimientos y los desengaños, resolvió regresar á *Nuestra Señora de Buenos Aires* y trasladarse desde allí á su patria. Antes de hacerlo envió (Octubre 1536) á *Ayolas* y á *Domingo Martínez de Irala,* con tres embarcaciones, para que subiesen el Río Paraná y tratasen de hallar la comunicación por tierra con el Perú. Como en Enero del año siguiente (1537) no tuviera el triste *Adelantado* noticias de los expedicionarios,

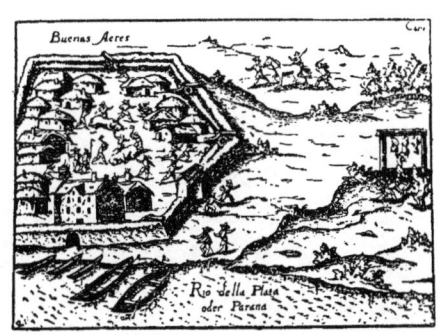

Fig. 151. – El hambre en Buenos Aires (Schmidel).

destacó á *Juan de Salazar* en su busca. No tuvo ánimos para esperar su vuelta. Viendo cercano el fin de sus días, nombró por su teniente al mismo *Ayolas*, y en ausencia de éste á *Ruiz Galán*, y se embarcó para España en la nave *Magdalena*. Murió antes de llegar á las Azores (Junio 1537).

Ayolas en el Perú. 5. — *Ayolas*, entre tanto, había subido el Paraná y llegado por el Paraguay hasta *Candelaria* (Febrero 1537). Dejando allí á *Irala*, y con algunos guías indios de la expedición de *Alejo*

Fig 152.—Llanura en los alrededores de Buenos Aires (Outes y Bruch).

García, se internó resueltamente hasta el país de los *Charcas;* logró apoderarse de considerable cantidad de oro y plata, y después de trece meses y medio de penosísimas jornadas, pereció cerca de Candelaria á manos de los indios *Payaguaes* con todos sus compañeros. *Salazar*, que, como dijimos, había ido en busca de *Ayolas*, al saber por *Irala* que se había internado en el Perú, regresó á dar cuenta del hecho á *Mendoza*, construyendo antes un fuerte, que fué el principio de la villa de la *Asunción*, del Paraguay. Al regresar á Buenos Aires encontró la plaza mandada por *Ruiz Galán*, á quien juró obediencia. Hizo lo propio el Veedor *Cabrera*, que llegó por esta fecha provisto de una Real Cédula en que se proveía el gobierno de la colonia, para el caso en que *Mendoza* no le hubiera designado antes de partir, la persona que debía de sucederle.

Ruiz Galán y *Cabrera* partieron juntos para la Asunción. *Irala* había salido de dicho punto para buscar á su jefe (Noviembre 1539), y penetrado en el país por San Sebastián, pero detenido en su avance al Perú por torrenciales lluvias, hubo de regresar á la Asunción con la triste noticia de la muerte de *Ayolas*. Viendo además *Martínez de Irala* el aflictivo estado del primitivo fuerte y población de Buenos Aires y la imposibilidad de defenderlo de los furiosos y contínuos ataques de los indígenas, resolvió *abandonarlo totalmente*. Dirigióse, pues, á Buenos Aires con cinco bergantines, recogió en ellos hombres y bastimentos y los trasladó á la Asunción. Así terminó la primera fundación de Buenos Aires y la desgraciada colonia del Adelantado *D. Pedro de Mendoza* (1).

6. — Entre tanto, el Emperador *Carlos V*, había concedido el título de Adelantado al célebre explorador *Alvar Núñez Cabeza de Vaca*, de cuyas peregrinas y luctuosas andanzas en la América del Norte dimos cuenta anteriormente (Tít. I. Cap. III),

Alvar Núñez Cabeza de Vaca.

---

(1) La fuente histórica principal de las expediciones *Mendoza, Ayolas,* etc. en el Río de la Plata, etc., es la relación del navegante alemán *Ulrich Schmidel,* testigo presencial de aquellos sucesos. Vse. la preciosa traducción de la edición alemana *Hulsius,* 1599, de este curioso libro del primer historiador del Río de la Plata, publicado por la Junta de Historia y Numismática Americana de B. Aires, con eruditas notas bibliográficas y biográficas del ilustre pro-hombre Argentino, *General D Bartolomé Mitre,* y definitivo prólogo y anotaciones del sabio traductor de la Relación *D. Samuel A. Lafone Quevedo.* Ulrich Schmidel. Viaje al Río de la Plata (1534-1535) Buenos Aires, 1903. pág. 5 á 32. (Notas *General Mitre).* pág. 39-123 (del prólogo *Lafone Quevedo).* Cap. 1 á XXXI del texto con sus notas y referencias, y Apéndices A.-Q., pág. 303 y sig. Comp. *Herrera.* Hist. Gen. Dec. V. 220-247. VI. 152, etc *Oviedo.* Hist. Gen, Vol. II, pág. 184 y sig. *Rui Díaz de Guzmán.* op. cit. Cap XIII-XV, etc. *Barco de Centenera.* La Argentina (Ed. *Estrada).* Cantos III-IV, fol 20. etc Sobre las tribus indígenas que poblaban las orillas del Plata y lucharon con los conquistadores. Vse. también el Texto Explicativo de los magníficos Cuadros Murales de *Outes y Bruch* (B. Aires, 1910), pág. 45 y sig., etc., etc.

concediéndole la gobernación y Capitanía General de la tierra y provincia por *Mendoza* descubierta, con el cargo de socorrer á sus maltrechos colonos. Llegaron felizmente *Cabeza de Vaca* (Noviembre 1540) y su antiguo compañero *Pedro Dorantes* á la isla de Santa Catalina, (Marzo 1541). No pudiendo en aquel invierno avanzar al Río de la Plata, determinaron dirigirse por tierra desde Santa Catalina á la Asunción. Esperó *Cabeza de Vaca* la estación propicia, envió una expedición de 150 hombres hacía el Río de la Plata y emprendió personalmente, con el resto de sus soldados, su temeraria travesía mediterránea (Noviembre 1541).

La relacion y comentarios del gouerna dor Aluar nuñez cabeça de vaca, de lo acaescido enlas dos jornadas que hizo a las Indias.

Con priuilegio.

Fig. 153. - Portada de la edición del 1555 de la relación de *Alvar Núñez Cabeza de Vaca.*

Con enormes trabajos llegó al *Iguazú*, desembocó en el Paraná, embarcó allí en balsas parte de sus arcabuceros y los enfermos para que, entrando por el Paraguay, siguiesen á la Asunción, y continuó él por el *Monday* y por tierra hasta la dicha colonia.

Exhibió allí los despachos imperiales y se hizo cargo del gobierno de la Asunción, nombrando á *Irala* su Maestre de campo, y reprimiendo con mano firme los abusos de autoridad de los oficiales reales. Envió también á *Irala* en busca de la comunicación con el Perú y como regresara éste del Puerto de los Reyes (Río Paraguay) con favorables noticias obtenidas de los indios *(Chanes,* etc.), salió el *Adelantado* (Septiembre 1543) con 10 bergantines, y buen número de soldados é indios auxiliares en dirección á Candelaria. Allí dejó las naves y se internó hacía el Oeste, pero las terribles dificultades de la marcha por tan espesas selvas, las enfermedades y la escasez de víveres, le obligaron á volver á la Asunción y abandonar la empresa (Abril 1544). A poco de llegar á su gobierno fué sorprendido por una sublevación de los colonos. Impotente para resistirla, hubo de rendirse á discreción á los amotinados, que le encerraron en dura carcel, y eligieron por gobernador á *Martínez de Irala.* Al cabo de diez meses, *Cabeza de Vaca* fué remitido á España (1545) en calidad de preso. No volvió á la Asunción. Murió en España, respetado por sus compatriotas y honrado por su monarca (1).

7.— *Martínez de Irala* supo conservar el mando de la turbulenta villa. Obligado, sin embargo, por las circunstancias á complacer á sus partidarios, toleró toda clase de abusos y crueldades para con los indígenas, sometidos al yugo de *encomenderos* codiciosos é implacables. Las tribus cercanas á la Asunción la atacaron con denodada furia. Los Españoles lograron

Expedición de Irala al Perú.

(1) Vse. la relación y comentarios del Gobernador *Alvar Núñez Cabeza de Vaca,* de lo acaecido en las dos jornadas que hizo á las Indias (Edición *Estrada y Cía.* en facsímil de la de Valladolid, 1555, con mi introducción histórico-bíbliográfica). B. Aires, 1912. Comentarios. Capítulo I- LXXXIV. *Ruy Díaz de Guzman.* op. cit. Lib. II. Cap. I á VI, pág 91 y sig. *Ulrich Schmidel.* op. cit. Cap. XXXI-XL, pág. 199 y sig. y Prólogo *Lafone Quevedo.* Cap. XVIII, pág. 125 y sig. con sus notas y referencias. *Pedro Lozano.* S. J. Hist. de la Conq. del Paraguay, etc. (Ed. Anotada por D *Andrés Lamas.* B. A., 1874). Vol. II. Cap. VIII-XI, pág. 186 y sig. *Herrera.* Hist Gen. Dec. VII. Cap. VIII-IX. Lib. II-XIII-XIV-XV-XVI del Lib. IV-XIV-XV-XVI del Lib. VI, etc. *Oviedo.* Hist. Gen. Vol. II. Lib. XXIII. Cap. XI á XVI, pág. 188 y sig., etc., etc. Vse. también *J. J. Biedma.* Atlas Histórico Rep. Argentina (Estrada y Cía. B. Aires, 1909), pág. 13. explicativa de la Lám. V, en la que el sabio Historiador Argentino, marca con crítica justeza las rutas de los principales conquistadores del Rio de la Plata.

vencerias y ahuyentarlas. Una vez libre del enemigo indígena, quiso *Irala* emprender la ansiada expedición al Perú.

A fines de 1547 salió de la Asunción con buen número de soldados españoles y auxiliares *guaraníes*. Con grandes pena-

Fig. 154. – Capturando la aldea de Lambaré (Schmidel).

lidades, y no sin recios encuentros con las tribus *«mbayaes»* etcétera, consiguió avanzar hasta el río Guapay. Sufrió allí el doloroso desencanto de ver ocupado por los hombres del Perú, el país de sus ilusiones. El Presidente *La Gasca* le prohibió seguir adelante é internarse en su territorio. *Irala,* muy á su pesar, regresó á la Asunción, donde, para colmo de desdichas, tuvo que entrar á viva fuerza, después de derrotar y hacer huir á los bosques á *Diego de Abreu,* que se había hecho elegir gobernador durante la ausencia del caudillo.

Su gobierno y su muerte.

8. – En el año 1555, llegó á la Asunción su primer Obispo *D. Pedro de la Torre* con los reales despachos que, haciendo justicia, aunque tardía, á sus méritos, otorgaban á *Irala* en propiedad la gobernación que durante años había desempeña-do interinamente. El nombramiento del bravo y prudente gue-rrero satisfizo á todos y aseguró la paz de la tierra Paraguaya. Se abrieron escuelas, se consolidó el régimen Municipal, y se regularizó, en lo posible, el servicio personal de los indígenas. Para contener las depredaciones de los *«mamelucos»* del Bra-sil, *Irala* despachó al capitán *Rodríguez de Vergara* á fundar, en el camino del Paraná al Brasil, un centro de población que sirviese de escala á los viajeros y exploradores que viniesen al

Paraguay por dicha ruta. *Vergara* fundó cerca del gran salto del Paraná (24º 4' Lat. Sud), la villa de *Ontiveros*, que en 1557 fué trasladada tres leguas más arriba, y tomó el nombre de *Ciudad Real,* siendo por mucho tiempo capital de la provincia del Guayrá. Envió también *Irala* al capitán *Nuflo de Chaves* á fundar, cerca de los *Xarayes,* en el camino del Paraguay al Perú, otro centro de población que mantuviese franca la comunicación entre ambos gobiernos. *Chaves,* fundó á *Santa*

Fig. 155.
Orillas del Paraná de las Palmas (Outes y Bruch).

Cruz de la Sierra (Bolivia), pero prescindiendo de las órdenes de *Irala* (1561), pidió y obtuvo del Virrey del Perú que se erigiese aquel territorio en provincia independiente del Paraguay.

La obra civilizadora de *Martínez de Irala,* fué interrumpida por su muerte. Una fiebre maligna, que el anciano luchador no pudo resistir, arrebató al Río de la Plata su mandatario preferido, á la Asunción su caudillo y á la milicia conquis-

tadora del siglo XVI uno de sus capitanes más expertos
(1556-1557) (1).

D. Juan de
Garay funda á
Santa Fé.
9. – El Virrey del Perú, *Mendoza,* nombró *Adelantado* del
Río de la Plata á *D. Juan Ortíz de Zárate,* con la condición
de que hiciese confirmar por la corona su nombramiento. *Zárate* partió á España con tal objeto y tuvo el mal acuerdo de
dejar por teniente suyo en la Asunción al impolitico capitán
Francisco de Cáceres. No tardó la villa en dividirse en bandos.
La encarnizada enemiga del mencionado *Cáceres* con el Obispo *La Torre,* produjo serios disturbios. Apoderóse por fin del
gobierno *D. Martín Suárez de Toledo,* y deportó á España
(1573) al general y al prelado. Este murió al llegar á San Vicente (Brasil).

Convoyaba la nave de los prisioneros una carabela mandada por el entonces Alguacil Mayor de la colonia *D. Juan de
Garay,* á quien se había autorizado para fundar á su regreso
una población en «San Salvador» ó «San Gabriel». Era *Don
Juan de Garay* de condición hidalga, modesto, valeroso, desinteresado y muy prudente. Nacido en Villalba de la Loza
(1528-29), había venido al Perú con la comitiva de *Blasco Núñez de Vela,* residido en Charcas largo tiempo con su pariente *Ortíz de Zárate,* y tomado parte en varias expediciones conquistadoras. Fué de los primeros pobladores de «Santa Cruz
de la Sierra», pasó á la Asunción (1568) con *Francisco de Cáceres,* y en todas partes gozó fama de leal y justo, consiguiendo el respeto de sus iguales y la confianza ilimitada de sus

----

(1) Véase *Ulrich Schmidel.* Ed. cit. Cap. XL á LII. pág. 229 y sig. y Prólogo *La-
fone Quevedo,* 126 y sig. *Alvar Núñez Cabeza de Vaca.* Comentarios. (Ed. *Estrada)*
Cap. LXXIV y sig. *Ruy Díaz de Guzmán.* op. cit. Lib. I. Cap. XV-XVI-XVII. Lib.
II. Cap. VII-VIII-XI á XIV. Lib. III. Cap. I á V, etc. *Barco de Centenera.* op. cit.
(Ed. *Estrada)* Canto V, etc , folio 40 y sig. *Herrera.* Hist. Gen. Dec. VI. Lib. VII.
Cap. V. Dec. VIII Lib. II. Cap. XVII. Lib. IV. Cap. XII. Lib. V. Cap. I-II-XI, etc.,
etc. *Lozano.* Hist. Conq. del Paraguay, etc Vol. II. Cap. XIII y sig., pág. 316, etc.
Vol. III. Cap. I á IV, pág. 5 y sig. *J. J. Biedma.* Atlas Histco., pág. 13 y Mapa.
Domínguez. Hist. Argentina. Cap. III, pág. 62 y sig. *Patricio Fernández.* S. J·
Hist. de las Misiones Indios Chiquitos (Ed. *Uribe.* La Asunción, 1896) Vol. I. Cap.
III. *García Meron.* Hist. Arg., pág. 80 y sig. *Vicente Gambón.* S. J. Hist. Arg. I,
pag. 80 y sig., etc , etc.

Fig. 156. — Representación gráfica del Escudo de Armas concedido á la ciudad de la Trinidad, Puerto de Buenos Aires, por D. Juan de Garay (1580).

jefes. Adelantándose á su tiempo, y convencido de la necesidad de *"abrir puertas á la tierra y no permanecer encerrado"* en la Asunción, ansiaba fundar una colonia hacia el Sur, en las márgenes del Plata. Haciendo, pues, uso de su autorización separóse de la nave que escoltaba en la Laguna de los Patos (Junio 20-1573), remontó nuevamente el Plata, subió por el Río Paraná y penetró por el *Salado* hasta llegar á un

Fig. 157.—Retrato de Hulderico Schmidel.
(Edición latina de Hulsius, 1599).

risueño paraje llamado entonces *Collastak,* donde fundó la ciudad de *Santa Fé de la Veracruz* (Nov. 15), construyendo un fuerte y repartiendo equitativamente solares entre sus valientes compañeros. Setenta y cinco de ellos eran criollos y nueve solamente castellanos. Para efectuar el empadronamiento de los indios que rodeaban la nueva ciudad, emprendió un reconocimiento del Salado y brazos del Paraná. En uno de ellos encontró á los soldados de *Jerónimo Luis de Cabrera,* que, como más adelante veremos, había fundado la ciudad de *Córdoba,* comisionado para fundar en aquellos parajes un establecimiento que facilitara las comunicaciones con España, de la gobernación llamada *Nueva Andalucía. Cabrera* intimó á *Garay* la entrega de Santa Fé, que consideraba dentro de sus territorios. El caudillo del Río de la Plata rechazó, naturalmente, tal pretensión de *Cabrera.* La Audiencia de Charcas resolvió años más tarde el conflicto, declarando pertenecer la ciudad de Santa Fé y los territorios comprendidos entre el Paraná y el mar Atlántico *(Nueva Vizcaya),* á la jurisdicción del Paraguay. Cuando se ocupaba *Garay* de defender á Santa Fé contra la temible coalición de las tribus *"timbues",* colas-

tinés, quiloazas, etc., que habían resuelto destruirla, supo por un enviado de *Ortíz de Zárate* su llegada al Río de la Plata y su desesperada situación en Martín García. Apresuróse á partir en su auxilio. Luchando denodadamente con los indígenas llegó á Martín García, socorrió á su jefe, que abandonó la isla y se estableció en «San Salvador» (tributario del Uruguay), y

Fig. 158.
Valle Calchaqui, Provincia de Catamarca (Outes y Bruch).

regresó á Santa Fé. Fué nombrado por *Zárate* Justicia Mayor de la Nueva Vizcaya.

10. — *Ortíz de Zárate* tomó posesión del gobierno del Paraguay de manos de *Suárez de Toledo* (Feb. 11-1575). Su administración fué inhabil y desgraciada. Falleció al poco tiempo (Enero 1576), legando el gobierno á la persona de viso que contrajera matrimonio con su hija *Doña Juana,* habida de *Leonor Yupanqui,* del «*Ayllu*» solar de Manco Inca. *Garay,* á quien nombró albacea testamentario, la casó en Chuquisaca, contra la voluntad del Virrey del Perú *D. Francisco de Toledo,* con el noble Licenciado *D. Juan de Torres de Vera y Aragón.* El Virrey no perdonó al caudillo su intromisión en este asunto

La repoblación de Buenos Aires.

y le persiguió tenazmente. *Garay* logró hábilmente ponerse en salvo y regresó al Río de la Plata con los títulos de Teniente Gobernador, Justicia Mayor y Capitán General, que *Torres de Vera* le otorgó en recompensa de sus servicios. A poco de llegar á Santa Fé, y después de derrotar al célebre hechicero *Oberá* (resplandor), especie de *Hiawatha* ó Mesías Guaraniti-

Fig 159.
Escudo del Adelantado *D. Juan Torres de Vera*, fundador de Corrientes.

co, anunció á los suyos, que le obedecían entusiastas, su firme decisión de repoblar el antiguo Buenos Aires, cuya futura grandeza preveía sin duda su espíritu clarividente. Se reprodujo en esta genial empresa de *Garay* lo sucedido en la de Santa Fé. Fundaron definitivamente la ciudad de Buenos Aires (11 de Junio de 1580), *en gran mayoría, los valerosos criollos,* que siglos más tarde habían de defenderla gloriosamente y conservarla triunfante y espléndida. La ciudad, reina de Sud América, se situó en una vasta meseta frente al majestuoso estuario del Plata, digno pedestal del futuro coloso. *Garay* y los suyos, con emoción hondísima y con las solemnidades de estilo, tomaron definitiva posesión de la tierra. Dos años más tarde, y no sin terribles luchas con los *Querandíes* la villa fundada en las márgenes del Plata, llevaba ya una vida floreciente, atraía á su seno numerosos colonos é iniciaba resueltamente la luctuosa conquista del desierto. No se equivocaba *Garay* al escribir á su soberano que la reciente

— 234

ciudad de Buenos Aires sería la plaza más importante de las pobladas en Indias (1582).

11.— Después de repartir formalmente entre los suyos los solares de la ciudad nueva, hacer una excursión al Sur hasta las Serranías del Tandil y auxiliar con su habitual gentileza al Gobernador de Chile *D. Alonso de Sotomayor,* que se hallaba en el Río de la Plata, de paso para la provincia de su mando, partió para Santa Fé en un bergantín de poco calado. A unas 40 leguas de Buenos Aires, probablemente en las costas de la *Laguna de San Pedro,* donde quiso entrar con su embarcación, pareciéndole que atajaba camino, fué sorprendido mientras dormía y muerto con todos los suyos por los indios *«Querandíes»* que vivían en aquellos parajes. Tal fué el doloroso fin de la brillante carrera del verdadero fundador de Buenos Aires. Su personalidad histórica, injusta y ligeramente juzgada por algunos cronistas, creció con el correr de los siglos y ocupa hoy, por derecho propio, en las épicas páginas de la conquista Americana el lugar destinado á los caudillos más nobles, más honrados, más valerosos y más prudentes (1).

Muerte de D. Juan de Garay.

12.— La conquista de las antiguas provincias del *Tucumán* (Tucma-Tucmanakako) y de *Cuyo,* en las que los hombres del Perú y los de Chile se empeñaron ardorosamente, fué obra

Los hombres del Perú y Chile en los territorios Argentinos.

(1) Vse *Ruy Díaz de Guzmán:* op. cit. Lib. III. Cap. XV y sig. *Barco de Centenera:* op. cit. Canto VII-VIII. etc. *Lozano:* op. cit. Vol. III. Cap. III á XIII, pág. 56 y sig. *José Guevara.* S. J. Hist. de la conquista del Paraguay, etc. (Int. *Lamas.* B A, 1882 Bca. Río de la Plata). Vol I, pág. 64 y sig. *Félix de Azara.* Descrip. é Hist. del Paraguay y del Río de la Plata (Madrid. 1847). Vol I. pág. 27 y sig. *Enrique Peña.* El Escudo de Armas de la Ciudad de Buenos Aires (B. A., 1910), pág. 7 y sig. *José L. Cantilo.* El Escudo de Armas de Buenos Aires (B. A. 1902), pág. 8 y sig. *Domínguez.* Hist. Argentina. Cap. IV á VII. pág. 70 y sig *Vicente F. López.* Hist. de la Rep. Argentina. Vol. I. Cap. VII-VIII, pág. 139 y sig. *Madero.* Hist. del Pto de B. Aires, pág. 68 y sig. y en especial el trabajo histórico de *Félix F. Outes.* D. Juan de Garay, etc , pág. 3 y sig. y el precioso y bien inspirado estudio de *José Luis Cantilo,* D. Juan de Garay. etc. (B. A., 1904), pag. 7 y sig. que reproduce en su Apéndice las Actas de la fundación de Santa Fé y B. Aires (p. 219-225), al Repartimiento de tierras entre los primeros pobladores de B. Aires (p. 235), etc. El folleto de *Enrique Peña* citado, reproduce también el testimonio de los Autos proveídos por D. Juan de Garay (1580) sobre orden de repartimiento de solares, concesión de escudo, etc. (Arch. Indias E. 74 C. 4 Leg. 18) Vse también *J J Biedma* Atl. Hist. loc. cit. y *Vicente Gambón.* S. J. op. cit. I, pág. 120 y sig.

de más de cuarenta años de anarquía, sangre y violencias. Los valles *Calchaquíes*, sus pueblos de avanzada cultura indígena, sus bien labrados campos, sus fortalezas y sus altares, los territorios tribales de los *Lules* y los *Diaguitas* de los *Huarpes*,

Fig. 160. — Parte del Mapa de *Vopellio* (1556). Norte y Sud América.

y los *Puelches*, fueron impiadosamente asolados por los caudillos españoles, que á su vez se aniquilaron entre sí en la hoguera de sus discordias. Caracteriza la conquista del *Tucumán* estas rivalidades personales entre los capitanes que enviaba la autoridad superior del Perú y los nombrados por la más próxima de Chile. Unos y otros fueron tenaces y crueles. Muchos murieron en la carcel ó en el patíbulo. Supieron, sin embargo, pelear como bravos, y resistieron con su legendario brío los desesperados ataques de los guerreros *Quilmes* y *Calchaquíes*, que cayeron en el combate como leones heridos ó se extinguieron tristemente en la esclavitud y el martirio.

Y en los intervalos de reposo que las luchas con el indígena y las encarnizadas contiendas civiles dejaban á los acerados caudillos del Perú y de Chile, no sólo realizaron asombrosas expediciones exploradoras, como la de *Diego Pacheco* (1565), que con sólo 40 hombres, y sin perder ni uno solo, fué y volvió desde Santiago de Chile á la Asunción, atravesando el Chaco (1565), sino que lograron diseminar en aquellas hermosas regiones, rudimentarias villas coloniales, que siglos más tarde llegaron á ser capitales cultísimas de Provincias florecientes y prósperas. *Núñez de Prado* fundó á *Barco de Ávila,* que los

Fig. 161. – Bosque á orillas del Pilcomayo (Outes y Bruch).

Calchaquíes destruyeron. *Aguirre* echó, á orillas del Río Dulce, los cimientos de la tradicional *Santiago del Estero* (1553). *Diego de Villarroel,* los de *Tucumán* la risueña, *Jerónimo Luis de Cabrera,* los de *Córdoba,* la docta (1573), el prudente *Pérez de Zurita,* los de Cañete y Londres, trasladados luego (1683) al sitio de la hermosa *Catamarca, Hernando de Lerma,* los de *Salta,* la heróica (Abril, 1582), *Ramírez de Velasco,* los de *Rioja,* la fertil (1591) y los de *Jujui,* la tropical y ondulada (1593), *Pedro del Castillo y Juan de Jufré,* los de *Mendoza,* la rica (1561). y los de *San Juan,* la bella y argentífera *(Jufré,* 1562).

Jerónimo de Cabrera, como antes dijimos, encontró en los barrancos del majestuoso Paraná al fundador de Buenos

Fig. 162. – Autógrafo del cronista Herrera.

Aires *Juan de Garay,* y este notabilísimo encuentro, tan importante ó más para la *Historia Americana* que el de *Benalcazar* y *Quesada* en Bogotá, decidió, por así decirlo, la dominación de los territorios Argentinos; disipó errores geográficos y seculares prejuicios; demostró ser posible la comunicación por tierra entre las colonias del Atlántico y las del Pacífico, y evitando su aíslamiento, que hubiera sido fatal para el porvenir de América, abrió los caminos que los héroes de la Independencia Argentina habían de seguir siglos más tarde, para auxiliar con su gloriosa espada libertadora á sus hermanos del Perú y de Chile (1).

(1) Vse. *Lozano.* op. cit. Vol. I. pág. 174 y Vol. IV. Lib. IV. Cap. I á XIV, pág 5 á 400. *Ruy Díaz de Guzmán.* op. cit. Lib. II. Cap. X, pág. 129 y sig. Lib. III. Cap. XII, pág. 186, etc. *Garcilaso de la Vega.* Hist. Gen. del Perú. Lib. VI. Pte. 2.a Cap XVII-XVIII, pág. 350 y sig. *Herrera.* Hist. Gen. Dec. VIII. Lib. V. Cap. VIII-IX, pág 105 y sig., etc. *Samuel A. Lafone Quevedo.* El Barco y Santiago del Estero. 2 a pte., pág. 22 y sig. *Id.* Londres y Catamarca (B. Aires, 1888), pág. 18 y sig con sus eruditas notas y referencias, mapa histórico y plano. *Barros-Arana.* Hist. General de Chile. Vol. I, pág. 308 y sig. II, págs. 36, 189, 208, etc., con sus notas y referencias. *Gambón* S. J. op. cit. I, pág. 138 y sig. (copia á *Guevara.* op. cit. que á su vez compendia á *Lozano).* *J. M. Estrada.* Lec. Hist. Rep. Argentina, pág. 91 y sig. *J. J. Biedma.* Atlas Histórico (Ed. *Estrada).* Col. cit. y mapa V.º *Domínguez.* Hist. Arg. Cap. VII, pág. 87 y sig. y sus referencias. Sobre las varias tribus indígenas del Noroeste Argentino. Vse. el folleto explicativo de los preciosos *Cuadros Murales* de *Outes y Bruch,* que desgraciadamente no llegaron á mis manos sino después de estar en prensa el Vol. I de mi Compendio. Vse. también *Ambrosetti.* La antigua ciudad de Quilmes (B. A., 1897), pág. 2 y sig. *Eric Boman.* Antiquités de la Region Andine de la Rep. Argentine, etc , pág. 20 á 378, etc., etc.

CUESTIONARIO

1. – *¿Qué importancia tiene la conquista de los territorios Argentinos en la Historia General de América?*
2. – *¿Qué regiones atravesó* Alejo García *en su expedición á los* Charcas?
3. – *¿Cómo influyó la leyenda del* "Rey Blanco" *en la conquista del Río de la Plata?*
4. – *¿Qué costas recorrió* Caboto *en su expedición al Rio de Solís?*
5. – *¿Qué fuerte fundó y en qué sitio?*
6. – *¿Qué incidentes ocurrieron en la expedición de* Diego García?
7. *¿Qué resultados tuvo la expedición de* D. Pedro de Mendoza?
8. – *¿Qué contratiempos sufrió la primitiva villa de Nuestra Señora de Buenos Aires?*
9. – *¿En qué expedición pereció* Ayolas?
10. – *¿Quién fué el fundador de la* Asunción del Paraguay?
11. – *¿Qué decidió* Irala *respecto al primitivo Buenos Aires.*
12. – *¿Qué ruta siguió en su expedición al Plata* Alvar Núñez Cabeza de Vaca?

13. – ¿Cómo terminó el gobierno de Cabeza de Vaca *en el Paraguay?*

14. – ¿Qué expedición notable hizo Martínez de Irala?

15. – ¿Qué órdenes recibió de D. Pedro de la Gasca?

16. – ¿Quién fué el fundador de la villa de Ontiveros y quién el de Santa Cruz de la Sierra?

17. – ¿Cómo gobernó Irala la Asunción?

18. – ¿Quién fué el fundador de Santa Fé?

19. – ¿Á quién encontró en las orillas del Paraná?

20. – ¿Qué idea pobladora persiguió Garay desde su llegada á la Asunción?

21. – ¿Cómo se repobló definitivamente el abandonado Buenos Aires?

22. – ¿Cómo murió D. Juan de Garay?

23. – ¿Quiénes realizaron la conquista de las antiguas Provincias del Tucumán y Cuyo?

24. – ¿Qué ciudades se fundaron en estos territorios?

25. – ¿Qué expedición realizó en esta época Diego Pacheco?

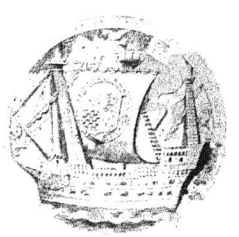

REFERENCIAS

Generales.—Las mencionadas en los capítulos anteriores y en los Cap. VIII (Tít. II, 1.ª Epoca) y Cap. V (Tít. II, Epoca 2.ª) del Vol. I.

Especiales.— Las mencionadas en los Cap. I y II. Las Historias particulares de la Repca. Argentina, Uruguay y Paraguay de *Luis Domínguez* (B. A., 1870). *General D. Bartolomé Mitre* (Hist. de Belgrano. Vol. I. B. A., 1887.) *Vicente F. López* (Vol. I. B. A., 1883). *J. M. Estrada* (Lecciones Hist. Argentina. Vol. I. B. A., 1898). *C. L. Fregueiro.* (Lec. Hist. Argentina. 1.ª parte. 7.ª edición. B. A. 1900). *García Merou* (Vol. I. B. A. 1907). *Gambón* (Vol. I. B. A., 1907). *Mariano A. Pelliza* (Vol. I. B. A., 1910). *Bauzá* (Hist. de la Dom. Española en el Uruguay. Montevideo, Vol. I, 1880). *Gutiérrez J. M.* (Comp. Hist. Argentina. B. A. 1886). *Acevedo. P. B.* (Hist. de la Rep. Oriental, Mdeo., 1901). *Berra* (Bosquejo Histórico de la Rep. Oriental del Uruguay. 4.ª edición. Mdeo., 1895) etc.. etc. *I. Toribio Medina.* El veneciano Sebastián Caboto al servicio de España, etc. (Vol. I. Texto) Santiago de Chile, MCMVIII. *Id.* Núñez de Prado y Villagrán en la Ciudad del Barco. Santiago de Chile, 1896. *Id.* Juan Díaz de Solís. Santiago de Chile, 1897. *Lafone Quevedo.* Londres y Catamarca. B. A., 1888. *Id.* El Barco y Santiago del Estero (B. A., 1902). *Andrés Lamas.* Juan Díaz de Solís. B. A., 1871. *Ricardo Trelles.* Diego García, etc. B. A., 1879. *Eduardo Madero.* Hist.

del Puerto de B. Aires. Vol. I. (B. A., 1892). *Fernández Duro.*
Los Cabotos. (Bol. Real Ac. Historia. Vol. XXII, 1893). *C. L.*
Fregueiro. La Historia Documental y Crítica (exámen de la
obra de *Madero).* La Plata, 1893. *Id.* Juan Diaz de Solís.
B. A. 1879. *C. Deane.* The Voyages of the Cabots en *Winsor.*
N. & C. H. of America. Vol III, pág. 1 á 59. *Henry Harrisse.*
John Cabot. the discoverer of North America & Sebastián
his son. London, 1896. *Lafone Quevedo.* El Sebas-
tián Caboto de Henry Harrisse (Bol. Inst. Geog.
Argentino. Vol. XIX. Cuad. 1 á 6, 1898). *Félix*
J. Outes. El primer establecimiento español en te-
rritorio Argentino. B. A., 1902. *Id.* El Puerto de
los Patos, etc., B. A., 1903. *Id.* D. Juan de Ga-
ray, etc., B. A., 1903. *E. y G. Carrasco.* Anales de
la ciudad de Rosario de Santa Fé (1527-1865).
B. A., 1897. *Arturo L. Dávalos.* Not. Hist. sobre el
Descubrimiento de la antigua Prov. de Tucumán.
B. A., 1896. *José Luis Cantilo.* D. Juan de Ga-
ray. B. Aires. 1904. *Id.* El Escudo de Armas de
Buenos Aires. B. A., 1902. *Enrique Peña.* Id., íd.
B. A., 1910. *J. J. Biedma.* Atlas Histco. de la Rep.
Argentina. B. Aires, 1909. *Benigno T. Martínez.*
Ap. Historial de la Prov. de Entre Ríos (Uruguay,
1884, 2 vols). *Id.* Cartografía Histórica de la Rep.
Argentina. (La Plata, 1893). *Winsor.* Chorographie
Hist. of S. America en N. & C. Hist. of America.
Vol. VIII, pág. 369. *Félix J. Outes y Cárlos Bruch.*
Cuadros Murales y texto explicativo de «Las viejas
razas Argentinas» (B. A. 1910). *Parish W.* Buenos
Aires y las Prov. del Río de la Plata, etc. (Trad.
J. Maeso. B. A., 1852-53). *Stuart Pennington.* The
Argentine Republic. Londres, 1910. *W. A. Hirst.*
Argentina. Londres, 1910; los estudios publicados
en las *Revistas de Buenos Aires, del Río de la Pla-
ta, Argentina, Nacional, Boletín del Inst. Geog.
Argentino,* etc., etc.

Fuentes: Ms. -- *Archivo de Indias. Patronato* Estante 1.
Cajón 1. Leg. $^2/_{29}$: 1-1-$^1/_{20}$: 1-1-$^1/_{28}$: 1-1-$^3/_{29}$: 1-1-$^2/_{29}$: 1-1-$^1/_{26}$:
1-1-$^2/_{33}$, etc. *Informaciones de méritos y servicios.* 1-6-$^{47}/_{10}$ *(Hernando Arias de Saavedra).* 1-5-$^{18}/_2$ *López de Zúñiga* 1-6-$^{50}/_{13}$
(Irala) 1 4 $^{16}/_{21}$. *(Nuflo de Chaves)* 1-6 $^{50}/_{10}$. *(Irala)* 1-6-$^{43}/_6$ *(Or-
tiz de Zárate)* 1-5-$^{21}/_5$. *(Villaroel),* etc. Véase además el *Catá-
logo de los Documentos del Archivo de Indias, referentes á la
Historia de la República Argentina* (1514-1810), publicado

por el Ministerio de Relaciones Exteriores y Culto. Buenos Aires, 1901 (Siglo XVI, pág. 1 á 97). *Biblioteca Nacional, Madrid. Sección Ms.* J.-48-60-167 (Derroteros). J.-154 (Magallanes). J.-113 *(Hurtado de Mendoza).* C. 185 *(San Francisco Solano). Biblioteca Mitre.* Buenos Aires. Sección 23. Descubrimiento, Conquista y población del Río de la Plata, núms. 1 á 17. (Vse. Catálogo, pág. 679). **Impresos: Documentos.** – José T. Medina. El Veneciano Sebastián Caboto, etc. Tomo II. Documentos (Vse. su Indice, pág. 599 á 613) y Vol. I, pág. 498 á 549. *Ulrich Schmidel.* Viaje al Río de la Plata. (Trad. *Lafone Quevedo).* Apéndices A á Q. pág. 303-487. *Pacheco y Cárdenas.* Coll. Doc. Inéditos. Vol. XXXII, pág. 449 y sig. Vol. XL, página 354 (Relación de Diego García), etc. *Duquesa de Berwick y de Alba.* Autógrafos de Cristóbal Colón y papeles de América. Madrid, 1892. Documentos, pág. 109 á 120. **Impresos, Historias, etc.** – *Martín del Barco de Centenera.* Argentina y Conquista del Río de la Plata, etc. (Edición *A. Estrada y Cía.* facsímil de la de *Pedro Crasbecek.* Lisboa, 1602), Buenos Aires, 1912. *Ruy Díaz de Guzmán.* Historia del descubrimiento, población y conquista de las Provincias del Río de la Plata, 1612 (Edición *B. A.* «Imp. de la Revista», 1854). Relación y comentarios del Gobernador *Alvar Núñez Cabeza de Vaca* (Edición *Angel Estrada y Cía.* facsímil de la de Valladolid, 1555) B. Aires, 1911. *Ulrich Schmidel.* Viaje al Río de la Plata (1534 1554). Notas *Bartolomé Mitre.* Traducción y Prólogo *Lafone Quevedo.* B. Aires, 1903. *Pierre Francois Charlevois.* Histoire du Paraguay. París, 1757, 6 vols. *Pedro de Angelis.* Coll. de obras y documentos relativos á la Hist. Ant. y Moderna de las Prov. del Río de la Plata, etc. B. A., 1836. 6 vols. *Gregorio Funes.* Ensayo de la Hist. Civil del Paraguay, etc. Buenos Aires. 1816. *Pedro Lozano.* S. J. Hist. de la Conq. del Paraguay, Río de la Plata y Tucumán. 5 vols. Ed. B. Aires, 1873. *Id.* Hist. de la Compañía de Jesús en la Provincia del Paraguay. Madrid. 1754. *Nicolás del Techo.* S. J. Historia de la Provincia del Paraguay de la Compañía de Jesús, MDCLXXIII (Versión de *Serrano y Sanz.* Asunción del Paraguay, 1897. 5 vols. *Felix de Azara.* Descripción é historia del Paraguay y del Río de la Plata. Madrid, 1847. 2 vols. *Guevara. P. S. J.* Hist. del Paraguay, Río de la Plata y Tucumán. (Coll. *Angelis),* etc. etc. y las relacionadas en mis capítulos I y II. III. Tít. II, en lo referente al Tucumán, Cuyo, Río de la Plata, Santa Cruz de la Sierra, etc.

Bibliografías. – Las mencionadas en los capítulos anteriores. *Biblioteca Americana:* Chronological Catalogue, etc. London, 1879. *J. T. Medina:* Bibliog. Hispano-Cabotiana, en su Sebastián Caboto. Vol. I, pág. 552. *Deane,* Sources, etc., en sus Voyages of the Cabots. *(Winsor.* N. & C. H. of A. Vol. III, página 8 á 58). Catálogo de la *Biblioteca Mitre.* B. A., 1907. Secciones 8.ª, 9.ª, 10.ª, 14.ª y 16.ª. Id. de la *Bca. Pca. de B. Aires* (Obras Argentinas, 1878). Id. de la Biblioteca Mapoteca y Archivo del *Ministerio de Relaciones Exteriores y Culto* (B. A., 1902). Id. Metódico de la *Biblioteca Nacional de B. Aires,* etc. (Vol. II. Hist. y Geografia) B. Aires, 1895, etc., etc.

TÍTULO III

Los enemigos de Felipe II.

CAPÍTULO I

EXPEDICIONES FRANCESAS É INGLESAS Á LAS INDIAS OCCIDENTALES (1560-1600).

1. Los Hugonotes en la Florida.—2. El Adelantado Menéndez de Avilés.—3. Los Jesuítas en la Florida.—4. El corsario Dominic de Gourgues.—5. Ultimos años de Menéndez de Avilés.—6. John Hawkins y el comercio de esclavos.—7. Los célebres viajes de Francisco Drake.—8. Pedro Sarmiento de Bengoa.—9. Nuevas expediciones Inglesas.—10. El paso del Noroeste.—11. Las tentativas colonizadoras de Gilbert y Raleigh.—12. Últimos viajes de los Hawkins, y de Drake.

1. – Los fracasos de *Villegagnon* en el Brasil (Tít. II, Cap. V) **Los Hugonotes** no hicieron desistir al Almirante *Coligny* de sus proyectos de **en la Florida.** establecer colonias Calvinistas en América.

Al año siguiente de la infructuosa tentativa de *Villafañe* (Tít. I, Cap. III) el corsario *Jean Ribaut* ó *Ribault* condujo á la Florida (1562) una expedición colonizadora patrocinada por el célebre jefe Hugonote. Recorrió *Ribaut* la costa Floridana hasta *Port Royal Sound*, y dejando allí unos 30 hombres de guarnición, regresó á su patria. El hambre y los rigores del clima desesperaron pronto á aquellos colonos. Asesinaron á *Alberto Ribaut*, su jefe, y se embarcaron en frágil bergantín con rumbo á Francia. Hubieran perecido, de no recogerlos un buque inglés que navegaba por aquellos mares.

En 1564, *Coligny* envió á la Florida otra expedición al mando de *René Goulaine de Laudonnière*, jefe hugonote que había acompañado á *Ribaut* en su primer viaje. *Laudonnière* llegó hasta el Río San Juan y construyó un pequeño fuerte en una

de sus orillas. Sus soldados, procedentes casi todos ellos de la
hez de los aventureros franceses de la época, viéndose defrau-
dados en sus codicias por la pobreza en metales preciosos de
aquel territorio, decidieron desertar. Varios de ellos emprendieron expediciones piratescas contra las naves españolas que

¡ Fig. 163.—Península de la Florida en 1591 (Lemoine).

cruzaban los mares de Cuba. Algunos fueron hechos prisioneros y llevados á la Habana, otros perecieron en el mar, y otros
lograron, no sin grandes fatigas, regresar al fuerte de *Laudonnière*, que les hizo matar como rebeldes. Los que permanecieron fieles á su jefe fueron socorridos por el navegante inglés
Hawkins, y poco después por *Jean Ribaut*, que llegó de Francia con varios cientos de colonos, soldados y caballeros Calvinistas (1565) (1).

(1) Vse. *Laudonnière* en *Hakluyt Voyages*. XIII, págs. 417-441. *Parkman*. Pioneers of France. Cap. III-IV-V, págs. 33-96 y sus notas y referencias. *J. Gilmary
Shea*. Ancient Florida en *Winsor*. N. & C. Hist. of. América. II, pág. 260 y sig. y
sus notas. *Barcia (Cárdenas y Cano)*. Ens. Cronológico. (Ed Madrid. 1849.) Dec.
VI, pág. 155 y sig. *Ruy Díaz y Caravia*. La Florida, etc. I, fol. CXL, etc. Comp. *De-
lahorde*. Gaspar de Coligny. II, pág. 440 y sig. *Anderson*. History of Commerce.
I, pág. 400. *Jare Sparks - Life* of Ribaut. Amcan. Biography. Serie II. Vol. VII.

2. – En este mismo año, el noble navegante asturiano, *Pedro*
Menéndez de Avilés, solicitaba y obtenía en España, de *Feli-*
pe II, el nombramiento de *Adelantado* de la Florida, comprometiéndose, en cambio, á conquistar el territorio, y á transportar soldados, labradores y artesanos que lo colonizaran (1).
Cuando *Menéndez de Avilés* preparaba su expedición, llegaron
á la corte española noticias de los piratescos desmanes de los
Calvinistas. *Felipe II* ordenó á su *Adelantado* que partiese sin
demora para la Florida y exterminase á los corsarios luteranos que la ocupaban. Obedeció *Menéndez de Avilés* el mandato de su monarca, y con un galeón y diez ó doce naves tripuladas por cerca de 1.500 personas entre artesanos, hombres de
mar y hombres de guerra, salió de Cádiz para las Canarias.
Allí se le unió su teniente, *Estéban de las Alas,* con mil hombres y varias naves (2). A poco de zarpar esta lucida flota de las
Canarias, dispersó una tempestad sus embarcaciones. El *Ade-*
lantado consiguió á duras penas arribar á Puerto Rico con el
tercio de su armada y su gente. Sin esperar el resto de las fuerzas siguió á la Florida, donde á poco de llegar dió con la flota
de *Ribaut* y anunció á sus capitanes, que había venido á
aquellos mares y tierras por instrucción de su rey *"para*
ahorcar y degollar todos los luteranos que hallase en ellas".
Los buques franceses escaparon en la oscuridad de la noche, y
Menéndez de Avilés, desembarcó al día siguiente (Sep. 6-1565)

---

(1) Vse. las Instrucciones (Enero 23-1562) y la Capitulación y Asiento de *Felipe II*
con *Menéndez de Avilés* (20 Marzo 1565) transcritos textualmente en *Ruy Díaz y Ca-*
ravia, op. cit. II. Apéndice VI, pág. 399 y sig.

(2) Todos los buques y la gente de la armada, iba de cuenta del Adelantado,
excepto 299 soldados y 95 marineros con el piloto mayor que pagaba el rey y el galeón
·San Pelayo· de 996 toneladas. Iban en la armada, 117 oficiales cerrajeros, moline-
ros, plateros, curtidores, tundidores y otros con toda la artillería necesaria para batir
fuertes y defenderse. *Esteban de las Alas,* fletó en Avilés tres navíos y *Menéndez*
Marquéz, sobrino del Adelantado, dos más en Gijón. De Santander y otras partes de
Vizcaya, salieron á la misma empresa varios bajeles. Llevó en total el *Adelantado,*
2.646 personas en su flota y entre ellas 26 vecinos casados, gastando, en menos de 14
meses, cerca de 1.000.000 de ducados. Vse. Memorial *Solís de Merás.* (Ed. *Ruy Díaz*
y Caravia.) Vol. I, pág. 60 y sig. Comp. Cartas de *Menéndez de Avilés* al Rey Felipe II (julio 1563 á Agosto 1565) en *Ruy Díaz y Caravia,* op. cit. II. Apéndice I, pág.
34 y sigs., etc., etc.

en sus nuevos dominios. Labró el fuerte y cimentó la villa de San Agustín, (la más antigua de los Estados Unidos) y se dispuso á atacar por tierra las fortalezas de los Calvinistas. En cuatro dias de fatigosísima marcha, llegó con sus soldados á las inmediaciones del fuerte Carlos *(Charles fort)*. Ocultáronse durante la noche, y al grisear el alba, lloviendo torrencialmente, asaltaron á la desesperada el fuerte francés pasando á cuchillo á 130 de sus defensores. Dejó luego *Menéndez de Avilés* en la fortaleza (que llamó *San Mateo)* á *Gonzalo de*

Fig. 164. — Retrato y autógrafo de D. Pedro Menéndez de Avilés, Adelantado de la Florida.

Villaroel con 300 hombres de guarnición y regresó á San Agustín. Supo allí que la flota de *Ribaut* había sido víctima de una tempestad perdiendo tres galeones y que más de 300 franceses bien armados se dirigían al fuerte de San Mateo. Salióles al encuentro el *Adelantado* y ocultando cuidadosamente la inferioridad de sus fuerzas, intimó á *Ribaut* la *rendición incondicional.* Ofre-

Fig. 165.—Autógrafo de Isabel de Inglaterra.

cieron los franceses pingüe rescate á cambio de sus vidas. *Menéndez de Avilés* no lo aceptó (1). El jefe Hugonote hubo de

(1) ... "é que si ellos quieren entregarle las vanderas é las armas, *é ponerse en* "*su misericordia,* lo pueden hacer, para que él *(Menéndez de Avilés)* haga de ellos lo "que Dios le diere de gracia, ó que hagan lo que quisieren, que otras treguas ní amis-"tades no habían de hacer con él; y aunque el capitan francés *(Ribaut)* replicó, no se "pudo acabar otra cosa con el Adelantado." Vse. *Solís de Merás.* Memorial. Vol. I, pág. 114. *Barcia (Cárdenas y Cano).* Ens. Crón. Dec. VI, pág. 262 y sig. (copia á *Solís de Merás).* Las relaciones francesas de *Le Moyne* y *Chalus* acusan á *Menéndez de Avilés* de haber prometido bajo juramento, y hasta por escrito, perdonar la vida á los que se rindieran. La atenta lectura de la correspondencia de *Menéndez de Avilés* con el Rey y del Memorial de *Solís de Merás,* etc., demuestran, á mi entender, la alsedad de esta afirmación. (Vse., en especial, carta del *Adelantado* al Rey, fechada en la Florida, fuerte de San Agustín, 15 Octubre 1565. Arch. Indias Est 54. Caj. 5.o. Leg. 6.o, transcrita textualmente en *Ruy Díaz Caravia.* op. cit. II. Apén. I, pág. 84-105) *Menéndez de Avilés* era, sin duda, fanático é inflexible á lo *Duque de Alba,* pero en oda su vida romancesca de navegante y guerrero del siglo XVI, nada hay que autorice á afirmar que no era un *hombre de honor y en absoluto incapaz de faltar á sus juramentos.* Vse. también *Parkman.* Pionneers of France, pág. 140 y sig. *Bourne.* Spain in America, pág. 185 y sig. *J. Gilmary Shea.* Ancient Florida, en *Winsor,* N. & C. Hist. of America. II. Cap. IV, pág. 276 y sig., en especial pág. 277, nota I y Comp. *Le Moyne.* Brevis Narratio, etc. (Trad. *Perkins.,* Boston, 1875), fol. 11 y sig. *Nicolás de Challeux ó Chalus.* Histoire Memorable, etc. en *Gaffarel.* La Floride Française (París, 1875), pág. 454 y sig., etc , etc. El rescate ofrecido por los compañeros de Ribaut fué de consideración... "El *Juan Ribao* dijo al Adelantado que la mitad de ellos (sus soldados) se querían poner á su misericordia *é pagarían de talla más de cien mil ducados,* ...Respondióle el Adelantado. "*Mucho me pesa se pierda tan buena talla é presa,* que harta necesidad tengo de ese socorro para ayuda de la conquista é población que desta tierra, en nombre de mi rey, es á mi cargo,"... *Solís de Merás.* Mem. cit., pág. 124. Comp. *Mendoza Grajales.* Relación (Arch. I. dias. Est. I. Caj. 1. Leg. 1-19), transcrita textualmente por *Ruy Díaz Caravia.* op. cit. II. Apén. 6.o, pág. 431 y sig.

entregarse á discreción y fué degollado con todos los suyos. Sólo se salvaron de los rigores del inflexible caudillo asturiano, el pífano, el atambor y el trompeta del destacamento francés, dos mozos caballeros de hasta 18 años y algunos soldados que dijeron ser católicos (1). *Jean Ribaut,* pereció estóica y valerosamente. Con él se extinguió para los Calvinistas franceses la esperanza de establecer colonias en América (2).

Los Jesuítas en la Florida. 3.—Aniquilados los protestantes franceses embarcóse *Menéndez de Avilés* para la Habana en busca de provisiones. No pudo conseguirlas. Muchos soldados de los fuertes de San

(1) Sobre el número de los que perecieron y los que se salvaron, discrepan las fuentes. *Menéndez de Avilés,* en su carta al Rey (loc. cit.) dice sólo... "Salvé la vida á dos mozos caballeros de hasta diez y ocho años, y á otros tres que eran pífano, atambor y trompeta" (pág. 103). *Solís de Merás* (Mem. cit., pág. 126), dice... "sólo sacó á los pífanos, atambores é trompetas (*Menéndez de Avilés* habla en singular y precisa el número) é otros cuatro que dijeron ser católicos, que eran en todos 16 personas". *Mendoza Grajales* en su relación (loc. cit., pág. 465) escribe... "la cantidad de estos luteranos que murieron fueron *ciento y onze* hombres *sin catorce ó quince que presos truximos".* Las relaciones francesas exageran apasionadamente el número de los degollados *La Requete au Roy,* etc., ó *"Epístola Suplicatoria"* de las viudas y huérfanos Franceses al Rey Carlos IX, eleva el número de los muertos á 900 y no habla de los salvados. Vse. el texto Francés de esta *"Epístola Suplicatoria"* en *Gaffarel.* La Floride Française, pág. 477 y sig. Comp. *Parkman.* op. cit., pág. 147 y sig. y sus notas. *Gilmary Shea.* op. cit., pág. 262 y sig., etc., etc.

(2) .. El *Juan Ribao* respondió: "Que él é todos cuantos allí estaban eran de la nueva religión y empezó á decir el salmo *Domine Memento mei* (?), y acabado, dijo que de tierra era y que en tierra se había de volver, que veinte años más ó menos todo era una cuenta, que hiciera el Adelantado lo que quisiere de ellos, etc. "*Solís de Merás.* (Ed. cit.) I, pág. 126. El salmo que recitó *Ribaut,* en francés, según los usos calvinistas, fué el CXXXI *Memento Domine David,* etc. "Acuérdate, Señor, de David y de toda la *aflicción* (texto Hebreo) que padeció por amplificar y restaurar tu culto y establecer el lugar de practicarlo"... (Vse. *Scio.* Sag. Biblia. Vol. III, pág. 244, nota 3, y *Parkman.* Pionneers, pág. 143, nota 2). *Ribaut,* según el mismo *Menéndez de Avilés* era hombre de verdadero valer... "Tengo por muy principal suerte (escribía al Rey *Felipe II,* el *Adelantado)* que este *(Ribaut)* sea muerto, porque más hiciera el Rey de Francia con él con cincuenta mil ducados, que con otros con quinientos mil, y más hacía él *(Ribaut)* en un año que otro en diez, porque era el más práctico marinero y corsario que se sabia ("*excellent seaman and stanch protestant*", dice de él *Parkmann.* op. cit., pág. 36) y muy diestro en esta navegación de indias y costa de la Florida". (Carta de *M. de A* al Rey. loc. cit., pág. 108). Comp. *Barcia.* Ens. Cro. Dec. VI, pág. 155 y sig. *Jare Sparks.* Life of Ribault (Am. Biog. Serie II. Vol VII), pág. 12 y sig. *Bourne.* Spain in America, pág. 184 y sig. y sus referencias. *Delaborde.* Gaspar de Coligny (Paris, 1879-82) Vol. III, pág. 114 y sig. *Besaut.* Life of Coligny (Londón, 1892), pág. 149 y sigs.. etc., etc.

Agustín y San Mateo, sobrados de penalidades y exhaustos de recursos, se amotinaron y desertaron, embarcándose para España. En tan aflictiva situación, llegó una flota de diez y siete buques mandada por *Sancho de Arciniega,* y con tal refuerzo, pudo el *Adelantado* rehacer sus guarniciones, y disponer de elementos para conquistar el interior del país y buscar un camino que lo uniera con la Nueva España. Eligió como caudillo de esta dificil empresa al valiente capitán asturiano *Juan Pardo,* quien en dos expediciones sucesivas (1566-67) recorrió cerca de 300 leguas de la tierra, penetró en la región de los *Chero-kees,* fué bien recibi-

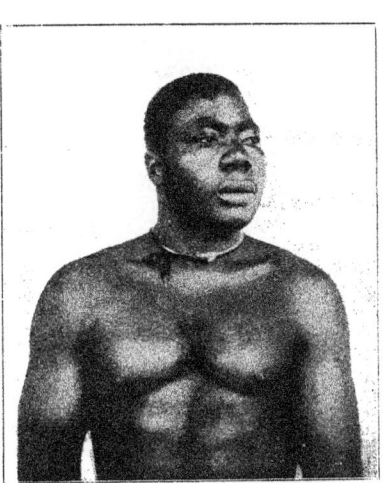

Fig. 166. — El negro típico.

do por los caciques, y levantó algunos fuertes (Joada, Lameco, etc.), regresando felizmente á la costa (!).

También por estas fechas (Junio 1566) salieron de España hacía la Florida los misioneros Jesuítas PP. *Pedro Martínez* y *Juan Rogel* y el coadjutor *Villareal,* enviados por *San Francisco de Borja* (entonces General de la Compañía de Jesús), para evangelizar aquel territorio. La urca flamenca que condu-

(1) Vse. Relación de la entrada y conquista de *Juan Pardo,* escrita por él mismo (1565) en *Ruy Díaz y Caravia,* op. cit. II, pág. 465 y sig. Relación de *Peñalosa* (1566). *(Ruy Díaz.* op. cit. II, pág. 473). Relación del soldado *Martínez* (1566). *(Ruy Díaz* op. cit. II, pág. 477). Relación *Joan de la Vandera* (1566-67). *(Ruy Díaz.* op. cit II, pág. 481, etc.) Comp. *Barcia.* Ens. Cron. Dec. VI, pág. 295 y sigs. *Gilmary Shea,* op. cit., pág. 278 y sig. *Solis de Merás.* Cap. XXII y sig. *(Ruy Diaz,* op. cit. I, pág. 248 y sig.), etc., etc.

cía al *P. Martínez* se separó de las demás de su flota y arribó (Septiembre 14) á un punto desconocido de la costa de la Florida. El *P. Martínez* con ocho ó nueve marineros fueron á tierra en un esquife. Apenas lo habían hecho, una recia tempes-

Fig. 167. — Frobisher entre los hielos.

tad alejó la urca. Los infelices náufragos, después de esperar diez días, alimentándose de hierbas y raíces, hiciéronse á la mar en su esquife con rumbo al Norte. En una playa cercana á San Mateo, los indígenas sorprendieron y asesinaron al *P. Martínez* y á tres de sus compañeros, logrando los restantes ganar el esquife y ser recogidos por los soldados de los fuertes. El *P. Rogel* y el coadjutor *Villareal* siguieron con la urca y desembarcaron en la Habana (Novbre. 25). En 1567 partieron para la Florida con el *Adelantado*, y empezaron á establecer doctrinas y aprender las lenguas indígenas. Quedaron establecidos en los territorios del jefe tribal de *Tequesta (Carlos)* donde el *Adelantado* fundó un fuerte para protejerlos (1).

(1) Sobre la venida de los Jesuítas á la Florida (1566) y el naufragio y muerte del *P. Martínez*, etc. Vse. Carta de *Menéndez de Avilés* á un jesuíta de Cádiz, 15 Octubre 1566 (transcrita en *Ruy Díaz*, op. cit. II, pág. 154 y sig.). Vse. también *Antonio Astrain* S. J. Hist. de la Comp. de Jesús en la Asistencia de España (Vol. II. Madrid 1905. Laynez-Borja). Cap. VI, pág. 285 con sus referencias. *Alcázar* S. J. Crono. Historia de la Comp. de Jesús en la Prov. de Toledo. (Madrid 1710.) Vol. II, pág. 139 y sig. *J. Sacchini* S. J. Hist. Soc. Jesu (1556-1590) Parte III, pág. 84 y sig. *Alegambe.* Mortes illustres, etc. (Roma, 1667), pág. 40 y sig. *Tanner.* Hist. Soc. Jesu (Societas Militans. Prague, 1675), pág. 438 y sig. *Barcía*, op. cit. Dec. 6.ª, pág 368 y sig., etc., etc.

El aspecto de la colonia seguía siendo melancólico. *Menéndez de Avilés,* en vista de ello, decidió embarcarse para España y solicitar refuerzos, ya que no podía esperarlos del insidioso gobernador de la Habana, *Don Francisco de Osorio*. Quedaron en la Florida cerca de 2.000 españoles, repartidos en siete ú ocho fortalezas. El *Adelantado* se hizo á la vela en *un pequeño bajel de veinte toneladas,* llegó en *diez y siete días* á las islas Azores. y entró felizmente en la Coruña.

4. – *Felipe II,* aprobó la conducta de su *Adelantado,* (1) diciéndole que *"tenía la jornada de la Florida en gran servicio, y que le haría mercedes"*. La corte francesa, en cambio, pidió al rey español una reparación, por la muerte de *Ribaut* y sus compañeros. *Felipe II,* contestó con evasivas, y el rey *Carlos XI,* al que en manera alguna convenía romper con España, no insistió en sus reclamaciones (2).

El corsario
Dominic
de Gourgues.

El corsario *Dominic de Gourgues* organizó entonces á su costa una expedición, con el fin aparente de capturar esclavos negros en las costas africanas. Con tres embarcaciones salió de Burdeos (22 de Agosto 1567). Se apoderó á viva fuerza de algunos esclavos en Cabo Blanco y siguió con ellos á las Anti-

----

(1) Con la cautela y suspicacia que le eran peculiares... *"Y en cuanto á la justicia "que habeis echo de los luteranos cossarios que en essa tierra habían querido ocupar "y fortificarse en ella, para sembrar en ella su mala secta y de allí continuar los robos "y daños que habían echo y hacían, contra todo servicio de Dios y mío, *creemos que "lo habreis echo con toda justificacion y prudencia, y Nos tenemos dello por muy "servido"*... (Real Carta de Complacencia otorgada á *Menéndez de Avilés*. Madrid, 12 Mayo 1566, transcrita en *Ruy Díaz y Caravia*. op. cit. II. Apén. IV, pág. 362.) Es contestación á las cartas del *Adelantado* del año 1565, en especial á la de Octubre 15-1565 en que da cuenta al Rey de la muerte de *Ribaut (Ruy Díaz.* Vol II. Apén. I. Carta XX).

(2) Vse. *Barcia,* op. cit. Dec. 6.ª, pág. 315 y sig... *"estaban (los de la bahía de Alledo en Asturias) espantados de que en un bajel tan pequeño hubiese navegado tanto mar"*... *Barcia,* loc. cit , pág. 397. Vse. también *Solís de Merás.* Memorial (ed. citada). Cap XXV-XXX, pág. 277 y sigs *Menéndez de Avilés.* Cartas al Rey. D c. 5-1565, 25 Diciembre 1565, Enero 30-1566, transcritas en *Díaz y Caravia.* op. cit II, pág. 105 y sig., etc. Sobre las reclamaciones del Rey de Francia. Vse Une requete au Roy, etc. (en *Gaffarel* Flor. Francaise pág. 477 y sig). Nota de Carlos XI, en reponse á celle de l'Ambassadeur d'Espagne (en *Gaffarel* op. cit , pág. 413). Lettres et Papiers d'Estat du *Sieur de Forquevaulx* (en *Gaffarel.* op. cit., pág 396 y sig) *Parkman.* Pionneers, etc. Cap. IX, pág. 150 y sig y sus referencias, etc.

llas, vendiéndolos á buen precio en Puerto Rico y la Española. En Puerto de la Plata unióse con el agente negrero *Zeballos,* auxiliar constante de los piratas franceses en tan infame
tráfico. *Zeballos* compró á *Gourgues* esclavos y mercaderías y
le proporcionó un piloto. Pudo también *Dominic de Gourgues*
informarse del estado de los fuertes fundados por *Menéndez
de Avilés;* concibió, *probablemente entonces,* la idea de apoderarse de ellos y la comunicó á sus marinos que, ansiosos de

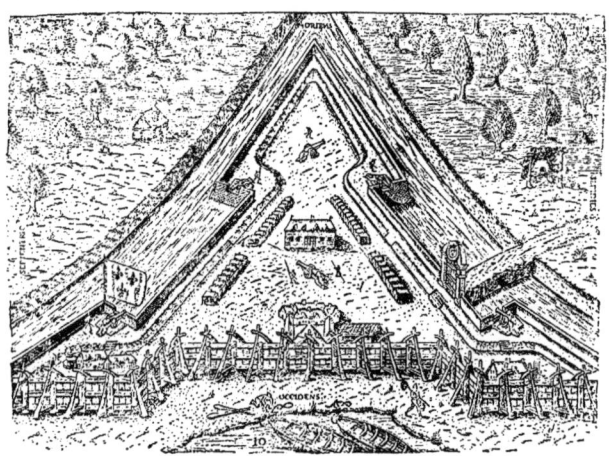

Fig. 168. — El fuerte Carlos asaltado por Menéndez de Avilés, según croquis de
la época. (Lemoyne. Brevis Narratio. Ed. *De Bry* 1591.)

venganza ó de botín, aceptaron con entusiasmo la empresa. Hicieron sin pérdida de tiempo rumbo á la Florida, llegaron al
Río San Juan, cuyas baterías ó defensas avanzadas consiguieron
salvar ocultando la nacionalidad de sus buques, y anclaron en
la desembocadura del *Tacatacurú* (St. Mary) sin que los españoles sospecharan su presencia. Aliáronse allí con el cacique
Saturiba, y auxiliados por sus guerreros, tomaron por asalto
los reductos del fuerte de San Mateo, y el fuerte mismo. Des-

pues de ahorcar, sin excepción, á cuantos españoles cayeron en sus manos, *Dominic de Gourgues* saqueó el fuerte, transportó cuanta artillería pudo á sus buques, y se hizo á la mar apresuradamente. A principios de Junio (1568) llegó al puerto de La Rochelle. La corte francesa, temerosa de ofender á *Felipe II,* reprobó, *en apariencia,* la piratesca agresión de *Dominic de Gourgues,* que perseguido. á instancias del embajador español, hubo de refugiarse en Rouen, donde vivió oscurecido durante años. Murió en Tours (1583) cuando iba á tomar el mando de la escuadrilla organizada contra *Felipe II,* por *Don Antonio de Portugal* para mantener sus derechos á la corona de aquel reino (Vse. Tít. II, Cap. V.) (1).

(1) No relato la tradición tantas veces repetida *sin previo examen,* de haber puesto, *Dominic de Gourgues,* en el sitio en que ahorcó á los prisioneros de San Mateo, un cartel que decía: *«Je ne faicts cecy comme á Espaignolz n'y comme á Marannes mais comme á traistres, volleurs, et meurtriers.»* (De *Gourgues Ms* Reprise de la Floride en *Gaffarel.* Flor. Française, pág. 483, y *M. Basanier.* Hist. Notable de la Floride, etc., en la Ed. Paris. Eizevirienne, 1853), por creerla no sólo de mal gusto, sino *improbable* é *improbada,* y tener además el mismo *sabor novelesco y bombástico* que *Parkman* mismo, entusiasta apologista de *De Gourgues,* atribuye á las relaciones francesas citadas. (Vse *Parkman* Pionneers, etc. Cap. X, pág. 157 y sigs. y en especial pág. 171· Nota 1). Por desgracia para el investigador imparcial, las mencionadas crónicas francesas son las dos únicas fuentes que existen de la expedición de *Dominic de Gourgues.* Los documentos y relaciones españolas contemporáneas nada dicen al respecto. *Barcia* en su Ens. Cron. Dec. 6.ª, pág. 399-408, copia sin exámen crítico las relaciones francesas *(Díaz* y *Caravia,* copia á su vez á *Barcia* en los inútiles *suplidos* (Cap. XXX. etc.) conque adiciona el texto del Memorial de *Solís de Merás).* Acaso se consideró en España la tan ponderada expedición de *De Gourgues,* como *una de las tantas* irrupciones en la época de los piratas en Indias y *no se le dió importancia.* No la tiene para la Historia Americana. La irreflexión, los prejuicios religiosos ó el mal entendido patriotismo de algunos historiadores han rodeado la figura de *De Gourgues* con una aureola romántica de *vengador providencial y heróico,* y han envuelto en cambio la de *Menéndez de Avilés* en nieblas de crueldad y de sangre. Tales escritores son injustos. Tan intolerantes en su fé, y tan crueles en sus guerras eran en aquella época los protestantes como los católicos. *«En todas mis lecturas,* *afirma el ilustre historiador Norte Americano *Gilmary Shea,* no he encontrado un *solo caso en que los franceses dieran cuartel en aguas españolas á no ser por un *pingüe rescate.»* (Vse. *Gilmary Shea* Anc Flor. en *Winsor,* op. cit., pág. 263. Nota I, pág. 275. Nota I, y sus acertadas referencias.) No es lógico, pues, execrar á *Menéndez de Avilés,* (que no buscaba, ni aceptaba rescates) por su crueldad con los piratas franceses, y dignificar á estos por su matanza de soldados españoles. No debe olvidarse, además, que en aquella ocasión era el *Adelantado,* la *autoridad legalmente constituida* del territorio Floridano, y que por el contrario, *De Gourgues* no pasaba de ser un

5. — Cuando *Gourgues* asaltaba á San Mateo, navegaba *Me-néndez de Avilés* hacia la Florida (Marzo 1568). Llegó el *Adelantado* á sus colonias en circunstancias para ellas tristísimas.

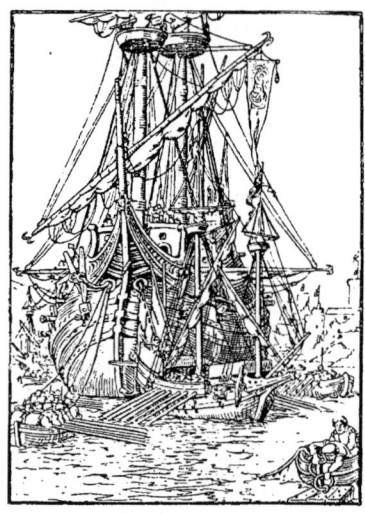

Fig. 169. — Galeón español, apresado por los corsarios, anclado en un puerto inglés.

Los indígenas estaban en abierta rebelión, los fuertes debilitados y la mayoría de sus soldados desnudos y hambrientos. Socorrióles el *Adelantado* con gente y provisiones y siguió á Cuba, de donde había sido nombrado gobernador, en lugar de su enemigo *don Francisco de Osorio*. La administración de *Menéndez de Avilés* en Cuba fué beneficiosa para la isla. Edificó una fortaleza, construyó un Seminario (donde debían educarse los indios convertidos); labró un hospital; levantó *la primera carta marítima* de los dos canales de Bahama, su archipiélago y

aventurero privado y piratesco. (Vse. *Charlevoix.* Nouvelle France. Vol. I, pág. 78 y sig. *Parkman*, op. cit., pág. 158 y sig. *Barcia*, ov. cit., pág. 398 y sig., etc.) No es este el lugar de extenderse en consideraciones éticas sobre un suceso *ni más ni menos trágico que cualquiera de los que ocurrieron durante las encarnizadas contiendas religiosas de los siglos* xvi y xvii. Basta afirmar que los documentos dignos de fé y los investigadores de espíritu sereno, en vez de condenar á *Menéndez de Avilés* por culpas *comunes á todos sus contemporáneos*, tienden á dignificar como merece su calumniada personalidad histórica. (Vse., entre otros, á *Gilmary Shea*, loc. cit. y sus notas y referencias, en especial, pág. 297-298. *Bourne*. op. cit., pág. 189. *Beristain y Souza*. Bca. Hisp. Am. Septentrional. Vol. I, pág. 115). *Ruy Díaz y Caravia*. op. cit. Vol. I. Intr., fol. CXVIII y sig. Vse. también las cartas del mismo, y al mismo *Menéndez de Avilés* (entre ellas la del *Papa San Pío V* de Agosto 18-1569) y las relaciones y documentos varios, transcritos por *Ruy Díaz y Caravia*. op. cit. Vol. II. Apéns. I á IX, pág. 5 á 533, etc., etc.

las costas de la Florida y ahuyentó á los piratas extranjeros. Auxilió también los trabajos de los Jesuítas. Misionaron éstos inútilmente á los indígenas de Port-Royal, á los de Guale *(Amelia)* y á los de los poblados del indomable cacique *Cárlos.* En 1570, y antes de partir para España, envió al *P. Segura* y á otros al territorio de *Axacan,* cuyo cacique era hermano del indio bautizado *Luis Velasco* (1). Prometió éste ayudar á los misioneros. Fiados en sus promesas los jesuítas se internaron *sin fuerza armada* en el país. Todos fueron asesinados (Febrero, 1571). Al volver el año siguiente castigó severamente *Menéndez de Avilés* esta alevosa matanza y aunque no pudo capturar al traidor *Velasco* y á su hermano, ahorcó varios indios principales. Los jesuítas abandonaron la Florida después de seis años de trabajos infructuosos (2). Las misiones de los *Teatinos* (Guale, Santa Elena, etc.) y las de los *Dominicos* y *Franciscanos* (San Sebastián, San Pedro, etc.) aunque prosperaron al principio, tuvieron también un fin desastroso (3). *Menéndez de Avilés* volvió á España llamado por *Felipe II* para organizar la flota que preparaba este monarca contra Flandes.

----

(1) Indio de Axacan, instruido por los Dominicos en Méjico, apadrinado por el Virrey *Velasco* , que le dió su apellido, recibido con agasajos en España por Felipe II y vuelto á la Florida con *Menéndez de Avilés.* Vse. *Ruy Díaz.* op. cit. Vol. I. Int fol. CCI y sig., etc.

(2) Vse. *Antonio Astrain,* S. J. op. cit. Vol. II. op. cit., pág. 297 y sigs., según carta *P. Rogel* (transcrito en el apéndice 18 de la obra citada, pág. 640) y *Sacchini.* Hist. S. J. Borja. P. VII, núm. 204. *Barcia.* Ens. Crón., pág. 423 y sig. *Gilmary Shea.* Auc Flor. loc. cit., pág. 282 y las referencias de sus notas 1 y 2. Vse. también las cartas del *P. Rogel,* de Diciembre 2 y Diciembre 11, 1569 en Coll. Doc. Inéditos *(Pacheco y Cárdenas).* Vol XII, pág. 301 y sig., la de Diciembre 9, 1570 á *Menéndez de Avilés,* transcrita por *Ruy Díaz.* op. cit. II. Apéndice II, pag. 301 y el precioso estudio de *Gilmary Shea* sobre la misión *Segura.* Die. Katolische Kirche in den. V. S. von Nordamerika (Regensburg, 1864), pág. 202 y sig., etc., etc.

(3) Vse. *Ruy Díaz.* op. cit. Vol. I. Int., fol. CCIII y sig. La relación de *Menéndez Marqués* (j) (Junio 7, 1606). transcrito en *Ruy Díaz* op. cit. Vol. II. Apén. 7.º, pág. 495. Vse. también *Barcia.* Ens. Crón. Dec. 9.ª, pág. 476 y sig., en especial pág. 486 (año 1597). Las misiones *Franciscanas* de la Florida fueron anteriores y más permanentes que las Jesuíticas. En la expedición de *Pánfilo de Narvaez* (1527), fueron ya frailes franciscanos. Vse *Lowery* Spanish Settlements, págs. 172 104. *Mendieta.* Hist. Ecl. Indiana (Ed. *Icalbazceta)* México, MCCCLXX. págs. 398, 400, 616 y 638, etc.

El mismo día en que los oficiales reales le entregaban en Santander el mando de aquella poderosa armada, enfermó gravemente y murió á poco (17 Septiembre 1574), con hondo dolor de sus compatriotas. *Menéndez de Avilés* falleció tan pobre, que para cumplir sus disposiciones testamentarias, tuvieron sus herederos que pedir socorros al Consejo de Indias. Fué enterrado en *Avilés,* que guarda hasta hoy, con veneración, el sepulcro del más insigne de los marinos Españoles de su época (1).

Con la muerte del *Adelantado* languideció la colonización de la Florida. Aumentaron las hostilidades de los indios, y los fuertes españoles fueron abandonándose ó arruinándose. El de San Agustín fué, como veremos, incendiado por *Drake* en una de sus expediciones piratescas (1596) (2).

(1) Felipe II, duro é ingrato siempre con sus grandes servidores, lo fué también con *Menéndez de Avilés,* privándole de sueldos, etc., por no haber seguido acaso al pie de la letra las minuciosas instrucciones que *desde El Escorial,* pretendía dar al ilustre marino *para navegar los mares de la Florida!.* El *Adelantado* «hizo todo y ordenó todo á mucho menos costa y más seguridad y con mucha más brevedad de lo que le ordenaban»... *(Memorial* transcrito en *Ruy Díaz.* Vol. II. Apén. III, pág. 327), lo que parece ser que no le perdonó su rey. Vse. las Informaciones de Servicios transcritas en *Ruy Díaz* op. cit. II. Apén. 9.°, pág. 590, 605, etc , las preciosas cartas del *Adelantado (Ruy Díaz* Apén. 1.°: y en especial las de Marzo 15, 1514 y 11 de Mayo, 1674 con características anotaciones marginales de puño y letra de *Felipe II.* (Cartas XLVII y LI. *Ruy Díaz* II. Apén. 1.°, pág. 250 y 261, etc.) Comp. Memorial de *Solís de Merás* (loc. cit.) Cap. V á XXIX y los suplidos por *Ruy Díaz* (pág 321 y sig., Vol. I). *Menéndez de Avilés* era hombre culto, según lo demuestran sus cartas, aficionado á las artes (Vse. *Ruy Díaz* op. cit Vol. I. Int., fol. CCXX), y excelente cosmógrafo (Vse. el privilegio qne se le concedió en 1573 «para hacer y vender *un instrumento de su invención destinado á calcular la longitud de Este-Oeste.»* en *Ruy Díaz.* op. cit. Vol. II. Apén. IV pág 366). Su valor, su desinterés, su sobriedad, su abnegación y su constancia son indiscutibles. Su buena fe y su patriotismo evidentes. Vse. *C. M. Vigil.* Noticias Biog. Genealógicas de Pedro Menéndez de Avilés (Avilés, 1892), pág. 5 y sig. *Solís de Merás.* Memorial (Ed. citada), pág. 1 á 320. *Ruy Díaz y Caravia* op. cit. Vol. I. Int. III, fol. CXVIII y sig. *Barcia.* op. cit. Dec. VI-VII, pág. 155 y sig. *Gilmary Shea.* Anc. Flor. (loc. cit.), pág. 260 y sig. y sus notas. *Parkman.* op. cit. Cap. VII, pág. 96 y sig. *Bourne.* op. cit. Cap. XII, pág. 175 y sig. *Fairbanks* (Jacksonville), 189S) Florida. etc., pág. 23 v sig., etc., etc.

(2) Los españoles siguieron dominando en la Florida hasta el Tratado de París (1763) por el que la cedieron á Inglaterra. La recobraron en 1783. Vendieron á Francia la *parte Oeste* (1785) que en 1814 fué tomada por los Estados Unidos. La *parte Este* fué también conquistada por los Estados Unidos en 1818, cedida á éstos definitivamente por España en 1821 y admitida como parte integrante de la Unión Americana en 1845. V. *Fairbanks.* op. cit., pág. 126 y sig., etc.

6. — Vimos en otro lugar (Vol. I, pág. 439) que el fracaso comercial de la expedición de *Caboto* (1498) á las costas de América del Norte, hizo formar á los ingleses pobrísima idea de los territorios de Indias. A pesar de las descripciones más ó menos fantásticas que en Inglaterra se publicaron por este tiempo de las tierras descubiertas por los españoles (1), durante muchos años, y hasta el advenimiento de *Isabel* al trono (1558), y el coetáneo renacer del espiritu comercial y marítimo en la Inglaterra protestante, nadie pensó en establecer colonias en América, ni mucho menos en disputar ó arrebatar al rey de España el oro y la plata que extraía de sus dominios (2).

La *trata de esclavos negros,* consentida con ciertas restricciones por España y Portugal (Vol. I, págs. 485- 86), fué el objeto inmediato y principal de los primeros viajes á las Indias, dignos de mención, de los navegantes ingleses del siglo xvii. Iniciólos *Williams Hawkins* (1530) llevan-

Fig. 170.
Portada de un libro de viajes de la Inglaterra del siglo xvi. (The ship of Fools).

---

(1) Vse. la relación detallada de estas publicaciones en *Winsor.* N. & C. H. of America. Vol. III. Cap. VI, Nota Editorial A, pág. 199 y sig. Comp. *C. R. Beazley.* Voyages of Hawkins, etc. Oxford, 1907. Int. fol. VII y sig. Es de interesante lectura, al respecto, la preciosa novela histórica «Westward Ho!», de *C. Kinsley.* (Ed. London, 1907), pág. 3 y sig.

(2) Vse. *Edward E. Hale,* Hawkins and Drake en *Winsor.* op. cit. Vol. III. Chap. II, pág. 58 y sig. *J. A. Froude.* English Seamen in the 16 th. Century (Ed. London, 1908). Lec. í, pág. 1 á 35, y el luminoso capítulo de *S. T. Medina.* Hist. de la Inq. de Chile. Vol. I. Cap XV, pág. 365 y sig. Comp. *Lingard.* Hist. of England. Vol. VI. Cap. VII, pág. 479 y sus notas, etc.

do algunos esclavos africanos á las costas del Brasil. En 1562, su hijo *John Hawkins*, asistido por amigos adinerados de Londres y Bristol, armó una pequeña flota, se apoderó en las costas de Guinea de 300 ó más negros, y estivándolos en sus galeazas como fardos, vendió los que llegaron, en la Española, cargando, al volver, sus buques con cueros, azucar, especias y perlas. Las ganancias obtenidas en este viaje animaron á *Hawkins* y á sus protectores para emprender otro en mayor es-

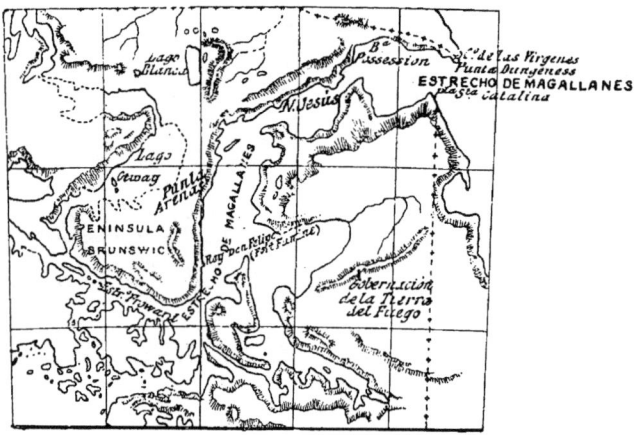

Fig. 171.—Colonias fundadas por Sarmiento de Bengoa.

cala. Los Duques de *Pembroke, Leicester,* y hasta la reina *Isabel* misma (que prestó uno de sus buques, el »*Jesús de Lubeck*«) proporcionaron fondos para esta aventura. Recogió *Hawkins* en África, con engaños ó por fuerza, buen número de infelices negros, dispuso de ellos en las Antillas, y adquirió allí con su producto rico cargamento de oro, plata, perlas, etc. En su viaje de vuelta, obligado por las corrientes, arribó á la Florida, auxiliando á *Laudonniere* y á su gente. Los beneficios de este segundo viaje fueron pingües. La reina Isabel colmó de honores á su corsario, le armó caballero y le concedió el uso de un escudo en cuya cresta se veía *"un medio moro ó negro cautivo"*. Aunque nos parezca extraño, la trata de esclavos, lejos de considerarse en aquellas épocas cruel é infamante, se tuvo en la corte inglesa por obra de interés nacional y cruzada digna de encomio (1).

En 1567 armó *Hawkins* una tercera expedición de cinco buques, dos de los cuales pertenecían á la reina Isabel. Llevaba como segundo á *Francisco Drake*. Cargaron en África unos 500 negros é hicieron rumbo á las Antillas. Las autoridades espa-

Fig. 172.—El corsario Sir John Hawkins.

ñolas, prevenidas ya contra *Hawkins* por la metrópoli, estorbaron la negociación de su carga humana. *Hawkins* y *Drake,* obligados por los temporales, hubieron de refugiarse en San Juan de Ulua. Poco tiempo después que ellos, llegó á dicho puerto (Octubre 1568) el *Virrey D. Martín Enriquez* con una escuadra de 13 naves. El *"statu quo"* pactado entre los corsarios ingleses y las autoridades de la colonia no fué respetado por el Virrey, y obedeciendo sus órdenes, *D. Francisco de Lujan,* Almirante de la flota Española, auxiliado por las fuerzas de tierra, atacó los buques ingleses. *Hawkins* perdió tres de

---

(1) Tan extraviado estaba el *espíritu de humanidad* en el siglo XVI y tan mal definidos los sagrados *derechos del hombre,* proclamados por los Códigos modernos. V. *Ed. Hale.* op. cit., pág. 62 y sig. *Beazley,* op. cit , pág. 1-5. *Froude.* op. cit. Lect. II, pág. 35-68. *Harry H. Johnston* The Negro in the New Wordl., pág. 39 y sig. y las notas y referencias de *mi capítulo* IV. Tít. II Vol. I., en especial pág. 486 y sig.

ellos, sus tesoros y gran parte de su gente. El *"Minion"* en que iba el pirata y el *"Judith"* que mandaba *Drake,* lograron escapar. *Drake,* sin esperar á sus compañeros, hizo rumbo á Inglaterra. El *"Minion"* iba tan cargado, que más de ciento de sus tripulantes prefirieron desembarcar cerca de Panuco á arriesgarse en la travesía. Cayeron en manos del funesto é implacable tribunal de la Inquisición, por entonces establecido en Méjico (1), y fueron condenados como *herejes luteranos* á diversas penas. *Hawkins,* después de penoso viaje (1569), llegó á Inglaterra (2).

Los célebres viajes de Drake. 7. — El desastre de San Juan de Ulua no quedó sin venganza. *Hawkins* y *Drake* proclamaron la deslealtad real ó supuesta de las autoridades españolas en Méjico. Los náufragos del *"Minion"* que lograron volver á su patria, publicaron relatos de sus tormentos y penurias. La Inglaterra protestante hizo suyo el ultraje á sus corsarios. No faltaron casuístas que decidieron *ser justo y lícito* el atacar y saquear los buques y puertos españoles para indemnizarse, en parte, de las pérdidas de San Juan de Ulua. La Reina Isabel, *dejó hacer* á sus súbditos,

---

(1) La Inquisición fué establecida en Méjico y el Perú por la *Real Cédula* de 25 de Enero de 1569. (Ley I, Tít. XIX. Lib. I. *Recap. Indias).* Vse. sobre su fundación en Méjico *J. T. Medina.* Hist del Tribunal del Santo Oficio de la Inquisición en Méjico (Santiago de Chile, 1905). Cap. I, pág. 15-28, con sus notas y referencias Los náufragos de la armada de *Hawkins* fueron testificados en el Santo Oficio (Nov. 1512) de *"buenos observantes y Ministros de la seta de Lutero"...* y aparecieron como reos en el primer *Auto de Fé* de Méjico (28 Febrero, 1574). Uno de ellos *(Jorge Ribli).* fué relajado por *"hereje luterano, revocante, ficto y simulado confitente.* de la *seta de Lutero"* y quemado. Los demás (unos 36) fueron condenados en su gran mayoria *á galeras por varios años,* previo tormento y confiscación de bienes. V. *J. T. Medina* op. cit. Cap. II y III, pág. 28-48 con sus notas y referencias. La relación del Auto de Fé de 1574, obra en el *Arch. Gen. de Simancas.* Inquisición de N. España, Libro 764, fol. 89, de donde extracta el sabio *Medina.* Comp., *Ribera Flores.* Rel. Exequias Felipe II (Méjico, 1600), fol. 128 y sig., etc., etc.

(2) La compilación más completa y acertada de las antiguas relaciones y modernos estudios sobre los viajes de *Hawkins* (padre é hijo), es la publicada por la *Hakluyt Society* (The Hawkins Voyages. 1878) con introducción de *Sir Clements R. Markham.* Comp. *Froude.* op. cit. Lect. III, pág. 68 á 102. *Barcia.* Ens. Crón. ed. cit. Lec. VI, pág. 160 y sig. Confesión de *Guillermo Calens* al Santo Oficio en México á través de los Siglos. Vol. II, pág. 507 y sig. *Ed. Hale* op. cit., pág., 60 y sig., etc. *Beazley.* op. cit., la copia de *Hakluyt.* Relación de *Hawkins* mismo del tercer viaje, pág. 69 y sig., etc.

y las venturas comerciales ó piratescas á Indias, tomaron el carácter de mandatos religiosos y reparaciones patrióticas. *Drake*, convertido por las circunstancias de simple pirata en

Fig. 173. – El corsario Sir Francis Drake.

bíblico caudillo, pudo saciar sus codicias y enriquecerse á cos_ ta de España y sus Indias (1).

(1) Vse. *Froude.* op. cit , pág. 79 y sig. *Hume.* Hist. Inglaterra (Trad. Ochoa. Barcelona, 1843), Vol. III, pág. 227 y sig. *Lingard.* Hist. of England. loc. cit. Rela_ ción *Miles Philips* (Trad. Espla.) en Bol. Soc. Mexicana de Geog. y Estca. 2.ª Epoca, Vol. II, pág. 2 y sig. V. *Lope de Vega.* La Dragontea, en Coll. obras sueltas, etc. (Imp *Sancha*, Madrid, MDCCLXXVI) Vol. III. Canto I, pág. 183 y sig., etc., etc.

En 1572 atacó y saqueó las poblaciones de Nombre de Dios y Santa Cruz, contrajo (Febrero 1573) alianzas accidentales con los negros llamados *cimarrones* (1), siguió con ellos la antigua ruta de *Vasco Núñez de Balboa* (1513), y divisó el Océano Pacífico, decidiendo navegarlo. Uno de sus capitanes *(Oxenham)* se anticipó á sus deseos. Construyó una pinaza en la ensenada del Darien, é hizo con ella rumbo al Sur. Pudo apoderarse en su navegación de. dos carabelas con rico cargamento, que venían del Perú, pero fué á poco capturado por los españoles y ahorcado por la Inquisición de Lima (2).

Drake volvió á Inglaterra cargado de riquezas. Auxiliado por la reina Isabel, salió otra vez de Plymouth (Diciembre 1577) con cinco pequeñas embarcaciones (la mayor *Pelican,* de 100 toneladas), reconoció el Cabo Blanco, llegó á las costas del Brasil, y dió fondo en el Puerto de San Julián (Junio 1578). Ahorcó allí al Comisionado *Doughty,* hízose en seguida á la vela, embocó el Estrecho de Magallanes, le pasó en diez y siete días, y se halló en el Mar Pacífico (Septiembre 6) habiendo perdido dos de sus naves. Sufrió durante dos meses recios temporales, perdió dos embarcaciones más, y sólo con el *Pelicán* (cuyo nombre cambió por el de *Golden Hind),* logró arribar á la isla de la Mocha (38º 50' Lat. Sur). Fué en ella rechazado y herido por los *Araucanos* acaudillados por dos encomenderos Españoles, huyó á alta mar, curó como pudo sus heridas y las de sus compañeros, y apa-

---

(1) Negros de Santiago del Príncipe huídos de sus amos y escondidos en los montes hasta que reducidos, poblaron al mismo Santiago del Príncipe y otro pueblo cerca de Panamá (Vse. *E. Hale.* op. cit., pág. 65, etc.)

> ... esclavos á sus dueños foragidos
> llamados en las Indias *Cimarrones*
> bárbaros en las obras y razones...

Lope de Vega. La Dragontea. (Ed. cit.) Canto I, pág. 196.

(2) En el *Auto de Fé* de 30 de Noviembre 1587. Vse. *J. T. Medina.* Inq. Chile I, pág. 359. Para la relación del Auto. Vse. *íd.* Inq. de Lima. Vol. 1. Cap. XI, pág. 257 y sig. Vse. también *Alsedo y Herrera*. Aviso histórico etc. (Ed. D. J. Zaragoza, Madrid 1833), pág. 81 y sig. Comp. el precioso capítulo VII de *Kingsley*. Westward Ho, pág. 119 y sig. *Barros Arana*, Hist. de Chile. Vol. II, pág. 460 y sig. y sus notas, etc., etc.

reció (Diciembre 1578) en el puerto de Valparaíso. Se apoderó por sorpresa de una embarcación particular cargada de polvo de oro, y como los colonos de Valparaiso (no pasarían de 20) huyeran aterrorizados de la costa, *Drake* cargó lo que en sus galpones encontró de valioso y util, y destruyó lo demás, sin exceptuar las viviendas y la modesta Iglesia abandonada por los Españoles. Hízose nuevamente á la mar el audaz pirata, fué duramente castigado al querer desembarcar en la Serena, saqueó el pequeño poblado de Arica, entró en el Callao sin ser sentido y capturó, cerca de dicho puerto, un galeón con un rico cargamento de oro (1.500.000 ducados).

Fig. 174.

Aldea de negros cimarrones (Jamaica, época actual).

Temiendo ser sorprendido por los españoles si regresaba por el Estrecho de Magallanes, decidió cambiar su derrota y seguir su viaje dando la vuelta al globo. Hizo resueltamente rumbo al Norte, avistó las costas Mejicanas, arruinó el pueblo de Guatulco (Marzo 1579), se apoderó de otras naves españo- las cargadas de tesoros, recorrió las costas occidentales de Ca-

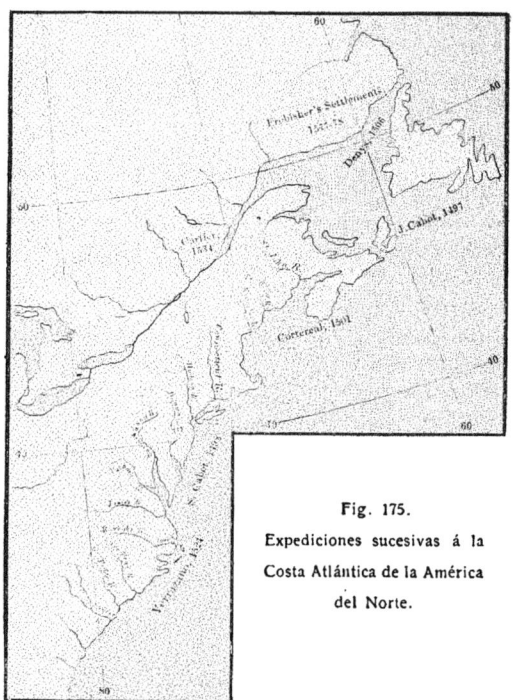

Fig. 175.

Expediciones sucesivas á la Costa Atlántica de la América del Norte.

lifornia, hasta más allá del golfo, y ancló al Norte de la bahía de San Francisco (38° 30' Lat. Norte).

Permaneció allí varios meses, siendo bien recibido por los indígenas, exploró someramente la tierra, á la que dió el nombre de *Nueva Albión* y continuó su viaje con rumbo á las Molucas. Visitó la isla de Terrenate, siguió por las Célebes y Java, dobló el cabo de Buena Esperanza, recaló en Sierra

Leona, y entró por fin triunfalmente en Plymouth (Noviembre 1580). Había dado, *sin proponérselo,* la vuelta al mundo, y obtenido riquezas que proporcionaron á sus comanditarios beneficios de *catorce libras esterlinas por una* (1). La reina *Isabel* le visitó en su propio buque, y le armó caballero. Inglaterra le hizo su héroe; para los navegantes, para los colonos y para algunos escritores españoles, empezó á ser el «*Dragón*» del Apocalipsis, el "*Azote de Dios*", el terrible "*demonio de los mares*" (2).

8.—La buena estrella que acompañó á *Drake* en el viaje que dejamos relatado, fué adversa para sus perseguidores. Suponiendo el Virrey del Perú, *D. Francisco de Toledo* que el Corsario Inglés regresaría por el Sur, organizó una escuadrilla para capturarle, explorar las costas del Estrecho, fortificarlas y cerrar definitivamente aquel camino á los enemigos de España. Mandaba esta escuadrilla, conjuntamente con el

Pedro Sarmiento de Bengoa.

(1) Vse. *Barros Arana.* Hist. Gen. de Chile. II, pág. 472, nota 17, según *Sewes Roberts.* The Merchant's Mappe of Commerce. Londres, 1638. Comp. *Barrow.* Life of Drake (London, 1843). Vol. I, pág. 187 y sig., etc.

(2) *Froude,* en sus English Seamen in the XVI Century, Lectura IV, pág. 102, incluye erróneamente á *Lope de Vega* entre los que consideraron á *Drake* como "*Satanás mismo*", etc. *Lope* escribió su "Dragontea", como él mismo afirma en el prólogo pág. 168. Ed. cit.) para descubrir "*el desengaño, lo que ignora el vulgo, que tuvo á „Francisco Drake en tal predicamento, siendo la verdad que no tomó grano de oro „que no le costase mucha sangre*".... Comp. *Barco de Centenera.* La Argentina (Ed. Estrada), Canto I, pág. 2. Sobre este viaje de *Drake* alrededor del mundo, Vse. en especial, *Fr. Pretty.* The famous voyage of Sir Francis Drake into the South Sea (London, 1600); en *Beazley.* Voyages, etc., pág. 196 y sig., que lo copia de *Hakluyt.* Principal navigations (Ed. 1598-1600). Vol. III. Master *Francis Flelcher.* Vol. III. The Wordl Encompassed by Sir Francis Drake, etc. London, 1628 (Edición Hakluyt 1855. Int. *W. S. Wright Vaux,* fol. I á XL y pág. 5 á 295. *Froude.* English Seamen. Lectura IV, pág. 102 y sig. *Corbett.* Sir Francis Drake. Cap. V, pág. 62 y sig. *E. E. Hale.* Hawkins & Drake en *Winsor.* N. & C. H. Vol. III. Cap. II, pág. 59 y sig. *Froude.* Hist. of Queen Elisabeth Reign (Ed. *Dent* & Sons). Vol. IV. Cap. XXIX, pág. 319 y sig. Vol. II. Cap. XII, pág. 179 y sig., etc. y sus notas. Comp. *Alsedo* y *Herrera.* Piraterías y agresiones de los ingleses, etc. (Ed. *J. Zaragoza.* Madrid, 1883). Int., pág. 46 y sig. *íd.* Aviso Histórico, etc., pág. 78 y sig, *Argensola.* Historia de las Molucas. Lib. 211, pág. 106 y sig. Viaje fragata Sta. María de la Cabeza. *(Vargas Ponce),* pág. 221 y sig. y sus notas. *Barros Arana.* Hist Gen. de Chile. Vol. II, parte 2.ª Cap. XXI, pág. 238 y sig. Parte 3.ª Cap. VII, pág. 461, con sus notas y referencias. *A. de Herrera.* Hist. Gen. del Mundo (Madrid, 1601). Parte 2.ª Lib. III. Cap. XXII y sig., etc., etc.

Almirante *Villalobos,* el célebre y malhadado aventurero, historiador, matemático y navegante *Pedro Sarmiento de Bengoa,* quien á pesar de su talento, su tenacidad y su audacia, fracasó siempre en las variadas empresas de su larga y romancesca vida.

Villalobos y *Bengoa* se hicieron á la vela (Octubre 1579) con rumbo al Sur. No encontraron naturalmente á *Drake,* pero reconocieron durante tres meses los canales Magallánicos. *Villalobos* regresó al Perú con su embarcación. *Sarmiento* emprendió viaje á España (Marzo 1580), cortó la línea Ecuatorial, avistó Sierra Leona (Mayo), se batió con un Corsario Francés y entró á la isla de Santiago (Cabo Verde) donde *no querían creer que venía del Sur por el Estrecho de Magallanes* (1). Tocó luego en las Azores y uniéndose á una flota que venía de Méjico, llegó á España (Agosto 15) con una valiosa descripción del Estrecho de Magallanes.

176. — Fuertes Hugonotes de la Florida.

Convenció *Sarmiento* á *Felipe II* de que era facil acabar con los corsarios del Pacífico, fortificar la primera angostura del Estrecho y poblar más adelante aquellas costas. Aprestó el

---

(1) ... Y como se les dijo que éramos del Perú y veníamos de allá por el Estrecho de Magallanes, enmudecían no creyéndolo, *y teniéndolo por imposible,* y sin querer llegar á bordo fueron á dar por nuevas á tierra, que éramos unas gentes... mal encaradas... en lo que no nos levantaban nada, porque además de no ser muy adamados de rostros, no nos había dejado muy afeitados la pólvora y sudor de los arcabuzazos de poco antes; y en efecto, veníamos más codiciosos de agua que de parecer lindos... Relación y derrotero del viaje, etc. por el Cap. *Pedro Sarmiento de Bengoa.* Ed. *Iriarte* del Ms. Bca. Real l. 50. Madrid, 1768, pág. 342-43.

monarca, en Sevilla, con tal objeto una armada de 23 naves, cuyo mando en jefe dió al Almirante *Flores Valdés,* otorgando á *Sarmiento* el título de Capitán General del Estrecho y Gobernador de lo que en él se poblase. El viaje de esta poderosa flota se inició desastrosamente. Obligada á hacerse á la mar por *Medina Sidonia* (1) «sin atención de tiempos y contra parecer de marineros„, un furioso vendaval obligó á sus capita-

Fig. 177. – Felipe I! recibiendo una embajada en sus habitaciones del Monasterio de El Escorial.

nes á volver al puerto de salida, no sin perder varias embarcaciones y más de 800 vidas. (Septiembre 1581.) Con grandes dificultades zarparon nuevamente las embarcaciones salvadas. Fondearon en Río de Janeiro (Marzo 1582), permanecieron allí varios meses para aguardar tiempos propicios, y pasado el

(1)   Viaje «Santa María de la Cabeza», pág. 233 y sig. *El Duque de Medina Sidonia, Alonso Pérez de Guzmán* extraño enteramente á la ciencia y la práctica de la navegación, era entonces (1581) Gobernador de Andalucía. Es verdaderamente extraño que *Felipe II,* sabedor del desastre de la armada de *Bengoa,* diese, años más tarde (1587-88) el mando de la Armada Invencible á *Medina Sidonia "general de oro»,* en absoluto inepto é inferior al célebre *D. Álvaro de Bazán, «general de hierro»,* Vse. *Lafuente.* Hist. de España. Lib. V. Cap. XVIII-XIX y sus notas. Sucesos de la Invencible, etc. en *Doc. Ined. Hist. Esp.* Vol. XIV, etc., etc.

invierno (Enero 1583) se dirigieron al Estrecho. Los contratiempos y pérdida de naves y vidas de esta última navegación
determinaron á *Flores Valdés* á abandonar la empresa. Desde
la isla de Santa Catalina, regresó con seis naves á Río de Janeiro. *Sarmiento* siguió hacia el Sur con las restantes, pero no
logró pasar el Estrecho, y hubo de regresar con grandes pérdidas á Río de Janeiro (Mayo 1583). Aderezó allí como pudo

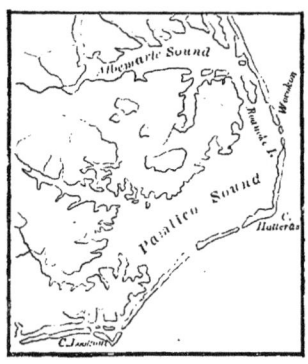

Fig. 178.
Exploraciones de Raleigh (1584).

sus maltrechas armazones, volvió á hacerse á la vela con cinco, logró embocar felizmente
el Magallanes (Febrero 1584),
y fundó el pueblo de *Nombre
de Jesús,* al socaire del cabo de
las Vírgenes. Allí le abandonaron parte de sus compañeros,
dejándole únicamente la Nao
María, insuficiente para transportar á los que en *Nombre de
Jesús* habían desembarcado. No
se arredró *Sarmiento* por esta
deserción. Dispuso que la Nao
María continuase hasta la pun-

ta de Santa Ana, donde quería poblar, y siguió él por tierra con
100 arcabuceros hasta Río San Juan, donde fundó otro pueblo
que llamó del *Rey Don Felipe.* Entró el invierno tan de golpe
que en quince días no cesó de nevar (Mayo 1584). *Sarmiento* se
embarcó con 30 hombres para *Nombre de Jesús,* pero fué sorprendido por un furioso temporal que, durante más de veinte
días, le arrastró á las costas del Brasil. Con heróica tenacidad
salió otra vez de Río de Janeiro con rumbo al Estrecho en un
bergantín de 60 toneladas (Enero 1585). Estando en los 39º de
latitud, le sobrevino tan fuerte borrasca que le parecía, dice en
su diario, "que todos los elementos andaban hechos un ovillo».
Después de cincuenta y un días de titánico luchar con el Océano, logró volver á Río. Pasada ya la estación favorable, é impotente para conseguir nuevos buques en el Brasil, regresó á Es-

paña (Abril 1585), donde llegó *cinco años más tarde,* y después de dolorosas aventuras y sufrimientos. Pudo todavía prestar á su rey importantes servicios en una expedición á las Filipinas y murió cargado de años y desdichas alrededor del 1609 (1).

9. — La ruptura de hostilidades entre Inglaterra y España (1585) facilitó á los corsarios Ingleses sus expediciones á las Indias. *Drake,* con el beneplácito de su reina, armó en Ply- mouth (1585) una flota de 25 naves y varias pinazas *(The Great Armada),* saqueó la ciudad de Santiago en las Azores, incendió las de Santo Domingo y Cartagena de Indias (1586) hasta obtener pingües rescates de sus aterrorizados colonos. Tocó en la Florida, destruyó el fuerte de San Agustín, y de-sistiendo, fuese por haber perdido la tercera parte de sus sol-dados, ó por otras causas, de atacar á Panamá y á Nombre de Dios, en el Itsmo, regresó á Inglaterra (Julio 1586) (2).

En este mismo año, el audaz y disoluto capitán corsario, *Sir Thomas Cavendish,* zarpó de Plymouth con tres embarcacio-nes y arribó con ellas (Diciembre 1586) á las costas Magallá-nicas. Al fondear en la primera angostura del Estrecho, divisó

(1) Vse. *Sarmiento de Bengoa.* Relación y derrotero del viaje, etc. (Ed. citada), pág. 5 y sig. *Pacheco y Cárdenas.* Coll Doc. Ined. Vol. V, pág, 210, etc. *B. L. de Argensola.* Conq. de las Islas Molucas (Madrid, 1609). Lib V, pág. 159 y sig. Viaje «Sta. María de la Cabeza». *Vargas Ponce,* pág. 225 y sig. *Acosta.* Hist. Nat. de las Indias. Cap. II. Lib. III. *Navarrete.* Bca. Mma. Esp. Vol. II, pág. 616 y sig. *Idem.* Coll. Opúsculos. Vol. I, pág. 21 y sig. *James Burney* Chron. Hist. of the Voyages and discoverias in the South Sea (London, 1806) Vol. II. Cap I. *Herrera.* Hist. Gen. del Mundo. Parte 2.ª Lib. VI. Cap. I. *Barros Arana.* Hist. Gen. de Chile. Vol. III. Cap. IX-X, pág. 51 y sig. y sus acertadísimas notas y referencias. Sobre el proceso Inquisitorial y antecedentes de *Sarmiento de Bengoa,* Vse. *J. T. Medina.* Inq. de Chile. Vol. I, Cap. XIII, pág. 310 y sig. y la preciosa Introducción de *Sir Clements R. Markham,* á su traducción de las Relaciones de *Sarmiento* (Narratives of the Voyages, etc. *Hakluyt.* Soc. London, MDCCXCV), fol. IX á XXX y pág. 3 á 351. Comp. *Viera y Clavijo.* Hist. Gen. Islas Canarias. Vol. II, pág. 316 y sig., etc.

(2) *Froude.* English Seamen, etc. Lect. VI, pág. 176 y sig. *id.* Hist. of Queen Elisabeth. Vol. V, pág. 183 y sig. *Barrow.* Life of Drake (London, 1843). Vol. I, pág. 287 y sig. *Thomas Cates & Walter Biggs.* A Summary & True Discourse of Sir Francis Drake's West Indian Voyage, etc. (1585) en *Beazley* op. cit. pág. 230 y sig. *Corbett.* Sir Francis Drake. Cap. VIII, pág. 99 y sig. *Bancroft.* Hist. of Cent. América. Vol. II, pág. 420 y sig. *Delgadillo y Avellaneda.* Noticias de Drake y sus cosas, etc. (Bca. Nac. *Sec. Ms.* P. 33). Noticias y papeles á los viajes y corso de Fran-cisco Drake (Bca. Nac. Sec. Ms. A. 142), etc., etc.

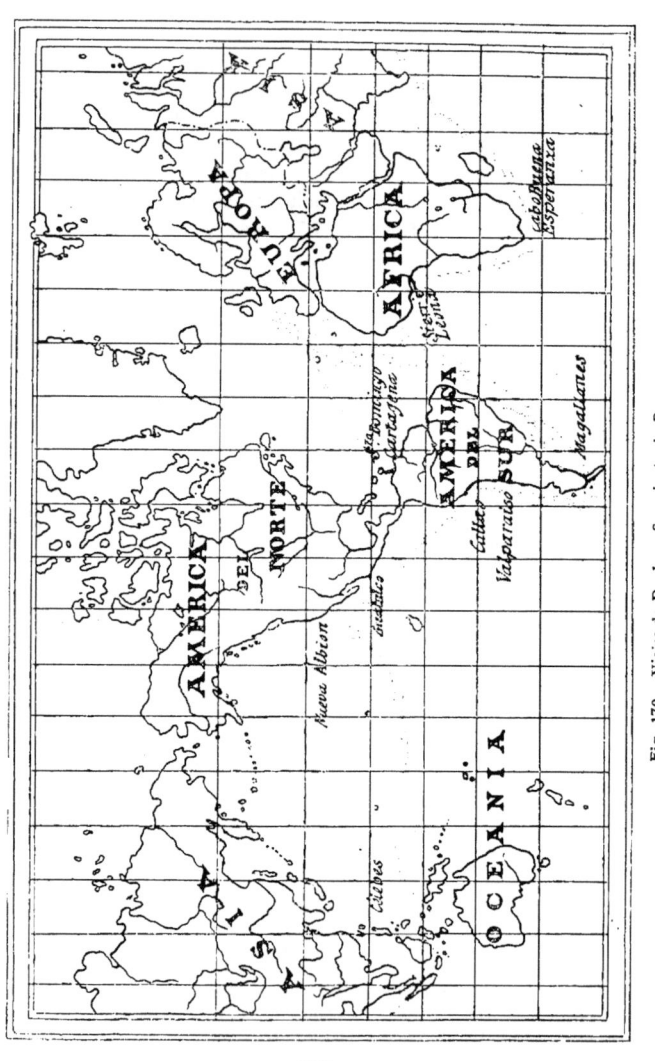

Fig. 179.— *Viajes de Drake y Sarmiento de Benzoa.*

algunas hogueras encendidas por los desgraciados colonos de *Sarmiento de Bengoa,* que de 400 que eran, habían quedado reducidos, después de dos terribles años de hambre y desesperanza (1), á 15 hombres y tres mujeres. *Cavendish* cfreció á estos desdichados llevarles al Perú, asiló en su buque á uno de ellos *(Thomé Hernández)* y envió á decir á los demás que les esperaba para recogerlos. Tuvo la crueldad de no hacerlo. Aprovechando un viento favorable, levó anclas y abandonó despiadadamente á aquellos infelices náufragos!... Pudo, en cambio, detenerse en la colonia en ruinas del *Rey Don Felipe* que llamó Puerto del Hambre *(Port Famine),* para apoderarse de la artillería. Si se exceptúa el abandono de *Montoya* y sus compañeros por *Caboto* en la isla de Lobos (Cap. VI), no registra la historia de los viajes marítimos un acto de inhumanidad más espantable!...

Cavendish siguió por el Mar Pacífico hasta cerca de Valparaiso, fué duramente rechazado por los españales en Quinteros (Abril 1587), recorrió luego como devastadora plaga la costa Peruana, incendió los indefensos puertos de Payta, Puna, etc., dió vista á Nueva España (Julio 1587), hizo en sus mares ricas presas, tocó en California, y por las Filipinas y el Cabo de Buena Esperanza regresó á Inglaterra (Setiembre 1588).

No podemos detenernos á relatar las sanguinarias hazañas de Drake y sus compañeros en los mares de Europa, ni su activa intervención en la derrota de la *«Armada Invencible,,,* enviada por *Felipe II* contra Inglaterra (1588). Bástenos saber que este terrible desastre dió un recio golpe á la equivocada política colonial de los monarcas españoles, inició el atardecer del poderío marítimo castellano del siglo XVI, y *preparó* el advenimiento de la gloriosa era Americana de la *independencia espiritual y el comercio libre.*

---

(1) Vse. la declaración que por orden del Virrey del Perú, Príncipe de Esquilache, dió en 21 de Marzo de 1620 el marinero *Hernando Thomé (Thomé Hernández),* en el apéndice de la *Ed. Iriarte* citada de la Relación de *Sarmiento de Bengoa. Vargas Ponce* (Sta. María de la Cabeza), pág. 242 y sig. *Barros Arana.* Hist. Gen. de Chile. III, pág. 85 y sig. Comp. *Fr. Pretty.* Worthy and famous voyage of Master Thomas Candish, 1589, en *Hakluyt.* Princip. Navigations (1600). Vol. III.

Cavendish disipó en pocos años las riquezas que había adquirido en su expedición y decidió emprender otra. Armó (1591) cinco pequeñas naves y salió con rumbo al Mar Pacífico. Al llegar á *Port Famine*, y apenas había navegado unas 50 leguas en el Estrecho con mucha mortandad y sin poder fondear, se amotinaron sus tripulaciones y le obligaron á volver hacia el Brasil. Perdió el pirata dos buques en esta navegación, se le separó otro, y como insistiese en volver al Estrecho con el único que le quedaba, sus marineros le quitaron el mando é hicieron rumbo á Inglaterra. *Cavendish* pereció en el mar, á la altura de Pernambuco (1592) (1).

El Paso del Noroeste.

10. — Las expediciones piratescas hacia el Estrecho de Magallanes y las Antillas no fueron las únicas emprendidas en esta época por los navegantes ingleses. Los afanes de *Cartier,* etc., por buscar la comunicación del *Noroeste* á las Indias Orientales, el *"fretum ad Molucas",* de los mapas de *Munster,* (1542), renacieron en la Inglaterra de *Isabel.* El intrépido navegante *Martín Frobisher,* con dos bergantines de 20 á 25 toneladas, y una pinaza de 15, se hizo á la vela (Junio 1576) sin más guía que la célebre carta marítima de *Zeno,* en demanda del deseado paso. Arribó al poco tiempo á la costa superior de Groenlandia (61º Lat. Norte) con una sola de sus naves *(Gabriel).* Después de pasar el cabo Farewell, arrastra-

_____

(1) *Francis Pretty.* Worthy & famous voyage, etc., loc. cit. *Lingard.* Hist. of. England. Vol. VI. Cap. VII, pág. 484 y sus referencias. *Barcia.* Ens. Cron. Dec. 8ª, pág. 464. *Barros-Arana.* Hist. Gen. de Chile. Vol. III, pág. 82 y sig. y sus notas y referencias (en especial pág. 90. Nota 32). Seis de los prisioneros ingleses de Quinteros fueron ahorcados en la plaza pública de Santiago de Chile, «los cuales *fueron tan dichosos,* dicen el P. *Rosales* (Hist. Gen. Reino de Chile. Lib. IV. Cap. 55), y el P. *Alonso de Ovalle,* (Hist. Relación. Cap. V. Lib. VI) que *por este medio* ganaron su salvación, ¡porque convertidos á nuestra fé católica romana y bien dispuestos, murieron con señales de su predestinación»... Es dudoso que participaran de la opinión de la *piadosos* cronistas de Chile, los ahorcados y sus familias!... Los historiadores ingleses consideraron como acto de innecesaria crueldad, la ejecución de estos prisioneros. Vse. *J. T. Medina.* Hist. Inq. de Chile. I, pág. 370 y sig. y sus notas. Otros tres de los apresados en Quinteros, aparecieron en el «*Auto de Fé»* de Lima de 5 de Abril 1592 *(Stevens, Lucas y Helis),* y fueron reconciliados, *J. T. Medina.* op. cit., pág. 376. Comp. *Vargas Ponce,* op. cit., pág. 242 y sig. y sus notas, etc., etc.

do por las corrientes, siguió navegando al Noroeste, pasó también los estrechos de *Hudson* y llegó á la Bahía que hoy lleva su nombre *(Bahía Frobisher)*, que creyó ser el paso buscado. Volvió *Frobisher* á Inglaterra con la noticia de su supuesto hallazgo, llevando como evidencia de haber tomado posesión de las tierras descubiertas un pedazo de piedra negruzca de reflejos metálicos, que según el químico *Ángello*, que la analizó en Londres, contenía *pequeñas cantidades*

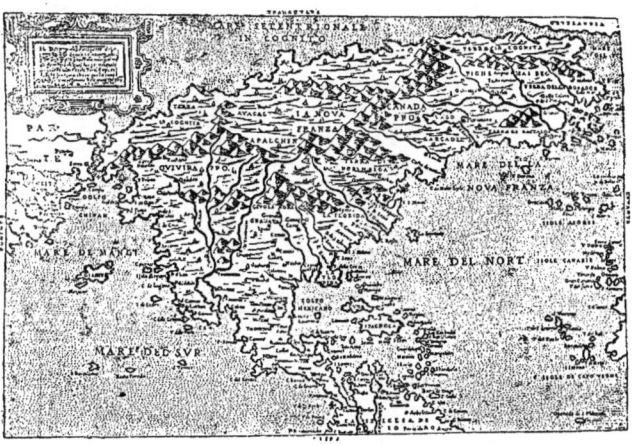

Fig. 180. — Mapa de la América del Norte (Zaltieri, 1566).

de oro. Formóse en seguida una compañía minera para explotar aquellos supuestos filones auríferos *(Cathay Company)*, y emprendió *Frobisher* nuevas expediciones que, naturalmente, resultaron ruinosas para sus armadores. En una de ellas (1578) las tempestades arrojaron uno de sus buques hacia los Estrechos de Hudson, que descubrió involuntariamente. *Frobisher* murió en Inglaterra (1594). Las costas por él descubiertas tomaron el nombre de «*Meta Incógnita*».

Siguió los derroteros Septentrionales de *Frobisher* el temerario navegante de Darmouth, *John Davis,* que hizo tres viajes á las regiones polares, y en el primero de ellos (Junio 1585) llegó hasta los 66º 40' Latitud Norte, y penetró por el estrecho que hoy lleva su nombre.

Quince años después *Henry Hudson* hizo otros cuatro via-

Fig. 181. - El Rey Felipe II (Retrato del *Tiziano.*)

jes al Norte (1607-1610). En el último (Abril 1610) entró hasta la actual Bahía Hudson, donde detenido por los hielos y después de una terrible invernada (Junio 1611) su tripulación le abandonó con su hijo y seis marineros. En 1616, *William Baffin*, costeó el Occidente de Groenlandia, entró por el Estrecho de Davis y exploró las costas de la Bahía ó *Mar de Baffin*. Ninguno de estos célebres navegantes encontraron en definitiva, el ansiado *paso del Noroeste,* pero con sus arriesgados viajes desvanecieron antiguos prejuicios é ilusiones geográficas, y dieron á conocer los mares árticos, dos siglos antes de que el célebre *Ross* (1818) iniciara la larga serie de los viajes modernos al Polo Norte (1).

11.—*Isabel de Inglaterra,* alegando que los *Cabotos* en sus viajes habían llegado al *Continente Norte Americano* (Vol. I, pág. 439) con anterioridad á *Cristobal Colón,* pretendió colonizarlo.

El célebre *Sir Walter Raleigh* logró acumular fondos bastantes para equipar cinco buques que, mandados por *Sir Humphrey Gilbert,* se hicieron á la mar con rumbo á Norte Amé-

Tentativas colonizadoras de Gilbert y Raleigh.

Fig. 182 — Combate de un navío inglés con la Armada española de Bazán en las Azores.

(1) Vse. *Charles S. Smith.* Explorations to the North-West, en *Winsor.* N. & C. H. of. A. Vol. III. Cap. III, pág. 447 y sig. Las relaciones de *George Best,* y el diario de *Christopher Hall,* etc., en *Beazley.* op. cit., páz. 84 y sig., que extracta de *Hakluyt.* Voyages. (Ed. 1600.) Vol. III, pág. 55 y sig. *John Davis,* the navigator: Voyages & works. (Ed. with Introduction & notes by *Albert Hastings Markham*). London. *Hakluyt Soc.* 1880. fol. III á XCV y pág. 15 á 390, etc. G *M. Asher:* Henry Hudson the navigator, etc. (Ed. *Hakluyt Soc.* 1860) fol. II á CCXVIII y pág. 3 á 290. The Voyages of *William Baffin.* 1612-1622. (Ed. with notes & Introduction by Sir *Clements Markham*) Hakluyt Soc. 1881. fol. I á LIX y pág. 5 á 190, etc. Comp. Notas Editoriales de *Winsor* al Capítulo citado de *Smith* en *Winsor.* op. cit. Vol. III, pág. 100 y sig. y *Barcia.* Ens. Cron. Dec. VII, pág. 447 y sig. *Fiske.* Discovery. II, pág. 544 y sig., etc., etc.

rica. Tomó *Gilbert* posesión de *Terranova* en nombre de la Reina, y siguió después su viaje en demanda de la *«Norumbega»* ó *«Arambega»* de las cartas de *Verrazano* (1), especie de *«El Dorado»* Septentrional, tan legendario y ansiado como el de Colombia y Venezuela (Cap. IV). Naturalmente, no encontró lo que buscaba, y como escaseaban sus provisiones, decidió regresar á Inglaterra. Perdió la vida en una furiosa tempestad que á la altura de las Azores hizo zozobrar su fragata (1583).

Fig. 183.—La infancia de *«Sir Walter Raleigh»*.

Al año siguiente (1584), organizó *Sir Walter Raleigh* otra expedición colonizadora mandada por *Phillip* y *Barlowe*, que se limitaron á desembarcar en los arrecifes de *Albermale Sound*, y regresar á Inglaterra en busca de mayores recursos. *Raleigh* llamó al pais descubierto por sus capitanes *«Virginia»* en homenaje á *Isabel* de Inglaterra *(«Reina Virgen»)* y soñó fundar una gran provincia que le diera ricos rendimientos. En 1585, ayudado por la Reina, embarcó más de cien colonos en siete buques, mandados por *Sir Richard Grenville* y *Ralph Lane*. *Grenville* hizo rumbo á las Canarias, se apoderó durante el viaje de algunas naves españolas y arribó á la *isla de Roanoke* sin mayores contratiempos. El y *Lane* hicieron repetidas exploraciones, alcanzando por el Norte hasta *Chesapeake*, y por el

(1) Vse. sobre la Norumbega y sus exploradores, el precioso capítulo de *Benjamin F da Costa* en *Winsor*: N. & C. H. of A. Vol. III, pág. 169 y sig. y su ensayo crítico sobre las fuentes de información, op. cit., pág. 185-199, etc.

Sur hasta *Secotán;* pero desesperados los colonos por los contínuos ataques de los indígenas y por no encontrar las riquezas
que *Raleigh* había pre-
conizado en Inglaterra,
decidieron abandonar
la empresa. Fueron re-
cogidos por *Drake* en
el viaje que dejamos
descrito (1586). *Ra-
leigh* no cejó en sus in-
tentos. Al poco tiempo
envió un nuevo con-
tingente de colonos
(Julio 1587) bajo las
órdenes de *White,* que
después de dejar en
Roanoke cerca de cien
pobladores, regresó á
Inglaterra. Cuando
tres años después
(1591) pudo volver á
la colonia, la encontró
destruída y desierta. A

Fig. 184. – La rendición de Richard Hawkins.,

pesar, pues, de estas costosas tentativas, fuese por una razón ó
por otra, terminó el siglo XVI *sin que los Ingleses hubieran
podido fundar colonias estables en América* (1).

(1) Vse. *I. G. Kohl.* Hist. of the Disc. of Mayne *(Mayne Hist. Soc.* Doc. Series.
1.ª Volume 1869), pág 35 y sig. *William Wirt Henry.* Sir Walter Raleigh, en *Winsor.* N. & C. H. of A. Vol. III. Cap. IV, pág. 105 á 116 y 121 y sig. *Hakluyt.*
Westerne Planting (Ed. *Woods* & *Deane.* Mayne Hist. Soc. 1877), pág. 47 y sig.
F Lister Hawks. Hist. of North Carolina (Fayette-ville, 1857-58). Vol I (1584-91),
pág. 35 y sig. *Payne.* Elisabeth Seamen (London, 1898), pág. 297 y sig. *Taylor.*
Sir Walter Raleigh. (Oxford Biographies) Cap. III (1582-83), pág. 24 y sig. *Doyle.*
English in América (Virginia), pág. 45 y sig. *G. Bancroft.* United States. Vol. I,
pág. 66 y sig. *William Strachey.* The Historie of Travaile into Virginia Britannia
(Ed. by *Richard Henry Major.* Hak. Soc. 1849), fol. II á XXXVI, y pág. 3 á 204, con
un precioso mapa. *Ed. Harriot.* Narrative of the first English Plantation of Virginia (London 1588). Ed. *Quaritch.* 1893, pág. 3 y sig., etc., etc.

Últimos viajes
de los Hawkins
y de Drake.

12. — «No creo importa mucho, dijo estóicamente *Felipe II*, al saber la derrota de la *Invencible,* que nos hayan cortado las ramas, con tal que quede el arbol de donde han salido„... *El arbol,* en efecto, aunque reciamente podado, tenía

Fig. 185. – El corsario *Thomas Cavendish.*

sobrada savia. Los puertos de Indias, antes indefensos, fueron fortificándose, sus guarniciones se reforzaron y las naves que conducían á España los tesoros coloniales, se artillaron poderosamente. El *«Desencadenado Dragón„* y sus compañeros,

    ... *«labradores de la espiga*
    que siembra el español, y el inglés goza„ ... (1)

iban á encontrar á los colonos Americanos *preparados* para defenderse y castigar sus sanguinarias codicias.

---

(1) *Lope de Vega.* La Dragontea (Ed. cit.) Canto 11, pág. 209.

Ricardo Hawkins, hijo del célebre *Sir John,* armó en Plymouth una flotilla de tres naves y zarpó con rumbo al Pacífico (1593). Después de reponer víveres en el Brasil, donde le abandonaron dos de sus embarcaciones, siguió con la única que le quedaba *(Dainty)* resueltamente hacia el Sur. Reconoció las islas *Malvinas,* á las que dió el pomposo nombre de *Tierra Virgen de Hawkins (Hawkins Maidenland)* (1), atravesó sin tropiezos el Estrecho de Magallanes y continuó hasta Valparaiso, en cuya bahía hizo algunas valiosas presas (Octubre 1594). El Virrey del Perú, *Hurtado de Mendoza,* en-

Fig. 186.—El almirante Hugonote *Gaspar de Coligny.*

---

(1) Fueron, según algunos, descubiertas por *Juan Davis* (Agosto 1592) y se denominaron por algún tiempo "*Davis Southern Islands*". V. *Winsor.* N. & C. H. of A. Vol. III. pág. 66. Comp. *Alsedo y Herrera.* Incursiones y Hostilidades de las Naciones Extranjeras, etc. (Ed. *J. Zaragoza).* V. (Falkland y Malvinas), pág. 405 y sig. *S. López.* Las Malvinas (Mon. Cons. Educación. B. Aires. Febrero, 1912), etc.

vió en su persecución una escuadrilla mandada por *D. Beltrán de Castro,* que encontró al Inglés en la Bahía de Atacames y le obligó á rendirse (1). La *"Dainty"* cayó en poder de los vencedores. Sus tripulantes fueron conducidos á Lima, condenados por la Inquisición á diversas penas, y remitidos después á España donde fueron absueltos. *Ricardo Hawkins,* aunque también fué procesado, logró captarse en Lima las voluntades de todos y en especial la del Virrey, que le protegió, enviándole á España, de donde regresó á Inglate-

Fig. 187. – El célebre explorador *Martín Frobisher*.

(1) *Lope de Vega,* entusiasta de los poetas Americanos de su época, renuncia á describir el combate de *Hawkins* y *Castro de la Cueva,* en Atacames, por haberlo cantado *Pedro de Oña* en su Arauco Domado. (Madrid 1605). Cantos XVII-XVIII. Dice Lope:

... Lo cual como passó, nadie se atreva
Cantar mejor en verso castellano
Aunque parezca en Chile cosa nueva,
que *Pedro de Oña,* aquél famoso Indiano
este dirá mejor de vuestra *Cueva*
que es monte de Helicona soberano,
gran *Don Beltrán,* que no mi *Vega* humilde
que apenas soy de aquellas letras tilde...

(Dragontea. Canto III, pág. 226).

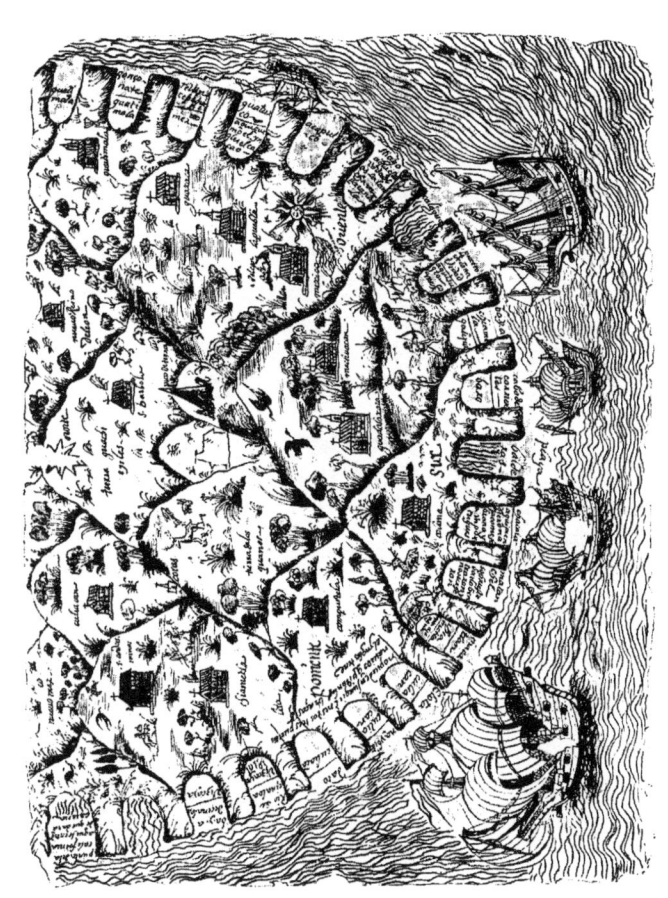

Mapa de los puertos que visitó Drake. —(*Archivo de Indias*).

rra ponderando la caballerosidad de sus enemigos (1597) (1).

En 1595, *Sir Francis Drake,* y *Sir John Hawkins,* consiguieron de la reina *Isabel* el mando de una poderosa armada para atacar á Panamá y apoderarse de los tesoros allí almacenados. Embarcaron en esta lucida flota 2.500 soldados, bajo las inmediatas órdenes de *Sir Thomas Baskerville.* Los Ingleses tocaron en las Canarias, fueron rechazados en las Palmas y llegaron á Puerto Rico. No lograron saquearlo. Los cañones españoles desmantelaron ó incendiaron varias naves de los agresores, y las tropas de desembarco de *Baskerville* y *Drake* fueron derrotadas con grandes pérdidas (2). *Sir John Hawkins* no pudo sobrevivir á este desastre. Antes de salir la Armada de Puerto Rico, murió en el buque de su mando (Diciembre 1595). *Drake,* con las naves salvadas, siguió hasta *Nombre de Dios,* donde *Baskerville,* con más de mil hombres, desembarcó para asaltar por tierra á Panamá. Salieron á su encuentro fuerzas españolas mandadas por el brillante capitán *D. Diego de Suárez,* y le derrotaron por completo. *Baskerville,* desbaratado, volvió á *Nombre de Dios* y se embarcó con los restos de su gente. *Drake,* firme en su porfía, juró, escribe *Lope de Vega,*

> ... *"no volver al patrio nido,*
> *si el cielo con la tierra se resuelve*
> *hasta que funda en Panamá crisoles*
> *del oro de los tejos Españoles,, ...* (3)

(1) The *Hawkins* Voyages. Ed. *Sir Clements Markham* (Hakluyt Soc. 1877), fol. I á LII y pág. 327 y sig . Comp. *Barros Arana.* Hist. Gen. Chile. Vol. III, Pte. 3.ª Cap. XIII, pág. 195 y sig. y sus notas y referencias. *J. T. Medina.* Inq. de Chile. Vol. I. Cap. XV, pág. 381 y sig. (Auto de Fé. Lima. Diciembre 17, 1595, etc.) y sus notas. Id. Inq. de Lima. Vol. I, pág. 305 y sig. *Lope de Vega,* dedica parte del canto II y III de su Dragontea á la expedición de *Hawkins*
. . Un hijo que Juan Achines tenía
    mozo de 33 años gallardo
    que *Richarte* en su lengua se decía.—(Canto II, p. 215)

(2) Describe *Lope* el incendio de las naves en preciosas estrofas:
... Arde el bauprés, mesana, árbol, trinquetes
    como si fueran débiles tomizas
    coronas, aparejos, chafaldetes,
    velas, escotas, brazas, trozas, trizas.
    Brandales, racamentas, gallardetes,
    brioles y aflechastes son cenizas
    amantillas, bolinas y cajetas
    estoy, ovencaduras y jaretas, etc. ...
                    (Dragontea. Canto IV, pág. 253).

(3) *Lope de Vega* Dragontea. Canto IX, pág. 355.

é hizo rumbo á *Porto-Bello*. No pudo desembarcar. La plaza, hábilmente defendida por *D. Alonso de Sotomayor*, resistió

Fig. 188.—En la expedición de *Oxenham*.

victoriosamente sus ataques, y la ya reducida y averiada flota británica hubo de refugiarse en el insalubre islote del *Escudo de Veragua*. Cayó *Drake* gravemente enfermo, levó anclas y al llegar á la altura de *Porto-Bello*, increpando frenético á los suyos por haberle dado tósigo en una medicina, murió desesperado y sin gloria (1). Su cadáver, puesto en una caja de plomo lastrada, fué arrojado al mar (Enero 28, 1596). Los corsarios eligieron por su general á *Baskerville*, que decidió re-

(1) *Lope de Ver:* describe vigorosamente la muerte de Drake en el Canto X, y último de su Dragontea, y afirma haber sido envenenado por los suyos, *hecho dudoso* que naturalmente niegan los historiadores ingleses.

..... el tósigo en una medicina
halló camino al corazón mudable
....
Ya voy, ya voy, ó sombras espantosas,
y con ello quedó la lengua helada.
Paráronse las niñas tenebrosas
y la cárdena boca traspillada,
a que la eterna del infierno ocupe
el alma pertinaz del pecho escupe...

(Dragontea. Canto X, pág. 360 y sig.)

gresar á su patria. De 54 velas con que entró al puerto de *Nombre de Dios* salió de *Porto-Bello* con 18 y llegó á Inglateɪra *solo con cinco*. La última jornada del *«Dragón de los mares»* no pudo ser más desastrosa (1).

Con la muerte de *Drake, Hawkins* y *Cavendish,* y la de *Isabel de Inglaterra,* ocurrida pocos años más tarde (Marzo 24 de 1603), terminaron las agresiones á las Indias de aquella pléyade de brillantes, temibles y codiciosos marinos, Vikingos de la edad Moderna, piratas en tierras españolas, héroes en la suya, *hijos legítimos de la Reforma Protestante,* y portadores inconscientes á América, del espíritu positivo, del odio á lo inquisitorial y á lo fanático y de las ideas de *comercio libre,* que ahogadas en sangre por el odioso tiranuelo *Muñoz,* al surgir por primera vez en la Nueva España (1566), habían de cristalizar siglos más tarde en aquél documento genial del prócer Argentino *Mariano Moreno,* conocido en la historia con el nombre sintético de *«Representación de los Hacendados».*

(1) Vse. *Maynarde.* Sir Francis Drake, his voyage (1595). Ed. *Desborough Cooley* (Hak, Soc. 1848), pág. 1 y sig. *Hawkins.* Voyages (Ed. citada), pág. 410 y sig. *Corbett.* Sir Francis Drake, pág. 191 y sig. y sus referencias. *Everett Hale.* Hawkins & Drake, en *Winsor.* N. & C. H. of. A. Chap. II, pág. 73 y sig. y sus referencias y bibliografía. *Lope de Vega.* La Dragontea. Canto III á X, sacados, dice *D. Francisco de Borja,* en el prólogo (Ed. citada, pág. 169) "de la Relación que la *Real Audiencia de Panamá,* hizo y autorizó con fidedignos testigos". Comp. Jornada *Drake* 1595, pág. 222 del *Ms. P. 33.* Bca. Nnal. Madrid (Sec. Ms.), y la Int. de *D. Justo Zaragoza* á su Edición de *Alsedo* y *Herrera,* pág. 45 y sig. Vse. también *L. González Obregón:* Precursores de la Independ. Mejicana, pág. 245 y sigs., etc.

CUESTIONARIO

1. — ¿Qué resultado tuvo la expedición de Ribault á La Florida?

2. — ¿Qué conducta observaron en La Florida los soldados de Landonniere?

3. — ¿A quién envió Felipe II para combatir á los Hugonotes Franceses?

4. — ¿La expedicición de Menéndez de Avilés, tuvo carácter colonizador?

5. — ¿Cómo pereció Ribault y sus compañeros Hugonotes en La Florida?

6. — ¿Qué tuvieron de notable las expediciones exploradoras de Pardo?

7. — ¿Qué trabajos y martirio sufrieron los primeros Jesuitas enviados á La Florida?

8. — ¿Quién fué Dominic de Gourgues?

9. — ¿Qué importancia histórica tiene su expedición á La Florida?

10. — ¿Qué juicio histórico puede formarse de Menéndez de Avilés?

11. – ¿Qué resultados obtuvieron los misioneros en sus traba-
jos en la Florida?
12. – ¿Cuál fué el objeto inmediato y principal de los primeros
viajes de Hawkins?
13. – ¿Cuáles fueron las consecuencias de la derrota de
Hawkins *en San Juan de Ulua?*
14. – ¿Qué ruta siguió Francisco Drake *en su célebre viaje de*
circunnavegación?
15. – ¿Cuáles fueron los resultados pecuniarios y políticos de
dicho viaje?
16. – Con qué objeto fué al Estrecho de Magallanes Sarmiento
de Bengoa?
17. – ¿Cuáles fueron los principales incidentes de su segunda
expedición?
18. – ¿Qué nuevas expediciones á Indias hicieron Drake *y* Cavendish?
19. – ¿Cuál fué la suerte de las colonias fundadas por Sarmiento de Bengoa?
20. – ¿Qué rutas siguió Frobisher *en sus célebres viajes?*
21. – ¿Encontraron Davis, Hudson, *y* Baffin, *el paso del No-*
roéste?
22. – ¿Qué derechos alegaba Isabel de Inglaterra *al Continente*
Norte-Americano?
23. - ¿Cuáles fueron los resultados de las tentativas coloniza-
doras de Gilbert *y* Raleigh?
24. – ¿Dónde y cómo murieron los célebres corsarios Hawkins
y Drake?
25. – ¿Qué importancia tienen en la Historia Americana las
expediciones á Indias de los navegantes Ingleses del
siglo XVI?

REFERENCIAS

Generales. – Las relacionadas en los Cap. anteriores y en especial en el Cap. V, Tít. II. Las Historias Generales de los Estados Unidos, las de Inglaterra *(Hume, Lingard, Froude,* etcétera), de Francia *(Duruy, Michelet, Martín,* etc.), de los Hugonotes *(Baird, Poole, Capefigue,* etc.), de la Reforma Protestante *(Hausser, Fisher, Seabohn, Geikie, Cobbet,* etc.), de Felipe II *(Cabrera de Córdoba, Weiss, Lafuente, Ranke, Philippson,* etc.), de la Compañía de Jesús *(Orlandini, Sacchini, Alegambe, Astrain,* etc). *Antonio de Herrera.* Hist. Gen. del Mundo, etc. Madrid, 1601-1612. 3 vols. *Vicente de la Fuente:* Hist. Eclesiástica de España. Madrid, 1875 (Vol. V). *Altamira.* Hist. Gen. de España. Vol. III, etc., etc.

Especiales. – **Exp. Francesas**. – *J. S. Shea,* en *Winsor.* Narr. & Crit. Hist. of America. Vol. II. *Parkman.* Pioneers of France, etc. Boston, 1906. *Barcia.* (Cárdenas y Cano). Ensayo Cronológico para la Hist. Gen. de la Florida. Madrid, 1723. *Fairbanks.* Hist. of Florida. Jacksonville, 1871. *Gaffarel.* Florida Française. París, 1875. *Sparks.* Life of Ribault (Lib. of Am. Biography-Ser. II). Boston, 1846. *Fr. Agustín de Padilla Dávila.* Historia de Nueva España y la Florida, Valladolid, 1634. *E. Ruy Díaz y Caravia.* La Florida, etc. Madrid, MDCCCXCIII. Vol. I, etc., etc.

Especiales. – Exp. Inglesas, etc. – *Esquemelin*. Historia de los Piratas de la América (Trad. *Buena Maison)*. Madrid, MDCCXCIII. *Alsedo y Herrera*. Piraterías y Agresiones de los ingleses, etc., en la América Española (Siglos XVI-XVIII). Ed. *J. Zaragoza*. Madrid, 1883. *Barros Arana*. Hist. Gen. de Chile. Santiago, 1854. Vol. II-III. *José T. Medina*. Hist. de la Inquisición de Lima. (Vol. I). Santiago, 1887. *Id*. Hist. de la Inq. en Chile (Vol. I). Santiago, MDCCCXC. *Id*. Inquisición en Méjico. Santiago, 1905. *Argensola,* Hist. de las Molucas, etc. Madrid, 1609. *Suarez de Figueroa*. Vida y hechos de Don García ·Hdo. de Mendoza. Madrid, 1614. *Lorente*. Hist. del Perú bajo la Dinastía Austriaca. (1542-1598). Lima, 1863. *Navarrete*. Bca. Marítima Española. Vol. II. *Id*. Coll. de opúsculos (Vol. I). México á través de los siglos (Ed. *Riva Palacio)*. Vol. II. Lib. I. *J. A. Froude*. English Seamen in the XVI Century. London, 1908. *E. S. Beesly*. Queen Elisabeth. London, 1908. *J. Corbett*. Sir Francis Drake. London, 1908. *E. J. Payne*. Voyages of the Elisabethan Seamen to America (según *Hakluyt)*. London, 1893. *Ed. Edwards*. Life of Ralegh (con sus cartas), London, 1868. Rev. *Ed. Everett Hale*. Hawkins & Drake, en *Winsor*. N. & C. H. of A. Vol. III. *Charles C. Smith*. Explorations to the North West, en *Winsor*. loc. cit. *William Wirt Henry:* Sir Walter Ralegh, etc., en *Winsor*. loc. cit. *Benjamín T. de Costa*. Norumbega, etc. en *Winsor*. loc. cit., etc., etc., y las relacionadas en mi vol. I. Epoca II. Tít. II. Cap. V. (Estrecho de Magallanes).

Fuentes. – Exp. Francesas. – Memorial del *Dr. Gonzalo Solís de Merás*, 1565. Cartas de, y, á *Pedro Menéndez de Avilés*. Memoriales, Reales Cédulas, Instrucciones, etc., del mismo. Relación de *Fco. López de Mendoza*, íd. *Juan Pardo,* íd. *Fco. Martínez*, íd. *Joan de la Vandera*, íd. *Pardo Osorio,* id. *Juan Menéndez Marqués* (Ed. *Ruy Díaz y Çaravia*. Vol. I y II). *French*. Hist. Coll. of Louisiana & Florida (N. York, 1869-75). *Basanier*. L'Histoire Notable de la Florida, etc., (Ed. Paris. Bque. Elzeyirienne, 1853.) *Iacobo Le Moyne*. Brevis Narratio, etc. (Trad. *Perkins*. Boston, 1875). *Nicolás le Challeux ó Challus*. Hist. Memorable du dernier voyage fait par le Capitaine Iean Ribaut, etc. Lyons, 1566. La Reprise de la Floride *(De Gourgues)*, en *Gaffarel*. op. cit. *Hakluyt*. Principal Navigations, etc. Ed. Goldsmid. Edimburgo, 1884-1890. Vol. XIII. *Bartolomé de Alcazar*, S. J. Crono-Historia de la Prov. de Toledo de la Cía. de Jesús. Madrid, 1710. *Fernández del Pulgar*. Hist. Gen. Indias Occies. Dec. IX-X-XI. Bca. Nal. Sección Ms. 4. vols. folio. *Alvaro Çienfuegos*, S. J. La Heróica vida, etc., de San Francisco de Borja. Madrid, 1717, etc., etc. Véanse también los Documentos relativos á *Menéndez de Avilés,* existentes en los varios Archivos (Indias, Simancas, Conde de Revilla Gigedo, Dep. Hidrográfico Madrid, etc.) relacionados por *Ruy Díaz* y *Caravia,* op. cit. Vol. II. Apén. 11.

Expediciones Inglesas y Sarmiento de Bengoa.—Ms. — *Archivo de Simancas.* Exptes. y cartas relativas á los Tribunales del Santo Oficio, de Méjico y Perú (siglo xvi). *Archivo de Indias. Patronato.* (Sección 11) Est. 1 Caj. 183. Leg. 188 (Cartas y exp. pertenecientes al Concilio Limense). 2-2-5 (Cartas Perú, 1533-1624). 2-5-$^1/_3$ (Cartas Arzobispo *Mogrovejo,* 1579-1606). 2-5-$^1/_{11}$ (Armadas y flotas de Indias). 2-5-$^1/_{20}$ y 2-5-$^1/_{21}$ (Corsarios Ingleses), 2-5-$^1/_{99}$ (Corsarios Franceses), 2-5-$^1/_6$ (Casa de Contratación, 1503-1593), etc., etc. *Biblioteca Nacional. Madrid. Sección Ms.* J. 113 (Hurtado de Mendoza). J. 53 (Perú. Papeles varios). P. 33 (Drake). J. 113 (Francisco de Toledo). J. 89 (Id. íd.). 6c-42 (Drake). X. 14 (Isabel de Inglaterra). M. 44 (Drake). A. 142 (Id.), etc., etc. **Impresos.** — *William Camdem.* Annals of the Reign of Elisabeth (Ed. 1717. Londres). *Id.* Britannia. (Ed. *Gibson.* London 1722). *Ric. Hakluyt.* Divers voyages touching the discovery of América (Ed. Jones. London, 1850). *Id.* Principal Navigations, voyages, traffiques and discoveries. Vol. XII á XVI. Ed. *Goldsmid.* Edimburgo, 1884-90. *Id.* Discours concerning western planting. Ed. *Deane.* Int. *Woods.* Cambridge, 1877 (Maine. Hist. Soc. Documentary Series. Vol. II). *J. G. Kohl.* Hist. of the discovery of Maine (Maine. Hist. Soc. Doc. Ser. Vol. I, 1869). *G. Lister Hawks.* Hist. of North Carolina. Fayetteville, 1857-58 (Vol. I, 1584-91). *Thomas Maynarde.* Sir Francis Drake, etc. Ed. *W. Desborough Cooley* (Hak. Soc. 1848). Narratives of voyages towards the N. W. (Ed. *Rundall.* Hak. Soc. 1849). The wordl Encompassed by Sir Francis Drake (Ms. *Fletcher).* Ed. *W. Sandis Wright Vann.* Hak. Soc. 1855. Henry Hudson. The Navigator (1607-13). Ed. *G. M. Asher.* Hak. Soc. 1860. The three voyages of Sir Martin Frobisher. by *George Best.* (Ed. *Sir Richard Collinson.* Hak. Soc. 1867). The Hawkins voyages. Ed. *Sir Clements Markham,* Hak. Soc. 1877. The voyages and works of John Davis the Navigator (Ed. *A. Hastings Markham.* Hak. Soc. 1878. *S. Roberts.* Merchant's Mappe of Commerce. Londres, 1638. *Francis Pretty.* Worthy & famous voyage of Master Thomas Candish (en *Hakluyt.* Divers voyages. Vol. III). Relación del viaje al Estrecho de Magallanes por el Cap. *Pedro Sarmiento de Bengoa.* Ed. *Iriarte* (Madrid, Imp. Real, 1768), y la preciosa traducción del mismo y sus apéndices (Declaración *Tomé Hernández),* con una erudita introducción de *Sir Clements Markham* (Hak. Soc. London, MDCCCXCV). *Lope de Vega.* La Dragontea (Coll. *Sancha.* Obras sueltas. Volumen III. Madrid, MDCCLXXVI), etc., etc.

Bibliografías. — Las relacionadas en los capítulos anteriores, en *Winsor.* América. Vol. III, págs. 78 á 84, 97 á 104, 121 á 126, 184 á 218; en *Ruy Díaz.* Florida. Vol. II, páp. 669 á 750; en *Barcia.* Ens. Cron. Introd., págs. 12 á 57; en *Astrain.* Hist. Comp. Jesús. Vol. I-II (cita solamente escritores Jesuitas, emitiendo generalmente fecha y lugar de las ediciones). Las mencionadas en las notas de *Barros Arana* (Vol. II-III), *Parkman, Froude* (Hist. of Queen Elisabeth), *Lafuente* (Hist. Gen. España), *Bancroft* (Central America. Vol. II), etc., etc. *Channing &* *Hart.* Guide, etc., págs. 241 y 247 á 249. *Martín Fernández de Navarrete.* Bca. Marítima Española. Madrid, 1851. *British Museum.* Cat. of Printed Books "Jesuits". London, 1889, etc., etc

ÉPOCA TERCERA

LA COLONIA

SIGLOS XVII Y XVIII

TÍTULO PRIMERO

Las colonias españolas.

CAPÍTULO PRIMERO

DIVISIONES TERRITORIALES

1. La obra de un siglo.—2. Creación de Virreinatos.—3. El Virreinato de Méjico.—
4. La Capitanía general de Guatemala.—5. El Virreinato de Nueva Granada.—
6. La Capitanía general de Venezuela.—7. El Virreinato del Perú.—8. La Capitanía general de Chile.—9. El Virreinato del Río de la Plata.—10. Cuba y Santo Domingo.

1.—La España del siglo XVI apenas alcanzaba en extensión superficial á la de las actuales gobernaciones Argentinas juntas de Chubut y Santa Cruz, era muy pobre (1), en población no excedía de 4.000.000 de habitantes, y sin embargo, en menos de cien años descubrieron y exploraron sus pilotos todas las costas Americanas del Atlántico y el Pacífico, circunnavegaron el globo y revelaron un continente. En menos de cien años conquistaron los soldados españoles agrupaciones como las Aztecas é Incásicas; atravesaron el Perú desde Quito á Bogotá, al Río Magdalena y al Orinoco; recorrieron las márgenes del Plata y el Paraná; reconocieron las del Missisipí; navegaron

La obra de un siglo.

---

(1)   Vse. *Habler:* Die Wirthschaftliche Blüte Spaniens im 16 Jahrhundert, etc. pág. 27 y sig. Comp. Cosmografía y Geografía del *S. Hieronimo Girava.* Tarracones. Venecia, MDLXX, pág. 5 y sigs., y la curiosa *Descripción de los pueblos de España* en el año 1574. Ms. *Bca. Escorialense* (J. T. 12 á 18). Sobre la pobreza de la España del siglo XVI. Vse. *Garcilaso de la Vega.* Com. Reales del Perú. II pte. Lib. I, Cap. VI, pág. 8 (Ed. Madrid, 1722). *Fray Antonio de la Calancha:* Crón. Moralizada del Orden de San Agustín, Cap. X, fol. 69 y sigs., y la *Estadística de las Provincias* de España en el siglo XVI. *Bca. Escorialense.* (Ms.) L. j-14, etc.

el Amazonas; peregrinaron en el Continente Norte, desde Tejas á California y desde Méjico á Kansas, y escalaron repetidas veces en el Continente Sur las nevadas cumbres Andinas.

᠆ Echaron los españoles románticamente sobre sus hombros el imposible empeño de levantar una raza entera de miles de tribus bárbaras, al pensar y sentir civil y religioso de la tradicional é intolerante Castilla, y para ello, en todo lo descubierto y poblado hasta el año 1574, fundaron más de *doscientos*

Fig 189.—Distrito de la Audiencia de la Nueva España, según Herrera (siglo xviii).

pueblos para *150.000* vecinos españoles, de los cuales 4.000 eran *encomenderos,* y el resto clérigos, colonos, mineros, soldados y traficantes. Dominaron, además, *ocho ó nueve mil* poblados bárbaros, en los que tributaban *millón y medio* de indios sometidos y nominalmente cristianos.

En el año 1576 había ya en las Indias *nueve Audiencias, treinta* gobernaciones, *veinticuatro* asientos de Oficiales Contadores, *tres* Casas de Moneda, *cuatro* Arzobispados, *veinticuatro* Obispados y *trescientos sesenta* monasterios (1).

---

(1) *Juan López de Velasco:* Geog. y Descripción Universal de las Indias, etc. (1571 al 1574). Ed. Soc. Geog. de Madrid, con adiciones é ilustraciones de *D. Justo Zaragoza* (Madrid, 1894), pág. 2, etc.

Si comparamos ahora estos resultados con los obtenidos por las demás naciones Europeas de la época, nos veremos obligados á reconocer que la obra de los Castellanos en el primer siglo de su dominación en América es de las más extraordinarias que la historia registra en sus páginas (1).

2. — A fines del siglo XVI se describían oficialmente los inmensos territorios españoles de las Indias Occidentales (41º 43' de Latitud Austral, á 38º de Latitud Boreal), como divididos en **Creación de Virreinatos.**

dos reinos; el de las *Indias del Norte* ó *Nueva España*, que comprendía el continente y las islas del Norte del Istmo de Panamá, y la parte de Sud-América que hoy forma la República de

Fig. 190. —Guatemala.—Antiguo Volcán del Agua.

Venezuela; y el de las *Indias del Sur* ó *Perú,* que comprendía el Istmo y todas las tierras continentales, desde Nueva España hasta Patagonia, con excepción de los dominios portugueses. El Reino de *Nueva España* estaba subdividido en *cuatro* audiencias y *diez y ocho* gobiernos. Las Audiencias eran *Méjico, La Española* (incluyendo Venezuela y las islas de Cuba, Puerto Rico, etc.), *Nueva Galicia* y *Guatemala.* El *Reino del Perú* estaba subdividido en *cinco* audiencias, que eran *Lima, Los Charcas, Quito, Nueva Granada* y *Panamá,* y tenía *diez* gobiernos (2).

(1) Vse. *E. G. Bourne:* Spain in América, Cap. XIII, pág. 191 y sig. Comp. *Woodbury Lowery:* Spanish Settlements, Cap. V, pág. 102 y sig. y sus referencias. *Coroleu (José):* América: Historia de su Colonización, etc Vol. I, Cap. I. *Nuix de Perpiñá:* Reflexiones, etc. (Cervera, MDCCLXXXIII), pág. 13 á 519, etc., etc.

(2) *López de Velasco:* Op. cit., pág. 89 y 336. *Petri Apiani & Gemme Frissi:* Cosmographia sive Descriptio universi Orbis (Amberes, 1584), fol. 160 á 185 y su precioso mapa, fol. 72-73. *Gomara:* Hist. de las Indias (Ed. Rivadeneira, Clásicos españoles), pág. 161 y sig. *S. Hierónimo Girava:* Op. cit., fol. 187 á 219, y sus mapas, etc., etc. La *Bca. Escorialense* conserva ejemplares de las Cosmografías de *Apiano, Girava* y otros autores de su siglo, que he comparado cuidadosamente.

A medida que las conquistas de los diversos territorios se completaban y extendían, las grandes distancias, la dificultad de comunicaciones (1) y acaso las tradicionales antipatías de los grupos pobladores que vinieron de las diversas provincias Ibéricas (2), determinaron la creación de nuevos gobiernos independientes, Virreinatos, Capitanías, etc.

La locación y límites de estos *nuevos gobiernos* fué, en general, fijada por los ríos, montañas y demás accidentes naturales. Como sucede siempre que un pueblo conquistador se apropia el territorio de una raza distinta, los centros de población de los invasores aparecieron esparcidos, aislados y á modo de islas ó archipiélagos étnicos distribuidos en un mar de tribus indígenas (3).

Con el transcurso del tiempo fueron adquiriendo cada uno de estos virreinatos *caracteres típicos y diferenciales,* efecto indiscutible de las influencias directas ó indirectas del medio sobre sus habitantes. Tales influencias fueron, por decirlo así, *grabando los subtítulos de la. historia colonial,* y prepararon la independiente (4).

Para mayor claridad mencionaremos sólo la *división terri·torial* de los dominios españoles en América, existente al comenzar el siglo xix. Era la siguiente: *Virreinato de Méjico, Capitanía General de Guatemala, Virreinato de Nueva Gra-*

---

(1) ˙ Vse. *Humboldt:* Ens. Politico & Nueva España. (Trad. *González Arnao).* Barcelona, 1842; vol. IV, pág. 88 y sig. (Cap. XII). *Ulloa* relata á este respecto una anécdota popular de un capitán de navío que se casó en Payta, se hizo á la mar y antes de que pudiese llegar al Callao (150 leguas marinas) *el hijo que tuvo sabía leer!*... Vse. *A. de Ulloa:* Rel. Hist. del viaje á la América Meridional, etc. (Madrid, 1768), vol. II, Cap. II, etc.

(2) *Humboldt:* Op. cit. Vol. I, pág. 485 y sig. *Francois-Raimond J. de Pons,* Voyage á la Partie Orientale de la Terre Ferme (Paris, 1806), vol. I, pág. 187-255, etc. *Wilhelm Roscher:* Spanish Colonial System. (Trad. *Bourne)* New-York, 1904, pág. 22 y sus notas, etc.

(3) Vse. *Ellen Churchill Semple:* Influences of Geographic Environment (N. Y., 911), pág. 157 y sig. y sus notas.

(4) *Churchill Semple:* Op. cit. Pág. 18-28-47-139, etc. Comp. *Humboldt:* Nueva España, vol. IV, pág. 83 y sig., sobre la antipatía manifiesta existente en la América Española entre los habitantes de los llanos, costas y tierras calientes y los de la mesa de las cordilleras.

nada, *Capitanía General de Venezuela, Virreinato del Perú, Capitanía General de Chile, Virreinato del Río de la Plata* y *Capitanía General de Cuba.*

3.—El *Virreinato de Méjico* fué la más importante de las colonias Españolas del Nuevo Mundo. Se extendía desde los 16° de Latitud, en los confines con la Capitanía General de Guatemala, hasta los 42°, y desde los ríos Rojo y Carcusson, en Tejas, hasta la faja oceánica de las Californias. Tenía una población de más de 6.000.000 de habitantes. Estaba dividido en doce *Intendencias* y tres *provincias.* Había en este Virreinato dos *Audiencias,* un tribunal del Consulado (1581) y otro de Minería, etc. Para lo eclesiástico existían (1805) un *Arzobispado* (Méjico) y ocho *Obispados,* con

Fig. 191.
En las Montañas de Santo Domingo.

numeroso cabildo, mil setenta y tres parroquias y doscientos cincuenta y cuatro conventos (1).

El *Virreinato de Méjico* fué acaso el que llegó en la América Española á más alto grado de esplendor. Tenía ciudades hermosas y bien ordenadas. En la de *Méjico* se hicieron obras de

---

(1) *Humboldt:* Nueva España, vol. I, pág. 1 á 303; II, pág. 9-159; IV, 217 y sig., etc. *Torrente:* Historia de la Rev. Hispano Americana. Discurso Preliminar, vol. I, pág. 3 y sig. *Navarro y Noriega:* Memoria sobre la población del Reino de Nueva España en 1810 (Madrid, 1820), pág. 2 y sigs. *Lucas Alaman:* Histoiia de Méjico, etc. (Méjico, 1849-52), vol. I. Noticia Preliminar. *Villaseñor y Sánchez:* Teatro Americano, etc. (Madrid, 1746), vol. I y II, en especial I, pág. 18, etc.

verdadera importancia, como la célebre conducción de aguas de Chapultepec, dirigida por *Enrico Martín ó Martínez* (1), el genial cosmógrafo.

Poseía también Méjico notables establecimientos de educa-

Fig. 192.—Paisaje del Río Limay.

ción. La *Universidad,* inaugurada por el Virrey *Velasco* (1553), la *"Escuela de Minería",* dirigida por el sabio *Elhuyar* (1803), y el *"Jardín Botánico",* contribuyeron á difundir el conocimiento de las ciencias naturales. La *"Academia de las Nobles Artes"* educó pintores eximios.

La Imprenta se introdujo en Méjico á mediados del siglo xvi y se propagó rápidamente. En 1728 apareció la primer *"Gaceta de Noticias".* En 1805 *Villaurrutia* fundó su célebre *"Diario"* que, á pesar de las inquisitoriales trabas del inèpto Virrey *Iturrigaray,* llegó á tener numerosos entusiastas (2).

Un ejército de 40.000 hombres defendía el territorio mejicano. Á lo largo de la costa desde Texas al Cabo Mendoci-

(1)   Vse. *México á través de los Siglos,* vol. II *(Riva Palacio',* cap. VII, pág. 537 y sig. y sus referencias.

(2)   *J. Pimentel:* Historia critica de la Literatura y las Ciencias en México (México, 1885), pág. 15 y sig. *México á través de los Siglos,* vol. II *(Riva Palacio)* pág. 471 y sig. (Estado fines del siglo xvi), pág. 660 y sig. (Estado fines del siglo xvii), vol. III *(Zárate),* pág. 15 y sig. (Estado fines del siglo xviii), etc., *Humboldt:* Nueva España, vol. IV, pág. 217 y sig. *Coroleu:* Op. cit. Vol. I, cap. III·IV-V-VI-VII, pág. 121 y sig. y sus referencias. *A. de Herrera:* Desc. Indias Occidentales, etc., volumen I, cap. IX y sig., folio 16, etc.

no, se establecieron más de sesenta puestos avanzados ó *presidios* para auxiliar las misiones y protejer á los colonos contra los ataques de los indios (1).

4.—La *Capitanía General de Guatemala* (7º 54′ á 17º 49′ Latitud Norte) (2) comprendía los actuales territorios de Guatemala, Honduras, San Salvador, Nicaragua y Costa Rica. Dependía *nominalmente* del Virreinato de Méjico, pues las barreras físicas que de él la separaban, y la acción del medio montañoso, marcó su tendencia al aislamiento, á separarse del poder central y regirse por *gobiernos municipales* y propios (3). Tenía Guatemala una población aproximada (1815) de 1.000.500 habitantes y estaba dividida en 13 provincias. La *Sede Arzobispal* (1742) residía en Guatemala y tenía tres obispos sufragáneos, cuatro espléndidas catedrales y preciosas iglesias como las de Amatitlan (San Francisco) y Chimaltanango.

Capitanía General de Guatemala.

La *Capitanía General de Guatemala,* era considerada, más bien que como rica, como sana y fértil. No obstante sus pingües veneros argentíferos de Huehuetenango (hoy Chiantla), etc., sacaba la mayor parte de sus rentas de sus cosechas de cacao, cochinilla, añil, etc. Debido á las constantes luchas con los *Lacandones* y los *Itzas* y al célebre y curioso levantamiento de los *Tzendales,* etc. (4), se mantuvieron tropas permanentes y milicias provinciales en buen número, levantando *presidios* ó puestos avanzados *(Peten,* etc.) en lugares estratégicos.

La ciudad de *Santiago de Guatemala,* destruída primero por el terrible desbordamiento de los lagos del Volcán del Agua (Septiembre 1541), y más tarde en su nuevo sitio por un

---

(1) *México á través de los Siglos.* Vol. III. (Escrito por *D. Julio Zárate),* pág. 23. Comp. Memoirs of the Mexican Revolution, etc. by *William Davis Robinson.* (Londres 1821). Vol. II. Cap. IX. *Humboldt:* Nueva España. Vol. IV. pág. 250 á 281, etc., etc.

(2) *Soc. Mejicana de Geografía.* Boletín 3.ª Epoca. III. 76-79. Comp. *Bancroft.* Hist. of Central América. Vol. II, pág. 714, etc.

(3) *Juarros.* Comp. Hist. de Guatemala (Guatemala 1857), pág. 185 y sig. Comp. *Bancroft.* Central América. Vol. II, pág. 696 y sig. *E. Churchill Semple.* op. cit., pág. 590 y sig. *Andrés Cavo.* Tres siglos de México. (Méjico 1836-52) II, pág. 29 y sig.

(4) Vse. *Bancroft:* Cent. América. II, pág. 607 y sus referencias.

terremoto (1773), fué, sin embargo, rica y de importancia. Tenía (1773) bellos palacios y edificios públicos, espléndida catedral, varios hospitales y conventos y una universidad *(San Carlos)* que educó hombres del valer intelectual de *Oviedo* y *Baños, Manuel Miranda,* etc. (1).

El *Comercio* de esta Capitanía General creció con lentitud. Los continuos ataques á sus puertos, de los corsarios y piratas, *(Bucanneers,* etc.), por una parte, y las restricciones de las autoridades españolas, por la otra, obstaculizaron su desarrollo (2).

El Virreinato de Nueva Granada. 5. — *El Virreinato de Nueva Granada,* creado en 1718, y restablecido en 1739, empezaba al Norte en la punta Burica (Costa Rica) y el Río Darien (8º Lat. Norte), y se extendía hasta los actuales departamentos Peruanos de Cajamarca y Piura (6º Lat. Sur). Confinaba al N. O. con la Capitanía General de Guatemala, y al N. E. con la de Venezuela. Estaba dividido (1800) en ocho provincias. Tenía una sede Arzobispal *(Santa Fe)* y siete Obispados. Sus minas de oro, esmeraldas, plata, platino, etc., proporcionaban pingües provechos. En 1801, sólo las de oro produjeron 2.500.000 pesos fuertes (3). La situación geográfica de la extensa costa de este *Virreinato* la hizo también blanco de las agresiones de piratas y corsarios. Para defenderse fortificó los puertos de *Santa Marta, Cartagena, Porto-Bello, Panamá,* etc., y mantuvo crecidas guarniciones militares. Los puertos Neo-Granadinos, y en especial el de *Cartagena,*

---

(1) *Juarros.* A Statistical & Comercial Hist. of Guatemala (Londres 1823), pág. 151 y sig. *Alegre:* Hist. de la Comp. de Jesús en Nueva España (Méjico, 1841), volumen III, pág. 295 y sig. *Cadena:* Breve descripción de la noble Ciudad de Santiago de Guatemala, 1858, pág. 4 y sig. *Bancroft:* Central América, vol. II, pág. 717 y sig. y sus referencias. Sobre la terrible noche del desbordamiento del volcán del Agua (10 Set. 1541, etc.). Vse. *Bancroft:* Op. cit. Vol. II, pág. 311 y sig. y sus notas. Comp. *Remesal (Antonio de):* Hist. de la Prov. de San Vicente de Chiapas (Madrid, 1619), pág. 179 y sig. *Pacheco y Cárdenas:* Col. Doc. vol. III, 338, etc , etc.

(2) *Coroleu:* Op. cit. Vol. J, cap. VIII, pág. 275. *Bancroft:* Op. cit. Vol. II, pág. 606, etc. Comp. *Rafael de Arévalo:* Colec. Doc. Antiguos del Archivo de Guatemala (Guatemala, 1857), pág. 145, etc. *Torrente:* Op. cit. I, pág. 26. *Winsor:* N. & C. H. of America, vol. VIII, pág. 232 y sig., etc. etc.

(3) *Torrente:* Op. cit. I, pág. 27 y sig. Comp. *Moses:* The Establishment of Spanish Rule in America (London, 1898), pág. 161 y sig.

donde hacían la primera escala las armadas de galeones de la *Casa de Contratación,* siglos XVI-XVII, llegaron á ser centros de relativa importancia comercial. En las provincias de Quito, etc., se establecieron algunas fábricas.

Había en Santa Fe una buena *Universidad* y varios Colegios. En 1774, el *Virrey Guirior* estableció una Biblioteca Pública. En 1780 el Ar-zobispo-Vi-rrey, *D. Antonio Caballero y Góngora,* fundó el *Instituto de Ciencias Naturales (Real Expedición Botánica),* que dirigió el célebre naturalista

Fig. 193.—Puente de Lima sobre el Rimac.

D. José Celestino Mutis (1), compañero predilecto de *Humboldt,* y por él ensalzado como „*Patriarca de los Botánicos.»* (2).

Mutis, al morir, dotó un *Observatorio Astronómico,* que se construyó (1803) y ordenó por su sabio discípulo y amigo el ilustre matemático y naturalista de Popayán *D. Francisco José de Caldas* (1770-1816), mártir de la independencia y honra de su patria (3).

En la Administración del *Virrey Ezpeleta* empezó á publi-

---

(1) Vse. su elogio fúnebre en el *Semanario de Nueva Granada* (Ed. París, 1849) pág. 161 y sig. Comp. *Humboldt:* Geografía de las Plantas (Trad. *José Tadeo Lozano).* Semanario (Ed. cit.), pág. 245.

(2) *Semanario de Nueva Granada,* pág. 245-546, etc. Comp. *Humboldt:* Personal narrative of travels, etc. (Ed. Bonn. Londres, 1894), vol. II, pág. 127 y sig. *Medina (J. T.):* La Imprenta en Bogotá (1740-1821) (Santiago de Chile, 1904), pág. 17 y sigs. etc., etc.

(3) *D. Francisco José de Caldas* pereció en el patíbulo, por orden del general *Morillo,* el día 30 de Octubre de 1816. Vse. *Restrepo:* Hist. de la Revolución de la Rep. de Colombia (Besançon, 1858), I, pág. 59 y sig.

carse un semanario científico-educativo llamado „*Papel Perió-dico de Santa Fe de Bogotá*„ (1789), continuado con el nombre de „*Semanario de Nueva Granada*„ por el mencionado *Caldas* y por *Tadeo Lozano, Valenzuela, Omaña* y otros estudiosos insignes (1).

La Capitanía General de Venezuela.

6. – Los establecimientos y pueblos de los territorios *Vene-zolanos,* fundados paulatinamente por los gobernadores espa-ñoles después del fracaso de los

Fig. 194.—La fortaleza de Valparaíso (siglo xviii).

Welser (Vse. Vol. I, pág. 170), dependían unos de las auto-ridades de La Española, y otros de las del Virreinato de Nueva Granada. Exportaban estas colonias sus ricas cose-chas de cacao, algodón, café, caña, tabaco, etc. El ganado ca-ballar y vacuno, introducido á mediados del siglo xvi, se mul-tiplicó extraordinariamente y determinó activo comercio de cueros y tasajo en los puertos de la Guayra, Cabello y Maracaibo *(puertos mayores)*, y en los de Cumaná, Barcelona, Margarita y Guayana *(puertos me-nores)* (2).

Habiéndose apoderado (1634) los Holandeses de la isla de Curaçao y las adyacentes *(Buen-Aire, Oruba, etc.)*, comerciaron activamente con los colonos Venezolanos (3). Para impedir

(1) *Restreppo (J. M.):* Comp. de la Hist. de Colombia (París, 1833), pág. 41 y sig. *Pereira (R. J.):* Les Etats Unis de Colombie, etc. (París, 1883), pág. 12 y sig. *Schumacher (II. A):* Sud-Amerikanische studien (Berlin, 1884). *Mutis, Caldas*, etc., pág. 95 y sig. *Dawson* South-American Republics (London, 1906), I, pág. 422 y sig. *Coroleu:* Op. cit. vol. I, cap. IX y X, pág. 310 y sig. II, pág. 5 y sig. y sus referen-cias, etc., etc.

(2) En los llamados *puertos mayores* se pagaban derechos más fuertes que en los *menores* para favorecer el tráfico y desarrollo de estos últimos. Vse. *Moses:* Op. cit., pág. 170. *De Pons:* Op. cit. II, pág. 22 y sig., etc.

(3) *Dissel.* Curaçao (Leyden, 1857), pág. 22 y sigs. Comp. *Dawson:* Op. cit. vol. I, pág. 340 y sigs. *Baralt (R. F.) y Díaz (R.).* Resumen de la Historia de Vene-zuela, etc. (1797-1830) (París, 1844), vol. I, pág. 115 y sig.

este tráfico, que mermaba naturalmente las rentas de la Metrópoli, dieron sus reyes á una compañía de mercaderes Vizcainos (1728-1778) el privilegio exclusivo de comerciar en las costas de Venezuela, con obligación de aniquilar el contrabando Holandés.

La acción de la *Compañía Vizcaina* fué beneficiosa para la colonia; se fundaron, por iniciativa de sus factores, nuevas ciudades, aumentaron y mejoraron los puertos, se extendió el área de las plantaciones y estancias y tomó todo, en fin, un aspecto de movimiento y vida comercial inusitado en las posesiones españolas del Nuevo Mundo.

Apaciguada por el convenio del 1850 la oposición de los plantadores y colonos al monopolio de la compañía, cuyos abusos promovieron (1849) un serio movimiento revolucionario, conservó ésta sus privilegios hasta el 1778. Su obra fué continuada, aunque con escaso celo, por los oficiales del *Tribunal del Consulado* (1793).

En los últimos años del siglo XVIII las exportaciones anuales Venezolanas habían disminuido en cerca de 6.000.000 de pesos (1).

En el año 1773 la *Capitanía General de Venezuela* se independizó del Virreinato de Nueva Granada, quedando su gobierno definitivamente constituído con la creación (1786), de

---

(1) Vse. *Real Compañía Guipuzcoana de Caracas*. Noticias Historiales, etc.' 1728-1764 (Imp. en 1765), pág. 3 y sig. En la *Bca. Nacional de Madrid* (Sección Ms. KK. Ms. 11 018, al fin) hay una curiosa relación del levantamiento de *Fco. de León, Padrón*, etc., contra las autoridades de Caracas, y los factores de la Cía. Guipuzcoana. Los sublevados entraron en Caracas, en son de guerra, con bandera azul y roja (Abril 1749) y en número de 5.000 hombres, logrando, por convenio (1750), entre otras concesiones, que se formara una asamblea compuesta, *en números iguales*, de plantadores y miembros de la Guipuzcoana y presidida por el Gobernador de Venezuela, que fijara los precios del cacao, etc. En las esquinas de Caracas apareció el pasquín siguiente: "*Todos los individuos de la Provincia decimos que se heche* (textual) *á la Compañía de Vizcaínos de esta Provincia, y que ésta no intervenga en nada, y en caso que no suzeda assi* (textual), *mueran todos, mueran, mueran. Amén*" Vse. Ms. citado, fol. 29 y sig. Comp. *Moses:* Op. cit., pág. 168. *Baralt (R. F.):* Resumen de la Hist. de Venezuela, etc., hasta 1797 (París, 1841), pág. 179 y sig. Recuerdos sobre la *rebelión de Caracas* (Madrid, 1829), fol. 2 y sig., etc. etc.

la *Audiencia de Caracas*. A principios del siglo XIX, tenía esta Capitanía General cerca de 800.000 habitantes repartidos en nueve provincias.

La capital *(Caracas)* fué asiento de un Arzobispado (1803), con dos Obispados sufragáneos.

En 1696 se estableció un colegio que se transformó en *Universidad* un siglo más tarde (1795).

Fig. 195.
El ilustre Patriota Argentino D. Hipólito Vieytes.

Al cura *don Pablo Orrendain* y á *don Antonio Arvide*, introductores del añil en Venezuela (1774) y al Párroco del Chacao D. *Antonio de Mohedano*, más tarde obispo de Guayana, que dió gran impulso á la producción del café, debe Venezuela los principales elementos de su prosperidad agrícola.

La *Imprenta* se estableció en Venezuela casi al terminarse la dominación Española (1).

(1) Vse. *Moses:* Op. cit., pág. 161 y sig. *Coroleu:* Op. cit., vol. II, cap. XII, pág. 49 y sig. *Lavaysse (S. S.):* Voyage aux iles de Trinidad, Tabago, etc. (Paris, 1813), pág. 129 y sig. *González de Soto:* Not. Hist. de la Rep. de Venezuela (Barcelona, 1873), pág. 114 y sig. *Torrente:* Op. cit., I, pág. 38. etc. *Dawson,* Op. cit., vol. I, pág. 340, etc. *Humboldt:* Personal narrative (Ed. Bonn.), vol. I, pág. 272-473. Volumen II, pág. 1-137. Vol. III, pág. 1-147, etc., etc.

7.—Después de la formación de los Virreinatos de Nueva Granada (1739), Río de la Plata (1776) y de la Capitanía General de Chile (1778), el *Virreinato del Perú* se redujo mucho en extensión. Limitaba al Norte (5° Lat.) con la Intendencia de Quito (Virreinato de Nueva Granada), al Norte y Noroeste con las Intendencias de Cochabamba, Potosí y Charcas, (Virreinato del Río de la Plata), al Este con la Provincia Portuguesa de Matto Grosso y al Oeste con el Oceano Pacífico. Debido á sus valiosas minas (1) *(Pasco, Potosí, Huaylas, Huancavelica,* etc.) era la más rica posesión española de la América del Sur.

El Virreinato estaba dividido en *ocho Intendencias,* y sus

Fig. 196.
Retrato y firma de D. Ambrosio de O'Higgins.

autoridades tenían jurisdicción sobre los distritos de *Mainas, Quijos,* etc. La *Agricultura* estaba muy desarrollada, la *Industria* progresó con rapidez en los siglos XVI y XVII, deca-

---

(1) En los primeros años del siglo XIX producían anualmente las minas del Perú 782 kg. de oro puro y 150.000 kg. de plata copelada; ascendiendo el valor de unos y otros á 6.300.000 pesos fuertes. Vse. *Coroleu:* Op. cit., vol. II, pág. 70 y sig.

yendo en los siguientes. Sin embargo, á fines del siglo XVIII, había desde Payta hasta el Cuzco cerca de 4.000 obrages de hilados (1). Algunas villas de este Virreinato, en especial las mineras, eran ricas y prósperas. El puerto del *Callao,* destruído

Fig. 197.—Buenos Aires en 1802.

por el avance del mar, ocasionado por el terremoto del 1746 (2), fué reconstruido y provisto de costosas fortificaciones. La población total del Virreinato (Censo de 1791) no llegaba á 1.400.000 habitantes.

La Ciudad de Lima, capital del Virreynato, era, en cierto modo, el *centro político social* de la América del Sur. En ella

(1)   *P. Ricardo Cappa, S J.:* Estudios Críticos. Vol. VI. Pte. III, pág. 294-300. Vol. VII, pte. III (Madrid, 1890), pág. 180 y sig. Comp. *Alejandro Malaspina:* Viaje político y científico alrededor del mundo de las corbetas *Descubierta y Atrevida* (1787-1894). Ed. *Novo y Colson.* Madrid, 1885, pág. 121 y sig.

(2)   *Individual y verdadera relación* de la extrema ruina que padeció la ciudad de Los Reyes de Lima en el horrible temblor de tierra, etc. (Agosto 26-1746) y la total destrucción del presidio y puerto del Callao *(Pedro Lozano* (?). Méjico, 1747), pág. 20 y sig. Comp. *Coroleu:* Op. cit., vol. II, cap. XVII, pág. 170 y sig. *Memorias de los Virreyes* (Ed. Lima, 1859), vol. IV *(Conde de Superunda),* pág. 267-332 y sig. Vol. VI *(Gil de Taboada),* pág. 317 y sig , etc.

tenían su asiento la suntuosa corte ae los Virreyes, la Audiencia Real, el Arzobispado Metropolitano, del que dependían *cinco* Obispados, el Tribunal de Cuentas, el del Censo, el de la Inquisición, etc., etc. La Universidad de Lima *(San Marcos)* gozaba de grandes prerrogativas y tenía agregados varios colegios. En 1810, la opulenta y gastosa *Ciudad de los Reyes,* á pesar de haber sido también asolada por el terremoto de 1746 (1), tenía cerca de 4.000 casas, muchos y notables palacios, magnifica catedral, fastuosas iglesias y capillas, gran número de conventos, hospitales, asilos, etc., y más de 80.000 habitantes. Estaba dividida por el río Rimac en dos partes, que se comunicaban entre sí por un hermoso puente de cinco arcos. El *Callao* y su castillo tenían una guarnición de cerca de 1.500 hombres. La *Imprenta* funcionó en el Perú desde fines del siglo xvi (1584) (2). En 1790, apareció el primer periódico *(Diario erudito y comercial de Lima)*. El buen Virrey *Gil de Táboada* (3) sabiamente secundado por el laborioso *Dr. Unanue,* por el *Dr. Moreno,* por el explorador *Sobreviela* y otros hombres de intelectual valía, fundó la Sociedad de *"Amigos del País"* que durante cuatro años publicó la célebre recopilación científico-literaria, llamada *"Mercurio Peruano"* (4). En 1793 empezó también á publicar el *Dr. Unanue* la *"Guía Oficial del Virreinato"* (5) y en el mismo año apareció el pri-

(1) *Coroleu:* Op. cit., vol. II, pág. 65 y sig. y sus referencias, en especial pág. 190-192. Comp. *Lima Gozosa:* Descripción de las festivas demostraciones con que esta ciudad, capital de la América Meridional, celebró la Real Proclamación, etc., de Carlos III (Lima, 1760), pág. 3 y sig. *Tadeo Haenke:* Descrip. del Perú (Lima, 1901), pág. 18 y sig. *Moses:* South América on the eve of the Emancipation (London, 1908), pág. 1 y sig., etc., etc.

(2) *José Toribio Medina:* La Imprenta en Lima (1584-1844). Santiago de Chile 1904, vol. I, pág. 16 y sig. y sus referencias.

(3) Vse. *Manuel de Mendiburu:* Dic. Hist. Geog. del Perú, Vol. IV. *Gil de Taboada:* Mem. de los Virreyes, vol. VI, pág. 1 á 344. *Markham (Clem. R.):* A History of Perú (Chicago, 1892), pág. 210 y sig. *Lorente:* Historia del Perú bajo los Borbones (Lima, 1871), pág. 57 y sig., etc.

(4) *Mercurio Peruano* de Historia, Literatura y Noticias públicas que da á luz la Sociedad Académica de *Amantes de Lima,* Lima, 1791-95. 9 vols. en 4.º Sobre *D. Hipólito Unanue.* Vse. *Mendiburu:* Dic. Hist. Geo-, vol. VIII, pág. 158 y sig., etc.

(5) *Unanue (Joseph Hipólito):* Guía Política, Eclesiástica y Militar del Virreinato del Perú para el año 1794 (1795-96), 4 vols. con planos, etc.

mer número de la «*Gaceta de Lima*». *Gil de Taboada* creó é hizo dotar en el Hospital de San Andrés de Lima una cátedra de Anatomía, subvencionó la exploración de los tributarios del Amazonas y la publicación de la «*Flora Americana*», ordenó la construcción de un mapa general del Perú, fundó

La Capitanía general de Chile.

Fig. 198. — La primera Imprenta de Buenos Aires. (Museo Nacional).

una «*Academia Náutica*» y abrió, para la venta de cartas marítimas un "*Depósito Hidrográfico*". El Virrey *O'Higgins* inauguró (Septiembre 7, 1795) el *Tribunal del Consulado* (1).

8. — La *Capitanía General de Chile* dejó de depender del Virreinato del Perú en el año 1798 (15 de Marzo). Limitaba al Norte (24º 50') y al Este con el Virreinato del Río de la Plata y al Sur y al Oeste con el Océano Pacífico. Estaba dividida en dos provincias ó *Intendencias (Santiago y Concepción)* separadas entre sí por el Río Maule, y subdivididas (1808) en 22 partidos. La población, al comenzar el siglo XIX, era de 500.000 habitantes. Las

(1)   Vse. *Markham*: Colonial Hist. of South America en *Winsor* N & C, H. of Aca., vol. VIII, pág. 310 y sig. *Lorente:* Op. cit., pág. 114 y sig. *Coroleu:* Op. cit., vol. II, cap. XIII-XVII, pág. 49 y sig. *Dawson:* Op. cit., vol. II, pág. 58 y sig. *Frezier (M.):* Relation du Voyage de la Mer du Sud aux cotes du Chily et du Perou, etc. (1712-1714); París, 1732; pág. 15 y sig. *Sobreviela (M.)* y *Barceló (Narciso J.):* Voyages au Perou faits dans les années 1791-94, etc. (París, 1809). vol. I, pág. 45 y sig. Vol. II, pág. 104 y sig., etc. *Mendiburu:* Dic. Hist. Geog., vol. I, pág. 53 á 428. II, pág. 22 á 490. III, 35 á 335. VI, pág. 3 á 574. VIII, 22 á 294, etc., etc. *Torrente:* Op. cit. I, pág. 30. *Carlos Calvo:* Anales Históricos de la Revolución de la América Latina, etc. (París, 1864), vol. I. Int. fol. XXI-LIII y Cuadros Estadísticos n.º 1 á 8 12 á 14, fol. CXII-CXXIV, etc., etc.

principales ciudades de esta Capitanía eran la capital, *Santiago*, con 30.000 habitantes; la *Concepción*, que seguía en importancia (5.000); la *Serena*, al Norte; *Valparaíso*, como puerto comercial, y *Valdivia*, al Sur, como puerto militar. El aspecto general de estas ciudades era triste y monótono, y en general su población vivía vida durísima y misérrima.

La fuente de recursos más abundante de la *Capitanía General de Chile* eran sus ricas minas de cobre. El trigo se cultivaba en todo el territorio. La ganadería é industrias deri-

Fig. 199.--Retrato y firma de Carlos III.

vadas proporcionaban pingües provechos. La „*Ordenanza del Comercio libre*„, del 1778 (Vse. Cap. V), favoreció decididamente el antes mezquino tráfico de Chile. Sus vías mercantiles eran cuatro: *la del Perú*, por el Pacífico; *la de Buenos Aires*, por la Cordillera; *la de España*, por el Estrecho de Magallanes, y *la del Contrabando,* por este mismo estrecho y el Cabo de Hornos, que vinculaba los mercados del Pacífico con los Franceses, Ingleses, Holandeses, etc.

La *autoridad eclesiástica* en Chile estaba representada por los Obispados de *Santiago* y la *Concepción,* que mantenían algunos seminarios *(Consistorio Carolino,* etc.) *Santiago* tenía notable *Universidad (San Felipe)* y varios colegios. El ilustre patriota *D. Manuel Salas* logró fundar una especie de Instituto Comercial llamado *Academia de San Luis,* establecer un hospicio, é introducir en su país nuevas industrias.

El laborioso y fecundo gobernante *D. Ambrosio de O'Higgins* (1788-96) instaló el *Tribunal del Consulado,* cuya acción fué beneficiosa para la colonia (1).

Fig. 200.
El patriota chileno D. Manuel Salas.

El Virreinato del Río de la Plata. 9. — La privilegiada situación geográfica de los territorios Argentinos (2) determinó al monarca *Carlos III,* deseoso de diri-

(1) Vse. *Barros-Arana:* Hist. de Chile, vol. VII, cap. XVI-XVIII-XXIV-XXV-XXVI, pág. 5 y sigs. con sus acertadas notas y referencias, y como resumen sintético el de *Luis Galdames* (Estudio de la Hist. de Chile), vol. I, pág. 266 y sig. Es, á mi juicio, este Compendio de *Galdames* uno de los más útiles, exactos y bien ordenados de los muchos que conozco en América del Sur. Es de lamentar que la pobreza de la edición que tengo á la vista (1906) y la falta de notas y Bibliografías, etc., haga desmerecer su gran valor educativo.

(2) Vse. sobre este punto á *E. Churchill Semple.* Op. cit., pág. 84-146-259-279-312-347-625, etc.

mir definitivamente las cuestiones de límites con las colonias Portuguesas, á crear (1776) el *Virreinato del Río de la Plata*,

fijando sus divisiones administrativas por las Ordenanzas de 1782 *(Intendentes)* y 1783. Se extendía este Virreinato desde los 35º á los 10º de Latitud Sur; limitaba con el del Perú en el río Desaguadero, y con los portugueses en la línea disputada de las fronteras del Brasil. Estaba dividido en *ocho Intendencias,* cuatro *gobiernos* y varias *Comandancias* militares. Tenía (1790) una población aproximada de 800.000 almas (1).

Fig. 201.—El Virrey Vertiz.

El auto inmortal del *Virrey Ceballos* (Noviembre de 1777) y el famoso *Reglamento del Comercio libre* (1778) que lo ratificó, iniciaron el predominio comercial de Buenos Aires en la América del Sur. Merced á estas franquicias, la antes olvidada y primitiva ciudad platense, llegó á ser importantísimo mercado colonial, cabeza de línea para la

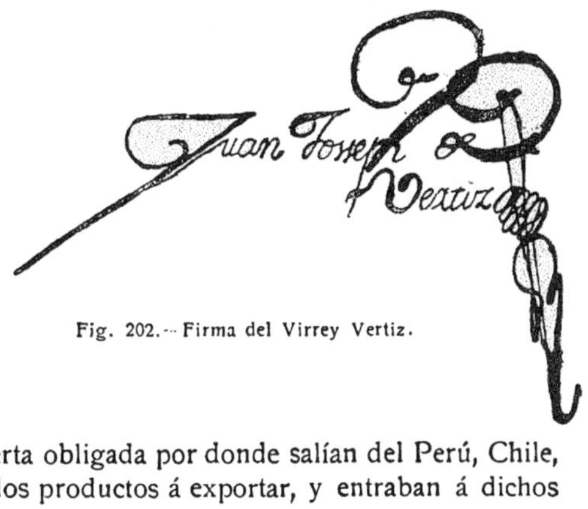

Fig. 202.—Firma del Virrey Vertiz.

Metrópoli y puerta obligada por donde salían del Perú, Chile, Paraguay, etc., los productos á exportar, y entraban á dichos

---

(1)   Vse. *J. J. Biedma:* Atlas Hist de la Rep. Argentina. Lámina IX y su explicación (Río de la Plata, 1776-1810).

reinos los cargamentos que llegaban al Río de la Plata de los puertos declarados libres (1778) en España y sus Indias. Á

Fig. 203.— Retrato y firma de D. José de Gálvez.

principios del siglo xix el comercio de *importación* del Virreinato (comprendido el contrabando) ascendía á 3.500.000 pesos oro, y á 7.000.000 el de exportación (1).

Estos rápidos progresos mercantiles sorprendieron á Buenos Aires con escasos elementos de cultura. Según el censo de 1778 tenía apenas 12.000 habitantes en la ciudad y 24.000 en el campo. Su urbanización era deficientísima. El ilustre *Virrey Vertiz* se preocupó de mejorarla. Ordenó la construcción de aceras, estableció el alumbrado público, fundó un teatro *(Casa de Comedias)*, varios hospitales, un

(1) Vse. *Calvo*. Au. Históricos, etc. Int., pág. CXXVIII y sigs. *M. Pelliza:* Hist. Argentina (B. A., 1910), vol. I, cap. VI. *Bartolomé Mitre:* Hist. de Belgrano (B A., 1887), vol. I, pág. 51 y sig. y sus preciosas referencias. *Moses:* Spanish Rule, pág 188 y sig., etc., etc.

„Hospicio de mendigos„, un *„Asilo de Expósitos„* y una *„Casa de Huérfanos„*. Con los bienes confiscados de Real orden á los Jesuítas (1768) creó y dotó también el célebre *Colegio de San Carlos* (1).

Las ciudades del interior del Virreynato, ricas ya en los si-

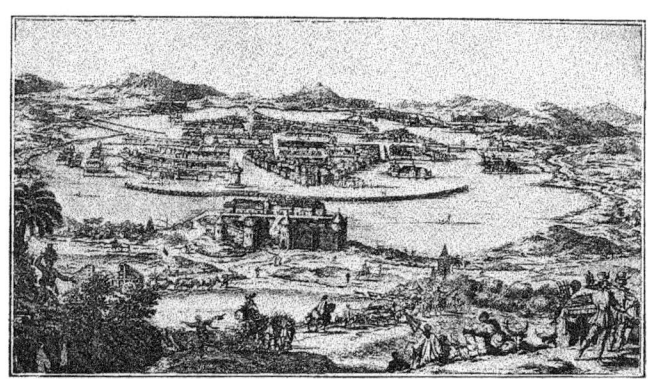

Fig. 204.—Méjico en el siglo XVII.

glos XVI y XVII, siguieron progresando. *Córdoba,* la ciudad colonial por excelencia, tenia una *Universidad* (fundada en 1614 por el celoso prelado *Trejo de Sanabria)* de tan alto rango é importancia en su época como el de las de Méjico y Lima (2). Las escuelas de *Salta del Tucumán* nada tenían que envidiar á

(1) Coll. *Mata Linares* (Real Ac. de la Historia), vol. LIII. Ms. Relación del Virrey *Vertíz.* Marzo 12-1784 (Pda. por *Trelles* en la Rev. del Archivo de Buenos Aires). *Idem,* vol. LIV. Colegio B. Aires, etc. *V. F. López:* Hist. Argentina (B. A., 1883), vol. I. pág. 423 y sig. *J. M. Estrada:* Lecciones Hist. Argentina (Buenos A., 1898), pág. 278 y sig. *Juan Agustín García:* La Ciudad Indiana (B. A., 1900), pág. 65 y sig. *W. Parish:* Buenos Aires and the Provinces of Río de la Plata, etc. (London, 1852), pág. 39 y sig., etc. Sobre la relación de la capital y las provincias, etc. Vse. *Fco. Ramos-Mejía:* El Federalismo Argentino B. A., 1889), cap. II y sigs.

(2) *Juan M. Garro:* Bosquejo histórico de la Universidad de Córdoba (Buenos Aires, 1882), pág. 17 y sig. y sus Apéndices. *Moses:* South America on the Eve of Emancipation (Londres, 1908), pág. 58-143 y sigs. *Quesada (Vicente G.):* Virreynato del Río de la Plata. 1776-1810 (B. A., 1881), pág. 17 y sig.

las Peruanas. *Chuquisaca* era, desde mediados del siglo xvi, ciudad aristocrática y rica. En ella residía el *Arzobispo Metropolitano* del Virreinato, del que dependían seis sufragáneos.

Para completar su obra civilizadora favoreció *Vertiz* las exploraciones del territorio. *Don Juan de la Piedra* y *D. Francisco* y *D. Antonio de Biedma* recorrieron las costas del Sur, fundando el *Carmen de Patagones. Villarino* navegó el río Co-

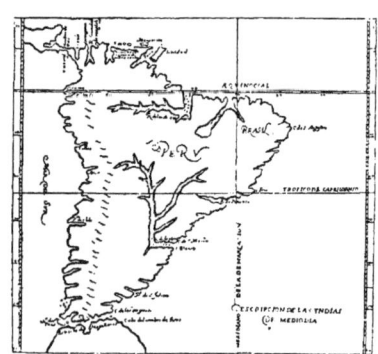

lorado, el Río Negro y el Limay; el intrépido misionero franciscano *Morillo* surcó el Río Bermejo desde Orán hasta Corrientes (1778-1785) (1). Instaló asimismo el *Virrey Vertiz,* en el *"Asilo de Niños Expósitos",* la Imprenta, hacía años abandonada, del Colegio de Montserrat de Córdoba. En 1801 apareció el *"Telégrafo Mercan-*

Fig. 205.—Las Indias del Mediodía, según *Herrera.* (Fines del siglo xvii).

til", fundado por *D. José A. Cabello,* y en 1802 el notable *"Semanario de Agricultura"* de *D. Antonio Cerviño* y *D. Hipólito Vieytes.* En ambas publicaciones colaboraron con seudónimos *Belgrano, Azcuénaga, Lavardén* y otros próceres Argentinos de inmortal renombre (2).

---

(1) Vse. *J. J. Biedma:* Atlas. Hist. Arg. Lámina VIII. Id. Crónica del Río Negro (B. A., 1905), cap. I-II-III, pág. 29 y sigs. etc., etc.

(2) Sobre el «Semanario de Agricultura, Industria y Comercio» (1802-1807 · B. Aires – 5 vols.) y el «Telégrafo Mercantil Rural, Político, Económico é Historiógrafo del Río de la Plata» (Abril 1801 á Octubre 1902). Vse. *J. M. Estrada.* Lecc. Historia Argentina, vol. I, lec. 8.ª, pág. 249 y sig. Sobre la Imprenta en el Río de la Plata. Vse. *J. T. Medina:* La Imprenta en la América Española, 3.ª pte. Río de la Plata (Anales Museo de la Plata-La Plata, 1892), pág. 5 y sig. y sus notas. Sobre la Imprenta de Niños Expósitos en especial, Vse. *J. T. Medina,* en la Revista «Museo Histórico» (B. Aires, 1893), tomo II, pág. 59 y sig. con sus notas, etc., etc.

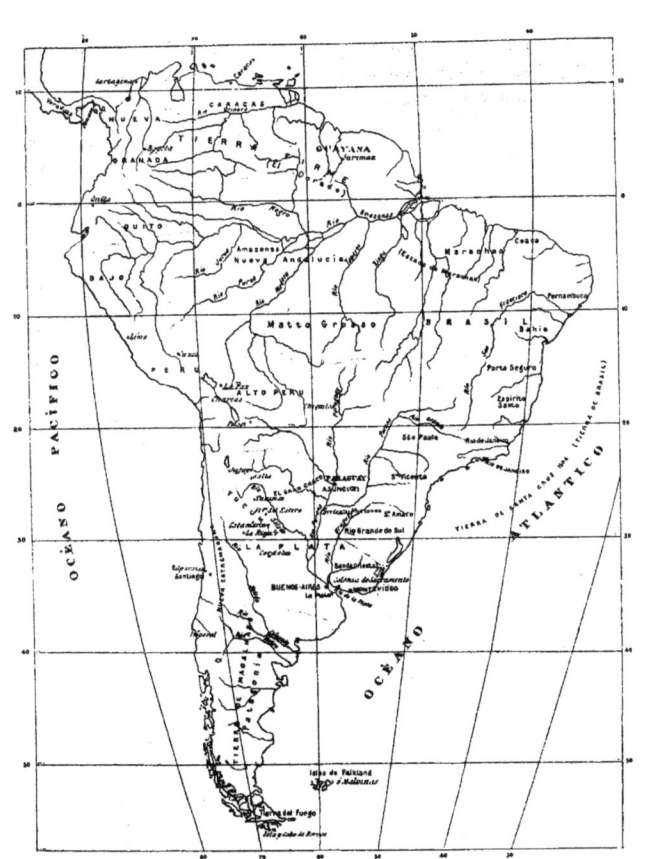

AMÉRICA DEL SUR.—SIGLO XVII Á XVIII

, 10. – El exterminio de la raza indígena, reemplazada de insuficiente modo por los esclavos africanos, detuvo la prosperidad y desairollo de la celebérrima *Isla Española*. En 1630
los corsarios de la isla de la Tortuga, establecieron en dicha isla
una pequeña colonia francesa que, protegida por *Richelieu,*
fué creciendo paulatinamente. La *Paz de Ryswick* (1697) la
reconoció oficialmente y un *Tratado de Límites* posterior
(1776), fijó la demarcación entre la parte francesa y la parte
española de la Isla. Dependía esta última del Virrey de la Nueva España, y tenía en la hermosa ciudad de *Santo Domingo,*
su *Audiencia* y su *Arzobispado.* El censo (1785) arrojaba
142.000 habitantes. En 1795, y de acuerdo con lo pactado en la
Paz de Basilea (1793), España cedió á la República Francesa
sus dominios en Santo Domingo. Como consecuencia de tal
cesión, cerca de 12.000 familias españolas se trasladaron con
sus bienes á *Cuba,* que fué desde entonces el centro del gobierno castellano en las Antillas (1).

Las últimas décadas del siglo XVIII presenciaron en la Isla
de Cuba rapidísimos progresos. Merced al célebre *Reglamento
del Comercio Libre* y á la Ordenanza de 1790, que permitió
ampliamente el tráfico de esclavos negros, convirtióse el puerto
de la *Habana* en importantísimo centro comercial, engrande-
ciéronse las demás ciudades de la isla y extendieron el área de
cultivo sus riquísimos ingenios. En 1791 tenía la colonia
280.000 habitantes y un movimiento comercial en café, caña
de azúcar, cacao, añil, etc., que ascendía á 40.000.000 de pesos
fuertes.

El *Arsenal* de la Habana era muy importante. En 1785
proveyó á la Armada española de numerosas embarcaciones,

---

(1) Vse. *Coroleu:* op. cit. Vol. III. pág. 75 y sig. *P. E. Charlevoix.* Histoire de
L'Isle Espagnole ou de S. Dominique, etc. (París, 1750). Vol. II, pág. 21 y sig. *He-
rrera.* Desc. Gen. de las Indias Occidentales, etc. Vol. I, pág. 6 y sig. *Baron de
Wimpffen:* Voyage á Saint Domingue pendant les années, 1788-1790 (Paris, 1792).
Vol. I, pág. 41 y sig. Vol. II, pág. 9 y sig. *Sir James Barskett y Placide Justin:* Hist.
Politique et statistique de L'Ile D'Hayti, etc. (París, 1826). Libros II y III, pág. 54
y sigs , etc., etc.

entre ellas el famoso navío de guerra «*Santísima Trinidad*» (112 cañones), que fué en su tiempo formidable. En 1774 la Habana tenía 75.000 almas.

Completó en Cuba la obra liberal y civilizadora de *Carlos III*, el brillantísimo gobierno del Capitán General *D. Luis de las Casas* (1790-96), iniciándose el progreso intelectual y social de la isla, con el Oidor Mejicano *D. Juan Pablo Valiente*, creador de la *Hacienda Cubana*, con el ilustre Con-

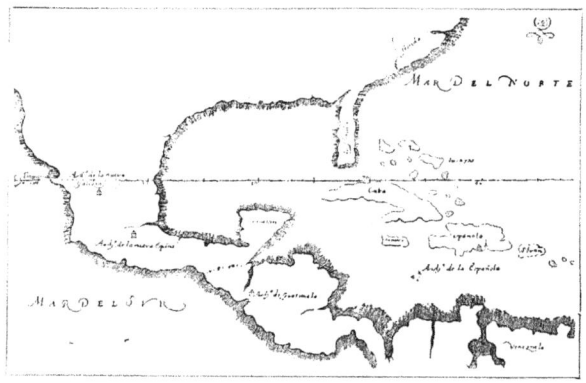

Fig. 206.—Mapa de las Indias del Norte, según *Herrera* (siglo xvii).

sejero de Indias *Arango y Parreño*, y sobre todo, con la fundación (Enero 2, 1793) de la insigne *Sociedad Económica de Amigos del País*, centro de elevada cultura, en el que *Las Casas* y su sucesor el *Conde de Santa Clara* alentaban, para bien de la Isla de Cuba, sus más brillantes inteligencias.

En 1728 se había fundado la Universidad de la Habana, y años más tarde el histórico *Colegio de San Carlos* (1773) cuyo plan de instrucción secundaria (1794), formulado por la mencionada *Sociedad Económica,* con espíritu amplio y moderno, proporcionó á Catedráticos tan ilustres como *D. Félix Varela* y *D. José Antonio Saco* ocasión de enseñar á los Cubanos *á pensar por sí mismos,* y á prescindir de antiguos prejuicios y perniciosas disciplinas escolásticas (1).

(1) *José M. Félix de Arrate.* Llave del Nuevo Mundo, antemural de las Indias Occidentales. (Ed. *Cowley.* Tres primeros historiadores de Cuba. Habana, 1876-77). Vol. I, pág. 312 y sig. *José Antonio Valdés* Hist de la Isla de Cuba, etc (Ed. *Cowley* citada Vol. III), pàg 227 y sig. *Jacobo de la Pezuela.* Ens. Histórico de la Isla de Cuba (New-York, 1842), pág. 188 y sig *Humboldt.* Ensayo Político·de la Isla de Cuba (Trad. *López Bustamante.* París, 1840), pág. 23 y sig. *P. J. Guiteras.* Híst. de la Isla de Cuba. (New-York, 1865-66) Vol. II, pág. 5 y sig *Richard Davey.* Cuba Past and Present (New York, 1898), pág. 18 y sig. *Dr. F. Carrera y Justiz.* Int. á la Hist. de las Instituciones Locales en Cuba (Habana, 1905). Vol. II, pág. 127 y sig. y sus referencias, etc., etc. Sobre la historia de la educación en Cuba, véase en especial la Memoria del comisionado *R. L. Packard* (Education in Cuba, etc.) que estracta el sabio Cubano *D. Gonzalo Quesada* en su admirable libro Cuba. (Int. Bureau of the Am. Republics. Washington, 1905). Cap. XIV, pág. 266 y sig. En la mencionada obra de *Quesada* hay una rica y bien ordenada Bibliografía de las islas de Cuba, Puerto Rico, etc. Cap. (XVII, pág.315 y sig.)

CUESTIONARIO

1. – ¿Qué extensión y qué población aproximada tenía la España del Siglo XVI?

2. – ¿Qué hicieron los castellanos en un siglo en América?

3. – ¿Cómo estaban divididas las colonias españolas á fines del siglo XVI?

4. – ¿Qué influencia tuvo el ambiente y el medio físico en la creación de Virreinatos y Capitanías Generales?

5. – ¿Cuáles eran los Virreinatos y Capitanías Generales existentes al principiar el siglo XIX?

6. – ¿Qué extensión tenía el Virreinato de Méjico, y cómo estaba dividido?

7. – ¿Qué establecimientos notables tuvo el Méjico Colonial?

8. – ¿Cuándo se introdujo la Imprenta en Méjico y qué periódicos se publicaron en el Virreinato?

9. – ¿Qué territorio comprendía Guatemala y cómo estaba dividida?

10. –- ¿Qué vicisitudes atravesó la ciudad de Santiago de Guatemala?

11. – ¿Qué territorios comprendía el Virreinato de Nueva Granada, y cómo estaba dividido?

12. – ¿Qué importancia tuvieron los puertos de este Virreinato?

13 – -¿Cómo influyeron en la cultura Neo-Granadina don José Celestino Mutis y D. Francisco José de Caldas?

14. – ¿Qué periódicos se publicaron en este Virreinato?

15. –¿Qué territorios comprendía la Capitanía General de Venezuela y cómo estaba dividida?

16. – ¿Qué ventajas proporcionó á Venezuela la acción de la Real Compañía Guipuzcoana?

17. – ¿Cuáles eran los límites del Virreinato del Perú á fines del siglo XVIII, y cómo estaba dividido?

18. – ¿Cuáles eran las principales fuentes de riqueza de este Virreinato?

19. –¿Qué importancia tenía la ciudad de Lima, y cómo influyeron sus hombres en la cultura Sud Americana?

20. – ¿Cuáles eran los límites (1798) de la Capitanía General de Chile, y cómo estaba dividida?

21. – ¿Qué influencia tuvo en la prosperidad de Chile el Reglamento del Comercio Libre del año 1778?

22. – ¿Cuáles eran los límites, divisiones, ciudades principales, etc., del Virreinato del Río de la Plata á fines del siglo XVIII?

23. – ¿Qué beneficios produjo al Virreinato del Río de la Plata el Gobierno del Virrey Vertiz?

24. – ¿Cuál era el estado, población, comercio, etc., de la Isla de Cuba á fines del siglo XVIII?

25. -- ¿Qué influencia tuvo en la cultura Cubana la «Sociedad Económica de Amigos del País», y qué tiene de notable el «Plan de Estudios Secundarios» que formuló en 1794?

REFERENCIAS

Véanse las de los Capítulos anteriores y las relacionadas en el Capítulo VI de este Título.

CAPÍTULO II

LA POLÍTICA INDIANA

1. El Rey.—2. El Consejo de Indias. - 3. La Casa de Contratación. —4. Los Virreyes. —
5. Las Audiencias. —6. La Hacienda Real. — 7. Los Cabildos. — 8. La corrupción
administrativa.

El Rey.   1.—Desde fines del siglo xv la monarquía española fué *absoluta, patrimonial* y *hereditaria.* Aunque nos parezca extraño y paradógico, los brillantes y repetidos ataques filosóficos á la absurda teoría política del *derecho divino* de los reyes, no hicieron hasta fines del siglo xviii franco camino en los espíritus y tardó mucho en ser popular la inconcusa doctrina de la *soberanía del pueblo* (1). Los soberanos españoles se creían, pues, de *institución divina;* toda ley era concesión de su voluntad; todo organismo politico existia sólo por su beneplácito, y únicamente ante Dios eran responsables de sus actos. El pueblo les debía *obediencia pasiva* y era *pecado gravísimo* la resistencia á sus mandatos (2).

Este carácter *patrimonial* y *cesarista* de la monarquía española facilitó la aceptación durante siglos de la *máxima fundamental* de la *Política Indiana,* á saber: que las llamadas Indias Occidentales estaban sujetas *directamente* al rey por formar *parte integrante de sus dominios hereditarios.* La célebre bula

---

(1)   Vse. *Mariana, S. J.:* Del Rey y la Institución Real (1599), I, pág. 8 y sig. *Suárez:* Tractatus de Legibus ac Deo Legislatore, 1613 (Ed. Nápoles, 1872), III, cap. IV-VI-IX, etc. Comp. *J. Neville Figgis:* The theory of the divine rights of Kings (Cambridge, 1896), pág. 5 y sigs., y el precioso tratado de *W. A. Dunning* History of Political Theories (*Luther to Montesquieu);* New-York, 1905; pág. 46 á 152, etc., y sus bibliografías y referencias. Vse. también á *Frazer:* Golden Bough, pte. I (Magic Art and the evolution of Kings), vol. I, pág. 50-216, etc., etc.

(2)   *Neville Figgis:* Op. cit., pág. 5 y sig. *Altamira:* Hist. de España, vol. III, pág. 245 y sig.; y IV, pág. 149, donde extracta las instrucciones de Luis XIV de Francia á Felipe V. *Julián Juderías:* España en tiempos de Carlos II (Madrid, 1912). Lib. IV, I, pág. 233 y sigc. y sus notas y referencias.

del Papa *Alejandro VI,* precario título en que fundaban los monarcas españoles su derecho á las Indias, concedió el dominio y jurisdicción de las mismas á los *Reyes Católicos y sus sucesores,* y no á la Nación Española. Méjico, Perú, el Río de la Plata, etc., eran á modo de *reinos unidos* al de España, y no colonias propiamente dichas. El rey era el *propietario absoluto,* el único *superior político* de sus dominios indianos (1).

2. — Para gobernarlos nombró al principio comisionados especiales *(Fonseca, Vega, Vargas, Gatinaza,* etc.) pertenecientes ó no á su *Consejo de Castilla.* El desarrollo de los descubrimientos hizo, sin embargo, necesaria la creación de organismos administrativos nuevos *é independientes* de los Consejos, Cancillerías y Tribunales ya establecidos en la

El Consejo de Indias.

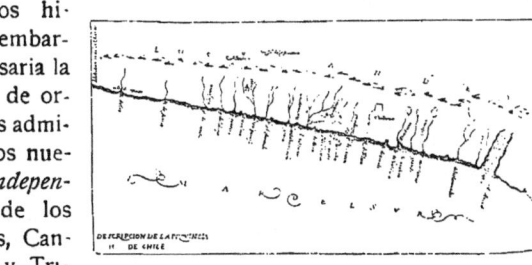

Fig. 207.—La provincia de Chile, según *Herrera* (Fines del siglo XVII).

metrópoli. El primero y más notable de estos agentes auxiliares del real absolutismo, fué el llamado *„Consejo Real y Junta de Guerra de Indias„* iniciado por *Fernando el Católico,* establecido formalmente (2) por *Carlos V* (15 24) bajo la presiden-

(1) Vse. *J. Solórzano Pereyra:* Política Indiana (Ed. Española. Madrid, MDCXLVIII), lib. I, cap. IX-XII, fol. 36 y sigs Comp. *Bourne:* Spain in América, cap. XV, pág. 220. *Moses:* Spanish Rule, etc., cap. II, pág. 17. *Robertson:* Hist. América, lib. VIII, t. IV, pág. 89 y sigs. *J. M. Estrada:* Lecc. Hist. Argentina, lec. 5.ª, pág. 158. *Recop.:* Lib. III, tít. I, ley I, etc., etc.

(2) Vse. *Herrera:* Hist. Gen. Dec. I, lib. VII, cap. I; lib. X, cap. VI. Dec. II, lib. II, cap. XX. Dec. III, lib. VI, cap. XIV. *Solórzano:* Pol. Indiana, lib. V, cap. XV (oficios y beneficios), XVI (funciones legislativas), XVII (judiciales), XVIII (Junta de Guerra), fol. 892 y sig. *Recopilación Leyes de Indias:* Lib. II, tít. II, ley I, vol. I, pág. 152. *Altamira:* Op. cit., vol. III, pág. 317 y sig. *W. Roscher:* Spanish Colonial System (Trad. *Bourne.*—N. York, 1904), pág. 25 y sig. y sus referencias. *Bancroft:* Central América, vol. I, pág. 280, nota 13, etc., etc.

cia de *García de Loaysa,* y definitivamente organizado años más tarde (1542). Tenía el *Consejo de Indias* autoridad *privativa y suprema* en todos los ramos del gobierno de América. Residía en la Corte, y todos sus miembros debían ser personas „apro-

Fig. 20S.—El Rey Felipe III *(Velázquez).*

badas en costumbres, nobleza y limpieza de linaje, temerosos de Dios y escogidos en letras y prudencia„ (1). Sus deliberaciones eran secretas y sus juicios decisivos y sin recurso. Toda persona empleada en las Indias, sin excepción de los Virreyes, estaba sujeta á sus resoluciones. Era una corporación *legislativa* en cuanto consultaba, formulaba y despachaba las leyes, pragmáticas, cédulas reales, etc., que juzgaba convenientes para el mejor estado y aumento de las Indias. Era un *poder ejecutivo* en cuanto proponía y nombraba personas idóneas para los ministerios eclesiásticos y seculares de América, cuidaba de la conversión de los indios (2), velaba celosamente por los intereses de la *Real Hacienda* y prevenía y proveía el despacho y

---

(1) *Recopilación:* Ley I, lib. II, tít. II.
(2) «Que el principal cuidado del Consejo sea la conversión de los indios y pone ministros suficientes para ello.» Ley VIII, lib. II, tít. II. Recop. Indias.

organización de las flotas, armadas, expediciones bélicas (*Junta de Guerra*) y colonizadoras, destinadas al Nuevo Mundo. Era, por fin, un tribunal *judicial* en cuanto conocía en grado de apelación de todos los pleitos de cierta importancia, entablados en las *Audiencias, Casa de contratación, Consulados*, etc.; en los de *residencia* de las autoridades civiles y en algunos recursos *(fuerzas)* de las eclesiásticas. La *jurisdicción* del *Consejo de Indias* se extendía, pues, sobre medio mundo, y era absoluta en mares y tierras. Hasta el Papa mismo vióse forzado á reconocer su autoridad. Las bulas, breves, etc., que dirigía á las cristiandades Indianas debían pasar por el *Consejo* antes de promulgarse en América.

Fig. 209 —D. Antonio de Ulloa.

Tenia, además, el Consejo ricos *Archivos* donde debían guardarse cuantos manuscritos é impresos tratasen de cosas de Indias; un *cronista* que estaba obligado á escribir la historia natural y política de América, y un *cosmógrafo* que calculaba eclipses, labraba cartas y fijaba derroteros (1).

La multitud de acuerdos y decisiones que, merced á su acertada organización interior tomaba el Consejo, *„lentamente, pero*

___

(1)   Sobre el *Cronista del Consejo de Indias* Vse. lib II, tít. XII, leyes I-II-III-IV de la Recopilación sobre el *Cosmógrafo* y sus obligaciones. Vse. lib. II, tít. XIII, ley I á VI y Comp. lib. IX, tít. XXIII, leyes V á XII, y las XIX y XXII; y sobre el *Archivo* Vse. lib. II, tít. II, leyes LXVII-LXVIII-LXIX-LXX, "que se procure (dice la Ley LXVIII) que en el dicho Archivo se guarden todos los libros que hubieren salido y salieren... que traten de materias de Indias... así impresos como manuscritos", etc.

sin descanso", fueron poco á poco formando la monumental *"Recopilación de las Leyes de los Reinos de Indias"*, admirable y minuciosa suma legislativa que, prescindiendo de su criterio absolutista y sus errores económicos, peculiares de los siglos en que se redactó, es, sin duda, por su amplio humanitarismo, muy superior á cualquiera de los códigos similares de las colonias francesas, inglesas, etc., en las Indias Orientales y Occidentales (1).

Los afanes centralizadores del llamado *"despotismo ilustrado"*, de Carlos III y sus ministros, restaron facultades é importancia al todopoderoso Consejo Indiano de *Felipe II* y sus sucesores inmediatos. Las *Cortes de Cádiz* le dieron el golpe de muerte (Abril 17, 1812), y aunque Fernando VII intentó restablecerlo (1814), vivió lánguidamente hasta su definitiva abolición en las Cortes del 1834 (2).

La Casa de Contratación.

3.—Para la *gestión inmediata* y el manejo *práctico* de los asuntos económicos de las colonias crearon los reyes la *Casa de Contratación*, subordinada al *Consejo de Indias*: La potestad y jurisdicción de dicha *Casa* era limitada en cuanto al territorio, y suprema en lo referente al comercio de Indias, Berbería, las Canarias, etc. Fué establecida en Sevilla (1503) con

---

(1) Los límites de mi Compendio no me permiten historiar las interesantes vicisitudes de la formación de este magno Código Indiano durante dos siglos. Su compilación definitiva débese en gran parte al insigne y laborioso polígrafo *D. Antonio de León Pinelo*, que lo presentó completo (1634) al Consejo de Indias, siendo revisado por *D. Juan Solórzano Pereira* (Vse. Pol. Ind, fol. 1.038) y aprobado en 1636. En Mayo 18 de 1680, el Rey *Carlos II* le dió fuerza de ley (Vse. Ed. *Boix*, vol. I), ordenando se imprimiera un año más tarde. La primera edición se publicó en Madrid en 1681 (4 volúmenes); la quinta y última (4 volúmenes) apareció en el año 1841 (Ed. *Boix*). La Recopilación está dividida en 9 libros, de 8 á 46 títulos cada uno. El tomo IV (Ed. 1841) lleva un *Indice General Alfabético* completísimo. Para las leyes posteriores á la fecha de la Recopilación (1681) pueden consultarse las notas é *Indice Cronológico* de la edición citada del 1841, el Teatro de la Legislación Universal de España é Indias, de *D. Antonio J. Pérez y López* (28 vols.—Madrid, 1791-98), etc., etc. Vse. *Bancroft:* Central América, vol. I, pág. 285, nota 14.

(2) Vse. *Bancroft:* Op. cit., pág. 286. *Altamira:* Hist. España, vol. IV, pág. 198. *Lafuente:* Hist. de España, lib. X, cap. XIX, etc., y para el más amplio conocimiento del origen, mecanismo legislativo, facultades, etc., del Consejo, las leyes del lib. II, tít. I á XIV de la *Recopilación*, vol. I, pág. 145 y sigs. *Bourne:* Op. cit., pág. 224 y sigs., etc., etc.

edificio proporcionado á sus funciones y amplios almacenes „para poner en recado el oro, plata, joyas y otras cosas que venían de Indias„ (1). Su organización obedecía al deseo de establecer el comercio de América sobre la base del más *rígido y exclusivo monopolio*. Era una especie de *Mayordomía ó In-*

Fig. 2J0.—El Rey Felipe IV *(Velázquez)*

tendencia del real patrimonio del Nuevo Mundo. Tenía un presidente, un tesorero, un fiscal, tres jueces oficiales *(Cámara de Gobierno)*, tres jueces letrados, un auditor *(Cámara de Justicia)* y varios oficiales inferiores. Era particular misión de los *jueces oficiales* el despachar las flotas y armadas que iban á

(1)   *Solórzano:* Pol. Indiana, lib, VI, cap. XVII, fol. 1.037 y sig. *Recop.*: lib. IX, tit. I, ley 1.*Bancroft:* Central América, I, pág. 281, nota 13. *Veitia Linaje:* Norte de Contratación, etc. (Sevilla, 1672), fol. 5 y sigs. *Moses:* Spanish Rule, etc., cap. III, pág. 28 y sig. *Prescott:* Ferdinanda Isabella II, pág. 491. *Navarrete:* Viajes, II, pág. 285, etc., etc.

Indias y el inspeccionar las que volvían, haciéndose cargo de sus tesoros, apartando, custodiando y liquidando cuidadosamente *la parte del rey* y distribuyendo el resto á sus dueños legítimos. La autoridad de la *Casa de Contratación* alcanzaba á todas las personas empleadas en el comercio con América (dueños, capitanes, maestros de naos, etc.), sin exceptuar á los Almirantes de las flotas (1). Los *jueces letrados* de la *Casa* conocían *privativamente* de las causas criminales por violación de las Ordenanzas comerciales y de todos los delitos (hurtos, pérdida intencional de navíos ó mercancías, hechos de sangre, etc.) cometidos en la carrera de las Indias. En los negocios de particulares, contratados en América, quedaba á elección del demandante pleitear ante los jueces letrados de la *Casa*

Fig. 211.—Palacio de un Virrey en Lima.

(1)   *Recop.*: Lib. IX, tít. I, ley XXII-I.VI á LXVI, etc. *Veitia Linaje:* Op. cit., pág. 45 y sig. Lo que tocaba al rey debía guardarse precisamente „en un arca.ó tesoro de tres llaves de diferentes guardas y hechuras", etc. (Ley XLIX, tít. I, lib. IX, Recop.). *Bourne:* Op. cit., pág. 222 y sus notas, etc., etc.

de Contratación ó ante las justicias ordinarias del reino. Las decisiones de la *Casa* en asuntos de mayor cuantía eran apelables ante el *Consejo de Indias*. Los bienes de las personas fallecidas en las colonias, ó en los viajes á las mismas, eran custodiados por el Tesorero de la *Casa* hasta su entrega á los herederos del difunto. Si los tales bienes no eran reclamados en dos años se confiscaban en beneficio de la Real Hacienda (1). Otro de los oficiales de la *Casa* tenía el cargo de „*Correo Mayor*" de Indias y estaba obligado, mediante *arancel* fijo, á hacer llegar á su destino no sólo los despachos oficiales sino la correspondencia particular entre España y sus Indias. Esta correspondencia era *libre* y *sin impedimentos,* y ninguna persona eclesiástica ni secular podia abrir ó detener las cartas de particulares bajo penas severísimas (2). En 1552 estableció la *Casa* una cátedra de Cosmografía. Todos los pilotos y maestres de nao estaban obligados á llevar un „*Diario de Navegacion*" detallado y á presentar al *Piloto Mayor* de la *Casa* una descripción precisa de todas las costas y puertos que tocaban en sus

---

(1)   *Recop.*: Lib. IX, tít. XIV, ley I á XXV. Los *bienes de difuntos* en las primeras décadas del siglo XVI eran cuantiosos, y los reyes tomaban de ellos, por vía de *préstamo forzoso,* lo que bien les convenía. En 1633 el rey había sacado de este fondo más de 500.000 ducados. Los verdaderos dueños de estos dineros no podian cobrarlos por estar casi siempre extinguidos los *bienes de difuntos* con los tales préstamos al monarca. Vse. *Moses:* Op. cit., pág. 45 y sig. Aun en vida de sus vasallos, creían los reyes tener derecho á apoderarse del oro que llegaba de Indias. Por Cédula 17 Setiembre 1538 *Carlos V* mandó tomar en Sevilla todos los tesoros que hubiesen llegado de América. Por orden de *Felipe II* la princesa gobernadora escribió á los Oficiales de la *Casa de Contratación* (Marzo 1.º 1557, que entregasen á su *factor general* "todo el oro é plata, etc., que tuvieran depositado... *asi para mi como para mercaderes é pasaieros é de bienes de difuntos...*" Y como los mercaderes de Sevilla prefirieran su oro á los bonos del rey, *que no se pagaban nunca,* protestaron de tan inicuo despojo y se hicieron entregar sus tesoros por los Oficiales de la *Casa*. Tanto *Carlos V* como *Felipe II* castigaron severísimamente á los honestos infractores de sus despóticas órdenes. Uno de los funcionarios de la *Casa* murió en la fortaleza de Simancas por el delito de entregar á sus legítimos dueños el oro llegado de las Indias! Vse. *Barros-Arana:* Hist. de Chile, II, pág. 244 y sus referencias.

(2)   Vse. *Recop.* Lib. IX, tít. VII, ley XI á XXIV, y muy en especial las leyes VI, VII y VIII, tít. XVI, lib. III, que patentizan (ley VIII) la incalificable conducta de algunos Virreyes, Oidores, Contadores reales etc., que abrían y leían las cartas de América que denunciaban sus abusos, etc.

viajes. Estos diarios y relaciones proporcionaron á los *Cosmó·grafos* de la *Casa* abundantes datos para sus trabajos geográficos, cartas de navegar, etc., etc. (1). Hasta fines del siglo xvii tuvo la *Casa de Contratación* grandísima impoitancia, que disminuyó con su traslado á Cádiz y la creación por *Carlos III* de Secretarios especiales para el gobierno de las Indias. Fué extinguida por decreto real del 18 de Julio de 1790 (2).

Los Virreyes. 4.—Para la organización y jerarquía de los funcionarios y

Fig. 212.—El Rey Carlos II.

tribunales residentes en América, adoptaron los monarcas españoles un criterio netamente *asimilista.* Quiso *Felipe II* que la forma y manera del gobierno de los reinos de Indias *se redujeran al estilo y orden con que se regían y gobernaban los de Castilla y León* (3). Celosísimo de su autoridad real, y temeroso de que á la distancia se debilitaran sus aureos prestigios, puso al frente de los reinos de Méjico y el Perú gobernadores de real porte y representación, con el título de *Virreyes.* Eran estos funcionarios

(1) Vse. *Recop*. Lib. IX, tít. XXIII, ley I á XXI. y en especial ley XXXVII. Vse. también *M. de la Puente y Olea*: Trabajos geográficos de la Casa de Contratación (Madrid, 1900), pág. 17 y sigs. y sus referencias.

(2) Vse. *Veitia Linaje:* Op. cit., pág. 89 y sig. *Altamira:* Hist. España, vol. IV, pág. 170 y sigs. *Bancroft:* Loc. cit. *Barros-Arana:* Op. cit., vol. IV, pág. 265 y sus notas. *J. M. Estrada:* Lecc. Hist. Argentina, lecc. V, pág. 156 y sig. y las notas y referencias del cap. V de este título, etc.

3) *Recop*. Ley XIII, lib., I, tít. II.

imágenes vivas de su monarca, *alter nos* de la realeza, que á mane: de Sátrapas Persas, Procónsules Romanos ó Legados *ad latere,* gozaban de las preeminencias de los reyes mismos (salvo las privativas de su persona), llevaban título de *"clarísimos"* y *"excelentísimos"* y eran escogidos entre los nobles más calificados de la corte Española (1). En Sevilla residían en los reales Alcázares, y se les recibía en las colonias con pomposas cere-

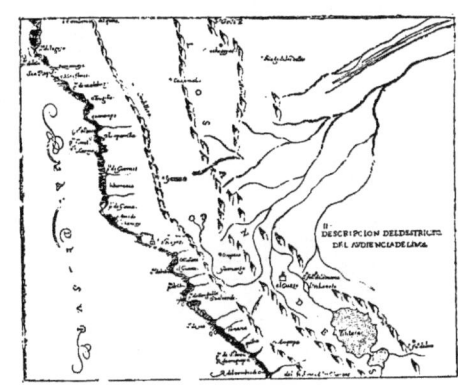

Fig 213.—Distrito de la Audiencia de Lima, según *Herrera* (Fines del siglo XVII).

monias y fiestas. Los *Virreyes* presidían las *Audiencias* de los territorios de su mando, eran *Capitanes Generales* de las fuerzas de mar y tierra, y podían, en general, hacer *todo lo que el Rey mismo hiciese,* caso de estar presente, en pró de sus vasallos Españoles, de la conversión de los Indígenas y de la buena administración del reino. No les era lícito entrometerse en las *materias y causas de justicia,* debían respetar *las leyes escritas* y huir del vicio de la elación y confianza en sus dictámenes, consultando los casos graves y procediendo siempre de acuerdo

---

(1) *Recop.* Lib. III, tít. XV, ley I y sig. *Solórzano:* Pol. Ind. Lib. V, cap. XII, pág. 860 y sig. *Bourne:* Op. cit., pág. 229 y sig. y sus notas. *Robertson:* Op. cit., vol. I, pág. 351. Aun en los desgraciados tiempos de *Felipe IV* y de los favoritos de la madre de *Carlos II* se procuraba elegir Virreyes de *buena casa y hacienda.* España trataba á las colonias como trata un padre viejo y débil al *hijo de quien espera alimento.* Vse. *Moses:* Eve of Emancipation, pág. 25 y sig. *A. de Ulloa:* Rel. Hist. del Viaje, etc. (Madrid, 1768), II, pág. XLIV y sig *Altamira:* Op. cit. III, pág. 309 y sig., etc.

con las Audiencias (1). Podían, sin embargo, encomendar Indios, proveer oficios civiles y religiosos (salvo los de nombramiento directo del trono) (2), ejerciendo el *Vice Patronato* eclesiástico, decidir por sí mismos las *materias de gobierno* y entender sumariamente en las causas de Indios y en las llamadas de *Visita,* contra Corregidores, Alcaldes, etc. Sus decisiones en

Fig. 214. — Palacio Real de Madrid.

estas causas eran apelables ante las *Audiencias*. Era obligación principalísima de los *Virreyes* la percepción y aumento de las rentas reales que manejaban como apoderados del monarca y *Superintendentes* de todos los ramos de Hacienda. Debían, además, entregar á sus inmediatos sucesores en el mando, relación detallada del estado en que dejaban el país de su gobierno (3).

(1) *Recop.* Lib. III, tít. III, leyes XXVI, etc. *Solórzano* (Op. cit., pág. 879) reproduce, como sintesis del respeto que debían guardar los Virreyes á la ley, el soneto, de *Argensola,* á un Virrey de Aragón:

"Pues tu gobierno, mi Fernando, imita
"Al de Dios en los orbes celestiales,
"Aunque excluya tal vez las judiciales
"Plumas, *venere la justicia escrita,* etc... "

(2) Vse. *Moses:* Spanish Rule, pág. 69 y sig. La ley I, tít. II, lib. V de la *Recopilación* expresa "in extenso" los gobiernos, corregimientos, etc., que eran de *provisión real.*

(3) *Bancroft:* México, I, pag. 464, etc. *Recop.* Lib. III, tít. III, ley I á L. Las relaciones de los Virreyes, valiosas fuentes de la Historia Colonial, pueden consultarse en *Liceo Mejicano* (Méjico, 1841); Documentos para la Hist. de México (Méjico, 1853-57), vol. I á XX, las de Méjico; en Memorias de los Virreyes (Lima, 1859), algunas del Perú; en *J. A. García y García:* Memorias Virreyes, etc. (N. York, 1869), las de Nueva Granada; en *Zinny:* Hist. de los Gobernadores, etc. I-XLVII y sig. alguna del Río de la Plata, y en los Archivos de la Ac. de la Historia (Coll. *Núñez)* y Documentos Adicionales, Museo Británico (Catálogo *Gayangos),* etc., etc.

ESTANDARTE REAL DE BUENOS AIRES EN 1605
(Museo Histórico Nacional de Buenos Aires.)

Para garantizar la imparcialidad de los *Virreyes,* ó acaso para evitar que adquirieran prestigios peligrosos, procuró la corte Española conservarlos desarraigados de sus Virreynatos y apartados del vivir de sus pueblos. Les estaba prohibido traer sus familias á América, tratar y comerciar, tener granjerías y labranzas, adquirir propiedades, visitar á los particulares, etc. (1).

Al terminar su mandato, que duraba tres años, eran sometidos los *Virreyes* á juicio de *residencia.* Todos estaban autorizados para acusar al residenciado ante los *Jueces Visitadores* designados al efecto. Debían estos últimos substanciar el juicio en el término de seis meses y elevarlo para sentencia al *Consejo de Indias.* Fuese por la cobardía ó venalidad de los Magistrados, por la influencia y poderío de los acusados, ó por otras razones, estos *juicios de residencia* rara vez tenían eficacia penal. El *Marqués de Montes Claros,* quinto Virrey del Perú, los comparaba "á los torbellinos que suele haber en plazas y calles, que no sirven sino de levantar el polvo y paja y otras horruras de ellas y hacer que se suban á las cabezas". Los *Virreyes* y demás funcionarios podían ser dispensados por el monarca del *juicio de residencia* (2).

5. – Otro de los diques legales contra los abusos de autoridad de los *Virreyes* estaba en las *Audiencias,* que eran á un mismo tiempo consejos ó *cámaras consultivas* de los mencionados Virreyes y Gobernadores, y altos tribunales de justicia. El número de los miembros *(Oidores)* de las *Audiencias* dependía de su categoría *(Reales ó Subordinadas).* La Audiencia Real de Méjico, por ejemplo, tenía ocho Oidores, cuatro Al-

Las Audiencias.

---

(1) *Recop.* Lib. III, tít. III, ley XXIV, etc. Lib. II, tít. XVI, ley LV, etc. *Ulloa:* Viaje Sud-América, II, pág. 52. *Idem.* Not. Secretas, pág 450 y sig. *J. M. Estrada:* Lec. Hist. Argentina, pág. 165 y sig Comp. *Mendiburu:* Dic. Hist. Perú, vol. III, pág. 238. *Moses:* Spanish Rule, pág. 86 y sig., etc., etc. *Zinny:* Gobernadores, I-XLVIII y sig., etc.

(2) Vse. *De Pons:* Op. cit., II. pág. 25 y sig. *Solórzano:* Pol. Ind., lib. V, cap. IX-X, pág. 822 y sig. *Helps:* Spanish Conquest, vol. III, cap. III, pág. 102 y sigs. y sus notas. *Roscher:* Loc. cit. *Recop.* Lib. V, tít. XV, ley I-II y sigs. Comp. *J. Agustín García:* Ciudad Indiana (B. A., 1900), pág. 273 y sig. *Alaman:* Historia Méjico. I, pág. 72 y sig., etc., etc.

caldes del Crimen, dos Fiscales, un Alguacil Mayor, etc. En su carácter de *Consejo consultivo,* deliberaban las *Audiencias* con su *Presidente* ó con el *Virrey* sobre materias administrati vas y de hacienda *(Acuerdo).* Las *Audiencias Reales* podian comunicar *directamente* con el monarca, y las subordinadas con los Virreyes. Si vacaba el Virreynato, asumían el gobierno los *Presidentes* de las *Audiencias* que eran los guardianes del *sello real* y habitaban en la casa de la Audiencia misma, donde debía estar "la carcel y Alcaide de ella y la fundición *(Casa de Moneda)* donde la hubiere„ (1).

Conocían las *Audiencias,* conforme á derecho, de los plei-

Fig. 215. –Ruinas de un palacio coloni_l.

tos civiles y criminales en primera instancia ó en ape- lación, según la cuantía de los mismos, y en determi- nados *juicios eclesiásticos,* pudiendo hasta imponer á los Prelados la pena de *temporalidades* y secues- trar los frutos y rentas de sus diócesis. Podían tam- bién detener las *Bulas* que consideraban atentatorias al *Patronato Real.* Los agraviados por las decisiones de los *Virreyes* podían apelar á las *Audiencias.* Si los dichos *Virre- yes* se excedían en sus facultades, debian las *Audiencias* llamar- les al orden „*sin demostración de publicidad*„ y, en caso de per- tinacia, escribir al Rey para que determinase lo conveniente. Cada tres años giraban los *Oidores* una visita de inspección á su distrito para indagar la conducta de los regidores y alcaldes, remediar malos tratamientos á los Indios, etc. Los *Oidores,* como los *Virreyes,* estaban social y comercialmente desvincu- lados del pueblo. No podían tratar ni contratar, tener casas,

(1) *Recop.* Lib. II, tít. XV, ley XIX. Sobre las cárceles, etc. Vse. también *Recop.* Lib. VII, tít. VI. ley I, etc.

huertas ó tierras, comprar más de cuatro esclavos, contraer matrimonio en sus distritos y hasta asistir á desposorios, bautizos ó entierros (1).

Dependían de las *Audiencias* los *Gobernadores*, *Corregidores*, *Alcaldes mayores*, etc., cuyas facultades, funciones y jurisdicción estaban especificadas y deslindadas en las Leyes de Indias (2).

Fig. 216.
Moneda de plata de Felipe IV (Perú, 1667).

6. — En los presupuestos españoles de los siglos XVI y XVII no se sabe qué admirar más, si el despótico afán. con que se esprimía al pueblo, ó la facilidad con que reyes pródigos y ministros rapaces dilapidaban los recursos conseguidos á costa de tantas vejaciones y miserias. El complicado y absurdo sistema rentístico de aquellos azarosos tiempos y sus odiosos privilegios y exenciones favorecían los escandalosos fraudes de ejecutores, proveedores, banqueros y asentistas. Las incesantes guerras de los Austrias agotaban las *Cajas Reales.* El oro de América, *„nervio y espíritu*, dice ingenuamente una ley (3), *que da vigor y ser al real estado„*, era, por tanto, esperado con ansia. Los gobernantes españoles „se pasaban el tiempo

La Hacienda Real.

Fig. 217.—Moneda de plata de Carlos V (Méjico 1535).

(1) *Recop.* Lib. II, tít. XVI, ley I á XCVIII, etc. *Solórzano:* Pol. Ind., lib. V, cap. IV, pág. 776 y sig. Sobre ensayo, fundición y marca del oro y la plata y Casas de Moneda. Vse. *Recop.* Lib. IV, tít. XXII-XXIII. leyes I á XVII y I á XXIII, etc.

(2) *Recop.* Ley I á LII, tít. II, lib. V, Leyes I á CLXXXIII, lib. II, tít. XV. Leyes I á XXV, lib. II, tít. XXXI. *Solórzano:* Pol. Indiana, lib. V, cap. III á XII, pág. 762 á 849, etc. *Bourne:* Op. cit., pág. 232 y sig. y sus notas. *Moses:* Spanish Rule, pág. 68 y sigs. y sus referencias. *Bancroft:* México, II, pág. 328. III, 516, etc. *Item.* Central América. I, pág. 270, nota 10. *De Pons:* Voyage, II, pág. 27 y sig. *Roscher:* Op. cit.. pág. 24 y sus notas, *J. A. García:* Op. cit., pág 304 y sig., etc., etc.

(3) *Recop.* Lib. VIII, tít. VIII, ley I.

hablando de la llegada de las flotas de Indias„ y fundaban en los tesoros que traían sus esperanzas y sus cálculos (1). La política financiera en América de los monarcas españoles, consis-

tía únicamente en discurrir arbitrios é introducir granjerías para sacar de ellas la mayor cantidad de dinero posible. Las trabas y prohibiciones de las *Leyes Indianas* tenían por principal objeto el precaverse de los frecuentes y descontados abusos de los encargados de su custodia (2). No es extraño, pues, que á los *Virreyes*, á las *Audiencias* y á las autoridades todas de las colonias, se les impusiese, *como primordial deber y cuidado*, la conservación y aumento del patrimonio de su rey y

Fig. 218. — Salón del Trono del Palacio Real de Madrid.

señor en sus respectivos gobiernos y provincias (3).

La guarda, cobranza y administración inmediata de la *Real*

---

(1) Vse. en general sobre estos puntos á *Rodríguez Villa:* Corte y Monarquía de España (Madrid, 1886). pág. 104 y sig. *Weiss:* L'Espagne depuis le regne de Philippe II, etc. (Bruselas, 1845), pág. 73 y sigs. y sus notas, *H. C. Lea:* A History of the Inquisition of Spain (New-York, 1907). vol. IV, pág. 470 y sig. *Altamira:* Hist. de España, III, pág. 278 y sig. *Roscher:* Op. cit., pág. 41 y sig. *Bonnal de Ganges:* Los impuestos y la Hacienda en España desde Felipe III á Carlos II (España Moderna, Febrero 1897), pág. 89 y sig. *J. Juderías:* Op. cit., pág. 280 y sig. y sus notas y referencias, etc. Es gráfica la preciosa sátira de *Quevedo* sobre los *Arbitristas*, etc., «Hora de Todos y fortuna con seso", XVII (Obras satíricas. Bca. Clásica, vol. XXXIII), pág. 353 y sig., etc., etc.

(2) *Recop.* Lib. VIII, tít. II, ley VIII, etc. Tít. IV, ley II, etc. (fianzas); 45. etc. (prohibiciones); tít. VI, ley II-VI, etc. (Cajas Reales), etc., etc.

(3) *Recop.* Lib. VIII, tít. I, ley LXXVI, etc. *Idem* Lib. III, tít. III, ley LV, etc. Lib. II, tít. XV, ley LXXVI, etc , etc.

Hacienda en América estuvo á cargo, desde los primeros descubrimientos, de unos ministros "que se fueron poniendo é introduciendo con el nombre y título de *Oficiales Reales*" (1), semejantes á los "*Prepósitos*", "*Arcarios*" y "*Procuradores*" de los Césares Romanos. Estaban estos *Oficiales Reales* (Tesoreros, Factores, Veedores, etc.) subordinados á las *Audiencias*, eran exactores y cobradores y debían llevar libros, rendir cuentas de su gestión, y dar fianzas llenas, abonadas y *legas* por sí y por sus *tenientes*. Como la ley

Fig. 219.—Paisaje tropical.

presumía siempre que si se enriquecían era de lo defraudado, debían también dar inventario de sus haciendas y bienes al tiempo de ser proveídos en sus oficios (2). En el año 1605 se crearon tres tribunales de cuentas *(Lima, Méjico y Bogotá)* con el título de *Contadurías Mayores* y jurisdicción privativa en

---

(1) *Solórzano:* Pol. Ind., lib. VI, cap. XV, fol. 1.019, etc.
(2) *Recop.* Lib. VIII, tít. II, ley I, etc Tít. III, ley I. Tít. IV, ley XXXIII-XXXVIII, etc. *Solórzano:* Pol. Indiana, lib. VI, cap. XV-XVI, fol. 1.016 y sig. *Nov. Recop.* Leyes de Castilla (Imp. 1620), lib. II, tít. IV, fol. 75 y sig., etc.

todas las cuentas y causas que les remitían á examen y decisión los *Oficiales Reales.* Los pleitos de cuentas se substanciaban en las *Audiencias,* en cuyo seno deliberaba la *Junta Superior de Hacienda* con asistencia de los *Virreyes* (1).

Las *rentas reales* provenían de diversas fuentes, siendo las principales los tributos de las *encomiendas* de la corona ó de las que quedaban vacantes; el *quinto* del oro, plata y piedras preciosas que se extraían de las minas; el arrendamiento y venta de las mismas; *la mitad* de los tesoros encontrados en las huacas, sepulturas ó adoratorios indígenas; los depósitos y bienes sin dueño conocido *(mostrencos);* la célebre y desastrosa *alcabala* ó impuesto directo sobre todo trueque, compra ó venta (2); los derechos *de Aduanas* (Córdoba de Tucumán, etc.); los *almojarifazgos* ó impuestos sobre los cargamentos al salir de Sevilla (5 por 100) y al desembarcar en Indias (10 por 100); los *descaminos* ó contrabandos, *extravíos* y *comisos* de mercaderías; la *media anata,* ó mitad de lo que rentaban el primer año los empleos eclesiásticos y seculares; las *ventas* y *cesiones* de oficios; los *estancos* del azogue, los naipes, la sal, el solimán, el tabaco, etc.; los producidos del *papel sellado,* y la parte real en los *diezmos eclesiásticos* (3). Á principios del siglo XIX los saldos de las rentas coloniales que entraban á la *Tesorería Real de Madrid* ascendían anual·

---

(1) Los Tribunales de Cuentas ó *Contadurías Mayores* son equiparables á los *Discussores* Romanos, porque *discutían y reveían* las cuentas de los *Oficiales Reales,* y á los *Rationales,* porque las glosaban, adicionaban y *tomaban razón* de ellas en sus libros. Vse. *Solórzano:* Op. cit., pág. 1.019 y'sig. Comp. *Rodríguez de Ovalle:* Gazofilacio Real del Perú. Coll. *Mata Linares:* Ms. (Ac. de la Hist.), vol. XXV, fol. 15 y sig., etc.

(2) *Recop.* Lib. VIII, tít. IX, ley I á XXI. Tit. X, ley I á XXXV. Tít. XI, ley II, etc. Tít. XII, ley II-VI-VII, etc. Tít. XIII *(Alcabala);* ley I á XXV, etc. Tít. XIV, ley I y II *(Aduana),* etc. Tít. XV, ley I á XXVIII *(Almojarifazgos);* tít. XVII *(Descaminos,* etc.); tít. XIX, ley I, etc. *(Media anata);* tít. XX-XXI *(Ventas Oficios);* tít. XXIII (Estancos); lib. I, tít. XVI, ley XXIII-XXV *(Diezmos),* etc. Los Monasterios, Prelados, clérigos, etc., estaban exemptos del pago de la Alcabala, Almojarifazgo, etc., lib. VIII, tít. XIII, ley XIX, tít. XV, ley XXVIII, etc.

(3) Vse. *Roscher:* Op. cit., pág. 40 y sig. y sus referencias. *Bourne:* Op. cit., pág. 239 y sig. *Moses:* Eve of Emancipation, XIV, pág. 328 y sig. *Villaseñor y Sánchez:* Teatro Americano (Madrid, 1746); vol. I, pág. 145 y sig. etc., etc.

mcnte á las siguientes sumas: 5 ó 6.000.000 de pesos oro, los de Nueva España; 1.000.000, los del Perú; 600 ó 700.000, los de Buenos Aires, y 500 ó 600.000, los de Nueva Granada. En las demás Gobernaciones y provincias las rentas públicas apenas alcanzaban á cubrir los gastos.

7. — En sus impulsos iniciales los *Ayuntamientos ó Cabildos* Los Cabildos. americanos surgieron con autonomía vigorosa. Llevaron los conquistadores al Nuevo Mundo su tradicional amor á las libertades populares y trataron de constituir *gobiernos propios* en las regiones que fueron subyugando y descubriendo. Los monarcas se encargaron bien pronto de ahogar estas tentativas democráticas. *Vasco Porcallo de Figueroa y de la Cerda*, matando con su propia daga, y en nom-

Fig. 220.—El Escorial.—Panteón de los Reyes.

bre del rey, al *Alcalde* de Sancti Spíritus *Hernán López*, que se resistió á dimitir, reprodujo en América la dolorosa tragedia de los bravos *Comuneros de Castilla*. El hidalgo, burócrata, centralista y pariente de reyes, mató al *hombre del pueblo* autonomista y demócrata. El *Municipio*, pues, que bajo *Carlos V* y sus sucesores pasó á las colonias fué el *castellano del siglo* XVI, en el que la intervención de los reyes, mediante sus delegados *(Gobernadores, Corregidores, Alcaldes Mayores,* etc.), había sustituído al régimen de la democracia directa y de la primitiva autonomía foral. La importancia política de estos *Cabildos* ha sido, por tanto, exagerada por algunos historiadores. Fueron, tan sólo, un pálido reflejo de los antiguos *Concejos Castellanos* anteriores al siglo XVI, una simple rueda de la máquina

— 339 —

administrativa que, como dejamos dicho, construyó cuidadosamente al absolutismo. El Virrey *D. Francisco de Toledo*, imagen y semejanza de su real *Señor D. Felipe II*, no aceptaba *Alcaldes ordinarios* donde hubiera *Regidores*. Sólo las ciudades de Méjico y Lima, mediante un gran servicio hecho al trono *"de dinero de contado"*, consiguieron gobernarse por *Alcaldes*

y que se les quitaran los *Corregidores* (1). Los *Cabildos* de América estaban formados por *Alcaldes ordinarios, Regidores, Alféreces, Alcaldes de Hermandad, Procuradores, Alguaciles,* etcétera. La categoría más alta era la de los *Regidores y Alcaldes Mayores*. Los llamados *Alcaldes de Hermandad* (Policía) eran más bien agregados que parte esencial del Cabildo. La reelección de *Alcaldes ordinarios* se hacia cada dos años. Diferentes leyes vedaron en absoluto á los *Virreyes, Gobernadores* y demás autoridades, que se entrometieran en las elecciones y asuntos de los *Cabildos.* Lo hicieron, sin embargo, imponiendo *Alcaldes Ordinarios*, ya fuese directamente, ya

Fig. 221. – D. jorge Juan.

(1) *Solórzano:* Pol. Ind., lib. V, cap. I, etc., pág. 747 y sig. Comp. *J. Carrera y Justiz:* Int. á la Hist. de las Inst. Locales en Cuba (Habana, 1905), vol. II, pág. 43 y sig. *Danvila:* Poder Civil en España, vol. II, pág. 272. *Adna F. Weber:* The growth of Cities (N. York, 1899), pág. 142 y sig. *Cánovas del Castillo:* Bosquejo Histórico de la Casa de Austria (Madrid, 1869), pág. 35 y sig. *Juan A. García:* Ciudad Indiana, cap. VIII-IX, pág. 152 y sig. *Bauzá:* Hist. Dominación Española en el Uruguay (Montevideo, 1880-82), vol. II, pág. 550 y sig. *Sir Woodline Parish:* Buenos Aires and the Provincas of Rio de la Plata (London, 1852), pág. 310 y sig. *Moses:* Eve of Emancip., pág. 97 y sig. *Bourne:* Op. cit., pág. 235 y sig. y sus referencias. *J. M. Estrada:* Op. cit., Lecc. V-VI, pág. 155 y sig. *Altamira:* Op. cit., vol. III, pág. 312 y sig., etc., etc.

aprovechándose del abusivo derecho que las leyes les concedían de confirmar ó anular las elecciones de los *Cabildos.*

El desconcierto que esta intervención de los *Gobernadores* introdujo en los *Municipios* se acentuó cuando los oficios. de *Regidores*, etc., empezaron á venderse. Fueron autorizadas estas *subastas* por las leyes á título de *arbitrio financiero*, tan propio de las teorías políticas de aquellos siglos, como perjudicial para la moralidad pública (1).

Los *Ayuntamientos* tenían atribuciones *judiciales* y *administrativas,* fijadas en la ley ó en sus privilegios originarios. Ejercían las judiciales los *Alcaldes* en primera instancia civil y criminal y el *Cabildo* en apelación, con sus asesores letrados. En lo administrativo los *Municipios* eran *teóricamente* autónomos para todo lo concerniente á la policía y ornato de las ciudades; á la reglamentación de su vivir económico *(tasas, ordenanzas de industria y comercio,* etc.); á la inspección de cárceles, hospicios, etc., y á la moralidad é higiene públicas. En casos graves los *Cabildos* convocaban, para mejor proveer, una especie de *junta de asociados* formada por los notables ó gentes de viso de la ciudad. Estas reuniones especiales tomaron el nombre de *Cabildos abiertos.* En Buenos Aires, por ejemplo, hubo en el siglo XVII varios „*Cabildos abiertos»* para acordar donativos al Rey; resolver en urgencias de guerra é imponer á los indios castigos extraordinarios (2).

(1) *Solórzano:* Pol. Ind. Lib. VI. Cap. XIII, pág. 994 y sig. *Recop:* Lib. VIII. Tít. XX-XXI. *J. A. García:* op. cit., pág. 162 y sig. Debemos tener en cuenta que la *venta de determinados oficios,* aunque para nosotros sea sistema extraño y vituperabie, no lo era para los políticos del siglo. XVII ó XVIII. *Montesquieu,* por ejemplo, (L'Esprit de Lois. Lib. V. Cap. XIX) lo considera *ventajoso y perfectamente justo.* Estudiando á fondo y sin prejuicios esta cuestión, no puede menos de reconocerse que los males de la venta de oficios en América se han exagerado un tanto, y que las más de las veces, administraron con más conciencia la cosa pública, los Regidores *responsables,* que compraron su cargo, que los *irresponsables* y *voraces* paniaguados de los Virreyes. Vse. *H. H. Bancroft:* México. Vol. III, pág. 526. *Bourne:* op. cit., pág. 237 y sus notas, etc.

(2) *Recop.:* Lib. IV. Tít IX. (*Cabildos*) Ley 1.ª, 2.ª, etc. Tít. X. (*Oficios Concejiles*) Ley 1.ª á 23.ª, etc. Lib. V. Tít. II. (*Gobernadores,* etc.) Ley 1.ª á 52.ª Tít. III. (*Alcaldes Ordinarios*). Ley 1.ª á 15.ª, etc. Tít. IV. (*Alcaldes de la Hermandad*). Ley 1.ª, etc., etc.

En general predominaba en los *Cabildos* el elemento *crio.
llo* y tuvieron, como veremos, brillante actuación en la época
de la Independencia (1).

**Corrupción ad-
ministrativa.**

8. — Formaríamos equivocado juicio de la vida política colonial, ateniéndonos sólo para juzgarla á sus leyes y sus Có.
digos. Los documentos de los Archivos, las relaciones de los

Fig. 222.—Una ceremonia en Buenos Aires.
(Siglo xviii).

viajeros y las obras de los historiadores de los siglos xvii y
xviii nos revelan el verdadero estado de las posesiones Españolas en el Nuevo Mundo. Demuestran estas autoridades que
no por multiplicarse en aquellas épocas las leyes y las Ordenanzas reales, dejaron de cundir en América las mismas inmorali-

---

(1)   El régimen asimilista de los Monarcas Españoles tuvo otra manifestación
en las asambleas ó *Cortes* que se establecieron, primero en Cuba y después en varias
partes de las Indias, con *procuradores de las ciudades y villas*. Los *Procuradores*
podían reunirse en el siglo xvi aun sin ser convocados por el Gobernador. En la
Nueva España, Nueva Castilla, etc., hubo durante los siglos xvi y xvii muchas reuniones de esta clase (cuya eficacia é historia interna sería curioso investigar) para
informar al rey *«de lo que mejor cumple á su servicio»*, etc. Independientemente de
este órgano de petición y comunicación á los Reyes, podían los Virreinatos y Provincias enviar á España *Procuradores y Agentes en la Corte* para que negociaran
allí «cosas que convienen al pro de toda la tierra é de los vecinos é pobladores de
ella». (Acuerdo *Cabildo de Lima*. Nov. 13-1536.) Eran elegidos por los *Regidores* y
no por el Cabildo, y debían embarcar con licencia de los Virreyes. Estas restricciones legales, les quitaron importancia. Vse. *Recop.*: Lib. IV. Tit. XI. (Procuradores
Generales, etc) Ley 1.ª á 6.ª *Bourne:* loc cit. y sus notas. *Altamira* op. cit. Vol.
III, pág. 316, etc., etc.

dades, los mismos escándalos, los mismos cohechos y el mismo desbarajuste administrativo que arruinaban á pasos agigantados la Metrópoli. Es dificilísimo, sino imposible, juzgar en pocas líneas el gobierno y administración de las colonias Españolas en América. No estaban, en general, ni mejor ni peor gobernadas que la llamada *"madre patria"*. El fraude, la lentitud é inseguridad de la justicia, la corrupción financiera, la

empleomanía, y el *nepotismo* (1), eran vicios comunes á España y América. Aquellos *Virreyes* que se enriquecían con el contrabando; aquellos *Oidores* que negocia-

Fig. 223. – Palacio de Carlos V en Fuenterrabía.

ban descaradamente sus justicias, y aquellos *Corregidores*, de los cuales el más recto *"era más repelador que zarza espinosa que cerca el sembrado"* (2), en poco ó en nada se diferenciaban de los venales exactores, asentistas, ministros y consejeros, que pululaban en las corrompidas y decadentes cortes de *Carlos II* ó *Felipe IV*. En España, como en América, el *pueblo, el verdadero pueblo,* vivía agobiado por sus Gobiernos. Si comparamos la obra de los conquistadores del siglo XVI, individualista, fuerte, autonómica y desvinculada de las letales influencias del *Oficialismo,* con la posterior del *estado* Español y sus Monarcas, aprenderemos una vez más á *amar* á aquellos estupendos

---

(1)   Y viendo estas cosas,—respondió D. Pedro:—*"Busquenmé un pariente"—"que me sobra un puesto."* B. Nacional. Ms. n.º 200, citado por *J. Juderías:* España de Carlos II, pág. 274.

(2)   *Solórzano:* Pol. Ind., fol. 775 y sig. Comp. Memorial *Fray Bernardino de Cárdenas,* fol. 19 y sigs.

soldados castellanos, *hijos genuinos del pueblo Español,* que á
pesar de sus defectos, por ser independientes, caballerescos y
viriles, supieron subyugar un mundo y á *aborrecer* á los mandatarios despóticos é ineptos, que obedeciendo sólo á sus codicias, ahogaron con pesada losa aquellas brillantes iniciativas
democráticas (1).

(1)   Vse. *J. Manuel Estrada:* Op. cit , pág. 158 y sig. *Juan A. García:* Op. cit.,
pág. 281 y sig. *Moses:* Eve of Emancipation, pág. 167 y sig. *J Juderías:* Op. cit.,
pág 250 con sus notas y referencias. *Roscher:* Op. cit., pág. 17 y sus notas. *De
Pons:* Op. cit., I, 159-216, etc. II, 47 y sig., y en especial la formidable acusación
de los ilustres marinos *Jorge Juan* y *Antonio de Ulloa.* Noticias Secretas de América, etc. (Londres 1826). Vol. I, pág. 31 y sig. II, pág. 9 y sig.

CUESTIONARIO

1. – ¿Qué carácter tenía la Monarquía Española *de los si·
glos XVI, XVII y XVIII?*
2. – ¿Á quién pertenecían las Indias Occidentales?
3. – ¿Cuál fué el principio fundamental *de la* Política Indiana?
4. – ¿En qué época se organizó definitivamente el Consejo
de Indias?
5. – ¿Dónde residía este Consejo, *y qué facultades tenía?*
6. – ¿Cuáles eran sus principales atribuciones ejecutivas *y*
legislativas?
7. – ¿Tenía facultades judiciales? *¿En qué territorios?*
8. – ¿Qué se entiende por Recopilación de Leyes de Indias?
9. – ¿Qué espíritu predominó en las Ordenanzas de este
Código?
10. - ¿Qué facultades tenía y dónde residía la Casa de Contratación?
11. – ¿Cuál era el principal objeto *de este agente administrativo?*
12. – ¿Qué obligaciones tenían los Pilotos, *los* Cosmógrafos,
el Correo Mayor, *etc.?*
13. – ¿Cómo se nombraban y qué facultades tenían los Virreyes?
14. – ¿Qué importancia tenían los juicios llamadas de resi·
dencia?

15. — *¿Tenían los* Virreyes *autoridad absoluta y sin restric-ciones?*

16. — *¿Qué clase de tribunales eran en Indias las* Audiencias?

17. — *¿Cómo se dividían y qué facultades tenían* de justicia y de gobierno?

18. — *¿Qué restricciones imponían las* Leyes de Indias *á los* Virreyes, Oidores, *etc., para garantizarse de su im-parcialidad?*

19. — *¿De qué fuentes principales se formaban las* rentas reales *en Indias?*

20. — *¿Quiénes eran los encargados de administrar la* Hacienda Real en América?

21. — *¿Qué clase de* Municipio Español *pasó á las Indias?*

22. — *¿Los* Cabildos Americanos *de los siglos* XVI *y* XVII, *pueden citarse como modelo de instituciones demo-cráticas?*

23. — *¿Qué facultades tenían los* Cabildos *y cómo se proveían sus oficios?*

24. — *¿De qué* vicios *adolecía la administración de las colo-nias Españolas?*

25. — *¿Qué gran lección histórica se deduce de la diferencia entre la obra* democrática *de los conquistadores Es-pañoles del siglo* XVI *y la* Burocrática *de los Reyes y sus favoritos?*

REFERENCIAS

Véanse las relacionadas en el Capítulo VI de este Título.

CAPÍTULO III

LAS SOCIEDADES COLONIALES

1. El Pueblo Español. – 2. Estado y condición de los Indios. - 3. La teoría y la práctica.—4. Clases Sociales en las Colonias. — 5. La Aristocracia Oficial.—6. La Nobleza Criolla. – 7. Los Proletarios. – 8. Los Negros esclavos. – 9. Los extranjeros.—10. Aislamiento de las Colonias.

1. — Es erróneo el afirmar que la indolencia, el desdén por los trabajos manuales, y el afán de nobleza de los españoles en los siglos XVI y XVII, eran vicios constitucionales de la raza. Obedecían tan perjudiciales defectos á causas *puramente económicas*. Eran tristes é inevitables consecuencias de la miseria nacional, de la inutilidad del trabajo honrado, de la ruina de la Agricultura y de la Industria por las exacciones fiscales de los monarcas. *(El Pueblo Español.)*

La Sociedad Española estaba en aquellas épocas dividida en *tres clases sociales*, distanciadas hondamente. Abajo estaba *el pueblo*, esquilmado, hambriento, envilecido y fanático; en *medio*, los tratantes ricos, los prestamistas adinerados y los *hidalgos* de sangre ó privilegio, y en lo más alto una *aristocracia* enervada, ignorante, cortesana, inútil para la paz, é inhábil para la guerra.

A despecho de sus innegables virtudes, de su constancia en la adversidad y su paciencia en los trabajos, la vida de las clases laborantes y menestrales españolas era simplemente imposible. El problema de las subsistencias tenía incógnitas tenebrosas. Antes que labrador ó jornalero era preferible ser paseante en cortes, mendigo en iglesias ó sopista en conventos. Los plebeyos que no podían hacerse letrados, entrar en religión ó ahidalgarse para no pagar tributos, se morían de hambre ó tenían que emigrar, de no hacerse vagabundos ó doctorarse de *pícaros* en el „*Azoguejo de Segovia*", en el „*Compás de Sevilla*" ó en cualquier otra almadraba de la hampa, ó depravado cubil jayanesco. (1)

Y no era más feliz la *elase media*, con sus fueros de hidalguía, sus privilegios fiscales y su manía de grandezas. El prototipo de esta clase eran los españolísimos „*hidalgos de sangre*", harapientos si se quiere, pero ostentosos, altivos y caballerescos (2). Como la industria y el comercio, por uso tradicional, eran incompatibles con su condición de nobles, los que carecían de caudal (el 95 por 100) veíanse forzados á

Fig. 224.—Trabajadores indios (Mechoacán).

vivir de milagro ó á mendigar de los favoritos reales algún empleo lucrativo en Indias. A fines del siglo XVII, habia en España

(1) Vse. *Altamira.* op. cit. Vol. III, pág. 186 á 20 1-437 á 503, etc. *J. Juderías* op. cit., pág. 103 á 144 y sus referencias. *Cervantes:* La Ilustre Fregona (Bca. Auto-: res Españoles), pág. 183 y sig. *Id.* Rinconete y Cortadillo. (Ed. Crítica de *Rodríguez Marín.* Sevilla-1905.) Discurso Preliminar, pág. 9 y sigtes. *Hurtado de Mendoza.* Lazarillo de Tormes (Bca. Clásica. Tomo XLI), pág. 190 y sigtes., etc., etc.

(2) *Quevedo,* en la *Vida del Buscón,* ha hecho un magistral retrato de aquellos hidalgos "... susto de los banquetes, polilla de los bodegones y convidados por fuerza... enemigos declarados del sol por cuanto descubre los remiendos...", etc. (Bca. Clásica. Vol. XXXIII) Lib. I. Cap. XIII, pág. 65 y sig. El *Buscón* determinó *pasar á Indias* con la Grajales... "á ver si mudando mundo y tierra mejoraría mi suerte. Y fuéme peor, pues nunca mejora su estado quien muda solamente de lugar y *no de vida y costumbres*". Lib. II. Cap. X, pág. 127.

625.000 nobles (1), la mayoría de los cuales recordaba por sus estrecheces al inmortal „*Buscón*", de la novela de *Quevedo*.

Salvo raras excepciones *(Virreyes, Generales, Embajadores,* etcétera) la alta aristocracia cortesana no salía nunca de España. Los que emigraban á Indias eran los hidalgos sin blanca, los caballeros desbaratados, los letrados ambiciosos y los más audaces de los *hijos del pueblo*. (2)

Felipe II y sus sucesores para conservar la pureza de la fé católica en las colonias, para evitar en lo posible que fuesen á ellas personas indignas ó de malas costumbres, y sobre todo, para impedir que se conocieran en los países extranjeros

Fig. 225.—Soldados españoles. *(Velázquez)*.

las riquezas y recursos de las Indias, restringieron en extremo la emigración y la vigilaron cuidadosamente. Nadie podía embarcarse para América sin permiso del rey (en determinados casos de la *Casa de Contratación)* bajo penas severísimas. Los maestres y capitanes de las naves y flotas eran personalmente

---

(1) Yo imagino, decía *Sancho Panza,* que en esta ínsula debe de haber más *"dones"* que piedras, pero basta, Dios me entiende y podrá ser que si el gobierno me dura cuatro días, yo escarde estos *"dones"* que por la muchedumbre deben enfadar como los mosquitos. *Cervantes.* Don Quijote: Parte II. Cap. XLV.

(2) *R. Altamira:* loc. cit. *J. Juderías:* op. cit., pág. 140 y sig. *J. Martínez Ruíz.* El Alma Castellana (Madrid 1900), pág. 11 y sigtes. y sus fuentes. Comp. *Roscher:* op. cit., pág. 9 y sigtes., etc., y léase la curiosa y típica Vida y costumbres de *Don Alonso Enríquez* Caballero noble desbaratado. Col. Doc. Hist. España. Vol. LXXXV, pág. 231 y sig., etc.

responsables de las infracciones de esta orden y del cumplimiento de las disposiciones similares de las leyes de Indias. A los moriscos, judíos y herejes y á sus descendientes, les estaba estrictamente prohibido pasar á América. (1)

Estado y condición de los Indios.

2. — El espíritu humanitario del infatigable apóstol *Fray Bartolomé de las Casas,* perduró en la Legislación Indiana. Las predicaciones y ejemplos de su larga y gloriosa vida, influyeron decididamente en los Monarcas Españoles y en sus ministros. El ardoroso propagandista de la libertad de los Indios, el genial precursor de los que proclamaron á fines del siglo XVIII los inviolables *derechos del hombre* (2), murió á los 92 años de edad (Julio 1566) luchando en la corte de Madrid contra las *encomiendas.* Los Reyes, el *Consejo de Indias* y gran parte de la opinión Española, aunque no se decidieron á suprimir abierta-

Fig. 226.
Primitivo ingenio de caña de azúcar en Cuba.

---

(1) Vse. *Roscher.* op. cit , pág. 17 y sigtes. y sus notas. *Bourne:* op. cit., pág. 242 y sig. y sus referencias. *Veitia Linaje:* op. cit., pág. 214 y sig. *Doc. Ined. de Indias.* I. 328, etc. *Herrera:* Hist. Gen. Dec. III. Lib. X. Cap. XI, etc. *Recop:* Lib. XI. Tít. XXVII, etc Un curioso libro de costumbres del siglo XVII sintetiza en su pintoresco título el estado del pueblo español y explica las restricciones á la emigración. Es el siguiente: «*Los seis aventureros de España, y como el uno vá á las Indias, el otro á Italia, el otro á Flandes, el otro está preso, el otro anda en pleitos, y el otro está en religión, y como en España no hay mas gentes que estas seis personas sobredichas*». Vse. J. *Juderías:* op. cit., pág. 118 y sigtes.

(2) El pequeño tratado de *Derecho Político* de *Fray Bartolomé de las Casas,* no estudiado todavía como se merece, es, por su criterio popular y ampliamente democrático, superior y más avanzado que las obras de los Jesuítas *Mariana,* etc. (Vse. Cap. I). La edición que he consultado es la de Francfort 1701. (Inst. Dominiale, etc.)

mente las causas de los abusos del conquistador y el colono, consideraron á los Indios como *súbditos naturales del sobe-rano*, y les protegieron y defendieron.

Los *rasgos característicos* de la política Española con los Indios, fueron su *conversión* al cristianismo, la supresión de sus costumbres y supersticiones bárbaras, y la facilidad y ausencia de toda repugnancia á la *mezcla de razas*, no sólo en las formas irregulares y condenables del amancebamiento y la barraganía, sino en la de legítimos matrimonios.

Las leyes prescribían que los indios se concentraran en pueblos *(reducciones)*, con sus magistrados propios elegidos

Fig. 227.—D. Juan de Palafox y Mendoza, célebre obispo de Puebla de los Angeles.

anualmente y en presencia del cura ó *doctrinero*. Salvo en casos determinados taxativamente por la ley *(mita)* ningún Indio podía salir de sus pueblos, ni vivir en ellos ningún peninsular, mulato ó negro. Para introducir la lengua castellana, los *sacris-tanes* (como en las antiguas aldeas Españolas) debían enseñarla sin costa ni molestia, á los indígenas que *voluntariamènte* quisieran aprenderla. La venta de licores estaba estrictamente prohibida. Las leyes civiles consideraban á los Indios como *menores de edad.* No podían tratar ni contratar. Sus bienes raíces no podían venderse sin expresa autorización legal, que no se concedía sino cuando el trato era ventajoso para el Indio. Los antiguos *caciques* (salvo en los casos de pena capital, etc.) conservaron su autoridad, limitada para impedir abusos por la de los *Corregidores* blancos ó *Protectores,* que estaban también encargados de la recolección de los tributos. Gozaban asimismo los Indios de los privilegios que el derecho eclesiástico concede á los miserables y rústicos, *„por su simplicidad, menor malicia, é imperfecto conocimiento".* Los temibles tribunales del *Santo Oficio,* no tenían jurisdicción sobre el Indio. (1)

La esclavitud de los indios estaba prohibida en absoluto y su trabajo protegido y reglamentado. Para el laboreo de las minas, etc. (nunca para los viñedos, ingenios de azucar, etc.) se hacían *repartimientos* proporcionales, sorteando los caciques en los distintos pueblos los braceros que por riguroso turno *(mita),* debían ir á tales trabajos. Se abonaba á los *„mitayos",* salarios, viajes, mantenimientos, etc. y acabado el tiempo de su *mita,* no podía impedírseles que volvieran á sus pueblos. En el Perú, no podían repartirse *para mitar* más de la séptima parte de los hombres libres y útiles de cada pueblo, ni en Méjico más del 4 por 100. Aun en el caso en que los *„mitayos"* quisiesen permanecer en las chacras ó estancias no podía tenérseles por *„yanaconas"* ó siervos de las mismas. (2)

---

(1) Vse. *Solórzano.* Pol. Ind. Lib. II. Cap. I á XXX. Lib. III. Cap. I á XXXIII, fol. 65 y sig. *Recop:* Lib. VI. Tit. I á XI. Vol. II, pág. 217 y sig. *Alonso de la Peña Montenegro* (Obispo de Quito). Itinerario para Párrocos de Indias (Madrid-1771). Lib. I. Tratado I á IX. Lib. II. Trat. I á X, etc , pág. 62 y sig. Comp. *Bourne:* op. cit., pág. 253 y sus notas. *Roscher:* op. cit., pág. 6 y sig., etc., etc.

(2) *Montenegro:* op. cit. Lib. II. Trat. XI-XII, etc., pág. 251 y sig. *Solórzano.* op. cit. Lib. II. Cap. IV, V, etc. *Recop:* Lib. VI. Tit. XII á XIX, etc. *Ulloa.* Noticias Americanas, etc. (Madrid 1792) Cap. XIV y sig. *Humboldt.* Nueva España, etc. Vol. I, pág. 112 y sig. Comp. *De Pons.* op. cit. Vol. I, pág. 314 y sig. *Merivale.* Lectures on Colonization & Colonies (London 1842). H. Lect. 18, etc. *Icalbazceta.* Obras. Vol. V, pág. 281 y sig. *Bancroft:* México. II, pág. 514. *Roscher:* op. cit., pág. 6 y sus notas. *Bourne:* op. cit., pág. 254 y sig., etc., etc.

3. — De lo antedicho se deducen las excelentes intenciones de los legisladores Españoles respecto á los indígenas. Las naciones colonizadoras tienen mucho que aprender de su humanitarismo. Pero las leyes mejor concebidas son ineficaces si se destinan á los débiles y las aplican los fuertes. Salvo honrosísimas excepciones (*Hernando de Soto, Ampués, Velasco, Simón Bolivar,* etc.) los conquistadores y colonos vejaron y tiranizaron á los Indios. Si en la teoría y en las leyes vencieron *Las Casas, Fray Gil González,* etc., en la práctica se impusieron los *intereses creados,* que sintetizó en su *„Demócrates", Ginés de Sepúlveda* (1). Dan claro testimonio de los abusos de los europeos las mismas *Leyes Indïanas,* confesando que no se cumplían las disposiciones favorables á los Indios, los escritores contemporáneos (*Zurita, Motolinia, Zumárraga,* etcétera), los informes de algunos gobernantes, *Velasco, Barinas, Mendoza,* etc.) y las frecuentes acusaciones y quejas de los

Fig. 228.
Negro de Santo Domingo.

Misioneros y los Prelados. El sistema de las *„reducciones",* en apariencia favorable á los Indios, dió margen en la práctica á reprobables desafueros. Nacían las injurias de donde debían nacer los derechos. Los *Corregidores* eran más enemigos que protectores de los indígenas. El privilegio que se les dió de vender á los Indios artículos de primera necesidad *(reparti-*

---

(2) Vse. *Gutiérrez:* Fray Bartolomé de las Casas, etc., pág. 324 y sigtes. El Consejo de Indias prohibió la impresión en España del *»Demócrates Segundo«* de *Sepúlveda,* apología artificiosa de las violencias de los Conquistadores. (op. cit., pág. 332 y sigtes.) Comp. *Altamira.* op. cit. Vol. III, pág. 225 y sig., etc., etc.

mientos), les convirtió en tiránicos abastecedores, y reos impunes de graves vejaciones, á la manera de las que suelen denunciarse hoy día en los llamados economatos patronales de algunas agrupaciones obreras. „Ningún robador ó pirata, decía *Solórzano*, es tan codicioso con los extraños como *Corregidor*, inicuo, con los suyos... solo su entrada en los pueblos, causa mayores daños que los enemigos pudieran causarles„...
La vida de los Indios reducidos del Perú, fué mucho más desgraciada que la de los de Méjico y Nueva Granada. La inmortal acusación presentada al rey *Fernando VI*, por los ilustres

Fig. 229.—Fasímile del papel sellado colonial. (Siglo xvii.)

marinos *Jorge Juan* y *Antonio de Ulloa*, puso de manifiesto sus martirios. El rey *Carlos III* procuró remediarlos y para ello prohibió los abusivos privilegios de los *Corregidos (repartimientos, camarico,* etc.) y abolió definitivamente las encomiendas. En algunas provincias *(Méjico, Venezuela,* etc.) mejoró notablemente con estas medidas la situación de los indígenas. No lograron en otras *(Perú,* etc.) extirpar de raíz los abusos de las autoridades y los particulares, ni pudieron impedir la justa y formidable sublevación de *D. José Gabriel Condorcanqui (Tupac-Amaru)*, que más adelante estudiaremos. (1)

(1) *Solórzano*: op. cit., fol. 755 y Lib. II Cap. IX y sig., fol. 108, etc. *Robertson*: op. cit. Lib. VIII, pág. 104 y sig. *Gage*: New Survey of the West Indis. (London 1648) Cap. XIX y sig. *Humboldt*: Nueva España. Vol. I, pág. 128 y sig. *De Pons*: op. cit. Vol. I, pág. 226 y sig. *Jorge Juan y Antonio de Ulloa*. Noticias Secretas, pág. 236 y sig. Comp. *V. F. López*: Hist. Argentina. (B. Aires-1883) Vol. I. Cap. XXI, pág. 459 y sig. *Bourne*: op. cit., pág. 262 y sig. y sus notas. *Altamira*: loc. cit. *Moses*: Eve of Emancipation. Cap. VIII, pág. 167 y sig. *Roscher*: op. cit., pág. 8 y sig. *Domingo Amunátegui Solar*. Las Encomiendas Indígenas en Chile (Santiago 1909,. Vol. I. Cap. I á XIII. en especial I á VI, pág. 35 y sigtes.

4. — Las Leyes de Indías prohibieron la emigración de mujeres solteras Españolas sin licencia expresa del rey. Sólo las casadas podían pasar á América para reunirse con sus maridos. Esta política *peculiar* de los monarcas Españoles, en absoluto contraria á la de Luis XIV en el Canadá y La Luisiana, y á la de los soberanos Ingleses en sus colonias, activó en las Españolas la *fusión de la razas* que con el transcurso del tiempo produjo tipos etnológicos definidos y permanentes (1).

En toda colonia formada por conquista tiende naturalmente la población á dividirse en *castas,* y esta división es más acentuada cuando concurren á establecerla *diferencias de color* y de raza entre los vencidos y sus dominadores. El rasgo característico de las sociedades coloniales Españolas fué su *falta de homogeneidad.* En ellas

Fig. 230. — El Rey Fernando VI.

había siete *castas ó linajes,* á saber: 1.º *Españoles* nacidos en la Metrópoli. 2.º *Españoles* nacidos en América *(criollos).* 3.º *Mestizos* ó descendientes de blanco é Indio. 4.º *Mulatos* ó descendientes de blanco y negro. 5.º *Zambos* ó descendientes de negro é Indio. 6.º *Indios* puros. 7.º *Negros* y similares *(cuarterones, zambos, prietos, quinterones,* etc.). Con la convivencia y continua fusión de estas distintas razas y castas y la natural influencia del sistema social y administrativo de la madre patria, fueron formándose en las colonias de América *gru-*

(1) *Recop:* Lib. IX. Tít. XXVI. Ley XVII-XXIV y sigtes. Comp. *Bourne.* op. cit., pág. 264 y sus notas. *Doc. Ined.* Ultramar. Vol. IX, n.º 22. (Ordenanza *Fernando et Católico* 1514) *Bancroft.* México. Vol. III, pág. 750, etc.

pos ó clases sociales hondamente distanciados entre sí y fácilmente discernibles por sus distintas condiciones políticas y económicas. Estas *clases sociales*, fueron cuatro: 1.ª *La aristocracia oficial Española*. 2.ª *La nobleza criolla*. 3.ª *Los proletarios*. 4.ª *Los esclavos*.

La aristocracia oficial. 5. – En todo *sistema aristocrático* de gobierno, el principio de dividir para reinar *(divide et impera)* es fundamental y necesario. El poder aristocrático *(aristos)* puede sólo dominar separando al pueblo en grupos exclusivistas y de ambiciones antagónicas. La América Española es un ejemplo clásico del imperio de la *aristocracia oficial*, ó sea de la *burocracia colegiada*,

Fig. 231.—Tipos de hidalgos españoles *(Velázquez)*.

que monopolizaba honores, empleos y preeminencias. Formaban en América esta *clase social privilegiada* los Españoles Europeos *(chapetones ó gachupines)*, los más de ellos *hidalgos ó letrados* que pasaron á Indias con sus virtudes, sus vicios, su desdén por el trabajo mecánico, su ambición y su arrogancia. Pertenecían también á la referida *clase social* algunos plebeyos, nacidos en la Península, que habían conseguido *al cambiar de medio ambiente económico*, enriquecerse y ahidalgarse trabajando activamente en sus industrias, granjerías y comercios. La corte Española tuvo por acto de buen gobierno el fortalecer esta *aristocracia oficial* en sus colonias y ahondar todo lo posible la separación de las demás clases y castas, que de unirse hubieran podido fácilmente sacudir el yugo común que las despotizaba. Cada clase de la sociedad colonial, despreciaba á la inferior y envidiaba á la más alta. En especial los burócratas y los enriquecidos llegados de España, miraban con desdén y recelo á los nacidos en las colonias.

6. — Estos últimos les correspondían con su malquerencia. Descendientes de los conquistadores, ricos, altivos, liberales, inteligentes y ambiciosos, no podían los criollos cultos y bien nacidos sufrir con pa-
ciencia que
los aborreci-
dos *„chape-
tones"* des-
empeñaran
empleos y
prebendas
de las que la
corte excluía
á los naci-
dos en In-
dias sin más
razón que la

Fig. 232.—Tipos del pueblo español *(Velázquez)*.

de sus ofensivas é injustas desconfianzas. *Legalmente* el criollo blanco, era igual al español europeo, pero las leyes fueron letra muerta y aunque no faltaron ministros bien inspirados que aconsejaron á los monarcas Españoles una politica de atracción y no de suspicacias, lo cierto es que se excluía á los nacidos en Indias hasta de las prelacías y cargos honrosos de las religiones, tomando por pretexto la entonces vulgar opinión filosófica de que los blancos *degeneraban con el cielo y temperamento de aquellas provincias Indianas!*... Los nobles criollos educados en los colegios de las colonias y en España misma, amantísimos de su país y convencidos de su futura grandeza, al saberse injustamente privados de participar en el gobierno de su tierra, al ver por ejemplo que de los 50 Virreyes de la Nueva

España (hasta 1808) sólo hubo *uno* que fuese criollo, y que de 602 gobernadores sólo *catorce* habían nacido en Indias, adoptaron *una actitud no solo social, sino políticamente hostil á los Españoles Europeos* que produjo en las sociedades coloniáles y hasta en el seno mismo de las familias, divisiones profundas é irreconciliables odios. (1)

Los proletarios.

7.—La masa del pueblo, compuesta por regla general de españoles vagabundos, negros libres, *mestizos y mulatos,* po-

Fig. 233.—Felipe V.

seía todos los vicios de sus respectivas razas, y muy pocas de sus virtudes. Los *mestizos y mulatos* eran fuertes, vigorosos, aptos para cualquier trabajo, sagaces, sufridos, imprevisores, apasionados del juego, inclinados á la embriaguez, y amigos de jolgorios y bullicios. Había entre ellos jerarquías. Los mayordomos de las estancias, los obreros hábiles, los servidores de las familias adineradas, etc., gozaban naturalmente de mayor consideración que los trabajadores asalariados del campo y la

---

(1) *Solórzano.* Pol. Ind., pág. 245 y sig. *Ulloa:* Viaje, etc. Vol. I, pág. 25 y sig. *Id.* Noticias Secretas, pág. 410 y sig. (Pte. II. Cap. VIII). *Bancroft:* México. Vol. III, pág. 621 y sig. *Humboldt:* Nueva España. Vol. I, pág. 240 y sig. *Alaman:* Méjico. Vol. I, pág. 90 y sig. *Moses:* Eve of Emancipation, pág. 100 y sig. *De Pons:* op. cit. Vol. II, pág. 245. *Walton:* Exposé of the dissensions of Spanish América (London 1814), pág. 41 y sig. *Robertson:* op. cit. Vol. IV, pág. 102. *Roscher:* op. cit., pág. 17 y sig. y sus notas. *Bourgoing:* Tableau de l'Espagne, etc. (Trad. Londres 1789) Vol. I, pág. 186 y sig. *García:* Ciudad Indinna (según *Azara*), pág. 83 y sig. *Gil Fortoul:* Hist. Const. de Venezuela. Vol. I, pág. 51 y sig. *Bourne:* op. cit., pág. 266 y sig. y sus notas, etc., etc.

villa, ocupados en los más ínfimos oficios. Eran estos últimos los más desamparados por ser acaso los más viciosos é inclinados á la vagancia. Aborrecían á las clases altas sin distinción de Europeos ó Criollos y sólo por miedo al castigo respetaban las leyes. Sin idea de posible mejoramiento social, fiaban sus destinos á la liberalidad de sus patronos que despreciándoles en absoluto se aprovechaban, sin embargo, de su trabajo dándoles apenas lo suficiente para su subsistencia. Los „*rotos*" Chilenos, los „*llaneros*" Venezolanos, los „*gauchos pobres*" Argentinos, la „*plebe*" Limeña, etc., vivían amoral y tristemente, carecían de derechos definidos, de familia legítimamente formada, de hogar, de ambiciones y de esperanzas. Su abyección y su miseria social y eco-

Fig. 234. – La Catedral de Panamá.

nómica eran un peligro constante para el porvenir de las sociedades coloniales y un grave obstáculo para sus progresos (1).

8. – Los *asientos* para introducir *esclavos negros* en las Indias Occidentales, de que hablamos anteriormente (Tomo I, pági-

Los esclavos negros.

---

(1) Vse. *Solórzano:* op. cit. Lib. II. Cap. XXX. *J. A. García:* op. cit., pág. 85-287 y sig., etc. *Barros Arana:* Hist. Gen. Chile. Vol. VII, pág. 440 y sig. *Roscher:* loc. cit. *Humboldt:* Nueva España. Vol. IV, pág. 312 y sig. *R. Levillier:* Les Origines Argentines (Paris 1912). Cap. III, pág. 115 y sig. *Méjico á través de los Siglos.* Vol. II, pág. 661 y sig. *Gil Fortoul:* op. cip., pág. 69 y sig. Comp. *Altamira.* op. cit. Vol. III, pág. 490 y sig., e c. etc.

na 486), siguieron haciéndose hasta mediados del siglo XVIII (1).
Fuese, sin embargo, debido á las condiciones fisiográficas del
medio Americano ó á cualquier otra causa social ó económi-

Fig. 235.
El Virrey Marqués de Casafuerte.

ca, *la esclavitud no echó nunca raíces profundas en las Colonias Españolas.* En 1808 apenas había en ellas 800.000 negros, que en su mayor parte vivían y trabajaban en las Antillas
y en las regiones Septentrionales de Sud-América. En Méjico,
Lima, Buenos Aires, etc., sólo
poseían esclavos las familias
adineradas (Europeos ó Criollos) en reducido número y
como artículo de lujo, empleán-
dolos por regla general en el
servicio doméstico.

Las doctrinas de la Iglesia
Católica, los escritos de *Aven-
daño, Albornoz* y especialmente
los del jesuita andaluz, *Alfonso
de Sandoval,* ilustre precursor
de los anti-esclavistas del siglo XIX (2) influyeron decididamente en las leyes castellanas, más humanitarias respecto á los

(1) Al morir el asentista *Reynel* (Vse. Tomo I) en el año 1600, su contrato fué
transferido á *Juan Rodríguez Cuitiño*, que lo tuvo hasta el 1609. Desde esta fecha al
1615, los viajes negreros se hicieron por cuenta del Monarca. *Rodríguez Delvas* pagó
más tarde 15.000 ducados por el privilegio. En 1696 se hizo asiento con la *«Compañia Real Portuguesa de Guinea»*. En 1701, con la *«Real Compañía Francesa»,* y años
más tarde, y como consecuencia del *Tratado de Utrecht,* con la *«Compañía Inglesa
del Mar del Sur»* (South Sea Company) que lo conservó con algunas interrupciones
hasta el año 1750. Esta Compañía se comprometió á introducir 4.800 negros al año,
durante treinta. Vse *Saco*: Hist. de la Esclavitud (1879), pág. 258 y sig. *Harry H.
Johnston*: The Negro in the New World (New York-1910). Cap. III, pág. 36 y sig., etc.

(2) *Bmé. de Albornoz*: Arte de Contratar (Madrid-1573), fol. 79 y sig. *Alphonso
de Sandoval*, S. J.: De Instauranda Æthiopum Salute (Madrid 1647). Parte I. Lib. I.
Cap. XX á XXVIII, etc. Comp. *Saco*: op. cit., pág. 250 y sig. *Altamira*: op. cit.
Vol. III, pág. 242, etc., etc.

esclavos negros que las de las demás naciones Europeas. Los *esclavos* en las Colonias Españolas podían contraer matrimonio, comprar su libertad y la de sus mujeres é hijos, y si eran tratados cruelmente por sus dueños ó se les denegaba el derecho á ser libres, podían discutirlo ante las *Audiencias*. La *emancipación*, terminantemente prohibida y aun penada en las leyes Inglesas, Holandesas, etc., era favorecida por las Españolas en toda forma. Para evitar las posibles crueldades de los propietarios de esclavos, las leyes prescribian hasta el modo de reducir y castigar á los alzados y fugitivos *(cimarrones)*, que en ciertos casos eran perdonados (1). La mutilación, la marca con hierro y demás degradantes torturas de los negros se castigaban severamente.

Fig. 236. – Tratado de paz entre las tropas inglesas y los *cimarrones* de jamaica (1738).

Y estas humanitarias prescripciones de los Códigos Españoles no fueron letra muerta, como el célebre Edicto de *Luis XIV* (1685). En la práctica, los esclavos fueron tratados en América con poca dureza. No se les atormentaba nunca y eran manumitidos frecuen-

(1) La célebre Ordenanza de *Carlos III* (1789), que resumió la doctrina legal Española sobre los negros esclavos, fué *protestada expresamente* por los Ingleses al adueñarse (1811) de la isla de Trinidad, *por juzgarla exageradamente benigna*. Si tenemos en cuenta la idiosincrasia especial del negro Africano, su indolencia, sus vicios, su tendencia á volver al salvajismo, etc., (Vse *Keane*: Etnology. Cap. XI, pág. 242 y sig.) la lenidad de dicha Ordenanza perjudicaba los intereses de los crueles é implacables propietarios de esclavos Británicos. Vse. *Harry H. Johnston*. op. cit., pág. 38-206 y sigtes., etc.

temente. Muchos de ellos rechazaban la libertad ofrecida por sus dueños y preferían permanecer en sus haciendas. Rara vez se rebelaron contra sus amos, antes bien, pelearon en repetidas ocasiones con ellos contra el extranjero. Cuando los Ingleses se apoderaron definitivamente de Jamaica (1657) los es-

Fig. 237. – Mendigo español *(Velázquez)*.

clavos negros lucharon valientemente contra el invasor (1) que tuvo que transigir con ellos, reconociendo su libertad y dándoles tierras *(Paz de Trelawney* 1738).

Prescindiendo, pues, de casos aislados que nada demuestran, puede *en general* afirmarse que los sufrimientos de los esclavos negros en las Colonias Españolas, fueron debidos más á la *falta de medios apropiados,* que al recargo de trabajo ó á la crueldad de los colonos. Dígase lo que se quiera, la historia de los negros en la América Latina, no registra nada comparable á los horribles tormentos de los esclavos de la Guayana Holandesa.

La raza Hispano-Americana no ha producido nunca monstruos de crueldad, refinada é insana, como las mujeres de los sádicos y afeminados plantadores flamencos del siglo XVIII (2). El prototipo de las *damas Criollas ó Españolas,* es semejante

(1) Vse. *Harry H. Johnston*: op. cit. Cap. X, pág. 238 y sig.
(2) Vse. *Harry II. Johnston*: op. cit. Cap. VI, pág. 110 y sig., y en especial el lacerante libro del *Capitán J. G. Stedman*: Expedition to Surinam (London 1796), pág. 29 y sig.

al de la *mujer fuerte* de la Biblia. Amantísimas, dulces y sinceramente cristianas (1), cuidaban maternalmente de sus esclavos negros, que las adoraban, vivían para ellas y sus familias, y morían musitando bendiciones en sus caritativos brazos.

Sólo de tales *madres*, pudieron nacer hijos como el incomparable *San Pedro Claver*, sublime *„Apóstol de los negros"* en Cartagena de Indias (1614-1654) cuya larga y preciosa vida sale de los límites de lo humano, dado su ardentísimo amor y sus heroicos sacrificios. (2)

Fig. 238. – Portada de los *„Ritos de Mechoacán"*. (Ms. Bca. Escurialense).

9.— Por razones políticas y religiosas propias de su época y sobradamente conocidas, los monarcas Españoles procuraron siempre *aislar* sus colonias. Las leyes de la Recopilación y las

Los extranjeros.

(1) *Proverbios*: Cap. XXXI. Vers. 10 á 31. No estoy conforme con el juicio del notable publicista Argentino *D. J. A. García* (Ciudad Indiana, pág 89 y sig.), sobre las damas Americanas y la familia Criolla *de la clase alta*. Creo también muy discutible la decisiva influencia que atribuye dicho autor, siguiendo textualmente á *Azara* (Viajes á la América del Sur, etc. Ed. Montevideo 1850), que de todo tenía menos de sociólogo (Vse. la noticia de su vida y escritos, por *Walckenaer*, en la edición francesa de los Viajes á la América Meridional. Paris 1809 Vol. I. Int.), al negro Africano en la formación del alma criolla. Comp *C. Bustamante Carlos Concolorcovo:* Lazarillo de Ciegos Caminantes (Ed. Gijón 1773), pág. 98 y sig. *Levillier*. op. cit., pág. 48 y sig. *J. M. Estrada*: Obras: Vol. XII. Discursos, pág. 2 y sig., etc., etc.

(2) Vse. *Coroleu:* op. cit. I, pág. 333 y en general sobre los negros en la América Española á *Solórzano*. op. cit., fol. 69, 82, 962 y sig., etc. *Montenegro*. Párrocos de Indios, pág. 358, y sig. *Recop.*: Lib. VII. Tit. V. Ley 1.ª á 31.ª *Barros Arana*: Hist de Chile. Vol. VII, pág. 445 y sus rotas. *Harry H. Johnston*: loc. cit. *Altamira*: op. cit. Vol. III, pág. 242 y sig. *Saco*: op. cit., pág. 62 y sigtes. *Humboldt*: Travels, etc. VI, pág. 844 y sig. VII, pág. 122 á 280, etc. *Humboldt*: Nueva España. Vol. I; pág. 236 y sig. *De Pons*: op. cit. Vol. I, pág. 105 á 165, etc. *Bourne*: op. cit. Cap. XVIII, pág. 269 y sig. y sus notas. *Roscher*: op. cit., pág. 10. Nota 2 y sus referencias. *Gil Fortoul*: op. cit. Vol. I. Cap. III, pág. 51 y sig., etc., etc.

ordenanzas posteriores (siglo XVIII) prohibían á los *extranjeros* establecerse en las posesiones Españolas y disponían que sin réplica ni excusa alguna y en el menor tiempo posible, se les deportara con sus familias de las provincias Americanas. Hasta muy entrado el siglo XVIII, los bienes de los extranjeros no naturalizados que morían en Indias eran confiscados en beneficio de los monarcas. (1)

Estas y análogas prohibiciones, indudablemente conformes con las ideas dominantes en la España de los siglos XVI y XVII, no arraigaron en las leyes sin excepciones y protestas. El Licenciado *Zuazo,* y los frailes *Jerónimos,* mantuvieron (1578) que las Indias Occidentales debían abrirse á la libre emigración *(salvo Moros, Indios y Herejes)* del mundo entero (2). *Carlos V* (1526) dió amplia libertad á todos sus súbditos incluyendo á los Genoveses, para desembarcar, vivir y traficar en Indias y concedió á los *Welser* (Vse. Cap. IV, página 170) la colonización de Venezuela (3). El Rey *Felipe IV* (1621) ordenó que de la expulsión de los extranjeros en las colonias, se exceptuara „á los que sirvieren oficios mecánicos, útiles á la República" (4). *Carlos IV,* en su „*Arancel de Gra-*

Fig. 239. – Tipo *criollo* del pueblo.

(1) *Recop.*: Lib. IX. Tít. XXVII. Ley 1.ª á 37.ª *Cédulas Reales:* Diciembre 8 1720, 25 de Abril 1726, 1.º de Febrero 1750, 10 de Mayo 1761, etc. *Carlos III,* en sn Real Cédula de 6 de Julio del 1776, dispuso "*por punto general,* que en adelante no se confiscasen los bienes de extranjeros que muriesen en América estando casados con españolas ó indias, y dejando hijos de ellas». Comp. *Bourne:* op. cit., pág. 244 y sigtes.

(2) *Doc. Inéditos (Pacheco y Cárdenas).* I. 287. I. 328, etc.

(3) Vse. *Saco:* op. cit., pág. 83 (que copia la Ordenanza). *Herrera:* Hist. Gen. Dec. III. Lib. X. Cap. XI. fol. 281.

(4) *Recop.*: Lib. IX. Tit. 27. Ley 9.ª

cias" (1801) sustituyó por una tasa relativamente alta, la incondicional prohibición de que los extranjeros pasaran á Indias (1).

No obstante estas tolerancias, fuese por la inflexibilidad de la mayoria de los Virreyes y Gobernadores, por el temor á la Inquisición, ó por los inveterados prejuicios patrióticos y religiosos del pueblo Español, fueron contados los extranjeros que se arriesgaron á vivir en las colonias. *Humboldt,* en cinco años de viajes por el Virreinato de la Nueva España, *sólo encontró un alemán* (2). En Chile á principios del siglo XIX apenas había 80 extranjeros *(Censo 1809).* (3) En las provincias mediterráneas de Méjico se concebía con dificultad que hubiese Europeos que no hablasen español (4).

10. – La naturaleza parecía favorecer en América esta política de *aislamiento* de los monarcas Españoles. Fuera de Veracruz y Campeche (dominados estratégicamente desde la Habana) la extensa costa de la Nueva España no tenia puertos de fácil acceso. El Virreinato de Nueva Granada solo se comunicaba con el viejo Mundo por los de Cartagena y Santa Marta. La falta de lluvias hacía inhabitables las costas del Perú. La fiebre amarilla defendía como muralla China los puertos de las Antillas, América Central, Venezuela y Méjico. *(margen: Aislamiento de las Colonias.)*

Los monarcas españoles aprovecharon y aun aumentaron éstos obstáculos geográficos, dificultando las comunicaciones entre las diversas gobernaciones Indianas y descuidando ó prohibiendo la construcción de caminos apropiados. Alentaron también (*divide et impera*) las *antipatías naturales,* entre los habitantes de las costas y los de las montañas, y la *tradicional* enemiga entre los colonos venidos de las distintas re-

---

(1) "Arancel de Gracias" de *Carlos IV* (3 de Agosto de 1801). Artículos 55, 56, 57. El permiso para residir en Indias era estimado en 8.200 reales de vellón (400 pesos plata) y en una suma igual la *carta de naturalización,* siempre que el agraciado tuviese las condiciones requeridas, la primera de las cuales era la de ser católico.

(2) *Humboldt:* Travels: VII, pág. 441.

(3) *Barros Arana:* Hist. Gen. Vol. VII, pág. 463. Nota 28.

(4) *Humboldt:* Nueva España. I, pág. 210. Comp. *Bourne.* loc. cit. *Hakluyt:* Voyages. XIV. 137 y sigtes., etc., etc.

giones Españolas. *Carlos III*, rechazó siempre todo proyecto de cortar el istmo de Panamá. *Felipe II*, prohibió en absoluto que hablara del estrecho, ó *paso al Oriente*, ansiado por *Colón, Cortés*, y sus coetáneos.

Fig. 240. – Plantador holandés del siglo xviii. *(Stedman)*.

Las provincias Americanas más accesibles por su situación geográfica á los comerciantes Europeos, fueron siempre *miradas con prevención por los monarcas*. El camino de Caracas al puerto de la Guayra, no se mejoró nunca. Buenos Aires fué durante siglos puerta cerrada hasta para sus propios habitantes.

Pensaban los Reyes, que *el fácil acceso del extranjero* á dichos puertos, había de favorecer la propagación en ellos y en las demás colonias del *espíritu revolucionario*. No les faltaba razón para temerlo. Como veremos más adelante, en Buenos Aires y en Caracas lanzaron los grandes patriotas Sud-Americanos sus primeros gritos de Independencia.

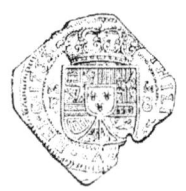

CUESTIONARIO

1.—¿*Cuál era el carácter y estado del* pueblo español *en los siglos XVI y XVII?*

2.—¿*Era libre la* emigración *á las Indias?*

3.—¿*Cuáles fueron los* rasgos característicos *de la política española respecto á los Indios?*

4.—¿*Qué clase de trabajos se imponía á los indios* mitayos?

5.—¿*Qué defectos é inconvenientes tuvieron las* reducciones?

6.—¿*Qué clase de abusos cometían principalmente los* Corregidores?

7.—¿*Cuál es en general el* rasgo característico *de las sociedades coloniales?*

8.—¿*Qué* razas ó castas *había en las Colonias Españolas?*

9.—¿*Qué* clases sociales *se distinguían en ellas?*

10.—¿*Cuál es el principio fundamental de todo* gobierno aristocrático?

11.—¿*Quiénes formaban la* aristocracia oficial *de las colonias?*

12.—¿*Cómo se formó la* nobleza criolla?

13.—¿*Cuáles fueron sus* rasgos característicos?

14.—¿*Por qué fueron excluídos* los criollos *de los puestos públicos?*

15. – ¿*Cuáles fueron para España* las consecuencias *de tal exclusión?*

16. – ¿*Cuál fué la condición de los* proletarios *en las colonias españolas?*

17. – ¿*Á qué clase social pertenecían los llamados* mulatos *y* mestizos?

18. – *Arraigó en general la* esclavitud negra *en la América Española?*

19. – ¿*En qué regiones predominó?*

20. – ¿*Qué consecuencia histórica se deduce de la comparación de las* leyes esclavistas Españolas, *con las de los demás países Europeos?*

21. – ¿*Cuál fué la obra y el Apostolado de* San Pedro Claver?

22. – ¿*Podían establecerse en las colonias los* extranjeros?

23. – ¿*Hubo* excepciones *á la prohibición general establecida en las Leyes de Indias respecto á la* emigración extranjera?

24. – ¿*Cómo y porqué razones políticas se mantuvieron las colonias españolas* aisladas *del contacto con el Extranjero?*

25. – ¿*Cuáles fueron las regiones Americanas que los Monarcas españoles miraron con más prevención?*

REFERENCIAS

Véanse las de los capítulos anteriores y las relacionadas en el VI de este Título.

1. El Patronato Real.—2. El Clero Secular.—3. Las Ordenes Religiosas.—4. Las Misiones jesuíticas.—5. La Inquisición.—6. La vida intelectual.

1.—El más desinteresado auxiliar de la corona Española en su política de protección á los Indios, fué la *Iglesia Católica.* La Cruz trató siempre de curar las heridas de la espada. El sacerdote cristiano se interpuso tenazmente entre el encomendero y el Indio. La unión entre el altar y el trono era íntima en la España de pasados siglos. El primer negocio de todo español antiguo era la salvación de su alma, y los reyes creían ser su principal deber el velar por la religiosidad de sus súbditos. Celosos, sin embargo, de su autoridad, obtuvieron de los Pontífices omnímodos derechos de *Patronato* sobre la Iglesia Española, en los que apoyaban esencialmente su regalista absolutismo. El *Patronato Eclesiástico* de toda la América Española (Bulas *Alejandro VI-*1501-*Julio II-*1508, etc.), pertenecía exclusivamente á la corona real, *siempre celosísima de la conservación é inviolabilidad de tan amplio derecho.* En virtud de tal *Patronato,* nombraba el rey las autoridades eclesiásticas de las colonias (Arzobispos, Obispos, Prebendados, etc.); las Bulas Pontifícias no podian pasar á América sin autorización *(exequatur)* del Consejo de Indias, ni podían erigirse en América iglesias, monasterios ú hospitales, sino de acuerdo con las Ordenanzas Reales. Ningún eclesiástico, sin permiso expreso de su rey, podía pasar á las colonias. En una palabra, la Iglesia Española dependía, en lo referente á las *personas y temporalidades,* de los monarcas sus *Patronos.* Fué, por tanto, y merced á su influencia espiritual y moral, poderosísimo

El Patronato Real.

agente para mantener el dominio de los reyes Españoles sobre sus extensos y distantes territorios de América (1).

El clero Secular.

2. – La política religiosa de los Reyes Católicos y de sus sucesores, exaltó la fé del pueblo Español y acentuó su intolerancia. El clero creció en poder é influencia social, acumulando propiedades y rentas pingües *(manos muertas)* y alcanzando excesivo número de sujetos que constituían una *clase privilegiada* y *dominante* en la sociedad de pasados siglos.

El clero colonial era mucho menos numeroso y rico que el de la Península, y tenía en las grandes ciudades (Méjico, Lima, etc.) su mayor contingente. Su organización era la misma que en España, aunque, naturalmente, adaptada al

Fig. 241. – Locación de las misiones de California.

(1) Vse. *Solórzano:* op. cit. Lib. I. Cap. XI, XII, etc. Libro IV. Cap. I á VI-XXV' etc. *Recop:* Lib. I. Tít. I á XXI, etc. *Rivadeneira y Barrientos:* Compendio. Regio Patronato Indiano (Madrid, 1745), pág. 57 y sig. *Icalbazceta.* Don Fray juan de Zumárraga (México. 1881), pag. 107 y sig. *Id.: Vélez Sarsfield.* Derecho Público Eclesiástico (B. Aires, 1871), pág. 17 y sig. *Woodbury Lowery:* Spanish Settlements. Lib. III, pág. 382 y sig. y sus referencias. *Moses:* Spanish Rule, pág. 241. *Id.* Eve of Emancipation, pág. 119. *Roscher:* op. cit., pág. 70 y sig. *Altamira:* op. cit. Vol. III, gág. 417 y sig., etc., etc.

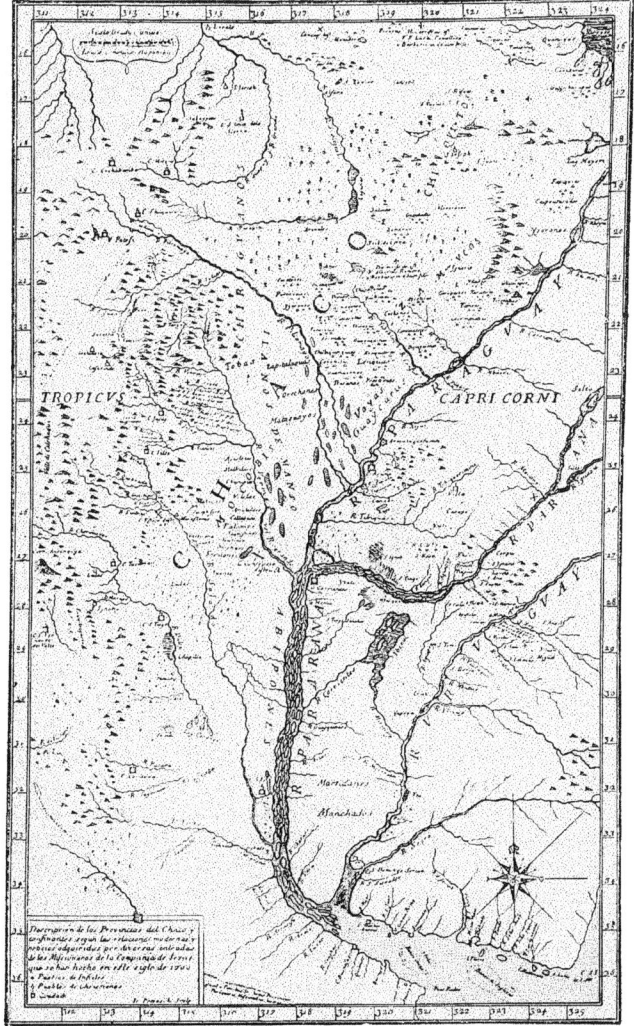

Fig. 242.—Mapa de los 30 pueblos de las Misiones jesuíticas (Córdoba 1773).

nuevo campo de acción en que se movía. El trabajo parroquial de las ciudades de Españoles estaba á cargo de los *curas*, la enseñanza y administración de los sacramentos en las aldeas de Indios *(doctrinas)* á cargo de uno ó dos sacerdotes *(doctrineros)*, y las misiones en territorio salvaje, á cargo de los *misioneros*. Dependían todos los *clérigos seculares* de los *Obispos* de sus respectivas dióce-

Fig. 243. — Fray Garcia de Loaysa, Presidente del Consejo de Indias.

sis, que de tiempo en tiempo se reunían en *Concilios* provinciales para uniformar el culto y la disciplina de las diferentes regiones eclesiásticas Indianas. Uno de los más notables y eficaces de estos Concilios en la América del Sur fué él reunido en Lima (1583) por el santo Arzobispo *Toribio de Mogrobejo*.

En general, y por desgracia para la Iglesia Americana, las costumbres de los clérigos en las colonias no eran todo lo puras como su condición sacerdotal exigía. Pecaban muchos de sensuales y regalados y díscolos, de ambiciosos y perturbadores de la paz de los pueblos. No eran religiosos por Cristo, *sino por el pan de Cristo,* por comodidad propia, por codicia por ganar con facilidad su sustento. Claro es que hubo brillantes excepciones á esta triste regla. Rarísimos fueron los *Prelados* de las colonias que faltaran á sus evangélicos deberes. Muchos de ellos fueron ejemplarísimos y santos varones de preclaras virtudes. Sus amirables vidas, así como las de muchos *clérigos criollos,* que les imitaron, pertenecen á la *Historia Eclesiástica In-*

VIRREYNATO DE MÉXICO

diana, todavía no escrita con la extensión que merece (1).

3.— Las contínuas exhortaciones de las Leyes y Reales Cédulas para la conversión de los Indios fueron expresión indudable de la firme voluntad de los monarcas Españoles de cumplir lo pactado al respecto con los Pontífices. Los *misioneros* acompañaron en América, y aun precedieron á veces, á los conquistadores. Se internaron temerariamente en regiones desconocidas para predicar al salvaje las doctrinas de Jesucristo. La vida y sacrificios de estos

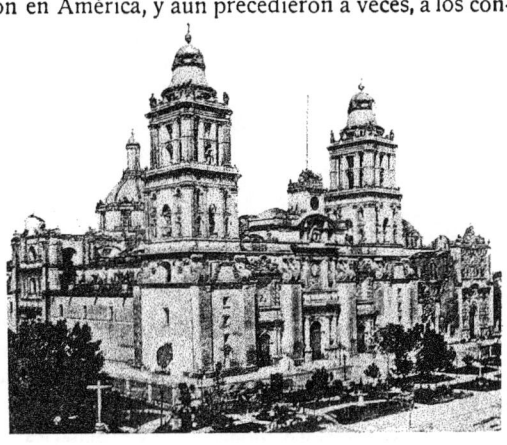

Fig. 244. —La Catedral de Méjico.

heróicos varones ocupan en la Historia Americana páginas brillantísimas. Trabajaron con abnegación fervorosa y admirable paciencia, sin más armas que el Evangelio, sin más ambición que la de salvar almas y sin más recompensa en la tierra que la gloriosa señal de la Cruz colocada sobre la leyen-

---

(1) Vse. *Montenegro.* Itinerario Párrocos de Indias. Lib. I, II, etc., pág. 4 y sig. *Icalbazceta:* Fray Juan de Zumárraga, pág. 108 y sig. *Fray Jerónimo de Mendieta:* Hist. Eclesca. Indiana (Ed. *Icalbazceta.* México, MDCCCLXX). Lib. IV, pág. 361 y sig. *Ulloa:* Not. Secretas. Pte. II. Cap. VIII, pág. 490 y sig. *Frezier:* Voyage II, pág. 447 y sig. *Lowery:* Spanish Settlements, pág. 384 y sig. y sus referencias. *Altamira:* op cit. Vol. III, pág. 355 y sig. IV. 243 y sig. *Juderías:* op. cit., pág. 178 y sig. con sus acertadas notas. *Lea:* History of the Inquisition in Spain (N. York, 1907). Vol. IV. Lib. IX. Cap. II, pág. 472 y sig. y sus notas. *Picatoste:* La Grandeza v decadencia de España. (Madrid, 1887). Vol. III, pág. 79 y sig. *Moses:* Eve of Emancipation, pág. 159 y sig. *Id.* Spanish Rule. Cap. X, pág. 241 y sig., etc.. etc.

da sublimemente concisa *("Hic occissus est„)* que marcaba en los mapas de la Compañía de Jesús el lugar aproximado del martirio de sus sujetos. Los primeros trabajadores Apostólicos que vinieron al Nuevo Mundo, pertenecían á las Ordenes

Fig. 245. – *Portada de la Vida de Santo Toribio de Mogrobejo*, por Pinelo.

Religiosas llamadas *Mendicantes (Franciscanos, Dominicos, Agustinos)*. Fueron también los primeros sacerdotes que regaron la tierra America na con su generosa sangre. Las C*rónicas* de estas religiones en las Indias y las espirituales conquistas de sus virtuosos *misioneros*, se leen hoy con verdadero asombro.

Si conseguían reducir algún grupo ó grupos de Indios, los reunían en una aldea *(misión)* para enseñarles los elementos de la vida religiosa y civil. Cada una de estas *misiones* era una especie de escuela agrícola é industrial, cuidadosamente vigilada. El trabajo diario empezaba y terminaba con la oración en común y se alteraba con la enseñanza del catecismo y la len· gua Castellana. La disciplina era tan suave como estricta.

La América Española, desde California al Paraguay y Chile, vió multiplicarse en su territorio estas *misiones,* puestos avanzados de la civilización en los que vivian miles de Indios en una especie de *estado intermedio* entre su barbarie primitiva y la cultura Europea. Con el transcurso del tiempo, estas *misiones* se convertían en *"doctrinas».* El misionero las entregaba al *Corregidor* y al *Cura* blancos y buscaba nuevo campo á su ardiente proselitismo. La fusión de razas concluía la obra, y lo que había sido banda de salvajes, se transformaba en *pueblo colonial* más ó menos próspero y creciente. Tales fueron los principios y el proceso cultural de muchas *villas* Españolas en América (1).

4.— A la vanguardia de esta falanje de caudillos evangélicos de la Iglesia Americana, marcharon desde mediados del siglo XVI los religiosos de la *Compañía de Jesús.* No se puede abrir desde esa época la Historia del Continente Americano sin ver los rastros luminosos que en él dejaron los Jesuítas de sus apostólicos trabajos. Fundaron colegios en el Perú, Méjico, Chile, etc., penetraron denodadamente en los salvajes territorios de Sonora y California (2), en los bosca-

Fig. 246. — El trabajo en las Misiones Jesuíticas.

jes del Tucumán, en las márgenes del Río Mamoré y el Magdalena, y hasta las montañas donde tienen su origen el Ama-

---

(1) Vse. en especial *Gil González Dávila:* Teatro Eclesiástico de la Primitiva Iglesia de las Indias Occidentales (Madrid, 1649-55), fol. 27 y sig. *Fray Antonio Daza:* Cuarta parte de la Crónica general de Ntro. Padre San Francisco y de su Apostólica Orden (Valladolid, 1611), fol. 141 y sig. *Agustín Dávila Padilla:* Hist. de la Fundación, etc. de la Provincia de Santiago de Méjico, de la Orden de Predicadores, etc. (Bruselas, MDCXXV), fol. 141 y sig. *Fray Sebastián de Portillo y Aguilar:* Crónica espiritual Agustiniana (Madrid, 1731). Vol. II, III y IV, *Fr. José Amich:* Compendio Histórico de los trabajos, fatigas y muertes de los ministros evangélicos de la Seráfica Religión, etc. (Ed. París, 1854) pág. 71 y sig. *P. Ceferino Mussani:* Noticias Históricas sobre las Misiones de Bolivia (Ed. París, 1854), pág. 245 y sig. *Gerónimo de Mendieta:* Historia Ecles. Indiana (Ed. *Icalbasceta*), pág. 14 y sig. *Fray Antonio de la Caluncha* (criollo de la ciudad de la Plata). Crónica Moralizada de la Orden de San Agustín en el Perú (Barcelona, 1638). Vol. I. Lib. I á IV, folio 8 y sig., etc. Comp. *Altamira.* op. cit. Vol. III, pág. 846 y sig. *Bourne:* op. cit. Cap. XX, pág. 302 y sig. *Blaekmar (J. W.)* Spanish Colonization, etc. (Baltimore, 1890), pág. 28 y sig. *Woodbury Lowery:* op. cit. Lib. III, pág. 381 y sig. con sus referencias. *Roscher:* op. cit., pág. 8 y sig. con sus notas, etc.. etc.

(2) Véase en especial, sobre estas misiones de California y Sonora, la preciosa carta del Provincial de México á los de España (1752) sobre los admirables trabajos

zonas y el Pilcomayo. Regaron con su sangre los primeros establecimientos de los Portugueses en el Brasil, las de los Franceses en el Canadá y las de los Españoles en el Norte y el Sur de América. No corresponde á.nuestra Historia investigar las excelencias, defectos y vicisitudes de la *Compañía de Jesús* en la Europa de los siglos XVII y XVIII. Nos interesa únicamente su actuación é influencia en América, y á este respecto

Fig. 247. – Fray Junípero Serra.

es de justicia reconocer que· equivocados ó nó, sus métodos de evangelización y su sistema de *reducciones* transformaron paulatinamente los bárbaros hábitos del Indio en patriarcales y sencillísimas costumbres.

La antigua Provincia del Guayra y las tribus guaraníticas de las regiones bañadas por el Uruguay y el Paraná fueron en especial *reducidas* por los Jesuitas de acuerdo con su famoso sistema, que también ensayaron más tarde (1769) los Religiosos Franciscanos *(Fray Junípero Serra,* etc.) en sus notabilísimas misiones de California y de Tejas (San Diego, San Gabriel, etc.) (1).

No podemos detenernos á detallar la organización social y la vida diaria de los florecientes pueblos que consiguieron levantar con admirable paciencia y constantes luchas los mi-

---

en la Pimería (Indios Pimas) y la California, del infatigable misionero Jesuita *P. Kino,* etc. (Bca. Nal. Sec. ms. Pv., fol. C-32. n.º 82). Comp. *Bancroft:* California. Vol. I. Cap. V-VI, etc., pág. 49 y sig. *Venegas:* Noticias de la California (Ed. Madrid, 1751). Parte III. Sec. II, etc., etc.

(1) Vse. *Blackmar:* op. cit , pág. 30 y sig. y sus notas. *Bancroft.* California (1884), Vol. I, pág. 423 y sig. *P. Francisco Palou.* Rel. Hist. de la vida del *P. Junípero Serra* (Méjico, 1787), pág. 6 y sig. *Id.:* Noticias Nueva California (1768-1783), pág. 45 y sig. *De Mofras.* Exploration du territoire de l'Oregon des Californies (París, 1844). Vol. I, pág. 155 y siguientes, etc., etc.

sioneros Jesuitas. Si recordamos lo expuesto al tratar del *Comunismo Incásico* (Vol I. pág. 341 y siguientes), y prescindimos de los ritos y sacrificios propios de su barbarie, no nos sería difícil entender el indiscutible, aunque efímero éxito del *Régimen Jesuítico del Paraguay,* perfectamente adaptable á la vida psíquica de los primitivos (músicas, cantos, bailes, ceremonias religiosas, etc.), á sus ideas sobre la propiedad (comunismo, igualitarismo, etc.) y á sus nociones de obediencia á los hechiceros y caciques. *Esencialmente,* y teniendo siempre en cuenta *el fin religioso* que perseguían primordialmente los Jesuítas en todas sus obras, la llamada *República Guaranítica,* fué una especie de agrupación accidental de semi-comunismos agrarios, en la que los Indios, regidos teocrá-

Fig. 248. – Campana fabricada en México, siglo xvi.

ticamente por los misioneros, gozaban plácidamente de la cantidad de civilización compatible con su naturaleza de primitivos. La mayor ó menor cultura de las *reducciones* dependía naturalmente del carácter y la docilidad de las tribus reducidas.

En las admirables y peligrosísimas misiones del Chaco *(Vilelas, Lules, Tobas, Abipones,* etc.), apenas consiguieron los Jesuítas fundar siete pueblos, después de años y años de indecibles fatigas y generoso derramamiento de su sangre. En las *Guaraníticas* fundaron más de treinta.

Fig. 249.—Campanario de la Misión San Gabriel (Alta California).

Los habitantes de estos últimos, intercambiaban entre sí sus productos, compraban para uso y no para ganancia, cultivaban todos la tierra para todos y tenía cada uno lo necesario para su sustento. Estaban los referidos pueblos unidos por buenos caminos con el de Candelaria, donde residía el *Superior* de las Misiones, beneficiaban sus ganados, eran industriosos, recolectaban grandes cantidades de *yerba-mate* para exportarla á la Asunción y á Corrientes, y hasta poseían rudas imprentas. Al ser expulsados los Jesuítas del Paraguay

y Misiones, en sólo 19 de sus pueblos, aparecieron cerca de 9.000 volúmenes (más de 1.000 en lengua guaraní) y gran cantidad de manuscritos tal vez preciosos, que de haber llegado hasta nosotros hubiesen aumentado el riquísimo tesoro de observaciones naturales, tratados geográficos, filológicos, etc., que los Misioneros Jesuítas han legado á la Historia y la Etnología del Nuevo Continente. Las *reducciones* vivían aisladas de todo contacto con el colono europeo. Sólo los Prelados y los Gobernadores de sus provincias

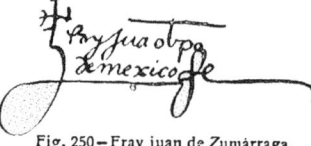

Fig. 250—Fray juan de Zumárraga, Arzobispo de México.

las visitaban de tiempo en tiempo. Después de las destructoras invasiones de los Paulistas (1630-31) autorizó el rey *Carlos III*, á instancias del extraordinario Apostol *Ruiz de Montoya*, el uso de armas de fuego en los pueblos. Se organizaron en ellos milicias indígenas que salvaron algunas ciudades del Virreinato de los ataques de los salvajes y auxiliaron heróicamente á los soldados criollos y españoles en el asalto á los fuertes portugueses de la *Colonia del Sacramento* (1704).

Claro es que el sistema político-social de las *reducciones* distaba mucho de ser perfecto. En la felicidad misma que proporcionaba al Indio estaban los gérmenes de su aniquilamiento. La principal misión del educador, es preparar al niño para vivir la vida de su patria, para luchar y triunfar en ella. Era inútil, pues, dar al Indio una felicidad forzosamente efímera; era bello, pero utópico, el creer en la posibilidad de mantener perpétuamente su ingenuidad y su aislamiento. La indiferencia y el quietismo en las sociedades son síntomas de muerte. La vida es batalla, y el descontento indefinido, ley dolorosa de progreso. La feliz Arcadia *Guaranítica* feneció fatalmente al relajarse, con el extrañamiento de los

Fig. 251. - Grabado del siglo xviii publicado por los enemigos de la Compañía de Jesús.

Misioneros *el resorte religioso* que sostenía su vida y su marcha; se derrumbó con violencia al faltarle su *pedestal teocrático*. Y fué en vano que el inepto y despreciable *Bucarelli* tratase oficialmente de detener la catástrofe. Sólo á fuerza de años de abnegación, de desinterés, de constancia, de fé, y de amor al sacrificio y al martirio, habían conseguido los Jesuitas aislar miles de seres humanos del comercialismo y la codicia, interponerse entre ellos y los colonos españoles y librarles de la esclavitud, del sufrimiento y de la miseria.

A principios del siglo XIX, de los treinta pueblos de la República Guaranítica sólo quedaban montones de ruinas. La obra de dos siglos desapareció en pocos años, y sólo guardó

en la Historia su recuerdo y el imborrable rastro de los Jesuítas que la construyeron. Utópicos ó no, fué grande su sinceridad y sublime su sacrificio. Ello basta para que sus nombres perduren en todo corazón bien templado nimbados de
admiración y de gloria (1).

La Inquisición.   5.—El Tribunal del *Santo Oficio* ó de la *Inquisición* fué
creado en Indias por Real Cédula de 25 de Enero del 1569,
para mantener en las colonias la pureza de la fé y evitar en
absoluto la comunicación de los súbditos españoles con los
herejes y los sospechosos de herejía cuyas doctrinas "debía

---

(1)   *E. Gothein.* Der Christlich Sociale staat der jesuiten in Paraguay (Berlín-
1885), pág. 5 y sigtes. *Southey.* Hist. Brasil (Río janeiro 1862). Vol. III, pág. 343 y
sig. IV, pág. 1 y sig. V, pág. 209 y sus referencias. *R. B. Cunninghame Graham:*
A Vanished Arcadia (London 1901). Cap. I á IX y sus notas y referencias. *J. M. Es-
trada.* Obras. Vol. V (Trabajos Históricos), pág. 365, 523 y sigtes. y sus referencias.
P. Joseph Cardiel: Declaración de la Verdad (Ed. *P. Hernández.* B. A. 1900), pág.
127 y sig. é Intción. *P. Hernández:* pág. 1 á 153 y sus referencias. *P. Nicolás Techo:*
Hist. de la Prov. del Paraguay de la Comp. de jesús (Asunción 1897. Trad. *Serrano
Sanz.* Prólogo *Garay).* Vol I, pág. 119 y sig. II, pág. 11 y sig. III, pág. 7 y sig.
IV, pág. 11 y sig. V, pág. 7 y sigtes., etc. *Francisco Xarque:* Ruiz Montoya en In-
dias (Madrid 1900). Vol. I, pág. 207 y sig. II, pág. 21 y sig. III, pág. 13 y sig. IV,
pág. 111 y sig., etc. *P. Antonio Ruiz Montoya S. J.:* Conquista espiritual (Madrid
MDCXXXIX), pág. 15 y sig. *Montenegro:* Breve noticia del Misionero P. Agustín de
Castañares S. J. (Chiquitos, Mataguayos, etc.) Madrid MDCCXLVI, pág. 4 y sig.
Peramás: De vita et moribus sex sacerdotum Paraguay corum (Faventiae-1791) Pá-
rrafo 45 y sig. *Charleroix:* Hist. du Paraguay (Paris 1756). Vol. II, III, etc. y Do-
cumentos. Vol. VI. *P. Domingo Muriel:* (Cyriacus Morelli) Continuación Historia
Charlevoix: (1747-1766) Venecia 1779. Lib. I á IV. *Azara:* Voyages dans l'Amérique
Méridionale, etc. (Paris 1809) Vol. II. Cap. XI y sig. *Azara:* Descripción é Historia
Paraguay, etc. (Madrid 1847) Vol. I, pág. 215 y sig. *Dean Funes:* Ensayo de la
Hist. Civil del Paraguay, etc. (B. Aires 1816) Vol. II, pág. 120 y sig. *Patricio Fer-
nández S. J.:* Relación Misiones de Chiquitos (Madrid 1726). Cap. I á XXII, pág. 17
y sig. *P. Francisco de Figueroa:* Relación de las Misiones de la Comp. de jesús en
el país de los Maynas (Ed. *Suárez.* Madrid 1904) N.o I á XXIV, pág. 7 y sig. *Lozano:*
Descrip. Chorog. Gran Chaco Cualamba (Ed. Córdoba 1873), pág. 37 y sig. *Dobris-
hoffer:* Hist. de Abiponibus, etc. (Viena 1784) Vol. I, II, etc. *Eder:* Descrip. Prov.
Moxitarum (Trad. Armentia. La Paz 1888), pág. 57 y sig. *Muratori:* Christianismo
felice nel Paraguay (Venecia 1752). Vol. I, II. *Machoni.* Las siete estrellas, etc.
(Córdoba 1732), pág. 16 y sig. *Mosses:* Spanish Rule, pág. 233 y sig. *Doblas:* Mem.
Histórica de la Prov. de Misiones, pág. 21 y sig. *Roscher:* op. cit., pág. 11 y sig.
Xarque: Insignes Misioneros del Paraguay (Pamplona 1687), pág. 21 y sig., etc., etc.
Para la Bibliografía de los Jesuítas en general Vse. el Catalogue of Printed Books
British Museum *"Jesuits*. (London-Clowes 1889), pág 4 y sig. y sobre las Misiones
del Paraguay en especial Vse. *Gothein,* op. cit., pág. 32.

castigar y extirpar evitando que se propagaran y esparcieran„ en el Nuevo Mundo. Empezó á funcionar en Lima en 1570, y en Méjico en 1571. Los protestantes extranjeros, los piratas, los judíos y judaizantes españoles ó portugueses, los acusados de brujería ó magia negra, los blasfemos y los bígamos fueron sus principales víctimas. Por razones largas de explicar, la historia de este célebre tribunal en América, no fué tan tenebrosa como en España. La pena de muerte en la hoguera se aplicó pocas veces. En todos los *«Autos de Fé»* que se celebraron en

Fig. 252. – El Inquisidor General de España, Fray Tomás de Torquemada.

Lima, sólo 30 procesados fueron quemados vivos (1573-1736).

Fig. 253. – Procesión inquisitorial (Auto de Fé).

Los demás sufrieron reclusión, azotes, trabajos forzados *(galeras)*, ó destierro. Algo análogo sucedió en Méjico.

La *Inquisición Americana,* como la Española, no consiguió poner término á la superstición y religiosos extravíos de la masa inculta de la población que por fanatismo ó por miedo la apoyaba con entusiasmo. Tampoco logró modificar la inmoralidad y el desenfreno de las costumbres. Bien es verdad que los

Ministros y *Comisarios* del temido Tribunal nada tenían de ejemplares y que en vez de moderar los graves é insoportables escándalos que en punto á religión y moral sucedían en los dominios españoles, invadían en forma abusiva todas las esferas de la administración, confundían caprichosamente los asuntos religiosos con los que no lo eran y castigaban levísimas ofensas de sus enemigos personales con sumos rigores,

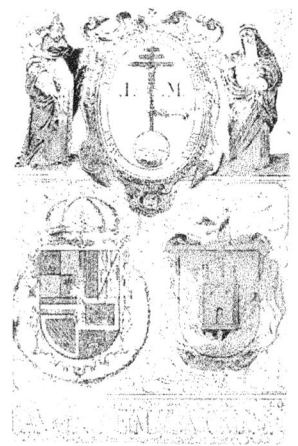

Fig. 254 – Escudo de la ciudad de México y de su Tribunal de la Inquisición.

afligiendo su honra con demostraciones, su alma con censuras y su vida con desconsuelos.

Los Inquisidores, y cuantos de ellos dependían, creían pertenecer á un mundo distinto, exento de toda obligación y libre de toda autoridad, se creían facultados para explotarlo todo, y para perturbar constantemente la vida social Americana. En siglos en que los sentimientos religiosos se habían convertido (salvo excepciones honrosísimas) en prácticas rutinarias, creencias supersticiosas, ó hipócritas componendas entre la virtud y el vicio, fácil es comprender el poderoso influjo de un Tribunal *que juzgaba en secreto,* que encarcelaba y atormentaba á mansalva, que ante nadie respondía de sus actos, y que tomaban la defensa de la religión como pretexto de sus iniquidades.

El *Santo Oficio* fué poderosísimo auxiliar de la política de aislamiento de los monarcas españoles en sus colonias de América. Extremó sus rigores en la prohibición y censura penal de libros, considerados heréticos en los siglos XVI y XVII, ó de los que en el siglo XVIII exponían las nuevas ideas filosóficas y religiosas *(enciclopedismo, sensualismo filosófico, experimentalismo)* que tanta difusión lograron. Desde 1546 empezaron á publicarse numerosos *«Indices Expurgatorios»*. El de 1790 tenía más de 300 pági- naś, y en él se incluían todos aquellos libros que el trono ó los Inquisidores consideraban de pe- ligrosa lectura para sus súbdi- tos de América, en especial para los criollos, siempre *«amigos de novedades y de vivísimo in- genio„* (1).

Podían los *Comisarios* de la In- quisición, para confiscar y destruir los libros prohibidos, registrar de día y hasta de noche los domici- lios de los sospechados.

Los abusos y desafueros á que se prestaba esta tiránica facultad de los Inquisidores, pueden fácil- mente imaginarse.

Fig. 255. – Penitente en las proce- siones de Lima.

La Inquisición fué declarada por las Cortes de Cádiz (1812) *incompatible con la Cons-*

(1)   Vse. Carta del Virrey *D. Francisco de Toledo* á *Felipe II*. Noviembre 27 1579 (Ms. Original. Archivo de Indias. Estte. 70. Cap. I. Leg. 30 (Patronato). *Lope de Vega* contestando á la célebre poetisa *D.ª Isabel de Figueroa*, (Amarilis de .Hua- nuco) decía:

...... Yo no lo niego, ingenios tiene España
Libros dirán lo que su musa luce
Y en propia rima imitación extraña
Mas los que el cíima antártico produce
Sutiles son, notables son en todo
Lisonja aquí, ni emulación me induce...

Lope de Vega. Obras no Dramáticas (Bca. Autores Españoles). N.º 340 Belardo á Amarilis, pág. 420 y sig. Sobre las restricciones á la Imprenta. Introducción de li- bros, etc. Vse. en especial *Recop:* Lib. I. Tít. XXIV. Ley I á XV. *De Pons:* op. cit. Vol. II, pág. 95 y sig. *José Toribio Medina:* Bca. Hispno. Americana. Vol. IV. (Santiago MCMII). Prólogo, fol. 10 á 69. *Id.* La Imprenta en Lima (Santiago 1904). Vol. I, pág. 64 y sigtes., etc. *Id.* La Imprenta en México (Santiago 1907-08) Vol. II, pág. 24 y sig., etc. *Id.* Inquisición en Chile (Santiago MDCCCXC). Cap. XVI, pág. 509 y sig. *Id.* Inquisición en México (Santiago 1905). Cap. XXII. pág. 409 y sig. *H. C. Lea:* Chapters from the Religions Hist. of Spain, etc. (Philadelphia 1890), pág. 15 á 210. *Roscher:* op. cit., pág. 8 y sig., etc.. etc.

titución de la Monarquía Española (Enero 26-1813) (1).

6. — El estado de la educación en las colonias era, con cortas

Fig. 256.—Célebre estampa de San Josaphat, circulada en México por los partidarios de la Compañía de Jesús.

diferencias, igual que en la Metrópoli, con el aditamento de las preocupaciones de raza que oponía nuevas dificultades á la cultura general de las gentes. El número de escuelas primarias era insuficiente, y hasta en ellas penetraban los recelos contra los criollos. Los Jesuítas fundaron numerosos Colegios, y hasta crearon cursos y escuelas técnicas como los talleres modelo que con artífices y obreros alemanes organizó en Chile el *P. Haymhaussen.* Las demás Órdenes Religiosas fundaron también en sus conventos y residencias escuelas de primeras letras y de gramática y filosofía que cons-

(1) Vse. *Recop*: Lib. I. Tít. XIX. Ley I á XXIX. *Lea:* Inquisition in Spain (New York 1907). Vol. IV. Lib. IX. Cap. II. pág. 472 y sig. y sus referencias. *Altamira:* op. cit. Vol. III. pág. 383 y sig. IV, pág. 245 y sig. etc *J. Juderías:* op. cit. Lib. III, pág. 177 y sig. *Bourne:* op. cit. Cap. XX, pág. 312 y sig. y sus notas. *José T. Medina:* Inquisición en México, pág. 9 y sig. Cap. Preliminar á Cap. XXI, pág. 9 á 369. *Id.* Inq. en Cartagena de Indias (Santiago MDCCCXCIX). Cap. Prel. á Cap. XVII, pág. 7 á 395 y Doc., pág. 419 y sig. *Id.* Inq. en Chile (Santiago MDCCCXC). Vol. I á XVII. (El Cap. VIII trata los Procedimientos del Santo Oficio, pág. 205 y sig.) Vol. II. Cap. I á XVII, pág. 1 á 563. *Id.* Inq. en Lima. (Santiago 1887). Vol. I. Cap. I á XV (en especial Cap. VI). Vol. II. Cap. XVI á XXVII y final, pág. 5 á 487. *Id.* Inq. en las Prov. del Plata (Santiago MDCCCXCIX). Cap. I á XII, pág. 11 á 265 y Doc., fol. 3 á 144 y las preciosas notas y referencias de todas estas Monografías del sabio escritor Chileno. Vse. también *Lea:* The Inquisition in the Spanish Dependencies (N. York 1909), pág. 19 y sig. con sus notas. *México á través de los Siglos:* Vol. II. Cap. XXXVIII, pág. 389 y sig. *Icalbazceta:* Obras (Méjico 1896). Vol. I, pág. 271 y sig., etc., etc.

tituyeron focos de cultura de alguna importancia. La enseñanza Universitaria presentaba en las colonias el mismo aspecto que en la Península. España no podía dar más que lo que tenía y, por tanto, los planes de enseñanza de las Universidades Americanas *(Méjico, Lima, Córdoba,* etc.) adolecieron de los mismos defectos que los de las Universidades de la Metrópoli. En la Universidad de Córdoba sólo se estudiaba teología, cánones, filosofía, y lengua y literatura latinas. En la de *San Marcos* de Lima, la cátedra de matemáticas estaba en suspenso á mediados del siglo XVIII por falta de alumnos. En la de *San Felipe,* de Chile, dicha cátedra no empezó á funcionar hasta 1758 y no llegó á formar un solo Doctor. En general, en América, como en España, la enseñanza Universitaria tenía idénticos defectos. El memorismo, el verbalismo y el sistema libresco, esta-

Fig. 257. — Portada de un tratado sobre herejías (siglo XVI).

ban además agravados por el empleo del latín como lengua Académica, recordado é impuesto en una orden del tiempo de Fernando VI. De aquí la ineficacia que por lo común tuvo la enseñanza Universitaria en las colonias y la escasez hasta mediados del siglo XVIII de sus frutos científicos (1).

(1) *Icalbazceta:* Obras. I, pág. 176 y sig. *Alaman:* Disertaciones (Edición Habana 1873). Vol. II, pág. 105 y sig. *Bourne:* Op. cit., pág. 304 y sig. *Altamira:* Op. cit., vol. III, pág. 534 y sig. IV, 339 y sig. *Lafuente:* Hist. de las Universidades I, pág. 137 y sig. II, pág. 46 y sig. etc. *Torres Villarreal:* Vida (Ed. Clásicos Castellanos-Madrid 1912). pág. 29 y sig. y sus notas. *Juderías:* Op. cit. pág. 215 y sig. y sus notas. *Moses:* Eve of Emacipation, pág. 143 y sig. *Garro:* Bosquejo Histórico de la Universidad de Córdoba, pág. 23 y sig. y sus Apéndices. *Barros Arana:* Hist. Gen. de Chile, vol. IV, pág. 278 y sig., VII, pág. 485 y sig. *Juan A. García:* Ciudad Indiana pág. 222 y sig. etc., etc.

CUESTIONARIO

1. — ¿Qué influencia tuvo la Iglesia Católica en la colonización de América?
2. — ¿Qué se entiende por derecho de Patronato?
3. — ¿A quién pertenecía este derecho en las colonias españolas?
4. — ¿Qué extensión tenía este derecho de Patronato Real?
5. — ¿Qué influencia tuvo el Clero en las sociedades Españolas?
6. — ¿Era numeroso el clero secular en las Colonias?
7. — ¿Qué personas le formaban y cómo se dividían los trabajos de su Ministerio?
8. — ¿Qué influencia tuvieron en la disciplina eclesiástica
Americana los Concilios Generales?
9. — ¿Qué defectos tuvo el clero secular en las colonias?
10. — ¿Cuál fué la obra de los Misioneros en América?
11. — ¿Cuáles fueron las primeras Ordenes Religiosas que vinieron á América?
12. — ¿Qué se entendía por reducciones y cómo se formaban?
13. — ¿Cómo se organizaban y vivían las misiones?
14. — ¿Cuál fué la obra de la Compañía de Jesús en América?
15. — ¿Cómo organizaron los Jesuítas sus misiones?
16. — ¿Qué dificultades encontraron en sus trabajos?

17. – *¿Cuáles fueron los rasgos característicos del llamado* Régimen Jesuítico del Paraguay?

18. – *¿Qué defectos capitales tuvo este sistema social?*

19. – *¿Qué juicio ha formado la Historia de los Jesuítas del Paraguay y el Chaco?*

20. – *¿Cuándo empezó á funcionar en Lima y en México el Tribunal* de la Inquisición?

21. – *¿En qué se diferenció la* Inquisición *Americana de la* Española?

22. – *¿Qué influencia tuvo este Tribunal en las* Sociedades Americanas?

23. – *¿Por qué eran odiados los* Inquisidores *en las Colonias?*

24. – *¿Qué objeto tenían los llamados* «Indices expurgatorios»?

25. – *¿Qué defectos tuvo la* Educación *é* Instrucción *en las Colonias Españolas?*

REFERENCIAS

Véanse las relacionadas en el Capítulo VI de este Título.

LA INDUSTRIA Y EL COMERCIO

La Minería. 1.—Como premio á sus innegables hazañas, hallaron los españoles, en sus inmensos territorios Americanos, riquezas vegetales y minerales superiores á sus esperanzas. Los metales preciosos, las esmeraldas y las perlas del Pacifico constituye-

ron desde luego una importante base de explotación, y la *Industria Mine-ra* se desarrolló extraordinariamente. No nos es posible, por falta de datos fijos, determinar concretamente la cuantía de la producción y el número de trabajadores empleados en esta Industria en las Colonias. Según datos fidedignos del reinado de *Carlos I,* osciló la producción referida entre un máximo

Fig. 253.—La Habana en 1720.

de 2.500.000 pesos oro sellado, y un minimum de 500.000. En los reinados sucesivos, es evidente que los beneficios obtenidos fueron mucho más considerables. Se permitía descubrir y beneficiar las minas á todos los españoles é indios vasallos del rey, y nadie que no fuese dueño de minas podía, bajo pena de confiscación, vender metales preciosos. Por varías Reales Cédulas (1572-1590-1619-1620, etc.) los mineros y azogueros fueron favorecidos con preeminencias, y en las ejecuciones por deudas, aun á la Hacienda Real, no podían serles embargados los instrumentos de mineraje. Los distritos mineros de Potosí y Guancavelica, en el Perú, y los de Guanajuato, en Méjico, fueron los más importantes de los dominios españoles (1).

2. — La ganadería en América adquirió desde los primeros **La Ganadería.** tiempos excepcional desarrollo. Ya hemos visto (Vol. I) que los Indígenas (salvo los *Incas* con sus rebaños de llamas) no conocieron los animales domésticos. Introducidos por los españoles, se multiplicaron con rapidez extraordinaria en las vírgenes y hermosísimas praderas del Nuevo Continente. Testimonios del siglo XVII hablan ya de Hacenda-

Fig. 259. —Silla de manos (siglo XVII)·

dos de la *Nueva España* que poseían 50.000 cabezas. En las llanuras no colonizadas, del hoy feraz y próspero territorio Argentino, era abundantísimo el ganado salvaje. Se corrían los animales á caballo, cortándoles los tendones de las patas con un hierro en forma de media luna, aprovechándose solo de cada res la piel, el sebo, y si acaso la lengua, y abandonando la carne á los buitres y los perros. Una Cédula de 1548, impulsó la exportación de cueros crudos, y otra de 1572, la de la lana. El primer ganado vacuno que se introdujo en el Perú se debe á *Fernan Gutiérrez* (1539) que obtuvo del Cabildo de

(1) Vse. en especial *Humboldt*. Ensayo político sobre Nueva España. Lib. IV. Cap. XI. Vol. III (Trad. *Arnao* 1842), pág. 18 á 380, etc. *Memorias dè los Virreyes*. (Ed. Lima 1859) Vol. I á VI. *Roscher*: op. cit., pág. 7 y sig. y sus notas. *Recop*: Lib. IV. Tít. XIX y XX. **Ley 1 á 16 y 1 á 7**. *Bourne:* op. cit., pág. 245 y sig. y sus referencias. *Altamira:* op. cit. Vol. III, pág. 510 y sig. *Barros-Arana:* Hist. Gen. de Chile Vol. II, pág. 233 y sig. con sus notas, etc., etc.

Lima sitio para una estancia en la Sierra de la Arena, á seis leguas de la ciudad. A fines del siglo XVI (1599) se mataban anualmente en Lima 2.700 vacas, 200.000 carneros, 12.000 cerdos, y un gran número de pavos, gallinas, etcétera. El capitán Salamanca fué el introductor del ganado lanar en el Perú, que, en especial en las provincias australes del Virreinato, aumentó rapidísimamente. Los ganaderos y tratantes de las Colonias formaban, como en la Metrópoli, una especie de gremio ó asociación *(hermanos de la Mesta)* con su concejo *(Concejos de la lesta)*, autoridades *(Alcaldes de la Mesta)* y ordenanzas especiales (1).

Fig. 260.
Claustro del Convento de Nuestra Señora de la Merced (México).

La Agricultura. 3. — Los reyes alentaron siempre á los labradores españoles á establecerse en América para continuar allí sus faenas, y les concedieron premios, franquicias y privilegios. En el año 1531 el Consejo de Indias dió instrucciones especiales á *Rojas* y

(1) Vse. *Recop:* Lib. V. Tit. V. Ley 1 á 20, etc. *Bourne:* op. cit., pág. 215 y sig. y sus notas. *Altamira:* op. cit. III, pág. 513 y sig. *Ricardo Cappa S. J.:* Estudios críticos. Pte. III (Industria Agrícola Pecuaria, etc.). Madrid 1890. Vol. V, pág. 380 y sig. y sus notas y referencias. *Bustamante:* Lazarillo Ciegos Caminantes (Ed. cit.), pág. 114 y sig. *Barros-Arana:* Hist. Gen. Chile. Vol. IV, pág 262 y sig. con sus notas. *Moses:* Eve of Emancipation, pág. 58 y sig. *Icalbazceta:* Obras. Vol. I, pág. 121 y sig. etc , etc. Sobre las Ordenanzas, etc., de la *Mesta.* Vse. *Recop:* Lib. V T J Ley 1 á 15, etc.

Fray Alonso de Talavera para que buscasen labradores que pasaran á Indias. Estos precursores de los modernos *agentes de emigración* trabajaron activamente con los Corregidores y Justicias de los pueblos españoles. En el año 1520, una colonia de labradores de Antequera *(34 matrimonios, 90 hijos*, etcétera) con abundantes aperos de labranza, semillas de todas clases, y «hasta 50 tinas en que á guisa de macetas llevaban rosales y lirios«, se embarcaron en Sanlúcar de Barrameda con rumbo á las Indias. En la capitulación de *Juan de Sanabria* (Julio 27-1547) se le obligó á llevar al Río de la Plata trigo, cebada, centeno, «y todas las otras semillas que vos parescieren necesarias para la cultivación de la tierra«. En la célebre jornada de Salta, que capitaneó el gobernador de Tucumán, *Hernando de Lerma* (1582), llevaron para poblar los soldados y capitanes, más de 2.000 cabezas de toda cla-

Fig. 261.—Combate naval (Siglo XVII).

se de ganado, sin contar los caballos de repuesto y pelea y numerosas acémilas cargadas de bastimentos. La legislación del siglo XVI abunda en órdenes para que se enviaran á las Indias semillas y plantas por la *Casa de Contratación,* y se verificasen plantaciones y siembras. En Méjico (Misteca) se cultivaron moreras, criándose gusanos de seda y obteniéndose pingües provechos. En todos los Virreinatos abundaban los huertos y ricos plantíos de cereales. El arroz, introducido en América en 1572, se propagó bien pronto, dándose con gran abundancia en los terrenos bajos y calientes. El azúcar era granjería general en los países tropicales. Se obtenía excelente vino de los cuantiosos pagos de viñas del Perú y Chile. No obstante la

medida general prohibitiva del cultivo de la vid en América
(1595) se extendió mucho en las tierras propicias. Cultivóse
también el olivo, y se extrajeron ricos aceites. En el siglo XVII
se cogían cerca de 3.000 arrobas, sólo en el valle de Lima. En
1545 se mandó que fomentaran los cultivos de lino y cáñamo
á los Gobernadores de Indias. En general, puede afirmarse
que los esfuerzos hechos por la Metrópoli, para desarrollar la
agricultura en Indias, produjeron resultados importantísi-
mos (1).

La Industria Fabril. 4.—Desde la conquista, hasta principios del siglo XVIII, la
Industria Fabril tuvo en América gran desarrollo sin que le
sirviera de óbice,
ni el perjuicio
que con ello se
siguió á las fá-
bricas españolas,
ni las restriccio-
nes que en el si-
glo XVI se inten-
taron y que casi
al punto se dero-
garon, en aten-
ción á las causa-
les alegadas por

Fig. 262.—Fuerte en la Isla de la Tortuga.

los Virreyes. Los tejidos Mejicanos de Puebla llegaron á ser
muy estimados; se exportaban á varios sitios y habían conseguido disminuir la importancia de los fabricados en España
La primera fábrica de paños que conoció la América del Sur
fué fundada por *D.ª Inés Muñoz* (1545), cuñada de *D. Francisco Pizarro*. Desde esta fecha, hasta la de la ruina del último
telar español que funcionó en el Perú (1824), fundáronse en

(1) Vsc. *Altamira:* op. cit. Vol. III, pág. 514 y sig. *Velasco:* Descrip. de las Indias, pág. 64 y sig. *Gage:* New Survey of the West Indies (4 Ed. London 1711), pág.
156 y sig. *Icalbazceta*: Obras I, pág. 125 y sig. (Seda en México) y en especial los bien
documentados estudios del *P. Ricardo Cappa S. J.:* Estudios Críticos. Vol. V, pág.
1 á 343 y Apces. I á VII. Vol. VI (Segundo y Tercero períodos Agrícolas Perú. 1568-
1790), pág. 1 á 294 y Apéndices I á XVIII, con sus notas y referencias

dicho Virreinato gran número de obrajes de hilados de todo género. Aunque á fines del siglo xviii esta máquina fabril estaba ya muy gastada, aún se contaban en el territorio Peruano más de 4.000 telares que producían excelentes frezadas, pañetes, manteles, servilletas, alforjas, etc. La sola ciudad de Cochabamba consumía en sus fábricas de hilados 30 ó 40.000 arrobas de algodón anuales. En 1804 se hizo en Chile un ensayo de fábrica de tejidos en vastas proporciones, estimulada por el ilustre Americano *D. Manuel*

Salas, y dirigida, técnicamente, por u n habilísimo mecánico suizo *(Heytz).* En todo el siglo xviii y principios del xix se enviaron á la Corte española, por los Gobernantes de las colonias, curiosos proyectos sobre el *«Fomento de Hilados»* y la *«Promoción de Fábricas»,* en el Nuevo Mundo. El inmenso contrabando introducido en América desde mediados del siglo xvii y el inútil empeño del Gobierno Español de *pro-*

Fig. 263.
El célebre corsario Sir Henry Morgan.

teger las fábricas de la Metrópoli y surtir con ellas las colonias, fueron paulatinamente aniquilando en ellas la *industria fabril,* no despreciable en los primeros tiempos (1).

5.— En general, los colonos españoles tenían gran aversión á las *industrias mecánicas.* Los artesanos que de Europa venían no querían trabajar en las colonias en sus oficios, antes bien, los miraban con desprecio y tedio y dejaban que los Indios y Mestizos ejercieran estas artes útiles. La *prerrogativa de nobleza* que se otorgaba legalmente á cuanto español emigra- **Industrias Mecánicas, etc.**

---

(1) Vse. *Altamira:* op. cit. Vol. III, pág. 511 y sig. *Id.* Vol. IV, pág. 289 y sig. y en especial *P. Ricardo Cappa S. J.* Estudios Críticos. Vol. VII (Industria Fabril), pág. 31 y sig. y Apces. I á III con sus notas, observaciones y referencias. Comp. *Barros-Arana:* Hist. Gen. Chile. Vol. VII, pág. 354 y sig. y sus notas, etc., etc.

ba á América, fué naturalmente inmenso óbice al desarrollo de los talleres en las colonias. Sin embargo de ello, fueron notabilísimos los trabajos en oro y plata de los Orfebres Mejicanos, Peruanos, etc., y riquísimo y artístico el decorado en oro, plata y pedrería de algunas iglesias de América. Los artífices Peruanos fueron los más notables por su originalidad

y su pericia. Al empezar el siglo XVII, se contaban en Lima más de 80 maestros plateros *criollos* que formaban un *gremio* poderoso. Las fundiciones de artillería de bronce de dicha ciu-

Fig. 264.—Combate entre filibusteros Franceses y Holandeses.

dad de Lima eran muy importantes. La villa de Arequipa fué célebre en la fundición de campanas. Sólo tres de las construídas para la catedral de Lima después del terremoto del 1746, pesaban más de 500 quintales. El célebre relojero criollo *Pimentel* (siglo XVIII) llamó poderosamente la atención de los cosmógrafos de la expedición naval mandada por *Malaspina* (1790). En el Virreinato de Méjico se construyeron en gran escala muebles y carruajes. La *Industria Naval* estuvo también muy desarrollada en las Colonias. Fueron notables los astilleros de Guayaquil, en el Virreinato del Perú, el de la Habana, y el de San Blas, en Méjico. La *Real Compañía de Pesca de Barcelona,* con establecimientos en Gorriti, isla de Lobos y Puerto Deseado y las Malvinas, exportaba en respetable cantidad (1791-95) cascos de aceite de lobo y ballena, cueros de lobo marino, y carne salada. Es indudable que si las leyes hubiesen favorecido el establecimiento de talleres y fábricas en América, en vez de restringirlo para favorecer los mezquinos intereses industriales de la Metrópoli, las *Artes Mecánicas* en las Colonias hubieran llegado á un alto grado de progreso (1).

6.— La España no fué una excepción entre las naciones de los siglos XVI y XVIII. Como apuntamos al hablar de la "*Casa de Contratación*„ (Cap. II), su política comercial con las colonias fué de restricción y monopolio. Los monarcas españoles fueron, naturalmente, celosísimos del dominio y disfrute exclusivo de sus vastas posesiones de América. Sólo los súbditos españoles podían comerciar con el Nuevo Mundo, y aun éstos, debían sujetarse á la inspección en el puerto de Sevilla, al zarpar y al regresar con sus naves. Aunque en el año 1529 se concedió habilitación á otros puertos españoles para comerciar con las Indias (Coruña, Bilbao, Málaga, Cartagena, etc.), dicha habilitación fué abolida al finalizar el siglo XVI (1591) manteniéndose el privilegio Sevillano. En

Fig. 265.—Rutas comerciales en la América del siglo XVII.

El Comercio Colonial.

general, fué extrictamente prohibido á los extranjeros el comercio con las colonias españolas. Sólo se permitió (1505) á los residentes en España, á condición de utilizar agentes españoles. Tuvo este permiso gran trascendencia histórica, pues inició la penetración de los extranjeros y de su comercio en la vida social Americana. Los fabricantes franceses, por ejemplo,

---

(1) Vse. *Ricardo Cappa, S. J.*: Estudios Críticos. Vol. VIII-IX (Industrias Mecánicas). *Id.* Vol. X-XI-XII (Industria Naval) con sus notas, Apéndices, observaciones y referencias.

importaban á Cádiz sus productos manufacturados *(sederías de Lyon, telas de Rouen, Coutances,* etc.) representando á fines del siglo XVII muchos millones, y una vez allí, y por mediación de los comerciantes, sus corresponsales (españoles ó no), establecidos en Sevilla, los exportaban á las Indias. La constante aspiración de todas las naciones de la Edad Moderna, de exportar sus

Fig. 266.
Bucanero de la Isla de la Tortuga.

manufacturas á América, se halla en el fondo de su política internacional. Dentro del sistema comercial Español hubo muchas prohibiciones y reglamentos que obstaculizaban la vida económica colonial. Gran número de productos de negociación activa *(pólvora, tabaco, azogue, naipes, sal,* etc.) estuvieron *estancados* ó monopolizados por el Estado prohibiéndose su venta á los particulares. Por lo regular, estos *estancos* se arrendaban ó asentaban á negociantes favorecidos que explotaban la situación encareciendo los artículos. Las *Aduanas* y el exceso de tributos *(avería, almirantazgo, de toneladas,* etc.), obstaculizaron también el desarrollo del Comercio Colonial, y otro tanto sucedió con las variaciones y mixtificaciones de *la moneda,* que desde 1535, se permitió acuñar en las Indias (1).

(1) *Fabié:* Ensayo Histórico de la Legción. Española, etc. (Madrid, 1896), pág. 81 y sig. *Veitia Linaje:* Norte de la Contratación, etc. (1672), pág. 59 y sig. *Rubalcava:* Tratado Hist. Pol. y Legal del Comercio (Madrid, 1750), pág. 18 y sig. *Saco:* Hist. de la Esclavitud, pág. 156 y sig. *Altamira:* op. cit. Vol. III, pág. 515 y sig. *Bourne:* op. cit., pág. 232 y sig. y sus referencias. *José M. Estrada:* Obras completas. V. Conf. VI, pág. 215 y sig. *Bartolomé Mitre:* Hist. de Belgrano. Vol. I, pág. 19 y sig. *Méjico á través de los siglos:* Vol. II. Lib. II. Cap. IV-V, pág. 495 y sig. Lib. III. Cap. II, pág. 671 y sig. *Barros-Arana:* Hist. Gen. de Chile. Vol. IV, pág. 262 y sig. VII, pág. 390 y sig. y sus notas. *Moses:* Spanish Rule, pág. 263 y sig. *Clive Day:* A History of Commerce (New-York, 1908). Cap. XIX-XX, etc., pág. 174 y sig. *Cambridge Modern Hist.:* Vol. IV, pág. 728 y sig. V, pág. 32 y slg. *Lavissé et Rambaud:* Histoire Générale. Vol. V *(Louis XIV).* Cap. III-V-XIII-XX. pág. 77 y sig. etc., etc.

7. – En los primeros años del siglo XVI, antes que el oro y la plata del Perú y de Méjico constituyeran importante fuente de riqueza, el Comercio Colonial se hacía en *expediciones sueltas* que enviaba cada armador ó comerciante. El desarrollo del contrabando de propios y extraños, la abundancia de corsarios en los mares y el temor de sus agresiones piratescas hizo que se formaran *flotas* de varios buques que navegaban juntos y artillados.

Este sistema de *flotas* se convirtió pronto (1561) en oficial y obligatorio. Ningún navío podía ir á las Indias ni venir de ella sino en conserva de las flotas, bajo penas severísimas. En el cumplimiento de esta

Fig. 267.
La feria de Porto Bello según un grabado del siglo XVII.

ley, decía su texto (Lib. IX. Tít. XXX. Ley LV. Recop.) consistía "toda la importancia bien y seguridad de las armadas y flotas, y del comercio universal". Cada año debían equiparse en Sevilla dos flotas, una para la *Nueva España (galeones)*, otra para *Tierra Firme (la flota)* y una *Armada real* "para que vaya y vuelva haciéndoles escolta y guarda y castigue á los enemigos y piratas que se les pretendieran oponer". En el viaje de ida, los *galeones* tocaban en las Canarias y derrotaban luego á Santo Domingo (Ocoa ó Cabo San Antón). Desde allí navegaban hasta el cabo Tiburón, donde se separaban los buques destinados á Jamaica y Santiago de Cuba, seguían hasta la Isla de Pinos, donde se separaban los destinados á Yucatán, Honduras y la Habana, y arribaban por fin á San Juan de Ulua. La flota de *Tierra Firme* derrotaba *directamente* de España á Santo Domingo, daba allí licencia á los buques destinados á Río del Hacha, Venezuela Margarita, etc., y seguía con los demás á

– 397 –

Santa Marta y Cartagena. Se demoraba, generalmente, un mes en este puerto y continuaba luego á Porto Bello, dando aviso de su llegada al Presidente de Panamá, quien, á su vez, despachaba á Payta un *"navío de aviso"* al Virrey del Perú. Mientras la flota permanecía en Cartagena, el Virrey mencionado enviaba desde el Callao la *"Armada del Mar del Sur"*, con la plata y mercancías de Chile y demás provincias Peruanas. Tocaba esta *"Armada"* en Payta para recoger el *"navío del oro"* de los distritos Quiteños y anclaba en Panamá, desde donde por tierra y á lomo de mula se conducía su preciosa carga hasta Porto Bello. A Porto Bello enviaba también Nueva Granada sus esmeraldas, Margarita sus perlas, Venezuela el tabaco, el cacao, etc., y Guatemala (por el lago Nicaragua y el Río San Juan) sus tesoros minerales, etcétera, etc. Porto Bello era,

Fig. 268.—Galeones en un puerto americano.

pues, el emporio del comercio Sud-Americano, el Buenos-Aires de los siglos XVI y XVII. El sistema de las *flotas*, como el de las caravanas medioevales su prototipo, necesitaba la *feria* como agente de cambio y distribución. En el insalubre Porto Bello, verdadero sepulcro de los blancos, se reunían durante cuarenta días los comerciantes de casi toda la América del Sur.

Mientras las naves de la flota cargaban los ricos productos que las recuas de mulas ó las lanchas del Río Chagres traían de los buques de la *"Armada del Sur"*, traficaban activísimamente los mercaderes coloniales adquiriendo las manufacturas importadas por las *flotas* para transportarlas y evenderlas con ganancias pingües en las ciudades Sud-Americanas. De gran importancia fué también la *feria* distribuidora de Veracruz, para la flota de Nueva España, y á principios del siglo XVIII, la de Cartagena de Indias. Terminada la carga de las naves en Porto Bello y los cuarenta días de la *feria*, zarpaba la *flota* para la Habana, donde generalmente esperaba á los *galeones* de Méjico, para hacer juntas y defendidas el *viaje de vuelta* á Sevilla, donde eran recibidas por los Oficiales de la Casa de Contratación. El feliz arribo á Sevilla de la flota y galeones se comunicaba á los Virreyes de Méjico y Perú por "*navíos de aviso*", que sólo debían llevar los despachos oficiales, y no pasajeros ni carga.

El sistema de las *flotas* no se siguió rigurosamente. Poco á poco se autorizó á los "*navíos de aviso*" para cargar mercancías y se

Fig. 269.—El Ceibo.

despacharon con cierta frecuencia. El comercio eludía también, por otros medios, la reglamentación de las flotas, enviando (en especial desde las Canarias) expediciones sueltas que desembarcaban sus cargamentos en Indias, ya ocultamente, ya pretextando *arribadas* forzosas por averías ó falta de víveres.

Las Leyes de Indias castigaban severamente á los capitanes que *arribaban maliciosamente* á los puertos Americanos y á las personas que con ellos comerciaban. La venalidad de las autoridades coloniales, convertía, sin embargo, en letra muerta tales disposiciones (1).

Los Consulados. 8. — Los comerciantes de las Colonias constituyeron á semejanza de los de la Metrópoli, *Consulados ó Universidades de Mercaderes* cuyos *Priores* y *Cónsules* conocían sumariamente de todas las causas pertenecientes á las personas y tratos mercantiles, privativas hoy de los Tribunales de Comercio. Tenían además los oficiales de estos *Consulados* ciertas funciones administrativas en las ciudades de su residencia. El "Consulado de los Mercaderes de la ciudad de los Reyes y Provincias del Perú„ empezó á funcionar en Lima en 1627. Se llamó también *"Universidad ,de la Caridad„* y se puso bajo el patronato de la Inmaculada Concepción, cuyos colores simbólicos ostentaba en su escudo. La *"Universidad de Mercaderes ó Consula-*

Fig. 270.
El Almirante Vernon.

(1) Vse. *Recop:* Lib. IX. Tit..XXX. Ley I á LXI, Tit. XXX á XXXV (Flotas, etc) Tit. XXXVI. Ley I á LVIII (Navegación y viaje). Tít. XXXVII (Navíos de Aviso) Tít. XXXVIII (Arribadas forzosas). Tít. XXXIX (Aseguradores, riesgos, etc.). Tít XLII (Navegación, Barlovento, Navios de permiso, etc.). Tít. XLIII (Puertos). Tít XLIV. (Armadas Mar del Sur). Tít. XLV. (Comercio Méjico con Filipinas), etc. Comp. *Habler:* Die Werthschaftliche Blute Spaniens, pág. 52 y sig. *Bancroft:* México. Vol. II, pág. 681 y sig. y sus notas. *Gape:* New Survey, pág. 114 y sig. *Colmeiro.* Hist. Economía Política en España (Madrid, 1863). Vol. II, pág. 397 y sig. *Rubalcava:* Tratado Hist. Comercio (1750), pág 97 y sig. *Antúnez y Acevedo:* Memorias Históricas sobre el Comercio, etc. (1797), pág. 117 y sig. *Ulloa:* Viajes. Vol. I, pág. 79 y sig. *Id.:* Noticias Secretas, páĝ. 198 y sig. *De Pons:* op. cit. Vol. II, pág. 265 y sig *Roscher:* op. cit., pág. 31 y sig. y sus notas. *Altamira:* op. cit. Vol. III, pág 523 y sig. *Bourne:* op. cit. Cap. XIX, pág. 282 y sig. y sus notas y referencias. *Moses:* Spanish Rule. Cap. XI, pág. 263 y sig. *Id.:* Eve of Emancipation, pág. 300 y sig. *Gil Fortoul:* op. cit. Vol. I. Cap. V, pág. 69 y sig. *Georges Scelle:* La traite négrière aux Indes de Castille (Paris, 1906). Vol. I. Introducción, pág. 2 y sig. *Weiss:* L'Espagne depuis Philippe II, etc. (Paris, 1844). Vol. II, pág. 125 y sig. *Fernández Duro:* Armada Española, etc. (Madrid, 1895). Vol. I, pág. 201 y sig. *Haring:* The Buccaneers in the West Indies in the XVII Century (London, 1910). Cap. I (Introductory), pág. 5 y sig y sus notas. *Humboldt:* Nueva España. Vol. II, pág. 127 y sig. *Robertson·* op. cit. Vol. IV, pág. 135 y sig., etc., etc.

do„ de la ciudad de Méjico, fué establecido en 1604. El funcionamiento de estos tribunales consulares estaba determinado taxativamente en las Leyes de Indias. Su acción fué en general beneficiosa para las colonias y sus ordenanzas y decisiones son luminosas fuentes para el estudio de la Historia del Comercio en América y para el de sus modernos Códigos Mercantiles.

Los mercaderes ricos llegaron á tener gran influencia en las ciudades coloniales. Abusaron de ella *acaparando* frecuentemente y sin escrúpulos toda clase de mercancías y productos, confabulándose para mantener precios altos y ocasionando á veces graves trastornos y conflictos que exigieron la intervención enérgica de los Cabildos y los Virreyes. Los peligros de la carencia de cereales se procuraron remediar como en la Metrópoli con los *Pósitos* ó *Almacenes públicos,* pero esta institución económica no tuvo vida próspera en América (1).

Fig. 271.—Castillo del Gobernador De Poincy de la Isla San Cristóbal.

9. — La consecuencia inevitable del régimen comercial español de los siglos XVI y XVII, y de la prohibición á los extran- **El Contrabando.**

(1) Vse. *Recop:* Lib. IX. Tít. VI. Ley 1.ª á 65 (Consulado de Sevilla). Lib. IX. Tít. XLVI. Ley 1.ª á 76 (Consulados de Lima y Méjico). Comp. *Ustariz:* Teoría y Práctica del Comercio. Cap. XXXVIII y XIL. *Roscher:* op. cit., pág. 32 y sig. y sus notas. *Altamira:* op. cit. Vol. III, pág. 526. *Moses:* Spanish Rule, pág. 175 y sig. *Campomanes:* Discurso sobre la Educación Popular de los Artesanos, etc. (Madrid, 1775) I, pág. 418 y sig. *Juan A. García:* Ciudad Indiana. Cap. VI y XI, pág. 104 y sigtes , etc.

jeros de traficar en las colonias, fué *el contrabando*. Los comerciantes Americanos, contando casi siempre con la complicidad de las autoridades, lo favorecían en toda forma obteniendo pingües ganancias. Los Ingleses, Holandeses, etc., in-
troducían gran cantidad de géneros en los puertos del Nuevo
Mundo, burlando las prohibiciones de las leyes. Los mismos
concesionarios de los *galeones* y las *flotas* contrabandeaban con

Fig. 272.—Cascada en los dominios
franceses de Hayty.

todo descaro y protegidos por
venales Gobernadores y Virreyes. Las precarias colonias
francesas, inglesas, etc., que
se establecieron en las pequeñas Antillas, etc., fueron ricos
centros de activo contrabando.
Durante la *Guerra de Sucesión* (1702-1714), España se
vió obligada á permitir á sus
aliados los franceses el comercio con el Perú. Con este permiso los comerciantes de San
Malo desarrollaron un floreciente tráfico por el Estrecho
de Magallanes, introduciendo
en Lima mercaderías Euro-
peas. La *Paz de Utrecht* (1713)
privó á los franceses de su privilegio, pero en cambio *Fe-
lipe V* hubo de acordar á Inglaterra á más del *asiento* para introducir negros (Vse. Cap. III) el derecho de enviar anualmente
á la feria de Portcbelo un barco de 500 toneladas cargado de
mercancías. Tal concesión fué fatal para España, porque los
Agentes de la Compañía Inglesa del Mar del Sur *("South Sea
Company")* la aprovecharon para introducir fraudulentamente
en Portobelo gran cantidad de mercaderías sobornando á los
Oficiales de su Aduana y á los Inspectores de su *feria*. Estos
crecientes abusos de los negociantes ingleses, y la actividad

de los contrabandistas de las demás naciones traspasaron poco á poco el comercio con la América Española á manos extranjeras. El monopolio Sevillano llegó á hacerse insostenible y la *flota* y los *galeones* fueron disminuyendo en tonelaje. A fines del siglo XVII, apenas si traían de las Indias el quinto de las minas de plata que pertenecía al Monarca.

A fin de evitar en lo posible estos graves perjuicios, se autorizó á los comerciantes de Cádiz y Sevilla á enviar á los puertos de América que juzgaren convenientes *barcos de registro* que hicieron pronto innecesario el antiguo y equivocado sistema de los *galeones*. Fué definitivamente suprimido en 1748. Desde esa fecha, todo el comercio de Chile y del Perú, se hizo por barcos particulares que salían de Cádiz, y llevaban por el cabo de Hornos, á los puertos del Mar del Sur, las mercancías que antes

Fig. 273.
George Auson (1697-1761).

tenían que comprar y transportar desde las *ferias* de Portobelo ó adquirir del extranjero clandestinamente y con grandes riesgos (1).

10. — Las agresiones de los corsarios ingleses, holandeses, **Los piratas en** franceses, etc., á las costas Americanas, frecuentísimas en el **el siglo XVII.** siglo XVII y parte del XVIII, contribuyeron también á aniquilar

(1) Vse. *Bourne:* op. cit., pág. 294 y sig. *Colmeiro:* op. cit. Vol. II, pág. 421 y sig. *Ulloa:* Viajes. Vol. I, pág. 97 y sig. *Saco:* Hist. Esclavitud, pág. 318 y sig. *Robertson:* Hist. Americana (Ed. Barcelona, 1840). Vol. IV, pág. 141 y sig. y sus referencias. *Campomanes:* op. cit. I, pág. 418. II, pág. 97, etc. *Alcedo y Herrera:* Piraterías y Agresiones (Ed. *J. Zaragoza:* Madrid, 1883), pág. 418 y sig. *Roscher:* op. cit., pág. 33 y sig. y sus notas. *Ulloa:* Restablecimiento de las Manufacturas y Comercio de España: Vol. II, pág. 191 y sig. *Humboldt:* Nueva España. Vol. IV, pág. 352. *Ustariz:* Teoría y Práctica del Comercio. Cap. XXXVIII-XIL, pág. 325 y sig. *De Pons:* op. cit. Vol. II, pág. 346, etc. *Zavala:* Rep. al Rey Don Felipe V (Madrid, 1736), pág. 223 y sig. *Moses:* Eve of Emancipation, pág. 300 y sig. *Altamira:* op. cit. Vol. III, pág. 525 y sig. y IV, pág. 6 y sig. *Veitia Linaje:* op. cit. Lib. II. Cap. XV, etc. *Méjico á través de los Siglos:* Lib. II. Cap. IV y V, pág. 495 y sig. y III, pág. 671. etc., etc. Trato *"in extenso"* esta importantísima materia en mi obra en preparación *"Compendio de la Historia del Comercio"*.

el comercio español con el Nuevo Continente. Prescindiendo de los ataques á los puertos del Mar del Sur de los corsarios holandeses *(Spilberg,* 1615; *Heremite Leclerc,* 1624; *Enrique Breaout,* 1643, etc.), los principales episodios piratescos de los mencionados siglos se desarrollaron en el Mar Caribe y el Seno Mejicano *("Spanish Main").* Distraídas las menguadas escuadras de *Felipe III* y *Felipe IV* de España *(Escuadra del Barlovento,* etc.) en las guerras marítimas Europeas, no pudieron impedir que los Holandeses, Ingleses y Franceses, se establecieran y ocuparan la mayor parte de las Antillas Menores *(Fonseca, Barbada, Tortuga, San Andrés, San Cristóbal,* etc.) desde Puerto Rico á las bocas del Orinoco. La mayor parte de estos establecimientos fueron focos de operaciones

Fig. 274.
Galeón español asaltado por los piratas.

piratescas contra los puertos y en especial contra la flota y galeones españoles, semejantes á las de *Drake* ó á las de su sucesor el célebre almirante holandés *Peter Heyn* (1628) conocido en algunos documentos con el apodo de *"Pié de Palo"* (1). Los aventureros que vivían en las referidas islas, constituyeron aquellas formidables agrupaciones accidentales de *bucaneros* (de *"boucan",* cecina ó tasajo) y *filibusteros ("flibustiers",* de *"fly boat",* buque ligero, ó *"free-booters"* ó *"zee-rovers",* mero-

---

(1) Vse. *Winsor:* N. & C. H. of América. Vol. VIII, pág. 198 y sig. El nombre de *"Pié de Palo",* se atribuye por algunos al pirata Francés *François le Clerc.* Vse. *Marcel:* Les Corsairs français au XVI siècle (Paris, 1898), pág. 7 y sig. Comp. *Bca. Nacional Ms.:* H. 64. H. 62, pág. 261, I. 140. V. 248. G. 57, etc., etc.

deadores del mar), de *»hermanos de la costa«* ó *"pechilingues»* que asolaron durante más de un siglo los puertos y las naves españolas que surcaban los mares Antillanos. Apoyados abiertamente por Francia é Inglaterra, y en especial por esta última nación que se había apoderado de la isla de Jamaica *(Penn y Venables,* 1655) y aprovechando la debilidad de la marina española en aquella época, aterrorizaron las colonias Americanas, é hirieron de muerte su comercio con la Metrópoli. No

podemos detenernos á relacionar sus sanguinarias hazañas y curiosísima historia. Su más notable caudillo, verdadero "rey de los Mares Antillanos„ fué el famoso filibustero *Henry Morgan* que, protegido (á pesar del Tratado de Paz de 1670) por el Gobernador Inglés de

Fig. 275.—Saqueo de una iglesia por los piratas.

Jamaica, se apoderó de Portobelo, saqueó á Maracaibo, y, por el río Chagres, subió hasta Panamá que rindió en cuatro días de sitio, quemándola después de saqueada y retirándose con riquísimo botín á Jamaica (1).

Los abusos fraudulentos de la *"South Sea Company„* en el ejercicio del privilegio concedido á Inglaterra por el *Tratado de Utrecht,* ocasionaron una nueva guerra entre esta nación y la española. La Gran Bretaña envió para atacar las colonias españolas dos escuadras, una dirigida á las Antillas al mando del *Almirante Vernon,* y otra, al mando de *Jorge Anson,* diri-

(1) Sobre *Morgan* y sus expediciones vse. en especial C. *H. Haring:* The *Buccànneers* in the West Indies, etc. (London, 1910) Cap. V, pág. 120 y sig. y sus notas. *Bancroft:* Central América. Vol. II. Cap. XXVIII, pág. 482 y sig. *Thornbury:* Buccanneers, or the Monarchy of the Main (London, 1858), pág. 117 y sig. *Winsor:* op. cit. Vol. VIII, pág. 250 y sus notas y Bibliografía.

gida á las costas del Perú y de Chile. La expedición de *Vernon* (1739-1741) fué una de las más aparatosas y estériles que registran los anales de las guerras marítimas. Heroicamente rechazado en el sitio de Cartagena de Indias, por el general español *Don Blas de Lezo*, y derrotado en la Guayra y Santiago de Cuba, se apoderó únicamente sin pena ni gloria del indefenso y decadente Portobelo (1740). *Anson*, después de siete semanas de terribles tempestades en el Estrecho Lemaire, que

Fig. 276. — Rutas exploradoras.

dispersaron sus naves, logró reunir tres en la isla de Juan Fernández, y libre de enemigos por el horroroso naufragio de la armada española que mandaba *Pizarro*, pudo saquear á Payta y otros puertos del Pacífico (1741), hacer rumbo al Asia, apoderarse después de corto combate del galeón de Acapulco y su rico cargamento (1.350.000 pesos en moneda, 35.000 onzas de plata en barras, etc.) y regresar á Inglaterra donde fué recibido en triunfo (Junio 1744).

Las expediciones de *Anson* y *Vernon* y la guerra del 1739

terminada por el Tratado de Aquisgram, (18 de Octubre 1748), cierran, por así decirlo, esta segunda etapa de las agresiones inglesas á los puertos y las flotas Americanas (1600-1750). La marina española, arruinada y decadente en la ominosa época histórica de los últimos Austrias *(Felipe IV, Carlos II)* comenzó en 1714 á reorganizarse (1)

(1) *Haring.* op. cit., pág 28 y sigtes. y sus referencias. *Alcedo y Herrera:* op. cit. Introd., pág. 33 y sig *Sharp:* Voyages & adventures of... in the South Sea (London, 1684), pág. 22 y sig. *Exquemelin:* De Americaensche *Lee*-Rovers, etc. (Amsterdam, 1678) en su traducción española por el Dr. de *Buena Maison* (Ed. Madrid, 1793), pág. 45 y sig. *Labat:* Nouveau Voyage, etc. (Paris, 1722), pág. 31 y sig. *George Scelle:* La traite négrière aux Indes de Castille (1906, Paris). Vol. I, pág. 156 y sig. *Fernández Duro:* Armada Española (Madrid, 1895). Vol. III, pág. 462 y sig. *Sir William Monson:* Naval Tracts (Ed. *Oppenheim,* 1902). Vol. II, pág. 423 y sig. *Weiss:* L'Espagne depuis Philippe II, etc. (Paris, 1844) Vol. II, pág. 185 y sig. *Altamira:* op. cit. Vol. III, pág. 131-161 y sig. y Vol. IV, pág. 6 y sig. y 184 y sig. *Coroleu:* América. Vol. III. Cap. XXIX-XXX, pág. 129 y sig. y las luminosas monografias del *P. Ricardo Cappa, S. J.:* Estudios Críticos. Parte III. Vol. X, pág. 73 y sig. Vol. XI, pág. 57 y sig. y Vol. XII, pág. 1 *(*Expción. *Anson),* 55 y sig., 67 y sig., 222 y sig., etc. Para la Bibliografía del Itsmo y las Antillas. Vse. *Winsor:* op. cit. Vol. VIII, pág. 270 y sig., etc.

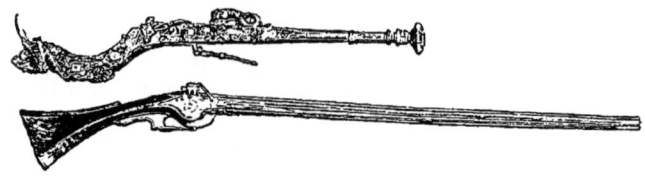

CUESTIONARIO

1.– ¿Cuál fué la industria más favorecida en las Colonias Españolas?

2.– ¿Cuáles fueron los distritos mineros más importantes?

3.– ¿Cómo se desarrolló la Industria Ganadera en las Colonias?

4.– ¿Quiénes eran los «hermanos de la Mesta»?

5.– ¿Cómo fomentaron los reyes Españoles la Agricultura en las Colonias?

6.– ¿Cuáles fueron los principales cultivos de la América Española?

7.– ¿Qué desarrollo adquirió en América la Industria Fabril?

8.– ¿Por qué fué disminuyendo en vez de prosperar?

9.– ¿Qué obstáculos se opusieron al progreso de las Industrias Mecánicas, en las Colonias?

10.– ¿Qué desarrollo adquirió la Industria Naval?

11.– ¿Qué factorías estableció la Real Compañía de Pesca de Barcelona?

12.– ¿Qué monopolio comercial tenía el puerto de Sevilla?

13.– ¿Cómo empezó á introducirse en América el comercio extranjero?

14.– ¿Qué prohibiciones obstaculizaban la vida económica Colonial?

15.– ¿Qué se entendía por flotas y galeones?

16.– ¿Cómo se armaban, y qué derroteros seguían?

17. – ¿Qué importancia tuvieron las ferias de Portobello, etc., en los siglos XVI y XVII?

18. – ¿Cómo eludían los comerciantes los inconvenientes del sistema de las flotas y galeones?

19. – ¿Qué objeto tuvo la fundación de los Consulados de Méjico y del Perú?

20. – ¿Cómo se desarrolló el contrabando en la América Española?

21. – ¿Qué consecuencias tuvo para España la concesión hecha á la "South Sea Company„ después de la paz de Utrecht?

22. – ¿Qué eran y por qué aumentaron los llamados barcos de registro?

23. – ¿Cuál fué el foco principal de las agresiones extranjeras á las flotas y los puertos Americanos?

24. – ¿Qué importancia tienen los Bucaneros y su principal caudillo Morgan en la historia comercial Americana?

25. – ¿Qué expediciones cierran la segunda etapa de las agresiones Inglesas á los puertos Americanos?

REFERENCIAS

Véanse las relacionadas en el Capítulo VI de este Título.

1 El despotismo ilustrado.—2. Las Intendencias.—3. La Colonia del Sacramento. 4. Progresos económicos.—5. La expulsión de los Jesuitas.--6. La sublevación de Tupac-Amarú.—7. Los Comuneros del Paraguay.

El despotismo ilustrado.

1.—Al estudiar las reformas introducidas en América por el rey *Carlos III* y sus ministros, hay que distinguir claramente los *resultados* que produjeron de los *motivos* que las determinaron.

La acción política de los reyes Españoles de la Casa de Borbón se dirigió, *en primer término,* á completar la evolución de la monarquía en el sentido absolutista. La célebre frase de *Luis XIV („El Estado soy yo"),* y las doctrinas politicas de *Hobbes, Bossuet* y *Montesquieu,* fueron las dominantes en la España de *Felipe V* y *Carlos III.* Casi todos los estadistas de este siglo, aun los más liberales, mantuvieron decididamente la realeza. Su agresivo regalismo, sus esfuerzos para restaurar la hacienda pública, su protección al comercio, y su prurito de centralización administrativa, fueron otras tantas manifestaciones del *„despotismo ilustrado",* del equivocado afán de hacer la revolución desde arriba y de gobernar *por el pueblo, pero sin el pueblo,* y en abierta oposición con los principios de la verdadera democracia.

El Nuevo Mundo, para *Carlos III* y sus ministros, tuvo un interés muy secundario. Si fomentaron su industria fué para aumentar las rentas reales; si dieron libertad al comercio fué simplemente para extender el monopolio de Cádiz á toda la Península; si crearon el Virreynato del Río de la Plata fué para oponerse á los avances de los Portugueses y acabar con su contrabando.

410

Es, sin embargo, indudable, que las reformas de *Carlos III* prepararon la obra de la emancipación y marcaron en las colonias el principio de una era de prosperidad y progresos; pero si ello fué así, si los pueblos Americanos vieron lucir la aurora de su libertad, *fué debido á sus propios esfuerzos* y á las nuevas orientaciones de su espíritu, pero no á la acción de los monarcas que, al modificar en América el antiguo orden de cosas, sólo pensaron en su personal y dinástico engrandecimiento.

La España Borbónica favoreció la libertad Americana, con la candorosa ceguera de los tiranos que sólo miran el presente y, como no podía menos de suceder, los *resultados* de las reformas introducidas fueron diametralmente opuestos á la voluntad de los reformadores. Abolieron los reyes parte de las instituciones de otras eda-

Fig. 277. – El Conde de Floridablanca
Ministro de Carlos III

des y sólo consiguieron hacer más odiosas las que dejaron vigentes. Sembraron regalismos y recogieron rebeldías; buscaron vasallos y encontraron hombres libres; pretendieron consolidar el absolutismo y cayó hecho pedazos su trono (1).

(1) *Dunning:* Hist. Political Theories (Luther to Montesquieu). New-York, 1905. Cap. VIII-IX, pág. 263 y sig. y sus notas y bibliografía. *Cambridge:* Mod. Hist. Vol. VI. Cap. V-XII-XXIII y sus referencias. *Ferrer del Río:* Hist. Reinado Carlos III. Vol. II, pág. 95 y sig. III, pág. 122 y sig., etc. *Altamira:* op. cit. Vol. III, pág. 140 y sig. *Barros-Arana:* Hist. Chile. Vol. VII, pág. 47 y sig. *Mancini:* Bolívar, etc. (Paris, 1912), pág. 49 y sig. *J. M. Estrada:* Lecc. Hist. Argna. Lecc. VII. Vol. I, pág. 224 y sig. Comp. *Vicente F. López:* Hist. Argna. (B. Aires, 1883). Vol. I. Cap. XVI y XVIII, pág. 354 y sig. *Lafuente:* Hist. España. Lib. VIII, pág. 125 y sig., etc., etc.

2.—En el año 1768 se planeó, á propuesta del Virrey de Méjico, *Marqués de Croix,* una nueva división administrativa de las colonias Españolas, que sin destruir la relacionada anteriormente (Cap. I), vino á injertarse en ella y modificarla profundamente. Fué establecida de lleno por la *Real Ordenanza de Intendencias* de 1782 (Río de la Plata) y modificada por la *Instrucción* de 1786 y otras leyes posteriores. Se crearon en Méjico doce Intendencias, ocho en el Río de la Plata, dos en Chile, ocho en el Perú, una en Cuba, otra en Caracas, etc. Aunque en apariencia los *Intendentes* sólo tenían carácter fiscal y financiero, en rigor sustituyeron, en buena parte de sus funciones, á las Audiencias y los Virreyes. La *Instrucción* del 1786 les confiaba causas de justicia (visitas anuales, etc.), policía (pósitos, alhóndigas, ventas, puentes, moneda, etcétera), de guerra (provisiones, bagajes, movimiento de tropas, etc.) y de hacienda. En este último departamento las facultades de los *Inten-*

Fig. 278. – D. josé Patiño, Ministro de Carlos III.

dentes fueron exclusivas y completas, limitando las de los antiguos *oficiales reales* á la percepción de los impuestos.

El fin principal de la *Ordenanza de Intendentes* fué centralizar la administración y aumentar los ingresos de la Corona, perfeccionar, por así decirlo, la máquina colonial de producir, ensanchando ó estrechando el aro de hierro del monopolio y del impuesto en armonía con la avidez fiscal de los monarcas.

En la vida municipal tuvieron las *Intendencias* un efecto absorbente. La marcada tendencia de los Borbones á abolir antiguos fueros y privilegios y su desamor á los Municipios, se patentizó en las facultades concedidas á los *Intendentes,* que arrebataron á los Cabildos toda libertad administrativa anulando á los antiguos Corregidores y abocándose el conocímiento ó vigilancia autoritaria de los asuntos de agricultura, comercio, minas, caminos y ornato público (1).

3. — Según dijimos anteriormente (Cap. I), uno de los prin- **La Colonia del Sacramento.**

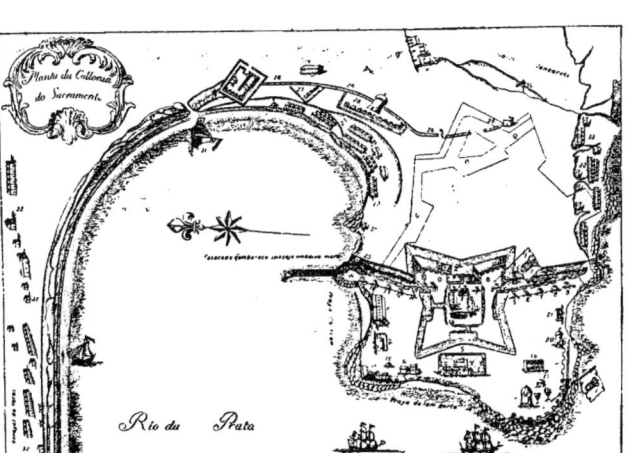

Fig. 279. — Plano de la Colonia del Sacramento (Siglo xviii).

cipales motivos que determinaron á *Carlos III* á la creación del Virreynato del Río de la Plata, fué el dirimir definitivamente las cuestiones con Portugal y aniquilar el activo contrabando de la *Colonia del Sacramento.* Los límites de este debatido territorio fueron sucesivamente adelantados por España y Por-

(1) Vse. *Ordenanza de Intendentes* (Ediciones Madrid, 1782-1784-1803). *J. A. García:* op. cit., pág. 187 y sig. *Altamira:* op. cit. Vol. IV, pág. 194 y sig. *J. M. Estrada:* Lecc. Hist. Argna. Lec. VI, pág. 193 y sig. *Barros-Arana:* Hist. de Chile. Vol. VI, pág. 456 y sig. *V. F. López:* Hist. Argna. Vol. I. Cap. XXI-XXII, pág. 459 y sig. *Méjico á través de los Siglos:* Vol. II. Lib. III. Cap. XII, pág. 849 y sig. y sus notas y referencias, etc.

tugal, fijados por tratados de duración precaria y borrados nuevamente por expediciones guerreras.

Por el absurdo é inútil *Tratado de 1750*, que dió origen á la célebre *Guerra Guaranítica* (1752-56), España cedió á Portugal las Provincias de Santa Catalina y Río Grande, y siete pueblos de las Reducciones jesuíticas del Uruguay, á cambio de la *Colonia del Sacramento,* y los territorios adyacentes de la margen septentrional del Plata. Después de varios años de

Fig. 280. – Antiguo Palacio del México Colonial.

luchas, iniquidades y trastornos, las Cortes de España y Portugal negociaron un acuerdo que anuló (1761) el funesto Tratado de 1750 y dejó las cosas en su primitivo estado. La actitud de Portugal en la guerra de Francia y España contra Inglaterra, á raíz del „*Pacto de Familia*" de los monarcas Borbónicos (1761-62), inició un nuevo período de hostilidades entre Españoles y Portugueses. En 1762, el ilustre Gobernador del Río de la Plata, *D. Pedro de Ceballos,* rindió, por capitulación, la Colonia y se adueñó del Río Grande; pero la paz, llamada de Madrid, devolvió otra vez á Portugal estos territorios.

Años más tarde (1776) estalló una nueva guerra entre Portugal y España, y el monarca *Carlos III* decidido á dirimir de una vez por todas la cuestión de la Colonia, envió una poderosa expedición (9.000 hombres), mandada por el mismo *Ceballos,* en su calidad de Virrey del Río de la Plata, para apoderarse de ella. *Ceballos* zarpó de Cádiz (Noviembre 1776), fondeó en Santa Catalina, se apoderó sin dificultad de dicha isla, envió refuerzos á *Vertiz,* que operaba en el Río Grande, desembarcó frente á la *Colonia* que, rendida á discreción, vió arrasadas sus fortificaciones (4 de Junio de 1877). La guerra terminó por el *Tratado preliminar de fijación de límites entre Portugal y España* (Octubre 1777), confirmado por el de 1778, en que Portugal renunció á sus pretendidos derechos sobre el territorio del Sacramento, y á los que pudieran corresponderle sobre las Filipinas, las Marianas y otras islas Oceánicas, por el celebérrimo Tratado de Tordesillas (1).

4.—Además de las *Intendencias* se implantaron en la administración y en la vida colonial otras reformas por orden directa de la metrópoli, unas veces, y las más por iniciativa de Virreyes y Gobernadores de recta voluntad y patriotismo. Los progresos á fines del siglo xviii, de Buenos Aires (*Vertiz, Ceballos, Arredondo),* Chile (*O'Higgins, Manso,* etc.), Perú *(Amat, Guirior,* etc.), Cuba (*Las Casas,* etc.), y Méjico *(Galvez, Croix,* etc.), se deben en gran parte á estos ilustres y bien intencionados mandatarios.

Progresos económicos.

Fig. 281. – El ilustre gobernador de Cuba, D. Luis de las Casas.

Pero donde más se hizo notar el efecto de las nuevas ideas económicas, y del sentir progresista de los ministros de *Carlos III,* fué en lo referente al comercio. En 1774 se autorizó el tráfico marítimo entre Nueva España, Guatemala, Nueva Granada y el Perú, y se concedió á los catalanes autorización para comerciar con las Antillas (1765), con la América del Sur (1775) y con Méjico (1789). Por último, el célebre *Reglamento*

---

(1) Vse. *Altamira:* op. cit. IV, pág. 157 y sig. *José J. Biedma:* Atlas Hist. Argna., pág. 22 y sig. y Lámina VIII. *J. M. Estrada:* Obras. Vol. V. Conf. X, pág. 3?9 y sig. *V. F. López:* op. cit. Vol. I. Cap. XIII, pág. 298 y sig. *Mitre:* Hist. de Belgrano. Vol. I. Cap. I, pág. 8 y sig. *Dean Funes:* op. cit. Lib. V. Cap. IV, pág. 58 y sig. *Cunninghame Graham:* Vanished Arcadia. Cap. IX, pág. 235 y sig. *Gambon:* Comp. Hist. Argna. Vol. I, pág. 226 y sig. y 243 y sig. *Galanti:* Comp. Hist. Brazil. Vol. III. Epoca VIII, pág. 267 y sig., etc. Sobre la llamada "*Guerra Guaranítica*" en especial, véanse las autoridades citadas en la Nota 1 Cap. V, pág. 380.

ó "*Pragmática del Comercio Libre*" (12 de Octubre de 1778), que inició el apogeo comercial del Río de la Plata, abolió por completo el sistema de las flotas, autorizó el intercambio de mercaderías y productos entre los puertos Españoles de Barcelona, Palma, Málaga, Alicante, Gijón, Santander, etc., y otros veinte de América, rebajó considerablemente los aranceles, y dió otras facilidades al Comercio Colonial, completadas por el

Fig. 282. – Proyectos de comunicaciones interoceánicas

Real Decreto de Febrero 1789 que extendió á Méjico y Venezuela los beneficios de este nuevo régimen.

Se renovaron en esta época las tentativas y proyectos iniciados por *Pedrarias* y *Gaspar de Espinosa* (1533), y aprobados por el Emperador *Carlos I,* para unir el Atlántico con el Pacífico. *La Bastide,* presentó á *Carlos IV* un proyecto para abrir un canal interoceánico por Nicaragua. El Itsmo de Tehuantepec, y el río Cuetzacoalcos fueron explorados repetidas veces con el mismo objeto. Pertenecen también al siglo XVIII las arriesgadas expediciones de los abnegados Jesuítas *Guel* (1766) y *Menéndez* (1792), al Río Limay y el Lago Nahuel Huapi, descubierto en 1690 por el heroico mártir Jesuíta *P. Mascardi.* En el año 1723 el Gobernador del Río de la Plata, *D. Bruno Mauricio de Zavala,* fundó la actual Ciudad de Montevideo, que fué erigida oficialmente en Diciembre 20 de 1729, nombrándose su Cabildo el 1.º de Enero del año siguiente. Se crearon además por estos años en Buenos Aires y en Chile, *Consulados* análogos á los de Méjico y Lima (Cap. V), cuya beneficiosa influencia apuntaremos más adelante.

El efecto de estos progresos económicos se hizo sentir en un aumento extraordinario de la exportación é importación Americanas, pero el Comercio Colonial, todavía aherrojado por los tasas, los estancos, las contribuciones, los acaparamientos y los monopolios, no progresó lo que debía. Los mo-

Fig. 283. — Bergantín mercante (Siglo xviii).

narcas Españoles, siempre recelosos del enriquecimiento de los criollos, ni por un instante pensaron en dar libertad absoluta al comercio de las colonias. No es extraño, pues, que la propaganda extranjera en favor del comercio libre, hallase eco entusiasta en los pueblos Americanos y fuese uno de los más poderosos móviles de su Independencia (1).

(1) *Robertson:* op. cit. Vol. IV, pág. 150 y sig. y sus notas. *J. M. Estrada:* Obras. Vol. V. Conf. XII, pág. 405 y sig. *Id.* Lecc. Hist. Argentina. Vol. I, pág. 223 y sig. *Mitre:* Hist. de Belgrano, Vol. I, pág. 25 y sig. y sus notas. *Reglamento del Comercio Libre*, etc. (Madrid, 1778), pág. 3 y sig. *Altamira:* op. cit. Vol. IV, pág. 289 y sig. *Moses:* Eve of Emancipation, pág. 300 y sig. *Barros-Arana:* Hist. de Chile, Vol. VI, pág. 370 y sig. y sus notas. *Bourgoing:* Tableau de l'Espagne Moderne. (Paris, 1796), Vol. II. Cap. V y sig. *Flores Estrada:* Examen Imparcial, etc. (Cádiz, 1812). Parte III. Cap. IV, etc. *Méjico á través de los Siglos:* Lib. III. Vol. II, pág. 825 y sig. *Jules Mancini:* op. cit. pág. 49 y sig. *Roscher:* op. cit., pág. 34 y sig., etc., etc., Sobre los proyectos de comunicación interoceánica. Vse. en especial *Bancroft:* Central América. Vol. III, pág. 692 y sig y sus notas. *Keasby:* Early Diplomatic Hist. Nicaragua Canal (New York, 1890), pág. 17 y sig., etc., etc.

ó *"Pragmáticadel Comercio Libre"* (12 de Octubre de 1778), que inició el aogeo comercial del Río de la Plata, abolió por completo el siema de las flotas, autorizó el intercambio de mercaderías y roductos entre los puertos Españoles de Barcelona, Palma,Málaga, Alicante, Gijón, Santander, etc., y otros veinte de Améca, rebajó considerablemente los aranceles, y dió otras faciliades al Comercio Colonial, completadas por el

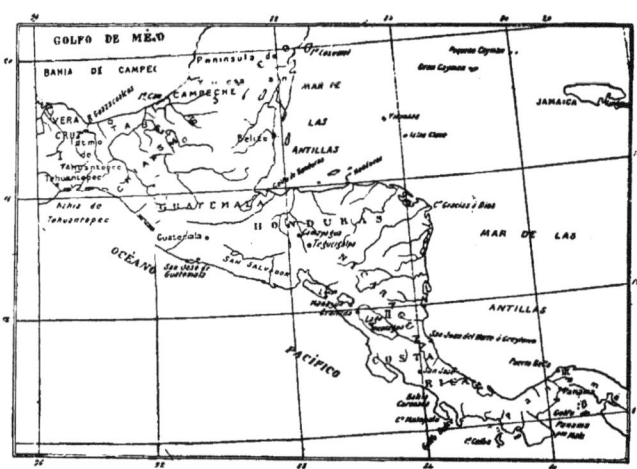

Fig. 2. – Proyectos de comunicaciones interoceánicas

Real Decreto e Febrero 1789 que extendió á Méjico y Venezuela los benecios de este nuevo régimen.

Se renovara en esta época las tentativas y proyectos iniciados por *Pedrdias* y *Gaspar de Espinosa* (1533), y aprobados por el Emperdor *Carlos I*, para unir el Atlántico con el Pacífico. *La Basde*, presentó á *Carlos IV* un proyecto para abrir un canal interceánico por Nicaragua. El Itsmo de Tehuantepec, y el río Getzacoalcos fueron explorados repetidas veces con el mismo objeto. Pertenecen también al siglo XVIII las arriesgadas exediciones de los abnegados Jesuítas *Guel* (1766) y *Menéndez* (1792), al Río Limay y el ago Nahuel Huapi, descubierto en 1690 por el heroico márt Jesuíta *P. Mascardi*. En el año 1723 el Gobernador del Río c la Plata, *D. Bruno Mauricio de Zavala*, fundó la actual Citad de Montevideo, que fué erigida oficialmente en Diciembr 20 de 1729, nombrándose su Cabildo el 1.º de Enero el año siguiente. Se crearon además por estos años en Buenos Aires y en Chile,

Consulados análogos á los de Méjico y Lima (Cap. V), cuya beneficiosa influencia apuntaremos más adelante.

El efecto de estos progresos económicos se hizo sentir en un aumento extraordinario de la exportación é importación Americanas, pero el Comercio Colonial, todavía aherrojado por los tasas, los estancos, las contribuciones, los acaparamientos y los monopolios, no progresó lo que debía. Los mo-

Fig. 3. – Bergantín mercante (Siglo xviii).

narcas Españoles, siempre recelosos del eriquecimiento de los criollos, ni por un instante pensaron en dr libertad absoluta al comercio de las colonias. No es extraño, pes, que la propaganda extranjera en favor del comercio libre allase eco entusiasta en los pueblos Americanos y fuese uno e los más poderosos móviles de su Inaependencia (1).

(1) *Robertson:* op. cit. Vol. IV, pág. 150 y sig. sus notas. *J. M. Estrada:* Obras. Vol. V. Conf. XII, pág. 405 y sig. *Id.* Lecc. His Argentina. Vol. I, pág. 223 y sig. *Mitre:* Hist. de Belgrano, Vol. I, pág. 25 y sig. sus notas. *Reglamento del Comercio Libre,* etc. (Madrid, 1778), pág. 3 y sig. *Al*eira: op. cit. Vol. IV, pág. 289 y sig. *Moses:* Eve of Emancipation, pág. 300 y g. *Barros-Arana:* Hist. de Chile. Vol. VI, pág. 370 y sig. y sus notas. *Bourgoing* ableau de l'Espagne Moderne. (París, 1796). Vol. II. Cap. V y sig. *Flores Estr*a: Examen Imparcial, etc. (Cádiz, 1812). Parte III. Cap. IV, etc. *Méjico á través* dos Siglos: Lib. III. Vol. II. pág. 825 y sig. *Jules Mancini:* op. cit. pág. 49 y sig. *R*ẽer: op. cit., pág. 34 y sig., etc., etc. Sobre los proyectos de comunicación interoceica. Vse. en especial *Bancroft:* Central América. Vol. III, pág. 692 y sig y sus tas. *Keasby:* Early Diplomatic Hist. Nicaragua Canal (New York, 1890), pág. 17 sig., etc., etc.

5.—Por motivos que sería largo exponer, y que el encegue-
cido monarca *Carlos III* tuvo buen cuidado de *"guardar en su
real pecho"*, decretó en 27 de Marzo de 1767 la expulsión general de los miembros de la Compañia de Jesús, de todos los
dominios Españoles. Este despótico mandato, fué ejecutado
en América, según las instrucciones minuciosas y secretas del

Fig. 284. — El Conde de Aranda, Ministro
de Carlos III

Conde de Aranda, á los gobernadores y Virreyes. Sin
prévio aviso y en días y horas sigilosamente marcados,
se ocuparon militarmente las
casas, misiones, colegios, etcétera, de la Compañía, ex-
pulsando á sus individuos y
embarcándoles en tropel con
rumbo á Italia, sin permitir-
les llevar consigo más libros
que su breviario, ni más objetos que los de su uso personal y modestísimo. La expulsión se hizo en Buenos
Aires el día 3 de Julio de
1767, en los Colegios de
Méjico en Junio de 1767, en
los de Chile en 26 de Agos-
to del mismo año, en las Misiones del Paraguay en Julio de
1768, etc. La opinión pública de las colonias recibió la tiránica orden con indignación y asombro. *Galvez* y el *Marqués
de Croix* hubieron de reprimir motines en Guanajuato, San
Luis de la Paz, San Luis de Potosí, etc., no obstante el auto-
ritario bando publicado por el Virrey, que prohibía las conversaciones y comentarios de la expulsión y declaraba que
los vasallos "deben saber... que nacieron para callar y obedecer y no para discurrir ni opinar en los altos asuntos de gobierno..." El Virrey *Amat* en el Perú, *Guill* y *Gonzaga* en
Chile y los hermanos *Bucarelli* en Buenos Aires y en la Ha-

bana tuvieron también que contener manifestaciones sediciosas contrarias á la expulsión, aunque no tan graves como las de Méjico.

Los bienes de los Jesuitas, después de inventariados y secuestrados con el concurso del poder eclesiástico, se aplicaron en parte á fundaciones de enseñanza, de conformidad con un dictamen redactado en 1768 por *Campomanes* y *Moñino.* Claro es que los más valiosos bienes de la Orden quedaron en las insaciables arcas del fisco y fueron en general desastrosamente administrados.

Fig. 285. – El Virrey de Méjico; Marqués de Croix.

Con la expulsión de los Jesuítas se rompieron los fuertes lazos que habían unido la Iglesia Americana con la corona Española.

Los mandatarios coloniales, privados del poderoso auxilio moral y material que les prestaba la Compañía de Jesús, vieron relajarse las ideas de respeto y obediencia á la autoridad y brotar los gérmenes de la rebelión en los espíritus.

El opresivo regalismo de *Carlos III* y sus ministros fué suicida. Los pueblos Americanos vieron sus injusticias, y como años más tarde (1791) anunciaba á sus compatriotas el ilustre Jesuíta de Arequipa *Vizcardo* y *Guzmán,* desde su destierro de Londres,

Fig. 286. – Don Antonio María de Bucarelli y Ursúa.

comprendieron *"que había llegado el momento de ser libres"* (1).

Sublevación de
Tupac-Amarú.

6. — La paz en que vivieron los Indios en los dominios Españoles, fué interrumpida de vez en cuando por sublevaciones parciales castigadas con mano de hierro y sofocadas en su germen. La más formidable de estas sublevaciones fué la acaudillada por *Tupac-Amarú* á fines del siglo XVIII, ocasionada

Fig. 287.—Episodio de la sublevación de Tupac-Amarú.
(Fortuny).

por los abusos de los Corregidores en los distritos de Chayanta y Tinta en el Perú, al someter á tiránica *mita* y gravosos *repartimientos* á los Indios sus administrados.

José Gabriel Condorcanqui (Tupac-Amarú), había nacido en Tinta (1742), siendo perfectamente educado en el Colegio Jesuítico de San Francisco de Borja del Cuzco. Como descendiente del *Inca Tupac-Amarú*, decapitado cruelmente por el Virrey Toledo (1571), fué reconocido por la Real Audiencia

---

(1) Véase en especial á *Pablo Hernández, S. J.*: El Extrañamiento de los jesuitas, etc. (Madrid, 1908), pág. 15-327 y Apéndice. Doctos., etc., pág. 335-396 con sus referencias. *Ferrer del Rio*: Hist. Reinado Carlos III. Lib. II. Cap. IV. *Lafuente*: Hist. España. Lib. VIII. Cap. VII. Cartas del *Marqués de Croix* (Ed. *Núñez Ortega*. Bruselas, 1884), pág. 36 y sig. *Méjico á través de los Siglos*: Vol. II, pág. 827 y sig. *Fco. Javier Bravo*: Col. Documentos relativos á la Expulsión de los jesuitas, etc., pág. 3 y sig. y Apéndices I y II, pág. 349 y sig. *Altamira*: op. cit. Vol. IV, pág. 223 y sig *J. P. Vizcardo y Guzmán*: Lettre aux Espagnols Américains, etc. (Edición Philadelfie, 1799), pág. 3 y sig. *V. F. de P. Barrera*: Los Jesuítas Misioneros y su expulsión, etc. (Bol. Historia Bogotá). Año I, pág. 83 y sig. *Caicedo y Rojas*: Repertorio Colombiano. Vol. IV, pág. 140 y sig. *Mancini*: op. cit., pág. 52 y sig. *J. M. Estrada*: Frag. Históricos. Conf. XI, pág. 365 y sig. *Barros-Arana*: Hist. Gen. Vol VI. Cap. XI, pág. 241 y sigtes. y sus notas. *Cunninghame Graham*: op. cit. Cap. X, pág. 259 y sig. y sus notas y referencias, etc.

como *Marqués de Oropesa*, y sucedió á su padre en el cacicato de Tungasuca y otras aldeas del valle de Vilcamayu. *Tupac-Amarú* trató durante varios años de aliviar la situación de los suyos, pero sus reclamaciones fueron desoídas, y expuesto á la enemiga de los Corregidores, no le quedó otro recurso que el de las armas.

El día 4 de Noviembre de 1780, después de una comida

Fig. 288.—Fundación de Montevideo. *(Fortuny)*.

que para festejar su santo dió el cura de Yanaoca *D. Carlos Rodríguez, Tupac-Amarú* preparó una emboscada al Corregidor de Tinta y le llevó prisionero á Tungasuca, haciéndole ejecutar con gran concurso de gente en la plaza pública. Esta fué la señal del levantamiento de los Indios y Mestizos del alto Perú, á cuyo frente se puso *Condorcanqui* y sus parientes. Con 6.000 indios de guerra derrotó al Jefe Español *Landa,* que le salió al encuentro y se dirigió hacia el Cuzco. En las inmediaciones de esta histórica villa fueron derrotados los rebeldes en sangrienta batalla, y *Tupac-Amarú* (Enero 8-1781) se vió obligado á retirarse á Tinta. Su primo, *Diego Cristóbal,* fué también derrotado por los Españoles en Yucay, Calca y Paucartampo.

Reorganizó *Tupac-Amarú* sus fuerzas, y con más de 50.000 indios avanzó nuevamente hacia el Cuzco, corte y dominio de los Incas, sus antepasados. El Virrey del Perú, justamente alarmado, envió al Visitador *Areche*, apoyado por las fuerzas de *D. José del Valle*, para detener á los Indios. El Virrey *Vertiz* envió también con fuerzas al General *Flores*.

Fig. 289.—Las Cataratas del Iguagu.

Fuése por la natural desorganización de los guerreros de *Tupac-Amarú* ó por la traición de algunos caciques, el Jefe Español *Del Valle* derrotó sangrientamente á los Indios cerca de la aldea de Checacupe, asaltó las trincheras de Combapata (Marzo, 1781) y logró apoderarse de *Tupac-Amarú* y su familia, que los traidores *Castro, Landaeta,* etc., no vacilaron en entregar á sus enemigos.

Fig. 290.—En las Costas Patagónicas.

El desgraciado cacique de Tungasuca pagó su audaz tentativa de rebelión con horroroso suplicio, que con su mujer, sus hijos y parientes sufrió en la plaza del Cuzco (Mayo, 18-1781). Por orden del Visitador *Areche* fué despedazado en vida por sus verdugos. La muerte de *Tupac-Amarú* exasperó en extremo á los sublevados. *Diego Cristóbal,* que le sucedió en el mando, se apoderó de la villa de Sorata y degolló sin piedad á sus habitantes. Puso luego sitio con sus 40.000 Indios á la ciudad de la Paz, cuya heroica y escasa guarnición, mandada por *D. Sebastián de Segurola,* resistió durante ciento nueve dias el horroroso asedio de *Diego Cristóbal Tupac-Amarú,* y cuando ya la

Fig. 291.—Paisaje Andino.

situación de la ciudad era desesperada (Junio, 1781), el General *Flores,* con sus impetuosos jinetes Tucumanos y sus fuertes infantes Cochabambinos, vino á salvarla de una ruina cierta, dispersando los tenaces guerreros de *Diego Cristóbal.*

Al retirarse los temidos jinetes Argentinos reanudaron los Indios el sitio, que duró otros tres meses, y fué levantado definitivamente al ser derrotado *Diego Cristóbal* y los suyos por las tropas (7.000 hombres) enviadas, al mando de *D. José Reseguin,* desde Oruro.

Poco tiempo después consiguieron los Españoles dominar por completo la terrible insurrección, pero su victoria fué ineficaz y efímera.

Irritados los indígenas por la crueldad de sus enemigos Españoles, abrazaron con entusiasmo la causa criolla y fueron un poderoso factor en las luchas de la Independencia (1).

Los Comuneros del Paraguay. 7. — La embrionaria república municipal del Paraguay dió en la América Española el primer ejemplo de un movimiento revolucionario con una doctrina política que apuntaba el principio de la soberanía popular. Con motivo de un conflicto entre el Gobernador del Paraguay *Reyes Valmaseda* (1717) y el Cabildo de la Asunción, la Audiencia de Chuquisaca nombró Juez Pesquisidor á *D. José de Antequera* y *Castro* (1721) que, aclamado Gobernador por el voto del Común, declaró ante el pueblo que el derecho natural no distingue de privilegios y á todos enseña "á huir lo que es contra él, como servidumbre tiránica y sevicia de un injusto Gobernador».

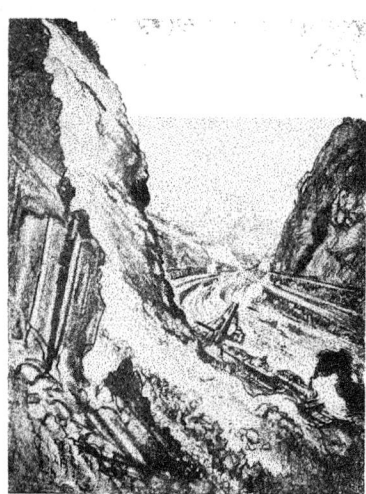

Fig. 292. — Corte hacia Culebra del actual Canal de Panamá.

(1) En 15 de Mayo de 1825, *Juan Bautista Tupac-Amarú*, hermano de *José Gabriel*, y escapado por milagro de la carnicería del Cuzco, escribía al libertador *Bolívar*: "Un doble motivo obliga á mi alegría á saludar en fin la coronación de la obra por la que mi tierno y venerado hermano regó con su sangre la tierra de los Andes, preparando así la semilla cuyos magníficos frutos debía recoger vuestra mano valiente y generosa...» (Vse. *O'Leary:* Memorias (Caracas, 1883-87) Vol. X, pág. 5 (Documentos). Sobre los incidentes de la sublevación Vse. en especial *Danvila Collado:* Reinado Carlos III. Vol. V, pág. 464 y sig. *Mendiburu:* op. cit. Vol. VIII, pág. 121 y sig. *Markham:* Travels in Perú and India (Londres, 1859), pág. 135 y sig. *Ferrer del Río:* Hist. Carlos III. Vol. III, pág. 414 y sig. Diario de los sucesos del cerco de la Ciudad de la Paz en 1781, etc. de *D. Sebastián Segurola* (Ed. *Ballivian y Roxas.* Archivo Boliviano, Paris, 1872). Vol. I, pág. 35 y sig. *Temple:* Travels in Varions Parte de Perú (Londres, 1830) Vol. I' pág. 108 y sig. *Moses:* Eve of Emancipation, pág. 192 y sig., etc , etc.

Con esta bandera se hizo caudillo del pueblo Paraguayo, levantó ejércitos, dió batallas contra las tropas del rey, derribó cabezas, persiguió á los Jesuítas que, como siempre, mantuvieron la autoridad constituída, y se hizo el ídolo de sus partidarios (1724-25). Desgraciadamente, su victoria contra *García Ros* en Tebiquary (Agosto, 1724) le enardeció hasta cometer toda clase de desmanes contra los que resistían su poder. El Virrey del Perú, *Armendáriz*, dió órdenes terminantes al gobernador del Río de la Plata para que prendiese á *Antequera* y dejase en el gobierno del Paraguay la persona que estimase más conveniente. *Don Bruno de Zavala* cumplió la orden del Virrey y nombró Gobernador á *D. Martín de Barua. Antequera* fué condenado á muerte y ejecutado en Lima (3 de Julio 1731), no sin que su ejecución provocara tumultos populares en la capital del Virreynato.

Fig. 293.—Puerta de la Catedral de Lima.

Antequera, mientras estuvo preso, conoció á *D. Fernando Mompó de Zayas,* "que aprendió sus máximas y le bebió el espíritu". *Mompó* huyó de la cárcel de Lima y se trasladó al Paraguay. Organizó allí nuevamente, bajo la denominación de "*Comuneros*", el partido de *Antequera* y del Cabildo, sosteniendo "que la autoridad del Común era superior á la del mismo rey, y que el pueblo, *asumiendo una responsabilidad colectiva*", debía oponerse á la entrada del nuevo Gobernador *D. Ignacio Soroeta.* Así se hizo. *Soroeta* se vió forzado por los "*Comuneros*" á retirarse y la Asunción quedó en poder de

Mompó y el Cabildo. El triunfo del caudillo popular fué, sin embargo, poco duradero. Hecho prisionero á traición por el joven Alcalde *Luis Bareiro,* que él mismo elevara, fué trasladado á Itati y despachado luego á Buenos Aires en custodia. Enviado desde allí á Lima para ser juzgado, en el camino de Buenos Aires á Mendoza fué rescatado por gente armada, que se creyó ser del Paraguay, y conducido en salvo hasta la Colonia, entonces Portuguesa, del Sacramento. Desde allí pasó á Río de Janeiro, donde desaparece del escenario de la historia.

Entretanto, los *Comuneros,* levantados en armas, lograron adhesiones en Corrientes, dieron muerte al Gobernador *Ruy-loba Calderón* y eligieron al ingenuo Obispo de Buenos Aires *Fray Juan Arregui,* que á poco de asumir el mando volvió desengañado á su diócesis. *D. Bruno de Zavala* levantó un ejército de indios Guaraníes de las Misiones, derrotó á los «Comuneros» y entró triunfante en la Asunción (30 Mayo 1735), nombrado nuevo gobernador por el rey.

Así terminó esta sangrienta y desaviada revolución de los «Comuneros», anárquico ensayo de gobierno propio en que el pueblo Paraguayo levantó banderas, hizo actas de soberanía, eligió sus gobernadores y preparó, *sin darse cuenta de ello,* los futuros caminos de la verdadera democracia (1).

(1) *Charlevoix:* Hist. du Paraguay. Vol. V, pág. 145 y sig. Relación del *Marqués de Castel-Fuerte (Armendariz).* Mem. Virreyes del Perú. Vol. III, pág. 305 y sig. *P. Pedro Lozano, S. J.:* Historia de las Revoluciones de la Prov. del Paraguay (1721-35). Ed. de la junta de Hist. y Num. Argentina. B. Aires, MCMV. Vol. I, pág. 2-446 y Vol. II, pág. 2-483. *José M. Estrada:* Obras Completas. Vol. I. Los Comuneros del Paraguay (1717-35), pág. 290 y sig. y sus notas y referencias. El *R. P. Gambom* (Compendio de Hist. Argentina. Vol. I, pág. 222), de acuerdo con el *Dean Funes,* y otros autores, considera la Revolución de los Comuneros, como «*una de las tantas revueltas á las que estaban acostumbrados los Colonos del Paraguay».* La atenta lectura de la admirable crónica del *P. Lozano,* basta para evidenciar el error de juicio del sabio autor del Compendio de la Hist. Argentina.

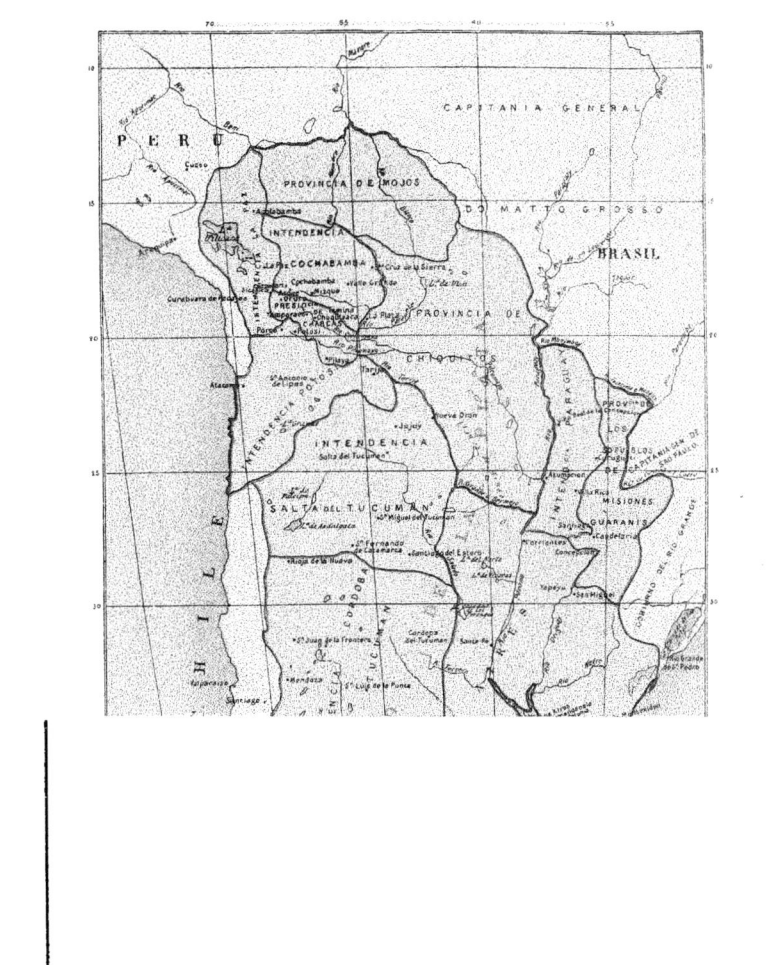

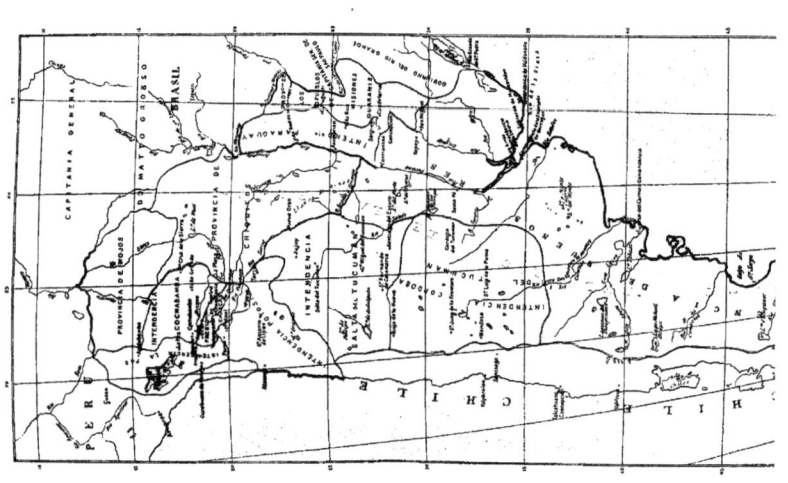

CUESTIONARIO

1. — ¿*Qué teorías políticas predominaron en la Europa del siglo* XVIII?
2. — ¿*Qué se entiende por* despotismo ilustrado?
3. — ¿*Quiénes fueron sus mantenedores en España?*
4. — ¿*Qué influencia tuvo en las Colonias la política de* Carlos III?
5. — ¿*Qué nueva división se hizo de los territorios Americanos en 1782?*
6. — ¿*Cuál fué el fin principal de la* Ordenanza de Intendentes?
7. — ¿*Qué facultades tenían los* Intendentes, *y cómo lesionaron las atribuciones de los* Cabildos?
8. — ¿*Qué motivos determinaron á* Carlos III *para crear el* Virreynato del Río de la Plata?
9. — ¿*Qué importancia tenía para los Españoles el dominio de la* Colonia del Sacramento?
10. — ¿*Qué vicisitudes sufrió este territorio desde el* tratado de 1750?
11. — ¿*Cuándo y cómo quedó definitivamente en poder de los* Españoles?
12. — ¿*Á quién se deben principalmente las mejoras de las ciudades coloniales?*

13. – ¿Qué importancia tuvo el llamado Reglamento del Comercio Libre?

14. – ¿Qué tentativas principales se hicieron en España para comunicar el Océano Atlántico con el Océano Pacífico?

15. – ¿Qué expediciones exploradoras se hicieron á fines del siglo XVIII en los territorios Argentinos...?

16. – ¿Qué efectos mediatos é inmediatos produjeron en las Colonias Españolas los adelantos comerciales del siglo XVIII?

17. – ¿Cómo se cumplió en la América Española el decreto de expulsión de los Jesuítas?

18. – ¿Qué tumultos y motines ocasionó?

19. – ¿Qué efectos produjo para el absolutismo Español en América?

20. – ¿Quién era Tupac Amarú?

21. – ¿Cómo se desarrolló su célebre levantamiento?

22. – ¿Cómo terminó y qué efectos produjo en las masas indígenas?

23. – ¿Qué principio político mantenían los Comuneros del Paraguay?

24. – ¿Cómo fueron vencidos Antequera y Mompó?

25. – ¿Qué carácter é importancia futura tuvo esta Revolución?

REFERENCIAS

Generales. – *Bourne.* Spain in America. *Roscher.* Spanish Colonial System (Trad. Bourne, 1904). *Konrad Habler.* The Colonial System of Spain, en *H. Helmot.* History of the Wordl. *Moses.* The Establishment of Spanish Rule in America (1898). *Id.* The Eve of Emancipation (1908). *R. G. Watson.* Spanish & Portuguese in Spanish America (1884). *A. Zimmerman.* Die Kolonial politik Portugal und Spaniens. Berlin, 1896. *Danvila y Collado.* Reinado de Carlos III (Madrid, 1891-94). *Ferrer del Río.* Historia del Reinado de Carlos III, en España (Madrid, 1856). *Fernández Duro.* Armada Española (Madrid, 1895). *P. Bonnassieux.* Les grandes Compagnies de Commerce (Paris, 1892). *P. Leroy Beaulieu.* De la colonisation chez les peuples Modernes (5.ª Ed. Paris, 1902). *A. Smith.* Wealth of Nations (Ed. Rogers. Londres, 1869). *Merivale.* Lectures on Colonisation and Colonies (2.ª Ed. Londres, 1861). *Cambridge Modern History.* Vol. I. Cap. XV. *(Cunningham).* Vol. III. Cap. IX. *(Langhton).* XV. *(Hume).* XVI. *(Id.)* XIX. *(Edmundson).* Vol. IV. Cap. XVI. *(Tanner).* XXII. *(Hume).* XXV. *(Eggerton).* Vol. V. Cap. II. *(Hassall).* XIII. *(Wolfgang Michael).* XIV. N.º 2. *(Ward).* XXII. N.º 1. *(Benians).* Vol. VI. Cap. IV-V. *(Armstrong).* VI. *(Benians).* XII. N.º 1. *(Edmundson).* Vol. X. Cap. VII. *(Altamira).* VIII. *(Kirkpatrick),* etc. *A. Fabié.* Ensayo Histórico de la Legislación Española en sus Estados de Ultramar (Madrid, 1896). *Winsor.* Narr. & Crit. Hist. of America. Vol. VIII. las historias de España, Francia, Portugal, Inglaterra y Holanda, y las generales de América relacionadas en las referencias de los Capítulos de la Epoca II.

Especiales. – Las historias nacionales de la *República Ar-*

gentina, Chile, Uruguay, Paraguay, Bolivia, Perú, Colombia, Ecuador, Venezuela, Puerto Rico, Jamaica, Guatemala, Honduras, San Salvador, Nicaragua, Costa Rica, Santo Domingo, Haiti, etc., y las obras modernas de índole especial citadas en las notas de los Capítulos I, II, III IV, V y VI del presente Titulo.

Fuentes. Ms. – Archivo de Indias. *"Patronato".* Archivo de Simancas *"Hacienda". "Inquisición". "Papeles de Estado",* etc. Bca. Nacional Madrid. *Sección Ms.* (1500-1800). Real Academia de la Historia. Colecciones *Mata Linares, Muñoz,* etc. Archivos Nacionales de *Méjico* (1550-1810), *Buenos Aires, Lima, Montevideo, Santiago de Chile, Bogotá, Quito,* etc. Museo Británico. *Aditional Mss.* Vols.

11.268; 11.410; 12.429; 13.977; 36.314-53, etc. *Eggerton Ms.* Vol. 2.395. *Sloane Mss.* Vol. 793; 2.724; 2.752, etc. *Stove Mss.* Vol. 305 f.; 2.056, etc. y los relacionados por *Gayangos* en su Catálogo (1875-77). Public Record Office. *State Papers Foreign Spain Colonial Series,* etc. (1550-1809). Bibliothèque Nationale, Paris. *"Fonds Espagnols". "Nouvelles adquisitions"* Vol. 9.325, etc. Archives du Ministère des Affaires Etrangères. *"Mémoirs et documents", "Fonds Divers", "Amérique",* en especial Vol. V, XI, XII, XVII, XXIV, XXIX, XXXI, XLIX, LI, etc., etc.

Colecciones impresas de Documentos. – Las relacionadas en los capitulos de la Epoca II. *(Fernández Navarrete, Pacheco y Cárdenas, Ternaux Campans, Academia de la Historia,* etc.) Colección Bulas, Breves, etc., relativos á la Iglesia de América (Ed. *Hernández.* Bruselas, 1879). C. *Calvo.* Col. Tratados América Latina (Paris, 1862-67). *Recop. de las leyes* para los Reinos de Indias (5.ª Edición. Madrid, 1842). Col. Doc. relativos Hist. de las Prov. del Río de la Plata (Ed. *An-*

gelis. B. Aires, 1836-7). Col. Doc. para Hist. de Chile (Ed.
Gay. Paris, 1846). Col. Doc. Hist. Chile, 1518-1818 (Ed. *José T.*
Medina. Santiago, 1888, etc.). Memorias de los Virreyes del
Perú (Ed. *Fuentes.* Lima, 1859). Memorias de los Virreyes del
Nuevo Reino de Granada (Ed. *García y García.* New-York,

1869). Ordenanza de *Intendentes*
(Ednes. Madrid, 1782, 1784, 1803).
Reglamento del *Comercio Libre* (Ma-
drid, 1778). Documentos Históricos
del Perú (Ed. *Odriozola.* Lima,
1863-64). Anales del Cuzco
(Lima, 1901). Mercurio Perua-
no (Lima, 1791-95). Archivo
Boliviano *(Ballivian* y *Roxas.*
Ed. Paris, 1872). Libro Prime-
ro de los Cabildos de Lima
(París, 1888). Acuerdos del Ex-
tinguido Cabildo de B.
Aires. Lib. I á VI (Ed.
Municipalidad de la
Capital, dirigida por el
Dr. Vicente F. López.
B. Aires, 1886-1891).
Calendar of State Pa-
pers. *Colonial Series.*
West Indies and Ame-
rica (Londres, 1881-89).
Instrucciones Virreyes
Nueva España (Méjico,
1867). Documentos para
la Historia de Méjico.
Series 1 á 5 (Méjico,
1853 58). Col. Doc. para la Hist. de Méjico (Ed. *García Ical-*
bazceta. Méjico, 1858-66). Nueva Colección de Doc. para la
Historia de Méjico (Ed. *Icalbazceta.* Méjico, 1886-92). Documents pour servir à l'histoire du Mexique (Ed. *Boban.* Paris,
1891). *Ternaux Compans.* Archives de Voyages (Paris, 1841-45).
Bravo. Colección de Documentos relativos á la expulsión de
los Jesuitas (Ed. Bravo. Madrid, 1872). Relaciones Geográficas de Indias (Ed. *M. Jiménez de la Espada.* Madrid, 1891-97),
etc., etc.

Autoridades originales. — Las de más provechosa consulta son las siguientes: *F. Anson.* A Voyage vound the Wordl
(Ed. *Walter.* Londres, 1748). *Dampier.* Voyages (Londres,

1697-1709). *Escalona Agüero.* Gazophilacium regnum Perubicum (2.ª Ed. Madrid, 1775). *Frezier.* Voyage de la mer du Sud, etc. (Paris, 1716). *De Pons.* Travels in South America,

etc. (London, 1804). *J. de Solórzano Pereira.* Política Indiana (Ed. Madrid, 1649). *Humboldt.* Voyages aux Régions Équinoxiales, etc. (Paris, 1814). *Id.* Personal Narrative, etc. (Trad. *Williams*. London, 1814-21). *Id.* Essai Politique sur le Royaume de la Nouvelle Espagne (Paris, 1811). *Id.* Essai Politique sur l'île de Cuba (Paris, 1826). *Jorge Juan y A. de Ulloa.* Rel. Hist. del Viaje á la América Meridional (Madrid, 1748). *Id.* Noticias Secretas de América (Ed. *D. Barry*. Londres, 1826). *Gage.* New Survey of the West. Indies (London, 1648). *La Condamine.* Relation d'un Voyage, etc. (Paris, 1745). *A. de Ulloa.* Noticias Americanas (Madrid, 1772). *A. Vetancourt.* Teatro Mexicano (Méjico, 1696). *J. A. Villaseñor y Sánchez.* Teatro Americano (Méjico, 1746). *J. Veitia Linaje.* Norte de la Contratación de las Indias Occidentales (Sevilla, 1672). *Exquemelin.* De Americanische Zee-Rovers, etc. (Trad. *Buena Maison*. Madrid, 1793). *Juan López de Velasco.* Geog. y Descrip. Universal de las Indias (Ed. Madrid, 1894). *A. de Saco.* Historia de la Esclavitud, etc. (Madrid, 1879). *R. Antúnez y Acevedo.* Mem.

Hist. sobre la Legisl. y Gob. del Comercio de los Españoles con sus colonias en las Indias Occidentales (Madrid, 1797). *J. G. Rubalcava.* Tratado Histórico Político y Legal del Comercio (Madrid, 1750). *Colmeiro.* Hist. de la Economía política en España (Madrid, 1863). *Andrés Cavo.* Tres

Siglos de México (Méjico, 1836-52). *Antonio de Remesal.* Hist. de la Prov. de Chiapas (Madrid, 1619). *José Antonio Valdés.* Hist. de la Isla de Cuba (Ed. *Cowley*. Habana, 1876-77). *Alonso de la Peña Montenegro.* Itinerario para Párrocos de Indias (Madrid, 1771). *Bourgoing*. Tableau de l'Espagne, etc. (Trad. Londres, 1789). *C. Bustamante Carlos Concolorcorvo*. Lazarillo de Ciegos Caminantes (Ed. Gijón, 1773). *Rivadeneira y Barrientos*. Compendio Regio Patronato Indiano (Madrid, 1745). *Fray Gerónimo Mendieta*. Hist. Eclesiástica Indiana (Ed. *Icalbazceta*. Méjico, 1870). *Gil González Dávila*. Teatro Eclesiástico, etc. (Madrid, 1649 55). *Fray Antonio de la Calancha*. Crónica Moralizada, etc. (Vol. I. Barcelona, 1638). *P. Nicolás Techo*. Hist. de la Prov. del Paraguay de la Compañía de Jesús (Trad. *Serrano y Sanz*. Asunción, 1897).

P. Antonio Ruiz Montoya, S. J. Conquista Espiritual (Madrid, 1639). *Charlevoix*. Hist. du Paraguay (Paris, 1756). *P. Domingo Muriel, S. J.* Continuación Hist. de Charlevoix (Venecia, 1779). *Azara*. Voyage dans l'Améri-

que Meridionale, etc. (Paris, 1809). *P. Francisco Figueroa, S. J.* Misiones de la Comp. de Jesús en la Prov. de los Maynas (Ed. Suárez. Madrid, 1904). *Xarque*. Insignes Misioneros del Paraguay (Pamplona, 1687). *Campomanes*. Discurso sobre la Educación Popular, etc. (Madrid, 1775). *P. Pedro Lozano, S. J.* Hist. de las Revoluciones del Paraguay, 1721-35 (Ed. Junta Hist. y Numismática Argna. B. Aires, 1905), etc., etc.

Bibliografías. — *Larned*. Lit. Am. History. Parte VI, pág. 442, etc. *H. H. Bancroft*. Central América. Vol. I. Méjico. Vol. II-III. North Mexican States. Vol. I. Arizona and New Mexico. Vol. II. California. Vol. I. *Winsor*. Narr. & Crit. Hist. of America. Vol. VIII, pág. 342-48, 359-68, 369-412, etc. *Nicolás R. Anrique*. Ensayo de la Bibliog. Hist. y Geog. de Chile (Santiago, 1902). Catálogo de *Archivos de Moxos y Chiquitos*. (Bca. Boliviana. Santiago de Chile, 1898). *J. T. Medina*. Biblioteca Hispano-Chilena, 1523-1817 (Santiago, 1898). *Id*. Bca. Hisp. Americana, 1493-1810 (Santiago, 1898). *Vigil*. Catálogo de la Bib. Nacional de Méjico (Méjico, 1889). *Zinny*. Bibliog.

Hist. Prov. Río de la Plata, 1780-1821 (B. Aires, 1875). Documentos y Planos, relativos al período Edilicio Colonial en la Ciudad de B. Aires (Ed. *Peña* B. A., 1910). Col. Doc. Archivo de Indias, referentes á la Hist. de la Rep. Argentina, 1514-1752 (B. Aires, 1901). Catálogo Biblioteca del *"Museo Mitre"* (B. Aires, 1907). *Mendiburu*. Dic. Hist. Geog. del Perú (Lima, 1874-1890), en especial Vol. I. Las notas y referencias del «Méjico á través de los Siglos». Vol. II, y de las obras de *Bancroft, Robertson, Icalbazceta, Danvila Collado, Woodbury Lowery, Bourne, Barros-Arana, José Toribio Medina, C. H. Haring, Roscher, Hernández, Salcedo, Mancini*, etc., etc., y las Bibliografías relacionadas en las Referencias de los ,Capítulos de la Época II de este libro. Para la bibliografía de la *Compañía de Jesús*, sus escritores, misiones, fundaciones, vicisitudes, etc., deben consultarse *Aug. et Alexis Backer*. Bibliothèques des Ecrivains de la Comp. de Jesus. Parte I y II (Liège, 1853-61). Catálogo Ms. *Antiguos Jesuitas de Chile*, etc. (Santiago, 1891). *Antonio Astrain, S. J.* Hist. de la Comp. de Jesús, etc. Vol. I. Int. Bibliog. y el extracto del Catalogue of Printed Books British Museum *«Jesuits»* (Ed. *Clowes*. Londres, 1889), etc., etc.

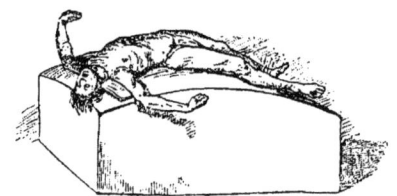

TÍTULO II

Las Colonias Portuguesas.

CAPÍTULO ÚNICO

LA EXPANSIÓN DEL BRASIL (1580-1800).

1. Los Holandeses en el Brasil —2. juan Mauricio de Nassau. — 3. Las batallas de
los Guararapes.—4. Los Jesuítas y los Indios.—5. Los Franceses en Rio de
janeito.—6. Las minas de diamantes.—7. La administración del Marqués de
Pombal. – 8. Tiradentes.

1. – Al expirar el siglo XVI, *Guillermo el Taciturno* y su hijo **Los Holandeses** habían conseguido hacer á *Holanda* independiente, y dar gran **en el Brasil.** impulso á su comercio marítimo. La *Compañía* de las Indias Orientales (1602) se había apoderado en pocos años del comer-

cio Portugués del Océano Indico, y había extendido hasta el Extremo Oriente la influencia de la *Re-pública de las siete Provincias Unidas* (1579). *Felipe II*, al pretender dominar con sangre los Países Bajos, sólo

Fig. 294. – Caverna del Río Corrientes.

había conseguido un poderoso enemigo más. Los pingües provechos obtenidos por la Compañía de las Indias Orienta-les, incitaron á los navegantes Holandeses *(Beggars of the Sea)* á organizar una corporación semejante para atacar á

Felipe II en sus nuevos dominios del Brasil. (Véase Capi-
lo V, Epoca II.)

Los *Estados Generales de las Provincias Unidas* autorizaron
en consecuencia la formación de una Compañía (Junio 1621)
llamada *„de las Indias Occidentales“*, concediéndola el privilegio exclusivo de explotar durante veinticuatro años el tráfico
de la América del Sur. Amalgamó esta Compañía varias otras
que ya pirateaban en los mares del Nuevo Mundo, y llegó á
construir una poderosa organización cuyos principales objetos
eran capturar
las *flotas* y
galeones espa-
ñoles y con-
quistar territo-
rios en Amé-
rica. El Brasil
era induda-
blemente la
mejor base de
operaciones
para los que
pretendían ha-
cer del Atlán-

Fig. 295. – Bahía Río de janeiro.

tico un *„lago Holandés“*. Bahía y Pernambuco, independientemente de sus riquezas naturales *(azúcar, palo brasil,* etc.), eran
puntos estratégicos para atacar las naves españolas que volvían
con los tesoros del Perú. La escuadra de la *Compañía de las
Indias Occidentales* consiguió apoderarse sin mayor resistencia
(Marzo 1624) de la ciudad de Bahía de Todos los Santos, ó San
Salvador, pero al año siguiente (Mayo 22·1625) la flota combi-
nada española y portuguesa de *D. Fadrique de Toledo* destruyó sus buques y recuperó á San Salvador. En 1627, el célebre
corsario holandés *Piet Heyn,* volvió á apoderarse de este puerto. Dos años más tarde (1629), otra escuadra de las *Provincias Unidas* atacó con éxito á Olinda y logró dominar á Recife (1630), venciendo la resistencia de *Alburquerque* en el

436 —

célebre „*Arrayal do Bom Jesús*", etc. La guerra siguió durante seis años (1631-37) entre los Portugueses y los invasores, sin resultado definitivo hasta que las *Provincias Unidas,* temiendo perder su fuerte posición de Pernambuco, decidió enviar con una poderosa armada al célebre guerrero *Juan Mauricio, Príncipe de Nassau-Siegen* (1).

2. – La expedición del Príncipe *Mauricio de Nassau,* después de apoderarse de Puerto Calvo (1637) y reedificar á Olinda, incendiada por sus antecesores, procuró tomar la ciudad de Juan Mauricio de Nassau.

Bahía, lo que no consiguió gracias á la heroica resistencia del gobernador portugués *Pedro da Silva,* que sufrió un sitio de cuarenta días... Reembarcóse *Nassau* al cabo de ellos, y tomó posesión de los territorios

Fig. 296.—En las inmediaciones de Bahia.

que se extienden al Norte de Bahia hasta el Río Marañón, formando con ellos una especie de Estado Holandés, cuya capital estableció en una nueva ciudad fundada cerca de Recife y llamada *Mauritiópolis.*

Nassau era hombre más avanzado que su siglo. Poseído del

(1) *R. M. Galanti, S. J.:* Comp. Hist. Brasil. Tomo II, pág. 2 á 123, con sus notas y referencias. *Rebello de Silva:* Hist. de Portugal. Vol. III, pág. 335-41. *Netscher:* Les Hollandais au Brésil, pág. 10 y siguientes y sus notas y referencias. *Diario de um soldado da Companhia das Indias Occidentaes,* 1629-1632 (Trad. *A. de Carvalho,* 1897), pág. 5 y sig. Rev. do *Inst. Hist. é Geogr. Brazil.* Vol. V, XXIII, XXV, LVIII, etc. Rev. do *Inst. Arch Pernambuco.* Nos. 13-30-41-46-47, etc. *Southey:* Hist. do Brazil (Trad. *Oliveira y Castro).* Vol. II, pág. 145 y sig. y sus referencias. *Restauración de la Ciudad del Salvador* y Bahía de Todos Sanctos etc., por las armas de *Felipe IV* (Madrid, 1628), pág. 3 y sig. *Cambridge Modern History.* Vol. III, pág. 221 y sig. 631 y sig., etc. Vol. IV, pág. 728 y sig., etc. *Varnhagem:* Hist. Geral. Brazil. Vol. I (Ed. Río, 1877), pág. 789 y sig , etc., etc.

espíritu positivista del Renacimiento, gobernó conforme á él los territorios que había conquistado. Declaró libre el comercio con el Brasil, favoreció la agricultura, devolvió á los propietarios Brasileños (mediante compra) sus confiscados ingenios de azúcar, estableció la libertad de cultos y hasta organizó una especie de Legislatura ó Congreso. Su obra fué, sin embargo, incomprendida, y efímera. Los plutócratas de la Compañía de las Indias Occidentales no querían en sus colonias, estadistas, sino administradores sin entrañas. El clero Calvinista protestó de las libertades que *Nassau* había concedido á los católicos, y le impu-

Fig. 297. — El Príncipe Mauricio de Nassau. (Estampa del siglo xvii).

so que prohibiera las procesiones públicas. Los patriotas Portugueses, separados del Holandés por un hondo abismo político, social y religioso, ansiaban su independencia. Luchó *Juan Mauricio* siete años (1637-44) contra el directorio de su Compañía, contra los fanáticos ministros Calvinis-

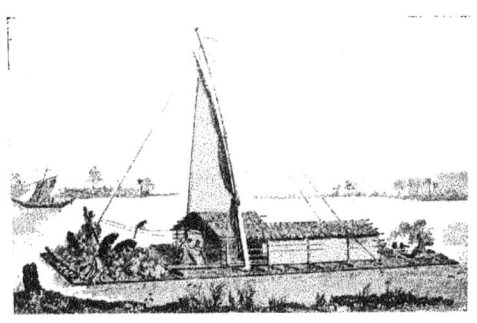

Fig. 298.—Embarcaciones del Río Grande.

tas y contra los colonos portugueses, tratando en vano de constituir el Brasil Holandés en Estado homogéneo. No pudo, naturalmente, lograrlo. Cuando la influencia de su familia empezó á decaer en las Compañías Holandesas y predominó la oligarquía de los *Witt* ó *Witte* (1643), la de las Indias Occidentales aceptó de buen grado la renuncia del *Príncipe Nassau*, que abandonó el Brasil para siempre (23 de Mayo de 1644). Con la partida de *Juan Mauricio de Nassau* se inició la reacción en Pernambuco y cayó como un castillo de naipes la utópica obra del avanzado estadista Holandés (1).

3. – La revolución Lisbonense del 1640 concluyó con la dominación Española en Portugal y elevó al trono á *D. Juan IV de Braganza*, quien se apresuró á concluir un Tratado con las **Batallas de los Guararapes.**

Fig. 299. – Camino del Corcovado (Río janeiro).

Provincias Unidas para obtener auxilios contra su común enemigo el rey *Felipe IV* de España. Se convino en este tratado (Junio, 12 de 1641) una tregua de diez años, durante los cuales conservarían los Holandeses las posesiones conquistadas á Portugal en las Indias. No podía menos de irritar á los Colonos Brasileños este convenio de su nuevo monarca. Los patriotas de Pernambuco, acaudillados por el heroico, sincero y abnegado caudillo *Juan Fernández de Vieira*, aun á despecho de la Metrópoli, levantaron bandera de in-

---

(1) *Galanti:* op. cit. Vol. II, pág. 123 y sig. y sus referencias. *Southey:* op. cit. Vol. III, pág. 2 y sig. *Winsor:* N. & C. H. of A. Vol. VIII, pág. 354. *Netscher:* op. cit., pág. 45 y sig. *Dawson:* South American Republics. Vol. I, pág. 350 y sig. *Cambridge Mod. Hist.:* Vol. IV, pág. 706 y sig. *E. Potts Cheyney:* European Background of American History. Cap. VII y X, pág. 125 y sig. *Rev. Inst. Pernambuco:* N.° 30, 31, 34, 35. etc. *Varnhagem:* Historia das lutas com los Hollandeses do Brasil, 1624-1654 (Ed. Lisboa, 1872), pág. 42 y sig., etc., etc.

dependencia y organizaron la resistencia armada contra sus dominadores. Lucharon estos fundadores de la nacionalidad Brasileña con diversa suerte y constante bravura, y después de cuatro años de rudo pelear por su religión y su patria, lograron vencer á los ejércitos Holandeses en las dos sangrientas y célebres batallas de los *Guara-* *rapes* (Abril 19 de 1648 y Febrero 19 de 1649), la segunda de las cuales (1649) fué decisiva y permitió á los restauradores, auxiliados después de repetidas instancias por la escuadra de la *Compañía Portuguesa,* que mandaba *Magalhaes* reforzar el largo asedio de Recife, que capituló honrosamente el día 25 de Enero de 1654.

Fig. 300.—Avenida de Palmeras (Jardin Botánico Río Janeiro)

La caída de Recife, la ayuda de la *«Compañía General de Comercio Portuguesa»* y la imposibilidad del jefe Holandés *Von Schkoppe* de obtener recursos de su metrópoli, ocupada á la sazón en guerrear contra el Protector *Cromwell* de Inglaterra (1551-53), dieron el triunfo definitivo á *Vieira* y sus patrióticas legiones y terminaron prácticamente con la dominación de los Holandeses en el Brasil.

No sin grandes dificultades diplomáticas y complicaciones hostiles, como las fracasadas tentativas de desembarco en el Brasil del Almirante *Ruyter* (1658), la conquista de la isla de Ceylan, etc., se firmó (Agosto 1661) un tratado final de la paz entre Portugal y Holanda, por el que esta última nación renunció á los territorios del Brasil, mediante el pago de 4.000.000 de cruzados en dieciséis años, á razón de 250.000 anuales; la

440

devolución de toda la artillería que se hallase en los referidos territorios Brasileños, con las armas ó insignias de las Provincias Unidas, y el permiso de hacer el comercio del Brasil para Portugal, lo que importaba naturalmente la licencia á los mercaderes Holandeses de residir en cualquiera de los dos países. La mitad de la indemnización fué pagada por las colonias del Brasil con impuestos especiales que, aun después de extinguida la deuda con Holanda, se siguieron cobrando con diversos pretextos por los monarcas Portugueses (1).

4.— Las misiones de *Para-Marañón* fueron, por así decirlo, las más características y dignas de estudio en la historia de la Compañía de Jesús en el Brasil. El genial, heroico y abnegado Jesuíta *P. Antonio Vieira* luchó en ellas por la libertad de los Indios con celo ardiente y sólo comparable al de *Fray Bartolomé de las Casas,* con quien su augusta figura histórica puede parangonarse. Lo

Los Jesuítas y los Indios.

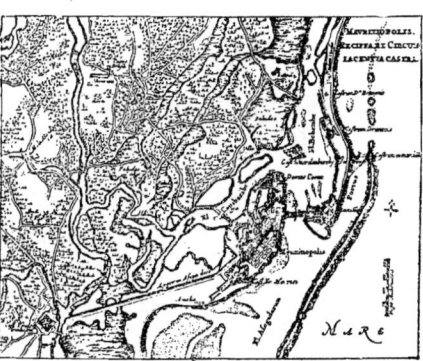

Fig. 301.—La villa Holandesa de Mauritiópolis. (Mapa, 1659.)

(1) *Southey:* op. cit. Vol. III, pág. 67-343 y sus referencias. *Inst. Arch. y Geog. Pernambuco.* Nos. 28-29-41, etc. *Netscher:* op. cit., pág. 217 y sig. *Rev. do Inst. Brazil:* Vol. XXXVIII á XLIII (Relación *Lopes de Santiago*) LVIII, LIX, etc. *Galanti:* op. cit., pág. 275-399, con sus notas y referencias (Vse. Fuentes, pág. 389). *Varnhagem:* op. cit. Vol. II, pág. 39 y sig. y sus notas. *Egerton,* en Camb. Mod. Hist. Vol. IV, pág. 745 y sig. *Meneses:* Portugal Restaurado (Lisboa, 1751-59). Vol. III, pág. 143 y sig., etc. *Driesen*: The Dutch Power in Brazil (English. Hist. Review. Nos. 11-14-15). *A. Zimmerman:* Die Colonial. Politik der Niederlander. Berlín, 1903, pág. 271 y sig. *Rebello da Silva:* Hist. de Portugal nos Seculos XVII y XVIII. Vol. III, pág. 59 y sig. *Pierre Moreau:* Histoire... guerre au Brésil, etc. (Paris, 1651), pág. 89 y sig., etc., etc.

apostólicos trabajos del *P. Vieira* llenan una interesantísima década (1652-62) de los Anales Brasileños, que el espacio de este Compendio apenas nos permite bosquejar.

El *P. Antonio Vieira* encontró á su llegada al Brasil (Noviembre 22-1652) á los Indios del Para en condición misérrima. Ocupados principalmente por los colonos en el cultivo del tabaco, morían á millares, oprimidos por exclavitud impiadosa. El llamado comercio de los Portugueses con las aldeas indígenas consistía en apoderarse á la fuerza de sus frutos ó pagar en el caso más favorable uno por lo que valía cinco. Se propuso el *P. Vieira* concluir con este estado de cosas. Consiguió del rey *D. Juan IV* leyes favorables á los Indios; creó en Lisboa la llamada *Junta de Misiones* para proteger los intereses espirituales del Marañón; arrebató á la crueldad de los gobernadores y los colonos el Gobierno de las aldeas indígenas; redujo las numerosas tribus del To-

Fig. 302.-- Estampa alusiva á la expulsión de los Jesuitas (1759).

cantines, Xingú, Ceará, Tapajos, Rio Negro, Ouro, Ibiapaba, etc.; apaciguó las feroces hordas *Mamaynás, Anaquizes* y *Tapuyas* (Itapecurú); abrió á la navegación Portuguesa los afluentes del Amazonas y el Tocantines; predicó, escribió, fundó casas, colegios, aldeas, etc., y derrochó en todo generosamente su vida y su sangre. Pero como *Jesucristo*, su Maestro, vino á su propio pueblo "y *los suyos no le recibieron*». En pago de su extraordinaria obra de civilización y caridad evangélica, fué vejado, insultado, preso y deportado con 32 de sus compañeros á instancias clamorosas de la turbulenta plebe de Belem y San Luis (Julio 1661), amotinada por los *"cazadores de hombres"* y los esclavistas encarnizados (1).

5. — Desde mediados del siglo XVI se creía firmemente en la existencia de minas de oro en las Provincias de Bahía, Espíritu Santo y San Pablo. Los Paulistas hicieron repetidas tentativas para encontrarlas (1673-1681), hasta que al fin *Antonio Rodríguez Arzao* (1693) trajo de la costa de Victoria á la capi-

Fig. 303.—Lavaderos de oro. (Minas Geraes).

tal de Espíritu Santo oro nativo en grandes pepitas. La excitación de los colonos fué enorme ante este descubrimiento, al que siguieron los de *Ouro Branco, Ouro preto, Diamantina,* etc., en la actual Provincia de Minas Geraes. La fiebre del oro trajo á estos territorios gran número de aventureros Portugueses *(forasteiros, emboabas),* que bien pronto chocaron con los Paulistas, promoviéndose una guerra civil que á duras penas pudo sofocar el Gobernador de Río Janeiro, obligando á *Nunes Viana,* caudillo de los extranjeros, á someterse (1708). San Pablo y Minas fueron declaradas *(Carta Regia, Noviembre 1709)* capitanías independientes y progresaron con gran rapidez.

---

(1) *A. J. de Mella Moraes:* Hist. Braz. Vol. II, pág. 57 y sig. *Menezes:* Os Jesuitas á ó Marques de Pombal (Oporto, 1893), pág. 24 y sig. *Galanti:* op. cit. II, pág. 403 y sig. y sus referencias. *André de Barros:* Vida do P. Vieira. Vol. I, II, III. *Southey:* op. cit. Vol. IV, pág. 151 y sig. y 353 y sig. *Simao de Vasconcellos:* Cronica da Companhia de jesus do Estado do Brazil (Ed. Lisboa, 1663), pág. 216 y sig. *Lucio d'Azevedo:* Os jesuitas no Grao Pará (Lisboa, 1901), pág. 15 y sig. y sus notas. *Dawson:* op. cit., pág. 371 y sig., etc., etc. La copiosa bibliografía de las Misiones jesuíticas puede consultarse eu el admirable *Catálogo da Expoxiçao da Hist. do Brazii,* etc. (Río, 1831). Vol. I, pág. 784 y sig., etc.

El descubrimiento de las minas de oro dió al puerto de Río Janeiro excepcional importancia. Su magnífica bahía, puerta

Fig. 304. – René du Guay Trouin.

obligada de los territorios mineros, se convirtió bien pronto en populoso y riquísimo centro. Portugal estaba entonces envuelto en la *Guerra de Sucesión Española* (V. Cap. VI, Tít. I), y los aventureros franceses decidieron atacar el nuevo emporio y apoderarse de los aureos tesoros que creían amontonados en sus muelles. En 1710, el capitán *Duclerc,* en un audaz desembarco, llegó hasta las calles de la ciudad; pero avasallado por el número, hubo de rendirse á discreción. Los Portugueses pasaron á cuchillo á la mayor parte de los prisioneros. Francia resolvió vengar á sus soldados, y al año siguiente el famoso marino *René du Guay Trouin,* apareció en la Bahía de Río Janeiro (Sep. 11-1711) con una poderosa flota; destruyó la Portuguesa, que había llegado antes que él; capturó los fuertes y ocupó la capital Brasileña.

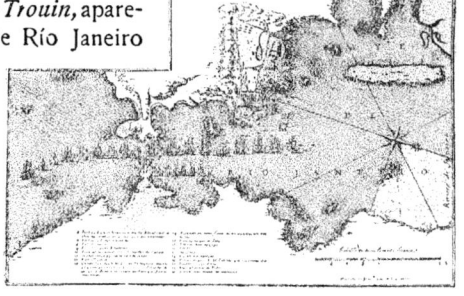

Fig. 305.—Ataque de Du Guay Trouin á Río janeiro (1711).

Exigió y obtuvo de sus habitantes un pingüe rescate; partió con el botín, y después de pretender hacer lo propio en Bahía, sin conseguirlo, decidió regresar á Francia. A pesar de las penalidades, desgracias y pérdidas que sufrió en su azaroso retorno, la aventura de *du Guay Trouin* produjo un ciento por ciento á los comerciantes Franceses, sus comanditarios (1).

6. — Los años de paz que siguieron á la guerra de la Colonia (V. Cap. VI, Tít. I), vieron en la Provincia de Río Grande notables progresos. La producción de las minas de oro siguió

en aumento. En 1718 se descubrieron ricos placeres auríferos en la meseta donde concurren las altas aguas del Paraguay y el Madeira, iniciando la prosperidad de Cuyabá y el Estado de Matto Grosso. No se sabe, con exactitud, donde se hallaron los primeros diamantes. Los mineros de Tijuco (Minas Geraes), desconociendo su valor, parece que los usaban como fichas para sus juegos.

Fig. 306 – En los bosques Brasileños.

En los años 1728 ó 1729, un misionero, que había estado en Golconda (India Oriental), reveló á *Fonseca Lobo* el valor de aquellas piedras. Pasó éste en seguida á Lisboa á dar cuenta á su rey del precioso hallazgo. Desde entonces, hasta el descubrimiento de las minas de Kimberley, los campos de Diamantina proveyeron casi exclusivamente de brillantes al mundo. Desde el 1730 al 1770, se extrajeron del distrito de Diamantina más de 5.000.000

---

(1) *Southey:* op. cit. Vol. V, pág. 52 y sig. y sus referencias. *Galantí:* op. cit. Vol. III, pág. 119 y sig. 188 y sig. y sus notas y referencias. *Du Guay Trouin:* Mémoires (Amsterdam, 1748), pág. 121 y sig. *Frederick Koenig:* Du Guay Trouin (Tours, 1876), pág. 29 y sig. y sus notas, etc. Para la bibliografía de estas tentativas Francesas. Vse. *Catálogo de Hist. Brazil:* citado Vol. I, pág. 576 y sig.

El descubrimie o de las minas de oro dió al
Janeiro excepcion importancia. Su magnífica
obligada de los
neros, se convu
en populoso
tro. Portugal
vuelto en la (
Española (V.
y los aventur.
dieron ataca
y apoderarse
ros que crei
sus muelle
Duclerc,
barco, lle
la ciuda

Fig. 304. – René du Guy Trouin.

el número, hubo d rendirse á discreción
saron á cuchillo á a mayor parte de lo
solvió vengar á su soldados, y
al año siguiente el moso marino *René du Guay iouin,* apareció en la Bahía de Río Janeiro
(Sep. 11-1711)
con una pode-
rosa flota; des-
truyó la Portu-
guesa, que ha-
bía llegado an-
tes que él; cap-
turó los fuertes
y ocupó la ca-
pital Brasileña.
Exigió y obtuvo
con el botín, y
sin conseguir
nalidades, d

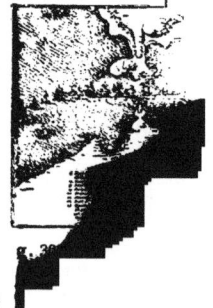

torno, la aventura de *du Guay Trou*
ciento á los comerciantes Franceses.

6. – Los años de paz que siguie
(V. Cap. VI, Tít. I), vieron en
notables progresos. La produc

de quilates. La región de los diamantes fué declarada propiedad de la corona Portuguesa, y nadie, sin un permiso especialísimo, podía entrar en ella. En 1734 se creó en Lisboa la llamada *„Intendencia dos Diamantes“*, y el distrito diamantino se constituyó como colonia aislada, gobernada por un *Intendente,* que dependía sólo de la metrópoli. Desde el 1735 al 1771, la extracción de los diamantes corrió por cuenta de contratistas, de los cuales el más célebre fué *Fernández Oliveira,* verdadero Señor del distrito diamantino (1760-71), que convirtió á Tijuco en villa de lujo y placeres, por el estilo de las Californianas. Fué llamado, sin embargo, á Lisboa, por el *Marqués de Pombal,* que no le permitió vol-

Fig. 307. —En los bosques Brasileños.

ver al Brasil y le impuso una multa de 11.000.000 de cruzados. Tijuco y sus minas fué, desde 1771, regido directamente por los oficiales reales, que mantuvieron continuas luchas con los audaces *„garimpeiros* (de *„garimpo“,* extracción vedada), ó mineros clandestinos é ilegales (1).

La administración del Marqués de Pombal. 7.— El régimen civil y eclesiástico de las colonias Portuguesas fué esencialmente idéntico al de las Españolas. Los territo-

(1) *Galanti:* op. cit. Vol. III, pág. 207 y sig., 227 y sig. y sus referencias. *Southey:* op. cit. Vol. VI, pág. 131 y sig. y sus referencias. *Dawson:* op. cit., pág. 492 y sig. *Oliveira Martins:* Hist. de Portugal (Lisboa, 1901). Vol. II, pág. 28 y sig. *J. P. da Luz Soriano:* Hist. do reino Dom José I (Lisboa, 1866), pág. 189 y sig. *Nuno Marquez Pereyra:* Compendio Narrativo do Peregrino da América (Lisboa, 1750), pág. 143 y sig. *Varnhagem:* op. cit. Vol. II, pág. 74 y sig., etc., etc.

rios Brasileños pádecieron con caracteres mucho más graves las mismas llagas sociales, el mismo oficialismo opresivo y las mismas restricciones económicas que bosquejamos en los capítulos anteriores. En el largo reinado de *D. Juan V* (1707-50) la desorganización política de las colonias, la venalidad de los jueces, las exacciones de los mandatarios y la codicia insaciable de la Metrópoli llegaron á extremos no alcanzados en la América Española aun en los desastrosos tiempos de *Felipe IV y Carlos II.*

Al morir el monarca „*fidelísimo*", su hijo *D. José I*, que le sucedió en el trono Portugués, abandonó por completo el gobierno en manos del célebre ministro *D. Sebastián José de Carvalho y Mello, Marqués de Pombal,* que revolucionó la administración de Portugal y sus colonias en los veintisiete años que duró su preponderancia.

Fig. 308.
Tipo de negro anciano (Bahía).

No nos corresponde estudiar aquí la faz Europea de la tendenciosa y fecunda obra política de este genial y discutido gobernante. Extremó el despotismo reformador y progresista de los políticos de su siglo; fué el más ardiente y tiránico paladín del filosofismo, el más audaz, énergico y maquiavélico mantenedor del absolutismo monárquico.

Apasionado protagonista de la trascendental tragi-comedia concebida en los ágapes del Jansenismo y representada en las antesalas del Vaticano y en las cortes de Francia, España y Portugal, que tuvo por desenlace la disolución de la *Compañía de Jesús, Pombal* decretó aparatosamente la expulsión de los dominios Portugueses para los miembros de este Instituto, les vejó, les aprisionó, les maltrató encarnizadamente y sin objeto, y llegó hasta imputarles públicamente mentidas complicidades en el misterioso atentado contra la vida del rey *José I* (Septiembre 3-1758), que llevó al patíbulo á los *Aveiros* y los *Tavoras*, enemigos políticos de la autocracia de *Carvalho*, y acusados, sin pruebas, de regicidio.

Prescindiendo de la expulsión de los Jesuítas y decretos consiguientes (1), las demás reformas de *Pombal* en las colonias Portuguesas tuvieron las mismas tendencias expoliadoras y centralistas que las de *Aranda* en las colonias españolas. Su único y exclusivo objeto fué *en· riquecer á la metrópoli.*

Incorporó á la corona las Capitanías de Ilheos, Itaparicá, Porto Seguro, etc.; estancó el tabaco y la sal; prohibió en el Marañón el libre cultivo de la caña de azúcar (1761); organizó la Hacienda Real y persiguió implacablemente á sus defraudadores. Decretó nuevos impuestos *(Subsidio literario,* para escuelas; *Subsidio voluntario,* para la reedificación de Lisboa, etc.), fomentó la agricultura, y para activar el comercio colonial, *beneficiando á los capitalistas de la metrópoli,* abolió el sistema de las *flotas* y creó las célebres y privilegiadas Compañías Comerciales de *Pará-Marañón* (1775) y *Pernambuco-Parahiba* (1759), á las que concedió el *monopolio exclusivo* del comercio con las co-

Fig. 309. – El Marqués de Pombal.

(1) En 1769, prohibió *Pombal* hasta estudiar latín por los libros de los Jesuítas! En 1773, ordenó qne se celebrasen estruendosas fiestas en señal de regocijo por la supresión de la Compañía, prohibió á los Brasileños enviar á educar á sus hijas á los conventos de España, Francia é Italia, etc. En 1776, aprobó los estatutos de la Universidad de Río janeiro, etc. Vse. *Barón de Studdart:* Datas of Factos. Vol. I, pág. 314 y sig. *Southey:* op. cit. Vol. VI, pág. 105, etc.

marcas brasileñas, favoreciéndolas sin escrúpulos y castigando
cruelmente á sus opositores *(Mesa do bem Commum)* y estableciendo „el régimen colonial más opresivo de que hay ejemplo en la Historia Moderna" (1).

En 1757, hizo publicar *Pombal* la célebre Bula de *Benedic-*

Fig. 310.—La obra del Marqués de Pombal. (Estampa alegórica. Siglo XVIII).

to XIV ("Inmensa Pastorum", 1741) confirmatoria de las de
Pablo III (1557) y *Urbano VIII* (1639) que proclamaba la li-
·bertad de los Indios, y un año más tarde (1758) decretó la
emancipación de los del Brasil. Dicho sea, sin embargo, en
honor á la verdad histórica, este altisonante y ponderado decreto del hábil ministro, *en nada modificó la triste existencia
de los infelices Indios.* Siguieron siendo esclavos y víctimas
de la crueldad de los colonos, y el mismo *Pombal,* con su cu-

(1) *Luz Soriano:* Hist. Reinado José I, pág. 45 y sig. *Southey:* op. cit. Vol.
VI, pág. 131 y sig. *Lucio d'Azevedo:* Estudos de Hist. Paraense, pág. 36 y sig. y su
copiosa documentación, etc.

rialesco y acomodaticio *"Directorio dos Indios"* (Mayo 3 del 1757) autorizó y sancionó esta esclavitud tiránica. La definitiva liberación legal de los Indígenas del Brasil se debe al *Príncipe Regente D. Juan,* que á propuesta de *Souza Coutinho,* gobernador del Pará, y en nombre de su desgraciada madre, la reina *María I,* abolió el *"Directorio"* de *Carvalho,* é incluyó en el derecho común á los referidos Indios (Real Cédula, Mayo, 17 de 1798). (1)

Tiradentes. 8. – Como no podía menos de suceder, las reformas de *Pombal,* secundadas con menos egoísta intención por los últimos Virreyes del Brasil *(Lavradio, Vasconcelhos, Noronha,* etc., 1779-1808) fueron fatales para el absolutismo Portugués. Las *Compañías del Pará* y *de Pernambuco,* fracasaron y se extinguieron (1778-1780) pero el enérgico impulso dado por sus directores á la agricultura y el comercio coloniales, al enriquecer é ilustrar las ciudades ultramarinas, hizo aún más aborrecibles los monopolios de los comerciantes de Lisboa y aumentó las antipatías que les profesaban los Brasileños. La desatentada y ciega política proteccionista de la Metrópoli exacerbó estos odios que no pudieron menos de desbordarse con el vejatorio decreto de la reina *María I,* que ordenó (1785) la clausura y extinción en el Brasil de todas las fábricas é industrias.

---

(1) *Varnhagem:* op. cit. Vol. II, pág. 124 y sig. *Luz Soriano:* op. cit. Vol. I, pág. 120 y sig. Vol. II, pág. 38 y sig., etc. *J. Luzio d'Azevedo:* Est. de Hist. Paraense, pág. 36 y sig. *Mello Moraes:* Hist. Comp. de jesús, etc. Vol. II, pág. 125 y sig. (Relación *Pestranna de Silva). Barón de Studdart:* Datas é factos. Vol. I, pág. 231 y sig Vol. II, pág. 49 y sig., etc. *Inst. Hist. Braz.* Volúmenes, 1841-1849-1853-1857-1860-1883 (Texto del «Directorio de Pombal», pág. 1 á 121), 1887, etc., etc. *Southey:* op. cit. Vol. VI, pág. 75 y sig. y sus referencias. *Galanti:* op. cit. Vol. III, pág. 302 y sig. y sus referencias (Referencias Colonia del Sacramento, pág. 325). *Duhr, B. (S. J.):* Pombal, sein Charakter u. seine Politik (Friburgo, 1891), pág. 15 y sig. y sus notas. *J. L. Gomez:* Le Marquis de Pombal (Paris, 1869), pág. 21 y sig. *C. J. de Menezes:* Os Jesuitas é ó Marques de Pombal (Oporto, 1893), pág. 24 y sig. y sus notas. *Causa Jesuítica de Portugal,* etc. (Trad. Madrid, 1763), pág. 18 y sig. *J. P. Oliveira Martins:* O Brazil é as Colonias Portuguesas (Lisboa, 1888), pág. 112 y sig. *Gottlieb von Murr:* Geschichte der jesuiten in Portugal, etc. (Nuremberg, 1788). Vol. I, pág. 57 y sig. Vol. II, pág. 84 y sig. y sus notas y referencias, etc. Comp. las autoridades citadas en el Cap. VI, del Título anterior, sobre reformas *Carlos III,* expulsión de los jesuitas, etc.

COLONIAS PORTUGUESAS, SIGLOS XVII Y XVIII

Las nuevas ideas filosóficas y políticas se habían abierto camino en los espíritus de los Brasileños ilustrados, y se discutian y estudiaban en sus Sociedades y Academias (Sociedad *dos Renascidos,* 1759, *Litteraria de Río Janeiro,* 1786, etc.)

En 1785, un grupo de jóvenes Brasileños que estudiaban en la Universidad de Coimbra, sabedores de la Independencia de los Estados Unidos, escribieron á *Jefferson,* entonces en París, solicitando la ayuda de Norte América para independizar su patria del yugo Portugués. *Jefferson* no dejó de interesarse por el romántico proyecto, pero se excusó en absoluto de ayudar á su realización, con lo que cayó por su base.

Uno de estos jóvenes *(Vidal Barbosa)* volvió á su patria años más tarde (1888) encontrando en los ánimos de los intelectuales de Minas las mismas ideas que él abrigaba de libertad é independencia. Unido con el naturalista *Maciel,* con los poetas *Claudio, Alvarenga, Peixoto,* etc., y en especial, con el entusiasta, audaz, y desordenado alférez de Caballería *Joaquim José da Silva Xavier ("Tiradentes"),* tramaron una conspiración, que, denunciada al Gobernador *Vizconde de Barbacena,* por tres miserables traidores, fracasó desgraciadamente, siendo presos y procesados los que en ella habían tomado parte. El bravo *Tiradentes* fué ejecutado (Abril, 1792), y los demás patriotas deportados con vengativo rigor á las fortalezas Africanas.

El patriótico lema de *Alvarenga ("Libertas quæ sera tamen")* fué verdaderamente profético. La era Republicana había de retardarse un siglo en la nación Brasileña (1).

/ 7

(1) *Southey:* op. cit. Vol. VI, pág. 287 y sig. *Galanti:* op. cit. Vol. III, pág. 383 y sig. y sus notas y referencias. La carta de *Jefferson* (Marsella, Mayo. 4 de 1786) puede leerse en *Inst. Hist. Braz.* (Vol. de 1841, pág. 208 y sigtes.) y el resto de los documentos de esta romántica y desgraciada conspiración, en los Tomos del referido *Inst. Hist. Braz.* de los años 1844, 1846, 1873, 1867, 1874, 1881 (Muerte de *Tiradentes,* pág. 140 y sig.), 1841, 1892 (Premio al vil delator, *Silverio dos Reis),* etc., etc.

CUESTIONARIO

1. – ¿Cómo surgió la marina Holandesa?
2. – ¿Qué fines tuvo la Compañía de las Indias Occidentales?
*3. – ¿Qué resultados obtuvieron las escuadras Holandesas en
    el Brasil hasta la llegada de Nassau?*
4. – ¿Dónde se fundó Maurıtiópolis?
5. – ¿Cómo gobernó Mauricio de Nassau *su colonia del Bra-
    sil?*
6. – ¿Cómo y por qué fracasó su empresa política?
*7. – ¿Dónde se inició la resistencia Brasileña á la dominación
    Holandesa?*
8. – ¿Quién fué Juan Fernández de Vieira?
9. – ¿Qué importancia tuvieron las batallas de los Guara-
    rapes?
10. - ¿Cómo terminó la dominación Holandesa en el Brasil?
*11. – ¿Cuáles fueron las misiones Jesuíticas más características
    en el Brasil?*
12. – ¿Qué importancia tiene la figura histórica del P. Antonio
    Vieira?
13. – ¿Cómo defendieron los Jesuítas la libertad de los Indios?
14. – ¿Cuál fué la obra del P. Vieira *y por qué fué expulsado
    del Brasil?*
15. - ¿Cómo se formaron los distritos auríferos de Minas
    Geraes?

16. – ¿Qué importancia tuvo para el puerto de Río Janeiro la "fiebre del oro" de Minas y San Pablo?

17. – ¿Qué resultados tuvieron las expediciones Francesas de Duclerc y Du Guay Trouin?

18. – ¿Cómo se descubrieron las primeras minas de diamantes en el Brasil?

19. – ¿Qué importancia tuvo este descubrimiento, y qué consecuencias produjo?

20. – ¿Quién fué el Marqués de Pombal?

21. – ¿Qué carácter tuvo su obra política en Portugal y en el Brasil?

22. – ¿Qué fines tuvieron las Compañías de Pará *y* Pernambuco?

23. – ¿Qué intervención tuvo Pombal *en la disolución de la* Compañía de Jesús?

24. – ¿Qué objeto tuvo el llamado "Directorio dos Indios" *de* Pombal?

25. – ¿Qué objeto tuvo y cómo fracasó la romántica sublevación de Alvarenga, Maciel, José da Silva, *etc.?*

REFERENCIAS

Generales. – Las relacionadas en el Cap. V, de la Epoca
II. *Raynal.* L'Histoire des établissements et de Commerce des
Européens, etc. Ginebra, 1780. *C. M. Davies.* Hist. of Holland
& the Dutch. Londres, 1857. *J. L. Moltey.* The rise of the
Dutch Republic. London, 1864. *Id.* History of the United
Netherlands. Londres, 1860-67. *Ignacio de Costa Quintanella.*
Annaes da Marinha Portugueza. Lisboa, 1839. *Zimmerman.*
Die Kolonial Politik der Niederlander. Berlin, 1903. *P. Bon-
nassieux.* Les grandes Compagnies de Commerce. Paris, 1892.
Cambridge Modern History. Vol. III. Cap. VII *(Edmundson).*
Cap. XVI *(Hume).* Cap. XIX *(Edmundson).* Vol. IV. Cap.
XXIV *(Edmundson).* Cap. XXV *(Egerton).* Vol. V. Cap. I
(Grant). VII *(Edmundson).* XIV *(Atkinson).* XXII *(Benians).*
Vol. VI. Cap. IV *(Armstrong).* VI *(Benians).* XII *(Edmund-
son).* XXIII *(Smith),* etc., etc.

Especiales. – Las relacionadas en el Cap. V, de la Epoca
II. *Nieuhoff.* Voyage en Brazil, etc. *(Pinkerton.* Voyages. Vol.
XIV) London, 1808-14. *S. Da Rocha Pitta.* Hist. América Portugueza. Lisboa, 1730. *P. N. Netscher.* Les Hollandais au Bré-
sil. La Haya, 1853. *Varnhagem.* Hist. das luttas com. os Hollan-
dezes de Brazil. Lisboa, 1872. *Pinto Leal (Barbosa de).* Portu-
gal antigo é moderno. Lisboa, 1873-77. *V. Durand.* Le Janse-
nisme au XVIIIe siècle. Toulouse, 1907. *L. A. Rebello da Silva.*
Hist. de Portugal nos Seculos XVII y XVIII (Lisboa, 1860-1871).
Luzio d'Azevedo. Os Jesuitas no Grao Pará (Lisboa, 1901).
Frederick Koenig. Du Guay Trouin (Tours, 1876). *J. P. da Luz
Soriano.* Hist. do reino Dom José I (Lisboa, 1866). *B. Duhr,
S. J.* Pombal, sein Charakter u. seine Politik (Friburgo, 1891).
F. L. Gomez. Le Marquis de Pombal (Paris, 1869). *J. P. Oli-*

veira Martims. O Brazil e as Colonias Portuguezas. *Gottlieb von Murr.* Geschichte der Jesuiten in Portugal, etc. (Nuremberg, 1788), etc., etc.

Fuentes.—Rev. Trimestral do *Inst. Hist. é Geog. del Brazil* (1839-1911). Archivos *Torre de Tombo* (Lisboa), Bca. Nacional (Id.) Rev. Inst. *Arch. y Geog. Pernambuco,* etc. *Moreau.* L'Histoire de la dernière guerre faite au Bresil, entre les Portuguais et les Hollandais (Paris, 1651). *Menezes.* Portugal Restaurado. Lisboa, 1751-59. *Administration du Marquis de Pombal.* Amsterdam, 1787. *S. J. C. M. (Pombal).* Relaçao abreviada da República que os Religiosos Jesuitas das Provincias de Portugal e Hespanha, estabelecerao, nos dominios. ultramarinos, etc. (Paris, 1758). *Du Guay Trouin.* Mémoires (Amsterdam, 1748). *Nuno Marquez Pereira.* Compendio Narrativo do Peregrino da America (Lisboa, 1750). *Duarte de Albuquerque.* Memorias Diarias de la Guerra del Brazil (Madrid, 1654. Trad. Portuguesa. Río Janeiro, 1855). *Bernardo Pereira de Berredo.* Annaes Historicos do Maranhao, 1748. *José de Moraes, S.J.* Hist. da Extincta Provincia do Maranhao e Pará (Ed. Anotada *Cándido Mendes.* Río, 186). *Rafael de Jesus.* Castrioto Lusitano, ou historia da guerra entre ó Brazil e a Hollanda (Lisboa, 1679). *Souza.* Mem. Hist. do Rio Janeiro (Río, 1820, etc.). *Balthozar da Silva.* Annaes do Río de Janeiro, etc. (Rio, 1834-35). *Causa Jesuítica de Portugal,* etc. (Madrid, 1763). *Barao de Studdart.* Datas é factos, etc. (Río, 1886) etc., etc.

Bibliografías.—Las relacionadas en el Cap. V, de la Epoca II, en especial el *Catálogo da Exposiçao de Historia do Brazil. P. A. Tiele.* Mémoire bibliographique... navigateurs Neerlandais. Amsterdam, 1867. *G. M. Asher.* A bibliographical and historical essay ou the Dutch Books and pampleets, relating to the New. Netherland and the Dutch West India Company. Amsterdam, 1854-1857. *M. de Oliveira Lima.* Relaçao dos manuscriptos portuguezes é estrangeiros de interesse para ó Brazil existentes no Museo Britanico de Londres (Inst. Hist. é Geogr. Brazil. Río de Janeiro, 1903). *J. C. de Figaniere.* Bibliographia Historica Portugueza. Lisboa, 1850. *Cambridge Modern History.* Vol. III, pág. 798, 819, 845, etc. Vol. IV, pág. 940, etc. Vol. VI, pág. 874, 900, 935, etc. Vol. X, pág. 822, etc. Cat. Biblioteca *Museo Mitre.* 3.ª Sección, pág. 36 y sig., etc., etc.

TITULO III

Las Colonias Inglesas y Francesas.

CAPÍTULO PRIMERO

LAS PRIMERAS COLONIAS INGLESAS

1. Virginia.—2. La emigración Puritana.—3. Massachussets.—4. Nuevas Colonias.—5. Fundación de New-York.—6. Penn y sus colonias.—7. Maryland.—8. Las Carolinas.—9. Georgia.

Virginia.

1.—El fracaso de las expediciones de *Gilbert* y *Raleigh* (Véase Cap. I, Tít. III, Epoca II), no desanimó á los navegantes ingleses en sus proyectos colonizadores de las costas de Virginia.

Reinando *Jacobo I,* un canónigo de Westminster llamado *Ricardo Hackluyt,* fundó una asociación para promover nuevas expediciones, y el monarca inglés, teniendo en cuenta lo dilatado del territorio á colonizar, decidió dividirlo en dos grandes secciones, que puso á cargo de otras tantas *Compañías Comerciales.*

Concedió á la *Compañía de Londres,* de la que formaba parte *Hackluyt,* la costa comprendida entre los 34º y los 40º de latitud Norte, con el nombre de Virginia, y á la *Compañía de Plymouth* la parte denominada Nueva Inglaterra, entre los paralelos 40º y 46º. Un Consejo Supremo residente en Ingla-

Fig. 311.—Sello de la Compañia de Virginia.

terra y nombrado por la Corona debía dirigir estas colonias; otro residente en ellas tenia una jurisdicción subordinada, y, por fin, el Poder Ejecutivo se confió á un *Gobernador Real* debiendo el tesoro inglés percibir un quinto de los productos.

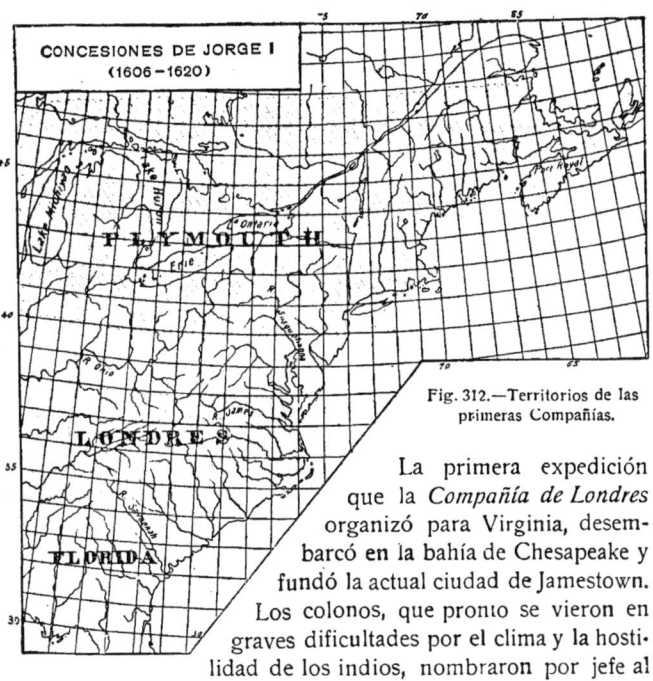

Fig. 312.—Territorios de las primeras Compañías.

La primera expedición que la *Compañía de Londres* organizó para Virginia, desembarcó en la bahía de Chesapeake y fundó la actual ciudad de Jamestown. Los colonos, que pronto se vieron en graves dificultades por el clima y la hostilidad de los indios, nombraron por jefe al intrépido capitán *Juan Smith*, quien con su valor y acertadas medidas salvó á sus compañeros.

Sucedióle en el gobierno *Lord Delaware*, que obtuvo para la Compañía importantes privilegios. El y su sucesor *Tomás Dale*, favorecieron el cultivo del tabaco y el algodón (1608-1615), fuentes de la prosperidad futura de estas colonias.

En Inglaterra, las leyes financieras eran privativas del Parlamento. Los colonos de Virginia, siguiendo esta práctica tradicional, crearon á su vez una Asamblea ó Congreso *(House of Burgesses)* y de acuerdo con la Compañía de Londres, asumieron el derecho exclusivo de discutir y aprobar en ella sus impuestos, iniciando así su futuro gobierno propio. Por este mismo tiempo (1619) empezaron algunos comerciantes Holandeses á introducir negros en Virginia, siendo este el origen de la esclavitud en la América del Norte (1).

La emigración Puritana.

2.—Las persecuciones religiosas del fanático é intolerante monarca *Jacobo I,* determinaron la emigración de los separatistas ó Puritanos no conformes con las creencias de la Iglesia Inglesa oficial.

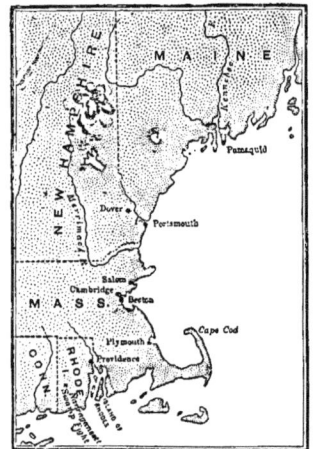

Fig. 313.
Las Colonias de la Nueva Inglaterra.

Se refugiaron primero estos disidentes en Holanda, donde fueron también perseguidos, y decidieron pasar á América y fundar una Colonia para ejercer libremente su culto.

Pidieron los peregrinos Puritanos *(Pilgrim Fathers)* una carta patente al Rey, quien se limitó á permitir que emigraran al Nuevo Mundo, negándoles toda concesión de territorio.

Hiciéronse á la vela (1620) en dos buques *("Speadwell"* y *"Mayflower"),* arribaron á la bahía de Massachusetts y después de explorar por varios días aquellas desoladas costas, desembarcaron (Diciembre, 21) en el lugar más aparente, que

---

(1) *R. A. Brock*, en *Winsor*. N. & C. H. of America. Vol. III, pág. 146 y sig. *Id. (Winsor)*. Vol. V, pág. 263 y sig. *Hildreth:* The Hist. of United States. Vol. I, pág. 126 y sig. II, pág. 173 y sig. G. *Bancroft:* Hist. United States (N. Y., 1883-85). Vol. I, pág. 133 y sig. Vol. II, pág. 22 y sig. *R. G. Twaites:* Epochs of American Hist. (The Colonies), pág. 38, 103, 192, 238 y sig. y sus referencias bibliográficas.

llamaron *Nueva Plymouth* en recuerdo del puerto inglés de que habían partido.

Indecibles fueron los sufrimientos de los colonos en el primer invierno que pasaron en América. No obstante la energía y cuidados de sus jefes *Brewster* y *Miles Standish*, perecieron más de la mitad de ellos. Las tribus indias no les fueron, sin embargo, muy hostiles y consiguieron celebrar un tratado de paz con las más poderosas. Ayudados por sus aliados indígenas empezaron á cultivar la tierra, obteniendo á poco cosechas amplias (1622), sin preocuparse de buscar oro como los primeros colonos de Virginia. El establecimiento Puritano de Plymouth fué progresando pacíficamente (1625-1690).

Fig. 314.
Primeras Colonias Inglesas en Virginia.

Se constituyó tambien en él una Asamblea *(Town-Meeting)* para discutir y resolver las cuestiones administrativas (1).

3.— Los *Puritanos* Ingleses, animados por las noticias de sus correligionarios de Nueva Plymouth, y temerosos de la persecución de *Carlos I* y del Parlamento, formaron una nueva Compañía Colonizadora *(Massachusetts Bay Company)* que compró á la de Plymouth parte de sus territorios. En 1630, una lucida expedición de Puritanos, acaudillados por el célebre *John Winthrop,* atravesó el Océano y desembarcó en Norte América. Fundaron estos expedicionarios en el lugar de su desembarco el Pueblo de Boston.

Massachussets.

(1) *Hildreth:* op. cit. I, pág. 90, 153, 174 y sig. G. *Bancroft:* op. cit. I, pág. 177, 194, 206, 244 y sig. *Winsor:* op. cit. Vol. III, pág. 264 y sig. *(Dexter)*, pág. 279 y sig. *(Dexter)*, pág. 295 y sig. *(Deane)*, etc. *Bryant & Gay:* Popular Hist. U. S. (Ch. S., 1876-81). Vol. I, pág. 262, 370, 386, etc. *Doyle:* The English in America (London, 1882-87). Puritan Colonies. Vol. I, pág. 72 y sig. *Twaites:* op. cit. (The Colonies), pág. 112 y sig., etc. y sus referencias bibliográficas.

Fueron eficazmente ayudados por los ruritanos de Plymouth, establecieron como ellos sus *Asambleas Municipales* en las que sólo los miembros de la Iglesia Puritana tenían derecho á votar y se preocuparon acertadamente de la educación primaria.

Fig. 315 —Las Carolinas y Georgia.

En 1636, fundaron el Colegio de Harvard, hoy célebre Universidad de los Estados Unidos. La intolerancia Puritana manchó con la encarnizada persecución á los Cuáqueros y al humanitario propagandista *Roger Williams,* la obra civilizadora de los colonos de Massachussets y Plymouth. En 1675, sostuvieron una terrible guerra con las tribus indígenas confederadas bajo el cruel y astuto guerrero llamado *"King Philip".* Vencido, sin embargo, y muerto (1678) este jefe indigena, gozaron por muchos años de paz y tranquilidad las colonias Puritanas de la Nueva Inglaterra (1).

Fig. 316.—Nueva Amsterdam ó Nueva York en 1673.

Nuevas Colonias.

4. – La primera colonia del actual estado de *Maine* se estableció en 1625. Los primeros establecimientos del de *New*

(1) *Doyle:* op. cit. Vol. I, pág. 74, 81 y sig. *Gay & Bryant:* op. cit. Vol. I, pág. 410, 533, etc. *Bancroft:* op. cit. Vol. I, pág. 215, 237 y sig. *Hildreth:* op. cit. Vol. I, pág. 176 y sig. *J. Stetson Barry:* Hist. of Massachussets, 1492-1820 (Boston, 1855-57). Vol. I, pág. 149, 174, etc. y sus referencias bibliográficas. Vse. también *Winsor:* N. & C. H. of America. Vol. III, pág. 340 y sig., etc.

Hampshire, se fundaron en Dover (1623-1627) y en Portsmouth (1631). Los colonos de Massachussets compraron á *Sir Ferdinando Gorges,* concesionario de los territorios del

Maine, sus derechos y patente y el monarca inglés ordenó que se hiciese una *"Provincia Real"* de ellos, y otra, de los de New Hampshire.

Roger Williams, deportado por los rígidos é intolerantes Puritanos de Massachussets, logró la amistad de los Indios de las inmediaciones del *Rhode Island* y fundó allí una nueva colonia, cuyo primer pueblo se llamó *"Providence"* (1636). *Williams,* en contra de las ideas puritanas, proclamó la libertad religiosa en su colonia.

Fig. 317.—Las trece colonias Inglesas (sigio XVII).

Los colonos de Massachussets y de Plymouth establecieron tambien colonias á lo largo del río Connecticut, fundando las ciudades de Hartford (1636), New Haven, etc. La vida de to-

das estas colonias se deslizó pacíficamente. En 1700, se fundó en la de Connecticut un pequeño colegio, principio de la
hoy famosa *Universidad de Yale* (1).

Fig. 318.—john Winthrop (1587-1649).

5.—El territorio comprendido entre Virginia y la Nueva
Inglaterra había sido ocupado
por los Holandeses, que fundaron establecimientos propios.
El capitán inglés *Hudson,* al
servicio de la Compañía Holandesa de la India Oriental
(East India Company), tratando
de descubrir un paso para los
mares de la India por el Norte
de América, reconoció el territorio regado por el río que lleva
su nombre, y más tarde, el dilatado golfo que conserva aún
el nombre de había de Hudson (1609).

El gobierno Holandés dió á una compañía mercantil el privilegio exclusivo de comerciar con aquella región *(Dutch West
India Company).* Los agentes
de esta compañía fundaron el
fuerte de Amsterdam en la embocadura del río Hudson; el
fuerte de Orange, en su región
superior; el fuerte Buena Esperanza, sobre el Connecticut, y

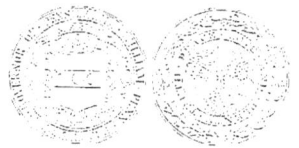

Fig. 319.—Sello de Pensylvania.

el fuerte Nassau, sobre el Delaware (1647-1664). Aquellas colonias tomaron el nombre de New-Netherlands *(Nuevos Países*

---

(1) *Doyle:* op. cit. Vol. I, pág. 113, 181 y sig. *Bancroft:* op. cit. Vol. I, pág.
249 y sig. 362 y sig., etc. *Barry:* op. cit. Vol. I. pág. 235 y sig., 317 y sig., etc.
Bryant: op. cit. Vol. I, pág. 533 y sig. Vol. II, pág. 38 y sig., 108 y sig., etc.
Hildreth: op. cit. Vol. I, pág. 221 y sig. y sus referencias bibliográficas. Vse. *Winsor:* N. & C. H. of A. Vol. III, pág. 368 y sig.

Bajos). Nueva Amsterdam adquirió en pocos años un rápido incremento.

Carlos II reivindicó sus derechos á estos territorios, cediendo al efecto su gobierno á su hermano el *Duque de York*

En Agosto del 1664, un cuerpo considerable de tropas inglesas desembarcó de improviso cerca de Nueva Amsterdam y obligó al gobernador Holandés á capitular, con la condición de que sus gobernados gozarían los derechos de los ciudadanos ingleses.

Nueva Amsterdam recibió el nombre de *Nueva York*, y la Colonia de *Hudson* el de Albany, título del hermano del rey. El territorio del Sur fué designado con el nombre de *Nueva Jersey*, y pasó años más tarde á formar una Colonia separada y dependiente

Fig. 320. – Retrato y firma de William Penn.

de la autoridad real (1738). El territorio de *Delaware* fué colonizado primero por los Suecos y después por los Ingleses.

6. — En 1681, el célebre *William Penn*, hijo del almirante *Penn*, preferido de *Carlos II*, obtuvo de dicho monarca una extensa faja de territorio situada al oeste del río Delaware. *Carlos II* debía una fuerte suma al Almirante *Penn*, y cedió, por tanto, con gusto á su hijo *Guillermo* el territorio Americano que solicitaba. *William Penn*, de brillantes condiciones intelectuales y morales, se afilió ardorosamente á la

Penn y sus colonias.

secta de los Cuáqueros que, al lado de prácticas y creencias ridículas, profesaban doctrinas tolerantes y humanitarias.

Fig. 321.—John Smith (1580-1631).

Acompañado de buen número de sus fanáticos secuaces, decidió *William Penn* poblar el territorio que el rey le había concedido, y al que dió el nombre de Pensylvania. Llegaron los Cuáqueros al Nuevo Mundo en 1682, y fundaron la villa de Philadelfia *(Amor fraternal)*. Obtuvo además *Penn*, del *Duque de York*, el territorio del Delaware donde fundó varias ciudades. En sus relaciones con los Indios, *Penn* y sus correligionarios, desplegaron un espíritu de moderación que los historiadores han apreciado altamente. *Philadelphia* creció con rapidez, se estableció en ella rudimentaria imprenta, y se publicó el primer periódico de las Colonias Inglesas. Gozó la ciudad de *Penn* de amplias libertades religiosas y bien pronto acudió á ella numerosa inmigración (1).

Fig. 322. — Los Peregrinos Puritanos.

Maryland.

7. — La colonia de *Maryland* es una especie de eslabón entre las

del Norte y las del Sur. Su fundación fué promovida por el valeroso y prudente *Lord Baltimore* y se debió á la persecución sufrida por los católicos en Inglaterra en el reinado de *Jacobo I*. *Lord Baltimore* pidió al rey una parte de territorio que sirviera de refugio á los católicos, como los de Plymouth y Massachussets habían servido á los Puritanos. Obtenida la concesión, decidió el ilustre caudillo católico fundar su colonia sobre las orillas del Potomac á lo largo de la bahía de Chesapeake, país codiciado por los Holandeses y los Suecos, que aun estando comprendido en la concesión de Virginia, había vuelto á la corona. En honor de la Reina *Enriqueta María,* este territorio se llamó *Maryland. Lord Baltimore,* murió á poco de obtener la concesión del rey, pero su hijo *Cecilio Calvert,* segundo *Lord Baltimore,* realizó los proyectos colonizadores de su padre y fundó la primera villa del actual estado de Maryland *(Saint Mary,* 1634).

Fig. 323.

Cecilio Calvert, segundo Lord Baltimore.

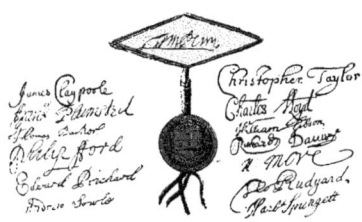

Fig. 324.—Carta Fundamental de Pensylvania.

El segundo *Lord Baltimore,* católico como su padre, y de espíritu liberal y amplio, proclamó la libertad religiosa en la Colonia. A ella acudieron miembros de toda clase de creencias. Los Puritanos mismos, descontentos de sus establecimientos de Plymouth pasaron á Maryland y fundaron la ciudad de 'Annapolis.

El cultivo del tabaco fué la principal riqueza y ocupación de los colonos de Maryland. La Colonia de *Lord Baltimore* progresó rápidamente. En 1692, fué declarada Provincia Real y se estableció en ella la Iglesia Inglesa Oficial (1).

Las Carolínas.
8. — Poco después de la restauración de la monarquía inglesa

Fig. 325.—Los principios de Nueva York.

con *Carlos II,* ocho señores pidieron á dicho monarca cierta extensión de tierras en las partes incultas de América. Entre estos aristócratas se encontraban los *Duques de Albermale* y *Clarendon.*

Carlos II accedió á esta petición y con tal motivo se erigió al Sur de Chesapeake la nueva colonia de la Carolina que abarcaba desde Albermale Sound hasta el río San Juan. Como al principio fué difícil poblar esta nueva Colonia, se admitieron en ella á los habitantes de las Islas Barbadas y de Bahama y se introdujeron además negros africanos que fueron en breve superiores en número á los colonos blancos.

Por la gran extensión de la colonia, se formaron en ella dos gobiernos (1729-31), naciendo de aquí las denominaciones de *Carolina del Norte* y *Carolina del Sur.* La ciudad de *Charleston* fué fundada en 1680 (2).

Georgia.
9. — La última Colonia inglesa que se estableció en la América del Norte, fué la de *Georgia,* en la región que se exten-

(1) *Brantly,* en *Winsor:* op. cit. Vol. III, pág. 517 y sig. *Lodge:* op. cit., pág. 95 y sig. *Bancroft:* op. cit., pág. 154 y sig. *Hildreth:* op. cit. Vol. I, pág. 204, 358, 564 y sig. Vol. II, pág. 89 y sig., etc. y sus referencias, en especial *Winsor:* N. & C. H. of A. Vol. III, pág. 583 y sig., etc.

(2) *Wm. J. Rivers,* en *Winsor:* América. Vol. V, pág. 285 y sig. *Gay & Bryant:* op. cit. Vol. II, pág. 268 y sig. *Bancroft:* op. cit. Vol. I, pág. 405 y sig. II, pág. 9 y sig. Vse. las referencias bibliográficas. *Winsor:* N. & C. H. of A. Vol. V, pág. 290 y sig., etc.

día al Sur del Río Savanah. Debióse el progreso de esta colonia, á las benéficas ideas de *Jaime Oglethorpe,* que trató de proporcionar asilo á los perseguidos por deudas *("poor debtors„)* y aliviar la situación de los menesterosos Ingleses que quisieran vivir sobria é industriosamente en América.

Apoyado por el Parlamento, y por las dádivas de los nobles pudo llevar á cabo su empresa. Se le concedió también la mencionada región, que de antemano se llamó Georgia en honor del Rey *Jorge I,* con la idea de establecer un antemural contra los avances de los españoles de la Florida.

Fig. 326.
James Oglethorpe.

La primera expedición á *Georgia* partió en 1732 y fué seguida de otras. Fundóse la ciudad de *Savanah,* cultivaron los colonos la vid y la seda y llegaron á constituir un estado importante y próspero (1732-1760).

Oglethorpe, tenía, por su carta patente, el derecho de dictar por veinte y dos años las leyes de su filantrópica Colonia. Pronto, sin embargo, los pobladores se opusieron á su gobierno protestando de la prohibición de fabricar y vender bebidas alcohólicas *(rhum),* y de la de introducir esclavos negros.

Oglethorpe cedió á las pretensiones de los colonos, pero á pesar de ello, años más tarde (1753) sus establecimientos fueron *Provincias Reales,* y se gobernaron por mandatarios designados directamente por los monarcas (1752-1760) (1).

(1) *Jones,* en *Winsor:* op. cit. Vol. V, pág. 392 y sig. *Lodge:* op. cit., pág. 186 y sig. *Gay & Bryant:* op. cit. Vol. III, pág. 140 y sig. *Bancroft:* op. cit. Vol. II, pág. 281 y sig. *Hildreth:* op. cit. Vol. II, pág. 362 y sig. y sus referencias bibliográficas, en especial las relacionadas en *Winsor:* op. cit. Vol. V *(Jones),* pág. 392 y sig.

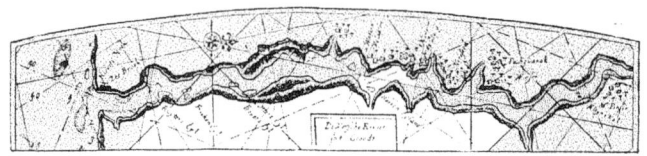

CUESTIONARIO

1. ¿Qué territorios concedió Jacobo I á las Compañías de
    Londres y Plymouth?
2. — ¿Cómo empezó á desarrollarse la colonia de Virginia?
3. — ¿Cuál fué el primer ensayo en América del Norte de go-
    bierno propio?
4. — ¿Cómo se introdujo la esclavitud negra en Norte América?
5. — ¿Á qué se debió la fundación de las colonias de la Nueva
    Inglaterra?
6. — ¿Cuál fué la primera ciudad fundada por los Peregrinos
    Puritanos?
7. — ¿Quiénes fueron los fundadores de Boston?
8. — ¿Qué importancia tuvo la guerra del llamado "King Phi-
    llip„?
9. — ¿Qué dificultades ocasionó en estas colonias la intoleran-
    cia religiosa?
10. — ¿Quién fundó la ciudad de Providence, y la colonia de
    Rhode Island?
11. — ¿Cuál fué el principio de la actual Universidad de Yale?
12. — ¿Qué territorios exploró en Norte América la Dutch West
    India Company?
13. — ¿Qué ciudades fundaron los Holandeses en ellos?
14. — Cómo se formaron las colonias inglesas de Nueva Jersey
    y Delaware?
15. — ¿Quién fué el fundador de Philadelphia, y de la colonia
    de Pennsylvania?

16. – ¿Cómo se comportaron los Cuáqueros *con los Indios?*
17. – ¿Dónde se publicó el primer periódico de las colonias Inglesas?
18. – ¿Á qué se debió la fundación de la colonia de Maryland?
19. – ¿Cómo gobernó el 2.º Lord Baltimore *la colonia concedida á su padre por el Rey de Inglaterra?*
20. – ¿Cuál fué la principal riqueza de Maryland?
21. – ¿Cómo se fundaron las primeras colonias de las Carolinas?
22. – ¿Cómo se dividieron y cuál fué su principal ciudad?
23. – ¿Qué motivos impulsaron á Oglethorpe *á fundar la colonia de* Georgia?
24. – ¿Qué prohibiciones dificultaron su gobierno?
25. – ¿Cuántas y cuáles fueron las colonias Inglesas establecidas hasta el año 1750?

REFERENCIAS

Vse. *Channing* & *Hart*. Guide to the Study of American History, pág. 251 á 253 (Virginia), 253 á 255 (Maryland), 255 á 257 (Carolinas y Georgia), 258 á 260 (New-York y New-Jersey), 261 á 263 (Pennsylvania y Delaware), 264 á 280 (Nueva Inglaterra, Puritanos, Plymouth, Massachussets, etc.). *Winsor*. Narrative & Critic Hist. of America. Vol. III, pág. 153 y sig., 244 y sig., 283 y sig., 340 y sig., 411 y sig., 449 y sig., 495 y sig., 553 y sig. Vol. IV, pág. 409 y sig., 488 y sig. Vol. V, pág. 156 y sig., 231 y sig., 335 y sig.. 392 y sig. *Epochs of American History (Twaites*. New-York, 1906). The Colonies, 1492-1750, pág. 20, 45, 64, 96, 112, 154, 178, 195, 218, 233, 258, etc. *Larned*. Literature of American History, part. III, div. I, pág. 69 y sig., etc., etc.

CAPÍTULO II

EL DOMINIO DEL CONTINENTE (1604-1770)

Samuel Champlain.

1.—La política comercial del monarca francés, *Enrique IV* (1589-1610), fué más progresiva que la de su antecesor. Las expediciones colonizadoras iniciadas por *Cartier* en los grandes ríos del Canadá (Vse. Epoca II. Tít. I. Cap. III), recibieron eficaz impulso. En el año 1600, *Chauvin y Pontgravé,* comerciantes de St. Malo, obtuvieron el monopolio del comercio de pieles en las nuevas tierras. Hicieron dos viajes lucrativos aunque no lograron fundar establecimiento alguno. En 1603, obtuvo el calvinista *de Montts* el Virreinato de la tierra llamada *Acadia* (Nueva Escocia). Se estableció en Port Royal, pero su colonia no prosperó y fué abandonada á los pocos años de establecida (1607).

Fig. 327.—Retrato y firma de Samuel de Champlain.

En 1608, el bravo y prudente soldado *Samuel de Champlain,* que había acompañado á *Pontgravé* y á *de Montts* en sus fracasadas tentativas, exploró el Río San Lorenzo y estableció, en el promontorio de Quebec, la primera colonia Francesa permanente del Nuevo Mundo. Siguió *Champlain* explorando el país que llamó *Nueva Francia,* cimentó á Montreal y llegó hasta el Lago Huron (1615) por el Río Otawa.

Desgraciadamente, para *Champlain,* las aguerridas tribus *Iroquesas* detuvieron su avance hacia el Sur. De no haberle detenido esta temible barrera indígena, los franceses hubieran

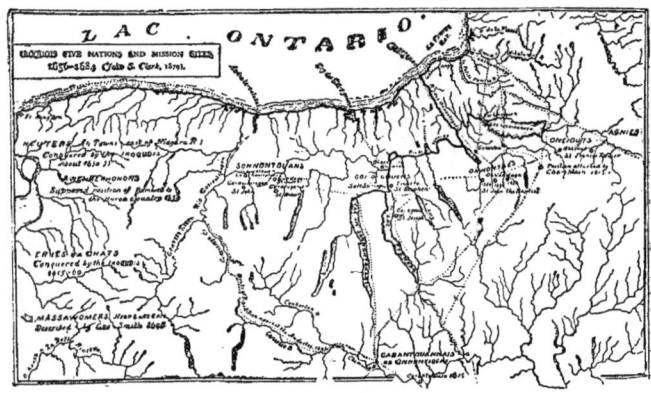

Fig. 328.—Misiones Jesuíticas en el país de los Iroqueses (siglo XVII).

precedido á los ingleses en la colonización de las llanuras Atlánticas (1).

2. — *Champlain* fué católico ferviente. La conversión de los **Los Jesuítas.** Indígenas fué aspiración predominante de su noble espíritu. La Francia de la época tomó también á pechos la conversión del Canadá. Los misioneros acudieron en tropel á la nueva colonia y llevaron, al par de los desenfadados y revoltosos mercaderes de pieles *(coureurs de bois),* el nombre Francés hasta las más apartadas y feroces tribus indígenas. Cuatro misioneros Franciscanos iniciaron la evangelización de las

(1) Ed. *F. Slafter,* en *Winsor.* op. cit. Vol. IV, pág. 103 y sig. (Ref.: pág. 130 y sig.). *Gay & Bryant:* op. cit. Vol. I. pág. 312 y sig. *Bancroft:* op. cit. Vol. I, pág. 18 y sig. *Hildreth:* op. cit. Vol. I, pág. 91 y sig. y en especial *Parkman:* The Pioneers of France in the New Worol (Boston, 1906), pág. 183 á 446 y sus referencias. El admirable caudillo *Champlain* murió en Quebec en Dic. 25, 1635.

nuevas tierras, y acompañaron á *Champlain* en sus descubrí-
mientos. Siguiéronles los *Jesuítas* con heróico entusiasmo en
sus empresas apostólicas. La crónica de sus misiones y traba-

jos es inmortal poema de amor,
constancia y martirios. Fueron los
que verdaderamente abrieron á la
civilización *(pioneers)* las regiones
Septentrionales de la América del
Norte. Los nombres de *Le Jeune,
Jacques, Brebeuf, Lallemant,* etc.,
brillan con sin ıgual fulgor en las
páginas de la Historia Americana.
Sus caminos fueron de espinas y
de sangre, y su obra, gloriosa y
estupenda. Recorrie-
ron los ateridos bos-
ques de la Acadia, do-
meñando las disper-

Fig. 329.—Soldados ingleses
(siglo xvııı).

sas hordas *Algonquinas,* exploraron el Otawa en
rudas .canoas, misionaron á los terribles *Hurones*
(1634-1652), trazaron el San Lorenzo hasta sus
fuentes, edificaron capillas en St. Mary, Michilli-
mackinac, y hasta en las aterradoras soledades del
Lago Superior, fundaron en Quebec y Montreal,
colegios, seminarios, hospitales y conventos, deva-
nearon con increíbles fatigas por las riberas del
Otawa y penetraron inermes en las aldeas *Iroquesas,* para sufrir en ellas tormentos dislacerantes.
El monarca Francés no pudo tener mejores auxiliares para realizar sus proyectos de dominación en Norte-
América (1).

Fig. 330.
Soldado francés
(siglo xvııı)

---

(1) *Smith,* en *Winsor:* op. cit. Vol. IV, pág. 135 y sig. (Refcias., pág. 149 y sig.)
John Gilmary Shea, en *Winsor:* op. cit. Vol. IV, pág. 263 y sig. (Referencias. pág.
290 y sig.) *Charlevoix:* Histoire Générale de la Nouvelle France, etc. (Trad. *Shea.*
New York, 1866-72). Vol. I, pág. 175 y sig. y sus notas, y en especial el precioso
libro de *Parkman;* The jesuits in North America, etc. (Boston, 1905), pág. 1 á 450, con
sus notas y referencias. Comp. *Bancroft:* op. cit. Vol. II, pág. 115 y sig., etc.

3. — El caudaloso Río San Lorenzo, y los grandes lagos Norte Americanos, marcaron á los exploradores Franceses el camino para llegar hasta el interior del Continente. *Jean Nicolet,* enviado por *Champlain,* penetró (1654) hasta los actuales territorios de Wisconsin é Illinois. Años más tarde (1641) los misioneros Jesuitas lograron celebrar el Santo Sacrificio en Sault Sainte-Marie. En 1658, los mercaderes de pieles, *Radisson* y *Groseillers,* llegaron hasta las riberas del Lago Superior, edificando en ellas *(Chequamegon · Bay)* una pequeña

Fig. 331. —El explorador La Salle.

fortaleza. Impresionados por la facilidad de obtener pieles en la región de la Bahía de Hudson, y como el gobierno Francés no les ayudara á explotarla, acudieron al de Inglaterra, donde se organizó la Compañía de la Bahía de Hudson *(Hudson Bay Company),* presidida por el *Príncipe Rupert* (Mayo, 1676) primo del rey *Carlos II.* Concedióse á esta corporación el privilegio exclusivo de comerciar y explotar los mares, bahías, tierras, etc., adyacentes á los estrechos de Hudson, "no poseídos de antemano por algún otro monarca cristiano ó estado Europeo".

Fig. 332.
El heroico mártir jesuita P. Le Jeune.

En 1673, los Jesuítas *Allouez* y *Marquette* y un mercader de pieles llamado *Jolliet,* exploraron el río Mississipí hasta las cercanías del actual Estado de Tennessee. El brillante y desgraciado *La Salle* continuó esta empresa descubridora (1679-1685), y añadió á las pose-

siones Francesas los hermosos valles del inmenso río descubierto por *Hernando de Soto* (Epoca III, Tít. I, Cap. III) cuyo
curso siguió hasta el golfo de Méjico. Dió á estas regiones el
nombre de *Louisiana* en honor de *Luis XIV*, entonces rey de
Francia. El infatigable *La Salle*, fué asesinado por sus propios

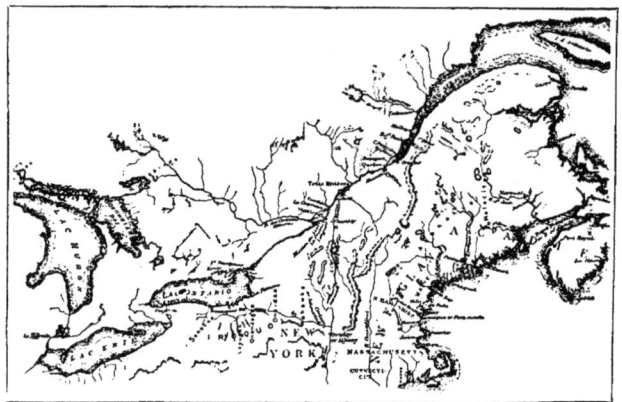

Fig. 333.—Canadá en el siglo XVII.

compañeros después de su desastrosa expedición á Texas
(Marzo, 1687). Los grandes lagos Norte Americanos fueron
descubriéndose sucesivamente. El *Huron* fué el primero conocido, después el *Ontario* y el *Superior* y, por último, el *Mi-
chigan* y el *Erié* (1699). El sitio de *Détroit*, colonizado en 1701,
se consideró como la posición estratégica más importante de
los territorios occidentales de la Nueva Francia (1).

---

(1) *Slafter*, en *Winsor*: op. cit. Vol. IV, pág. 103 y sig. *Neill*, en *íd. íd*. Vol:
IV, pág. 163 y sig. (Refcias., pág. 196 y sig.) *Ellis*, en *íd. íd*. Vol. VIII, pág. 2 y
sig. (Hudson Bay Cº.) *Mc Farland Davis*, en *íd. íd*. Vol. V, pág. 1 y sig. (Refcias.
pág. 63 y sig.) *Gay & Bryant*: op. cit. Vol. I, pág. 312 y sig. II, pág. 49) y sig.,
etc. *Bancroft*: United States. Vol. II, pág. 149 y sig. Vol. III, pág. 316 y sig.,
etc. *Hildreth*: op. cit. Vol. II, pág. 97 y sig. y en especial el admirable resumen de
Parkman: La Salle and the discovery of the Great West (Boston, 1907), pág. 2 á 438
y sus notas y referencias.

4. – La colonización Francesa fué irregular y efímera. El Carácter de la rigor de los inviernos Canadienses y la hostilidad continua de colonización los *Iroqueses,* hizo difícil la vida de los colonos. El régimen Francesa. restrictivo de la corona y los monopolios obstaculizaron sus progresos.

El comercio de pieles fué privilegio de unos pocos y el peligroso tráfico de los antiguos *"coureurs de bois",* perseguido como ilegal y fraudulento. El país se gobernó por el rey

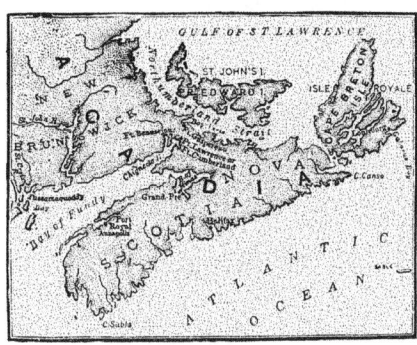

Fig. 334. – Mapa de la Acadia.

como una provincia de Francia. Estaba dividido en *distritos judiciales* de límites indefinidos, en *señorios* ó *estados* en los que el *Señor* concesionario parcelaba la tierra arrendán-

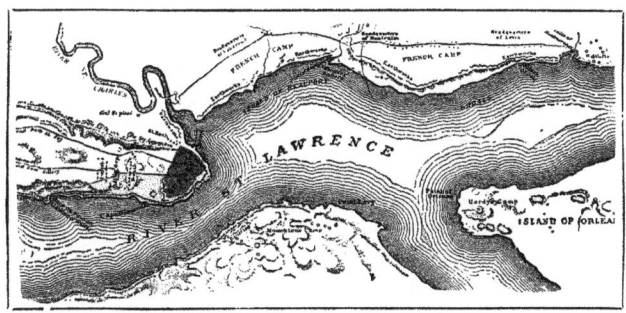

Fig. 335. – El sitio de Quebec (Parkman).

dola feudalmente á sus vasallos ó habitantes, y en *parroquias* de las que el *cura* y el *capitán de milicias* eran autoridades únicas y absolutas.

En 1672, el Gobernador *Frontenac* trató de establecer en el Canadá una *Asamblea* ó *Congreso*, semejante al de las colonias Puritanas del Atlántico, pero el ministro, *Colbert,* se opuso terminantemente á ello y negó todo derecho político á los pobladores de la Nueva Francia.

Por otra parte, el paternalismo absolutista de *Luis XIV* tuvo

en las colonias alternativas dañosísimas. Fué, unas veces extravagante y ardoroso, y otras, precario ó indiferente. No hubo en las colonias Francesas nada firme y constituido como en las Españolas: todo tuvo un carácter caprichoso y oportunista.

Inútiles fueron las iniciativas de los pobladores y los esfuerzos de gobernadores hábiles y enérgicos, como *Frontenac* (1672-1682 y 1689-1698) y *De Nouville* (1685-1689), para consolidar el dominio Francés en América. Paralizaron su obra la corrupción oficial y los monopolios concedidos pródiga é irreflexivamente á los favoritos del Monarca. A fines

Fig. 336.—„Coureur des Bois".
(Estampa del siglo XVII).

del siglo XVII, mientras la población de las colonias Británicas de Nueva Inglaterra y Nueva York (1690) excedía de 100.000 almas, la Nueva Francia apenas contaba 12.000 colonos inestables y dispersos (1).

(1) *Stewart,* en *Winsor:* op. cit. Vol. IV, pág. 317 y sig. (Refcias., pág. 356 y sig. Cartografía, pág. 377 y sig.) *Twaites:* Epochs of American History. The Colonies, pág. 249 y sig. y en especial *Parkman:* Count Frontenac and New France under Louis XIV (Boston, 1903), pág. 1 á 438. *Id.* The Old Regime in Canada (Boston, 1903), pág. 1 á 442, con sus notas y referencias.

5. — Las colonias Inglesas miraron siempre con recelo los
avances de sus vecinos del Canadá y la Acadia. Las contínuas
guerras Europeas entre Inglaterra y Francia, aumentaron la

profunda antipatía de sus respectivas colonias de América del Norte,
apresurando el luctuoso choque
que había de decidir el dominio
del Continente. En 1689, los *Iroqueses* atacaron la aldea Francesa
de *La Chine,* pasando á cuchillo
á todos sus habitantes. En repre-
salia, los colonos Franceses, aliados con las tribus *Illinois,* destruyeron sanguinariamente el fuerte
Schenectady (1670) y atacaron el

Fig. 337. — El General Montcalm. de *Deerfield* en Massachussets.

En 1745, los Ingleses se apodera-
ron de *Louisburg,* que hubieron de devolver al poco tiempo.
En 1748, la *Compañía del* Ohio, que había obtenido territorios en la margen Sudeste de dicho
río, despreciando las reclamaciones
Francesas, empezó á construir un
fuerte en la confluencia de los ríos
Monongahela y Alleghany. Los franceses se apoderaron de él terminando su edificación *(Fort Duquesne).*

Aliados los de Nueva Inglaterra
con los temibles *Iroqueses* y auxiliados por tropas regulares mandadas
por el General *Braddock,* enviado
por la metrópoli, atacaron el fuerte
del Ohio, siendo rechazados por sus
defensores con grandes pérdidas. El
General Braddock cayó mortalmente

Fig. 338.—Wolfe Cove.

herido, salvándose su destrozado ejército, gracias á la pericia
y serena energía del joven Virginiano *Jorge Washington,* que

tan brillante papel estaba llamado á desempeñar más tarde en la historia de su patria (1755).

Los Ingleses fueron más felices en su expedición de esta misma fecha contra los establecimientos Franceses de la Acadia *(Nueva Escocia)*. Desde su fuerte posición de Halifax, sorprendieron indefensos á los colonos, expulsándolos con sus

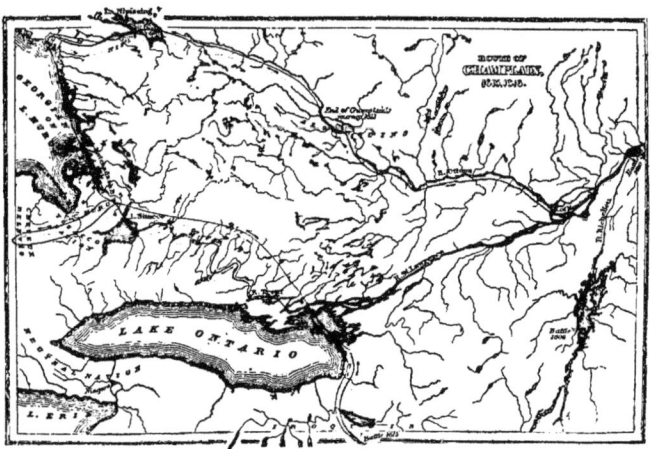

Fig. 339.—Rutas exploradoras de Champlain.

mujeres é hijos de sus hogares y embarcándolos en dolorosa confusión y gran número (6.000) con rumbo á Filadelfia y otras colonias (1).

Wolfe y Montcalm. 6. – La contienda entre las colonias Inglesas y Francesas de la América del Norte fué capital episodio de la sangrienta

(1) La expulsión de los Franceses de la Acadia y la tradición de la joven que, separada de su prometido, vagó muchos años en su busca, proporcionaron al poeta *Longfellow* el asunto de su célebre poema *«Evangelina»*. Véase sobre estas primeras luchas de las colonias Inglesas y Francesas á *Smith*, en *Winsor*. op. cit. Vol. V, pág. 418 y sig. *Winsor*, en *íd. íd.* Vol. V, pág. 483 y sig. (Refcias. pág. 418 y sig., 560 y sig.) y en especial á *Parkman*: A Half Century Conflict (Boston, 1903). Vol. I. Cap. I á XIV, pág. 1 á 315. Vol. II. Cap. XV á XXIV, pág. 1 á 360, con sus notas y referencias, etc.

guerra Europea *de los siete años* (1756-1763). El célebre ministro Inglés *William Pitt,* comprendió la necesidad de aniquilar definitivamente á la Francia en el Canadá y tomó al efecto medidas enérgicas. Con las tropas regulares y las milicias se formó en las colonias Inglesas un ejército poderoso y bien municionado, que emprendió activa campaña contra las posiciones Francesas. Con tales

refuerzos, pudo capturar el general *Amherst* la plaza de *Louisburg* (Julio, 1758) y aunque *Lord Abercrombie* fué desastrosamente vencido en el asalto á *Ticonderoga* (Lake George) por el bravo general francés *Marqués de Montcalm,* que mandaba las fuerzas Canadienses, los ingleses, al año siguiente (1759) rindieron el Fuerte Niágara *(Johnson),* recobraron el de Ticonderoga *(Armherst)* se apoderaron de Crown Point y obligaron á *Montcalm,* á retirarse hacia *Quebec* con sus 14.000 canadienses.

Fig. 340.—El General *James Wolfe.* (Gainsborough).

Quebec era el Gibraltar de Norte América. Edificado en escarpado promontorio, poderosamente protegido por fuertes baterías, aislado por los ríos San Lorenzo y San Carlos, defendido por 2.000 hombres de guarnición y por el ejército de *Montcalm,* parecía su rendición obra sobrehumana. No se arredró, sin embargo, el joven y heróico general Inglés *James Wolfe* ante las dificultades de esta empresa. Ocupó, con 9.000 hombres, la Isla de Orleans é inició el ataque á la plaza fuerte Francesa (Junio, 30).

Wolfe era de constitución débil y enfermiza. Nada demostraba en su aspecto exterior la serena é inquebrantable fortaleza de su privilegiado espíritu. Después de un inutil bombardeo desde la margen derecha del San Lorenzo *(Pont Levi)* asaltó á la desesperada los atrincheramientos de *Montcalm,* al pie de la ciudad *(Beauport),* siendo rechazado con dolorosas pérdidas. Lo infructuoso de estas tentativas y el inútil sacrificio de sus bravos,

Fig. 341.—Muerte del general Wolfe.

le convencieron de que el único medio de sorprender al enemigo y apoderarse de Quebec, era escalar desde el río sus escarpadas defensas.

Dividió su ejército en dos cuerpos, envió uno de ellos á la descubierta para distraer las fuerzas de *Montcaim,* y con el otro se embarcó sigilosamente en la noche del 12 de Septiembre, dejándose llevar hacia Quebec por la corriente del San Lorenzo (1). Tres horas antes de amanecer, lograron los asaltantes, con titánica energía, trepar sin ser sentidos por los costados de agreste barranco *(Wolfe Cove),* sorprendieron á los centinelas franceses que defendían su cima, y al rayar el alba,

(1) Según fidedigno relato de un Guardia Marina *(John Robison)* que iba al lado del *General Wolfe* en una de las barcas, el brillante jefe Inglés, como si preveyera su gloriosa muerte, recitaba con voz gentil y serena á sus oficiales en aquella romántica noche la hermosa y conmovedora elegía del poeta *Thomas Gray* (Elegy in á Country Churchyard)...

   ... «The boast of heraldry, the pomp of power»
   « And all that beauty, all that wealth ever gave»
   « Await alike the inevitable hour»
   The paths of glory lead but to the grave...

Vse. *Parkman*: Montcalm and Wolfe (Boston, 1907). Vol. II, pág. 285. La elegía de *Gray* puede leerse íntegra en *Chambers Cyclopedia of English Literature*: Vol. II, pág. 365 y sig.

los atónitos defensores de Quebec divisaron en la *altiplanicie de Abraham,* que dominaba la ciudad, 4.500 soldados ingleses. A las diez de la mañana fueron atacados por las fuerzas disponibles de *Montcalm.* Trabóse sangrienta batalla. Las tropas canadienses, desalentadas y exhaustas, no pudieron resistir el empuje de las inglesas. Una terrible y decisiva carga encabezada por el mismo *Wolfe,* obligó á los sitiados á huir en desorden. Los dos generales enemigos cayeron heridos mortalmente. *Montcalm,* (1) transportado al hospital, no alcanzó á ver la rendición de la plaza. *Wolfe* vivió apenas para oir de los suyos que huía el enemigo (2). La guarnición Francesa no resistió el avance de los triunfadores y el inexpugnable Quebec cayó al fin en poder de los ejércitos Británicos (Septiembre, 13 de 1759).

La dominación del resto del Canadá fué cuestión de poco tiempo. En 1760, el general Francés *Levy* intentó en vano re-

(1) El Marqués *Montcalm de Saint Veran,* había nacido en Nimes en 1712, y servido largo tiempo en los ejércitos Franceses de Alemania é Italia. Los cirujanos del Hospital de San Carlos, donde fué transportado, le comunicaron su próxima muerte. «*Me alegro,* contestó con calma, *así no veré la rendición de Quebec*». Entraron sus oficiales preguntándole si tenía algunas órdenes que dar «*Ninguna,* contestó, *os ruego que me dejéis*». Nadie, sino el Obispo de Quebec, su confesor, quedó en el aposento del soldado moribundo, que hasta el momento de espirar expresó su desprecio por sus indisciplinadas tropas, y su admiración por el sereno y ordenado valor de las de sus enemigos. *Montcalm* fué sepultado por deseo propio en una cavidad formada en la tierra por el estallido de una bomba. Vse. *Falgairelle.* Montcalm, etc. (París, 1886), pág. 85 y sig.

(2) Tenía apenas 32 años (1727-59). Había nacido en Westerham (Condado de Kent). Sirvió desde el año 1741 en los ejércitos Ingleses. A los 17 años ganó en acción de guerra (1744) el grado de capitán y cinco años más tarde el de Teniente Coronel. En el 1757, pasó al Canadá, y después de la toma de Louisburg ascendió á Mayor General. Cuando herido por tercera vez en el sitio de Quebec cayó en tierra sin conocimiento, los que le sostenían vieron la huída de los Franceses, y no pudieron reprimir una exclamación de triunfo. «*Van huyendo*», dijeron. *Wolfe,* saliendo de su desmayo preguntó «*¿Quién huye?*»... «*El enemigo*», replicaron sus oficiales. «*Decid entonces al Coronel Webb, que les corte la retirada con su regimiento en el puente de Charles River... Dios sea loado, ya puedo morir en paz.*» («*Now, God be praised, I will die in peace*»), y con estas últimas palabras entregó al Creador su privilegiado espíritu. Vse. *Wright*: Life of Major-General james Wolfe (London, 1884), pág. 57 y sig. *Bradley*: Wolfe, en «Eng. Men. of Action Series» (London, 1895), pág. 5 y sig., etc.

cuperar á Quebec. Montreal sucumbió en el mismo año después de luctuoso sitio. La Nueva Francia cesó de existir y se desvaneció para siempre el soñado imperio colonial de *Luis XIV* en América (1).

7.—La guerra terminó con el *Tratado de París* (1763). Francia cedió á Inglaterra el Canadá y todas sus posesiones del Este del Mississipí. España cedió también á Inglaterra la península de la Florida á cambio de la plaza de la Habana, del territorio conquistado por los ingleses en la Isla de Cuba (1762) y de parte de la Louisiana (Oeste del Mississipi) que recibió de Francia. De los vastos territorios conquistados por *Cartier, Champlain, La Salle,*

Fig. 342.—Asesinato de La Salle. (Estampa del siglo XVII).

etcétera, sólo dos insignificantes islas del Golfo de San Lorenzo quedaron en poder de Francia.

Las tribus Indias que convivían con los traficantes y los colonos de la Nueva Francia, no soportaron sin protestas estos

---

(1) Sobre la rendición de Quebec y los interesantísimos incidentes de esta guerra, Vse. á *Winsor*. N. & C. H. of America. Vol. V, pág. 483 y sig. Cap. VIII (Referencias, pág. 560 y sig.), y en especial á *Parkman*: Montcalm and Wolfe (Boston, 1907). Vol. I. Cap. I á XV, pág. 5 y sig. y Vol. II. Cap. XVI á XXXII, pág. 1 y sig., con sus notas y referencias, etc.

convenios de las potencias Europeas que consolidaban en Norte América la supremacía Británica. Los Ingleses habían tratado casi siempre á los Indios (exceptuando los *Iroqueses*) como pueblo salvaje y despreciable, y después de la caída de Quebec fueron ocupando sin reservas sus ricos territorios tribales. El momento era crítico para la malhadada raza Indígena. Un prestigioso cacique de los *Otawas*, llamado *Pontiac*, de claro ingenio, gran astucia, vehemente y patriótica ambición y relevantes dotes oratorias y guerreras, creyó posible detener con un desesperado esfuerzo de los suyos el inevitable avance de los invasores. A fines del año 1762, logró sigilosa y habilmente confederar á casi todas las tribus de las márgenes del Otawa y el Ohio, y tramó con sus *"sachems"* un levantamiento general, que debía iniciarse atacando simultanea y repentinamente todos los fuertes y establecimientos Ingleses de la región confederada. Las tribus secundaron con salvaje entusiasmo el plan de su valeroso caudillo. Los fuertes de *St. Joseph, Wayne, Venango, Le Beuf,* etc., fueron asaltados sanguinariamente. Los más importantes, sin embargo, lograron resistir el encarnizado asedio de los Indios *(Detroit y Fort Pitt)*. La guerra duró cerca de tres años, pero rendidas al fin las tribus, por la superioridad de las tropas Inglesas, mandadas por *Rogers, Bouquet* y *Sir William Johnson,* el amigo de los *Iroqueses,* vióse forzado *Pontiac* á aceptar en Detroit un Tratado de Paz (Agosto, 1765) que aniquiló por completo su poderío y preponderancia. Fué asesinado cuatro años más tarde (1769) al salir casí ébrio de una fiesta dada en su honor por los criollos franceses de la aldea de Cahokia (Illinois) (1).

---

(1) Sobre la persona de *Pontiac*, carácter y causas de su conspiración, é incidentes de esta luctuosa y desesperada tentativa de la raza Indígena. Vse. en especial á *Park-man*. The Conspiracy of Pontiac (Boston, 1907). Vol. I. Cap. I á XVII y Vol. II. Cap. XVIII á XXXI y su Apéndice (pág. 315 y sig.), notas y referencias. Comp. *Ellis*. en *Winsor*: N. & C. H. of America. Vol. I, pág. 283 y sig., y sus referencias. Hand-Book of American Indians (B. of Am. Et.). Parte II. Washington, 1910, pág. 280, etc., etc.

CUESTIONARIO

1. — *¿Qué carácter tuvo la política colonial de* Enrique IV?

2. — *¿Qué territorios exploró* Samuel de Champlain?

3. — *¿Qué tribus indígenas detuvieron su avance hacia el Sur?*

4. — *¿Qué clase de tráfico ejercían los* «Coureurs de bois?

5 — *¿Quiénes iniciaron la evangelización de la Nueva Francia?*

6. — *¿Qué regiones recorrieron los* Jesuítas *en sus misiones?*

7. — *¿Qué tribus evangelizaron, y qué establecimientos fundaron en el Canadá?*

8. — *¿Qué opinión ha formado la Historia de sus trabajos y martirios?*

9. — *¿Qué regiones colonizó la llamada* «Hudson Bay Company»?

10. — *¿Hasta dónde llegaron* Marquette *y* Jolliet *en sus viajes descubridores?*

11. — *¿Qué gran río recorrió* La Salle, *y qué nombre dió á sus valles?*

12. — *¿Cómo estaban divididas administrativamente las colonias Francesas del Canadá?*

13. — *¿Qué intervención tuvo el trono Francés en su gobierno?*

14. — *¿Cuál fué el resultado del desastroso* régimen monopolizador *de la Francia en Norte América?*

15. — *¿Cuáles fueron las causas del conflicto entre las colonias Inglesas y las Francesas?*

16. — *¿Cómo empezó la guerra entre ellas y qué fuertes intentó edificar la llamada* «Ohio Company»?

17. – ¿*Cómo fueron expulsados de sus hogares los colonos Franceses de la* Acadia?

18. – ¿*Quién salvó las tropas del general* Braddock *después de su desastre en el Ohio?*

19. – ¿*De qué guerra Europea forma parte las de las colonias Inglesas y Francesas?*

20. – ¿*Quién mandaba en Jefe las tropas Francesas del Canadá?*

21. – ¿*Qué importancia tenía para la guerra la toma de Quebec?*

22. – ¿*Quién era el* General Wolfe *y cómo se apoderó de Quebec?*

23. – ¿*Cómo y dónde murieron los generales* Wolfe *y* Montcalm?

24. – ¿*Qué estipularon las potencias Europeas en el* Tratado de París *sobre sus posesiones respectivas en Norte América y el Mar Antillano?*

25. – ¿*Quién fué* Pontiac *y qué resultados tuvo su conspiración contra el poderío Británico en América del Norte?*

REFERENCIAS

Además de las relacionadas en el Título I, Cap. II y en los capítulos II y VI, Vol. I, Epoca I, Tít. II, véanse las de *Winsor*. N. & C. H. of America. Vol. IV. Cap. IV, pág. 149 y sig. Cap. V, pág. 196, 247 y 257. Cap. VI, pág. 290 y sig. Cap. VII, pág. 356, 369 y sig. Vol. V. Cap. I, pág. 63, 79 y sig. Cap. VII, pág. 420 y sig. y Cap. VIII, pág. 611 y sig. Vol. VIII *(Hudson Bay Company)*, pág. 65 y sig., etc. *Channing and Harl:* Guide to American History, pág. 242, 243, 244-45, 281, 282, 283, etc. *Twaites:* Epochs of American History. The Colonies. Cap. XII, pág. 245 y sig. *Bushnell Hart:* Formation of the Union. Cap. II, pág. 22 y sig. *Larned:* The Literature of American History. Parte III, pág. 106 á 110. Parte V, pág. 395 y sig. *Cambridge Modern History.* Vol. VII, pág. 766-780. Vol. VI, pág. 887-8 (The Seven Years War), etc. *Lavisse et Rambaud:* Histoire Générale. Tomo VII, pág. 258 y sig., etc., y en especial las notas de los admirables libros de *Parkman,* "Pionneers of France in the New Wordl„, "The jesuits in North America„, „La Salle and the Discovery of the Great West„, "The Old Regime in Canada under Louis XIV„, "A Half Century of Conflict„ (2 volúmenes), "Montcalm and Wolfe„ (2 Vols.), "The Conspiracy of Pontiac› (2 Vols.), etc., citados en las notas del presente capítulo.

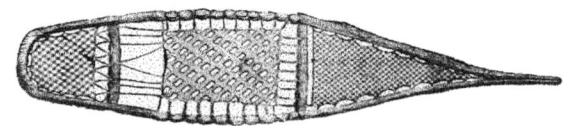

CAPITULO III

INGLATERRA Y LAS COLONIAS (1760 1775)

1. Los Gobiernos Coloniales.—2. La política de jorge III.—3. El Comercio Colonial.—4. El impuesto del timbre.—5. Benjamín Franklin.—6. El motin de Boston.—7. Los derechos sobre el té.—8. El primer Congreso Continental.—9. Lexington y Concord.

1.—La fuente principal de las instituciones políticas de las **Los gobiernos** Colonias Inglesas estuvo, como era lógico, en la Inglaterra de **Coloniales.** la época en que sus distintos pobladores emigraron. La evolución constitucional fué, sin embargo, más rápida y progresiva en el Nuevo Mundo que en el Viejo. Los pobladores del actual territorio de los Estados Unidos, eran Ingleses, obedecían las leyes Inglesas, y llamaban al rey de Inglaterra su monarca, pero tenían más arraigado que en la Metrópoli el amor á la libertad política. El respeto á la ley escrita, el carácter obligatorio de la costumbre, y la concepción de los *derechos del hombre*, eran ideas

Fig. 343.—El palacio del Parlamento Británico.

fundamentales y comunes para Inglaterra y sus Colonias, pero en éstas los plantadores y los comerciantes habian fortalecido sus *gobiernos propios,* daban escasa intervención en sus asuntos internos á los gobernadores que nombraba el monarca y *decretaban sus propios impuestos*, convencidos de que el *derecho* de establecerlos era *privativo del pueblo* ó de sus representantes *(Asambleas Coloniales)*, y en forma alguna correspondía á la Corona Real ó al Parlamento Británico.

Sin entrar en distinciones técnicas (*gobiernos de cartas, de propietarios, provinciales*, etc.), cuyo estudio administrativo excedería los límites de nuestro *Compendio*, podemos en general afirmar, que en lo referente á su gobierno interior las Colonias Inglesas á mediados del siglo XVIII, si no *de derecho*, eran *de hecho* independientes de su metrópoli.

La política de Jorge III.

Fig. 344.—Jorge III.

2. — Después de la *Paz de París* (1763), Inglaterra llegó á ser una potencia de primer orden. La decadencia Española favoreció el desarrollo de su comercio marítimo y aumentó su prosperidad y su riqueza. La paz interna y externa estaba asegurada, y parecía firmemente establecido el tradicional sistema político de los grupos Parlamentarios (*Old Whiggs*) que gobernaban el país mediatizando la corona. El Monarca *Jorge III*, determinó, sin embargo, ser una *fuerza política activa* en los negocios de su reino. Siguiendo las tendencias imperantes en la Europa de su época quiso *gobernar* además de *reinar*, y reunió un partido reclutado entre las antiguas familias de la nobleza (*Torys*), que le respondía directamente y favorecía

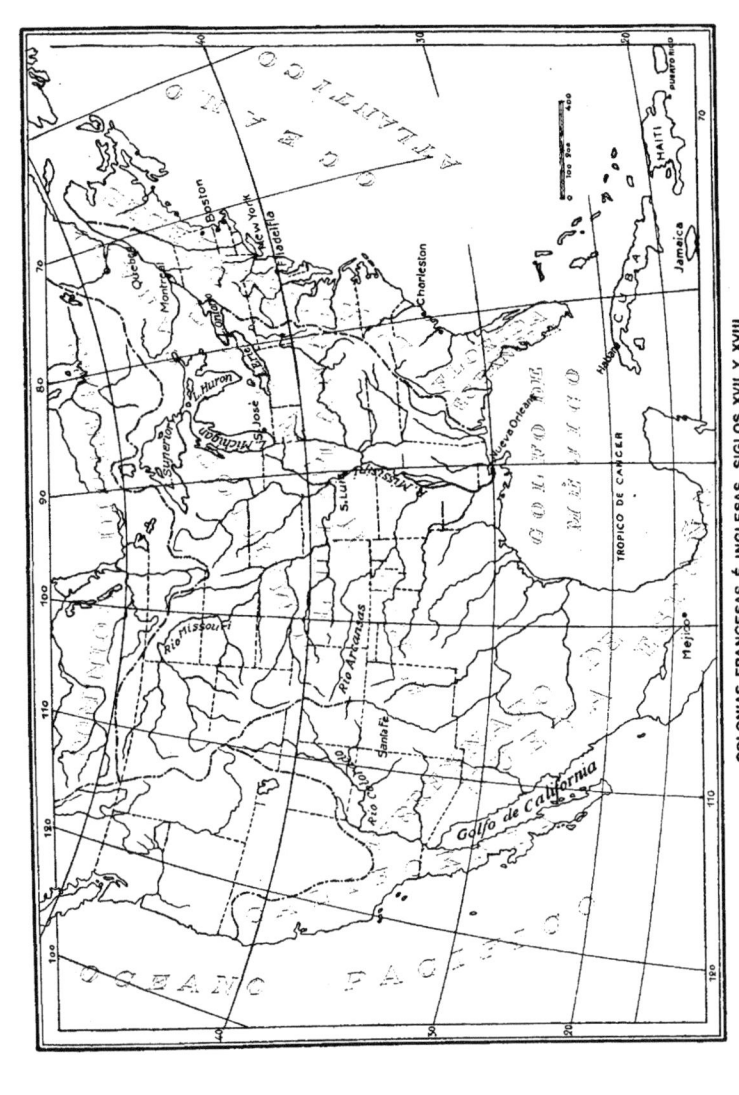

COLONIAS FRANCESAS É INGLESAS, SIGLOS XVII Y XVIII

con ardor (*King's Friends*) sus absolutistas tendencias. Este cambio de la vida política británica no podía menos de afectar á las Colonias. El conflicto que se preparaba en ellas, y había de independizarlas, fué parte de la encarnizada lucha política entre los „*amigos del rey*" y sus enemigos parlamentarios, entre los defensores de la libertad política

Fig. 345.—El palacio de Saint james (Siglo xviii).

y los principios populares, y los que mantenían los avances autocráticos del monarca.

El primer ministro *Grenville* (1763), adoptó tres normas de gobierno de las Colonias que vinieron á ser causa directa de la Revolución Norte Americana. Fué la primera la rígida ejecución de olvidadas leyes comerciales, la segunda el establecer nuevos impuestos en las Colonias para

Fig. 346. —El rio Támesis en tiempos de jorge III.

el sostenimiento de guarniciones militares, y la tercera el tener *con carácter permanente* tropas Británicas en América.

3. — El objeto de todas estas medidas fué simplemente asegurar para la metrópoli el comercio de las Colonias. Las leyes comerciales (*Navigation Acts*) del 1645, exigían que todo el

El Comercio Colonial.

comercio colonial se hiciese en buques Ingleses ó construidos en las Colonias. Muchos productos coloniales incluidos en una lista especial (*enumerated goods*), no podían, ni aun en buques Británicos, ser enviados por las Colonias á puertos extranjeros.

Fig. 347.—El jurisconsulto James Otis.

Debían ser negociados *(tabaco, azúcar, índigo, cobre, etc.)*, directamente con Inglaterra, cuyos mercaderes sacaban el beneficio de los intermediarios. Estas prohibiciones perjudicaban gravemente los intereses de los colonos de Nueva Inglaterra por aniquilar su activo y provechoso tráfico con las colonias Francesas y Españolas del Golfo Mejicano.

Toda violación de estas leyes prohibitivas constituía además delito de contrabando. Hasta mediados del siglo XVIII, las autoridades Inglesas no lo habían castigado, pero, en 1761, el gabinete de *Jorge III*, dió á los oficiales de Aduana de Massachussets *derecho de registro* en los domicilios de los comerciantes (*Writs of Assistance*) para descubrir contrabandos. El célebre jurisconsulto *James Otis*, Abogado General de la Colonia, renunció su cargo y sostuvo valerosamente ante la Suprema Corte, que las leyes comerciales inglesas, que tal derecho de registro autorizaban eran *nulas, por ser irreconciliables con las Cartas Constitutivas de la Colonia y atentatorias á los derechos inalienables y sagrados del hombre.*

Inglaterra, en vez de aceptar las doctrinas constitucionales de *James Otis* y los colonos de Massachussets, extremó sus rigores. Renovó (1763) la ley del 1733 que imponía derechos prohibitivos sobre el azúcar y melazas que se importaban á las Colonias, y autorizó á los oficiales de Marina estacionados en las costas Americanas para perseguir enérgicamente el contrabando.

El impuesto de timbre.

Fig. 348.—Patricio Henry.

4. – En 1764 determinó también el Primer Ministro *Grenville* enviar á las Colonias con carácter permanente un cuerpo de ejército de 10.000 hombres, que éstas no necesitaban ni pedían para su defensa. Para el mantenimiento de estas fuerzas militares decretó el Parlamento una ley que obligaba el uso del papel sellado (*Stamp Act*) para todos los actos públicos que se otorgaran en América.

Las de este impuesto causaron en las Colonias indignación profunda. Surgieron protestas enérgicas contra el Parlamento Inglés. Podía éste dictar leyes que regularan el Comercio, pero el derecho de establecer impuestos pertenecía *exclusivamente* á los gobiernos coloniales elegidos por el pueblo. En la Legislatura de Virginia, el famoso orador *Patricio Henry* sintetizó en brillante discurso esta doctrina constitucional (1). La de Massachussets convocó una *Convención* que se reunió en Nueva York, y al que nueve de las Colonias mandaron distinguidos representantes. Declaró esta *Convención* ó *Congreso* que mientras Inglaterra no derogara la funesta Ley

Fig. 349.—Impuesto del papel sellado.

(1) En medio de su peroración exclamó *Henry*: «*César tuvo un Bruto, Carlos I un Cronwell, y Jorge III... ¡Traición, traición!...* gritaron los realistas... *y Jorge III*, siguió impertérrito *Henry... puede aprovechar el ejemplo.*» Vse. *William Wirt Henry*: Life, Correspondance, etc., of Patrick Henry (N. York, 1891), pág. 175 y sig. Comp. *Winsor*: N. & C. H. of America. Vol. VI, pág. 107 y sig.

del timbre, las Colonias no importarían manufacturas Británicas. El pueblo secundó las declaraciones del *Congreso*. Cuando llegaron los funcionarios encargados de vender el papel sellado á los colonos, se vieron obligados á renunciar sus cargos. Muchos fueron quemados en efigie, como los prófugos de la Inquisición (1).

Benjamín Franklin.

Fig. 350. – Sello de Benjamín Franklin.

5.—Las noticias de estos tumultos llegaron pronto á Inglaterra. El ilustre político *William Pitt*, defendió contra los partidarios del Monarca en el Parlamento la causa de los colonos Americanos y consiguió agitar en su favor la opinión de los Comunes (2).

En esta época, era costumbre establecida de las diferentes colonias el tener agentes en Londres para defender sus intereses ante el Gobierno y el Parlamento. El Agente de Pensylvania era el ya célebre y genial polígrafo Americano *Benjamín Franklin*, verbo brillantísimo de la democracia y encarnación genuina del libre y vigoroso pensar político de sus conciudadanos. Era ya en esta época *Franklin* un diplomático sagaz é inge-

Fig. 351. — La primera prensa de Franklin.

niosísimo. Su espíritu público y su acendrado patriotismo, ayudados por sus facultades intelectuales, su buen sentido y su cultura le hacían prácticamente irresistible. Presentó *Franklin*

---

(1) En un edificio de Boston hay un alto relieve que representa el «Arbol de la Libertad» que estuvo en 1766 en ese punto (Calle Essex, esquina Washington). De una rama de dicho árbol colgaron los patriotas la efigie de *Oliver*, oficial colector del impuesto del timbre, la descolgaron por la noche y la quemaron delante de la propia casa de *Oliver*. Vse. *Sendder*: New. Hist. of U. S., pág. 132, nota 1, etc.

(2) «Me dicen, exclamó *Pitt*, que América está casi en rebelión abierta. Me regocija, Señor Presidente, su resistencia. Si tres millones de almas estuvieran tan muertas á toda idea de libertad que se sometieran voluntariamente á la esclavitud, serían instrumentos aptos para hacer esclavos del resto del Imperio». Vse. *Scudder*: op. cit , pág. 133 y sig.

al Ministro *Grenville* copia de la resolución de la Asamblea

Fig. 352.—Dibujo simbólico de Benjamín Franklin.

de Pensylvania contra el impuesto del timbre. Logró impresionar al Parlamento, donde fué llamado á informar sobre el impuesto, y aunque se reservó el gobierno inglés el derecho ilusorio de establecer impuestos en las Colonias, el del timbre fué anulado (1766), después de ardorosa y elevada discusión (1).

6.—El objeto del *impuesto del timbre*, había sido, como dijimos, obtener fondos en las Colonias para mantener las tropas del rey. El Parlamento dictó una ley por la cual obligaba á los Colonos á acuartelar las que se enviaran. Confirmó además la legalidad del odioso derecho de registro

El motín de Boston.

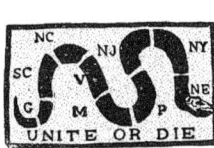

Fig. 353.—Dibujo de Franklin en favor de la Unión de las Colonias.

(1) El ministro Grenville preguntó á *Franklin* si creía que las Colonias pagarían á la Metrópoli los perjuicios ocasionados por la destrucción del papel sellado, en caso de ser anulado el impuesto por el Parlamento Británico. A tan mezquina pregunta contestó *Franklin* con una célebre é ingeniosa anécdota. *«Un Francés,* dijo al *»Ministro, asaltó á un Inglés en la calle con una barra de hierro al rojo en la mano. »Me permites, le dijo, que te sepulte un pié de esta barra en el cuerpo?... Qué? dijo »el Inglés sorprendido. Es mucho un pié?... continuó el Francés. Toleras entonces »seis pulgadas?... Nunca, dijo el Inglés, preparándose á la defensa. Tampoco seis »pulgadas? siguió el Francés. Bueno!... Págame entonces por el trabajo y el gasto de »calentar la barra!... El Inglés no contestó, y siguió su camino»,* terminó *Franklin.* Vse. *Scudder:* op. cit., pág. 133 y sig. Sobre la famosa controversia del Impuesto del Timbre, la acción de *Franklin, Pitt, Grenville,* etc. Vse. *Winsor:* N. & C. H. of A. Vol. VI, pág. 68 y sig. *Tyler:* Lit. History of the Revolution (New York, 1897). Vol. I, pág. 70 y sig., 260 y sig. *J. Almon:* Anecdotes of the life of the Right Hon. William Pitt (London, 1797), Vol. I, pág. 450 y sig. *Lindsay Swift:* Benjamín Franklin (Boston, 1910), pág. 47 y sig., etc. El célebre interrogatorio hecho á *Franklin* por la Comisión del Parlamento puede leerse íntegro en *A. B. Hart:* Am. Hist. told-by Contemporaries (N. York, 1896). Vol. II, pág. 407.

(*Writs of Assistance*) é impuso nuevos gravámenes al Co-

Fig. 354.—Willian Pitt, *el viejo*.

mercio Colonial para pagar los salarios de los oficiales reales. *Pitt* estaba prácticamente retirado de los negocios públicos. Los Ministerios y los gabinetes del brillante *Townshend* y del obstinado *Lord North*, pudieron, sin fuerte oposición, hacer aprobar en las Cámaras leyes perjudiciales á los intereses comerciales Americanos (1767-69).

La Asamblea de Massachussets se opuso con energía á estas leyes y pidió á la Metrópoli su abolición. La contestación del gabinete Inglés fué el enviar á Boston cuatro destacamentos de soldados, que por su insolente comportamiento irritaron á los ciudadanos, produciéndose un motín en el que algunos de éstos fueron muertos por las tropas (Marzo 5, 1770). Produjo esta refriega (*Boston Massacre*) indignación hondísima contra Inglaterra y el popular caudillo patriota, *Samuel Adams* (1), á la cabeza de los obre-

Fig. 355.—Lord North.

---

(1) *Samuel Adams* nació en Boston (1722) y se graduó en «Harvard College». Fué el preferido representante de los Bostonianos en sus disputas con la Metrópoli y el primero que vió claro que el fin de las mismas *no podía ser sino la Independencia*. *Adams* fué miembro conspícuo del Congreso Continental, y más tarde Gobernador de Massachussets. Murió en 1803. Vse. *Scudder*: op. cit., pág. 137, nota 1. Comp. *Winsor:* N. & C. H. of A. Vol. VI, pág. 6 y sig., etc., etc.

los de Boston, pidió que las tropas fuesen sacadas de la ciudad El gobernador *Hutchinson,* para evitar mayores males, ordenó que se trasladaran á una fortaleza cercana. *Adams* y los suyos no se dieron por satisfechos. Comprendiendo que no se harían esperar nuevas leyes de la Metrópoli atentatorias á sus derechos, organizó en Boston una especie de *Junta Patriótica,* escribiendo á las demás Colonias para que organizaran las suyas, y unidas, prepararan la resistencia nacional.

Fig 356.—Samuel Adams.

7. — Las Colonias con su firmeza habían conseguido hacer abolir casi todos los nuevos gravámenes comerciales. Quedaban sólo *los derechos sobre el té.* Los colonos, en consecuencia, rehusaron comprarlo. Esta re-

Los derechos sobre el té.

Fig. 357. – Las matanzas de Boston (estampa de la época).

sistencia pasiva colocó á la Compañía de las Indias Orientales *(East India* Co) en un grave conflicto. Tenía en sus almacenes té por valor de £ 70.000.000, que necesitaba vender. La quiebra de la Compañía hubiera empobrecido al Rey, que era uno de sus más fuertes accionistas. El Ministro *North* quiso evitarla. De acuerdo con la Compañía, se rebajó el derecho de importación á América. Las Colonias no toleraron esta venal componenda. No querían té barato,

AMERICANS!
BEAR IN REMEMBRANCE
The HORRID MASSACRE!
Perpetrated in King-ftreet, BOSTON,
New-England.
On the Evening of March the Fifth, 1770.
When FIVE of your fellow countrymen,
GRAY, MAVERICK, CALDWELL, ATTUCKS,
and CARR,
Lay wallowing in their Gore!
Being bafely, and moft inhumanly
MURDERED!
And SIX others badly WOUNDED!
By a Party of the XXIXth Regiment,
Under the command of Capt. Tho. Preston.
REMEMBER!
That Two of the MURDERERS
Were convicted of MANSLAUGHTER!
By a Jury, of whom I fhall fay
NOTHING,
Branded in the hand!
And difmiffed,
The others were ACQUITTED,
And their Captain PENSIONED!
Alfo,
BEAR IN REMEMBRANCE
That on the 22d Day of February, 1770.
The infamous
EBENEZER RICHARDSON, Informer,
And tool to Minifterial hirelings,
Moft barbaroufly
MURDERED
CHRISTOPHER SEIDER,
An innocent youth!
Of which crime he was found guilty
By his Country
On Friday April 20th, 1770;
But remained Unfentenced
On Saturday the 22d Day of February, 1772.
When the GRAND INQUEST
For Suffolk county,
Were informed, at requeft,
By the Judges of the Superior Court,
That EBENEZER RICHARDSON's Cafe
Then lay before his MAJESTY.
Therefore faid Richardfon
This day, MARCH FIFTH! 1772,
Remains UNHANGED!!!
Let THESE things be told to Pofterity!
And handed down
From Generation to Generation,
'Till Time fhall be no more!
Forever may AMERICA be preferved,
From weak and wicked monarchs,
Tyrannical Minifters,
Abandoned Governors,
Their Underlings and Hirelings!
And may the
Machinations of artful, defigning wretches,
Who would ENSLAVE THIS People,
Come to an end,
Let their NAMES and MEMORIES
Be buried in eternal oblivion,
And the PRESS,
For a SCOURGE to Tyrannical Rulers,
Remain FREE.

Fig. 358.—Cartel Patriótico sobre las
matanzas de Boston (1770).

El primer Congreso Continental.

sino té *libre de impuestos*. Cuando los buques que traían el té llegaron á América, obligaron á sus capitanes á volver á Inglaterra, prohibiéndoles desembarcar su cargamento. En Boston quiso el gobernador proteger con su fuerza militar el desembarco. Durante veinte días *Samuel Adams* y los patriotas procuraron disuadirle de su empeño. No pudieron conseguirlo. El pueblo, reunido en Asamblea en la *"Old South Church"*, al conocer la decisión final del gobernador, salió tumultuosamente desde la Iglesia, y subiendo á los buques, rompió los fardos de té arrojando el contenido al mar. (Dic. 16, 1773.)

El Ministro *North,* al conocer el hecho, declaró bloqueado el puerto de Boston para castigo de la ciudad rebelde. Boston despreció estóicamente las furias del Ministro Británico, y no depuso su patriótica actitud. Las demás Colonias tomaron franco partido á favor de los Bostonianos, ayudándoles con dinero y provisiones á soportar el bloqueo.

8.—La ciudad, más que bloqueada, quedó ocupada militarmente. Una flota inglesa cerraba el puerto y las tropas patrullaban en las calles. Por ley especial del Parlamento las facultades administrativas y de gobierno quedaron en manos de los Oficiales Reales. No se amedrentaron los patriotas por este alarde de fuerza. Ya que Inglaterra pretendía arrebatarles su gobierno, constituyeron otro, delegando en la *Asamblea Popular* todos sus poderes.

El nuevo gobernador enviado de Inglaterra *(General Gage)*, no quiso reconocer como legal la Asamblea nombrada por el pueblo, que se transformó en *Congreso Provincial de Massachussets* y se retiró de Boston á Concord. Nombró una *Junta* (*Committee of Safety*) con facultades ejecutivas, é invitó á las demás Colonias á enviar á Filadelfia sus delegados para organizar la resistencia contra la tiranía real. Así se formó el llamado *Primer Congreso Continental*, al que todas las Colonias concurrieron, con excepción de la de Georgia. (Septiembre 1774). Los Congresistas de Filadelfia formularon una declaración, reclamando de la Metrópoli las mismas libertades de que gozaban los ciudadanos Ingleses, y comprometiéndose á no comerciar con la Gran Bretaña hasta que el Parlamento revocara leyes que consideraban injustas y atentatorias á sus inalienables derechos.

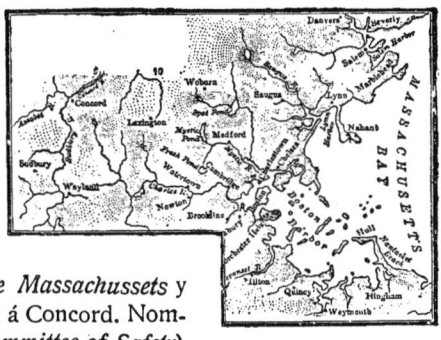

Fig. 359.—Inmediaciones de Boston.

9.—No descuidaron los patriotas sus preparativos militares. **Lexington y Concord.** Reorganizaron las antiguas milicias de Massachussets y nombraron jefes adictos á su causa. Por su parte, el *General Gage* movilizó sus tropas para defender á Boston y tratar al mismo tiempo de apoderarse de las armas que el *Congreso Provincial* tenía almacenadas en Concord. Avanzó *Gage* cautelosamente, pero descubierta su intención por los patriotas, fué sorprendido al llegar á Lexington (Abril 19, 1774) por el *Capitán Parker*, que mandaba un destacamento de milicias populares. *Parker* ordenó á los suyos que no disparasen á menos que los Ingleses rompieran el fuego. Lo hicieron éstos, y llegaron hasta Concord, donde empezaron á destruir los almacenes militares· Allí fueron decisivamente atacados por los Americanos, que lograron sobre ellos brillante victoria. Las tropas de *Gage* se vieron obligadas á retirarse hacia Boston, siendo perseguidas y hostilizadas, hasta que consiguieron ponerse á cubierto bajo los cañones de los buques británicos.

La derrota de *Gage* inició la resistencia armada de los colonos Ingleses contra la Metrópoli. Había sonado en Norte América la hora de las grandes victorias democráticas (1).

(1) Vse. *Mellen Chamberlain* en *Winsor:* N. & C. H. of A. Vol. VI, pág. 2 y sig. *Id.*, pág. 113 y sig. *Bushnell Hart.* Formation of the Union (N. York, 1907). Chap. I y III, pág. 2 y sig. *Bryant & Gay:* op. cit. Vol. VII, pág. 325 y sig. *Hildreth:* United States. Vol. II, pág. 514 y sig. III, pág. 25 y sig., etc. *Bancroft:* op. cit. Vol. IV. Chap. I á VIII. *Benjamin Franklin:* Life, written by himself, etc. (Edición *J. Bigelow.* Filadelfia, 1888). Vol. I, pág. 15 y sig. *P. L. Jord:* The many sided *Franklin* (N. Y., 1899), pág. 25 y sig. *Blackstone:* Commentaries in the Laws of England (1765). Lib. I. Cap. I á V. *Joseph Story:* Commentaries. (5.ª Edición. *Bigelow.* N. Y., 1891). Vol. I, pág. 121 y sig , etc., etc.

CUESTIONARIO

1.— *¿Cuál fué la fuente de las* Instituciones Políticas *Norte Americanas?*

2.— *¿Qué ideas políticas fundamentales tenían los colonos Ingleses?*

3.— *¿Qué intervención tenía la Metrópoli en su gobierno?*

4.— *¿Qué innovaciones políticas se introdujeron en la Inglaterra de* Jorge III?

5.— *¿Qué normas de gobierno adoptaron sus ministros respecto á las Colonias?*

6.— *¿Cuál fué el principal objeto de las medidas administrativas de* Grenville?

7.— *¿Qué prohibiciones comerciales afligían á las Colonias Inglesas?*

8.— *¿Qué resultados dió el establecimiento del* «derecho de registro» (Writts of Assistance)?

9.— *¿Qué principios constitucionales proclamó el letrado Norte Americano* James Otis?

10.— *¿Qué objeto tuvo la llamada* ley *del* timbre (Stamp Act) *del Ministro* Grenville?

11.— *¿Qué motivos constitucionales tenían las colonias para oponerse á esta ley?*

12.— *¿Qué declaraciones hizo al respecto la* Convención *de Massachussets?*

13. – ¿Quién defendió las libertades políticas de las Colonias en el Parlamento Inglés?

14. – ¿Qué gran Americano enviaron á Londres las colonias de Pennsylvania?

15. – ¿Qué triunfo obtuvo en el Parlamento el gran Americano Benjamín Franklin?

16. – ¿Qué nuevas leyes vejatorias para las Colonias dictó el Parlamento Británico?

17. – ¿Qué tumultos produjeron en Norte América?

18. – ¿Quién fué el caudillo de la resistencia de los Bostonianos?

19. – ¿Qué conflicto ocasionó á la «East India Company» la actitud de las Colonias Inglesas?

20. – ¿Qué hicieron los patriotas de Boston con los buques cargados de té que llegaron á su puerto?

21. – ¿Qué medidas tomó Lord North para castigarles?

22. – ¿Qué facultades asumió la Asamblea Popular de Boston?

23. – ¿Cómo se formó el Primer Congreso Continental?

24. – ¿Qué declaraciones hicieron los patriotas Americanos en esta Asamblea?

25. – ¿Cómo se inició la resistencia armada de las Colonias?

REFERENCIAS

Vse. *Winsor*, N. & C. H. of America. Vol. VI, pág. 68 á 111-172, etc. *Channing & Hart*. Guide, etc., pág. 284 á 288, 288 á 291, 291 á 294, etc. *A. Bushnell Hart*. Formation of the Union, 1750-1829 (New-York, 1907), pág. 1, 42, etc. *Larned*. Literature of American History. Parte III, pág. 1 á 13. *(Fuentes)*, pág. 111 á 152. *(Período del 1760 al 1788)*, pág. 294-301. *(Historia Constitucional)*, pág. 319 á 331. *(Historia Económica)*, etc., etc.

:: ÉPOCA CUARTA ::

LA INDEPENDENCIA

SIGLOS XVIII y XIX

TÍTULO PRIMERO
La Independencia de los Estados Unidos.

CAPÍTULO PRIMERO
EL CONGRESO CONTINENTAL (1775-78)

1. Génesis de la Revolución.—2. El segundo Congreso Continental.—3. Washington, General en Jefe.—4. La toma de Boston.—5. Declaración de la Independencia.—6. Trenton y Princeton.—7. La misión de Benjamín Franklin.—8. La rendición del General Burgoyne.

1. La psicología de las muchedumbres nos enseña que el *elemento pueblo*, en las revoluciones, no se levanta sin caudillos, ni dirige jamás los movimientos que ejecuta. Obra principalmente por medio de la masa. Su acción es comparable á la del cañón, que perfora una plancha á impulsos de una fuerza que no ha creado. Sería erróneo afirmar que (1775) todos los colonos Ingleses favorecían la resistencia armada contra la metrópoli. No fué así. La Revolución iniciada por brillantes libertadores, arrastró á los agraviados por la tiranía Británica y formó con ellos mayorías entusiastas que acallaron á las minorías realistas ó indecisas por intimidación, ostracismo ó flagrante violencia (1). La hermosa unanimidad de las Colonias

Génesis de la Revolución.

Fig. 360
Evolución de la bandera de la Unión Americana (1775-78).

(1) Vse. *Hart:* Formation of the Union, pág. 64 y sig. Comp. *Gustave le Bon* Psychologie des Revolutions (Paris, 1912), pág. 57 y sig. *Id.* Psychologie des foules (17 Edition), pág. 89 y sig., etc.

Inglesas para abrazar la causa de la de Massachussets, su patriótica y osada decisión de combatir con Inglaterra, fué debida, en gran parte, á la repentina y habilísima constitución en todas ellas de *gobiernos revolucionarios,* que dirigían al pueblo, según el espíritu de los *Patrick Henry,* los *Jay,* los *Washington* y los *Adams.* La gran fuerza inicial de la Revolución Norte Americana se debió también á que los patriotas *estaban organizados* y habían sabido apoderarse de las riendas del

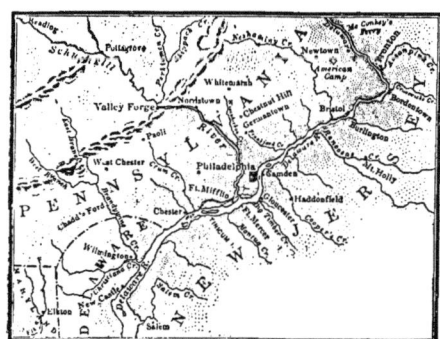

gobierno antes de que sus enemigos, que no tenían en América un centro de reunión ó resistencia, se dieran cuenta de que habían desaparecido de sus manos. Los agravios comerciales y los actos coercitivos del 1774, no hicie-

Fig. 361.— Alrededores de Filadelfia.

ron sino precipitar el conflicto. *Jorge III,* al atacar las libertades de Massachussets atacó las de todas las colonias.

No debe buscarse, sin embargo, la verdadera justificación del movimiento revolucionario Norte Americano en los agravios sufridos de la metrópoli. La revolución fué justa, porque representaba *dos grandes principios de progreso político.* Encarnó, en primer lugar, la defensa del derecho de todo hombre á los productos de su industria y á la libertad del comercio, y fué, además, una resistencia *contra el poder arbitrario* del Parlamento Inglés, sujeto entonces á las voluntades del Monarca.

Tenían los colonos Norte Americanos, al iniciarse la Revolución, los mismos ideales que las minorías Inglesas, acaudilladas por *William Pitt.* Luchaban por su libertad política, aherrojada por las camarillas del trono. "Los Ingleses entendemos hoy (1789), decía el diplomático Inglés *Thornton* al *Presidente Washington,* que vosotros, en la revolución, peleábais *nuestras propias batallas"* (1).

2. El 10 de Mayo de 1775, tres semanas después de la ba- El Segundo
talla de Lexington, se reunió en Fi- Congreso
ladelfia el segundo *Congreso Conti-* Continental.
nental. Representaba este *Congreso* al pueblo de las Colonias y á sus *Asambleas* especiales, y podía tomar resoluciones sin necesidad de ratificación de las distintas Legislaturas. El *Congreso Continental* aconsejó á las Colonias medidas enérgicas. Publicó un manifiesto con las razones que tenían los Americanos para tomar las armas; acordó la emisión de *papel moneda* por 2.000.000 de pesos y la formación de un ejército de 20.000 hombres sobre la base de las antiguas milicias. Nombró de su seno una "Comisión de Negocios Extranjeros" *("Commitee of Correspondence"),* que inició las relaciones exteriores de los Estados Unidos; prohibió el tráfico de esclavos negros y abrió todos los puertos Americanos al comercio del mundo. Para la dirección inmediata de los asuntos militares (armamentos, campañas, provisio-

Fig. 362.—Estatua del heróico estudiante Nathan Hale.

---

(1) Vse. *Hart:* op. cit., pág. 64 y sig. *Mellen Chamberlain* en *Winsor:* N. & C. H. of A. Vol. VI, pág. 3 y sig. *John Fiske:* The American Revolution (N. York, 1892). Vol. I, pág. 38 y sig. *W. E. H. Lecky:* England in the Eighteenh Century. Vol. III, Cap. XII. *George Ticknor Curtis:* Constnal. History of the United States (N. Y., 1889). Lib. I, pág. 55 y sig. *Chaucer Ford:* Washington (Boston, MCMX), pág. 9 y sig. *Wayne Whipple.* Story-Life of Washington (Philadelfia. Sin fecha). Vol. I. Cap. XI, pág. 189 y sig., etc., etc.

nes, etc.), designó el Congreso una Junta Ejecutiva *(„Board of War")*, de la cual el austero patriota *John Adams,* fué miembro inteligente y activísimo.

Fig. 363.— Washington, Coronel de Virginia.

3.—Por honrosa unanimidad y á propuesta del mencionado *John Adams,* el entonces Coronel de las milicias de Virginia, *Jorge Washington* fué nombrado *General en Jefe* de los Ejércitos Americanos. Cuando el Presidente *John Hancock* proclamó este nombramiento, *Washington* dió las gracias al Congreso por la confianza que en él se depositaba, y añadió: "Como temo algún suceso „desgraciado para la Revolución, „suplico á todos los miembros de este Honorable Congreso „recuerden que declaro „hoy sincera y solemne-„mente no creerme á la „altura del puesto con „que se me ha honrado." *Washington* declaró, además, que no aceptaba sueldo alguno. "Llevaré „cuenta exacta de mis „gastos, dijo, y me basta-„rá con que me sean pa-„gados." (Junio 19-1775.)

El Coronel *Jorge Washington* había nacido (Febrero 22-1732) á orillas del Potomac (Westmoreland County-Virginia), donde gozaba

Fig. 364.—Washington en Princeton.

su familia de considerable fortuna y grandes consideraciones.

Despúes de haber hecho los estudios de matemáticas para ejercer la profesión de agrimensor, se incorporó al Ejército colonial, toman-

Fig. 365.—La defensa de Quebec.

do, como vimos anteriormente, eficacísima parte en la desgraciada expedición del *General Braddock* (1755). Las admirables dotes militares de *Washington* eran, pues, conocidas de todos los miembros del Congreso. En cuanto al hombre mismo, su grandeza moral, su integridad y su recto juicio se habían impuesto por sí mismos, aun en los

Fig. 366.—La marcha al Norte del Coronel *Arnold*.

ánimos de aquellos demócratas augustos, de quienes decía *Pitt* en el Parlamento Inglés: "No co-„nozco, ni aun en los „primeros Estados „del mundo, una „Asamblea que su-„pere á la de los de-„legados America-„nos del Congreso „de Filadelfia... y „*Washington* entre ellos es incuestionablemente el más grande..."

El modesto coronel de Virginia era, en efecto, el único que en aquellas dificilísimas circunstancias podía salvar la Revolución Norte Americana. Por su rectitud, su ecuanimidad, su se reno valor é inquebrantable firmeza, era temido y respetado. Por sus virtudes patrióticas, por su conducta privada y por la viril ternura de su alma, atraía irresistiblemente. Era alto, fuerte, de majestuoso rostro y arrogante porte. Cuando tomó el mando (Julio 3-1775) de los Ejércitos Norte Americanos tenía cuarenta y tres años (1).

La toma de Boston.

Fig. 367.—Alrededores de Crown Point y Ticonderoga.

4.—*Washington*, al ponerse al frente de las fuerzas de la Revolución, encontró, naturalmente, soldados bravos y decididos, pero indisciplinados y mal provistos. Su primer cuidado fué el organizarlos antes de atacar decididamente á las tropas Inglesas del *General Gage* que defendían á Boston.

Gage había hecho actos de dura hostilidad contra las colonias en general, enviando hacia el Sur los buques Ingleses que bloqueaban á Boston, que arrasaron é incendiaron la ciudad de Falmouth (hoy *Portland-Maine*). Los Americanos, por su parte, no habían permanecido inactivos. *Ethan Allen*, con una partida de ciudadanos, había sorprendido y capturado los fuertes de *Crown Point y Ticonderoga* en el antiguo camino al Canadá. El General Americano *Montgomery* había capturado á Montreal. El Coronel *Arnold*, de acuerdo con *Washington*, emprendió dificultosa marcha

---

(1) *Wayne Whipple:* Story Life of Washington. Vol. 1, pág 1 á 213. *Henry Cabot Lodge:* George Washington (Boston, 1889). Vol. 1, pág. 52 y sig. *Owen Wister:* The Seven ages of Washington (N. York, 1907), pág. 24 y sig. y sus notas. *P. L. Ford:* The true George Washington (Philadelfia, 1896), pág. 53 y sig. *Fiske:* The American Revolution. Vol. I, pág. 110 y sig. *George W. Cullun.* The Struggle for the Hudson en *Winsor:* op. cit. Vol. VI, pág. 274 y sig, y sus referencias, etc.

por los desiertos de Maine hacia el Río San Lorenzo para unirse con *Montgomery* y apoderarse de Quebec. El ataque de esta importante posición, conquistada hacía pocos años por el heroico *Wolfe*, fué desastroso para las tropas Americanas. *Montgomery* murió en el asalto y el Coronel *Arnold*, herido, se vió forzado á abandonar el Canadá con su ejército.

Fig. 368.— El general Inglés
Willian Howe.

A principios de Marzo (1776) *Washington* se consideró preparado para expulsar de Boston á los Ingleses y ocupó con sus fuerzas y los cañones capturados por *Allen* en el fuerte Ticonderoga las alturas de Dorchester, que dominaban el puerto. El general Inglés *Howe*, que había sucedido á *Gage*, convencido de que había de pelear con grandes desventajas ó abandonar la plaza, decidió lo segundo, reunió sus tropas y se embarcó con ellas en los buques de la escuadra con rumbo á Halifax (Nueva Escocia), donde esperaba recibir refuerzos para atacar á Nueva York. *Washington*, adivi-

Fig. 369.—Sir Willian Howe y sus tropas salen de Boston.

nando las intenciones de *Howe*, entró en Boston, tomó posesión de la ciudad (Abril 1776) y marchó en seguida hacia

Nueva York, donde concentró sus tropas y empezó á fortificar la boca del Hudson.

Declaración de la Independencia. 5.—El *Congreso Continental* continuaba en tanto sus sesio: nes en Filadelfia. Por su consejo, las antiguas Colonias fueron constituyéndose en *Estados* y nombraron sus propios gobiernos. Al espirar el año 1776 seis de dichas Colonias habían aproba-

do su *Constitución*. Casi todas dieron instrucciones á sus delegados en Filadelfia para que declararan la independencia de la Gran Bretaña. Publicóse por esta época el célebre folle-

Fig. 370.—Proclamación de la Independencia en Filadelfia (1776).

to de *Thomas Payne*, abogando abiertamente por la ruptura con la Metrópoli (1). Fué leído con avidez y entusiasmo. El día 7 de junio presentó al Congreso el delegado *Richard Lee* su elocuente moción en pro de la Independencia. Los demás representantes accedieron á considerarla definitivamente, pero quisieron, antes de dar el paso decisivo, consultar con las *Legislaturas* de sus respectivos *Estados*. Tres semanas después volvieron á reunirse en Filadelfia, y el día 2 de julio votaron la aceptación de una *"Declaración de Independencia»*, redactada por la vibrante pluma del delegado de Virginia

(1) Le sens commun adressé aux habitants de l'Amérique, par *Thomas Payne* (Trad. Paris, 1793). El célebre folleto apareció por primera vez en Norte América en Enero 8 del 1776, y produjo, según afirmó *Franklin* mismo, «prodigiosos efectos». Vse. *Winsor:* op. cit. Vol. VI, pág. 253 y sig. y 269 y sus notas.

Thomas Jefferson, que fué firmada (4 de Julio de 1776) por el Presidente del Congreso *Hancock* y 55 representantes de las

trece colonias, y proclamada solemnemente al pueblo "... Nosotros, ter-
„minaba esta gloriosa de-
„claración, los represen-
„tantes de los Estados
„Unidos de América,
„reunidos en un Congre-
„so general, después de
„haber invocado al Juez
„Supremo de los hombres
„en testimonio de la rec-
„titud de nuestras inten-
„ciones, declaramos so-
„lemnemente que estas
„*Colonias Unidas* son y

Fig. 371.—Edificio del Primer Congreso de Filadelfia.

„tienen el derecho de llamarse *Estados libres é independientes;*
„que quedan francas y exceptuadas de toda obediencia á la
„Corona Británica... Y descansando firmemente en la protec-
„ción de la Providencia Divina, empeña-
„mos mutuamente para el sostenimiento
„de la presente declaración nuestras vi-
„das, nuestro sagrado honor y nuestras
„haciendas„ . . .

Fig. 372.—El Marqués de Lafayette .

Proclamada la Independencia, trató el *Congreso* de fortalecer la unión entre los Estados. Todos ellos, en sus *Constituciones,* habían reconocido la *suprema autoridad del pueblo,* sustituyéndola á la del rey. El *Congreso* recomendó que se formara una *Confederación* y se aceptaran por todos ciertos artículos *(Articles of Confederation),* que definieran cómo debían gobernarse los *Estados* en lo referente á *sus intereses comunes ó nacionales* (Noviembre 15-1777).

A esta *Confederación* se dió el nombre de *Estados Unidos de América,* cuya entidad política (*Nación*), representada por el *Congreso,* debía asumir parte de la autoridad que antes correspondía á la corona y el Parlamento Británicos. Los *artículos* del 1777, aceptados por once de las antiguas Colonias en 1778 y por las trece en 1781, fueron el primero y más importante paso hacia la *unión real y sólida* de los distintos *Estados,* que había de costar en el futuro tantas discordias y tanta sangre (1).

Trenton y Princeton.

6. – Como *Washington* había previsto, el General *Howe* dirigió su campaña contra New-York, centro estratégico de la resistencia Americana. En Agosto del 1776, entró el jefe Británico en el Hudson con un ejército de 20.000 hombres, reforzado por la escuadra que al mando de su hermano *Lord Howe,* había llegado de Inglaterra. *Lord Howe,* que tenía grandes pretensiones de diplomático hábil, hizo á los defensores de Nueva York proposiciones pacíficas de parte del rey *Jorge III. Washington* no quiso ni siquiera oirle sin que antes se reconociera la Independencia declarada en Filadelfia. *Howe* desembarcó en Long Island y atacó á los Americanos, derrotándoles con dolorosas pérdidas. *Washington,* sin desanimarse, y aprovechando una espesa neblina, pasó el estrecho canal que separa New York de su isla, para disponer la retirada de los suyos. (27 de Agosto de 1776).

Fig. 373. – Thomas Jefferson.

(1) El texto íntegro de la Declaración de la Independencia puede leerse en *Scudder*: History of the United States. Apéndice II, etc. El Congreso en junio 14 de 1777, adoptó la bandera Independiente con fajas y trece estrellas por los trece Estados. Vse. *Scudder:* op. cit., pág. 159 y sig., etc.

El terror cundió en el ejército americano. *Washington* se vió obligado á evacuar la isla de New-York y á seguir su marcha por el norte de esta provincia. La ruína de los revolucionarios parecía segura é inevitable (1).

El Congreso, viendo amenazado el lugar de sus sesiones pasó á Baltimore. *Washington*, sin embargo, sin caballería, sin artillería, y con solo 3.000 hombres desalentados, supo mantener en pie la revolución.

Poniendo en ejercicio su maravillosa actividad, se halló en poco tiempo en estado de dar un golpe de mano. En la noche del 25 de Diciembre (1776), durante una tempestad deshecha, pasó el Delaware en medio de las masas de hielo que arrastraba en su corriente. Sus fuerzas se componían de 2.500 hombres, y con ellas atacó el pueblo de Trenton, que defendían tres regimientos alema-

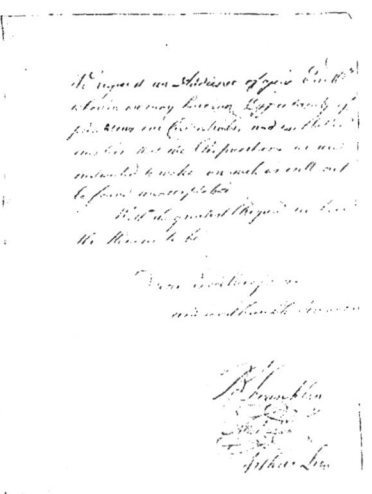

Fig. 374.—Primer documento diplomático de los Estados Unidos con la firma de *Franklin*.

nes (*Hessianos*), y les tomó mil prisioneros y seis cañones. El General *Cornwallis* se movió con el grueso de su división para desalojar á su adversario; pero *Washington* abandonó su po-

---

(1) En esta desastrosa campaña fué hecho prisionero como espía por los ingleses el joven y heróico estudiante de la Universidad de Yale, *Nathan Hale*. Los ingleses no le concedieron ni aun el honor de morir fusilado como militar. Fué ahorcado. Momentos antes de morir dijo las sublimes y célebres palabras que han inmortalizado su nombre. «Siento no tener sino una vida que dar á mi patria». (*I only regret that I have but one life to give for my country*). Vse. *Scudder*: op. cit., pág. 167 y sig. *Fiske*: op. cit. Vol. II, pág. 228, etc., etc.

sición, marchó hasta *Princeton* y allí derrotó de nuevo las tropas británicas, tomándoles 300 prisioneros. Repasando el Delaware, volvió á ocupar su campamento (2 de Enero de 1777).

La misión de Franklin. 7.—Desde antes de la declaración de la Independencia, el Congreso había delegado en las Cortes Europeas, poco afectas á Inglaterra, comisionados para conseguir auxilios y alianzas. Conociendo las brillantes dotes diplomáticas de *Franklin*, á fines del 1776 decidió enviarle á Francia.

Hacía tiempo que los discípulos fervientes de *Voltaire* y *Rousseau* seguian con gran interés los progresos de la Revolución Norte-Americana.

Fig 375. - Benjamín Franklin.

Para los pensadores como *Montesquieu* y *Turgot*, el triunfo de la libertad política Inglesa era la esperanza del mundo. El astuto ministro *Vergennes* había prestado, por intermedio del enviado Americano en Londres *Arthur Lee*, y del célebre escritor *Beaumar·*

chais, autor del *Fígaro,* auxilios secretos á los colonos Ingleses. La llegada de *Franklin* á Paris produjo gran sensación en los círculos del filosofismo. Aquel anciano (70 años) respetable, sencillo, abnegado é ingeniosísimo, encarnaba para los *D'Alembert* y los *Diderot* las excelencias de la causa Americana, y era compendio y modelo de buen sentido y de virtudes democráticas. Simbolizaba la libertad, ansiada por la Francia de fines del siglo XVIII, y fué por todos recibido con verdadero entusiasmo (1).

Fig 376.—Kosciuszko.

La oposición del Monarca *Luis XVI* que simpatizaba, en cierto modo, con *Jorge III,* impidió á *Franklin* el conseguir del gabinete Francés el tratado de alianza que deseaba; pero logró, sin embargo, un subsidio anual de 2.000.000 de libras y el envío á Norte-América de algunos buques cargados de armas y bagajes.

Fig. 377.—El general Burgoyne.

Logró también que algunos entusiastas partieran al Nuevo Mundo á alistarse sin condiciones en los ejércitos libertadores. Fué uno de éstos el joven, simpático y ardoroso *Marqués de Lafayette,* que abandonó su posición brillante y sus comodidades para ir á pelear en América. Partió 'de Burdeos (Abril 1777) con *Kalb* y otros once oficiales Franceses en un buque con armamentos, fletado á sus expensas. Algún tiempo antes, los hábiles jefes Polacos, *Kosciuszko* y *Pulaski,* se habían incorporado á las filas de *Washington.* Todos estos auxiliares extranjeros ayudaron

---

(1) *Voltaire* hablaba de las tropas Americanas, llamándolas *tropas de Franklin». Turgot,* hizo sobre él la célebre línea latina *«Eri Puit cœlo fulmen, sceptrumque tyrannis».* Vse. *Fiske.* The Amerikan Revolution (N. Y., 1891). Vol. I, pág. 239 y sig. *Lindsay Swift:* Benjamín Franklin (Boston, MCMX), pág. 47 y sig., etc., etc.

eficacísimamente al triunfo de la Revolución de Norte-América.

8.—Al principiar la primavera de 1777, los generales Ingleses forma-

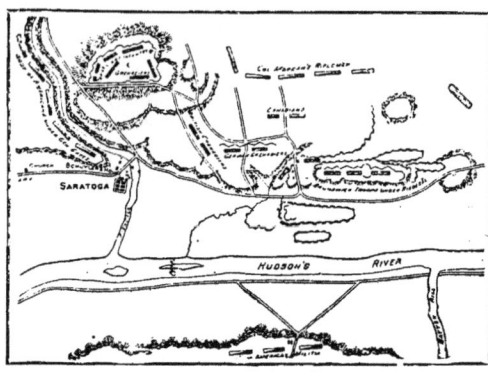

Fig. 378.—Rendición de Burgoyne en Saratoga.

ron un plán de campaña para apoderarse de Filadelfia, y aislar las colonias de la Nueva Inglaterra de las del Sur. El general *Burgoyne* con 800 hombres y algunos auxiliares Indios, abandonó su campamento del Lago Champlain y logró apoderarse del fuerte Ticonderoga (Julio1777), y derrotar á los patriotas, cuyo general (*Herkimer*) fué muerto en la sangrienta batalla de Oriskany. Diez días despues (Agosto 16), los Americanos, mandados por *Schuyler* y *Arnold*, obtuvieron en Bennington señalado triunfo. Temerosas del avance de *Burgoyne*, las milicias de Connecticut y Massachussets se unieron al ejército patriota, consiguiendo cortar la retirada del jefe Británico. *Washington*, por su parte, impedía hábilmente el avance de *Howe* hacia Filadelfia.

Fig. 379.—La rendición de *Burgoyne*
(caricatura de la época).

Salió éste, por fin, con su ejército de Nueva York y presentó batalla á *Washington* en las márgenes del río *Brandywine*. Los patriotas fueron vencidos, aunque pudieron retirarse á Chester. Los Ingleses entraron en Filadelfia.

La derrota de *Brandywine* desconcertó un tanto á los Americanos. *Washington*, sin embargo, conservó su serenidad y su confianza en el triunfo. *Howe* no pudo auxiliar eficazmente á *Burgoyne*. En vano destacó para ello al general *Clinton* con parte de sus tropas. Las Americanas mandadas por *Gates*, derrotaron al referido *Burgoyne* en varios encuentros y le obligaron á rendirse en *Saratoga* (Octubre 17-1777) con toda su artillería y armamentos.

. La victoria de *Saratoga* reanimó á los pesimistas y fué para la Revolución fecunda en consecuencias favorables (1).

(1) Vse. *Fiske:* op. cit. Vol. I, pág. 99 á 336, etc. *Scudder:* op. cit., pág. 143 y sig. *George E. Ellis:* The sentiment of Independence, etc. en *Winsor:* op. cit. Vol. VI, pág. 231 y sig. (Fuentes, pág. 252 y sig.) *George W. Cullum:* The Struggle for the Hudson, en *Winsor:* loc. cit., pág. 275 y sig. (Fuentes, pág. 323 y sig.) *Fred. D. Stone:* The Struggle for the Delaware, en *Winsor:* loc. cit., pág. 367 y sig. (Fuentes, pág. 403 y sig.) *Hart:* Formation of the Union, pág. 72 y sig. (Referencias, pág. 69). *John A. Doyle:* The war of the Independence, en *Cambridge Modern History.* Vol. VII, pág. 209 y sig. *T. W. Higginson:* A Larger Hist. of the U. S. (New-York, 1886). Cap. IX y sig., pág. 123 y sig., etc., etc. (Véanse además las *Referencias Bibliográficas* del Capítulo siguiente).

CUESTIONARIO

1. – *¿Qué importancia histórica tuvo el elemento* pueblo *en la Revolución Norte Americana?*

2. – *¿Á qué se debió la gran fuerza inicial de esta Revolución?*

3. – *¿Qué grandes principios de progreso humano representaba?*

4. – *¿Á quién representaba el* 2.º Congreso Continental?

5. – *¿Qué resoluciones importantes tomó en nombre de las Colonias?*

6. – *¿Quién dirigió principalmente los asuntos militares de la Revolución?*

7. – *¿Quién fué nombrado General en Jefe de los ejércitos Americanos?*

8. – *¿Qué dotes militares tenía* Jorge Washington?

9. – *¿Qué opinión tenía de* Washington *el Ministro Pitt?*

10. – *¿Por qué era* Washington *respetado y querido por sus conciudadanos?*

11. – *¿En qué estado se encontraban las tropas Revolucionarias cuando* Washington *tomó el mando en Jefe?*

12. – *¿Qué resultados tuvo la llamada* Campaña del Canadá?

13. – *¿Qué triunfo obtuvo* Washington *en Boston?*

14. – *¿Qué influencia tuvo el folleto de* Tomás Payne *en Norte América?*

15. – *¿Qué moción célebre hizo* Richard Lee, *en el Congreso Continental?*

16. – *¿Cuándo y cómo declararon las colonias Inglesas su Independencia?*

REFERENCIAS

Véanse las del Capítulo siguiente.

CAPÍTULO II

LA REVOLUCIÓN TRIUNFANTE (1778-1789)

1. Los cuatro períodos de la guerra.—2. La alianza Francesa.—3. Mommouth y New Port.—4. La Campaña de las Carolinas. - 5. La traición de Arnold.—6. La rendición de Yorktown.—7. La paz con Inglaterra.—8. La Constitución Federal.—9. La gloria de Washington.

Los cuatro períodos de la guerra. 1.—La historia militar de la Revolución Norte Americana puede dividirse en cuatro períodos. Empieza, como vimos, el *primero* en el año 1767, con la resistencia á las órdenes de registro *(Writts of Assistance)* y termina en 1774 cuando el pueblo de Boston desafió abiertamente á la Gran Bretaña. Iníciase el *segundo período* al considerar Massachussetts como nulos los actos del Parlamento Inglés, y termina con la declaración de la Independencia. El rasgo esencial del *tercer período* (1776-1777) fué la lucha por el Estado de Nueva York y por la gran línea estratégica natural de los ríos Hudson y Mohawk. Empieza con los desastres de Long Island y Fuerte Washington y termina con el triunfo de Saratoga. Tomaron los Ingleses en estos dos años á Nueva York, Filadelfia y Newport, pero su desesperada tentativa de destrozar el centro de la defensa Americana, fracasó totalmente, evidenciando al mundo entero la imposibilidad práctica para Inglaterra de reconquistar sus rebeldes colonias. El cuarto y último período de la Revolución, empieza con las inmediatas consecuencias de la victoria de Saratoga y termina con la rendición en Yorktown de *Lord Cornwallis* y el reconocimiento por Inglaterra de la Independencia de los Estados Unidos.

La historia de estos cuatro últimos años presenta grandes contrastes con las de los dos anteriores. La lucha entre Inglaterra y sus Colonias se extiende á todo el mundo civilizado,

y en especial á Francia. Los generales Ingleses, en vez de dirigir sus ordenados ataques al centro de la resistencia Americana, emprenden una serie de movimientos aislados é ineficaces, ya con objeto de agotar la paciencia de los ejércitos de *Washington*, ya con el de conquistar los Estados del Sur, y separarlos de la Unión Americana.

Tiene esta última etapa de la guerra menor unidad dramática que las anteriores, y es, por tanto, menos susceptible de exposición sintética y ordenada. Nos limitaremos á bosquejarla en sus líneas generales, fijando nuestra atención sobre los hechos más decisivos é importantes (1).

2. — La rendición de *Burgoyne* consternó al gobierno Británico. El ministro *Lord North* cambió de repente su política y presentó al Parlamento una ley haciendo toda clase de concesiones á los Colonos Americanos. Estas medidas conciliatorias eran tardías. Los vencedores de Saratoga no estaban dispuestos á tratar con la Metrópoli arreglo alguno que no aceptara explícitamente su Independencia.

La alianza Francesa.

Fig. 330.— Joseph Brant.
(*Tha-yen-dan-e-gea*)

El gobierno Francés decidió al fin reconocerla en un *Tratado* que firmó con *Benjamín Franklin* en Febrero 6 del 1778. La neutralidad de Francia quedaba subsistente, pero las dos potencias contratantes se comprometían á socorrerse mutua-

---

(1) V. *Fiske:* The American Revolution. Vol. II, pág. 1 y sig. *Hart:* op. cit., pág. 85 y sig. *Bancroft:* op. cit. Vol. IV. Cap. X á XXVIII, etc. *Bryant & Gay.* op. cit. Vol. III, pág. 400 y sig. Vol. IV, pág. 2 y sig. *Hildreth:* op. cit. Vol. IV, pág. 315 y sig., etc., etc.

mente en caso de guerra entre Francia é Inglaterra, y ninguna de ellas *(Estados Unidos y Francia)* podía aceptar la paz separadamente ni deponer las armas hasta que la Independencia de los Estados Unidos estuviese reconocida y asegurada.

Por un artículo especial del Tratado se estipuló tambien que España se adheriría á la alianza cuando lo creyera conveniente. El monarca Alemán *Federico el Grande,* por su parte abrió su puerto de Dantzic á los cruceros Americanos y prohibió á los *Hessianos* que atravesaran sus territorios para incorporarse á los ejércitos Ingleses. Escribió además á *Franklin* anunciándole que seguiría pronto el ejemplo de *Luis XVI* y reconocería, como él, la Independencia de los Estados Unidos.

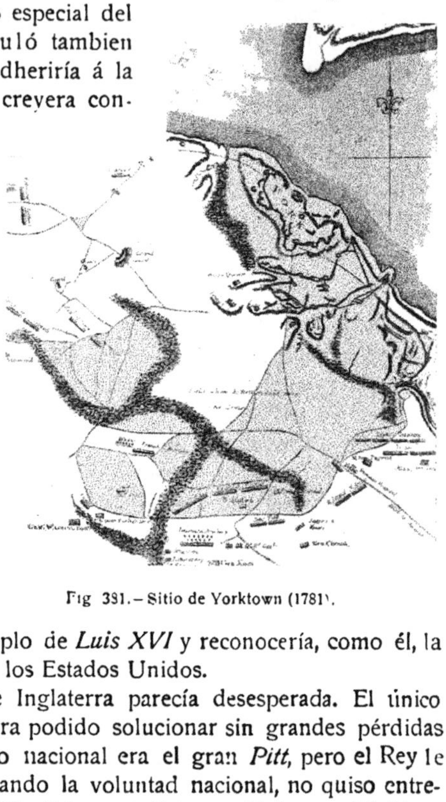

Fig 381. – Sitio de Yorktown (1781).

La situación de Inglaterra parecía desesperada. El único hombre que hubiera podido solucionar sin grandes pérdidas tan grave conflicto nacional era el gran *Pitt,* pero el Rey le odiaba, y, despreciando la voluntad nacional, no quiso entregarle el gobierno. El célebre estadista murió á poco (11 Mayo 1778), después de su último y hermoso discurso defendiendo la dignidad Británica, y *Jorge III* mantuvo en el gabinete al obstinado y soberbio *Lord North.* Siguiendo este ministro los caprichos de su monarca, aceptó los sanguinarios planes guerreros de *Lord George Germain*, que consistían en fatigar con ataques parciales á *Washington*, lanzar los *Indios* en guerra salvaje contra los colonos y separar los Estados de Virginia y de las Carolinas del resto de los confederados (1).

Mommouth
y New Port.

3. — En Mayo de 1778 llegó á Norte-América la noticia del Tratado celebrado por *Franklin*. El gobierno de la Gran Bretaña se lo comunicó á su vez al General *Clinton,* que había sucedido á *Howe* en el mando del ejército Inglés. Tenía *Clinton* á sus órdenes más de 30.000

Fig. 382.—Busto de Washington
(*Ceracchi*).

soldados, de los cuales 10.000 ocupaban á *Filadelfia* mientras *Washington* permanecía acampado en *Valley Forge,* con un cuerpo de 12.000 hombres mal equipados y casi desnudos, luchando con dificultades de todo género.

El Congreso no tenía dinero con que aprovisionar las tropas. La crudeza del invierno y la falta de subsistencia puso á prueba el patriotismo de los soldados Americanos y la serenidad y admirables dotes de su General en Jefe. El descontento llegó á tal punto que algunos oficiales culparon á *Washington* de sus sufrimientos y se confabularon *(Conway Cabal)* para pedir al Congreso que entregara el mando al *General Gates.*

Fig. 383.—Retrato y firma de *Sir Henry Clinton.*

Trataron de ganar á su causa á *Lafayette,* pero éste fué fiel á su

(1) *Hart*: op. cit., pág. 85 y sig. *Fiske*: op. cit. Vol. II, pág. 5 y sig. *E. J. Lowell* en *Winsor*. Vol. VII, pág 24 y sig. Sobre la intervención de *Carlos III* y sus ministros (*Grimaldi, Florida Blanca, Aranda,* etc.) en el Tratado con los Estados Unidos, y en general en la guerra de la Independencia de las Colonias Inglesas. Vse. *Altamira:* op. cit. Vol. IV, pág. 63 y sig., etc. *Lafuente*: Hist. Gen. de España. Lib. V. Cap. X, etc.

gran Jefe, que consiguió fácilmente confundir á sus insensatos enemigos. El mayor trabajo de *Washington* en este terrible invierno de *Valley Forge*, fué el de disciplinar militarmente á sus desastrados contingentes. En esta árdua tarea fué eficacísimamente secundado por el entusiasta y brillante Jefe voluntario Alemán, Barón *Friedrich von Steuben* (1).

Fig. 384.—El General Lafayette.

El gobierno Inglés ordenó á Sir *Henry Clinton* que concentrase sus fuerzas en New York. Obedeciendo esta orden, el general Inglés intentó cruzar la provincia de *New Jersey* hasta *Sandy Hook* para embarcar sus tropas en la escuadra. *Washington* movió su ejército para interceptar el camino de *Clinton* y le presentó batalla en *Monmouth Court House* (Junio 28-1778), que fué desastrosa para ambas partes, fallando los certeros planes de *Washington* por la traición del General *Charles Lee,* que desobedeció intencionalmente sus órdenes. *Washington,* sin embargo, logró mantener sus posiciones y salvó la jornada.

Inglaterra, en tanto, había declarado la guerra á Francia y el 19 de Abril del 1778, el Almirante Francés, *Conde de Estaing,* salió con poderosa escuadra para Norte-América. *Washington,* contando con su auxilio, puso sitio á *New Port,* capital de

---

(1) Vse. *Fiske:* Am. Rev. Vol. II, pág. 26 y sig. *Channing* en *Winsor.* N. & C. H. of A. Vol. VI, pág. 469 y sig. *Washington Irving:* Life of George Washington (N. Y. 1855-59). Vol. III, pág. 427 y sig. *Wayne Whipple:* op. cit. Vol. II. Cap. XX y XXI, pág. 23 y sig., etc.

Rhode Island, pero, fuese por una razón ó por otra, *D'Estaing* no secundó los esfuerzos de los Americanos, y, á pesar de la bravura y decisión de sus soldados, mandados en esta emergencia por *Sullivan* y *Lafayette. Washington* se vió forzado á levantar el sitio (1).

La Campaña de las Carolinas.

4.— Las operaciones militares de los años 1778 y 1779, tuvieron tres escenarios principales. En los valles de Wyoming, Mohawk, etc., y en las fronteras centrales los realistas, auxiliados por los feroces Iroqueses que acaudillaba el curioso y célebre jefe Mohawk, *Joseph Brant (Tha-yen-da-ne-gea)*, cometieron toda clase de atrocidades

Fig. 385.— Fragata de los aliados.

Fig. 386.—El General *Lord Cornwallis.*

para infundir terror á los colonos (2). Las aldeas de Wyoming y Cherry-Valley fueron incendiadas, y degollados sin distinción de sexo ni edad sus habitantes. (Noviembre 10, 1778). En el año 1779, *Washington* envió á su lugarteniente el bravo General *Sullivan* con 5.000 hombres, que encontró á las tropas Inglesas y á las bandas Iroquesas de *(Joseph Brant)* en Newtown (hoy *Elmira)*, derrotándolas completamente. (Agosto 29, 1779).

El general *Clinton*, por otra parte, había despachado un

(1) Vse. *Fiske:* American Rev. Vol. II. Cap. X, pág. 52 y sig. Sobre las campañas marítimas de la Revolución Americana y los principios de la marina de los Estados Unidos. Vse. *Hale,* en *Winsor.* N. & C. H. of A. Vol. VI. Cap. VII, pág. 563 v sig. y sus referencias, pág. 589 y sig , etc., etc.

(2) Sobre la curiosa figura histórica de *Joseph Brant* ó *Thayendanegea.* Vse. *Fiske:* Am. Rev. Vol. I. Cap. XI, pág. 82 y sig. *Hand. Book of Am. Indians* (B. A. E.). Vol. II, pág. 741 y sig. *W. L. Stone.* Life of Joseph Brant (Albany, 1865). Vol. I y II, pág. 6 y sig. y sus referencias.

Cuerpo de 2.000 hombres á la provincia de Georgia, mandados por el *Coronel Campbell*. Consiguieron apoderarse de la
ciudad de Savanah (Dic. 1778) y reinstalar en ella la autoridad
real. Atacados (Marzo 1779) por los Americanos fueron éstos
rechazados en *Briar Creek* con sensibles pérdidas.

Fig. 387. - El ilus're patriota
John Adams.

En Abril de 1779, el ministro
Español *Florida Blanca* concluyó un tratado secreto con
Francia para luchar juntas contra Inglaterra (1). Los navíos de
ambas potencias amenazaron
las costas Británicas (1789-
1791), al mismo tiempo que numerosos corsarios Americanos
hostilizaban el comercio Inglés
en los mares de ambos mundos.
Una poderosa flota francesa
mandada por el *Conde de Guichen*, se dirigió á Nueva York
para ayudar á *Washington* á
recuperar la ciudad. Los Ingleses, que supieron defenderse
heroica y hábilmente en Europa, enviaron á Norte América
otra escuadra mandada por el célebre marino *Sir George
Rodney*, que derrotó á *Guichen*, obligándole á volver á Francia
y ancló luego frente á Nueva York para auxiliar á sus compatriotas y desbaratar los proyectos de *Washington*.

Este triunfo alentó al general *Clinton* á proseguir la campaña en el Sur, y puso sitio á la ciudad de *Charleston*, capital de
la Carolina. Los Americanos se vieron obligados á rendirse en
el momento en que los Ingleses se preparaban para el asalto
(12 de Mayo de 1780). *Clinton* ocupó los Estados de Georgia
y de Carolina del Sur, dejó el mando de las tropas al general

(1) Vse. *Altamira:* Hist. España. Vol. IV, pág. 67 y sig.

Lord Cornwallis, y se embarcó con dirección á New-York, que creía amenazada. Los refuerzos que el Congreso Americano envió para combatir las tropas de *Lord Cornwallis*, fueron también batidos por los Ingleses.

La traición de Arnold.

5.— La fortuna se mostraba esquiva con los Americanos. Mal pagadas y peor equipadas, las tropas parecían dispuestas á sublevarse, y sólo la constancia y la entereza de *Washington* pudieron mantener su moralidad y disciplina.

El general *Lafayette* había pasado á Francia á pedir auxílios al Rey. *Luis XVI* nombró á *Washington* teniente ge-

Fig. 388. — El Conde de Rochambeau.

neral de sus ejércitos, y puso á sus órdenes un Cuerpo de seis mil franceses. El arribo de estas tropas, á cuyo frente venía el bravo General *Conde de Rochambeau* (Julio de 1870), hizo concebir grandes esperanzas; pero los aliados carecían de una escuadra respetable, y les fué forzoso conservar sus posiciones.

Fig. 389.—El Almirante D'Estaing.

En Septiembre de 1780, el ejército Americano estaba acampado en la orilla derecha del rio Hudson, amenazando á los ingleses que dominaban en New-York. El general Americano *Benedicto Arnold* guarnecía el fuerte de West-Point, en las orillas de aquel río, desde donde embarazaba las operaciones de la escuadra Británica. *Arnold* era hombre de costumbres desarregladas y de pasiones violentas; herido en su amor propio por el Congreso y deseoso de venganza, entró en secretas relaciones con el General *Clinton* para entregarle el fuerte y pa-

Cuerpo de 2.000 hombres á la provincia de Georgia, mandados por el *Coronel Campbell.* Consiguieron apoderarse de la ciudad de Savanah (Dic. 1778) y reinstalar en ella la autoridad real. Atacados (Marzo 1779) por los Americanos fueron éstos rechazados en *Briar Creek* con sensibles pérdidas.

Fig. 387. - El ilus're patriota
John Adams.

En Abril de 1779, el ministro Español *Florida Blanca* concluyó un tratado secreto con Francia para luchar juntas contra Inglaterra (1). Los navíos de ambas potencias amenazaron las costas Británicas (1789-1791), al mismo tiempo que numerosos corsarios Americanos hostilizaban el comercio Inglés en los mares de ambos mundos. Una poderosa flota francesa mandada por el *Conde de Guichen,* se dirigió á Nueva York para ayudar á *Washington* á recuperar la ciudad. Los Ingleses, que supieron defenderse heroica y hábilmente en Europa, enviaron á Norte América otra escuadra mandada por el célebre marino *Sir George Rodney,* que derrotó á *Guichen,* obligándole á volver á Francia y ancló luego frente á Nueva York para auxiliar á sus compatriotas y desbaratar los proyectos de *Washington.*

Este triunfo alentó al general *Clinton* á proseguir la campaña en el Sur, y puso sitio á la ciudad de *Charleston,* capital de la Carolina. Los Americanos se vieron obligados á rendirse en el momento en que los Ingleses se preparaban para el asalto (12 de Mayo de 1780). *Clinton* ocupó los Estados de Georgia y de Carolina del Sur, dejó el mando de las tropas al general

(1) Vse. *Altamira:* Hist. España. Vol. IV, pág. 67 y sig.

Lord *Cornwallis*, y se embarcó con dirección á New-York, que creía amenazada. Los refuerzos que el Congreso Americano envió para combatir las tropas de Lord *Cornwallis*, fueron también batidos por los Ingleses.

La traición de Arnold.

5.— La fortuna se mostraba esquiva con los Americanos. Mal pagadas y peor equipadas, las tropas parecían dispuestas á sublevarse, y sólo la constancia y la entereza de *Washington* pudieron mantener su moralidad y disciplina.

El general *Lafayette* había pasado á Francia á pedir auxilios al Rey. *Luis XVI* nombró á *Washington* teniente general de sus ejércitos, y puso á sus ór-

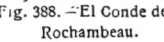

Fig. 388. —El Conde de Rochambeau.

denes un Cuerpo de seis mil franceses. El arribo de estas tropas, á cuyo frente venía el bravo General *Conde de Rochambeau* (Julio de 1870), hizo concebir grandes esperanzas; pero los aliados carecían de una escuadra respetable, y les fué forzoso conservar sus posiciones.

Fig. 389.—El Almirante D'Estaing.

En Septiembre de 1780, el ejército Americano estaba acampado en la orilla derecha del rio Hudson, amenazando á los ingleses que dominaban en New-York. El general Americano *Benedicto Arnold* guarnecía el fuerte de West-Point, en las orillas de aquel río, desde donde embarazaba las operaciones de la escuadra Británica. *Arnold* era hombre de costumbres desarregladas y de pasiones violentas; herido en su amor propio por el Congreso y deseoso de venganza, entró en secretas relaciones con el General *Clinton* para entregarle el fuerte y pasarse á las banderas inglesas. *Clinton* confió esta negociación á uno de sus ayudantes, el Mayor *Jonh André*. Éste fué apresado, y en su poder se hallaron las pruebas de la traición del ge. neral Americano, que alcanzó á ponerse en salvo. *André* fué juzgado como espía, y ahorcado el 2 de Octubre de 1780. El traidor *Arnold*, recibió diez mil libras esterlinas en premio de su vileza y se retiró á Inglaterra, donde murió años más tarde (Junio 14, 1801), despreciado de propios y extraños y agobiado por los remordimientos (1).

6. — La traición de *Arnold* no produjo resultado alguno beneficioso para los Ingleses. Las operaciones militares en el Sur empezaron, por otra parte, á tomar mejor aspecto para los Americanos. En Diciembre de 1780, *Washington* envió con nuevos refuerzos al *General Greene* y al *General Morgan*, á las Carolinas, para atacar á *Lord Cornwallis*. La división de *Morgan* derrotó en *Cowpens* al cruel jefe Británico *Tarleton* (Enero 17-1781), y unido á *Greene*, después de varios meses de activas y brillantes campañas ofensivas, presentó batalla á *Lord Cornwallis* en Guilford Court (Marzo 15-1781), obligándole á retirarse á la Carolina del Norte, y luego á Virginia, donde le hostilizó hábilmente el bravo é incansable *Lafayette*.

La rendición de Yorktown.

Fig. 390. - Silueta y firma del .Mayor André.

(1) La historia de la traición del desgraciado *Arnold*, es un episodio interesante, *pero sin consecuencias* para la Revolución Norte-Americana. Sin embargo, si no hubiera fracasado, tal vez hubiera detenido el triunfo de los Independientes. La actitud de Washington en este triste incidente patentiza la entereza de su alma y la austeridad de su patriotismo. Vse. *Fiske:* Am. Rev. Vol. II Cap. XIV, pág. 206 y sig. *Wayne Whipple:* op. cit. Cap XXV, pág. 87 y sig. *Winsor:* N. & C. H. of A. Vol. VI. pág. 447 y sig y sus refcias.

Washington seguía, mientras tanto, amenazando á. Nueva York. Hizo creer al *General Clinton* que iba á atacarle por tierra, mientras la escuadra Francesa del *Conde de Grasse* lo hacía por mar. *Clinton,* alarmado, pidió refuerzos á *Lord Cornwallis* para defender Nueva York. De repente, la flota Francesa zarpó para Virginia, y *Washington,* á marchas forzadas, avanzó hasta *Yorktown* (Virginia), y antes de

Fig. 391.—Desembarco de los auxiliares franceses de *Rochambeau*.

que *Clinton* se diese cuenta de lo que sucedía, la flota Francesa y el ejército Americano rodearon completamente á *Lord Cornwallis*. Pidió éste auxilios á *Clinton,* que no llegaron. Las tropas Americanas de *Washington* y las aliadas de *Rochambeau,* avanzaron hacia las trincheras Inglesas, mientras la flota del *Conde de Grasse* amenazaba la ciudad desde el río. El sitio se formalizó á fines de Septiembre. Cada día que pasaba ganaban terreno los Americanos por medio de brillantes ataques. *Lord Cornwallis,* comprendiendo lo desesperado de su situación, después de intentar en vano

Fig. 392. -- La rendición de *Lord Cornwallis* 1781.

romper las líneas de los sitiadores, se rindió por fin, con todo su ejército, al *General Washington,* el día 19 de Octubre de 1781. Días más tarde llegaba *Clinton* á las costas de Virginia, donde supo, con profundo dolor, el decisivo triunfo de su genial enemigo Americano (1).

7. — Cuando llegaron á Inglaterra las noticias de la rendición de *Lord Cornwallis* estaba abierto el Parlamento. Los amigos del rey *(tories)* abogaron por la vigorosa prosecución de la guerra. Sus enemigos políticos *(whiggs)* patrocinaron una paz inmediata, que el rey se inclinaba á aceptar, aunque sin reconocer la Independencia. Los comisionados Americanos *Franklin, Adams* y *Jay,* manifestaron terminantemente que no depondrían las armas sin este reconocimiento. *Jorge III,* forzado por las circunstancias y por su Parlamento, acabó por ceder. No sin demoras y discusiones, ocasionadas, fuese por la fijación de límites del valle del Ohio, etc., ó por las intrigas de las cortes de España y Francia, el Gobierno Británico y los comisionados Norte Americanos llegaron á un acuerdo, firmándose en París (Septiembre 3 de 1783) un *Tratado de Paz,* mediante el cual reconocía Inglaterra, sin reservas, la independencia de sus antiguas colonias. En Noviembre 25, del mismo año, evacuaron á Nueva York las tropas Británicas, y en Junio del

Fig. 393.—Los Estados Unidos en 1783.

(1) Sobre este brillante y decisivo triunfo de *Washington,* Vse. *Fiske:* Am. Rev. Vol. II, pág. 244 y sig. *Stedman:* Hist. of the origin & progress Am. War (London; 1794). Vol. II, pág. 189 y sig. *H. Barton Dawson:* Battles of the United States, etc. (N. York, 1858) Vol. I, pág. 124 y sig. *Edward Channing:* Students History of the U. S. (Ed. N. York, 1898), pág. 350 y sig. *Wayne Whipple:* op. cit. Vol. II, pág. 119 y sig., etc., etc.

año siguiente ratificó el Congreso el *Tratado de Paz,* que fué en todo y por todo un señalado triunfo para la diplomacia Norte Americana (1).

8. — La nueva *Nación* que había surgido en América, nece- La Constitución sitaba constituirse sólidamente. El peligro común había unido Federal. á las colonias durante la guerra, pero no era tan fácil mante-

ner en la paz una unión duradera. El interior del pais estaba desorganizado. Todo era en los Estados, desorden, pobreza y descontento. Comercialmente y no obstante los esfuerzos de *Adams,* Norte-América estaba á dos pasos de la bancarrota. La revolución, sin embargo, había logrado fortalecer un gran principio político. Había hecho vivir un *gobierno republicano* en forma desconocida desde los tiempos clásicos. En 1782, *Federico de Prusia* decía al embajador de los Estados Unidos,

Fig. 394 —Comisionados Norte Americanos de la Paz de 1783. (*Boceto de West.*)

que su nación no podría subsistir *porque no se conocía en la historia república alguna que hubiese subsistido, no estando el territorio concentrado y definido.* El problema constitucional. Norte Americano, era, en efecto, nuevo en el mundo, pero al juzgarlo con criterio pesimista, olvidaba el monarca Prusiano que la revolución había abolido las distinciones y privilegios, y había establecido la *igualdad* y el *sufragio universal* como sólidos fundamentos de la naciente democracia.

(1) Vse. *Hart:* op. cit., pág. 95 y sig. *W. E. H. Lecky:* England in the Eighteenth Century (London, 1878-90). Vol. IV. Cap. IV y sig. *Ed. Channing:* United States (1765-1865). Cap. III, pág. 59 y sig. *Briant & Gay:* op. cit. Vol. IV, pág. 2 y sig. *Geog. Bancroft:* op. cit. Vol. IV. Cap. IX á XXVIII. *Hildreth:* op. cit. Vol. IV, pág. 411 y sig. *Lindsay Swift:* Benj. Franklin, pág. 108 y sig., etc., etc.

Vimos anteriormente que durante la guerra el Congreso nabía tenido á su cargo la dirección de los negocios públicos. El país, sin embargo, no podía en la paz gobernarse en la misma forma. En Febrero de 1787, á instancias de los Estados, resolvió el referido Congreso que se convocara una *Convención* "para revisar los *Artículos de la Confederación*, convenidos en 1776, constituir un gobierno federal adecuado, y mantener la unión de las colonias." La *Convención*, formada por los re-

Fig. 395. — James Madisson
(*El Padre de la Constitución*).

presentantes más distinguidos de los Estados y presidida por el General *Washington*, se reunió en Filadelfia (Mayo 25 de 1787). No sin graves dificultades y discusiones, cuyo interesante estudio es ajeno á la índole de nuestro *Compendio*, terminó la *Convención* sus trabajos (Septiembre 17-1787) y presentó al Congreso su proyecto de *Constitución Federal*, formulado por el eminente patriota *Madisson*, que fué ratificado el año siguiente (Septiembre 13-1788).

La *Constitución* creó un Presidente, investido del *Poder Ejecutivo* por cuatro años, y designado por elección indirecta de todos los electores de los Estados Unidos. El *Poder Legislativo* quedó representado por dos Cámaras, la una de Diputados elegidos en toda la Unión, y la otra, que forma el Senado, elegida por las asambleas de los Estados. El *Poder Judicial*, quedó en manos de la *Suprema Corte Federal* y de los tribunales inferiores que decidiera crear el Congreso. (Septiembre 24 de 1723).

La gloria de Washington. 9. La actuación del *General Washington* en su patria después de la guerra de la Independencia, pertenece á la *Historia Constitucional* de los Estados Unidos.

Despues de proclamada la paz, el genial caudillo (Abril 1783) se despidió con dolor de sus compañeros de armas, rindió con admirable sencillez sus cuentas al Congreso, y se retiró como el virtuoso patricio romano *Cincinato* á sus tranquilas posesiones de Mount-Vernon.

El voto de sus conciudadanos lo sacó nuevamente de la privacía de su hogar para salvar la patria. Presidió con gran acierto la *Convención Constituyente*, y al organizarse el nuevo gobierno, y no obstante su resistencia y deseo de tranquilidad, fué elegido entre las aclamaciones entusiastas del país, *Presidente de los Estados Unidos.*

En Abril 17 de 1789, escribe él mismo en su diario: "*dije*

Fig. 396.—Brindis de despedida de *Washington* en el banquete á *John Adams.*

adiós á Mount-Vernon, á la vida privada y á la felicidad doméstica, para acudir al llamado de mi patria». Se despidió tiernamente de su virtuosa madre, y fortalecido con su bendición, marchó á Nueva-York para tomar posesión de su alto cargo, que juró solemnemente en Abril 30 del mismo año. Fué reelcgido en el año de 1793, por los votos unánimes de los colegios electorales. Gobernó otros cuatro años la Confederación (1793-97), y rechazando irrevocablemente el pensamiento de una tercera Presidencia, comunicó al Congreso su firme

Fig. 397.— Sitio de las principales batallas de la revolución.

decisión de abandonar la vida pública. El día 4 de Marzo de 1797, el *Padre del País* asistió á la inauguración de su sucesor el *Presidente Adams*, y leyó con voz serena su mensaje de despedida. Los que presenciaron este último acto público del *primer ciudadano Americano* no pudieron contener sus lágrimas. Los ojos de *Washington* también se humedecieron. Al salir del salón miró conmovido y por última vez á los representantes del gobierno, como si su gran corazón quedase con ellos.

Dos años más tarde, y después de una corta enfermedad, en la que dió los mismos ejemplos de paciencia y de valor que caracterizaron su ejemplarísima vida, rodeado de todos los suyos, y en un melancólico atardecer del mes de Diciembre, entregó al Creador su privilegiado espíritu. (Mount-Vernon, Diciembre, 14, de 1799).

Así acabó sus luctuosos días el libertador de la América del Norte. Su histórica figura no es patrimonio exclusivo de los Estados Unidos, donde fué *el primero en la paz, el primero en la guerra* y *el primero en el corazón de sus conciudadanos.* Encarnación genuina de todas las virtudes democráticas, pertenece á la humanidad y ocupa lugar preferentísimo en el glorioso *Walhalla* de sus héroes (1).

(1) *Wayne Whipple:* op. cit. Vol. II. Cap. XXVIII á XXXVI, pág. 140 y sig. *Henry Cabot Lodge*: George Washington (Boston, 1889). Vol. II, pág. 27 y sig. *Washington* writtings (Ed. *Jared Sparks.* Boston, 1837). Vol. X, pág. 84 y sig. Vol. XI, pág. 5 y sig., etc. *E. E. Hale:* Life of Washington (N. Y., 1888), pág. 143 y sig., etc., etc.

CUESTIONARIO

1. – ¿En qué períodos puede dividirse la guerra de la Independencia Norte-Americana?
2. – ¿En qué se diferencian del último, los dos primeros?
3. – ¿Qué estipulaciones principales se insertaron en el Tratado entre Francia y los Estados Unidos?
4. – ¿Qué complicaciones Europeas determinó este Tratado?
5. – ¿Qué actitud asumió la Gran Bretaña al conocerlo?
6. – ¿Qué tiene de notable la invernada del ejército Americano en Valley Forge?
7. – ¿Á qué fué debido principalmente el desastre de Monmouth?
8. – ¿Qué resultados tuvo para los independientes el sitio de New Port?
9. – ¿Quién fué Joseph Brant y qué campañas hizo?
10. – ¿Qué derrota naval sufrieron los Americanos y Franceses en New-York?
11. – ¿Qué resultados desastrosos tuvo para los Americanos la llamada campaña de las Carolinas?
12. – ¿Qué auxilios militares obtuvo en Francia el Marqués de Lafayette?
13. – ¿Qué jefes extranjeros se distinguieron en la guerra de la Independencia Norte-Americana?

14. – *¿Cómo se desarrolló, y qué importancia tuvo la traición del* General Arnold?

15. – *¿Cómo afirmó el general Inglés* Lord Cornwallis *su ocupación de las Carolinas?*

16. – *¿Qué brillante estratagema empleó* Washington *para sitiarle en Yorktown?*

17. -- *¿Qué importancia tuvo para los Independientes la rendición de* Lord Cornwallis *en Yorktown?*

18 - *¿Qué influencia tuvo en el Gobierno y el Parlamento Británicos?*

19. – *¿Con qué condiciones firmaron los comisionados Norte-Americanos la* Paz con Inglaterra *del 1783?*

20 – *¿En qué estado quedaron las colonias Americanas después de su Independencia?*

21. – *¿Qué problema constitucional tuvieron que resolver?*

22. – *¿Cuál fué la obra de la* Convención Constituyente *del 1787?*

23. – *¿Qué distinción fundamental de* poderes *hizo la* Constitución Federal Americana *del 1788?*

24. – *¿Quién fué el primer* Presidente *de los Estados Unidos?*

25. – *¿Cómo murió* Washington, *y qué juicio ha formulado sobre él la Historia?*

REFERENCIAS

Vse. *Winsor*. Narrative & Critic History of America. Vol.
VI (Struggle for the Delaware, etc.), pág. 403 y sig. (War in
the Southern Department), pág. 507 y sig. (Naval History),
pág. 589 y sig. (The Indians and the Border Warfare of the
Revolution), pág. 647 y sig. (The West & closing scenes of the
war), pág. 744 y sig. y en general el admirable *Apéndice Bibliográfico* del Vol. VIII, pág. 413 y sigtes. *Albert Bushnell
Hart.* Formation of the Union 1750-1829 (Epochs of American History. N. York, 1907), pág. 69 (Unión é Independencia),
pág. 102 (La Confederación, 1781-88), pág. 120 (La Constitución Federal, 1787-89). *Cambridge Modern History.* Vol. VII,
pág. 780 y sigtes., pág. 789 y sig., etc. *Channing & Hart.* Guide to the Study of American History (N. York, 1903), pág. 298-
300 (War in the Middle States), pág. 300-301 (The French
Aliance), pág, 301-302 (War in the Southern Department), pág.
303-304 (The Treaty of Peace), pág. 304-306 (Formation of
the Confederation), pág. 306-308 (State Constitution), etc.,
etc. *J. N. Larned.* Literature of American History (Boston,
1902). Part. I (Sources), pág. 1 á 20. Part. III. División 1.ª,
pág. 152-181. División 2.ª, pág. 273-294. División 3.ª, pág.
302-319. División 4.ª, pág. 319-331, etc., etc. Sobre la Revolución en especial es utilísimo el Compendio bibliográfico de
Winsor: Reader's Handbook of the American Revolution,
1761-83 (Boston, 1880). Sobre *Washington,* su vida, su obra,
y sus biografías, etc. *William S. Baker.* Bibliotheca Washing-
toniana (Philadelfia, 1889), etc. etc.

TÍTULO II

El Prólogo de la Revolución Sud-Americana.

CAPÍTULO PRIMERO

LOS PRECURSORES (1780-1806)

1. La Revolución del Socorro.—2. Los planes de Aranda y de Godoy.—3. La Revolución Francesa.—4. Antonio Nariño.—5. El Precursor Miranda.—6. Los fracasos de Ocumare y Vela de Coro.

1. — Vimos anteriormente (pág. 425) que el levantamiento de *Antequera y Mompox*, en el Paraguay, fué el primero en Sud-América que proclamó en cierto modo la doctrina política *de la soberanía del pueblo*. Medio siglo más tarde estalló en el *Socorro* otro movimiento revolucionario de carácter análogo, pero de mayor transcendencia. **La Revolución del Socorro.**

En el año 1779, el visitador de Nueva Granada, D. *Juan Gutiérrez de Piñerez*, á fin de aumentar las rentas reales, quiso restablecer antiguos impuestos y recargar la *alcabala* en forma ruinosa para los industriales y los comerciantes. Los damnificados resistieron. Una mujer arrancó el edicto real de las murallas del Ayuntamiento y lo pisoteó. El pueblo, acaudillado por los bravos criollos *Berbeo* y *Galán*, se levantó en masa, llevando en poco tiempo la rebelión hasta Maracaibo y las inmediaciones de Panamá, por todas las aldeas del Virreynato. El día 11 de Mayo del 1781 más de 20.000 *Comuneros*, como se llamaban á sí mismos, avanzaron en son de guerra hasta Zipaquirá, con intención de sitiar á Santa Fé de Bogotá. Por intervención del Cabildo y del Arzobispo *Góngora*, desistieron los rebeldes del sitio, y en ausencia del Virrey capitularon con *Piñerez*, que aceptó aterrorizado todas las condiciones que quisieron imponerle.

Pocas semanas después, y cuando ya los *Comuneros* se habian desbandado, el Virrey *Flores*, violando las capitulaciones de Zipaquirá, persiguió á los jefes del levantamiento. *Berbeo* logró huir, *Galán* fué ejecutado en Santa Fé con tres de sus compañeros. (Diciembre 1782.)

Fig. 3?? – El camino á Bogotá.

Aseguran algunos historiadores, que *Berbeo* se refugió en la Isla de Curaçao, con nombre supuesto *(Aguiar)*, y de acuerdo con el opulento Santafecino *Lozano de Peralta*, siguió trabajando por la causa de los *Comuneros*.

Sea ó no aventurada esta afirmación, lo cierto es que en Mayo de 1784, tres misteriosos personajes llamados *Vidalle*, *Pita* y *Morales*, se presentaron en Londres al ministro *Lord Sidney*, diciéndose enviados por *Aguiar* y *Contreras (Lozano de Peralta)*, jefes de los Comuneros de Nueva Granada y aliados de *Tupac-Amarú Inca* (véase pág. 424), con objeto de solicitar auxilios de Inglaterra *para la emancipación de Sud-América*. El estadista Británico no tomó en consideración las propuestas de los negociadores que, perseguidos por los agentes Españoles de la corte Inglesa pasaron á Francia, cayendo allí (*Morales* y *Vidalle*) en poder del *Conde de Aranda*, que los envió presos á España.

Esta curiosa y desgraciada tentativa diplomática, de cuya autenticidad no puede dudarse, da lugar interesante á la *Revolu-*

ción del Socorro en el complejo prólogo de la Independencia de Sud-América (1).

2. — Los futuros caudillos Sud-Americanos siguieron con gran entusiasmo los incidentes de la lucha entablada entre Inglaterra y sus colonias. Burlando hábilmente la vigilancia de la

Los planes de Aranda y de Godoy.

Inquisición, los criollos ilustrados de Buenos Aires, Chile, Santa Fé, Méjico, etcétera, celebraron los triunfos de *Washington* y sus compañeros en lo íntimo de sus patrióticos espíritus. El ejemplo de los Americanos del Norte, su organización Republicana

Fig. 399. — Parte antigua de la ciudad de Bogotá.

y sus señaladas victorias, debían influir poderosamente en la evolución política de la América Española. No dejó de comprenderlo así el *Conde de Aranda*, que después de la Paz del 1783, en la que intervino como Embajador Español en París, aconsejó á *Carlos III* 'a *enajenación* del Continente entero de la América del Sur á favor de tres infantes de Castilla, que se establecerían en el

(1) «*D. Vicente Aguiar y D. Dionisio Contreras,* dijeron los enviados á *Lord Sidney,* están de acuerdo con *D. José Gabriel Tupac Amaru, Inca*... y en cambio de los socorros que Inglaterra les proporciona *para la Independencia de Sud-América,* están dispuestos á declarar en ella la libertad de cultos y la del comercio, y si necesario fuese *se proclamarán súbditos Británicos.*» Vse Memorandum de *Vidalle* al Gobierno Inglés. Londres, 12 Mayo 1784, en *Briceño.* Hist. de la Insurrección del 1781 (Bogotá, 1880), pág. 230 y sig. Para los antecedentes y desarrollo de la Rev. del Socorro, véase en especial la referida obra de *M. Briceño:* pág. 25 y sig. y las de *Restreppo:* Hist. Rep. Colombia (Paris, 1827). Vol. IV, pág. 14 y sig. *Samper:* Ens. sobre las Rev. Políticas, etc. (Paris, 1861). Cap. VI, etc. *Posada é Ibáñez:* Los Comuneros (Bogotá, 1906), pág. 16 y sig. *Bartolomé Mitre:* Hist. San Martín (B. Aires, 1890). Vol. I, pág. 89 y sig. *C. Franco:* Los Comuneros (Bogotá, 1888), pág. 37 y sig. *A. M. Galán:* Los Comuneros (Bogotá, 1906), pág. 16 y sig. y sus notas. *Mancini:* op. cit., pág. 38 y sig. y sus referencias, etc., etc.

rebeldes del sitio, y en ausencia del Virrey capitularon con *Pi-ñerez*, que aceptó aterrorizado todas las condiciones que qui-sieron imponerle.

Pocas semanas después, y cuando ya los *Comuneros* se ha-bían desbandado, el Virrey *Flores*, violando las capitulacio-nes de Zipaquirá, persiguió á los jefes del levantamiento. *Ber-beo* logró huir, *Galán* fué eje-cutado en Santa Fé con tres de sus compañeros. (Diciem-bre 1782.)

Fig. 398. – El camino á Bogotá.

Aseguran algunos historia-dores, que *Berbeo* se refugió en la Isla de Curaçao, con nom-bre supuesto *(Aguiar)*, y de acuerdo con el opulento Santa-fecino *Lozano de Peralta*, si-guió trabajando por la causa de los *Comuneros*.

Sea ó no aventurada esta afir-mación, lo cierto es que en Mayo de 1784, tres misteriosos personajes llamados *Vidalle, Pita* y *Morales*, se presentaron en Londres al ministro *Lord Sidney*, diciéndose enviados por *Aguiar* y *Contreras (Loza-no de Peralta)*, jefes de los Co-muneros de Nueva Granada y aliados de *Tupac-Amarú Inca* (véase pág. 424), con objeto de solicitar auxilios de Inglaterra *para la emancipación de Sud-América*. El estadista Británico no tomó en consideración las propuestas de los negociadores que, perseguidos por los agentes Españoles de la corte Inglesa pasaron á Francia, cayendo allí *(Morales y Vidalle)* en poder del *Conde de Aranda*, que los envió presos á España.

Esta curiosa y desgraciada tentativa diplomática, de cuya au-tenticidad no puede dudarse, da lugar interesante á la *Revolu-*

ción del Socorro en el complejo prólogo de la Independencia de Sud-América (1).

2.— Los futuros caudillos Sud-Americanos siguieron con gran entusiasmo los incidentes de la lucha entablada entre Inglaterra y sus colonias. Burlando hábilmente la vigilancia de la Inquisición, los criollos ilustrados de Buenos Aires, Chile, Santa Fé, Méjico, etcétera, celebraron los triunfos de *Washington* y sus compañeros en lo íntimo de sus patrióticos espíritus. El ejemplo de los Americanos del Norte, su organización Republicana y sus señaladas victorias, debían influir poderosamente en la evolución política de

Fig. 399. — Parte antigua de la ciudad de Bogotá.

la América Española. No dejó de comprenderlo así el *Conde de Aranda*, que después de la Paz del 1783, en la que intervino como Embajador Español en París, aconsejó á *Carlos III* 'a *enajenación* del Continente entero de la América del Sur á favor de tres infantes de Castilla, que se establecerían en el

---

(1) «*D. Vicente Aguiar* y *D. Dionisio Contreras*, dijeron los enviados á *Lord Sidney*, están de acuerdo con *D. José Gabriel Tupac Amaru, Inca*... y en cambio de los socorros que Inglaterra les proporciona *para la Independencia de Sud-América*, están dispuestos á declarar en ella la libertad de cultos y la del comercio, y si necesario fuese *se proclamarán súbditos Británicos*.» Vse Memorandum de *Vidalle* al Gobierno Inglés. Londres, 12 Mayo 1784, en *Briceño*. Hist. de la Insurrección del 1781 (Bogotá, 1880), pág. 230 y sig. Para los antecedentes y desarrollo de la Rev. del Socorro, véase en especial la referida obra de *M. Briceño:* pág. 25 y sig. y las de *Restreppo:* Hist. Rev. Rep. Colombia (Paris, 1827). Vol. IV, pág. 14 y sig. *Samper:* Ens. sobre las Rev. Políticas, etc. (Paris, 1861). Cap. VI, etc. *Posada é Ibáñez:* Lo-Comuneros (Bogotá, 1906), pág. 16 y sig. *Bartolomé Mitre:* Hist. San Martín (B. Aires, 1890). Vol. I, pág. 89 y sig. *C. Franco:* Los Comuneros (Bogotá, 1888), pág. 37 y sig. *A. M. Galán:* Los Comuneros (Bogotá, 1906), pág. 16 y sig. y sus notas. *Mancini:* op. cit., pág. 38 y sig. y sus referencias, etc., etc.

Nuevo Mundo, como reyes de Méjico, Perú y Costa Firme

Fig. 400.—William Pitt, el joven (1759-1806).

(Nueva Granada, Venezuela, etc.). *Carlos III* debía tomar el título de Emperador y hacer un *Pacto de Familia* con los nuevos principes, estableciendo además un tratado de comercio con aquellas regiones *extensivo á la Francia* y *con exclusión de la nación Británica*. Este proyecto de monarquías Americanas fué desechado por *Carlos III*, y hasta determinó en gran parte la caída y desgracia de su autor en el ánimo del Monarca, bastante avisado para comprender que con la *enajenación* y el *tratado de comercio* propuesto, sólo la Francia, *que nada perdía*, era la verdadera beneficiada.

Años después de la muerte de *Carlos III* y reinando ya su hijo *Carlos IV* (1804), el ministro *Godoy* reprodujo el pensamiento de *Aranda* ó de sus mentores, aunque en forma *más Española*, es decir, sin tratado comercial ni enajenación de territorios, y sustituyendo simplemente á los Virreyes por Infantes de la Casa Real Española, que tomarían el título de *Príncipes Regentes* y gobernarían en nombre de su señor inmediato el Rey de España.

Fig. 401
Busto y firma de *Miranda*.

— 542 —

El proyecto de *Godoy*, consultado á los Obispos del Reino, fué aprobado por ocho de ellos, pero la oposición del Ministro *Caballero* (enemigo de *Godoy*) y los trastornos políticos que conmovieron el trono Español en aquellos años, hicieron que

Carlos IV desistiera de realizarlo. Hubiera sido inútil. Las *"funestas conmociones en Sud-América"*, que hablando del posible engrandecimiento de los Estados Unidos, profetizaba *Aranda* á *Carlos III*, es-

Fig. 402. – D. Manuel Godoy, Principe de la Paz (Goya).

taban ya muy próximas. Los habitantes de las Colonias Españolas "habían dado, escribe el mismo *Godoy*, sobradas prue-bas de haber llegado á la edad de la adolecencia", y nada ni nadie podía impedir su emancipación de la Metrópoli (1).

(1) La autenticidad de la célebre Memoria del *Conde de Aranda*, ha sido puesta en duda por algunos historiadores. Vse. *Ferrer del Río:* Hist. Rdo. Carlos III. Lib. V. Cap. IV. Debo declarar que no obstante las pertinaces investigaciones del sabio Profesor *Shepherd,* de la Universidad de Columbia (N. York) en los Archivos Españoles y Franceses y las mías propias, ni él ni yo, hemos podido encontrar el original (si existe) del proyecto de *Aranda*. Sólo he visto *copias del mismo,* semejantes á la que transcribió *por primera vez el Abate Muriel,* en su traducción al francés de la obra de *W. Coxe:* L'Espagne sous les Rois de la Maison de Bourbon (París, 1827). Vol. VI. Cap. III, pág. 45 y sig. y Ed. Española (Madrid, 1836-37). Vol. IV, pág. 433, de donde la extracta el *General Mitre:* Hist. de San Martin. Vol. I, pág. 43. Nota 42, y la generalidad de los historiadores. Si atendemos sólo á la *"crítica de origen"* de este documento, ni el espía Español *Muriel,* apologista incondicional y sumiso en Paris del *Conde de Aranda,* ni el despreciable intrigantuelo *Melgarejo,* luego *Duque de San Fernando,* de cuyas Ms. dice *Muriel* haber sacado el documento (loc. cit.) merecen crédito alguno. La *idea de Aranda*, ó de sus mentores Franceses, sobre monarquías Americanas, no creo, sin embargo. que pueda ponerse en duda leyendo las claras referencias que á ella hacen *Floridablanca* en su carta al referido *Aranda* (6 Abril de 1786), citada por *Lafuente* en su Hist. Gen. de España. Vol. XXI, pág.

3. — «Como en la época de 1789", decía el Prócer Argentino D. *Manuel Belgrano,* «me hallaba en España, y la Revolu-
„ción de Francia hiciese también la variación de ideas, y parti-

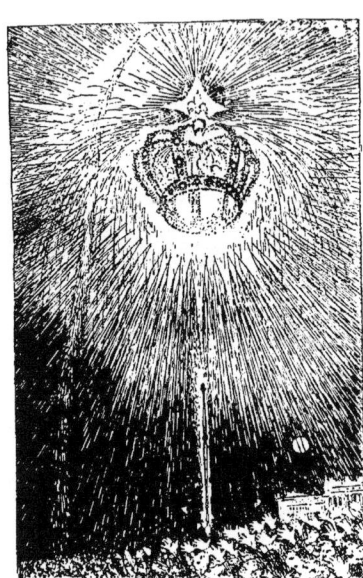

Fig. 403.—La corona que cae
(Estampa simbólica).

„cularmente *en los hom-*
„*bres de letras con quie-*
„*nes trataba,* se apodera-
„ron de mí las ideas de li-
„bertad, igualdad, etc... y
„sólo veía tiranos en los
„que se oponían á que el
„hombre, *fuese donde*
„*fuesè,* disfrutara de unos
„*derechos* que Dios y la
„naturaleza le habían
„concedido, etc...» (1).

En estas luminosas lí-
neas apunta sintética-
mente D. *Manuel Bel-
grano* el desarrollo del
*espíritu crítico y demole-
dor de la Enciclopedia,*
en las clases elevadas y
cultas de la España de
Carlos IV y la rápida y
contagiosa difusión en-
tre su juventud Univer-
sitaria de las *creencias* po-
lítico-sociales proclamadas por la Revolución Francesa.

170 y sig., y *Godoy* en sus Memorias Críticas y Apologéticas para la Hist. del Reinado del Señor Don *Carlos IV* de Borbón (Ed. *Sancha.* Madrid, 1836-38). Voi. III,
pág. 387 y sig. Sobre *Muriel* y *D. Fulano Melgarejo* (Duque de San Fernando) como
le llama *Godoy.* Vse. Mem. cit. Vol I, pág. 229 y 241, etc. Vse. también sobre la autenticidad del proyecto de *Aranda,* etc., las preciosas notas y texto de *Barros-Arana:*
Hist. Gen. de Chile. Vol. VI, pág. 423 y sig. Comp. *Mancini:* op. cit. (que atribuye á
Raynal la paternidad de la idea ó proyecto de Aranda), pág. 70 y sig. y sus notas, etc
Sobre el proyecto de *Godoy* Vse. Mem. Crit. y Apolog. ed. cit. Vol. III, pág. 388 y sig.

(1) Autobiografía del General *D. M. Belgrano,* en *Bmé. Mitre:* Hist. de Belgrano. Apce. I. Vol. I, pág. 429 y sig.

Estudió, en efecto, el libertador Argentino en Salamanca, núcleo entonces, como el Seminario de Vergara, de las ideas racionalistas; perteneció tal vez á los círculos secretos del desbaratado, genial y fervoroso Jacobino *Marchena* (1788), y frecuentó seguramente las tertulias revolucionarias „de aquellos jóvenes abogados, profesores de ciencias y estudiantes", que según nos dice *Godoy*, pretendían *fundar una ó más Repúblicas Iberianas* (1).

Acaso conoció también el *General Belgrano,* al matemático *Sebastián Andrés* y al pedagogo Mallorquín *Picornell*, desterrados, por conspiradores, de la Península (1796), fugados luego de las prisiones de la Guaira y compañeros decididos del patriota Venezolano *Gual*, en el

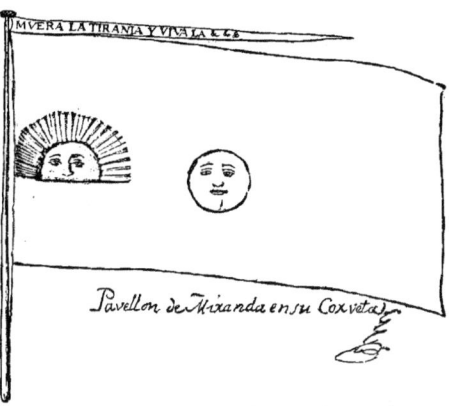

Fig. 404. — Diseño del pabellón naval de Miranda (Archivo de Indias).

(1) Vse. *Altamira*. Hist. España. Vol. IV, pág. 143 y sig. *Godoy*. Mem. Crít. y Apologéticas (ed. cit.). Vol. I, pág. 184, 331, etc. *Muriel*. Hist. de Carlos IV, en el Mem. Hist. Español (Real Ac. de la Historia), 1893-95. Vol. XXIX á XXXIV. *Gómez de Arteche*. Reinado de Carlos IV (Madrid, 1890-92), pág. 139 y sig. *J. M. Labra*. Las Sociedades Económicas de Amigos del País (Madrid, 1904), pág. 32 y sig. y su bibliografía. *Díaz y Pérez*. Hist. de la Francmasonería en España (Madrid, 1894), pág. 43 y sig. *Morel Fatio*. Etudes sur l'Espagne. 1.ª Pte. (2.ª Edición. Paris, 1895), pág. 65 y sig. Sobre la vida y la obra del *Jacobino Marchena" aborto lleno de talento*„ como le llamaba *Chateaubriand*, y sobre sus extraordinarias andanzas en España y en Francia, Vse. el admirable estudio biográfico de *Menéndez Pelayo* (Obras Completas. Estudios de Crít. Literaria. 3.ª Serie. Madrid, 1900), pág. 138 y sig. y sus notas y referencias. Comp. *Morel Fatio*. Joseph Marchena et la prop. revolutionaire en Espagne, 1792-93 (Revue Historique. Sep.-Octubre, 1890). *Tratewsky*. L'Espagne á l'Epoque de la Rev. Française (Rev. Historique. Vol. XXXI, 1886), etc

levantamiento republicano de Caracas (1797), que sofocaron las autoridades Españolas, decapitando y descuartizando, entre otros, al ilustre Justicia de Macuto, *D. José M.ª España* (1).

Los ecos del estupendo drama de la *Revolución Francesa* llegaron vibrantes á las Colonias Españolas. El secular *descon-*

Fig. 405.—La República Francesa en 1792
(Grabado de la época).

tento de los Americanos cultos, postergados por el absolutismo Borbónico, había preparado el terreno para que germinaran las semillas revolucionarias. Los „*Centros Humanistas*„, las «*Sociedades Literarias*« y los periódicos avanzados de la América del Sur, propagando las doctrinas filosóficas de *Montesquieu, Rousseau, Voltaire,* etc., habían conseguido despertar la brillante mentalidad criolla, destruir sus arraigados *respetos,* disipar sus vetustos prejuicios y agitar sus ambiciones patrióticas. La *revolución* estaba iniciada en los espíritus. Sólo faltaba para encauzarla, el símbolo de la *religión nueva,* la palabra reveladora, la *fórmula concreta* del futuro edificio político.

Y la fórmula y el símbolo llegaron desde las Asambleas Jacobinas Francesas, y el mágico lema de *Libertad, Igualdad* y *Fraternidad,* obró como poderoso conjuro en las al-

(1) Sobre el levantamiento de *Gual y España*, etc. Vse. *Gil Fortoul:* Hist. Const. de Venezuela (Berlín, 1907). Vol. I, pág. 93 y sig. *Mancini:* op. cit., pág. 121; Comp. *Menéndez y Pelayo:* Biografía de Marchena (loc. cit.), pág. 201, Nota 1, etc.

mas Americanas, ansiosas de Independencia y de Justicia (1).

4.—A fines del siglo xviii, la Universidad de Santa Fé había llegado á su apogeo. Los estudiantes formaban una pléyade de trabajadores ardorosos, preparada á reunir, como su sabio maestro *Caldas,* la aureola del saber á la gloria del martirio patriótico.

El más genuino representante de esta juventud progresista y abnegada fué *D. Antonio Nariño,* literato, periodista, tribuno, conspirador y guerrero, cuya vida fué simbolo del destino azaroso que esperaba á los grandes artesanos de la Revolución de Sud-América.

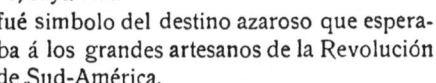

Antonio Nariño.

Fig. 406.—Juan Jacobo Rousseau.

Fig. 407.—Jacobino Francés (1793).

Había nacido en Santa Fe, el 14 de Abril de 1765. En su hermosa biblioteca, adornada con el retrato de *Franklin,* se leían y comentaban por los jóvenes criollos, las obras de los literatos y filósofos Franceses del siglo xviii, é iban iniciándose los futuros tribunos de la llamada *Revolución Colombiana* en las metáforas Jacobinas, y en las fórmulas pseudo-clásicas que más tarde habían de prodigar en sus proclamas y en sus discursos.

(1) *Sorel:* L'Europe et la Revolution Française (Paris, 1885). Vol. IV. Cap. VI y sig. *Lavisse et Rambaud:* Hist. Gen. Vol. VIII, pág. 725 y sig. *Cambridge Mod. Hist.:* Vol. VIII, pág. 1 á 35, pág. 754 á 790, etc. y en especial la conceptuosa síntesis de *Bmé. Mitre* en su Hist. de San Martín. Vol. I. Cap. I, pág. 7 y sig. Sobre la verdadera influencia de la Filosofía Enciclopédica en los Revolucionarios Franceses. Vse. *Le Bon:* Rev. Française, pág. 152 y sig., etc.

En 1794 llegó á poder de *Nariño* el texto de la *«Declaración de los Derechos del Hombre»* de la Asamblea Constituyente de Francia (1), en el que su patriótico entusiasmo vió el *Decálogo* de los principios politicos de la que él llamó *«sociedad regenerada»*. Los tradujo é imprimió en su propia casa y repartió con profusión miles de ejemplares, que llegaron de mano en mano hasta las más lejanas Capitanías de Sud-América.

Fig. 408.—La caída de la Bastilla (Estampa simbólica).

La divulgación de estos diecisiete artículos fundamentales de la democracia costaron á *Nariño «otros tantos años de Bastilla»*. El *«pasquín sedicioso»* y su original, fueron quemados por orden del Virrey, y sus propagadores, entre los cuales estaba el sabio *Zea*, fueron desterrados del Virreinato. Los bienes de *Nariño* fueron confiscados, su familia proscrita y él enviado por diez años á los presidios de Africa. Pudo, sin embargo, evadirse al desembarcar en Cádiz, llegar á Madrid, defender ante *Godoy* mismo la causa Americana y pasar ignorado á Francia.

Allí solicitó, en vano, de *Tallieu,* auxilios para *«operar la revolución de la América del Sur»*. Conferenció luego en In-

---

(1) En la obra de *Salart de Montjoye*: Hist. de la Rev. de France et de la Ass. Nationale (Paris, 1791-92), según afirma *Mancini*: op. cit., pág. 84 y sig.

glaterra con *Pitt,* que trató de aprovecharle como instrumento de su insidiosa política contra España (1796), y regresó desesperanzado á Bogotá, donde descubierto y detenido de nuevo, fué enviado á las cárceles de Madrid en segura custodia.

Le veremos actuar más adelante en la *Revolución Colombiana* y no sin sufrir tribulaciones dolorosas, realizar, en parte, sus patrióticos anhelos y morir sólo y perseguido por la ingratitud de los suyos (1824), legando á la posteridad aquellas supremas y desgarradoras palabras. *He amado á mi patria; la Historia dirá lo que fué este amor* (1).

Fig. 409.—La sentencia de muerte de Luis XVI
(Escultura de la época).

5. — En estos mismos años recorría el mundo el "noble aven- **El Precursor Miranda.**

(1) Vse. la circular del *Cap. Gen. de Venezuela* (Caracas, Nov. 1.°, 1794) ordenando se confiscasen los ejemplares "de un pasquín sedicioso, propio para engañar á las gentes de poco entendimiento, que lleva el título de "Derechos del Hombre».... en Coll. Doc. para la Hist. del Libertador Bolívar (Ed. *J. F. Blanco* y *R. Azpúrua.* Caracas, 1875-77). Vol. I, pág. 190 y sig. Sobre la vida é influencia de *Nariño,* véase en especial *Vergara:* Vida y escritos del General D. Antonio Nariño (Bogotá, 1859). Vol. I (no ha parecido el segundo), pág. 16 y sig. *Becerra:* Ens. Hist. de la vida de D. Fco. Miranda (Caracas, 1896). Vol. I, pág. 111 y sig. *Posada é Ibáñez:* El Precursor D. Antonio Nariño (Bca. de Hist. Nac. Bogotá, 1903). Prólogo, pág. 1 y sig. y Doc., pág. 29, etc. *Mancini:* op. cit., pág. 78 y sig. y sus notas. Comp. el Expte. sobre la sublevación de Santa Fé de Bogotá. 2.ª Parte, reos *Nariño y Ricaurte,* original en el *Arch. de Indias.* (Estado. Santa Fé. Legajo, 4) y los documentos del mismo Archivo relacionados por su sabio Jefe *Torres Lanzas* en las Fuentes para el Estudio de la Independencia de América (Madrid, MDMXII). Vol. I. Nos. 359, 366, 389, 404 (Defensa de *Nariño* ante la Ciud. de Santa Fé), 407, 408, 425, 458, 472, 480, 502, 604, 605, 652, 658, etc., etc.

turero„ *D. Francisco Miranda,* ardiente apóstol de la emancipación Americana, y llamado por antonomasia *"El Precursor„*
Era un *místico* á lo *Robespierre* y *Saint Just* (1), un ambicioso
como *Bonaparte,* un so-
ñador impenitente, un
carácter arrestado y fir-
me y un soldado "fría-
mente heroico„.

Nació en Caracas (Ju-
nio 14-1756), sirvió en
los ejércitos españoles
de *O'Reilly* (1774), peleó
en Norte América con
Rochambeau y *Washing-
ton* (1782), fué distinguido con el afecto de *Ca-
talina* de Rusia (1787),
llegó á general en los
ejércitos de la Revolu-
ción Francesa, se impuso
en la campaña de Bélgi-
ca (Neiwinden, 1792), al

Fig. 4,0.—El Rey Carlos IV (Goya).

traidor *Dumouriez,* su-
frió con sus amigos, los *Girondinos,* duras prisiones (1793),
conspiró con *Lafond, Marchena,* etc. el *"13 Vendimiario„,* y se
vió obligado, después del *"18 Fructidor„* (1797), á emigrar definitivamente á Inglaterra (2).

---

(1) Vse. *Le Bon:* op. cit., pág. 77 y sig.
(2) Vse. *Serviez:* L'Aide de Camp ou l'Auteur Inconnu, etc. (Ed. *M. de Viarz.*
París, 1832). Cap. VI y sig. *Paul Adam:* L'Esprit de Miranda (Paris, 1902), pág. 43
y sig. *Becerra:* op. cit. Vol. I. Cap. XXI y sig. *Michelet:* Hist. Rev. Française (Paris, 1879). Vol. VI, pág. 341, 423 (traición *Dumouriez*), etc. *James Biggs.* The hist.
of D. Franc. de Miranda, etc. (Boston, 1810). Carta XIX á XXVII, etc. *Marquis de
Rojas:* El Gen. Miranda (Paris, 1884), pág. 38 y sig. *Arístides Rojas:* Miranda dans la
Rev. Française (Caracas, 1889), pág. 12 y sig. *Mancini:* op. cit., pág. 137 y sig. y sus
notas y refcias. *Sorel:* op. cit. Vol. II, pág. 410. Vol. III, pág. 148, etc. Comp. la Correspondencia de *Miranda* (1791-92) anexa al Memorial del *traidor Caro* de 20 Abril 1801
(*Ms. Archivo de Indias.* Estado. Caracas. Leg. 4), etc. y las apreciaciones de *Godoy.*
op. cit. Vol. IV. Cap. XXVI, etc.

Juzgado por el célebre *Barrás* como "el hombre más intrigante de Europa", y por *Napoleón* "como alma llena de fuego
sagrado" (1), el extraordinario Caraceño tuvo la visión de los
gloriosos destinos de Sud-América y se propuso libertarla.

Buscó para su causa el apoyo del mundo entero, y especialmente el de Inglaterra,
que desde los tiempos de
los *Hawkins* y los *Drake*
codiciaba el dominio
comercial de las regio-
nes Sud-Americanas. El
limitado espacio de este
Compendio, no nos per-
mite examinar al detalle
los aciertos y los errores
de *Miranda* en sus ne-
gociaciones con el Go-
bierno Inglés, desde el
año 1785 al 1806. Tuvo
que habérselas el tenaz
Venezolano con un esta-
dista tan previsor, acerado y leonino, como *Pitt*,
y mantener con él un si-
lencioso duelo de astu-

Fig. 411.—El Marqués de Casa Irujo (1804).

cias y oportunismos. El año 1790, presentó al Ministro Inglés
su disparatado y acomodaticio proyecto de *Constitución Sud-
Americana,* que apenas fué leído (2). Cinco años más tarde, y

(1) Las palabras textuales de *Napoleón* sobre *Miranda* según la *Duchesse
d'Abrantes* que las oyó en su casa materna (Mémoires. París, 1831. Vol. I, pág. 329),
fueron las siguientes: "... c'est un Don Quichotte avec cette différence, *que celui-ci
n'est pas fou... Cet homme-la á du feu sacré dans l'âme*". Comp. *Mitre:* Hist. de San
Martín. Vol. I, pág. 47. La opinión del Convencional *Barrás* sobre *Miranda* puede
leerse en sus Mémoires (Ed. Duruy. París, 1895). Vol. II. Cap. III.

(2) Consistía fundamentalmente el proyecto en constituir un vasto Imperio ó monarquía Americana desde el Mississipí al Cabo de Hornos, cuyo poder ejecutivo esta-
ría en manos de un *Emperador ó Inca, hereditario,* el legislativo residiría *en dos
Cámaras,* nombradas, una por el Inca *(Senadores ó Caciques vitalicios)* y otra por

en nombre de la *Junta de las Ciudades y Villas de la América Meridional,* asociación fundada en Madrid por el patriota chileno *D. Manuel Salas* y el Peruano *D. Pablo de Olavide* (1), reanudó sus conferencias diplomáticas, para solicitar esta vez un *"Tratado de Alianza Defensiva"* entre la América Meridio-

nal, la Inglaterra y los Estados Unidos, que tampoco llegó á firmarse. En 1804, y ya rotas las hostilidades entre España é Inglaterra, afluyeron al Ministerio de la Guerra de esta nación *(War Office)* vários proyectos de invasión en las Colonias Españolas, y entre ellos, el más favorecido por el Almirantazgo, fué el que presentaron á *Lord Melville* (Octubre 10-1804) el Venezolano *Miranda* y el brillante Capitán de Navío *Sir Home Riggs Popham,* para la ocupación militar de las costas Venezolanas, que efectuaría *Miranda,* de la ciudad de Buenos Aires, que debía atacar *Popham,* y del puerto de Valparaíso, que tomaría una tercera expedición naval, á formarse en América (2).

Fig. 412.—Soldado Español. Infantería ligera (1800-1808).

el pueblo *(Comunes),* y el judicial, en *magistrados vitalicios* nombrados también por el Inca. Vse. Mem. de *Miranda* á *Pitt.* Set. 8-1791. Record Office: *Chattam Ms.* V. 345, citado por *Mancini:* op. cit., pág. 177. *J. Gil Fortoul:* op. cit. Vol. I, pág. 97, según copia de *D. Carlos A. Villanueva,* etc.

(1) *Filial* de la *"Gran Logia Americana"*, fundada en Londres por *Miranda.* Vse. *Mancini:* op. cit., pág. 182, y sus referencias. Sobre la personalidad y la obra de *Olavide.* Vse. *Lea:* Hist. of the Inq. of Spain. Vol. IV, pág. 309 y sig. *Menéndez y Pelayo:* Heterodoxos Españoles (Ed. 1881). Vol. III, pág. 205 y sig., etc. Sobre esta *Junta* y *Plan de Indepcia. Americana,* da clara luz la *"Minuta de Real Orden"* á las Autoridades de América sobre el plan *Miranda, Pozo, Salas* y *Olavide,* etc. Julio, 27-1799. *Arch. Indias.* Estado. Caracas. Leg. 4 (125/2), etc.

(2) Vse. Copy of á Paper delivered to *Lord Melville.* Oct. 10-1804. War Office. Ms. No. 161. citado por *Mancini:* op. cit., pág. 201. Comp. *Gil Fortoul:* op. cit. Vol. I, pág. 98 y sig. y sus notas. *Mitre:* Hist. Belgrano. Vol. I, pág. 314 y sus notas. *Becerra:* op. cit. Vol. II, pág. 425 y sig., etc., etc.

Londres 18 de Abril del 1808
27 Grafton Street, Fitzroy Square

Muy S.or mio En esta Capital he visto al Paisano y
Amigo D. Manuel Padilla, de quien he oido muy por
menor las ocurrencias en el Rio de la Plata desde el
arrivo de los Yngleses &c. — Estos acontecimientos son
de mucha magnitud para nuestra America, y sus
habitantes, y aun creo que no se descuidaran Vms por
alla à momento tan critico en preparar y combinar
quanto sea conveniente y necesario para la emancipa-
cion absoluta de la Patria, que es lo que nos embaraza,
y por lo qual toda fatiga es corta. Esta idea es
general aqui en el dia; y se cree que muy pronto
nos dara este Govierno los auxilios necesarios para
el logro de tan magnifica como util y necesaria
empresa: maiormente despues que los ultimos
eventos de Madrid y Aranjuez han hecho ver al
mundo entero, que la decrepita España no puede
sostenerse asi misma, ni mucho menos governar
                                                        el

Carta de Miranda á Rodríguez Peña sobre las invasiones inglesas en el Río de la Plata (original en el Archivo de Indias).

el Continente Colombiano dos veces mas extensos que toda la Europa, y con doble poblacion que aquella misma.

Padilla dirá á V. lo que por aqui pasa desde su arrivo — y asi mismo de las ocurrencias que huvieron lugar baxo mi mando en las Costas de Caracas ó Tierra Firme, casi al mismo tiempo que Beresford y Popham aparecieron delante de Buenos-Aires. juntamente le remito: Proclamaciones, y algunos documentos que manifestaran á Vños, con quan diversos motivos obramos nosotros, y que asi las resultas (aunque frustradas en la parte principal por las fuerzas maritimas, que rehusando la Cooperacion nos forzaron á retirar) fueron mui diversas, ó por mejor decir un perfecto contraste con las otras.

Aprovechen Vños pues estos hechos y noticias, para que moviendose uniformemente, con prudencia resolucion, y constancia, lleguemos con seguridad al fin deseado. — Jamás se ventiló sobre la tierra

Cauca

Causa mas decorosa, justa, y necessaria al
genero humano, que la que por deber y derecho
estamos nosotros obligados a defender? El Pueblo
de Buenos Aires en su defensa, y repulsa del
Estrangero nos ha dado un bello y noble exemplo!
siga le pues Colombia, y digan sus hijos todos
a una.

　　　Patriae infelici fidelis

Queda de V. con verdadera amistad, y fino afecto

　　　　　　　su mas atento y seg.º servidor.

　　　　　　　Fran.co de Miranda.

Señor D. Saav.ra Peña

6.—Las amenazas de invasión Napoleónica y el tratado Anglo- Ruso del 11 de Abril (1805) demoraron en el Gabinete Bri- tánico la ejecución del plan de *Popham*. Tales dilaciones im- pacientaron á *Miranda*, quien animado por el Embajador Norte Americano *Monroe*, decidió aprovechar la tirantez de relaciones que entonces existía con motivo de los límites de la Louisiana entre España y los Estados Unidos (1) para organizar una expedición libertadora en los puertos de ésta República. Consiguió del gobierno Inglés *firme promesa de auxilios militares* y una subvención de *12.000 libras* (2) y se hizo á la vela para Nueva-York, donde desembarcó el 4 de Noviembre de 1805.

Con el consentimiento tácito del Gobierno Federal que presidía *Jefferson*, logró el *Precursor* armar en el Hudson una corbeta (*Leander*) de 200 toneladas, á la que debía unirse una fragata (*Emperor*) en Puerto Príncipe. *Miranda* acometió su empresa con tan débiles recursos "porque estaba „convencido, escribe uno de sus oficiales, „que le bastaría aparecer en las costas de „Venezuela para que la América Meridio- „nal dejase de pertenecer al rey de España„. Partió la mísera expedición y empezaron las

Fig. 413.— Soldado Español. Granadero (1800-1808).

decepciones de su caudillo. En vez de la fragata *Emperor* que desistió de acompañarle, sólo pudo conseguir dos goletas (*Bachus* y *Bee*) viejas y mal artilladas.

---

(1) Sobre los antecedentes y desarrollo de esta cuestión, Vse. *Monette:* Hist. of the discovery and settlement of Mississipí (N. York, 1846). Vol. II, pág. 326 y sig. y sus notas bibliogcas. y en especial la monografía de *W. R. Shepherd:* Cession Louisiana to Spain (Boston, 1904), pág. 7 y sig. y sus acertadas notas y referencias.

(2) Vse. *Gil Fortoul:* op. cit. Vol. I, pág. 100 y sus notas 1, 2, 3, á quien sigue *Mancini:* op. cit., pág. 203. Comp. Carta reservada del Gobernador de Margarita al Cap. General de Caracas *D. Manuel de Guevara Vasconcellos* (Agosto, 23-1803). *Arch. Indias.* Estado. Caracas. Leg. 14 (43), etc.

6.—Las amenazas de invasión Napoleónica y el tratado Anglo-Ruso del 11 de Abril (1805) demoraron el Gabinete Británico la ejecución del plan de *Popham*. Tales dilaciones impacientaron á *Miranda*, quien animado por el Embajador Norte Americano *Monroe*, decidió aprovechar la tirantez de relaciones que entonces existía con motivo de los limites de la Louisiana entre España y los Estados Unidos (1) para organizar una expedición libertadora en los puertos de ésta República. Consiguió del gobierno Inglés *firme promesa de auxilios militares* y una subvención de *12.000 libras* (2) se hizo á la vela para Nueva-York, donde se embarcó el 4 de Noviembre de 1805.

Con el consentimiento tácito del Gobierno Federal que presidía *Jefferson*, logró el *Precursor* armar en el Hudson una corbeta (*Leander*) de 200 toneladas, á la que debía unirse una fragata (*Emperor*) en Puerto Príncipe. *Miranda* acometió su empresa con tan débiles recursos "porque iba "convencido, escribe
"que le ba
"Venezuela

Apenas anclaron los expedicionarios en Ocumare (Marzo 15-1806), las autoridades coloniales, prevenidas por el *Marqués de Casa Irujo*, Ministro Español en Washington de la salida de *Miranda* (1) enviaron contra él los navíos *Argos* y *Celoso*, que después de un breve combate apresaron la goletas revolucionarias. *Miranda* pudo huir con el *Leander* y haciendo escala en Bonaire, Las Barbadas, etc.,

Fig. 414.—Busto de Voltaire.

arribó por fin á Puerto España. Allí reforzó su descalabrada escuadrilla con ocho goletas de combate y dos de transporte, é hizo nuevamente rumbo á las costas Venezolanas. Al desembarcar en *Vela de Coro*, la encontró desierta. Descorazonado por la indiferencia del elemento criollo, con cuya cooperación contaba, y sin tropas para resistir á las Españolas que venían á su encuentro, levó anclas sin esperarlas, para buscar mayores refuerzos. Después de un año de aguardarlos en vano, licenció sus tripulaciones en los Estados Unidos y regresó á Inglaterra.

Ni un sólo Venezolano se incorporó á las filas de *El Precursor*. Sus menguados agentes en Cumaná y Margarita (*Vargas, Baeza, Montes, Rico,* etc.,) no supieron ó no pudieron ayudarle (2). Los criollos cultos, se unieron sin reservas á las auto-

----

(1) Vse. *Mancini:* pág. 206 y sus notas. *Henry Adams:* Hist. Administration Jefferson (N. York, 1889-91). Vol. I. pág. 232 y sig. *Becerra:* op. cit. Vol. I. Cap. XIII, etc. Comp. Cartas de *Guevara Vasconcellos,* Feb., 2-1805, y *Marqués de Casa Irujo,* Diciembre, 31-1805 (*Arch. de Indias.* Est. 131. Cajón, I. Leg. 17. No. 39 y E. 133, C. 4. Leg. 9. No. 1), etc., etc.

(2) No puede afirmarse *en absoluto,* como lo hace el erudito historiador *Gil Fortoul* (op. cit., pág. 103) que *Miranda* "no buscó anticipadamente el apoyo de la clase predominante en la Colonia". Sus gestiones eran conocidas en Venezuela donde tenía desde el 1803, agentes que preparaban su llegada, etc. Vse. Carta Reservada núm. 838 del *Cap. Gen. de Caracas* al *Ministro de la Guerra* (Octubre, 3-1803) sobre los pro-

ridades Coloniales, le consideraron *como instrumento del Ga-binete Inglés*, y le trataron como á cualquiera de sus corsarios.

El error capital de *Miranda*, común á la mayoría de los Jaco-binos entusiastas (1) fué el desconocer *la fuerza del pasado his-tórico*, y el olvidar en su caso que la lealtad y la nobleza del alma criolla no toleraban ni aun la sospecha de una dominación extraña.

La lección fué dura pero fructífera. El quijotesco caudillo abrió los ojos á la realidad, se dió exacta cuenta de los verda-deros deseos de los habitantes de América, y convirtió, como veremos, su modesta casa de *Graflon Street*, en centro de reu-nión de sus futuros libertadores. (2)

yectos de *Vargas*, Baeza, etc., de sublevar la América. *Arch. Indias:* E. 131. C. I. Leg. 14 (3), y comp. Estado. Leg. 14 (45), etc Es de lamentar que el referido *Gil For-toul* y el brillante apologista *Jules Mancini*, que han investigado con tanto fruto en los Archivos Ingleses y Franceses, no hayan consultado también los luminosos Ms. existentes en el Archivo de Indias, sobre *Miranda* y sus tentativas emancipadoras. La lectura de dichos documentos, y muy en especial de los anexos á la carta, del des-preciable traidor *Pedro José de Caro* de 31 de Mayo de 1800 (Estado. Caracas. Legajo 4. 125/8), hubiera modificado algunas de sus apreciaciones, etc., sobre los actos de *«El Precursor»*, que la índole de este libro no me permite discutir *«in-extenso»*.

(1) Vse. *Gustave Le Bon:* op. cit. 2ᵐᵃ Partie. Lib. I. Cap. IV, pág. 148 y sig., etc.

(2) Vse. *Mancini:* op. cit. Lib. II. Cap. I, pág. 157 y sig. y sus notas y referen-cias. *Gil Fortoul:* op. cit. Vol. I, pág. 97 y sig. y sus notas. *Becerra:* op. cit. Vol. I, pág. 29 y sig. y sus notas. *González Guzmán:* Hist. Contemp. de Venezuela (Caracas, 1909). Vol. I, pág. 14 y sig. *Lobo:* Hist. Antiguas Colonias (Madrid, 1876). Vol. I, pág. 380 y sig., etc. *Godoy:* Memorias (ed. cit.). Vol. IV. Cap. XXVI. *Mitre:* Hist. de Belgrano. Vol. I, pág. 112 y sig. y sus notas. *Id.:* Hist. de San Martín. Vol. I, pág. 46 y sig. y los Documentos del *Archivo de Indias* relacionados en el Vol. I, pág. 53 á 390 (1784-1807) del admirable repertorio de *Torres Lanzas:* Independencia de América (Madrid, MCMXII). Vse. Índice Gral. Vol. VI, pág. 24, etc.

CUESTIONARIO

1.—¿En qué dos períodos puede dividirse el Prólogo de la Revolución Sud Americana?

2.—¿Qué carácter tuvo la llamada Revolución del Socorro?

3.—¿Cómo fué dominada por las autoridades Coloniales?

4.—¿Qué pretendieron en Londres los enviados de los Comuneros?

5.—¿Qué influencia tuvo la Revolución Norte Americana en la evolución política de la América Española?

6.—¿Qué plan de Monarquías Americanas propuso el Conde de Aranda á Carlos III?

7.—¿Cuál fué el motivo principal de su rechazo?

8.—¿Qué plan monárquico presentó Godoy á Carlos IV?

9.—¿Cómo se difundieron en España los principios de la Revolución Francesa?

10.—¿Qué nos enseña á este respecto la Autobiografía del General Belgrano?

11.—¿Quiénes fueron los caudillos del levantamiento de Caracas en 1797?

12.—¿Qué causas influyeron en la propagación de las fórmulas políticas de la Revolución Francesa en las Colonias Españolas?

REFERENCIAS

Véanse las del Capítulo siguiente.

CAPÍTULO II

LA SOBERANÍA DEL PUEBLO (1806-1810)

La expedición de Sir Home Popham.

1.—En Julio de 1805, el Gabinete Inglés, presidido por *Pitt*, ordenó al Mayor General *Sir David Baird*, que embarcara sus tropas en la escuadra mandada por *Sir Home Riggs Popham*, y zarpase inmediatamente para conquistar la entonces colonia Holandesa del Cabo de Buena Esperanza.

Llegó esta expedición á su destino, y las tropas inglesas mandadas por el lugarteniente de *Baird*, *Sir William Carr Beresford*, derrotaron después de brava resistencia al general

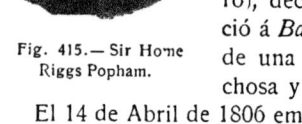

Fig. 415.— Sir Home Riggs Popham.

Holandés *Jansens*, que capituló entregando la colonia á los generales Británicos.

Este feliz suceso, y los rumores que llegaron á oídos de *Popham* sobre el estado indefenso de Montevideo y Buenos Aires, hicieron renacer en su ánimo el antiguo proyecto de invasión al Plata presentado á *Lord Melville* (Véase Capítulo Primero); decidió *"probar fortuna"*, y convenció á *Baird* y á *Beresford* de las ventajas de una empresa que consideraba provechosa y fácil.

El 14 de Abril de 1806 embarcaron *Beresford* y *Popham* el efectivo del *Regimiento 71*, con un destacamento de artillería y algunos dragones (1.650 hombres) en seis navíos, y salieron del Cabo con rumbo á Montevideo y Buenos Aires.

Llegaron los expedicionarios al Río de la Plata el día 8 de

Fig. 416.—El Virrey D. Santiago de Liniers.

Junio, desembarcaron frente á Quilmes el 25, y al alborear del 26 atacaron las alturas de la *"Reducción"*, cuyos defensores, mandados por el jefe Español *D. Pedro de Arce*, emprendieron desordenada fuga. Acampó *Beresford* con sus tropas en

Barracas, y al día siguiente entró en Buenos Aires, apoderándose sin gran esfuerzo de su *"Fortaleza"*.

El indigno *Virrey Sobremonte* huyó cobarde y vergonzosamente á Córdoba, dejando la capital del Virreinato entregada á su propia suerte. Los vencedores la declararon sometida á Su Majestad Británica, y el piratesco *Popham* se apoderó del dinero de las Cajas Reales, etc., y lo remitió á Inglaterra. El pomposamente llamado *"Tesoro de Buenos Aires"* entró en Londres en adornado carro de procesión carnavalesca.

Reconquista de Buenos Aires.

2.—No duró mucho el triunfo de *Popham* y *Beresford*. La ciudad rendida volvió de su estupor, despertó el *alma de la raza,* y la masa popular que los invasores consideraban inerte empezó á agitarse amenazante. El valeroso, leal y caballeresco Capitán de Navío

Fig. 417.—Fusilamiento del patriota Morillo en l.a Paz. (*Fortuny.*)

D. Santiago de Liniers y Bremond, dió forma militar y práctica á los anhelos populares; combinó un plan de reconquista, y hábilmente secundado por los patriotas *Pueyrredon, Olavarría,* etc., inició su ejecución.

Sin esperar los resultados de la cruzada belicosa enfáticamente predicada desde Córdoba por el menguado *Sobremonte,* pasó á Montevideo, obtuvo del Gobernador *Huidobro* 1.150 soldados, y con ellos, y merced á un temporal que ocultó sus movimientos, desembarcó sin ser notado por el enemigo en las Conchas, cuatro días después (Agosto 4) de haber derrotado *Beresford* en los campos de *Perdriel* las bravas milicias de los heroicos caudillos *Olavarría* y *Pueyrredon.*

Liniers se presentó á las puertas de Buenos Aires, y como los

Ingleses rechazaran sus intimaciones de rendición, les atacó con denuedo y logró apoderarse del Parque, instalado en el Retiro, desalojando á metrallazos la columna enviada por *Beresford* para recobrar esta importante posición. La ciudad entera tomó entonces la ofensiva contra las tropas de *Beresford,* que, acosado por todas partes é imposibilitado de resistir por más tiempo el ardoroso empuje de sus enemigos, reconcentró sus diezmadas tropas en el Fuerte, y se rindió á *Liniers* á discreción.

A las tres de la tarde del día 12 de Agosto, las fuerzas Inglesas, con banderas desplegadas, desfilaron ante sus vencedo-

Fig. 418.—Avance de los Ingleses sobre Buenos Aires. (*Grabado de la época.*)

res y depositaron sus armas en el Cabildo. *Beresford,* el intrigante coronel *Pack,* y otros oficiales, quedaron prisioneros bajo palabra y fueron alojados con esplendidez en Lujan.

Este brillante triunfo del pueblo de Buenos Aires influyó decisivamente en su evolución política. Cuando dos días después de la rendición de *Beresford* se acercó á la capital el Virrey *Sobremonte,* ocurrió algo insólito y profundamente significativo en la vida colonial. El *pueblo soberano,* iniciado ya en el secreto de su fuerza, pidió y obtuvo en *Cabildo Abierto,* la deposición del mandatario indigno, y entregó el mando supremo de la colonia á su arrogante y victorioso caudillo *D. San-*

tiago de Liniers. Fué el primer acto de *soberanía imperativa* de la gran Olimpiada de la emancipación.

Su heróica de-
íensa.

3. – Inglaterra, en tanto, impaciente por vengar su derrota, organizó una nueva expedición contra Buenos Aires. Los 4.000 hombres enviados desde el Cabo (Octubre, 11 de 1806) al mando de *Sir Samuel Achmuty,* fueron reforzados al saberse la rendición de *Beresford,* por otros 4.300 que á las órdenes de *Crawfurd* se preparaban á invadir la Capitanía General de Chile, y por 1.600 más. *Whitelocke,* nombrado General en Jefe de todos estos ejércitos, recibió termi- nantes instrucciones de dominar el Río de la Plata "y apoderarse de Buenos Aires á toda costa.„

Fig. 419.— El general
Whitelocke.

El día 3 de Febrero de 1807 asaltó y tomó *Achmuty* la plaza de Montevideo después de una heroica resistencia, y envió al Coronel *Pack,* que había con- seguido escaparse de Buenos Aires, á ocupar la Colonia del Sacramento, don- de derrotó al Coronel *Elio.*

El día 10 de Mayo llegó *Whitelocke* con sus tropas á Monte- video, y se dispuso á operar sobre Buenos Aires con 12.000 hombres, veinte buques de guerra y noventa transportes. El 28 de Junio desembarcó en la *Ensenada de Barragán,* poniéndose en marcha hacia la ciudad.

El pueblo de Buenos Aires estaba preparado para la defensa. Su brillante Jefe *Liniers,* desplegando asombrosa actividad y geniales dotes de organizador, supo inculcar á todos su disci- plinario espíritu. Improvisó arsenales, maestranzas y armamen- tos, formó é instruyó regimientos de infantería *(Patricios, Arribeños, Pardos),* escuadrones de artillería y tercios de vo- luntarios Peninsulares *(Gallegos, Catalanes, Vascongados,* et- cétera), y logró convertir, como más tarde afirmaba el inepto *Whitelocke,* "cada casa en un castillo y cada soldado en un héroe.„

El día 2 de Julio la vanguardia Británica mandada por el

segundo de *Whitelocke*, General *Levisson Gower*, atravesó el Riachuelo para amagar la ciudad por el Oeste. Salió á su encuentro *Liniers* desplegando su gente en linea de batalla, pero *Gower* evadió el combate y siguió avanzando. *Whitelocke* habia dividido el resto de su ejército en tres cuerpos, fraccionados en catorce columnas, que debían atacar la ciudad por la parte Norte y Sur, hasta converger con las reservas en la Plaza Mayor, objetivo principal de la operación.

La división del Norte consiguió apoderarse del Retiro, pero fué á poco rendida y destrozada por las entusiastas legiones criollas de «*Patricios*» y «*Arribeños*». La del Sur, una de cuyas columnas mandada por *Pack* se atrincheró en la Iglesia de

Fig. 420.—La Capitulación del general Whitelocke. (*Fortuny.*)

Santo Domingo, fué rendida á discreción después de una tenaz resistencia.

Dos días duró esta lucha titánica, en la que, si el enemigo atacó con bizarría, el pueblo de Buenos Aires se defendió con heroismo. Hombres, mujeres y niños, con las armas que les sugería su entusiasmo, desde las ventanas y las azoteas interceptaban el paso al invasor, llevando á sus filas el exterminio y la muerte. Al atardecer del 5 de Julio, los Ingleses tenían, entre muertos, heridos y prisioneros, más de 3.000 bajas. Al día siguiente, *Whitelocke* firmó una capitulación, comprometiéndose á reembarcarse con sus tropas y evacuar la ciudad de Montevideo y todo el Río de la Plata, en un término de dos meses.

La ciudad, victoriosa, se entregó á un júbilo indescriptible, y el pueblo, reconocido, se estrechó más y más en torno de su prestigioso caudillo, que fué confirmado en su cargo de Virrey por la Metrópoli. *Whitelocke* fué justamente procesado en Inglatera, y declarado totalmente incapaz é indigno *("totally unfit and unworthy")* de servir en ningún empleo militar á S. M. Británica, (1).

La invasión Napoleónica en España.

4. — Las vergonzosas discordias entre el monarca *Carlos IV* y su hijo *Fernando*, Príncipe de Asturias, las bellaquerías del favorito *Godoy*, y las despreciables intrigas de unos y otros, dieron á *Napoleón Bonaparte* favorable ocasión para intentar la conquista de España y aniquilar en ella la dinastía Borbónica.

Autorizadas por el tratado de Fontainebleau (Octubre 1807), las tropas Francesas, mandadas por el sanguinario *Murat*, penetraron en la Península y fueron ocupando sus ciudades y pueblos. *Carlos IV* y *Fernando VII,* engañados por las falaces promesas del déspota Imperial, accedieron á visitarle en Bayona y le hicieron árbitro de sus escandalosas disputas.

Fig. 421.—El Mariscal Murat.

---

(1) Vse. *Bmé. Mitre:* Hist. Belgrano, Vol. I, pág. 148 y sig. y Apces. 10 á 14. *J. J. Biedma:* Atlas Histórico: Lám X, XI, XII, XIII, pág. 29 y sig. *V. F. López:* Hist. Rep. Argentina. Vol. I, pág. 520 y sig. Vol. II, pág. 20 y sig. y Apéndice. Notas 6 á 12, pág. 507 y sig. *J. M. Estrada:* Lec. Hist. Argentina. Vol. I. Lec. X, pág. 293 y sig. *Francisco Sagui:* Los últimos cuatro años, etc. (B. Aires, 1874), pág. 9 y sig. y Apce. Doc. Ns. 1 á 18. *Paul Groussac:* Santiago de Liniers (B. Aires, 1907), I Pte , pág. 3 y sig. y Apéndice, pág. 413 y sig., con sus notas y referencias. *Moses:* South. América on the Eve of Emanc., pág. 254 y sig. y sus notas. *Torrente:* Hist. Rev. Sud-Americana (Madrid, 1829). Vol. I, pág. 9 y sig. Comp. Trial... of *Lieut. Gen. Whitelocke,* etc. (London, 1808), pág. 29 y sig. y Apéndices. Minutes of Court Martial... for the trial of *Sir Home Pepham* (London, 1807), pág. 5 y sig. Doc. sobre *Invasiones Inglesas* (Bib. Comercio del Plata). Vol. X. Año 1857, pág. 33 y sig. *Gillespie:* Gleanings & Remarks, etc (Leeds, 1818), pág. 85 y sig. *Lobo:* Hist. de las Colonias. Vol. II, pág. 57 y sig. *S. H. Wilcocke:* Hist. of the Viceroyalty of B. Aires (London, 1807), pág. 149 y sig., etc. etc.

El Emperador las cortó por lo sano, obligando á sus reales huéspedes á abdicar en él la corona Española (Marzo 19-1808). Sin consideración alguna á los sagrados derechos de sus súb-

ditos, padre é hijo se declararon siervos humildes del autócrata y consintieron cobardemente en que entregara á su hermano *José Bonaparte* el trono secular de *Carlos V.*

El *pueblo Español* no toleró el desafuero. Enérgico y unánime, se levantó en armas contra el rey advenedizo, opuso el indomable heroismo de la raza Ibera al colosal poderío de los invasores, constituyó *Juntas Provinciales,* formó le-

...«La malhadada Guerra de España... me perdió.................. Los Españoles ... se levantaron en masa como un sólo hombre de honor».

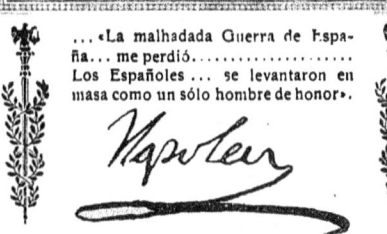

Fig. 422.—Napoleón Bonaparte.

giones patrióticas, luchó con estupenda pujanza y, en Valencia, en Madrid (Mayo 2), en la gloriosa jornada de Bailén, en el primer sitio de *Zaragoza*, que hubo de levantar *Lefevbre,* en el de *Gerona*, que abandonó *Duchesne,* y en la España entera, logró detener á los invencibles guerreros de Austerlitz y Tilsit, rendir en pocos meses (Mayo á Agosto 1808) dos de sus ejércitos y demostrar al mundo lo que vale un pueblo cuando no se resigna á ser esclavo (1).

Su repercusión en América. 5. – Las noticias de la violenta y traicionera agresión Napoleónica produjeron en las colonias los naturales efectos de indignación y de sorpresa. La *lealtad de la raza* imprimió á las pasiones populares idéntica dirección que á las del Buenos

Fig. 423.—Episodio de los sitios de Zaragoza.

Aires heroico ante la conquista Inglesa. Criollos y Españoles repudiaron al rey intruso, reconocieron la autoridad de la *Junta Central Gubernativa del Reino,* constituída en Aranjuez (Septiembre 25-1808), recibieron entusiastas á sus comisarios *(Goyeneche, Llorente, Molina,* etc.), proclamaron con grandes

(1) Vse. *Lafuente:* Hist. de España. Lib. IX. Cap. XII á XXV. Lib. X. Cap. I á III, etc. *Gómez de Arteche:* Reinado de Carlos IV (Madrid, 1890-2), pág. 287 y sig. *R. Southey:* History of the Peninsular War (Londres, 1823-32). Vol. I, pág. 35 y sig. *Conde de Toreno:* Hist. del Levantamiento, Guerra y Rev. de España (Madrid, 1838). Vol. I, pág. 26 y sig., etc. *Alcalde Ibieca:* Hist. de los Sitios de Zaragoza (Madrid, 1830). Vol. I, pág. 39 y sig. *Napier:* Hist. of the war in the Peninsula (Éd. Londres, 1890). Vol. I, pág. 21 y sig. *Arteche y Movo:* Guerra de la Independencia. (Madrid, 1888-1902). Vol. I, pág. 19 y sig. II, pág. 5 y sig., etc. *C. W. Oman* en *Cambridge Modern History.* Vol. IX, pág. 428 y sig. *(Bibliog.,* pág. 851 y sig.). *Lavisse et Rambaud:* Hist. General. Vol. IX. Cap. VI *(Bibliog.,* pág. 220 y sig.), etc., etc.

fiestas al menguado *Fernando VII,* que creían oprimido por *Bonaparte* y enviaron á la Metrópoli socorros por valor de 14.000.000 de pe-

sos fuertes. Sólo en Méjico, y en menos de quince días, se reunieron 3.000.000. Las damas de Santa Fe de Bogotá se despojaron de sus alhajas para entregarlas á la Junta (1).

Fig. 424.—Fernando VII, el Deseado. (*Goya.*)

Napoleón, por su parte, envió sus legados *(Sassenay, Lamanon, D'Alvimar,* etc.), al *Virrey Liniers* y á las autoridades de Venezuela y Nueva España, para que reconocieran su soberanía. Fueron rechazados en todas partes por el pueblo. *Sassenay* fué hecho prisionero por el imprudente y apasionado *Elio,* en Montevideo, aun contrariando las ór-

(1) Vse. *Mitre:* Hist. de Belgrano. Vol. I. Cap. VI, pág. 170 y sig. y sus notas. *Groussac:* op. cit. Pte. II, pág. 228 y sig. y sus notas. *J. M. Estrada:* Obras. Vol. I, pág. 322 y sig. *Mancini:* op. cit., pág. 239 y sig. y sus notas y referencias. *Sassenay:* Napoléon 1er et la fondation de la Rép. Argentine (Paris, 1892), pág. 10 á 185, etc. *Calvo:* An. Hist. de la Revolución de la Am. Latina (Paris, 1864). Vol. I, pág. 45 y sig., etc., etc.

denes del *Virrey Liniers,* que le despidió cortésmente. *Lamanon,* con grave riesgo de su vida, hubo de reembarcarse en su navío *Serpent,* que fué desarbolado y capturado por la fragata Inglesa *Acasta,* á poco de zarpar de La Guayra (Julio 16-1808) (1).

Estos movimientos tumultuosos, en los que el *pueblo colonial* iba acentuando prácticamente sus sagrados derechos po-

Fig. 425.— José Bonaparte.

líticos, eran mirados con desconfianza por las autoridades. Los *Virreyes* y *las Audiencias,* reputando la suerte de las colonias afectas á la Metrópoli, pretendían, en general, estarse á la espectativa de los acontecimientos Españoles para aceptar, después del desenlace, los resultados que consagrase la fuerza. El *pueblo colonial,* sin distinción de Españoles y Americanos, no podía aceptar una política tan egoísta y humillante. El *patriciado criollo,* utilizando su preponderante influencia en los cabildos, fomentaba las agitaciones populares y esperaba sólo el *momento favorable* para realizar sus anhelos patrióticos.

Partidarios, *en apariencia,* de *Fernando VII,* sostenían sus mentores la doctrina jurídica de la legislación Indiana, que vinculaba la América á la *corona real y no á la Nación Espa-*

(1) Vse. Doc. No. 1501, 1503, 1509, 1518, 1524, etc. *(Arch. Indias)* extractados por *Torres Lanzas:* op. cit. Vol. II, pág. 7 y sig. *Conde de Toreno:* op. cit. Lib. VI, pág. 42 y sig. *Lafuente:* op. cit. Lib. X. Cap. VI y sig. *Mitre:* Hist. Belgrano. Vol. I. Cap. VI y sig. y sus notas. *Mancini:* op. cit., pág. 236 y sig. y sus referencias. *P. Manuel F. Miguelez:* Independencia de México (Madrid, 1911), pág. 8 y sig., etc.

ñola (Vse. Cap. II, Tít. I, Epoca II), y deducían lógicamente que, ausente ó prisionero el monarca, *la soberanía retrovertía á los pueblos, que tenían derecho á darse su propio gobierno y á negar obediencia* á los que ilegítimamente se atribuían la representación del monarca á título de dependencia territorial ó de comunidad política. En el fondo de esta teoría estaba el separatismo, y su triunfo no podía conducir sino á la Independencia (1).

6. — La situación era cada vez más difícil. Fuese por cobardía ó por ignorancia, el servil *Fernando VII,* en vez de alentar á sus partidarios, *felicitaba á Napoleón por sus triunfos en la Península* (Agosto 6-1809). La *Junta Central de Aranjuez,* obligada á fines del 1808 á trasladarse á Sevilla, seguía, respecto á los Americanos, una política suspicaz y reaccionaria. En vez de propiciar á los criollos con una transacción justa y digna, se limitó á dictar un decreto pomposamente llamado de *emancipación de las Colonias* (Enero 22-1809), que no era, en resumen y realidad, sino hábil y absolutista remache de las cadenas antiguas.

Fig. 426.
La Infanta Carlota
Joaquina de Borbón.

La *fracción moderada* de los partidos criollos, vió en este decreto el primer paso hacia la autonomía definitiva, y creyó que la Independencia de los distintos Virreinatos se realizaría *sin contar con el pueblo,* y tan fácilmente como se había efectuado la del Brasil al establecerse en Río Janeiro la familia real Portuguesa, con la protección de la Gran Bretaña (Noviembre 29-1807). La *aristocracia criolla* de Nueva Granada, Chile, Perú y, sobre todo, la del Río de la Plata, soñó,

---

(1) V. *Mitre:* Hist. de San Martín. Vol. I, pág. 64 y sig. *Mancini:* op. cit., pág. 259 y sig. y sus notas. *J. M. Estrada*: Obras Comp. Vol. I, pág. 324 y sig. *P. M. F. Miguelez:* op. cit., pág. 18 y sig. *Torrente:* Rev. Hisp. Americana (Madrid, 1829). Vol. I, pág. 6 y sig., etc.

como *Godoy* y el *Conde de Aranda,* en la posibilidad de establecer *monarquías independientes,* á las que serían llamados los príncipes Borbónicos que Napoleón había desposeído. La infanta *Doña Carlota Joaquina de Borbón,* hermana de *Fernando VII* y esposa del príncipe regente de Portugal y el Brasil (luego *Juan IV),* declaró en un manifiesto (Agosto 19-1808) sus derechos adventicios á la corona Española durante el cautiverio de los soberanos legítimos. *Belgrano, Castelly, Vieytes, Saavedra,* y otros patricios Argentinos, seducidos por la aparente facilidad de consumar una revolución pacifica, aceptaron con entusiasmo la idea indicada por *Rodríguez Peña,* de ofrecer á la *Carlota,* el trono constitucional del Río de la Plata, y entraron en negociaciones secretas con sus Agentes. Las pretensiones absolutistas de la princesa, los manejos de *Lord Strangford,* Ministro Inglés en Río Janeiro, y el desgraciado giro de los acontecimientos de la Península en la heroica, pero funesta campaña de fines de 1808 y principios de 1809, hicieron fracasar este quimérico proyecto, contrario, por otra parte, á las aspiraciones populares, que iban orientándose en un sentido fatal é irrevocablemente democrático (1).

Las Juntas del 1809.   7.—Agenos á estas equivocadas tendencias y del patriciado criollo, el grupo menos numeroso pero más resuelto de los *"liberales irreductibles",* seguía firmemente su propaganda. Fieles

---

(1) Vse. *Arch. Histórico Nacional* (Madrid) Pap. de Estado. Río de la Plata (1808-1810), en especial los Legajos 3783, 3787 y 5789 (Correspcia. *Marqués Casa Irujo). Archivo de Indias.* Doc. extractados por *Torres Lanzas:* op cit. Vol. I. Nos. 1401-08, 1414, 1420, 1432, 1445, 1448-51, 1480-86, etc. y 1600 á 1606. Vol. II. *Calvo:* An. Históricos. Vol. I, pág. 73 y sig. 116 y sig., etc. *Mitre:* Hist. Belgrano. Vol. I, pág. 235 y sig. y Apces. (*Autobiog. Belgrano),* 9, 16, etc. *Oliveira Lima:* Dom João IV no Brazil (Río Janeiro, 1908). Vol. III, pág 288 y sig. *Adolfo Saldias:* La evolución Republicana durante la Rev. Argentina (B. Aires, 1906), pág. 53 y sig. *Estrada:* Obras Comp. Vol. I. pág. 332 y sig. *Coroleu:* América, etc. (Barcelona, 1895). Vol. III, pág. 197 y sig. *Carlos A. Villanueva:* La monarquia en América (Paris, 1911), pág. 7 y sig. y sus notas. *Lafuente:* op. cit. Lib. X. Cap. III y sig. *P. M. F. Miguelez:* op. cit., pág. 29 y sig. *Pereira da Silva:* Hist. da fundaçao do Imp. Brazileiro (Paris, 1865) Lib. III. Sec. 3 y 4. *Paul Groussac:* op. cit., pág. 249 y sig. y sus notas. *J. Presas:* Mem. Secretas de la Princesa del Brasil (Burdeos, 1830), pág. 17 y sig. *Barros-Arana:* Hist. Gen. de Chile. Vol. VIII, pág. 249 y sig. y sus notas. *México á través de los siglos.* Tomo III, pág. 67 y sig. y sus referencias, etc., etc.

á los procedimientos de la revolución Francesa, favorecían la formación de *Juntas* semejantes á las de la Metrópoli, que obrando al principio y para no alarmar la opinión, *en nombre de Fernando VII,* asumiesen la autoridad suprema de las Colonias. Como después de la capitulación de Madrid (Diciembre 8-1808), y la gloriosa caida de la inmortal Zaragoza (20 Febrero 1809) hasta los obispos Españoles habían reconocido al rey intruso (Abril 12-1809), considerando á la España irreparablemente perdida para la dinastía Borbónica, era lógico esperar que del *hecho* revolucionario y anormal de la constitución más ó menos tumultuosa de las mencionadas *Juntas,* surgiese el *derecho* de los pueblos Americanos á reasumir *en su propio nombre,* la soberanía Nacional, á convocar *Asambleas Constituyentes, Congresos ó Convenciones* y á constituir, en fin, *gobiernos independientes.*

Fig. 427.— Carlos IV y Fernando VII en Bayona (1808).

Una transacción justa y digna de la *Junta Central de Sevilla* y de las autoridades coloniales, hubiera podido acaso detener el conflicto; su intransigencia y su imprevisión apresuraron su pérdida. El 15 de Septiembre de 1808, un movimiento popular dirigido en Méjico por *D. Gabriel Yermo* é inspirado en cuanto á sus fines por las proclamas y trabajos del célebre *Padre Talamantes,* encarcelaba al Virrey *Iturrigaray,* y robustecía la *Junta* formada un mes antes con su consentimiento. Su sucesor *Garibay,* y el no menos débil é irresoluto Arzobispo *D. Francisco Xavier de Lizana* (1809) no pudieron impedir que el patriotismo de los *Michelena,* los *Soto Saldaña,* los *Quevedo,* etc., formasen clubs revolucionarios en la capital del Virreinato, en

Valladolia y en Queretaro. En Quito fueron derribadas las autoridades, y la *Junta* se atribuyó el dictado de *soberana*, levantando tropas para sostener sus derechos (Agosto 1809). En la docta Chuquisaca los criollos depusieron tumultuosamente al *Presidente Pizarro* (Mayo 1809) y organizaron un gobierno autonómico presidido por la Audiencia.

Fig. 428.— Los defensores de la Independencia Española.
(*Cuadro de Domingo Muñoz.*)

En la populosa ciudad de La Paz alzaron francamente los criollos el estandarte separatista y á los gritos de *¡Mueran los Chapetones!... ¡Viva la libertad!... ¡Viva la América!...* constituyeron una *Junta Tuitiva* (Julio 1809) compuesta exclusivamente de Americanos y ahorcaron á los Españoles que se atrevieron á desconocerla.

Las armas combinadas de los Virreinatos del Perú y el Río de la Plata, ahogaron en sangre los levantamientos de La Paz y Chuquisaca. Sus caudillos perecieron gloriosamente en el campo de batalla, ó fueron sacrificados por *Goyeneche*, pero los gérmenes de la libertad fructificaban ya con lozanía, y como proféticamente dijo momentos antes de ser fusilado el valiente *Morillo*, mártir patriótico de La Paz, *"el fuego por él encendido no se apagaría jamás en América"* (1).

(1) *Mancini:* op. cit., pág. 259 y sig. y sus notas. *Torrente:* op. cit. Vol. I, pág. 5 á 65 (B. Aires, Perú, Quito, Caracas, Méjico, 1809). *Samper:* Ensayo sobre las Rev. Políticas, etc. (Paris, 1861). Cap. IX y sig. *Gervinus:* Geschichte des 19ten Jahshunderts, etc. (Trad. Francesa. Paris, 1865). Vol. VI, pág. 98 y sig. *L. Alaman:* Hist. de Méjico (México, 1849-52) Pte. I, Vol. I, pág. 287 y sig. *P. M. F. Miguelez:* op. cit.,

8.—Empiezan á dibujarse en estas turbulencias coloniales del año 1809, inconexas en apariencia, *la espontaneidad y precisión de conjunto* que caracterizan los grandes movimientos iniciales de la revolución de Sud-América. Este *sincronismo* y esta *identidad de miras* de los movimientos emancipadores en las distintos Virreinatos no sería lógicamente explicable *sin la intervención de una mentalidad directora,* uniformando la acción y los procedimientos de los distintos caudillos criollos.

La gloria de haber relacionado tales trabajos patrióticos pertenece de lleno al Venezolano *Miranda.* Su incansable Apostolado Jacobino, su paciencia heroica, su fortaleza en la tribulación y su inquebrantable fe en el triunfo de la Independencia, decidieron á los intelectuales Sud-Americanos dispersos en Europa, á seguir aunados las inspiraciones del ardoroso Apóstol, y á imprimir á las épicas luchas por la libertad Americana el sello *netamente republicano,* y la *cohesión continental* que realzan su histórica grandeza.

Fig. 429.—El levantamiento de Chuquisaca en 1809. (*Fortuny.*)

pág. 16 y sig. *Mitre:* Hist. de San Martín. Vol. I, pág. 57 y sig. *Id.* Hist. de Belgrano. Vol. I. Cap. VII-VIII, pág. 240 y sig. *Coroleu:* América. Vol. III. loc. cit. *Gil Fortoul:* op. cit. Vol. I, pág. 101 y sig. *Barros-Arana:* Hist. Gen. Chile. Vol. VIII, pág. 99 y sig., etc. etc.

Conocemos sólo fragmentariamente *(Comunicaciones á los Cabildos de Buenos Aires, Caracas, etc.*, 1808) los métodos empleados por *Miranda* en la secreta elaboración de la gran empresa. El principal instrumento de su propaganda fué indudablemente la vasta asociación que fundó en Londres hacia el año 1797, de constitución y tendencias análogas á las de las sociedades de *Iluminados (Illuminati-Baviera*, 1784) y las posteriores de los *Carbonarios* (Nápoles, 1815), (1).

Fig. 430.—D. José de Iturrigaray, Virrey de la Nueva España.

Esta fecunda *"Logia Americana,"* de la que *Miranda* se instituyó *"Gran Maestre,"* tuvo sus filiales en París, en Madrid (Véase Capítulo 1), en Cádiz (*Lántaro ó Caballeros Racionales)*, etc. El primer grado de *iniciación* era *trabajar por la Independencia Americana*, y el segundo *la profesión de fe democrática*. El principal *"taller"*, y el *"Consejo General"* de la asociación estaban en Londres (*Grafton Street, núm. 27, Fitzroy Square*), residencia de *Miranda*, quien hasta el año 1810 *iluminó* personalmente á casi todos los libertadores de Sud-América.

O'Higgins y *Carrera*, de Chile, *Montufar* y *Rocafuerte*, de Quito, *Valle*, de Guatemala, *Monteagudo*, del Perú, *Servando Teresa Mier*, de Méjico, *Nariño*, de Nueva Granada, *Alvear Moreno* y *Zapiola*, del Río de la Plata, etc., fueron iniciados en la *Logia* fundada por *Miranda*. Ante él prestaron juramento

(1) Sobre las Logias de los *"Illuminati"* fundadas por *Weisshaupt* y *Knigge*, y su influencia, etc., etc. Vse. *Cambridge Mod. History:* Vol. VIII, pág 772 y sig. y Comp. *Heckethorn:* The Secret Societys, etc. (New York, 1897), pág. 231 y sig. Sobre la organización y propósitos de las *"ventas Carbonarias"* (*Alte Vendite*). Vse. *Camb. Mod. Hist:* Vol. X, pág. 111 y sig. *Marquis de Saint-Edme:* Const. et organisation des Carbonari (Paris, 1821), pág. 19 y sig. *Cantu:* Il Conciliatori é il Carbonari (Milan, 1878), pág. 39 y sig., etc., etc.

Bolívar y *San Martín*, los dos grandes héroes de la emancipación Sud-Americana (1).

A principios del 1810 estaban todos preparados para emprender la magna obra. Todas las fuerzas del absolutismo, toda la sordidez de los mandatarios coloniales, todos los egoísmos de los mercaderes de Cádiz, y los detentadores de privilegios, todas las huestes de un régimen inquisitorial y vetusto iban á desencadenarse en vano contra ellos.

Fig. 431.—Medalla de la Jura de Fernando VII en Méjico.

Los tiempos habían llegado á su madurez, y debían cumplirse las misteriosas predicciones de *Isaías* y *Abdías*, que interpretó *Fray Luis de León* con genial clarividencia. El pueblo "formidable más que otro alguno, la nación, *que espera y más espera y es hollada,* iba á llevar sus ofrendas al Señor de los ejércitos, y á alzar el estandarte de la libertad sobre los montes»... Tenían que desgajarse y troncharse los dominios de la España de siglos, de la *Sepharad,* bíblica, de la tierra gloriosa *"que envió sus mensajeros por mar en barcos de papiro,* y fué en un tiempo, *cimbalo de alas"...* (2).

---

(1) Vse. *Mitre:* Hist. de San Martín. Vol. I, pág. 47, 112 y sig. y sus notas *Id.:* Hist. de Belgrano. Vol. II, pág. 273 y sig. y sus notas y referencias. *Mancini:* op. cit., pág. 271 y sig. *B. Vicuña Mackena:* El Ostracismo del Gen. O'Higgins (Santiago, 1882), pág. 268 y sig. *Id.:* Vida del Cap. General de Chile D. Bdo. O'Higgins (Santiago, 1882), pág. 136 y sig., etc. Comp. *Rebold:* Histoire Gen. de la Franc-Maçonerie (Paris, 1851). Vol. I, pág. 117 y sig. *N. Díaz y Pérez:* Hist. de la franc-masonería en España (Madrid, 1894), pág. 219 y sig. *W. E: H. Lecky:* Hist. of the Rise and Influence of the Spirit of Rationalism, etc. (London, 1865). Vol. II, pág. 123 y sig., etc., etc

(2) *Isaías:* Cap. XVIII. *Abdías:* Cap. Unico. Vse. el Comentario de *Fray Luis de León* al libro de *Abdías* (In Abdiam Prophetam expositio) en Mag. *Luysii Legionensis Aug:* Opera (Salamanca, MDCCCXCI-II) Vol. III, pág. 157 y sig. y el precioso estudio sobre dicho comentario del ilustre crítico Agustiniano *P. Manuel F. Miguelez.* Rev. "La Ciudad de Dios» (Madrid, 5 de Febrero 1893), pág. 167 y sig.

CUESTIONARO

1. — ¿Qué resultados tuvo la expedición e Baird y Popham
   Sud-Africa.
2. — ¿Cómo invadieron Beresford y Pophm á Buenos-Aires?
3. — ¿Qué hizo para resistir el Virrey Soremonte?
4. — ¿Quién era Don Santiago Liniers?
5. — ¿Cómo preparó la reconquista de Buenos-Aires?
6. — ¿Cómo influyó su triunfo en la evolución política Argentina?
7. — ¿Qué nueva expedición organizó L Inglaterra contra
   Buenos-Aires?
8. — ¿Cómo se preparó el pueblo de Buenos-Aires para la defensa?
9. — ¿Qué brillante triunfo obtuvo sobre los Ingleses?
10. — ¿Qué resultados históricos produjo esta heróica defensa?
11. — ¿Qué acontecimientos determinaron á Napoleón para in-
    vadir la España?
12. — ¿Cómo se levantó el pueblo Español cntra el invasor?
13. — ¿Qué carácter tuvo esta heróica resistacia?
14. — ¿Cómo recibió la América á los comisonados de la jun-
    ta Central Gubernativa del Reino?
15. — ¿Cómo recibió á los enviados de Napoeón Bonaparte?

16. – ¿Qué d ina política defendieron los criollos cultos después la caída de Carlos IV y Fernando VII?

17.   ¿Qué p   a observó la junta Central de Sevilla, *respecto á l   lonias?*

18. – ¿Quié   la *Infanta* Carlota Joaquina?

19. – ¿Quié   stuvieron sus pretensiones y cómo fracasaron?

20. – ¿Por q í tvorecían los criollos la formación de Juntas de G ieto *en nombre de* Fernando VII?

21. – ¿Qué m   mientos populares estallaron en Méjico en los a   8 y 1809?

22. - ¿Cóm   formaron las juntas de Gobierno de Quito, C q saca y La Paz?

23. – ¿Qué c cter tuvieron estos últimos levantamientos y c   eron sofocados?

24. – ¿C   n qué fines fundó Miranda la «Gran Reunión   e ana»?

25. – ¿Q   n fueron sus principales iniciados y qué influen-   en la Revolución Sud-Americana?

CUESTIONARIO

1. – ¿Qué resultados tuvo la expedición de Baird *y* Popham *á
Sud-Africa.*

2. – ¿Cómo invadieron Beresford *y* Popham *á Buenos-Aires?*

3. – ¿Qué hizo para resistir el Virrey Sobremonte?

4. – ¿Quién era Don Santiago Liniers?

5. – ¿Cómo preparó la reconquista de Buenos-Aires?

6. – ¿Cómo influyó su triunfo en la evolución política Argentina?

*7. – ¿Qué nueva expedición organizó la Inglaterra contra
Buenos-Aires?*

8. – ¿Cómo se preparó el pueblo de Buenos-Aires para la defensa?

9. – ¿Qué brillante triunfo obtuvo sobre los Ingleses?

10. – ¿Qué resultados históricos produjo esta heróica defensa?

11. – ¿Qué acontecimientos determinaron á Napoleón *para invadir la España?*

12. – ¿Cómo se levantó el pueblo Español contra el invasor?

13. – ¿Qué carácter tuvo esta heróica resistencia?

14. – ¿Cómo recibió la América á los comisionados de la Junta Central Gubernativa del Reino?

15. – ¿Cómo recibió á los enviados de Napoleón Bonaparte?

16. – *¿Qué doctrina política defendieron los criollos cultos después de la caída de* Carlos IV *y* Fernando VII?
17. – *¿Qué política observó la* Junta Central de Sevilla, *respecto á las Colonias?*
18. – *¿Quién era la Infanta* Carlota Joaquina?
19. – *¿Quiénes sostuvieron sus pretensiones y cómo fracasaron?*
20. – *¿Por qué favorecían los criollos la formación de* Juntas de Gobierno *en nombre de* Fernando VII?
21. – *¿Qué movimientos populares estallaron en Méjico en los años 1808 y 1809?*
22. – *¿Cómo se formaron las* Juntas de Gobierno *de Quito, Chuquisaca y La Paz?*
23. – *¿Qué carácter tuvieron estos últimos levantamientos y cómo fueron sofocados?*
24. – *¿Cómo y con qué fines fundó* Miranda *la* «Gran Reunión Americana»?
25. – *¿Quiénes fueron sus principales* iniciados *y qué influencia tuvo en la Revolución Sud-Americana?*

REFERENCIAS

Generales.—*Lafuente*. Hist. Gen. de España. Parte III.
Edad Moderna. Libro IX y X. *Altamira*. Hist. de España. Vol.
IV. *W. Coxe*. España bajo la dominación... de la familia de
Borbón (Trad. Española de *D. R. Sevillano*). Madrid, 1836-
37. *Lobo*. Historia de las Antiguas Colonias (Madrid, 1876).
Coroleu. América. Hist. de su Colonización, etc. (Barcelona,
1896) Vol. III y IV. *M. Torrente*. Hist. de la Revolución Hispano Americana (Madrid, 1829). Vol. I. *Winsor*. N. & C. H.
of America. Vol. VIII. *Gervinus*. Geschichte des 19ten Jahsun-
derts, etc. (Trad. Francesa. Paris, 1865) *Díaz y Pérez*. Hist. de
la francmasonería en España (Madrid, 1894). *Sorel*. L'Europe
et la Revolution Française (Paris, 1885). *C. Calvo*. Anales Históricos de la Revolución de la América Latina (Paris, 1864).
T. C. Dawson. The South American Republics (N. York, 1904).
G. Desdevises du Dezert. L'Espagne de l'ancien régime. Vol.
I (La Société). Vol. II (Les Institutions). Vol. III (La richesse
et la civilisation) Paris, 1897-1904. *Rebold*. Hist. Générale de
la Franc-Maçonerie (Paris, 1851). *Schepeler* (R. P. von). Geschichte der Revolution des Spanischen America, 1803-23.
(Leipzig, 1833-34). *Walton*. Present state of the Spanish Colonies (London, 1810). *Id*. An exposé of the disscusions of Spanish America (London, 1814). *Pradt (D. D. de)*. Des colonies
et de la Revolution actuelle de l'Amérique (Paris, 1817). *Cambridge Modern History*. Vol. VIII, IX y X (Cap. IX). *Lavisse
et Rambaud*. Histoire Générale. Vol VIII y IX. *W. H. Lecky*.
Hist. of the Rise and influence of the Spirit of Rationalism
(London, 1865), etc., etc.

Especiales.—*Bartolomé Mitre.* Hist. de Belgrano y de la Independencia Argentina (B. Aires, 1887). Vol. I. *Id.* Hist. de San Martín y de la Emancipación Sud-Americana (2.ª Edición, B. Aires, 1890). Vol. I. *Jules Mancini.* Bolí-

var et l'émancipation des colonies Espagnoles des origines à 1815 (Paris, 1912). *Gómez de Arteche.* Reinado de Carlos IV (Madrid, 1890-92). *J. Arteche y Mozo.* Guerra de la Independencia (Madrid, 1868-1902). *Carlos A. Villanueva.* La Monarquía en América (Paris, 1911). *Conde de Toreno.* Historia del Levantamiento, Guerra y Revolución de España (Paris, 1838).

M. Briceño. Hist. de la Insurrección del 1781 (Bogotá, 1880) *José C. Argüelles.* Observaciones sobre la Hist. de la Guerra de España (Londres, 1829). *Menéndez y Pelayo.* El Abate Marchena (Estudios de Crítica Literaria. 3.ª Serie. Madrid, 1909). *J. Lavalle.* Don Pablo de Olavide (Lima, 1885). *Miguel Luis Amunategui.* Los Precursores de la Inde-

pendencia de Chile (Santiago, 1870). *Id., íd.* Don Manuel de Salas (Santiago, 1895). *J. M. Samper.* Ensayo sobre las Revoluciones Políticas y la condición Social de las Repúblicas Colombianas (Paris, 1861). *M. Godoy.* Mem. Críticas y Apologéticas para la Hist. del reinado del Señor Don Carlos IV (Ed. Madrid, 1836-38). *G. D. Hinter.* Hist. of the

Revolution of Caracas (London, 1819). *M. Smith.* Adventures in the Miranda expedition (Albany, 1814). *Benjamín Vicuña Mackena.* Hist. Independencia del Perú, 1809-1819 (Lima, 1860), etc. Las Historias Nacionales y Constitucionales de la *República Argentina, Chile, Perú, Colombia, Méjico, Venezuela, Ecuador, Cuba, Uruguay,* etc. y las obras

modernas de índole especial relacionadas en las notas de los *Capítulos I y II* de este Título.

Fuentes Ms.—Docs. *Archivo de Indias.* (Vse. el precioso Catálogo de *Pedro Torres Lanzas.* Independencia de América. Fuentes para su estudio. Serie 1.ª Vol. I y II. Madrid, 1912). *Archivo Histórico Nacional.* Ma-

drid, Papeles de Estado. *Río de la Plata, Perú, Venezuela, Méjico,* etc., 1805-1809. *Archivo de Simancas:* Secretaría de Estado. Embajada de Inglaterra (en especial Legajos 8200 á 8260. Años 1805-1820). Sección de Guerra *(B. Aires, Nueva*

España, Nueva Granada, Perú, etc., y *Generales Indias).* Inquisición, 1795-1809, etc. (Vse. la Guía de la Villa y Archivo de Simancas de *D. Francisco Díaz Sánchez.* Madrid. 1885). *Public Record Office.* Londres *(Colonial Office.* Miscelaneous. *Admiralty:* 1804-1807. *Chattam* Papers & Correspondence.

Foreign Office: etc.) *Museo Britá* dham Papers, etc. British Museum. *tre* (B. Aires). Ar Papeles del Gene cumentos existen Spain. *War Office:* 1804-1809, *nico.* Additional Mss. Windham (Vse. *Index to Mss.* in the London, 1880). *Biblioteca Mi* chivo de *Belgrano.* Leg. I. ral *Pueyrredon,* etc., y los Dotes en los *Archivos Naciona-*

les de B. Aires, Santiago de Chile, Lima, Méjico, Bogotá, Quito, La Habana, etc.

Fuentes Impresas. — *Hernández y Dávalos.* Documentos para la Historia de la Guerra de la Independencia de México. (Méjico, 1876-77). *José Félix Blanco* y *Ramón Azpurua.* Documentos para la Historia de la Vida Pública del Libertador, etc. (14 Vols. Caracas, 1875 á 1877). *Historiadores de Chile.* Col. de Doc. Relativos á la Hist. Nacional (Santiago, 1861, etc.) *Francisco Saguí.* Los últimos cuatro años de la Dom. Española, etc. (B. Aires, 1874). *J. M. Antepara.* Documents showing designs of Gen. Miranda (London, 1810). *J. Biggs.* Hist. of Miranda's attempt in South America (London. 1809). *Burke.* South American Independence, etc. London, 1807. *Id.* Abditional reasons for our (Inglaterra) immediately emancipating Spanish-America (London, 1807) Authentic Narrative of the

El Heroico Triunfo de Buenos Aires (Agosto 1806)

Espa...
quis...
de S...
blic...
Adm...
Fore...
etc.)
dham...
Briti...
tre (...
Papel...
cume...

les de
to, La H...
Fue...
para la...
(Méjico,
cumento...
etc. (14
de

ier-Gen. ...... By an officer of the
... 838). *Sir H....ham.* Minutes of Court
... of: (London, ...). Lieut. Gen. *J. Whi-*
...e of: (London ...808). *Prudeux et Mayer.*
...à l'histoire de la révolution de la Cap.
...etc. (Paris, 18..). *W. B. Stevenson.* Hist.
...ive of twenty years residence in South
...5). *Posada é...ñez.* El Precursor (Na-
...cional. Bogotá 1903, etc. Las citadas en
...nadas de *Mit..., Mancini, Amunategui,*
...ño, etc., y en las notas de los Capítulos

...e. *Mendiburu* Dic. Hist. Biog. del Perú
... Catálogo ...onado de la Biblioteca
...antiago de C..le, 1874). *Id.* Estadística
...eratura Chile.. (Santiago, 1862). Catá-
...iblioteca Nac...al de B. Aires. Vol. II.
...B. Aires, 18..). Catálogo de la *Biblio-*
...B. Aires, 19..). *Vicuña Mackena.* Bi-
...(Catálogo ...onado de la Biblioteca
...gorio Beéche Valparaiso, 1879. *Anto-*
...a Histórica d..as Prov. del Río de la
...1 (B. Aires, 1..5). *Winsor.* N. & C. H.
...pág. 247 y sig 342 y sig., etc. *Cambrid-*
...ol. VIII, pág. ...4-8, etc., y Vol. X, pág.
...citadas en las *eferencias* de las Epocas
...ompendio.

expedition of *Brigadier-Gen. Craufurd.* By an officer of the expedition (London, 1838). *Sir H. Popham.* Minutes of Court Martial for the trial of: (London, 1807). Lieut. Gen. *J. Whitelocke.* The trial at large of: (London, 1808). *Poudenx et Mayer.* Mémoires pour servir à l'histoire de la révolution de la Cap. Générale de Caracas, etc. (Paris, 1815). *W. B. Stevenson.* Hist. and descriptive narrrative of twenty years residence in South America (London, 1825). *Posada é Ibáñez.* El Precursor (Nariño). Bca. de Hist. Nacional. Bogotá, 1903, etc. Las citadas en las obras antes mencionadas de *Mitre, Mancini, Amunategui, Vicuña Mackena, Briceño,* etc., y en las notas de los Capítulos I y II de este Título.

Bibliografías. – Vse. *Mendiburu.* Dic. Hist. Blog. del Perú (Lima, 1874). *Briceño.* Catálogo razonado de la Biblioteca Chileno-Americana (Santiago de Chile, 1874). *Id.* Estadistica Bibliográfica de la Literatura Chilena (Santiago, 1862). Catálogo Metódico de la *Biblioteca Nacional de B. Aires.* Vol. II. Historia y Geografía (B. Aires, 1895). Catálogo de la *Biblioteca del Museo Mitre* (B. Aires, 1907). *Vicuña Mackena.* Bibliografía Americana (Catálogo razonado de la Biblioteca Americana del *Sr. Gregorio Beéche*). Valparaíso, 1879. *Antonio Zinuy.* Bibliografía Histórica de l'as Prov. del Río de la Plata desde 1780 á 1821 (B. Aires, 1875). *Winsor.* N. & C. H. of America. Vol. VIII, pág. 247 y sig., 342 y sig., etc. *Cambridge Modern History.* Vol. VIII, pág. 794-8, etc., y Vol. X, pág. 818-21 y las generales citadas en las *Referencias* de las Epocas II y III del presente Compendio.

TÍTULO III

Los movimientos iniciales (1810-1816).

CAPÍTULO PRIMERO

LA REVOLUCIÓN DE MÉJICO (1810-1815)

1. El año 1810.—2. El grito de Dolores.—3. Guerra civil y religiosa.—4. La batalla del Puente de Calderón.—5. Don José M.ª Morelos.—6. Sus campañas.—7. La Constitución del 1812.—8. El Congreso de Chilpacingo.—9. La caída de Morelos.

El año 1810. 1.—Al comenzar el año de 1810 nada se veía que tendiera á disipar las negras nubes que encapotaban el horizonte Español. La derrota de Ocaña y la caída de la inmortal Gerona, habían definido la dolorosa campaña del 1809. Los ejércitos Franceses habían entrado triunfantes en Sevilla, y amenazaban á Cádiz, último baluarte de la independencia Española. La *Junta Central*, desprestigiada y huída á la Isla de León, había resignado su vacilante autoridad en manos de un *Consejo de Regencia* (Enero 1810), poderosamente influido por la llamada *Junta Popular*, en la que predominaban los sórdidos mercaderes de Cádiz, defensores acérrimos de los monopolios.

Con estas melancólicas noticias, llegó á Méjico la orden del *Supremo Consejo de Regencia* relevando del cargo de Virrey al Arzobispo *D. Xavier de Lizana*, y entregando el mando de la colonia al Presidente (*Catani*) y los Oidores de la Audiencia de Méjico. Eran éstos rígidos y anticuados funcionarios los menos á propósito para gobernar la Nueva España en aquellos momentos difíciles. Comprendiéronlo así los ministros del *Consejo de Regencia*, y decidieron enviar como Virrey de la agitada colonia al activo, probo y severo jefe militar *D. Francisco Javier Venegas*.

El día 14 de Septiembre de 1810 hizo el nuevo funcionario su entrada triunfal en Méjico. Mientras mandaba leer en su recepción la lírica é inoportuna soflama á los Americanos redactada por el poeta *Quintana,* activaban su obra revolucionaria los *conjurados de Querétaro* (1).

2.—Reuníanse hacía tiempo estos patriotas con pretextos literarios en casa del ilustrado presbítero *D. José M.ª Sánchez,* de la mencionada villa. Eran los principales los bravos capitanes del Regimiento del Rey, *D. Ignacio Allende* y *Don Juan Aldama,* y el cura Párroco del pueblo de Dolores, *D. Miguel Hidalgo y Castilla.*

Fig. 432.—Vista de Querétaro.

Hidalgo había nacido en el caserío de *Penjamo* (Guanajuato) el día 8 de Mayo de 1753 y se había educado en el Colegio de San Nicolás, de Valladolid. Al ordenarse de sacerdote, obtuvo el curato de Dolores, donde al par que nutría su inteligencia con el estudio, dedicóse á diversas empresas industriales y agrícolas, interesándose moral y materialmente por el bienestar de sus feligreses. Era el prestigioso cura de Dolores, taciturno, enérgico, emprendedor, en extremo querido por los Indios, y gran entusiasta de las nuevas doctrinas filosóficas.

---

(1) Vse. *J. E. Hernández y Dávalos:* Doc. para la Hist. de la Guerra de la Independencia de Méjico (México, 1877). Vol. I, pág. 692 y sig. Vol. II, pág. 5-58, etc. *Lafuente:* op. cit. Lib. X. Cap. VIII-IX, etc. *Alaman:* Hist. Méjico (Méjico, 1849-52). Vol. I, pág. 310 y sig. *Rivera Cambas:* Los Gobernantes de México (México, 1872). Vol. I, pág. 560 y sig. *J. Zárate,* en «México á través de los siglos». Vol. III. Cap. V, pág. 60 y sig. *Torrente:* op. cit. Vol. I, pág. 140 y sig. *P. M. F. Miguelez:* op. cit., pág. 17 y sig. *Bancroft:* Hist. of México (San Francisco, 1890). Vol. IV. Cap IV, pág. 67 y sig. y sus notas. *Zamacois:* Hist. de Méjico (Méjico, 1878). Vol. VI, pág. 81 y sig., etc., etc.

A pesar de sus ideas *netamente separatistas,* anduvo rehacio para entrar en la revolución emancipadora, hasta que animado por *Allende* la aceptó sin reservas.

Los patriotas de Querétaro habían fijado la fecha del 8 de Diciembre para iniciar el levantamiento; pero descubierta la conspiración por las autoridades Españolas, y presos algunos de los conjurados, se vieron los demás forzados á precipitarlo.

Fig. 433.—El Virrey Venegas.

A las dos de la mañana del memorable día *16 de Septiembre* del 1810, lanzóse *Hidalgo* á la calle con un pelotón de hombres mal armados, libertó á los presos tumultuosamente, tocó á misa al rayar el alba, y exhortó al pueblo de Dolores á unirse á él para defender contra los Españoles la oprimida patria Mejicana. Venciendo la repugnancia del aristócrata y disciplinario *Allende* á admitir *"gente abigarrada* y sin orden para la lucha",* el entusiasta *Hidalgo* reunió 600 hombres, en su mayoría indios y mestizos, y con ellos, se dirigió en son de guerra al inmediato pueblo de San Miguel el Grande, tomando al pasar por el santuario de Atotonilco un lienzo pintado con la imagen de la *Virgen de Guadalupe,* que colocó en un asta de lanza á manera de lábaro ó símbolo de la futura independencia.

A los gritos de *¡Viva la Virgen de Guadalupe y mueran los gachupines!...* entraron las indisciplinadas turbas en San Miguel, aprisionando Españoles, y entregándose al robo y al pillaje.

En los campos de Celaya más de 6.000 indígenas reforzados con el regimiento de Dragones de la Reina, aclamaron á *Hidalgo* "Generalísimo de América"; y avanzaron sobre la importante y rica ciudad de Guanajuato. Su Intendente *D. Juan Antonio Riaño*, encastillado con unos 500 hombres en la Alhóndiga, se preparó á la resistencia. Después de cuatro horas de desesperada lucha cayeron, avasallados por el número, los heroicos defensores de Guanajato. Su sangrienta derrota (Septiembre 1810), decidió el carácter caótico y tempestuoso de la contienda (1).

Guerra civil y religiosa.

Fig. 434 —El General Allende.

3.— La horda de *Hidalgo*, única en la historia de la Independencia Sud-Americana, y comparable por su composición y especial psicologia á las del *Mahdi* en el Sudán (1883) y á las de *Oberá* (Vse. pág. 234) ó *Tupac-Amarú* (Vse. pág. 420) fué creciendo terriblemente. La revolución emancipadora soñada por *Allende, Aldama, Hidalgo,* etc., se convirtió para sus soldados en *guerra santa*. La ho-

Fig. 435.—Guanajuato.

guera patriótica encendida en Dolores se transformó en ho-

---

(1) Vse. *Hernández y Dávalos:* Coll. Doc. Vol. I, 13-18. Vol. II, 100-107, 322-30, 277-81, etc. *Alaman:* op. cit. Vol. I, pág. 375 y sig. *J. M. Liceaga:* Ad. y Rectificaciones á la Hist. de Méjico (Guanajuato, 1868), pág. 53 y sig. *Mora:* Méjico y sus Revoluciones (Paris, 1836). Vol. I, pág. 29 y sig *Zamacois:* op. cit. Vol. VI, pág. 253 y sig. *Torrente:* op. cit. Vol. I, pág. 143 y sig. *Bustamante:* Cuadro Hist. de la Rev. Mexicana (Méjico, 1832-46). Vol. I, pág. 20 y sig. *Méjico á través de los Siglos.* Vol. III. Lib. I. Cap. VII-VIII, pág. 85 y sig. *Bancroft:* México. Vol. IV. Cap. V-VI y sus notas y referencias en especial las relacionadas en la pág. 128, nota 76, etc.

rroroso incendio, alimentado por el *odio de razas,* por la exaltación religiosa, por el afán de pillaje y por la confianza en el número. Aquellos 100.000 indios y mestizos, desenfrenados, astrosos, armados sólo con piedras, palos y lanzas, y sin otro ideal que el de pisotear y despojar á sus antiguos dueños los

Fig. 436.—D. Miguel Hidalgo.

blancos, *fuesen Españoles ó criollos,* atravesaron como desoladora tromba los distritos inmediatos á Méjico. *Hidalgo,* que con recta y patriótica intención, había desencadenado aquellas ignaras muchedumbres, empezó divinizado por ellas como un ídolo de *teocalli,* y acabó siendo su esclavo y su instrumento. No pudo dominarlas y se hizo responsable de sus salvajes desafueros; no pudo disciplinarlas *ni darles fusiles,* y las condujo fatalmente á la derrota.

Intimidadas las autoridades Españolas, pretendieron contrarrestar con armas espirituales el carácter religioso del levantamiento. Llovieron contra *Hidalgo* las excomuniones y las censuras eclesiásticas, y la servil y desacreditada Inquisición le condenó por "hereje y rebelde." Frente al estandarte de la *Virgen de Guadalupe,* levantaron los Españoles el de la *Virgen de los Remedios,* y el nombre de sus preferidas patronas celestiales sirvió de enseña de feroces odios. Fué inútil, sin embargo, que las autoridades eclesiásticas y civiles presentaran á *Hidalgo* y á sus compañeros como sanguinarias é infernales furias. Por temor ó por simpatía, de grado ó por fuerza, los pueblos salían á recibirlos como libertadores, y formaban formidables caravanas indigenas que seguían entusiastas las banderas del nuevo profeta (1).

4.—La índole general de este *Compendio* no nos permite detallar lo acontecido en esta vertiginosa etapa de la Revolución de Méjico (Septiembre 16 de 1810 á Enero 17-1811).

El *Virrey Venegas*, para impedir el avance de *Hidalgo* y *Allende*, destacó contra ellos con 2.000 hombres bien armados al bizarro Coronel *D. Torcuato Trujillo*, que fué arrollado por los independientes en la sangrienta batalla campal del *Monte de las Cruces* (30 de Octubre.) *Allende*, animado por este triunfo, quiso seguir á Méjico. *Hidalgo* se opuso á ello con muy buenas razones, y se replegó á

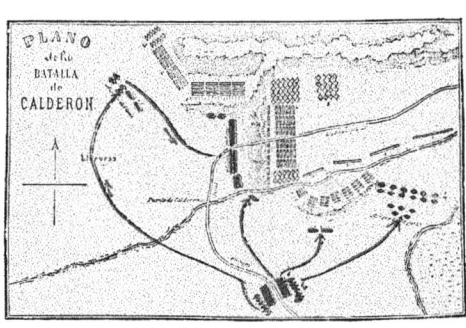

Fig. 437.—Batalla de Calderón.   *Torrente.*

Querétaro. Parte de su indisciplinada hueste desertó. El resto fué dispersado en *Aculco* por las tropas veteranas del Brigadier realista *D. Félix María Calleja*. Se acentuaron con esta derrota las hondas divisiones de los caudillos revolucionarios. *Allende*, que se había refugiado en Guanajuato con sus fieles, huyó sin combatir al acercarse *Calleja*. La ciudad volvió al poder de los jefes Españoles que sofocaron con sangre los desmanes de las turbas rebeldes.

Hidalgo asentó sus reales en *Guadalajara,* donde se le reunió *Allende*. Establecióse allí una especie de gobierno provi-

---

(1) Sobre la composición, carácter, etc., de la «*horda de Hidalgo*» y los motivos de su fracaso, véanse en especial los luminosos capítulos III - IV-VI y VII, de la vibrante monografía del escritor Mejicano *Francisco Bulnes* (La Guerra de Independencia. México, 1910). Parte I, pág. 55 y sig y Comp. *Bancroft:* op. cit. Vol. IV, pág. 80 y sig. *Le Bon:* La Rev. Française, pág. 56 y sig., etc., etc.

sional independiente, se empezó á publicar un órgano oficial de la causa *(El Despertador Americano)*, y logró *Hidalgo*, confiscando los fondos de la Hacienda Real, y aun los de algunos particulares, reorganizar y mantener parte de su desmoralizado ejército, y atrincherarse en el *Puente de Calderón* para detener á *Calleja.* Atacó este jefe la posición Mejicana con 6.000 soldados de infantería y caballería. Empeñóse fragorosa batalla. Los realistas, acosados por enjambres de indios, tuvie-

Fig. 438.—Oaxaca. Palacio Municipal.

ron momentos de retroceso y desmayo. Pero la habilidad estratégica del jefe Español y su indudable valentía decidieron la derrota y dispersión de los revolucionarios. *Allende* é *Hidalgo* con un reducido destacamento y conduciendo un millón de pesos en plata sacados de Guadalajara, etc., con el que esperaban organizar nuevos contingentes, se dirigieron hacia Saltillo para pasar á los Estados Unidos. Esta equivocada *conducción de caudales* apareció, naturalmente, ante los pueblos, sabedores del desastre de Puente Calderón, como un robo ejecutado por jefes que huían. El país vió pasar el cadáver ensangrentado y desnudo de la revolución, y nadie ó muy pocos se decidieron á acompañarle al sepulcro. Los desprestigiados caudillos Mejicanos fueron sorprendidos y desarmados en Acatita del Bajan (Cohahuila) por el jefe realista *Elizondo* que les condujo presos á Monclova. *Allende* y *Aldama* fueron pasados por las armas (Junio 26-1811). *D. Miguel Hidalgo* sufrió con noble entereza todas las incidencias de su proceso, y después de copiar y firmar una retractación preparada probablemente por sus mismos jueces, y protestar del amor que profesaba á su patria, fué degradado de su carácter sacerdotal y fusilado frente al hospital de Chihuahua (1.º de Agosto de 1811). La venerable cabeza del *"Padre de la Independencia Mejicana,"* como las de sus compañeros, *Allende, Jiménez y Aldama,* permanecieron durante años colgadas en los cuatro ángulos de la Alhóndiga de Guanajuato con cartelones inhumanos é infamantes (1).

Don José M.ª Morelos.

5. – Lejos de apaciguarse la revolución Mejicana con la muerte de sus primeros caudillos, cundió como un reguero de pólvora. Las hordas de *Hidalgo* y sus *batallas campales* desaparecieron para dar lugar á las

Fig. 439.— Mapa del territorio ocupado por la Revolución en 1813.

valerosas y bien armadas *guerrillas* patrióticas, que con sus

(1) *Torres Lanzas*: Independencia de América *(Archivo Indias)*. Vol. II. Doc. 2567· 2609-2690, 2719-21, 2797 (Acción Pte. Calderón), 2818 (íd.), 2830 (íd), 2866, 2883 á 87, etc. Vol. III. No. 3050 (Declaraciones *Ximénez*), 3051 *(Aldama)*, 3052 *(Santa María)*, 3053 *(Carrasco)*, etc. *Hernánddz y Dávalos:* Doc. Vol. I, pág. 8 y sig. Vol. II, pág. 195-56, 210-295, 301-359, etc. *Bustamante:* Cuad. Hist. Vol. I, pág. 292 y sig. Vol. IV, pág. 53 y sig. *Id.:* Campañas de Cálleja (Méjico, 1828), pág 2 á 108, etc. *Mora:* op. cit Vol. III, pág. 142 y sig. Vol. IV, pág. 77 y sig., etc. *Alaman:* op. cit. Vol. I, pág, 481 y sig. Vol. II, pág 10 y sig., etc. *Lorenzo de Zavala:* Ensayo Hist. sobre las Revoluciones de México (Méjico, 1845). Vol. I, pág. 47 y sig. *Rivera:* Los Gobernantes de México. Vol. I, pág. 583 y sig. *Zerecero:* Mem. para la Hist. de las Revoluciones en México (Méjico, 1889). Vol. I, pág. 218 y sig. *Liceaga:* op. cit., pág. 157 y sig. *Gallo:* Hombres Ilustres Mejicanos (Méjico, 1874). Vol. II, pág. 395 y sig. *México á través de los Siglos:* Vol. III. Cap. X á XIV, pág. 142 y sig. *Torrente:* op. cit. Vol. I, pág. 229 y sig. *Zamacois:* op. cit. Vol. VII, pág. 10 y sig. *Bancroft:* México. Vol. IV. Cap. VIII á XI, pág. 192 y sig. y sus notas y referencias, en especial las de la nota 70 pág. 286. *P. M. F. Miguelez:* op. cit. pág. 59 y sig. y la preciosa monografía de *Bulnes* (op· cit.). Pte. I. Cap. V-VII-VII, etc., etc.

incesantes ataques á los realistas impedían la concentración de sus tropas. *Rayon*, colocado por *Allende* en el Saltillo al frente de las fuerzas revolucionarias, se apoderó de *Zitacuaro* y estableció allí una *Junta Suprema Nacional* (19 Agosto 1811) compuesta de tres miembros *(Rayon, Liceaga, Verdusco)* para el gobierno del país, que fué reconocida por casi todos los

caudillos independientes. Alarmado el *Virrey Venegas* con la formación de esta *Junta*, envió perentoriamente contra Zitacuaro al implacable *Calleja*, que cayó con 5.000 hombres sobre la villa, entró en ella á sangre y fuego, y se apoderó de cuantioso botín de guerra (Enero 1812). *Rayon* y sus compañeros de la *Junta* lograron huir á Sultepec (1).

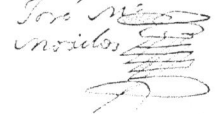

Fig 440 —D. José M.ª Morelos.

No tuvieron el mismo éxito las armas realistas en las provincias Meridionales del Virreynato que dominaba el brillante y heroico caudillo *Morelos*, superior por su talento natural á todos los jefes de la primera época de la revolución Mejicana. *D. José M.ª Morelos y Pavón* había nacido en Valladolid (hoy Morelia) el día 30 de Septiembre de 1765. Fué vaquero en su juventud, consiguió á los veintiseis años ser admitido en el Colegio de San Nicolás, de que era rector

(1) Vse. *Torres Lanzas:* op. cit. Vol. III. Doc. 3212-3260, etc. *Bancroft:* op. cit. Vol. IV. Cap. XII, pág. 317 y sig. con sus notas y referencias. *Bustamante:* Campañas Calleja, pág. 123 y sig. *Hernández y Dávalos:* Coll. Doc. Vol. III, pág. 392, etc.

Hidalgo, se ordenó de sacerdote á los treinta y dos y obtuvo en propiedad el curato de Çaracuaro, abrazando por suges- tiones de *Hidalgo* la causa de la Independencia. *Morelos* era el hombre que necesitaba la revolución para ser verdaderamente emancipado-

ra. Mezcla felicísima de ibero, indio, negro y ro- mano, pare- cían haberse refundido en su espíritu los de los más famosos guerrilleros

Fig. 441.—Primera campaña de Morelos.

de la Historia. Era frío, valiente, severo, de corta instrucción y sugestivo humorismo. Supo como pocos elegir sus capitanes y disciplinar sus soldados. Fué el primer jefe Mejicano que de- rrotó con fuerzas iguales ó inferiores á los realistas. No les dió ni les pidió cuartel. Combatió á sangre y fuego porque le com- batieron á fuego y sangre. Desinteresado é integérrimo, jamás pensó en atesorar ni en engrandecerse. Fué un creyente sin- cero y un hábil político. Peleó siempre con abnegación y en- tusiasmo, y prefirió el nombre de *«Siervo de la Nación»* al me- recido título de *«Generalísimo»* (1).

6.—Tres años y tres meses duró la carrera militar de este **Sus campañas.** singular caudillo (Octubre 1810-Enero 1814). Salió de su cu-

_____

(1) Vse. *Mora:* op. cit. Vol. IV, pág. 284 y sig. *Bustamante:* Elogio Hist. del General D. José M.ª Morelos (Méjico, 1822), pág. 2 y sig. *Alaman:* op. cit. Vol. II, pág. 315 y sig. *Gallo:* op. cit. Vol. IV, pág. 7 y sig. *Bulnes:* op. cit., pág. 118 y sig. *Bancroft:* op. cit. Vol. IV, pág. 292 y sig. *Bustamante:* Cuad. Hist. Vol. II, pág. 407 y sig. *A. Peñafiel:* Ciudades, colonias y capitales de la República Mejicana (México, 1909), pág. 91 y sig. (Reimprime la Biografía de Morelos, de *Orozco y Berra*). *Zama- cois:* op. cit. Vol. VII, pág. 476 y sig. Como muestra del humorismo de *Morelos* puede leerse la curiosa proclama de Chilapa (Set., 10-1811) que reproduce *Zamacois:* op. cit. Vol. VIII. Apce N.º 1, pág. 776, etc.

rato de Caracuaro con 25 hombres, y ayudado por los *Avila*, los *Galeana*, los *Bravo, Guerrero, Matamoros*, etc., logró reunir 6.000 bien instruidos y armados, con los que tuvo en jaque á los 7.000 soldados de *Calleja* y *Venegas*. Empezó *Morelos su primera campaña* con los triunfos de Tixtla, Chilpacingo, etc., y la terminó con el luctuoso sitio de Chilapa (Agosto 1811). Comenzó la *segunda campaña* al salir de este pueblo, y terminó con la admirable retirada de Cuautla. Tres meses y medio duró el asedio de esta villa durante los cuales la táctica y el heroísmo de *Morelos* y sus auxiliares desesperaron al jefe realista Ca*lleja*. Los independientes, privados de víveres y diezmados por una epidemia, supieron burlar la vigilancia de su tenaz enemigo para evacuar la plaza una noche obscura, con buen orden y en sigilosa marcha (2 de Mayo de 1812), que recuerdan la salida de *Hernán Cortés* de Méjico en la célebre *Noche Triste*. La *tercera campaña* de *Morelos*, que calificar podemos de brillantísima, comienza después de su salida de Cuautla y termina á fines del año 1812 con la entrada triunfal en O*ajaca* (Noviembre 26), donde recogió cuantioso botín de guerra.

Fig. 442 — Segunda campaña de Morelos.

La ocupación de esta ciudad y su rica provincia cambió favorablemente el curso de la revolución Mejicana. Toda la costa S. O. del Virreinato, desde Tehuantepec hasta Colima, quedó en poder de los independientes. *Morelos*, sin embargo, confiando demasiado en sus propias fuerzas, no aprovechó las ventajas de su posición estratégica. En vez de defender los pasos de las montañas Mixtecas, y subyugar rápidamente la región del Sur del Golfo de Méjico, abriendo sus puertos de Goatzacoalcos, etc., al tráfico Norte Americano y al de las Antillas Británicas, para obtener sin peligro armas y pertrechos, perdió en sitiar y capturar la anhelada plaza-fuerte de Acapulco siete de los mejores meses del año (Febrero 9 á Agosto 20-1813), que aprovechó *Calleja* para consolidar la desastrosa situación militar y financiera de su gobierno (*Gaceta* Abril 24-1813), para aniquilar á los caudillos que operaban en el Norte (*Rayon, Villagrán, Ossorno, Verdusco,* etc.), y para atacar luego á los del Sur con redobladas fuerzas (1).

Fig. 443.—D. Félix Calleja.

7.—Dejemos á *Morelos* saborear su funesto triunfo de Acapulco, para reseñar brevísimamente los resultados de la proclamación en Méjico de la *Constitución Española del 1812*, y los trabajos de la *Diputación Americana* en las famosas y discutidas *Cortes de Cádiz* (1810-1814). Vió esta memorable Asamblea las primeras campañas parlamentarias, entre la libertad y el despotismo, pero los ilustres diputados liberales (*Argüelles,*

La Constitución del 1812.

---

(1) El sitio y evacuación de Cuautla fué muy discutido en Cádiz. El célebre *General Wellington*, preguntó al diputado Mejicano *Beye de Cisneros*, qué clase de lugar era Cuautla. "*Es un sitio abierto por todos lados y colocado en un llano*" explicó *Beye*. "*Esto prueba,* contestó *Wellington, la ignorancia del general que lo atacaba y la sabiduría y el valor del que lo defendía*." Vse. *Bustamante:* Cuad. Hist. II. Ind. VIII. Sobre las campañas de *Morelos* véanse entre otros á *Alaman:* op. cit. Vol. II, pág. 300 y sig. *Mora:* op. cit. Vol. IV, pág. 285 y sig. *Bustamante:* op. cit. Vol. I, pág. 406 y sig. Vol. II, pág. 34 y sig., etc. *Zerecero:* op. cit., pág. 231 y sig. *Hernández y Dávalos:* Coll. Doc. Vol. III, pág. 287, etc. Vol. IV, pág. 223, etc. Vol. V, pág. 245, etc. Vol. VI, pág. 18-25, etc. *Negrete:* Méjico en el Siglo XIX, etc. (Méjico, 1876-82). Vol. IV, pág. 114 y sig. y en especial *Bancroft:* op. cit. Vol. IV. Cap. XII á XVII-XIX-XXI-XXII, pág. 317 y sig. con sus luminosas notas y abundantes referencias.

Toreno, Mejía, Muñoz Torrero, etc.), que iniciaron en la Península la era constitucional y democrática, no supieron ó no pudieron afrontar con amplitud de miras el magno problema de Sud América. La unánime sanción de la *igualdad de derechos políticos* en los dominios Españoles de ambos hemisferios, animó á los diputados Americanos á presentar en *once*

Fig. 444.—Coronel D Ignacio Rayon.

proposiciones (Diciembre 10), que ratificaron con energía (Agosto 1811), las justísimas leyes que debían votarse para desagraviar á las Colonias(1). No se aceptaron. Inútiles fueron los esfuerzos de *Beye Cisneros, Mendiola, Guride* y otros diputados de América; inútiles las ingeniosas diatribas del Franklin Mejicano, *D. Miguel Ramos Arispe* (2); inútiles los brillantes escritos de *La Llave* y *Servando Teresa Mier* en *El Español* y otras publicaciones (3). Predominó entre los representantes Españoles el criterio egoísta de los empecatados mercaderes de Cádiz. Leyeron con agrado las tendenciosas é irritantes protestas de los *Consulados de Méjico* (4), y la *Dipu-*

---

(1) Transcritas en *Méjico á través de los Siglos.* Vol. III. Lib. II. Cap. VI, pág. 348. Nota 2. Comp. *Guerra. (S. Teresa Mier).* Hist. Rev. Nueva España (Londres, 1813). Vol. II, pág. 647 y sig. *Negrete:* op. cit. Vol. V, pág. 245 y sig. *Diario* de las discusiones y actas de las Cortes de España (Cádiz, 1811-13). Vol. I, pág. 7 á 46. Vol. II, pág. 316 y sig., etc.

(2) Párroco de Borbón en Nueva Santander (hoy Tamaulipas) y diputado por las "provincias internas del Oriente". Era agresivo, ardoroso, despreocupado y de brillante ingenio. "*No soy Mexicano,* decía aludiendo á la paciencia de sus compatriotas, *soy un Comanche*" y por tal nombre le conocían en las Cortes. Vse. *Bancroft:* México. Vol. IV, pág. 419 y sig. etc.

(3) Vse. Coll. de "*El Español*" (Blanco White. Londres, 1810-14). Comp. *Servando Teresa Mier:* Vida, escritos, aventuras, etc. (Méjico, 1865), pág. 7 y sig. *Bancroft:* op. cit. Vol. IV, pág. 451 y sus notas. *Alaman:* op. cit. Vol. III, pág. 43 y sig. *Hernández y Dávalos:* Coll. cit. Vol. III, pág. 765, etc., etc.

(4) Vse. *Alaman:* op. cit. Vol. III, pág. 76 y sig. *Diario Cortes:* Vol. VIII, pág. 338 y sig. *Guerra (S. Teresa Mier).* Hist. Rev. N. España. Vol. I, pág. 285 y sig. *Bancroft:* op. cit. Vol. IV, pág. 454 y sig. y sus notas y referencias.

tación Americana, apenas pudo lograr, como favor insigne, algunas concesiones tardías é ineficaces.

La *libertad del comercio colonial* (Proposiciones 3.ª, 4.ª, 5.ª
y 6.ª), fué rotundamente rechazada por las *Cortes liberales* del
año 1812. Como contrariase tal negativa los intereses mercantiles de Inglaterra, el primer Ministro *Lord Wellesley,* ordenó
á su hermano *Sir Henry,* entonces Embajador en Cádiz, que
propusiese al *Consejo de Regencia* Español *la mediación de
la Gran Bretaña,* con los revolucionarios Americanos, y un
préstamo de 10.000.000 de libras esterlinas, á cambio de la

concesión de co-
merciar libremen-
te y por tres años
con los puertos
del Nuevo Mun-
do (1). La *Regen-
cia* y las *Cortes*
Españolas apre-
miadas por las cir-
cunstancias *acep-
taron en principio*
las ofertas del Go-

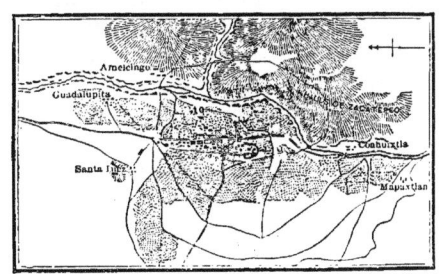

Fig. 445.—Sitio de Cuautla.

bierno Británico, y *Lord Wellesley* envió á Cádiz los *comisionados* de su país (*Cockburn, Sydenham y Morier),* que en
unión de los Españoles debían (1812) partir á América para
conseguir de los caudillos criollos la suspensión de las hostilidades. Las condiciones exigidas por el Ministro de Estado Español *D. Eusebio de Bardaxí,* hicieron fracasar la proyectada
mediación y los *comisionados* volvieron á Inglaterra.

Los resultados de la solemne proclamación en Méjico de la
Carta Fundamental del año 1812, fueron fatales para la causa

_____

(1) Vse. *Argüelles:* Examen histórico de la Reforma que hicieron las Cortes, etc.
(Londres, 1835). Vol. I, pág. 57 y sig. Vol. II, pág. 19 y sig., etc. y la correspondencia de *Lord Wellesley* con su hermano *Sir Henry,* con *Bardaxí,* etc. (Archivos Ingleses Foreign Office-Spain, 1810-1811) extractada por *Mancini:* op. cit. Lib. III.
Cap. I, pág. 408 y sig. y sus notas. Comp. *Archivo Hist. Nacional.* Madrid. Papeles
de Estado. Nueva España, 1810-11, etc., etc.

realista. Con la *libertad de imprenta* arreció la propaganda revolucionaria. En las *elecciones populares* triunfó el elemento Americano exclusivamente. *Venegas,* atemorizado tardó poco en suspender las garantías Constitucionales. (Diciembre 1813). Aprisionó al ilustre patriota *Fernández Lizardi,* redactor del „*Pensador Mejicano*", y restauró, en una palabra, el antiguo régimen.

Como no podía menos de suceder, esta proclamación y esta suspensión de libertades y derechos favoreció la Revolución Mejicana, proporcionando á sus caudillos *armas legales* para mantenerla. Si los románticos y mal inspirados *Constituyentes de Cádiz,* hubieran aceptado las once inmortales proposiciones de sus compañeros Americanos, se hubieran cubierto de gloria y acaso hubieran cambiado la historia del mundo. No lo hicieron, y como proféticamente les anunció el venerable diputado Mejicano *Beye Cisneros,* ensangrentaron con su terquedad los campos de América (1).

El Congreso de Chilpacingo. Fig. 446.--Moneda de Morelos-1812.

8.—Los comerciantes de Cádiz consideraron insuficientes para subyugar la revolución, las medidas del *Virrey Venegas,* y no obstante sus méritos é indiscutible honradez, consiguieron que la *Regencia* le relevara del mando y designase para sucederle al inflexible *Calleja,* cuyo nombramiento fué recibido por los realistas con

(1) Vse. *Argüelles:* op. cit. Vol. II, pág. 35 y sig. *Mancini:* op. cit., pág. 409 y sig. *Méjico á través de los Siglos:* Vol. III. Lib. II. Cap. VI, pág. 345 y sig. y sus notas. *Alaman:* op. cit. Vol. III, pág. 255 y sig. *Bancroft:* op. cit. Cap. XVIII, pág. 441 y sig. y sus notas (en especial nota 40, pág. 494). *Lafuente:* Hist. Gen. Esp. Lib. X. Cap. XII-XVI-XIX, pág. 138 y sig. *Zamacois:* op. cit. Vol. VIII' pág. 550 y sig. *Constitución de la Monarquía Española* (Cádiz, 1812), pág. 1 á 124. *Cortes de España.* Coll. de Decretos, etc. (Méjico, 1829). Vol. II, pág. 156 y sig. *Liceaga:* op. cit., pág. 232 y sig. *Hernández y Dávalos:* Coll. Doc. Vol. II, pág. 450 y sig. III,.pág. 58 y síg. IV, pág. 809, etc. *Diario Cortes España* (1810-1813). Vol. I á XX. *Torrente:* op. cit. Vol. I, pág. 310 y sig. *Bustamante:* Cuad. Hist. Vol. II, pág. 46, 99, 122, 158, 176, 202 y sig. *Zerecero:* op. cit. pág. 133 y sig., etc., etc.

entusiasmo. Con las solemnidades de estilo tomö *Calleja* posesión (Marzo de 1813) de su alto cargo. Adoptó en seguida procedimientos de rigor, prescindió en absoluto de la *Constitución* y asumió las dictatoriales facultades que exigía, á su juicio, la agitada situación de Méjico.

Morelos, en tanto, sabedor de las disensiones existentes entre el ambicioso *Rayon* y los demás miembros de la *Junta* de Zitacuaro, decidió convocar un Congreso (Junio 28-1813) con el principal objeto de formular una Constitución y uniformar el gobierno. Se eligieron diputados en el Sur, nombró *Morelos* suplentes que representaran al Norte é inauguró el primer *Congreso* independiente en el tranquilo pueblo de *Chilpacingo* (Septiembre 14). El primer acto de esta Asamblea fué confirmar al hábil caudillo en su cargo de *Generalísimo* y aprobar las reglas constitucionales por él dictadas, que sirvieron de base al célebre *Decreto Constitucional para la libertad de la América Mexicana,* sancionado un año más tarde (22 Octubre 1814) en Apatzingan. El día 2 de Noviembre llegaron al *Congreso Rayon* y los caudillos del Norte, y todos juntos

Fig. 447.—D. Mariano Matamoros

declararon á "la Nueva España ó Anahuac, *independiente y libre para administrar sus propios destinos* (Noviembre 6).

El Congreso confirmó además los anteriores decretos de *Morelos,* aboliendo la esclavitud y las distinciones de castas, cancelando las deudas con los Europeos en virtud del derecho de confiscar la propiedad enemiga y readmitiendo á los Jesuítas, "para que educaran á la juventud y propagaran la fé católica" y asumió *la suprema representación política del pueblo Mejicano,* en el que, según su fundamental declaración, la soberanía del país, residía esencialmente (1).

9.—Con razón están conformes los historiadores en afirmar que el empeño de *Morelos* en apoderarse de Acapulco, fué el principio de sus desgracias. El admirable guerrero *Iturbide*, llamado más tarde á salvar la patria Mejicana, combatía entonces (1814-15) en las filas realistas. Comisionado por *Calleja* á las órdenes de *Llano* para picar la retaguardia del ejército independiente, derrotó á las huestes de *Morelos* en las legendarias acciones del *Zapote* y *Lomas* de *Santa María*, y finalmente en la batalla de *Puruarán* (Enero 4-1814) que hirió de muerte al prestigio militar del *Generalísimo*. Parecía que un sino fatal perseguía á los caudillos revolucionarios, y que *Morelos*, después de declarar la Independencia en Chilpacingo, había terminado su

Fig. 448.—Medalla del Congreso de Apatzingau.

misión patriótica. Perdió en esta desastrosa etapa militar á sus auxiliares preferidos. El severo y cauteloso *Matamoros* fué hecho prisionero y fusilado (Febrero 3-1814). El bravo *Galeana* fué también derrotado y muerto (Junio 27).

Y aconteció con *Morelos* lo que con su antecesor *Hidalgo*. Fué depuesto del mando militar por sus propios compañeros y tuvo que someterse á las voluntades de la *Comisión Permanente* del Congreso de Chilpacingo. Abnegado hasta el fin, y para salvar á sus miembros, acosados por *Calleja*, emprendió

---

(1) La restitución de los Jesuitas en América fué pedida unánimemente en las Cortes de Cadiz (Prop. 11) por los Diputados Americanos. Vse. *Bancroft:* op. cit. Vol. IV, pág. 445, 567, etc. *México á través de los siglos:* Vol. III. Lib. II. Cap. IX, pág. 400 y sig. y sus notas. *Bustamante:* Cuad. Hist. Vol. II, pág. 128 y sig. Vol. III, pág. 8 y sig. Vol. IV, pág. 7, 128, 310, etc., etc. *Id.:* Elogio Morelos, pág. 9 y sig. *Hernández y Dávalos:* Col. Doc. Vol. I, pág. 872 y sig. Vol. VI, pág. 40 y sig., etc. *Mora:* Rev. Méjico. Vol. IV, pág. 402 y sig. *Zamacois:* Hist. México. Vol. VIII, pág. 562 y sig. *Bancroft:* op. cit. Vol. IV. Cap. XXII y XXIV, pág. 555 y sig. y sus notas y referencias, en especial las relacionadas en la Nota 66, pág. 567, etc., etc.

con ellos la marcha de Uruapan á Temascaltepec, creyendo desorientar á los ejércitos del *Virrey* inflexible. No lo consiguió. Sorprendido por el jefe realista *Concha*, que le obligó á presentar batalla en Texmaiaca (5 de Noviembre 1815), se sacrificó por el Congreso, protegió su huída y fué derrotado y hecho prisionero después de luchar heróicamente. Conducido á Méjico como botín preciadísimo, sufrió con paciencia y dignidad los tendenciosos procesos que quisieron hacerle sus encarnizados enemigos, soportó los ridículos ¡y virulentos ultrajes de la *Inquisición*, que *Calleja* resucitó con tal objeto, y después de ser degradado como su maestro *Hidalgo*, cayó fusilado en San Cristóbal de Ecatepec (Diciembre 22-1815) con la estoica serenidad de los patriotas y los heroes.

Con la muerte de *Morelos* sufrió la revolución de Méjico quebranto dolorosísimo, pero no sucumbió. La generosa sangre del inmortal caudillo, preparó el terreno para que el gran *Iturbide* consumara años más tarde la *Independencia* (1).

(1) *Bancroft:* op. cit. Vol. IV. Cap. XXIII á XXVI, pág. 509 y siguientes y sus notas y referencias. *Bustamante:* Elogio Histórico de *Morelos*, pág. 1 á 32. *Gallo:* Hombres Ilustres. Vol. IV, pág. 1-171, etc. *Alaman:* Hist. Méjico. Vol. IV, pág. 301 y sig. *Bustamante:* Cuad. Hist. Vol. III, pág. 180 y sig. *Zamacois:* op. cit. Vol. IX, pág. 757 y sig. *Negrete:* Méjico Sig. xix. Vol. VI, pág. 383 y sig. *Hernández y Dávalos:* Col. Doc. Vol. V, pág. 167 y sig. *Méjico á través de los Siglos:* Vol. III. Lib. II, pág. 380 y sig. y sus notas. *P. Manuel F. Miquelez:* op. cit. pág. 120 y sig. y sus notas. *José Toribio Medina:* La Inquisición en Méjico (Santiago-1905) pág. 401 y sig. y Doc. (Proceso *Morelos)*, pág. 573 y sig., etc., etc.

CUESTIONARIO

1. – ¿Qué sucesos conmovieron la España del año 1810?

2. – ¿Qué Virrey nombró en Méjico el Consejo de Regencia?

3. – ¿Quién era D. Miguel Hidalgo?

4.- ¿Qué sucesos ha inmortalizado la Historia con el nombre de "El Grito de Dolores."?

5. – ¿Qué importancia tuvo la toma de Guanajuato?

6. – ¿Qué carácter asumió en sus principios la Revolución Mejicana?

7. – ¿Cómo fué resistida por las autoridades Españolas?

8. – ¿Qué resultados tuvo la batalla del Monte de las Cruces?

9. – ¿Á qué se debió la derrota del Puente de Calderón?

10. – ¿Qué desastrosos resultados tuvo para la causa revolucionaria?

11. – ¿Cómo murió el "Padre de la Independencia Mejicana."?

12. – ¿Qué importancia tuvo la Junta de Zitacuaro?

13. – ¿Quién fué D. José M.ª Morelos?

14. – ¿Cómo inició sus brillantes campañas libertadoras?

15. – ¿Qué tiene de notable el sitio de Cuautla?

16. – ¿Cómo terminó la tercera campaña del Generalísimo Morelos?

17. – ¿Qué importancia tuvieron las Cortes de Cádiz, *en la Revolución Mejicana?*

18. – ¿Cuáles fueron sus graves errores?
19. – ¿Qué intervención tuvo la Inglaterra en la cuestión de la libertad del comercio colonial?
20. – ¿Qué efectos produjo en Méjico la proclamación de la Constitución Española del año 1812?
21. – ¿Cuál fué la obra del Congreso de Chilpacingo?
22. – ¿Cuándo y cómo se declaró la Independencia Mejicana?
23. – ¿Cómo se eclipsó la brillante estrella militar de Morelos?
24. – ¿Qué jefe realista logró derrotarle?
25. – ¿Cómo fué procesado y muerto D. José M.ª Morelos?

REFERENCIAS

Véanse las relacionadas en el Capítulo II del Título V.

CAPÍTULO II

LA REVOLUCIÓN DE VENEZUELA (1808-1815)

1. La Junta de Caracas.—2. Simón Bolívar.—3. Su misión en Londres.—4. La declaración de la Independencia.—5. La Constitución Federal.—6. El desastre de 1812.—7. Bolívar y Mariño.—8. La guerra á muerte.—9. La catástrofe de 1814.

La Junta de Caracas. 1.—Desde el año 1808 los patriotas Venezolanos trabajaban activa y secretamente por la emancipación de su patria. La *Junta Central* Española, desconfiando de las energías del Capitán General *Las Casas*, nombró en su lugar al Brigadier *Don Vicente de Emparán.*

Vino á Caracas con el nuevo mandatario, su camarada el coronel D. *Fernando Rodríguez de Toro*, quien se convirtió á poco en activísimo agente de las tendencias autonomistas del partido criollo, de acuerdo con su hermano el *Marqués de Toro*, su sobrino *Simón Bolívar*, el canónigo Chileno *Cortés Madariaga*, y otros distinguidos Caracenses.

La desesperada situación de la Península favoreció los designios de estos entusiastas. Lejos de acatar la autoridad de los enviados del *Consejo de Regencia de Cádiz*, llegados en aquellos días á Venezuela (Abril-18, 1810), convencieron á los miembros del *Cabildo* de la necesidad de convocar una reunión extraordinaria en la que, con asistencia de *Emparán*, se decidiese la actitud que en aquellos momentos críticos debía asumir la Colonia.

Convocada la reunión para el día siguiente (Jueves Santo), informaron los asistentes á *Emparán*, que en vista de la situación de la Península, había llegado el caso de constituir un gobierno provisorio. El Capitán General replicó que existía ya el *Consejo de Regencia* cuya autoridad debía acatarse, y abandonó el salón para dirigirse á los Oficios solemnes de la Catedral.

Apenas había llegado al atrio uno de los patriotas *(Salinas)*, amenazándole con un puñal le intimó que volviese al Cabildo. Obedeció *Emparán* sin mayor resistencia, y al entrar de nuevo en las Salas Capitulares oyó con dolorosa sorpresa á los Regidores y á los *sedicentes* diputados del pueblo, del clero, y del gremio de pardos *Roscio, Sosa,* los *Ribas* y *Cortés Madariaga*, exigirle, arrastrados por la calurosa arenga de este último, su deposición inmediata y la creación de una *Junta de Gobierno.* Viéndose *Emparán* perdido y rechazado clamorosamente por las turbas amotinadas en la plaza, renunció el mando y entregó el país á los revolucionarios. (Abril 19-1810).

Fig. 449. - La Catedral de Caracas.

Para no alarmar el país con novedades bruscas, tomó el nuevo gobierno el nombre de *"Junta Suprema Conservadora de los derechos de Fernando VII"*. En realidad, el firme propósito de los patriotas era encaminar al pueblo hacia la autonomía absoluta. El cuitado Gobernador *Emparán*, con el Intendente *Basadre*, y los oidores de la Audiencia, fueron embarcados en La Guaira.

La *Junta* creó á poco nuevos tribunales de justicia, suprimió impuestos, prohibió el tráfico de esclavos, dió libre entrada á algunos artículos extranjeros y dirigió una circular á todas las capitales coloniales (27 Abril), excitándolas á seguir su ejemplo (1).

Simón Bolívar. 2.— Las provincias Venezolanas, con excepción de las de Coro, Maracaibo y Guayana, secundaron el movimiento revolucionario formando *Juntas Independientes.* La de Caracas, para solicitar el apoyo moral y material de Inglaterra y los Estados Unidos, envió *Agentes Diplomáticos* á sus gobiernos.

Fig 450.—D. Juan Bautista Arizmendi.

A Jamaica y Curaçao pasaron *Montilla y Salinas* que fueron bien recibidos por el Gobernador Inglés *Layard,* pero no pudieron conseguir armas. Tampoco lograron comprarlas los enviados *Orea y Bolívar (J. Vicente)* en los Estados Unidos.

Para la misión de Inglaterra fueron nombrados el joven y flamante Coronel *Simón Bolívar,* el Comisario *López Méndez* y. el ilustre literato *D. Andrés Bello,* que partieron de La Guaira (Junio 18) en el bergantín de guerra Británico *"General Welington"* destacado con tal objeto de la división naval de las islas Barbadas por el Almirante *Sir A. Cochrane* (2).

(1) Vse. *Torres Lanzas.* Indepcia. (Archivo Indias). Vol. II. Docs. 1740, 2028-36, 2037-45, 2048-66, 1808, etc. *Larrazabal:* Vida y Correspondencia General del Libertador (N. York, 1887), pág. 40 y sig. *Baralt y Díaz:* Resumen de la Hist. de Venezuela (Paris, 1841). Vol. II, pág. 48 y sig. *Tomás G. de Mosquera:* Memorias sobre la vida del Libertador Simón Bolívar (N. York, 1853), pág. 16 y sig. *Blanco y Azpúrua:* Col. Doc. Vol. I, 360, 371, 409, etc. *Mancini:* op. cit., pág. 261 y sig. y sus notas. *J. F. Heredia:* Memoria sobre las Revoluciones de Venezuela (Paris, 1895), pág. 118 y sig. *Gil Fortoul:* Hist. Constitucional de Venezuela. Vol. I, pág. 112 y sig. y sus notas. *Bartolomé Mitre:* Hist. de San Martín. Vol. III, pág. 218 y sig. *J. D. Díaz:* Recuerdos sobre la rebelión de Caracas (Madrid, 1829), pág. 7 y sig. *Torrente:* Hist. Rev. Hispano-Americana. Vol. I, pág. 131 y sig. *F. Loraine Petre:* Simón Bolívar (Londres, MCMX), pág. 40 y sig. *Coroleu:* América. Vol. IV, pág. 5 y sig., etc., etc.

(2) Vse. *Torres Lanzas:* Doc. Archivo Indias. Vol. II. Nos. 2077 á 2090. *Gil Fortoul:* op. cit. Vol. I, pág. 123 y sig. *Mancini:* op. cit. pág. 308 y sig. y notas. *Amunategui (M. L. y G. O.):* Vida de D. Andrés Bello (Santiago, 1882), pág. 23 y sig., etc.

El futuro *Libertador* Colombiano, que había de inmortalizarse en América por su genio militar y político, era en esta época (1810) un joven ambicioso, sensual, impulsivo y entusiasta. Tenía el dogmatismo y la infatuación peculiares de los *Jacobinos* (1). Sus extraviadas nociones de moralidad y justicia le hacían incapaz de distinguir sus ambiciones personales de sus anhelos patrióticos, y en su espíritu enfermo de orgullo faltaba el contrapeso de los hechos para equilibrar el peso de las fórmulas.

Había nacido en Caracas, de antigua y noble progenie, el día 24 de Julio de 1783. Huérfano de padre á los tres años y de madre á los nueve (1792) tuvo por ayo y maestro preferido al joven ideólogo Venezolano *Simón Rodríguez* ó *Carreño*, viva caricatura de *Rousseau*, eterno inadaptado, *dromomano* doloroso y visionario incongruente (2). Las deletéreas doctrinas de este teorizante demagógico imprimieron indeleble sello en el alma de su inquieto discípulo. A los 16 años partió *Bolivar* para España pasando por Méjico con objeto de continuar sus estudios. Frecuentó la liviana Corte de *Carlos IV*, contrajo matrimonio á los 19 años con la angelical *María Teresa*, sobrina del *Marqués de Toro* (1802) y regresó á Venezuela, donde tuvo la desgracia de quedarse viudo á los diez meses (1803).

Fig. 451. — Oficial español
(1808).

(1) Vse. *Taine*: Les Origines de la France Contemporaine (Paris, 1894). Vol. II (*Conquête Jacobine)*, pág. 5 y sig. Comp. *Le Bon:* op. cit., pág. 76 y sig., etc.

(2) Vse. *Amunategui*: Vida de Simón Rodriguez (Santiago, 1876), pág. 15 y sig. *J. J. O'Leary*: Memorias del *General O'Leary* (Caracas, 1879-88). Correspcia. Vol. I, pág. 350 y sig. Vol. IV, pág. 362 y sig. Vol. IX, pág. 511. Vol. XXIX, pág. 341, etc. *Rojas*: Leyendas Históricas. Vol. II, pág. 261 y sig. *Mancini:* op. cit., pág. 105 y sig. y sus notas y referencias. *Bartolomé Mitre:* Hist. San Martin. Vol. III, pág. 230 y sig., etc., etc.

Ahogó su romántica desesperación con desordenadas lecturas y pasiones malsanas, salió nuevamente para Europa, desembarcó en Cádiz y juró en la *Logia Láutaro* ó de los *Caballeros Racionales* (Vse. Tít. II, Cap. II) defender en América la Independencia y la República.

Dominado ya su espíritu por este ideal patriótico, pasó á París, donde durante dos años y medio (1803-1805) hizo vida de libertinaje fastuoso, interrumpida por sus viajes, por su

iniciación en las Logias Masónicas Francesas, y por sus continuas conversaciones con los sabios *Humboldt* y *Bonpland* sobre el glorioso porvenir de Sud-América (1). Agitó también hondamente en esta época el alma de *Bolivar* la esplendorosa consagración de *Bona-*

Fig. 452.— El cerro de San Mateo, inmortalizado por *Ricaurte* (Marzo 25-1814).

parte en Notre-Dame (1804). No obstante los enfáticos ataques del Libertador Venezolano al brillante déspota Francés, le persiguió su vida entera la obsesión de igualar sus glorias (2).

(1) Las continuas lecturas de *Bolivar* en esta época de los autores Franceses, y en especial de *Rousseau* («Le Contrat Social», «La Nouvelle Héloïse», etc.), *Chateaubriand* («René», «Voyage en Italie», etc.) determinaron su estilo literario, enfático á veces, pintoresco, musical, afectado y lleno de galicismos. Es característico el célebre «*Delirio*» (Vse. Vol. XIV. Col. Doc. de *Blanco y Azpúrua*. No. 4450, etc.). Comp. *Mancini:* op. cit., pág. 151 y sig. y sus notas. *Gil Fortoul:* op. cit. Vol. I. pág. 206 y sig. y sus notas. *George Brandés:* Main currents in XIX Century Literature (London, 1903). Vol. V (Romantic School in France) y Vol. VI (Reaction in France), pág. 135 y sig., etc.

(2) Vse. *Mancini:* loc. cit. *Mosquera:* op. cit., pág. 11 y sig. *O'Leary:* op. cit. Vol. I, pág. 15 y sig. y en especial *L. La Croix:* Diario de Bucaramanga (Ed. *Fernando Bolivar*. Paris, 1869), pág. 12, etc., y el testamento de *Bolivar* en la Col. Doc. *Blanco y Azpúrua*. Vol. XIV. No. 4456, etc.

En la primavera del 1806 emprendió *Bolivar* con *Simón Rodríguez* una romancesca peregrinación á Italia. Siguió las huellas de *Chateaubriand*, visitó las ciudades de Venecia, Florencia, Bolonia, etc.; presenció en Monte Chiaro la soberbia revista militar de los 60.000 soldados de *Napoleón,* y después de jurar teatralmente en el Monte Aventino de Roma *«libertar la América del yu-go de sus tiranos»,* regresó por los Estados Unidos á su patria.

Unióse en seguida á los miembros más conspícuos de la aristocracia colonial para iniciar la revolución emancipadora; fué confinado con sus amigos (Marzo 1810) al interior por el *General Emparán,* y despúes de los su-

Fig. 453.— El Panteón Nacional de Caracas.

cesos revolucionarios del 19 de Abril, pudo regresar á Caracas (1).

3. — Los *«Embajadores de la América del Sur»,* como las Gacetas de la época designaban á *Bolivar* y sus compañeros, Su misión en Londres.

---

(1) Sobre la juventud, carácter, lecturas, etc., del Libertador *Simón Bolivar.* Vse. *Humbert:* Origines Venez., pág. 151 y sig. *Rojus:* Leyendas Históricas. Vol. II, pág. 213 y sig. *Libro del Centenario* (Bogotá, 1884), pág. 73 y sig. *Blanco y Azpúrua:* Col. Doc. Vol. I. 214 y sig. Vol. II. 277 y sig., etc. *Larrazabal:* op. cit. Vol. I, pág. 4 y sig. *Mosqueras* op. cit., pág. 7 y sig. *La Croix:* op. cit., pág. 62 y sig. *O'Leary:* op. cit. Vol. I, pág. 14 y Sig. Vol. II, pág 251 y sig. Vol. V, pág. 187 y sig. Vol. VI, pág. 91 y sig. Vol. IX, pág. 314 y sig. Vol. XII, pág. 234 y sig., etc. *Serviez:* op. cit., pág. 136 y sig. *Ducoudray Holstein*: Hist. de Simón Bolivar (Paris, 1881), pág. 27 y sig. *Miller:* Biographical Sketch of Gen. Bolivar (London, 1828), pág. 15 y sig. *J. Loraine Petre:* op. cit., pág. 31 y sig. *Gil Fortoul:* op. cit., Vol. I. Cap. VI, pág. 198 y sig. y en especial la luminosa y erudita síntesis de *Mancini:* op. cit. Cap. III, pág. 99 y sig. con sus notas y referencias.

fueron favorablemente acogidos por la sociedad Londinense y por el primer ministro *Lord Wellesley*. Inglaterra, sin embargo, no alteró en un ápice su política de duplicidad cautelosa con España y sus agitadas colonias. Se limitó á aconsejar á los *diputados de Caracas* su reconciliación con la Metrópoli, ofreciéndoles la mediación amistosa de su gobierno con el *Consejo de Regencia* Español (Vse. Cap. I) y el mantenimiento de las relaciones comerciales entre los habitantes de Venezuela y los súbditos de S. M. Británica. No sin protestas de parte de los Embajadores Españoles en Londres, Don *Pedro de Ceballos* y el *Almirante Apodaca*, los enviados Venezolanos fueron recibidos oficialmente en el *«Foreing Office»* (Julio 19-1810) y colmados de atenciones. *Lord Wellesley* les aseguró la *neutralidad benévola* de su gabinete, y les ofreció un buque de guerra para regresar á América.

Cumplida esta primera parte de su misión, *Bolivar* y sus compañeros se dedicaron á la segunda y más importante, que consistía en decidir al célebre *General Miranda* á volver á Venezuela y ponerse al frente de la cruzada emancipadora.

La propuesta halagó al anciano revolucionario. *Bolivar* ratificó en la Logia Central de *«Grafton Square»* el juramento hecho en la filial de Cádiz, colaboró activamente con *Miranda* en sus trabajos de prensa, y le ganó enteramente á sus proyectos. El vencido del Ocumare era la encarnación de la idea republicana, y su vuelta á Venezuela importaba una *franca declaración de guerra al poder Español*, que alejando toda idea de reconciliación con él, apresuraba la Independencia.

El 21 de Septiembre embarcóse *Bolivar* en el *«brick»* de guerra Inglés *«Saphire»*, con rumbo á Venezuela. Pocos días después (Octubre 8), y no sin haber tratado inútilmente de interesar con más eficacia al Gabinete Británico en su empresa patriótica, se embarcó en otro bergantín de guerra Inglés *(Avon)* el *«Precursor Miranda»*, dejando en su casa de *«Grafton Square»* á *López Méndez* y á *Bello*, que fueron agentes fieles y activos de los patriotas Venezolanos (1).

4. — El *Conseio de Regencia* Español declaró á la Costa Firme en estado de bloqueo á sus habitantes en rebelión abierta, y envió al Consejero de Indias *Cortabarria* para intimar sumisión a los rebeldes. La *Junta*, por su parte, reunió un pequeño y abigarrado ejército para atacar á Coro, foco principal de la reacción Española. El entusiasta, pero inepto *Marqués de Toro*, que lo mandaba, fué derrotado por los *Corianos*, viéndose obligado á re-

tirarse á Caracas con sensibles pérdidas (28 de Noviembre de 1810).

En estas circunstancias llegaron á Caracas *Bolivar* y *Miranda*. El anciano revolucionario fué recibido triunfalmente. La *Junta* había dirigido (Junio 1810) á las provincias una convocatoria para un *Congreso General*. El 2 de Marzo de 1811 se instaló en Caracas con asistencia de 30 diputados y empezó á discutir la organización nacional.

Fig. 454. — Simón Bolivar en 1810. (*Mancini.*)

Miranda, Bolivar, Coto Paul, Peña y otros radicales impa-

<hr>

(1) Vse. *Mancini:* op. cit., pág. 315 y sig. y sus notas y referencias. *Amunategui:* Vida de D. Andrés Bello pág. 48 y sig. *O'Leary:* op. cit. Doc. Vol. XII pág. 242. *Gil Fortou :* op. cit. Vol. 1, pág. 128 y sig. con sus notas y refcias., etc. Comp. *Torres Lanzas* (Arch. Indias): Vol. II. Doc. Nos. 2265, 2267, 2313, 2382 2390-91, 2401, 2618, etc., y las notas *de mi Capítulo* anterior, etc.

39

cientes fundaron una *"Sociedad Patriótica"*, especie de Club revolucionario, donde los ardorosos *Girondinos* de Venezuela imitaban la elocuencia fulgurante de los Clubs Franceses y exaltaban al pueblo y á los indecisos con sus arengas incendiarias. El día 3 de Julio, el Presidente del Congreso, *Rodríguez Domínguez*, declaró que había llegado el momento de "tratar sobre la Independencia absoluta". El debate fué agitado y brillante. Como en las Asambleas de la Revolución Francesa, la *"montaña"* avasalló al *"llano"*, y el día 5 de Julio dejaron de llamarse el *Congreso* y la *Junta* "conservadores de los derechos de *Fernando VII*", y la *Independencia de las Provincias Unidas de Venezuela* se declaró solemnemente. El *Acta Declaratoria* del Congreso, presentada por *Roscio é Iznardi*, se publicó por bando (14 de Julio), enarbolándose por primera vez el *pabellón nacional* con los colores amarillo, azul y encarnado de la antigua bandera del Precursor *Miranda* (1).

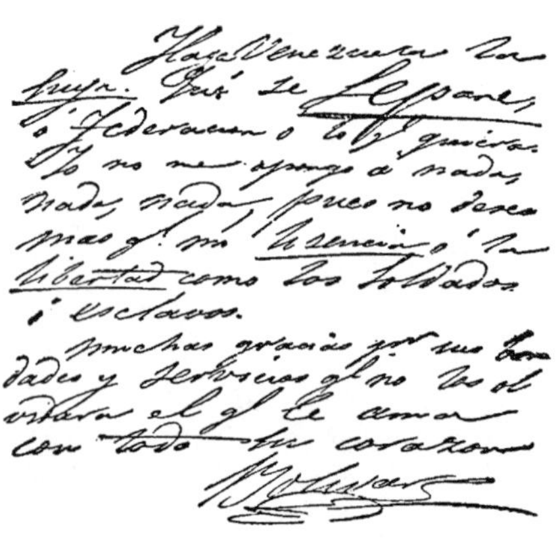

Fig. 455.—Autógrafo del Libertador *Simón Bolívar*.

---

(1) *Gil Fortoul:* op. cit. I, pág. 133 y sig. y sus notas. *José D. Díaz:* op. cit., pág. 112 y sig. *Blanco Azpúrua:* Col. Doc. Vol. II. 419, 388, 528, 489. Vol. III, 568, 574, 570 y 571, 580, etc. *Baralt:* Res. de la Hist. de Venezuela. Vol. II, pág. 67 y sig. *Torres Lanzas* (Arch. Indias): Vol. II. Nos. 2174, 2205, 2211, 2245, 2248, 2267, 2295, 2317 á 52, 2354 á 58, 2378 á 60, 2401, 2106, 2413, 2758, 3767, 2812, etc. *Mancini:* op. cit., pág. 333 y sig. y sus notas. *Larrazabal:* op. cit , pág. 65 y sig. Comp. *Lamartine:* Hist. de los Girondinos (Paris, 1889). Lib. XXIX. Cap. X. Lib. XXX. Cap. II, etc., etc.

5. – Bien pronto fué turbado el júbilo de los patriotas. El 11
de Julio gran número de isleños canarios acaudillados por su
compatriota *Díaz Flores* y por el Venezolano *Sánchez,* se amotinaron á las puertas de Caracas. Fueron rendidos fácilmente y
fusilados dieciseis de sus jefes. El mismo día estalló en Valencia otra rebelión realista, que el ejército patriota mandado primero por los hermanos *Toro,* y después por *Miranda,* pudo
sólo dominar después de un mes de combates sangrientos.

Estos sucesos interrumpieron los trabajos del *Congreso.* Rea-
nudados el día 22 de Agosto, presentó D. *Francisco J. Ustaritz*

Fig. 456.—Firma del Acta de la Independencia de Venezuela. (*Tovar y Tovar.*)

un proyecto de *Constitución Federal,* en el que los sueños del
Contrato Social y las fórmulas del *Jacobinismo* francés se mez-
claban con las doctrinas Norte Americanas, y consagraban toda
clase de libertades políticas para un pueblo heterogéneo y
poco maleable que ni las entendía ni era, por tanto, capaz de
practicarlas.

El proyecto fué discutido con entusiasmo. Todos aquellos
visionarios admirables, ilusionados con sus grandes principios
de igualdad y soberanía popular, y creyendo posible borrar de

un golpe el *pasado histórico* del pueblo, y transformarlo por obra y gracia de las leyes, promulgaron (21 Diciembre 1811) una *Constitución Federal,* teóricamente perfecta y calcada en la de los Estados Unidos, que erigia las siete provincias de la antigua Capitanía en otros tantos *cuerpos políticos soberanos,* ligados entre sí y con la Nación por garantías recíprocas.

Esta *organización federal,* á todas luces prematura, (1) é inaplicable á la naciente República, fué combatida por *Miranda* y *Bolivar,* que á despecho de sus teóricos entusiasmos comprendieron la necesidad de una *fuerte centralización,* y un *gobierno único,* para dominar ambiciones personales y evitar rivalidades intestinas que desgarraran la patria. Este fué el origen histórico del partido *centralista* ó *unitario,* cuyos encarnizados antagonismos con el *federalista* habían de costar á Venezuela tanta sangre.

De las siete provincias federadas sólo las de Mérida (1811), Trujillo (1811) y Caracas (1812), pudieron formular sus propias *Constituciones*. Las de Cumaná, Margarita, Barcelona y Barinas, se vieron envueltas en ia guerra con la España antes de terminar su organización Constitucional. Las de Coro, Maracaibo y Guayana, permanecieron en poder de las autoridades españolas (2).

El desastre de 1812.

6.—La obra del Congreso carecía de ambiente en el país. Por servilismo ó por odio á la aristocracia criolla, el bajo pueblo Venezolano *(mestizos, pardos, negros, etc.)* era hostil al nuevo régimen. El arrestado Capitán de Fragata canario, *D. Domingo Monteverde,* salió de Coro con una compañia de mari-

---

(1) ... «los poderes /divididos y hostiles, se *centralizan* primero, paia dividirse después *de común acuerdo*», etc. Vse. *Tarde:* Les transformations du Pouvoir (Paris, 1899), pág. 200 y sig.

(2) *Mancini:* op. cit , pág. 364 y sig. y sus notas. El texto de la *1.ª Constitución Venezolana* puede leerse en *Blanco y Azpúrua*. Col. Doc. Vol. III, 681. Véanse además *Gil Fortoul:* op. cit. Vol. I. Cap. III y IV, pág. 157 y sig. y sus notas. *Gervinus:* op. cit. Vol. VI, pág. 138 y sig. *O'Leary:* Memorias. Vol. I, pág. 36. *Samper:* op. cit., pág. 171 y sig. *Holguin:* Est. Históricos (Bogotá, 1788), pág. 58 y sig. *Bartolomé Mitre:* Hist. San Martin. Vol. I, pág. 240 y sig. y sus notas, en especial la Nota 15, pág. 242 (Fusilamiento caudillos Canarios). *Baralt y Díaz:* Res. Hist. Venezuela. Vol. I, pág. 54 y sig. y el manifiesto de *Simón Bolivar* á los habitantes de Nueva Granada (Dic. 15-1812) en *Blanco y Azpúrua:* Col. Doc. Vol. IV. 724. Comp. *Le Bon:* op. cit., pág. 145 y sig., etc. ttc.

na procedente de Puerto Rico, reforzó sus tropas con las del traidor *Reyes Vargas,* se apoderó á los pocos días de Carora (23 de Marzo) y siguió en atrevida marcha hasta Barquisimeto.

Un horroroso desastre sísmico vino á favorecer esta campaña. El Jueves Santo (26 de Marzo), un violentísimo temblor de tierra casi aniquiló las ciudades de Caracas, La Guaira, Tocuyo, etc., sepultando cerca de 20.000 víctimas entre sus escombros. Las guarniciones de Caracas y La Guaira, los defensores de Barquisimeto y San Felipe, y los parques, almacenes y maestranzas de los independientes, perecieron. Las ciudades realistas de Maracaibo y Coro y las tropas de *Monteverde* se salvaron. Algunos sacerdotes, apoyados por el oportunista (1) Arzobispo de Caracas, *Coll y Prat,* juzgaron providencial este fortuito contraste, evocaron bíblicos recuerdos, clamaron trágicamente contra «los novadores que por desconocer al ungido del Señor, Fernando VII», habían provocado (según ellos) aquel «terrible azote del cielo», y urgieron á las muchedumbres enloquecidas de espanto la necesidad de arrepentirse, y pedir perdón «al más virtuoso de los monarcas».

Fig. 457.
Casa donde dictó Bolívar la Guerra á muerte.

En estas críticas circunstancias, y disuelto el Congreso, nombró el *Ejecutivo* (4 Abril 1812) á *Miranda,* Generalísimo y Director absoluto, fiando á su pericia la salvación de la patria.

(1) El 15 de Octubre de 1812, el Arzobispo *Coll y Prat*, para congraciarse con *Monteverde* publicó una pastoral atribuyendo el terremoto á la impiedad de sus feligreses, y cuando al año siguiente triunfó *Bolívar*, hizo dicho Prelado circular otro edicto (18 Set. 1813) en el que ordenaba al clero que obedeciera las leyes de la República. Vse. *Gil Fortoul:* op. cit. Vol. I, pág. 184. Nota 1. Sobre el terremoto mismo y la audacia de *Bolívar*, etc. Vse. la vívida descripción de *Mancini:* op. cit., pág. 374 y síg. y sus notas.

Desgraciadamente, nadie ni nada podía ya contener el avance de la reacción realista. Entre los prohombres de la Independencia desapareció la unidad de acción.

Bolívar mismo, herido en su orgullo, se declaró adversario del *Dictador* y aceptó de mal grado la comandancia de Puerto Cabello. Los esclavos de Barlovento (S. E. de Caracas) se alzaron en bandos por los realistas. El tesoro público estaba exhausto, y el papel moneda *(asignados),* emitidos por el Congreso, habían caído en el más absoluto descrédito. La traición de *Reyes Vargas* tuvo imitadores, y permitió á *Monteverde* triunfar en San Carlos y apoderarse de Valencia (Marzo 8-1812).

En las filas del *Generalísimo* cundió la indisciplina. Los bravos jefes criollos *Montilla, Rivas, Escalona, Campomanes,* y hasta el joven y caballeresco subteniente *Antonio José de Sucre* (1), se sintieron ofendidos por las impolíticas preferencias de *Miranda* con los *Mac Gregor, du Cayla, Chatillón, Serviéz,* y otros aventureros Franceses é Ingleses, que formaban el Estado Mayor del Ejército.

El 17 de Junio tomó *Miranda* la ofensiva y derrotó á *Monteverde* en la Victoria. Pocos días después, por la traición de *Vinoni,* cayó en poder de los realistas la plaza de Puerto Cabello, y su Comandante *Bolívar* se vió obligado á huir á La Guaira.

Miranda juzgó á Venezuela herida de muerte, y *de acuerdo* con los miembros del maltrecho *Poder Ejecutivo (Roscio, Espejo, Casa León,* etc.), decidió parlamentar con *Monteverde.* Después de rápidas y humillantes negociaciones, los comisionados del *Generalísimo* firmaron, en *San Mateo* (25 Julio), una desgraciada capitulación con el engreído jefe realista, que entró en Caracas triunfante (Julio 30), é impuso la ley del vencedor á los independientes.

El infortunado *Miranda* dejó á sus oficiales el encargo de entregar las tropas y pasó á La Guaira. Cuando se preparaba á embarcarse para el extranjero, *Bolívar* y algunos otros oficiales republicanos, haciéndose eco de calumniosas sospechas

---

(1) Había nacido en Cumaná en el año 1793. Vse. *Mancini:* op. cit., pág. 380 y sig. y sus notas.

y ansiosos de vengar su descalabro, no vacilaron en ponerse de acuerdo con los traidores *Casas* y *Peña,* arrestar al *Precursor* y entregarlo maniatado á sus enemigos.

El noble anciano fué víctima de penalidades sin cuento. Del castillo de La Guaira pasó á los inmundos calabozos de Puerto Cabello, al *Morro* de Puerto Rico y, por fin, á las prisiones de la Carraca, en Cádiz, donde murió tristemente (14 Julio 1816), sin pronunciar, contra los que prepararon su calvario, una sola palabra de reproche (1).

Fig. 458 — El Generalísimo Miranda (1812).

Su cadáver fué sepultado con las miserables ropas de su camastro de cautivo. Y, allí, en los arenales gaditanos, sin una triste lápida que cubra su tumba, yace el *Precursor* abnegado de la Independencia Sud-Americana, el hombre que llevó dignamente en Francia los galones de General, y mereció de Napoleón ser incluído entre los héroes del Arco del Triunfo.

Bolívar, provisto de un salvoconducto de *Monteverde* (2), se

(1) Vse. *Becerra:* op. cít. Cap. XXIII, etc. *O'Leary:* op. cit. Mem. Vol. I, pág. 75. *Mancini:* op. cit., pág. 401 y sig. *Marqués de Rojas:* El General Miranda (París, 1884). Int. fol. XXXVIII y sig. y Documentos, pág. 601 y sig. y en especial el Memorial dirigido (8 de Marzo de 1813) á la Audiencia de Caracas desde las prisiones de Puerto Cabello (*Id.,* pág. 164 y sig)

(2) ... "en recompensa, dijo el jefe realista, *del servicio que ha hecho al Rey con la prisión de Miranda.* (Vse. *Larrazabal:* Vida de Bolívar. Vol. I, pág. 137 y sig). Creemos con *Mancini* (op. cit., pág. 403) uno de los más modernos panegiristas del Libertador Venezolano "que es imposible disimular *la sombría atrocidad* de los conjurados del 30 de Julio (*Bolívar,* etc) entregando á sus enemigos al anciano y admirable obrero de la libertad Americana,,. Sobre la caída de *Miranda* y de la primer República Venezolana Vse. *Torres Lanzas* (Arch. Indias): Vol. III. Doc. 3573, 3585, 3586, 3589, 3593-6, 3598 (Carta, *Monteverde* al Secrio. de Estado informando *del ser-*

embarcó para Curaçao con alguno de sus compañeros. Venezuela volvió al antiguo régimen, afligida por dos años de hondas turbaciones, diezmada en sus hombres y arruinada en su riqueza y su comercio.

Bolívar y Mariño. 7.—*Monteverde* hizo jurar la *Constitución de Cádiz,* cuyas garantías aprovecharon los patriotas para conspirar abiertamente. *Monteverde,* que apenas contaba con 500 veteranos Españoles para su defensa, procedió á la prisión de los principales conspiradores *(José Ventura Santana, etc.)* á quienes protegían con todo descaro *Heredia, Gall* y demás miembros de la Audiencia (1).

Los lugartenientes de *Monteverde* extremaron las persecuciones en sus respectivos distritos. Los inícuos abusos de estos desatentados funcionarios *(Zuazola, Cerveriz, Antoñanzas, etcétera)* contribuyeron en mucho á que la segunda revolución Venezolana surgiera (1813) implacable y potente.

A principios de Marzo un reducido grupo de patriotas (45) acaudillados por *Piar, Bermudez, y Santiago Mariño,* pasaron denodadamente desde el islote de Chacachacare (Golfo Triste ó de Paria) hasta la aldea de Guiria, derrotaron á *Monteverde* que les salió al encuentro en Maturin (25 de Marzo 1813), y auxiliados por la escuadrilla del aventurero Italiano *Bianchi* se apoderaron de la villa de Cumaná (Julio 15) donde *Mariño* fué proclamado *"Dictador del Oriente".*

Bolívar, por su parte, de acuerdo con el terrorista *Brice-*

vicio hecho por Bolívar y Peña prendiendo al Dictador D. Francisco Miranda) 3602-3, etc. *Gil Fortoul:* op. cit. Vol. I, pág. 185 y sig. y sus notas. *Rafter.* Memoirs of Gregor *Mac-Gregor,* etc. (London, 1820), pág. 21 y sig. *J. M. Restrepo:* Hist. Revolución Rep. de Colombia (Besanzon, 1858). Vol. II, pág. 87 y sig. *Blanco y Azpúruc:* Col. Doc. Vol. III, 690 (*Recuerdos Gual*), 672 (Capitulación San Mateo). Vol. IV, 42, 679, 724 (Manifiesto de *Bolívar.* Dic. 15-1814), etc. *Becerra:* op. cit. Vol. II, pág. 216 y sig. *Larrazabal:* Vol. I, pág. 123 y sig. *Bmé. Mitre:* Hist. de San Martin. Vol. III, pág. 248 y sig. y sus notas. *Baralt y Díaz:* Resumen Hist. Venezuela. Vol. I, pág. 102 y sig. *J. D. Díaz:* op. cit., pág. 47 y sig. *Torrente:* op. cit. Vol. I, pág. 296 y sig. y en especial *Mancini:* op. cit., pág. 376 y sig., 442 y sig. y sus notas y referencias.

(1) Vse. *Gil Fortoul:* op. cit. Vol. I, pág. 213 y sig. Comp. el folleto de *D. Tomás Monteverde.* Pacificación de Venezuela en 1812 (Madrid, 1883), pág. 54 y sig. según los papeles del Capitán General *Monteverde* en poder del autor.

ño (1) y apoyado por el gobierno independiente de *Nueva Gra-nada* (Vse. Cap. III), invadió con *Rivas, Urdaneta, Elhuyar, Girardot, etc.*, las Provincias Orientales de Venezuela, lanzó en Mérida y Trujillo (Junio 8 y. 15) sus desgraciadas proclamas de *«guerra á muerte»*, y con extraordinaria actividad y fogoso empuje, recorrió de triunfo en triunfo el difícil y acciden-

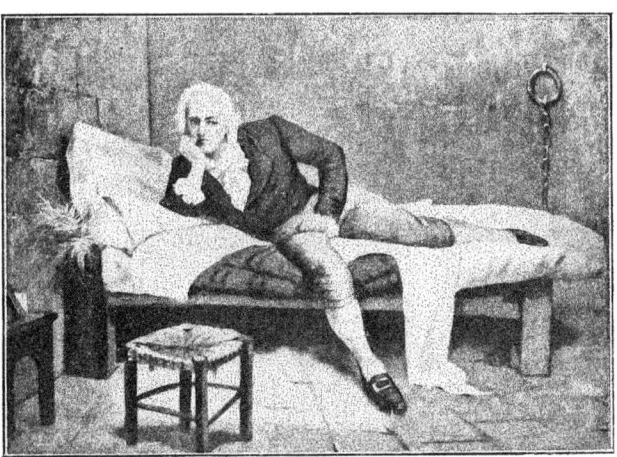

Fig. 459. – *Miranda* en su prisión de Cádiz.

tado camino desde Cucutá hasta Caracas. En menos de tres meses de contínuos combates (Mayo á Agosto 1813) logró recuperar la capital y dejar reducidos á los realistas á las Provincias de Coro, Maracaibo, Guayana, parte de Barinas, y á la plaza de Puerto Cabello, donde concentró *Monteverde* su ejército

(1) El célebre contrato que hizo circular *D. Antonio Nicolás Briceño*, repartía premios ó grados en el ejército por el número de cabezas de Españoles é isleños Canarios que presentaran los soldados... «el que presentare 20 cabezas, decía textualmente, será ascendido á Alferez, 30 valdrán el grado de Teniente, 50 el de Capitán etc.» *Briceño* fué fusilado en Barinas el día 15 de Junio de 1813. Sobre este punto Vse. *Gil Fortoul*: op. cit. I, pág. 214 y sig. *Larrazabal*: op. cit. Vol. I, pág. 168. *José D. Díaz*: op. cit., pág. 69 y sig., etc., etc.

El caudillo vencedor entró teatralmente (Agosto 6) en Caracas, fué proclamado *«Libertador de Venezuela»* (Octubre 2), y con habilidad tribunicia logró predominar sobre los partidarios de *Mariño*, que engreído por sus éxitos militares, y encastillado en el Oriente, pretendía por lo menos dividir en dos *satrapías* militares el territorio de la República (1).

Reforzado en tanto *Monteverde* con un regimiento Español que llegó á Puerto Cabello, volvió á tomar la ofensiva. Fué derrotado por los revolucionarios en *Búrbula* (Septiembre 13) y en las *Trincheras* (Octubre 3) refugiándose gravemente herido en Puerto Cabello. Desde allí pasó á Curaçao y á España (1814), para no volver á Venezuela (2).

Bolívar cercó estrechamente á Puerto Cabello, y aunque no pudo rendir la codiciada plaza, obtuvo en Araure (Diciembre 5) una brillante victoria, siendo á poco proclamado *«Dictador»* por la *Asamblea Popular* de Caracas (Enero 2 1814).

(1) La importancia de la fulgurante campaña de *Bolívar* se ha exagerado por sus apologistas y por él mismo en sus pomposas proclamas de Agosto 8 y Agosto 13, 1813 (Vse. *Blanco y Azpúrua*, Doc. op. cit. Vol. IV. 849 y 853) en las que según *Heredia* (Memorias, cit., pág. 163) *"no hay de real sino los nombres geográficos y el hecho de haber sido rápida la marcha de los rebeldes".* Estas proclamas y la entrada en Caracas en carro triunfal arrastrado por hermosas jóvenes, etc., son patentes muestras de la proverbial vanidad y de la manía romántica, teatral y declamatoria del Libertador Venezolano. Vse. *Mancini:* op. cit., pág. 465 y sig. *Gil Fortoul:* op. cit. I, pág. 218 y sig. Com. *Mitre:* Hist San Martín. Vol. III, pág. 325 y sig. y sus notas, en especial pág. 328 nota 10, y 343 nota 23, etc., etc.

(2) Prescindiendo de las persecuciones de *Monteverde* á los patriotas, que creyó necesarias para sofocar la revolución, no puede negarse que la administración de este jefe Español en Venezuela, fué abnegada y honradísima. En el tiempo que estuvo en Venezuela no cobró *ni siquiera sus sueldos*, para que se pagaran los de los soldados y repartió en obras pías los emolumentos que le correspondían por títulos, licencias, firmas judiciales, etc. Se le admitió su renuncia en Puerto Cabello *«cuando ya estaba á las puertas del sepulcro por sus muchas y mortales heridas».* Vivió siempre en la mayor estrechez y penuria. Para trasladarse á España desde Curaçao, todavía convaleciente, tuvo que pedir prestado el dinero del pasaje. En el *Ajustamiento de Cuentas* que se le formó (7 Marzo, 1815) por la Real Hacienda, y que su original tengo á la vista, consta que en la referida fecha se le adeudaban *25.797 pesos fuertes, por sueldos no satisfechos desde el mes de Septiembre de 1811!*... Debo estos datos al distinguido Ingeniero D. *Félix Monteverde* que ha puesto á mi disposición los papeles de familia que conserva y he revisado cuidadosamente comparándolos con los existentes en el *Archivo de Indias*. Vse. *Torres Lanzas:* Op. cit. Vol. III. Doc. 3740-54, 3771-82, 3861-88, 3921-24, 3927, 3964, 4185, etc., etc.

8. — Al llegar á este punto quisiera el cronista poder borrar en absoluto los sangrientos episodios que destrozaron la patria Venezolana, y convirtieron su revolución emancipadora en monstruosa y encarnizada lucha de feroces odios y horrorosas venganzas.

Los realistas encontraron en la clase de pardos y mestizos de los Llanos sus mejores auxiliares. Odiaban los bravos, impetuosos y semi-salvajes *"llaneros"*, á los aristócratas innovadores de Caracas. Incapaces de comprender las ventajas de la libertad y ansiosos de carnicería y de pillaje, se agruparon en temibles bandas, bajo las banderas de la reacción y acaudillados por los formidables guerrilleros *Boves* y *Morales,* que como el célebre caudillo Argentino *Guemes,* tenían *"la elocuencia de los fogones"* y sabían identificarse con los „*llaneros"* é indisponerlos con las clases elevadas (1) desbarataron las tropas del sanguinario *Campo Elías* (Febrero 1814) y avanzaron con exterminador empuje por los risueños valles de Aragua.

Fig. 460. — El General Santiago Mariño.

Bolivar creyó posible contenerlos extremando hasta el delirio el funestísimo sistema *terrorista* que yacía en el fondo del dogma revolucionario. Imitando á los *Marat, Danton, Billaud Varennes* y demás sombríos sicarios de las matanzas de la Revolución Francesa (Septiembre 1792), ordenó con la frialdad de un *Lebón* ó de un *Fouquier Tinville,* al monstruoso verdugo *Arizmendi* y al cruel *Palacios,* el asesinato de los prisioneros realistas de las cárceles de Caracas y La Guaira. Más de 800 infelices fueron pasados á cuchillo.

Las represalias no se hicieron esperar. La guerra se hizo

---

(1) Vse. Memorias Póstumas del General *José María Paz* (La Plata, 1892). Vol. I. Cap. V, pág. 179 y sig.

sangrienta y terrible de parte de los jefes Españoles *Cajigal* y *Ceballos*, y en especial de *Bones* y *Morales*, y sus hordas de *Llaneros*; desesperada é implacable por parte de los independientes. Los heroísmos como el de *Ricaurte*, volando sus depósitos de pólvora en San Mateo, y pereciendo en la explosión como un héroe Troyano (Marzo 25) se mezclaron con escenas de sangre, de horror y de repugnante sadismo, que demuestran

Fig. 461. – D. Manuel Piar.

tristemente de lo que son capaces, hasta los hombres más cultos y amantes de su país, cuando inspirados por el odio y contagiados por la *mentalidad criminal* de las turbas, experimentan un cambio en su personalidad y dejan predominar sus sanguinarios y latentes atavismos (1).

Ante la inminencia del peligro unióse *Mariño* á *Bolivar* para defender la patria. Fué derrotado por *Ceballos* en la llanura del Arao (Abril 16). *Bolivar*, en cambio, derrotó á *Cajigal* en la encarnizada batalla de Carabobo (Mayo 28).

El desastre de 1814. 9. – El desastre final se acercaba. *Boves* salió de Carabobo con 5.000 ginetes y 2.000 infantes, aniquiló en *La Puerta* (Junio 15-1814) á los 2.500 soldados que mandaban *Bolivar* y *Mariño* y se apoderó de *Valencia* á pesar de la heróica y larga resistencia del coronel *Escalona*. (Junio 18 á Julio 9).

Bolivar abandonó á Caracas con el resto de sus tropas y seguido de gran parte de la población, emprendió su retirada á Barcelona. (Julio 6). En este trágico éxodo, cuyo recuerdo per-

---

(1) Vse. *Taine*: Origines, etc. Vol. II. Lib. III, pág. 262 y sig. Vol. III. Lib. III. Cap. II, pág. 221 y sig. *Le Bon*: op. cit., pág. 62 y sig. *Gil Fortoul*: op. cit. I, pág. 226 y sig. *Mancini*: op. cit., pág. 539 y sig. y sus notas. *Sighele*: La Foule Criminelle (París, 1905), pág. 32 y sig. *Blanco Fombona*: La Guerra á muerte (Constitucional de Caracas. Dic. 1906-Enero 1907), pág. 5 y sig. *Baralt y Díaz*: op. cit., pág. 130. Vol. I y sig. *Gervinus*: op. cit. Vol. VI, pág. 135 y sig. *Heredia*: op. cit., pág. 204 y sig. *Mitre*: Hist. San Martin. Vol. III, pág. 375 y sig. y sus notas y refcias. *Torrente*: op. cit. Vol. II, pág. 393 y sig. *M. Ovalle*: El Llanero (Caracas, 1905), pág. 14 y sig., etc.

dura en la historia Venezolana como el del terremoto del 1812, perecieron familias enteras rendidas por la sed, la fatiga y el hambre. (*Emigración del 1814*).

Boves entró á poco en la capital (Julio 18), castigó con su acostumbrada cruel- dad á los pocos pa- triotas que en ella quedaron y despachó á su segundo *Mora- les* en persecución de *Bolivar*, al que de- rrotó por completo en Aragua (Agos- to 18).

El *Dictador* pasó á escape por Barce- lona y siguió á Cu- maná. Allí le avisaron que el comandante *Bianchi*, de la escua- drilla independiente había levado anclas llevándose las aiha- jas que confió á los patriotas el clero de Caracas para los gas- tos de la guerra (1).

Fig. 462.—Galería del Archivo de Indias (Sevilla).

Se embarcaron *Bolivar* y *Mariño* en persecución del aventu- rero, y lograron recuperar dos tercios del tesoro. Al regresar á Carúpano fueron destituidos del mando que ejercían y poco faltó para que se vengasen *Piar*, *Ribas* y *Bermudez* de la de- rrota común en las personas de *Mariño* y *Bolivar*, de la misma manera que lo había hecho éste último, dos años antes, con el

(1) Acta solemne de Concordia entre el Estado y el Sacerdocio, etc. (Caracas, 12 Fe- brero, 1814). El peso de las alhajas era de 27.912 onzas de plata. Vse. *Gil Fortoul:* op. cit. I, pág. 230, nota 2. *Larrazabal:* op. cit. Vol. I, pág. 329, etc.

desgraciado *General Miranda*. Al fin les permitieron embarcarse para Cartagena de Indias. (Septiembre 7).

Al expirar el año 1814, la revolución Venezolana quedaba reducida á la isla de la Margarita, donde dominó el feroz *Arizmendi* hasta la llegada del *General Morillo* (Vse. Cap. III).

Tales fueron los resultados del insensato sistema de la *"guerra á muerte"*, que hizo necesarios siete años más de terribles luchas para que los patriotas Venezolanos tomasen el desquite definitivo de la espantosa catástrofe de 1814, en la gloriosa jornada de *Carabobo*. (Vse. Tít. IV. Cap. III.) (2).

---

(2) Vse. en general para el desastre del año 1814, etc. *Blanco y Azpúrua*: Doc. Vol. IV. 752, 773, 775, 804, 816, 809, 834, 810, 832, 849, 853, 885, etc. Vol. V, 906, 915, 922, 963, 964 (Despedida de Carúpano, 7 Setbre., 1814), etc. *Gervinus:* op. cit. Vol. VI, pág. 250 y sig. *Baralt y Díaz:* op. cit., pág. 180 y sig. *Torres Lanzas:* op. cit. Vol. III. Doc., 3964, 3972, 4059-64, 4076-124, 4200-08, 4221-22, 4299, 4342-46, 4179-80, 4484-87, etc. Vol. IV. Doc. 4576, etc. *Mancini:* op. cit., pág. 558 y sig. y sus notas. *Gil Fortoul:* op. cit. I, pág. 214 y sig. y sus notas. *Mariano de Briceño:* Hist. Isla Margarita, pág. 14 y sig. *José D. Díaz:* op. cit., pág. 327 y sig. *Heredia:* op. cit., pág. 159 y sig *Torrente:* op. cit. Vol. I, pág. 408 y sig. Vol. II, pág. 71 y sig. *Larrazabal:* op. cit. I, pág. 225 y sig. *Mitre:* Hist. San Martín. Vol. III, pág. 366 y sig. y sus notas. *Restrepo:* Hist. Rev. Colombia. Vol. II, pág. 354 y sig. *Ducoudray Holstein:* op. cit. Vol. I, pág. 168 y sig. *F. Loraine Petre:* op. cit., pág. 96 y sig.; etc.

CUESTIONARIO

1. — ¿Cómo se formó la primera Junta de Gobierno en Caracas?
2. — ¿Qué nombre adoptó?
3. — ¿Cuáles fueron las primeras medidas tomadas por la Junta?
4. — ¿Quién era Simón Bolívar?
5. — ¿Cómo se formó su carácter y su inteligencia?
6. — ¿Qué países visitó en su juventud?
7. — ¿Qué juramento hizo en la logia Láutaro y renovó en Roma?
8. — ¿Cómo fueron acogidos en Inglaterra los embajadores Venezolanos?
9. — ¿Qué consiguieron de Lord Wellesley?
10. — ¿Cómo se decidió á volver á Venezuela el Precursor Miranda?
11. — ¿Cómo se declaró la Independencia de las Provincias Unidas de Venezuela?
12. — ¿Qué carácter tuvo la primera Constitución Venezolana?
13. — ¿Porqué la combatieron Miranda y Bolívar?
14. — ¿Favorecía la revolución el bajo pueblo Venezolano?
15. — ¿Qué influencia tuvo en la Revolución Venezolana el terremoto de 1812?

16. – *¿En qué errores militares y políticos incurrió* Miranda?

17. – *¿Qué resultados tuvo la desgraciada capitulación de San Mateo?*

18. – *¿Cuál fué el doloroso fin del heróico Precursor* Miranda?

19. – *¿Cómo surgió la segunda revolución Venezolana?*

20. – *¿Cuáles fueron las causas y desastrosos resultados de la guerra á muerte?*

21. – *¿Qué rumbo siguió* Bolívar *en su brillante campaña del 1814?*

22. – *¿Cómo derrotó á* Monteverde?

23. – *¿Qué terribles auxiliares hicieron triunfar en 1814 la causa realista?*

24. – *¿Cómo derrotaron á* Bolívar *los caudillos realistas* Boves *y* Morales?

25. – *¿Cuáles fueron las verdaderas causas del desastre de la segunda revolución Venezolana?*

El precursor D. Francisco Miranda

16. – ¿En qué [ores militares y políticos incurrió Miranda?
17. – ¿Qué res[ados tuvo la desgraciada capituiación de San Mateo
18. – ¿Cuál fu[l doloroso fin del heróico Precursor Miranda?
19. – ¿Cómo s[gió la segunda revolución Venezolana?
20. – ¿Cuáles [eron las causas y desastrosos resultados de la guer[á muerte?
21. – ¿Qué ru[bo siguió Bolívar en su brillante campaña 18[?
22. – ¿Cómo [rotó á Monteverde?
23. – ¿Qué te[bles auxiliares hicieron triunfar en 1814 la causa[alista?
24. – ¿Cómo [rotaron á Bolívar los caudillos realistas Boves y Mor[s?
25. – ¿Cuáles [eron las verdaderas causas del desastre de la [revolución Venezolana?

CAPÍTULO III

LA REVOLUCIÓN DE NUEVA GRANADA (1808-1816)

1. Notas características.—2. El levantamiento de Quito.—3. La Junta de Bogotá.—4. La reacción y la anarquía.—5. La acción de Bolívar.—6. La expedición del General Morillo. — 7. El sitio de Cartagena. — 8. La pacificación de Nueva Granada.

1. — La revolución de Nueva Granada es difícil de sintetizar, Notas características. por la complicación de sus perturbaciones anárquicas. Los gérmenes del *unitarismo* y la *federación* que por tradición municipal y configuración geográfica existían en casi todas las Colonias Españolas, asumieron en Nueva Granada el carácter de fenómenos permanentes y fuerzas antagónicas que inmovilizaron la revolución al disgregar sus elementos.

El territorio del *Nuevo Reino de Granada,* incluyendo la *Presidencia de Quito* estaba dividido en provincias, subdivididas en distritos municipales, que si bien funcionaban con uniformidad bajo la dirección centralista de la Metrópoli, se diferenciaban hondamente por su vida, sus costumbres y sus rasgos étnicos y geográficos.

Al estallar la revolución emancipadora, la ciudad de Santa Fe continuó *la tradición unitaria.* Las Provincias, en cambio, tendieron á separarse, dejaron aislada la capital y aspiraron á consagrar su *autonomía absoluta.* La capital del Virreynato, en vez de ser centro de atracción politica, fué campo de batalla donde chocaron estas dos tendencias y acabaron por anonadarse.

Si á esto se agrega las profundas disidencias de los directores de la lucha emancipadora en los principios fundamentales de gobierno, el predominio de la raza blanca en los centros urbanos, las rivalidades de estos centros entre sí y con la capital, y el *carácter civil* de la contienda patriótica, se tendrán en compendio las notas características de la *Revolución Neo Granadina,* que explican la ruidosa caida de su primera República (1).

2.— En el año 1809 gobernaba en la Provincia de Quito con el título de *Presidente,* el general español *D. Manuel Urriez,*

Fig 463.—Antiguo Puente de San Francisco en Santa Fé.

Conde Ruiz de Castilla. Las noticias de los sucesos de España determinaron á varios vecinos caracterizados de Quito á iniciar un levantamiento patriótico que acaudilló el capitán *D. Juan de Salinas.* En la noche del 10 de Agosto de 1809, el *Presidente Urriez* fué apresado, y se organizó una *Junta Gubernativa* presidida por *D. Juan de Montufar, Marqués de Selva Alegre.* El *Virrey Amar,* de Nueva Granada, se apresuró á enviar tropas para combatir á los rebeldes. Amenazada la *Junta Gubernativa* en el Norte por las tropas de *Amar,* y en el Sur por las que con el mismo objeto había enviado el Virrey del Perú *Abascal,* hizo salir un batallón pa-

(1) Vse. *Mitre:* Hist. San Martin. Vol. III, pág. 219, 271 y sig. y sus notas, en especial nota 2, pág. 224. *Samper:* op. cit., pág. 76 y sig. *Restreppo:* Hist. Rev. de Colombia Vol. I, pág. 85 y sig. *Mancini:* op. cit., pág. 428 y sig. *Caldas:* Semanario de Nueva Granada (Paris, 1849. Ed), pág. 89 y sig. y mi Cap. I. Tit. I. Epoca III y sus referencias, etc.

triota hacía el Norte. Fué derrotado por las milicias de la provincia de Pasto (Octubre 1809), que apoyó desde entonces decididamente la causa realista.

La *Junta* revolucionaria se sometió al *Presidente Urriez*, mediante una amnistía que se publicó en solemne bando. No tardó, sin embargo, *Urriez*, en faltar á la fe jurada y en condenar á muerte ó á presidio á los más caracterizados caudillos. Indignado el pueblo por esta violación de las capitulaciones, asaltó amotinado los cuarteles de los realistas. La soldadesca se defendió sangrientamente y asesinó en las calles á más de 50 revoltosos, y en las cárceles á algunos presos políticos. El vecindario se armó como pudo, decidido á vender caras sus vidas, y la carnicería se hubiera pro-

Fig. 464. —Parte antigua de la ciudad de Bogotá.

longado sin la intervención del Obispo, que logró apaciguar los ánimos. Las tropas del *Virrey Abascal*, que principalmente promovieron estos sucesos, y eran generalmente odiadas, fueron despedidas por el *Presidente Urriez* y se retiraron á Lima (Agosto 1810).

3.— La noticia de los asesinatos de Quito se difundió en todos los pueblos del Virreynato en momentos en que estallaba la revolución en Venezuela (Vse. Cap. II), y surgían en Casanare, Pamplona y el Socorro, movimientos aislados. Los caudillos criollos de Santa Fe de Bogotá, que animados con estas novedades habían decidido dar el grito de insurrección el mismo día de la llegada á la capital de los *Comisarios* enviados por la Metrópoli, se vieron obligados, por incidentes imprevistos, á precipitar el levantamiento. El 20 de Julio de 1810, el pueblo de Santa Fe, apoyado por la mayoría de los miem-

La Junta de Bogotá.

bros del Cabildo, se amotinó amenazante al pie de las *Casas Consistoriales*, pidiendo que se constituyera una *Junta de Gobierno*. El *Virrey Amar* cedió á la presión popular y autorizó la reunión de un *"cabildo abierto"*. Después de una sesión borrascosa, en la que D. *Camilo Torres* se distinguió por su viril elocuencia, quedó instalada una *Junta* de la que el Virrey fué nombrado Presidente (20 de julio de 1810.)

En el acta de instalación se declaró que la dicha Junta investiría el carácter de gobierno general, mientras se pedían diputados á las provincias *que debían ligarse con un vínculo federativo sobre la base de su libertad é independencia*. La *Junta* se comprometió, además, á no abdicar la soberanía en otra persona distinta del rey *Fernando VII*, reconociéndose en cierto modo sujeta á la *Junta* de *Regencia* de España. Con propósitos radicales en el fondo, el nuevo gobierno era en la forma un acomodamiento provisional con la Metrópoli y una concesión al espíritu separatista de las provincias.

Fig. 405.—El General O'Leary.

La *Junta*, desde su constitución, fué instrumento pasivo de los caudillos que en nombre del pueblo soberano gobernaban á gritos desde la plaza pública. Al fin el Virrey fué depuesto; se anuló el juramento de sumisión á la *Regencia*, y se declaró que la *Junta* continuaría gobernando á nombre del rey durante su cautiverio, manteniendo los vínculos del Virreynato con la Nación Española *aunque sin depender de las autoridades de la peninsula* (Julio 26). Dos días después de este acuerdo llegaron á Santa Fe los *Comisarios Regios*, *Villavicencio* y *Montufar*, y aprobaron tácitamente lo hecho (1).

(1) Vse. *Acta Cabildo Extraordinario* de Santa Fé de Bogotá. Julio 20-1810, y de la *Junta* de Santa Fé (Julio, 26-1810), estractadas por *Mitre*: Hist. de San Martin. Vol. III, pág. 227, etc.

Junta de Santa Fe convocó á las provincias á un Congreso (29 Julio 1810). Algunas respondieron á la convocatoria y anunciaron el envío de sus diputados á la capital; otras se erigieron en entidades independientes, subdividiéndose en banderías enemigas, y formulando sus propias Constituciones. Hasta la Parroquia de Nares (Cundinamarca), quiso erigirse en provincia soberana.

Cartagena fué la primera en dar la señal de disgregación. Calificó á la *Junta de Santa Fe* de «gobierno monstruoso», proclamando el federalismo é invitando por sí á las demás provincias á reunirse en Congreso en Medellín. Sólo Antioquía respondió á la invitación.

Los caudillos de Bogotá crea-

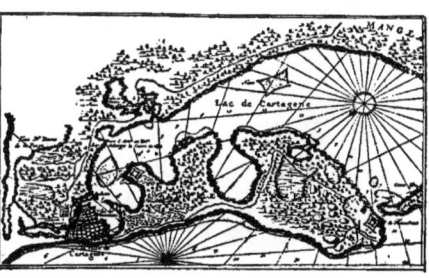

Fig. 466.—El puerto de Cartagena en 1814.

ron, entonces, el *Estado de Cundinamarca* con un gobierno mezcla de republicano y monárquico, que reconocía á *Fernando VII* por Rey, confiando el poder legislativo á una *Cámara* popular y un *Senado* conservador. Fué nombrado Presidente *Don Jorge Tadeo Lozano* (Abril de 1811), y poco después se reunió el Congreso.

Apareció en esta emergencia en Santa Fé el tenaz y abnegado luchador *Antonio Nariño* (Vse. Tít. II. Cap. I), que después de hacer en su periódico *"La Bagatela"* una activa campaña en favor del *unitarismo*, fué proclamado *Presidente* de Cundinamarca por forzosa renuncia de *Lozano* (Octubre 1811). Apenas habia estado un año en el poder, se vió comprometido en una guerra fratricida. El *Congreso*, retirado en Ibaqué, se declaró *federalista*. El Coronel *Baraya* y el Capitán *Ricaurte*, enviados por *Nariño* como emisarios de paz, se plegaron al Congreso y derrotaron sangrientamente en Paloblanco (Socorro) á las tropas unitarias. Obligaron á retirarse á *Nariño*, ocuparon las alturas de Cundinamarca (Enero 5-1813), y sitiaron á Santa Fé. Fueron rechazados por *Nariño*, que no abusó de su triunfo y se limitó á ajustar un convenio que salvando la autonomía de Cundinamarca, estipuló la paz recíproca. *Cundinamarca* declaró á renglón seguido *su independencia*

absoluta de España (16 Julio 1813), abolió la Constitución del 1811, acuñó sus primeras monedas en señal de soberanía, y enarboló un nuevo pabellón nacional.

Entre tanto, la província de Santa Marta, situada en las bocas del Magdalena, y que había formado su *Junta*, hizo una contrarrevolución, realista (Diciembre 1810), que fué reforzada por un batallón español de línea llegado de Cuba. Cartagena envió una expedición contra Santa Marta,

Fig 467 —D. Antonio Nariño

que fué aniquilada (Marzo 1812). Nombró entonces dictador la Junta de Cartagena, al *Dr. Manuel Rodríguez Torices,* quien confió el mando de sus tropas al aventurero francés, *Labatut*. Este bravo jefe derrotó á los realistas de Santa Marta, obligándolos á replegarse en Portobelo (Enero 1813).

En el Sur la lucha por la independencia fué también encarnizada. El Comisario Regio *Montufar* después de aprobar, como dijimos, la revolución de Bogotá, marchó para Quito donde estaba destinado. Fué recibido con entusiasmo y se formó una *Junta* de Gobierno bajo sus auspicios. Llegó á poco á Guayaquil (Noviembre 1810) el Jefe Español *Don Joaquín de Molina*, nombrado por la *Regencia* Presidente de Quito. Auxiliado por el Virrey del Perú *Abascal* y por los destacamentos realistas de Popayán, se preparó para atacar á los rebeldes. La *Junta de Quito,* por su parte, proclamó la absoluta independencia del pais (Diciembre 1811).

El 9 de Junio de 1812 tomó el mando de las tropas realistas el nuevo Presidente de Quito, Mariscal *D. Toribio Montes,* y después de batir á los revolucionarios en Mocha (Septiembre 2), se apoderó de la ciudad. Desde allí envió hacia el Norte una división mandada por *D. Juan Samano,* que dispersó completamente el resto del ejército de los patriotas Quiteños. La segunda revolución de Quito quedó definitivamente subyugada (Diciembre 1812).

Fig. 468.—Juramento de las Cortes de Cádiz.

En Mayo de 1913, el *General Samano* siguiendo su campaña se apoderó de Popayán, y aunque fué derrotado por *Nariño* en Palacé (Diciembre 30-1813) no supo el jefe independiente aprovechar su victoria, y en vez de avanzar hacia Quito, estableció su cuartel general en Popayán, perdiendo un tiempo precioso. *Montes,* el Presidente de Quito, confió el mando de sus tropas al general *D. Melchor Aymerich,* con orden de embarazar la marcha de los rebeldes.

Nariño fué batido por las tropas españolas y hecho prisionero (10 de Mayo de 1814). El Presidente *Montes* encargó á *Aymerich* que le hiciera fusilar inmediatamente; pero este jefe aplazó la ejecución, y consiguió así que, pasado el primer momento de irritación, se le perdonase la vida. *Nariño,* después de haber recorrido algunos calabozos en América, fué remitido á Cádiz (1).

La acción de Bolívar.

5. — Mientras estos sucesos ocurrían en el Sur, por la parte del Norte y el Occidente se desarrollaban otros de no menor importancia. *Simon Bolívar*, á quien dejamos emigrado después de la catástrofe Venezolana del 1812 (Vse. Cap. II), ofreció sus servicios al gobierno de Cartagena (Diciembre 1812). Fué bien recibido por el Presidente *Torices*, quien le confirmó en su grado de Coronel, y de acuerdo con *Labatut*, le nombró Comandante del puesto avanzado de Barrancas sobre el Magdalena. Después de redactar su célebre *"Manifiesto á los habitantes de Nueva Granada"*, en el que con la brillantez de costumbre, demostraba la necesidad de libertar á Vene-

Fig. 469.— El Libertador Simón Bolívar (1812-14).

(1) Vse. *Mitre:* Hist. de San Martín. Vol. III, pág. 267 y sig y sus notas. *Restrepo:* Hist. de la Revolución de Colombia. Vol. I, pág. 121 y sig. *Posada:* El Precursor, pág. 124 y sig. *Lallement:* Hist. Colombia (Paris, 1826), pág. 65 y sig. *Mancini:* op. cit., pág. 428 y sig. *Loraine Petre:* op. cit., pág. 74 y sig. *Groot:* Hist. Eclesiástica y Civil de Nueva Granada (Bogotá, 1889-98, 2.ª Ed.). Vol. III, pág. 189 y sig. *Samper:* Ensayo sobre las Rev. Políticas, pág. 78 y sig. *Coroleu:* América. Vol. IV, pág. 65 y sig. *Pedro Fermín Ceballos:* Resumen Hist. Ecuador (Guayaquil, 1866) Vol. III, pág. 126 y sig. etc. Comp. *Torrente:* op. cit. Vol. I, pág. 39 y sig., 93 y sig., 214 y sig., 271 y sig., 366 y sig. Vol. II, pág. 55 y sig. y Doc. Archivo Indias *(Torres Lanzas).* Vse. Indice de los Tomos I y II en Vol. VI, pág. 10 y sig., etc., etc.

zuela (15 Diciembre 1812), partió *Bolívar* para Barranca, pensando únicamente en los medios de reconquistarla.

A la cabeza de una pequeña columna, se apoderó de Tenerife y Mompox, avanzando hasta Puerto Real, y entrando triunfante en Ocaña en medio de las aclamaciones del pueblo (Enero 1813).

Hallábase en la provincia limítrofe de Pamplona, el Coronel de la Unión *Manuel del Castillo.* Bolívar marchó á encontrarse con él con 400 hombres y sin esperar el refuerzo de *Castillo,* atravesó el primer ramal de la Cordillera oriental frente á Ocaña, vadeó después el caudaloso río *Z*ulia y atacó y venció en la gloriosa jornada de *San José de Cucutá* al Coronel realista *Correa* (26 de Febrero 1813).

Este señalado triunfo decidió al Presidente *Camilo Torres* á auxiliar los planes de *Bolívar,* y apaciguó un tanto las disensiones entre el Congreso y el Gobierno de Cundinamarca. La reconquista de Venezuela quedó resuelta por Nueva Granada.

Vimos en el capítulo anterior cómo la realizó el genial caudillo y cuál fué su desastroso término. *Bolivar*

Fig. 470.—Soldado Español de Infantería (1805-1809).

al salir de Cumpano, desembarcó en Cartagena el día 25 de Septiembre de 1814, y se presentó en seguida al Congreso de Tunja para darle cuenta de la derrota.

El Presidente *Torres* le ordenó que marchase con la columna del Venezolano *Urdaneta* contra Cundinamarca, para obligarla á entrar en la Confederación. *Bolívar* sitió la ciudad de Santa Fé, obligó á capitular al Dictador *Alvarez,* lugarteniente de *Nariño* y Cundinamarca se uniformó con las demás provincias (12 Dic. 1814).

El Gobierno de Nueva Granada, autorizó luego á *Bolívar* para atacar por el Bajo Magdalena á Santa Marta y posesionarse de la plaza de Coro. Los incidentes de esta desastrosa campaña de *Bolívar* en nada favorecen su fama. Su inacción y vanidosos sibaritismos en Mompox (Febrero 1815) y el desatentado sitio de Cartagena, para aniquilar á su enemigo el Coronel *Castillo*, desmoralizaron sus tropas, diezmadas, además, por las enfermedades y la miseria.

Fig. 471.—El General Pablo Morillo.

Sus criminales combates con *Castillo* frente al enemigo común, que amenazaba en aquellos momentos con una fuerte escuadra las costas de Nueva Granada, acabaron de hacer insostenible la situación del equivocado caudillo, que no sin publicar como de costumbre una exposición llena de inútiles recriminaciones, en las que se acusaba al querer disculparse, se embarcó en el bergantín Británico „*Discovery*" con rumbo á la isla de Jamaica (Mayo 8-1815). (1)

(1) Vse. *O'Leary:* op. cit. Vol. I, pág. 101, 229, etc. Vol. XXIX, pág. 15, etc. *Blanco y Azpúrua:* Docs. Vol. IV, 539, 768-70, 724, 847, etc. *Mancini:* op. cit., pág. 446 y sig. y sus notas. *Mitre:* Hist. San Martín. Vol. III, pág. 305, 397 y sig. y sus notas y referencias. *Ducoudray Holstein:* op. cit. Vol. I, pág. 121 y sig. *Groot:* op. cit. Vol. III, pág. 230 y sig. *Restrepo:* op. cit. Vol. I, pág. 320 y sig. *Loraine Petre:* op. cit., pág. 150 y sig. *Torrente:* op. cit. Vol. II, pág. 68 y sig. *Larrazábal:* op cit. Vol. I, pág. 338 y sig. etc., etc.

colonias, avis-
tó en los pri-
meros días de
Abril las costas
de la isla de la
Margarita. Ha-
bía sido desti-
nada en un
principio al
Río de la Plata,
pero obede-
ciendo instruc-
ciones reserva-
das, cambió su

Fig 472.—Orillas del Río Magdalena.

destino y se dirigió á Costa Firme. Componíase de seis batallones de infantería, dos
de caballería, artillería, etcétera, (10.000 hombres),
diez y siete buques de
guerra y varios transpor-
tes. Venía bajo el mando
del entonces Mariscal de
Campo *D. Pablo Morillo*,
uno de los jefes que más
se habían distinguido en
la guerra de la Indepen-
dencia Española.

La posesión de la isla
de la Margarita era esen-
cial para la pacificación
de la Costa Firme. *Ariz-
mendi*, que mantenía en
ella su dictadura (Véase
Cap. II), se sometió á

Fig. 473.—Salto del Tequendama.

Morillo, que no obstante las justas acusaciones de *Morales*, le trató con benevolencia.

Pacificada Margarita, siguió el Jefe Español por Cumaná y La Guaira hasta Caracas, donde fué recibido con entusiasmo (11 de Mayo 1815).

Nombró Capitán General de Venezuela á *D. Salvador Moxó*, envió una división á Puerto Rico, y otra al Perú por Panamá, (2.000 hombres), de la que formaban parte *Ricafurt, Espartero, García Camba* y otros oficiales más tarde famosos, destinó 5.000 hombres á la ocupación militar de Venezuela, y con el resto de su ejército (4.000 hombres), reforzado por las tropas de *Morales*, se embarcó en Puerto Cabello, para reconquistar á Nueva Granada, empezando por Cartagena, que por su situación, fortificaciones y armamentos era la plaza más importante de todo el Norte de Sud-América.

Fig. 474.— Diseño del Sello de la República de Nueva Granada en 1815 (Archivo de Indias).

El sitio de Cartagena. 7.—Llegó *Morillo* con felicidad á Santa Marta, despachó desde allí á *Morales* con la vanguardia, para que penetrase por la Ciénaga en la provincia de Cartagena, y estableciese el bloqueo terrestre de la plaza, y siguió por mar hasta la ensenada de Galera Zamba, donde desembarcó con el resto de su ejército. Cartagena quedó perfectamente bloqueada por mar y tierra (Agosto 22-1815).

En esos momentos estallaron en la plaza sitiada anárquicas divisiones. *Castillo*, á quien se acusaba de debilidad, fué sustituido por el Venezolano *Bermúdez* en el mando de las fuerzas. A los dos meses de sitio el hambre y la peste hicieron en la población terribles estragos. Los auxilios que esperaban los rebeldes no podían llegar del interior, y las naves enviadas desde Jamaica burlaban con grandísimas dificultades la vigilancia de los cruceros Españoles. El 25 de Octubre inició *Morillo* un bombardeo de la plaza que hubo de suspender por ineficaz é inhumano.

A principios de Noviembre estrechó el asedio, ordenando un ataque simultáneo sobre La Popa, que fué rechazado por los sitiadores al mando de *Soublette,* (Noviembre 11), y sobre Tierra Bomba, de cuya posición lograron apoderarse (Noviembre 13).

Fig. 475.—Oficial de Marina Español (1808-1812).

La situación se hacía insostenible; la disentería y las fiebres diezmaban á los sitiadores, y los sitiados morían de hambre á centenares. Las calles de Cartagena estaban llenas de cadáveres, y los hospitales sin medicinas ni víveres, repletos de moribundos.

A pesar de todo, los Cartageneros prolongaron la defensa de la plaza con un valor desesperado, y cuando conocieron que no podían resistir más tiempo al enemigo, se prepararon á evacuarla. En la noche del 5 de Diciembre, más de 2.000 personas se embarcaron en 13 buques, y se alejaron de aquel sitio de dolor y desolación. Los Españoles, desde sus baterías y naves, hostilizaron á los fugitivos, y el hambre y las desgracias durante la navegación, continuaron la obra de exterminio.

El *General Morillo,* en vez de una ciudad ocupó un vasto cementerio. El sitio había durado ciento ocho días. El ejército sitiador había perdido cerca de 3.000 hombres, y en la plaza sitiada habían perecido más de 5.000 almas. Los vencedores trataron con caridad á los miserables habitantes de la población vencida. El General *Morillo* y sus soldados socorrieron á los hambrientos con las raciones de que pudieron disponer. y salvaron gran número de personas de una muerte cierta. Se mantuvo, sin embargo, implacable con los jefes militares rebeldes. *Castillo*, *García Toledo* y algunos otros fueron condenanados á muerte. (Diciembre 6 de 1815).

Pacilicación de la Nueva Granada. 8. – La caida de Cartagena decidió la de la revolución Neo-Granadina. Los realistas invadieron á una el territorio rebelde y ocuparon sus pueblos desde Barinas al Atrato, derrotando en

Fig. 476.— D. José Francisco Bermúdez.

Cachiri (Febrero 1816), los restos del ejército patriota del nuevo Presidente *Camilo Torres*, y logrando reunirse cerca de Popayán con las tropas de Quito, mandadas por *D. Juan Samano*, que destrozaron las de *Liborio*, *Mejías*, *Torices* y *Monsalve*, en las sangrientas acciones de Cuchilla del Tambo (Junio 27), y Puente de la Plata (10 de Julio), donde cayeron con sus últimos soldados, las últimas banderas Neo-Granadinas.

El *General Morillo*, con dos tuertes columnas, salió de Cartagena (Abril 28), con dirección á Santa Fé de Bogotá, atravesó el páramo de Cachiri y las provincias de Pamplona, Socorro y Tunja, y entró calladamente en la capital, (Mayo 29), donde ya se encontraban las columnas realistas de *Calzada* y el Brigadier *La Torre*.

Como supiese en Ocaña que *Arizmendi*, á pesar de sus juramentos de fidelidad, se había levantado en armas en la isla de la Margarita y que *Bolívar* preparaba una nueva expedición libertadora, abandonó el jefe Español su política de clemencia é inauguró la terrorista.

Al entrar en Bogotá hizo apresar á los que creyó sospechosos de rebeldía, envió comisiones militares para enjuiciar á los

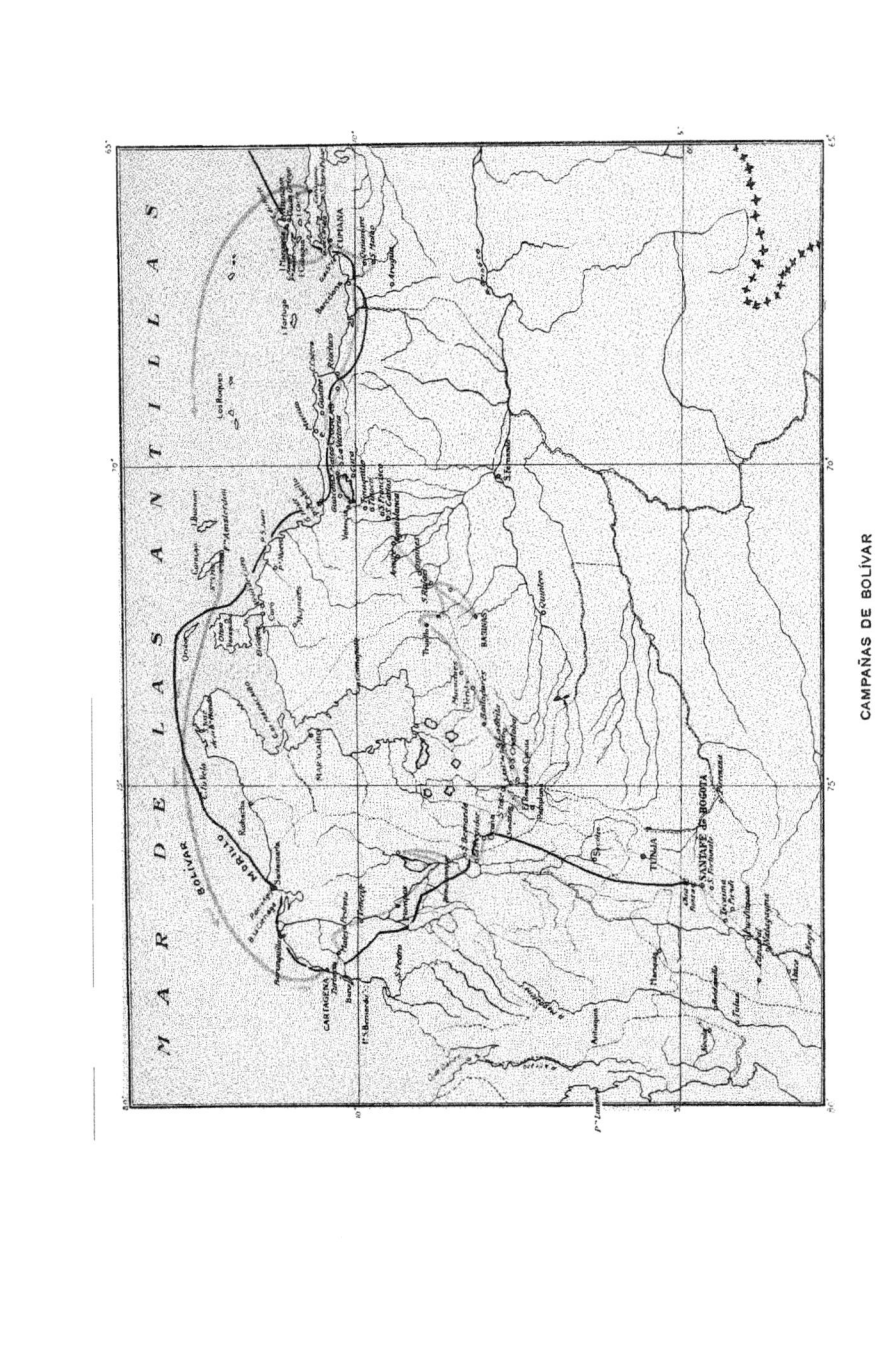

CAMPAÑAS DE BOLÍVAR

Y DE MORILLO (1810-1815)

patriotas del interior y organizó un *Consejo de Guerra Permanente*, para juzgar á los jefes revolucionarios, de acuerdo con
las *Ordenanzas Militares*. Creó también, á imitación de lo hecho en España por el tiránico gobierno de *Fernando VII*, un
Consejo de Purificación, encargado de rehabilitar á los patriotas que durante la revolución se habian limitado á desempeñar
cargos públicos.

Los *Consejos de Guerra* procedieron con actividad y energía dignas de mejor causa. *Montufar, Villavicencio, Lozano,
Torices, Baraya* y otros distinguidos patriotas, fueron ejecúta-
dos como traidores al Rey. El célebre naturalista y astronómo
D. Francisco José de Caldas, apresado en Popayán por *Samano*, fué fusilado (Octubre 29-1816), por haber servido de ingeniero en una de las divisiones del ejército independiente.

Morillo salió por fin de Bogotá para Venezuela (Noviembre
16). Dejó en el gobierno de la capital al Brigadier *Samano*, que
fué nombrado Virrey de Nueva Granada por *Fernando VII*.
Durante la administración de *Samano*, pereció fusilada con su
amante el oficial republicano *Alejo Savarain,* la joven heroína
de Bogotá *Policarpa Salavarrieta*, que con el nombre de la *Pola*,
ha inmortalizado la historia de su patria. (1)

---

(1) Vse. *Restrepo:* op. cit. Vol. II, pág. 154 y sig., etc. *Mitre:* Hist. de San Martín. Vol. III, pág. 104 y sig. y sus notas y referencias. *García Camba:* Memorias
para la Hist. de las Armas Españolas en el Perú (Madrid, 1846). Vol. I. Cap. VIII y
IX, pág. 167 y sig. *Ducoudray Holstein:* op. cit., pág. 126 y sig. *Gil Fortoul:* op. cit.
Vol. I, pág. 236 y sig. *Torrente:* op. cit. Vol. II, pág. 160 y sig. (1815), 237 y sig.
(1816). *Larrazabal:* op. cit. Vol. I, pág. 367, 497, etc. Manifiesto á la Nación Española de *D. Pablo Morillo*, Conde de Cartagena... con motivo de las calumnias, etc.,
publicadas en la *Gaceta de la Isla de León*, bajo el nombre de *Enrique Samorar*
(*Nariño*). Madrid, 1821, pág. 1 y sig. *Anónimo:* Apuntes sobre los principales sucesos de la América del Sud (2.ª Ed. Paris, 1830), pág. 17 y sig. *Sevilla:* Memorias de
un militar, etc. (Ed. *Pérez Moris*. Madrid, 1877), pág. 78 y sig. *Urquinaona y Pardo:*
Relación Documentada, etc. (Madrid, 1820), pág. 63 y sig., pág. 165 y sig. Mémoires
du *General Morillo*, etc., suivis de deux précis de *D. José D. Díaz*, et du General
Miguel de la Torre (Paris, 1826), pág. 42 y sig., y en especial el Estudio Biográfico
documentado de *D. Antonio Rodríguez Villa* sobre el Teniente General *D. Pablo
Morillo, Conde de Cartagena* (Madrid. 1908-1910). Vol. I (Biografia). Parte II, pág.
115 á 437, etc. Vol. II (Documentos), pág. 437 y sig. Vol. III (Documentos), pág. 1 y
sig. (Año 1816), etc., y los Documentos del *Archivo de Indias*, extractados por *Torres
Lanzas:* op. cit. Vse. Indice de los Tomos III y IV, en el Tomo VI, pág. 63 y sig.
y 93 y sigtes., etc.. etc.

patri...
nente, ...
las *O*...
cho e...
Conse...
tas qu...
carg...
Ló...
gía d...
Toric...
dos c...
D. *Fr*...
mano, ...
geniero...
Mor...
16). De...
fué nom...
Durante...
amante el...
de Bogotá *Po*...
ha inmortali...

ubo, por tanto, lucha de
ngrientos odios y crue-
ile una especie de tor-
utismo, una contienda
ancias.

), pecaron en general
camino de la indepen-
on el curso de la re-

D. Juan Martí-
nez de Rozas.

(1) Vse. *Restr*...
...ín. Vol. III, pág.
... *Hist.* de las...

...artínez de Rozas.

...e *D. Ambro-*
...ión (1786-88)
... había naci-
... en la Uni-

... á XXVII, pág.
...rdo O'Higgins
...n. Vol. I, pág.
...VIII (Santiago,

Argentino de
Martín. Vol.
...a era capital,
...einato del

CUESTIONARIO

1. – ¿Qué tendencias caracterizan la revolución de Nueva Granada?
2. – ¿Qué importancia tuvieron en este Virreynato las luchas civiles?
3. – ¿Qué influencia tuvieron los caracteres fisiográficos del Virreynato en su revolución?
4. – ¿Quién acaudilló el levantamiento de Quito del año 1809?
5. – ¿Quién presidió la Junta Gubernativa formada por los revolucionarios?
6. – ¿Cómo sofocaron los realistas este levantamiento?
7. – ¿Cómo quedó instalada la Junta Revolucionaria de Bogotá?
8. – ¿Qué carácter tuvo esta Junta?
9. – ¿Qué modificaciones revolucionarias introdujeron en su constitución los caudillos del pueblo?
10. – ¿Cómo se creó el Estado de Cundinamarca?
11. – ¿Cómo consolidó la independencia de Cundinamarca D. Antonio Nariño?
12. – ¿Quién subyugó definitivamente la segunda revolución de Quito?
13. – ¿Qué brillante triunfo obtuvo Simón Bolívar en Nueva Granada sobre los realistas?

14. – ¿Qué misión encargó el Presidente Torres, *al caudillo Venezolano?*

15. – ¿Cómo terminó su desastrosa campaña contra Cartagena?

16. – ¿Dónde fué destinada primeramente la expedición del General Morillo?

17. – ¿Cómo subyugó Venezuela?

18. – ¿A quién nombró Capitán General?

19. – ¿Cómo sitió á Cartagena?

20. – ¿Cómo defendieron esta plaza los patriotas?

21. – ¿Cuánto duró este memorable sitio y cómo terminó?

22. – ¿Qué resultados tuvo la caída de Cartagena?

23. – ¿Qué tribunales estableció Morillo *en Santa Fé de Bogotá?*

24. – ¿Qué patriotas distinguidos fueron fusilados?

25. – ¿Quién fué nombrado Virrey de Nueva Granada?

REFERENCIAS

Véanse las del Capítulo II, Título II, y las del Capitulo IV, Título IV.

CAPÍTULO IV

LA REVOLUCIÓN CHILENA (1809-1815)

Notas características.

1.—El pacífico y aristocrático *Reino de Chile* era esencialmente agrícola. El antiguo sistema de repartimientos, modificado por la costumbre, habia dado origen á una especie de organización feudal en la que los *grandes propietarios* tenían sobre *sus inquilinos* decisivo poder é influencia.

Como la gran mayoria del *bajo pueblo* Chileno vivía en servidumbre de las *clases adineradas,* la revolución para triunfar necesitó tan sólo conquistar el apoyo de los *aristócratas criollos* que, amantes de su patria y convencidos del desprecio con que era mirada por los monarcas Españoles, acogieron con entusiasmo las

Fig. 477.—Refugio en la Cordillera de Los Andes.

nuevas teorías sociales y políticas que algunos espíritus superiores supieron inculcarles.

El *pueblo* Chileno aceptó indiferente la revolución, y tomó escasísima parte en su desarrollo. No hubo, por tanto, lucha de clases ni de razas. No hubo tampoco sangrientos odios y crueles venganzas. Fué la revolución de Chile una especie de torneo heróico entre la libertad y el absolutismo, una contienda entre patricios, una lucha de preponderancias.

Los próceres Chilenos del año 1810, pecaron en general de indecisos para tomar francamente el camino de la independencia. Sus disensiones civiles detuvieron el curso de la revolución y produjeron fatalmente su vencimiento y su catástrofe (1).

D. Juan Martínez de Rozas.

2. – Al morir repentinamente (Febrero 11 de 1808) el Gobernador de Chile *Muñoz Guzmán*, recayó el mando en el anciano Brigadier' Español *Don Francisco Antonio García Carrasco*. Novicio en asuntos administrativos, trajo como secretario particular al letrado criollo *D. Juan Martínez de Rozas*, hombre de no común ilustración, de ideas progresistas y muy versado en

Fig. 478.— El Dr. Martínez de Rozas.

materias de gobierno por haber sido asesor de *D. Ambrosio O'Higgins*, en la Intendencia de la Concepción (1786-88) y en el Virreinato del Perú (1796-1800). *Rozas* había nacido (1759) en Mendoza (2) y después de adquirir en la Uni-

(1) Vse. *Barros Arana:* Hist. Gen. de Chile. Vol. VII. Cap. XXIV á XXVII, pág. 311 y sig. *Vicuña Mackenna:* El ostracismo del General D. Bernardo O'Higgins (Valparaíso, 1860), pág. 85 y sig. Comp. *Mitre:* Hist. de San Martín. Vol. I. pág. 295 y sig. *D. Amunategui Solar:* La Sociedad Chilena del Siglo XVIII (Santiago, 1901), pág. 18 y sig., etc., etc.

(2) Propiamente hablando, no puede decirse que el *Dr. Rozas* era Argentino de naturaleza, como afirman algunos Historiadores (Vse. *Mitre:* Hist. San Martín. Vol. I, pag. 305, etc.), puesto que las Provincias de Cuyo, de que Mendoza era capital, pertenecieron á la "*Capitanía General de Chile*", hasta la creación del Virreinato del Río de la Plata (3 de Agosto 1776).

versidad de Córdoba su primera educación, cursó leyes en la de Santiago (San Felipe). Empapado en las nuevas doctrinas que sintetizó más tarde con su célebre *Catecismo Político Cristiano* (1), fué el inmediato inspirador del *partido patriótico*, y el alma de la primera revolución Chilena (*"La Patria Vieja"*).

El Presidente *García Carrasco*, no tardó en indisponerse con los aristócratas criollos *(Larrain,* etc.), y con el *Cabildo* de Santiago.

Rozas se retiró de su intimidad y regresó á la Concepción. Desde allí animó con sus activas propagandas la organización del *partido patriótico*, que á fines del año 1810, miraba ya

Fig. 479. —Puente antiguo sobre el río Mapocho.

frente al *partido Español,* encabezado por *García Carrasco* y sostenido por el alto clero y por la *Audiencia.*

Creyendo *García Carrasco* aniquilar de un golpe la oposición criolla, apresó (25 de Mayo 1810) á los eminentes patricios *D. Juan Antonio Ovalle, D. Bernardo Vera* y *D. José Antonio Rojas,* remitiéndolos bajo custodia á Valparaiso.

Llegaron en tanto á Santiago (Junio 1810) las noticias de la gloriosa revolución Argentina. *Carrasco,* atemorizado decidió extremar sus rigores, y dió orden reservada para enviar á Lima á los prisioneros.

La orden del Gobernador, cayó en Santiago como una bomba. El *Cabildo* se reunió en sesión extraordinaria, que por

(1) La edición que he podido ver de este célebre folleto de *Rozas* es la de *Godoy* (Espíritu de la Prensa Chilena. Vol. I. Santiago, 1847).

la afluencia de los patriotas se convirtió en *"Cabildo Abierto"*, y envió al Presidente *Carrasco* un delegado *(Argomedo)*, que le obligó en nombre de la Asamblea á revocar la orden de embarque de los caudillos patriotas.

La exaltación de los cabildantes subió de punto al saber que los presos navegaban ya con rumbo al Perú. El tumulto popular fué creciendo y los próceres criollos comenzaron á tratar de la deposición del Presidente y la formación de una *Junta de Gobierno* semejante á la de Buenos Aires. (Véase capítulo V).

La Audiencia, sabedora de estos manejos, creyó prudente resolver la cuestión de una manera pacífica, y al efecto, se acercó á *Carrasco*, pidiéndole que renunciara el mando de la Colonia. No tuvo más remedio que acceder á las instancias de los Oidores.

Fig. 480.— El Conde de la Conquista.

Se convocó sin pérdida de tiempo una reunión de los jefes militares y altos empleados de Santiago, que aceptaron la renuncia de *Carrasco*, y nombraron en su lugar (16 Julio de 1810) al anciano *Conde de la Conquista, D. Mateo de Toro Zambrano* (1).

(1) *Barros Arana:* Hist. Gen. Chile. Vol. VIII. Cap. I á IV, pág. 7 y sig. y sus notas y referencias. *Fray Melchor Martínez:* Mem. Hist. sobre la Rev. de Chile (Ed. Valparaiso, 1848), pág. 12 y sig. *Claudio Gay:* Hist. Física y Política de Chile (París, 1844-54). Vol. V, pág. 48 y sig. *José Luis Amunategui:* Crónica del 1810 (Santiago, 1876). Vol. I pág. 169 y sig. *M. A. Tocornal:* Memoria sobre el primer Gobierno Nacional (en el Vol. I, de la Colección de Memorias presentadas á la Universidad de Chile. Santiago, 1847), pág. 169 y sig. *Vicuña Mackenna:* Ostracismo de O'Higgins, pág. 121 y sig. *Mitre:* Hist de San Martin. Vol. I, pág. 300 y sig. *Torrente:* op. cit. Vol. I, pág. 95 y sig. *L. Galdames:* Estudio Hist. Chile. Vol. II. pág. 3 y sig., etc. Comp. Doc. *Archivo Indias* extractados en *Torres Lanzas:* op. cit. Vol. I y II (Vse. Indice. Vol. VI, pág. 9 y sig.).

3. — Tenía el nuevo *Presidente* 86 años de edad, y era ageno á los asuntos políticos. Pensaban, sin embargo, los Oidores, que por ser Chileno de nacimiento, su elevación dejaría satisfechos á sus compatriotas, y podrían en tanto los jefes del partido Español, influir en su ánimo debilitado y dirijir en su nombre los negocios públicos.

Hubo un momento en que los patriotas parecían derrotados.

Fig. 481.—Portada de la Epoca Colonial. Santiago de Chile.

El Presidente, juró acatamiento á la autoridad del *Consejo de Regencia* de Cádiz (18 de Agosto 1810) y publicó en Santiago su proclama á los Americanos.

Los patriotas no se dejaron seducir por las promesas de la *Regencia*, sobre todo al ver que nombraba para el Gobierno de Chile á *Don Francisco Javier de Elio*, que se había distinguido en el de Montevideo (Véase Cap. V) por su atrabiliario absolutismo. Deseosos los patriotas de evitar su venida á Chile, activaron sus propagandas orales y escritas, agitaron por todas partes la opinión criolla y determinaron, por fin, al Presidente á convocar una reunión para decidir los medios de asegurar la tranquilidad pública.

Asistieron á tal reunión los vecinos más caracterizados de Santiago, y sin largos debates ni vacilaciones, y previa renuncia del *Conde de la Conquista* del mando supremo, se instaló una *Junta de Gobierno* en nombre de *Fernando VII* (18 de Septiembre 1810) de la que el mismo *Conde de la Conquista* fué nombrado Presidente; *D. José Antonio Martínez Aldunate*, Obispo electo de Santiago, Vicepresidente; el doctor *Juan Martínez de Rozas* y otros Vocales, y el entusiasta *Argumedo y Don Ricardo Marín*, Secretarios. La autoridad del nuevo Gobierno de Santiago fué reconocida en todas las provincias Chilenas.

La *Junta Gubernativa* pudo sin dificultades abrir una era de regeneración. Fundó escuelas y colegios, creó nuevos cuerpos de ejército, engrosó los que ya existían, y decretó la apertura de los puertos de Coquimbo, Valparaíso y Talcahuano, al comercio de todas las naciones.

Fig. 482.—Congreso Nacional Chileno y estatua de D. Andrés Bello.

Recibió también solemnemente al letrado Argentino *D. Antonio Alvarez y Jonte* (1), enviado por la *Junta de Buenos Aires* (Acuerdo del 18 de Septiembre), para estrechar las relaciones de ambos gobiernos y auxiliarse mutuamente para resistir al Virrey del Perú, *D. Fernando de Abascal.*

Martínez de Rozas era el alma de todas estas medidas. El *Conde de la Conquista* falleció el 26 de Febrero de 1811 y el Obispo *Aldunate*, por sus achaques, vivía retirado del Gobierno. El radicalismo de *Rozas* y sus partidarios, fué acentuándose

(1) Sobre la actuación de *Alvarez Jonte* y los antecedentes, etc., de la alianza Chileno-Argentina, Vse. *Mitre:* Hist. San Martín. I, pág. 318 y sig. y Comp. *Barros Arana:* Hist. Gen. Vol. VIII, pág. 249 y sig., etc.

en la *Junta* y fuera de ella. Se multiplicaron los escritos francamente separatistas, de los cuales fué el más notable y sensacional la *"proclama de Quirino Lemachez"*, cuyo autor, *D. Camilo Enríquez*, fraile de la Buena Muerte, llegó á ser uno de los propagandistas más activos y populares de la independencia Chilena (1).

Los realistas trataron en vano de oponerse á estos avances. El 1.º de Abril estalló en Santiago un motín militar, apoyado por los miembros de la Audiencia y acaudillado por el Teniente coronel Español *D. Tomás de Figueroa* (2). Fué sofocado enérgicamente por los patriotas, y su jefe fué sometido á juicio por orden de *Rozas*, y ejecutado sin perder momento en la cárcel pública (2 de Abril 1811). Comprobó también *Rozas* la complicidad de la *Audiencia*, y la disolvió, proscribiendo á sus miembros (3).

---

(1) Nacido en Valdivia (1769). Por pobreza más bien que por vocación profesó en el Convento de la Buena Muerte, de Lima. Fué procesado por la Inquisición por sus ideas avanzadas. Pasó á otro Convento de su Orden en Quito, en cuyo levantamiento (1809) tomó parte. Pasó luego á Puiza, y de allí á Santiago (Diciembre, 1810). Su célebre proclama, en la que abogó francamente por la Independencia, fué publicada en la *"Gaceta de B. Aires."* y en otros periódicos Americanos. Inspirada en las doctrinas del *"Contrato Social."*, de *Rousseau*, fué expresión explícita y resuelta de los revolucionarios de la América Española. Puede leerse íntegra en los documentos de la Mem Ilistórica del *P. Martínez*: op. cit., pág. 314 y sig. Sobre la personalidad de *Fray Camilo Enríquez*, y su influencia en la Rev. Chilena, Vse. *Barros Arana*: Hist. General. Vol. VIII, pág. 283 y sig., etc.

(2) Sobre los antecedentes y azarosa vida del Teniente Coronel Realista *Figueroa*, su proceso y su muerte, Vse. en especial la preciosa monografía de *Vicuña Mackenna*. El Coronel D. Tomás Figueroa (Santiago, 1885), pág. 5 y sig. y comp. *J. A. Pérez:* Apuntes biográficos sobre el Coronel Figueroa (Chillan, 1861), pág. 15 y sig. *Barros Arana:* Hist. General. Vol. VIII. Cap. VII, pág. 287 y sus notas y Vol. VII. Cap. XVII, pág. 66, nota 19, etc. Sobre los manejos, etc., de la Audiencia en contra de la *Junta*, que disculpan el terrorismo de *Rozas* y justifican la disolución del referido Tribunal, arrojan clara luz los Documentos extractados por *Torres Lanzas* (Archivo de Indias) Nos. 2513, 2518-20, 2526, 2529-30, 2534, etc. op. cit. Vol. II, pág. 344 y sig., etc.

(3) Vse. *Barros Arana:* Hist. Gen. Vol. VIII, pág. 167 á 333 y sus notas. *Fray José Javier Guzmán:* El Chileno instruido en la Historia... de su país (Ed. Santiago, 1834-35). Vol. I, pág. 154 y sig. *Tocornal:* op. cit., pág. 185 y sig. *Fray Melchor Martínez:* op. cit., pág. 48 y sig. *Amunategui:* Crónica de 1810. Vol. I, pág. 342 y sig. *Mitre:* Hist. de San Martín: Vol. I, pág. 319 y sig. y sus notas. *Gervinus:* op. cit. Vol. VI, pág. 198 y sig., etc.

4. — La *Junta* había decretado la convocatoria de un *Congre- so General*, al que debían concurrir todos los diputados de las provincias, elegidos por los sufragios de los hombres más honorables de cada distrito á juicio de sus Cabildos. Las elecciones en las provincias se hicieron sin obstáculos. Detenidas las de la capital por el motín de *Figueroa*, los diputados provinciales electos, partidarios de *Martínez de Rozas*, siguiendo el ejemplo de los del Río de la Plata, fueron incorporados á la *Junta* (1).

El G o b i e r n o, para aniquilar el predominio d e l caudillo Mendocino, apresuró las elecciones e n la capital, obteniendo, no obstante, la poderosa oposición de la familia de los *Larrain* (*"la de los ocho-*

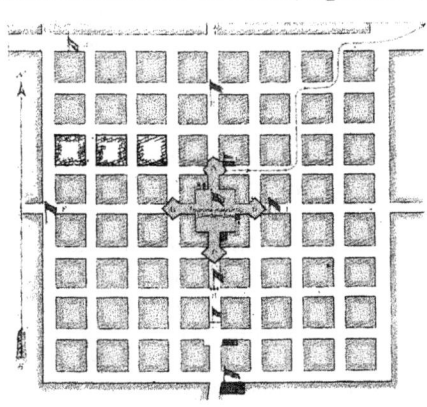

Fig. 483.—Plano del sitio de Rancagua.

cientos"), doce diputados adictos á su política, en vez de seis, como se había convenido. (Mayo 6, 1811.) Entraron también á formar parte de la *Junta*, y constituyeron su mayoría.

Este nuevo poder supremo (*"Directorio Ejecutivo"*), duró hasta la apertura solemne del primer *Congreso* (4 de Julio de 1811), en quien delegó su autoridad.

El funcionamiento de este *Congreso Nacional* fué bastante agitado. Tenían representación en él todos los intereses y aspiraciones de la sociedad Chilena, excepto los del bajo pueblo, *ajeno*, como ya dijimos, *á estos trascendentales cambios.*

(1) Vse. *Fr. M. Martínez*: op. cit., pág. 99, en la que dice textualmente invocando "el ejemplo de la Junta Argentina, que en todo debía servirles de modelo". Respecto al precedente Argentino, Vse. las autoridades del capítulo siguiente.

Tres *partidos políticos* antagónicos se señalaron desde el primer momento en la Asamblea. El de los *moderados ó conservadores*, que eran mayoría, hombres de ideas tranquilas, aferrados al *pasado histórico*, y opuestos á toda reforma brusca de las instituciones y á la ruptura definitiva con la Metrópoli.

Este *partido patriota*, compuesto por los grandes propietarios criollos, tenía por jefes visibles á los influyentes patricios *D. Juan Antonio Ovalle* y *D. José Miguel Infante*. Engrosaban por utilitarismo las huestes moderadas, los diputados del bando *reaccionario ó realista* (dos ó tres) que sólo aspiraban á restablecer íntegramente el régimen caído y á esperar los mandatos de la Metrópoli.

Frente á estos dos partidos dominantes en el Congreso, estaba la fracción de los *radicales ó exaltados*, verdaderos revolucionarios que encarnaban los ideales Jacobinos, el espíritu de las logias de *Miranda*, y querían para su patria la independencia y la república. Luchaban con denuedo en las poco numerosas filas (13 diputados) de este partido el sabio economista *D. Manuel Salas*, brillante campeón de la libertad del comercio (1), *D. Juan Martínez de Rozas*, y el gallardo caudillo *D. Bernardo O'Higgins*, más tarde Brigadier de los ejércitos Chilenos (2).

(1) Vse. *Mitre:* Hist. de Belgrano. Vol. I, pág. 99 y sig. *Barros Arana*: Hist. General. Vol. VII, pág. 210 y sig., 361 y sig., etc. *Miguel Luis Amunategui*: Don Manuel Salas (Ed. Santiago, 1895). Vol. III, pág. 26 y sig. y *mis Capítulos* I y VI. Tít. 1. Epoca III y Epoca IV. Tít. II. Cap. II, etc.

(2) *Don Bernardo O'Higgins* había nacido en Chillan (20 Agosto 1778). Era hijo natural de *D. Ambrosio de O'Higgins*. Hizo sus estudios en Lima, y pasó á Inglaterra para continuarlos (1796) cuando su padre fué promovido al Virreinato del Perú. Teniendo sólo una mísera pensión, que mermaban sus apoderados, pasó grandes penalidades. En 1798, fué presentado en Londres á *Miranda* y juró en su logia defender la libertad Americana. A fines de 1799, en vista de su precaria situación, pasó á Cádiz, frecuentó la logia «*Laútaro*», se embarcó, por fin (Abril, 1800), para B. Aires en un buque que fué capturado por los Ingleses y hubo de regresar á Gibraltar en estado lastimoso, agravado por la resolución de su progenitor el Virrey *O'Higgins* que abandonó monetariamente á su hijo *D. Bernardo*, acaso por haber sabido sus relaciones con *Miranda*, etc. Después de inenarrables contrariedades, logró el joven caudillo regresar á Chile (1801) donde su padre, ya fallecido, le había legado extensa hacienda. *D. Bernardo O'Higgins*, fiel á sus juramentos, se convirtió en activo propagandista de las ideas revolucionarias en las provincias del Sur. Frecuentó la amis-

Los diputados *radicales* apenas alcanzaron á mantenerse un mes en sus puestos. Desalentados por la resistencia pasiva de los *moderados* y por la oposición de los *reaccionarios*, se retiraron del *Congreso*, protestando de antemano de cuanto en él se acordase.

La mayoría hizo caso omiso de tal protesta y creó una nueva *Junta* de tres miembros *(Encalada, Aldunate y Benavente)*, que asumió el *Poder Ejecutivo* del país (10 de Agosto 1811) (1).

5.—No duraron mucho ni la tal *Junta Ejecutiva* ni el *Congreso*. Apenas se habían ocupado de nombrar para los empleos vacantes á sus parciales y de recibir al nuevo enviado argentino *D. Bernardo Vera*, estalló en Santiago un motín militar que echó por tierra su preponderancia (4 Septiembre 1811).

Lo acaudillaba el audaz, ambicioso y desaviado patriota chileno *José Miguel Carrera*, recién llegado de España con grandes prestigios militares y con los galones de Sargento de Caballería, conquistados en las luchas contra el invasor Na-

José Miguel Carrera.

Fig. 484.—El Salto del Soldado.

tad de *Rozas*, y llegó á adquirir por su talento y sus brillantes dotes un gran prestigio, á ejercer trascendental influencia en la revolución que se iniciaba y á convertirse más tarde en el más atractivo y brillante de sus héroes. Vse. *Vicuña Mackenna*: Vida del Capitán General *D. Bernardo O'Higinss* (Santiago, 1882), pág. 14 y sig. y sus notas, etc.

(1) *Sesiones de los Cuerpos Legislativos* de la Repca. de Chile (Santiago, 1887). Vol. I (Congreso, 1811), pág. 21 y sig. *Lastarría*: Bosquejo Hist. de la Constitución del Gobierno de Chile (Valparaíso, 1856), pág. 16 y sig. *Fr. M. Martínez*: op. cit., pág. 99 y sig. *Barros Arana*: Hist. General. Vol. VIII, pág. 333 y sig. y sus notas, en especial nota 32, pág. 365, etc. Comp. *Mitre*: Hist. de San Martin. Vol. I, pág. 329 y sig. y sus notas. *Gervinus*: op. cit. Vol. VI, pág. 208 y sig., etc.

Tres *partido* *políticos* antag
primer momen en la Asamblea
servadores, que an mayoría, hoi
rrados al *pasad histórico*, y opue:
las instituciones á la ruptura det

Este *partido* triota, compuesto
rios criollos, te por jefes visibles
D. Juan Anton Ovalle y *D. José* A
por utilitarism as huestes moderad
do *reaccionari ó reulista* (dos ó ti
restablecer ínte amente el régimen c:
datos de la Me poli.

Frente á esto os partidos dominan
taba la fracción e los *radicales ó exalta*
lucionarios qu encarnaban los ideales
de las logias de *Miranda*, y querían par:
dencia y la rep lica. Luchaban con den
merosas filas (1 diputad os) de este parti
ta *D. Manuel S as*, brillante campeón d
mercio (1), *D. an Martínez de Rozas*, y
D. Bernardo C *Higgins*, más tarde Brigad
Chilenos (2).

----

(1) Vse. *Mitre:* H. de Belgrano. Vol. I, pág. 99 y s
General. Vol. VII, g. 210 y sig., 361 y sig., etc. *Migue*
Manuel Salas (Ed. S iago, 1895). Vol. III, pág. 26 y sig. y
Tít. 1. Epoca III y oca IV. Tít. II. Cap. II. etc.

(2) *Don Bernard O'Higgins* había nacido en Chillan (20 .
natural de *D. Ambr o de O'Higgins*. Hizo sus **estudios e** L
rra para continuarlo 1796) cuando su padre fué **promo**
Teniendo sólo una era pensión, que mermaban s
nalidades. En 1798, é presentado en **Londres á**
der la libertad Ame na. A fines de 17
Cádiz, frecuentó la h ia *«Laútaro*
en un buque que fu apturado
estado lastimoso, ag vado
que abandonó mone
laciones con *Miran*
caudillo regresar á
hacienda. *D. R.*
pagandista

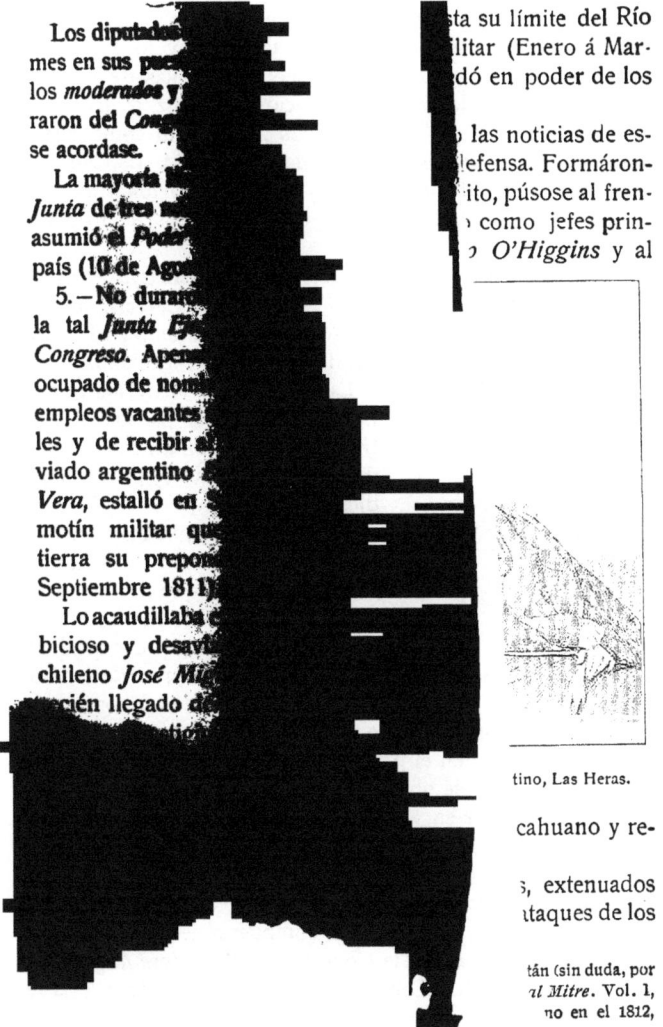

Los diputad... mes en sus p... los *moderados y* ... raron del *Con*... se acordase.

La mayoría ... *Junta* de tres ... asumió el *Poder* ... país (1.. de Ago...

5. — No dura... la tal *Junta E*... *Congreso*. Ape... ocupado de no... empleos vacantes ... les y de recibir ... viado argentino ... *Vera*, estalló en ... motín militar qu... tierra su prepon... Septiembre 1811)

Lo acaudillaba ... bicioso y desav... chileno *José M*... ...ción llegado d...

...ta su límite del Río ...ilitar (Enero á Mar- ...dó en poder de los

... las noticias de es- ...lefensa. Formáron- ...ito, púsose al fren- ... como jefes prin- ... O'Higgins y al

...tino, Las Heras.

...cahuano y re-

..., extenuados ...taques de los

...tán (sin duda, por ...*al Mitre*. Vol. 1, ...no en el 1812,

poleónico. Nacido en Santiado de Chile (16 de Octubre 1876), de aristocrática y acaudalada familia, fué muy joven á España para dedicarse al comercio, peleó en las filas de los ejércitos patrióticos de Galicia, conoció en Cádiz á los próceres Argentinos *San Martín* y *Alvear*, y se afilió como ellos á las logias Americanas de *Miranda* (Vse. Tit. II, Cap. II). Tenía dos hermanos *(Juan José* y *Luis)*, revolucionarios como él, y oficiales influyentes (1811) en los cuerpos de tropas de Santiago.

Por sus condiciones de carácter se asemejaba *José Miguel Carrera* al libertador *Bolívar* (Vse. Cap. I). Carecía, sin embargo, de la genial amplitud de miras del caudillo Venezolano.

Las ideas políticas de los hermanos *Carreras* y sus partidarios eran francamente Jacobinas, con acentuado matiz regionalista y proyecciones dictatoriales.

El motín de Septiembre dió por resultado la creación de un nuevo *gobierno radical,* que llevó adelante el programa revolucionario, iniciando transcendentales reformas. Se inmortalizó este gobierno declarando libres á los hijos de esclavos que nacieran en territorio Chileno, y á los extranjeros de tal condición que llevaran en el país seis meses de residencia.

Fig. 485. – José Miguel Carrera.

Como no hubiese obtenido *José Miguel Carrera* el puesto que creia merecer en el nuevo gobierno, provocó un nuevo motín militar que, como el anterior, triunfó sin resistencia (15 de Noviembre). *D. Juan José Carrera*, jefe ostensible de este segundo *pronunciamiento*, convocó un Cabildo abierto que nombró otra *Junta de Gobierno* compuesta de tres miembros: *Martínez de Rozas* por la Concepción (Sur), *José Miguel Carrera* por Santiago (Centro) y *D. Gaspar Marín* por la recién creada provincia de Coquimbo (Norte). Por ausencia de

Martínez de Rozas, ocupó su lugar en la *Junta* D. *Bernardo O'Higgins.*

Poco tardaron *O'Higgins* y *Marín* en renunciar sus cargos, obligados por la actitud de *Carrera*. Provocó éste una tercera asonada militar, tachó de ilegal y funesto el sistema parlamentario, disolvió violentamente el Congreso (Diciembre 2) y asumió como *Dictador* el gobierno del país.

Esta dictadura de *Carrera* fué resistida por la *Junta Provincial* de la Concepción que *Rozas* había creado. *Carrera* se dispuso á atacar á los disidentes. Conferenciaron ambos caudillos á orillas del Maule y se evitó la efusión de sangre; pero desprestigiado *Rozas* ante sus comprovincianos mismos, y sin recursos para pagar al ejército, sus oficiales se sometieron á *Carrera*, apresaron á *Martínez de Rozas*, y le condujeron á Santiago á disposición del *Dictador.*

Fig. 486.—El Dr. Camilo Henriquez.

Carrera le desterró á Mendoza, donde agobiado por su desdicha y por las penalidades del viaje, falleció á los pocos meses (Marzo 3 de 1813) el ilustre iniciador y caudillo de la emancipación nacional (1).

(1) *Barros Arana*: Hist. Gen. Vol. VIII, pág. 381 á 614 y sus notas (Datos biográficos de *Carrera*, pág. 383 y sig.). *Vicuña Mackenna*: Hist. Gen. Repca. Chile, etc· (Santiago, 1866). Introd., pág. 22 y sig. Vol. I, pág. 314 y sig. (según Diario Militar *Jose Miguel Carrera*: Ms. hecho en B. Aires. Septiembre, 1815, etc.). *Id*.: Ostracismo de los Carreras (Santiago, 1857), pág. 29 y sig. *Id*.: Vida de D. Bernardo O'Higgins. Vol. I, pag. 133, 186, etc. *Fray M. Martínez*: op. cit., pág. 112 y sig. *Gay*: Hist. Física y Política, etc. Vol. V, pág. 212 y sig. *Amunategui*: Comp. Hist. de Chile (6.ª Ed. Valparaíso, 1867), pag. 101 y sig. *Galdames*: op. cit. Vol. II, pág. 62 y sig., etc. Comp. *Mitre*: Hist. General San Martín. Vol. I, pag. 349 y sig. y sus notas. *Gervinus*: op. cit. Vol. VI, pág. 214 y sig., etc. Sobre la borrascosa actuación de los hermanos *Carreras* en la República Argentina (1815-1820), sus campañas y fusilamiento, Vse. *Vicuña Mackenna*: Ostracismo, etc., pag. 211 y sig. y comp. *Mitre*: Hist. Belgrano. Vol. III, pag 252 y sig., etc.

6.—Mientras se solucionaban estas disensiones políticas entre los revolucionarios Chilenos, el Virrey *Abascal*, acechaba el momento oportuno para aniquilarlos.

Abascal era en esta época (1813) un anciano septuagenario que unía la prudencia á la firmeza, y no sólo había mantenido en quietud su Virreinato en medio de las generales conmociones Americanas, sino que lo había convertido en centro ofensivo de la reacción realista, acudiendo á sofocar los levantamientos revolucionarios en los lugares en que fueron apareciendo (Vse. Cap. III y V). Para reconquistar el perdido Reino de Chile, envió á Chiloe y Valdivia, que se habian conservado fieles á la causa realista, al bravo Brigadier *Don Antonio Pareja*, que recibió por único auxilio cinco pequeñas embarcaciones, cincuenta soldados, algunos oficiales y 50.000 pesos fuertes.

Fig. 497.— El General D. Bernardo O'Higgins.

Con estos exíguos recursos, y al mismo tiempo que el ejército del Alto Perú avanzaba hacia las Provincias Argentinas (Vse. Cap. V), desembarcó *Pareja* en el puerto de San Carlos de Ancud (18 Enero 1813), reunió alli un pequeño ejército que reforzó en Valdivia (2.000 hombres), se apoderó del puerto de Talcahuano, donde se trasladó por mar, avanzó sin perder momento hasta la Concepción, que capituló bajo ciertas condiciones y sojuzgó los principales pueblos de esta provincia, hasta su límite del Río Maule. Después de este rápido paseo militar (Enero á Marzo 1813) la mitad meridional de Chile quedó en poder de los realistas.

A principios de Abril llegaron á Santiago las noticias de estos sucesos y la revolución se aprestó á la defensa. Formáronse apresuradamente nuevos cuerpos de ejército, púsose al frente de ellos D. *José Miguel Carrera,* llevando como jefes principales á sus dos hermanos, á D. *Bernardo O'Higgins* y al Ingeniero *Don Juan Mackenna,* avanzaron hasta el Maule y se dispusieron á defender la patria.

Los primeros encuentros con las tropas de *Pareja* tuvieron lugar en *Yerbas Buenas* y en *San Carlos.* En este último fué dispersado el ejército patriota, que se retiró en desorden á la villa. *Pareja,* gravemente enfermo, repasó el Ñuble y se retiró á *Chillan* para rehacerse (Mayo, 1813). *Carrera,* por su parte, reconquistó sin mayores obstáculos á Concepción y á Talcahuano y regresó á Chillan para sitiarlo (1).

Fig. 488 —El General Argentino, Las Heras.

El sitio fué un absoluto fracaso. Los patriotas, extenuados por el frío, las lluvias, el hambre y los continuos ataques de los

---

(1) Las fechas de los combates de Yerbas Buenas y San Carlos, están (sin duda, por error de imprenta) equivocadas en la Hist. de San Martín del *General Mitre.* Vol. 1, pág. 372 y 374. Estos combates tuvieron lugar en el año 1813, y no en el 1812, como se escribe en el mencionado libro.

realistas que mandaba por fallecimiento de *Pareja* el bravo Coronel *D. Francisco Sánchez,* tuvieron que retirarse vencidos y maltrechos hacia las alturas de Callanco (Agosto, 1813).

Los realistas celebraron ruidosamente su triunfo. Los Jefes Chilenos procuraron reanimar el decaído espíritu de sus tropas, y con intención de renovar el ataque á Chillan se concentraron junto al río Itata. En un vado de dicho río *("El Roble")* sorprendió un destacamento Español el campamento Chileno. La confusión que se produjo en el momento de este ataque fué indescriptible, pero la intrepidez heroica de *O'Higgins* detuvo en su dispersión á los reclutas Chilenos, que terminaron por rechazar á los realistas (Octubre, 1813).

La guerra iba haciéndose cruel por ambas partes y muchos ansiaban una paz honrosa. La *Junta,* que en esta emergencia gobernaba en Santiago, haciéndose intérprete de tales ideas pacíficas, se dirigió á Talca con el doble objeto de negociar un arreglo con el jefe Español de Chillan y quitar el mando á *Carrera* y á sus hermanos, á cuya impericia militar y desatentada conducta se atribuyeron los desastres del ejército.

El tratado de Lircay.

7.—La *Junta* depuso del mando de las tropas á los *Carrera* y nombró General en jefe á *D. Bernardo O'Higgins*. No tuvo, en cambio, éxito en sus tentativas de arreglo con los realistas por haber llegado á Chillan con tropas de refresco el Brigadier *Don Gabino Ganza. José Miguel Carrera* y su hermano *Luis* fueron apresados por los realistas y conducidos á Chillan. Al poco tiempo cayó en poder de *Gainza* la plaza de Talca, que dejaba abierto para el enemigo el camino de Santiago.

Ante tan grave peligro creyóse necesario concentrar la autoridad en una sola persona. La *Junta* dimitió, nombrándose *Director Supremo* á *D. Francisco de la Lastra,* y mientras llegaba á Santiago, al rico Guatemalteco *D. Antonio José de Irizarri,* se apresuró este á despachar una división para reconquistar á Talca, pero fué derrotada por los realistas en *Cancha Rayada* (29 Marzo, 1814).

O'Higgins, en tanto, avanzó desde la Concepción hacia el Norte. *D. Juan Mackenna,* por su parte, con su división y los 300 *"Auxiliares Argentinos"* (1), mandados por el bravo jefe *D. Gregorio de las Heras,* se atrincheró en *El Membrillar,* rechazando allí los encarnizados asaltos de los realistas, que también fueron derrotados en *Quito* por *O'Higgins* (Marzo, 1814).

Fig. 4S9.—Estatua del General O'Higgins.

Gainza marchó hacia el Norte con su ejército. *O'Higgins, Mackenna* y *Las Heras* le siguieron para defender á Santiago, comprendiendo que la capital sería del primero que pasara el Río Maule.

Continuaron los beligerantes su *marcha paralela.* Los patriotas lograron vadear el río casi al mismo tiempo que *Gainza,* se fortificaron en Quechereguas y rechazaron gloriosamente los furiosos ataques de los enemigos, que se vieron forzados á replegarse á Talca. La ciudad de Santiago estaba salvada,

---

(1) Esta columna, reclutada en Córdoba y Mendoza, fué enviada por el *Gobierno Argentino* para corresponder al generoso auxilio de Chile (1811) de una columna de igual fuerza. Se distinguieron estos bravos Argentinos y su jefe inmediato *D. Gregorio de las Heras* en toda la campaña dirig da por *O'Higgins* y *Mackenna* contra los realistas, y en especial en *Cucha-Cucha* (Febrero, 23-1814) donde con memorable valor, *Las Heras* y 100 de sus soldados, protegieron la retirada de *Mackenna* y sus fusileros y dragones atacados reciamente por fuerzas superiores realistas. El *Gobierno Argentino,* en premio de esta señalada acción, decretó un *escudo de honor* que llevaba en el centro la siguiente inscripción: *«La Patria á los valerosos de Cucha-Cucha Auxiliares en Chile».* Vse. *Mitre:* Hist. de San Martín. Vol. I, pág. 383 y sig. y sus notas y referencias, etc.

pero la de la Concepción cayó en poder de los realistas (Abril, 1814).

En estas circunstancias, llegó un navío Inglés, mandado por el *Comodoro Hilyar,* que había ofrecido sus buenos oficios al Virrey del Perú para negociar un arreglo entre los beligerantes, y no sin trabajosas discusiones, se firmó á orillas del *Lircay* (Mayo, 1814) el *Tratado* de este nombre, por el que se estipuló que Chile reconocería la soberanía del rey de España, que enviaría diputados á la metrópoli y que el ejército realista evacuaría el país en el término de un mes y en unas cuantas horas la plaza de Talca.

O'Higgins y Carrera. 8. – *Gainza* entregó á Talca y se retiró á Chillan sin pensar en evacuar el territorio Chileno. El *Director Lastra,* por el contrario, mandó sustituir la *bandera nacional* creada por *Carrera* con la Española y suspendió las hostilidades.

El pacto de *Lircay* no pasó de ser una tregua. Los patriotas más ardorosos manifestaron su descontento, que exteriorizó *D. José Miguel Carrera,* fugado con su hermano *D. Luis* de la prisión de Chillan, sin que *Gainza* se ocupara de perseguirles.

Por un pronunciamiento militar (Julio, 1814) lograron los *Carrera* posesionarse del mando supremo y desterraron á la Argentina á aquellas personas (*Mackenna, Irizarri,* etc.), que se resistían á continuar la guerra á todo trance.

O'Higgins, que estaba con sus tropas en Talca, no reconoció el nuevo Gobierno y marchó sobre Santiago para disolverlo. *Carrera* salió á su encuentro y le derrotó apenas había pasado el Maipo (26 de Agosto de 1814).

Se preparaba *O'Higgins* á renovar la lucha cuando recibió la noticia de que el Virrey *Abascal* había desautorizado el convenio de *Lircay* y enviaba á las órdenes del General *Osorio* nuevos contingentes de tropas. Decidió entonces cambiar de política y propuso á *Carrera* unirse para salvar la patria. *Carrera* conferenció reservadamente con *O'Higgins* en los callejones de la Calera de Tango. No llegaron en tal entrevista á un perfecto acuerdo los dos caudillos, pero la noche del día siguiente (Septiembre 3) *O'Higgins,* con cuatro de sus oficiales ofreció á *Carrera* su sometimiento con la única condición de que se le permitiera formar con sus tropas en la vanguardia del ejército independiente. La reconciliación entre los dos jefes fué cariñosa y entusiasta. El abnegado *O'Higgins* marchó sin perder momento hacia las riberas del Cachapoal y situó su campamento en Rancagua.

9. — *Osorio*, entretanto, avanzaba hacia el Norte con sus 5.000 soldados. El día 1.º de Octubre cayó sobre Rancagua, donde El sitio de Rancagua.

Fig. 490.— El General Mackenna.

O'Higgins, que apenas tenía 1.700 hombres, se preparó á resistir enarbolando en señal de duelo á muerte banderas enlutadas.

Atacado á los cuatro vientos por las tropas realistas, logró *O'Higgins* el primer día de sitio sostener el fuego hasta la caída de la tarde, y contener sus asaltos.

Desde la madrugada del día 2 de Octubre se peleó con terrible encarnizamiento. Los patriotas confiaban ciegamente en el auxilio de la división mandada por los *Carrera*. Llegó, en efecto, á las once de la mañana al mando de *D. Luis*, pero se dispersó casi sin pelear al encontrarse con las primeras partidas enemigas.

Despues de 30 horas de terrible combate, los heróicos defensores de la plaza, hambrientos, sin agua y sin municiones, no hallaban ya forma de continuar peleando. El asedio arreciaba por momentos. Una chispa hizo volar el depósito de pólvora de los patriotas. Protegidos por la confusión y la humareda penetraron los sitiadores por todas partes. *O'Higgins*, dió la orden de montar á caballo, y seguido de 500 hombres se abrió paso desesperadamente entre las apretadas filas de los realistas.

Los vencedores fueron ocupando las calles de Rancagua.

Todavía el teniente *Ovalle* mantuvo izada la bandera nacional hasta que lo postraron á lanzazos, y el capitán *José Ignacio Ibieta* con las piernas rotas, defendió de rodillas la última trinchera muriendo gloriosamente bajo sus escombros.

Los dispersos de *O'Higgins*, lograron emigrar á Mendoza. *Carrera* fué perseguido en su retirada á Santa Rosa, perdió el tesoro de la revolución en *Los Papeles*, y pudo, por fin, auxiliado por tropas Argentinas, trasmontar la Cordillera y despedirse de su patria, á la que no había de volver nunca.

Con la caída de Rancagua, quedó expedito para los realistas el camino de Santiago. Cuatro días despues entró en la capital el jefe victorioso y quedó restablecido el gobierno colonial (6 Octubre 1814).

Así terminó el período histórico que en Chile se llamó «*la patria vieja*» (1810-1814) y consumada la reconquista (1).

_____

(1) Vse. *Benavente*. Mem. Hist. sobre las primeras campañas de la guerra de la Independencia (3.ª Ed. Santiago 1856), pág. 41 y sig. *Fr. M. Martínez*, op. cit. pág. 164 y sig. *Barros Arana*, Hist. Gen. Vol. IX pág. 5 á 622, con sus copiosas notas y referencias (Vse. Bibliografia «*Patria Vieja*» pág. 623 y sig.). *Mitre*. Hist. de San Martin. Vol. I, pág. 370 y sig. y sus notas. *Gay*: Hist. de Chile. Vol V, pág. 421 y sig., etc. *Bañados Espinosa*: La Batalla de Rancagua (Santiago 1884), pág. 24 y sig , etc. Comp. *Torrente*: op. cit. Vol. I, pág. 366 y sig. Vol. II, pág. 33 y sig., etc.

CUESTIONARIO

1. – ¿*Cuáles son las notas características de la Revolución Chilena?*
2. – ¿*Quiénes fueron sus caudillos?*
3. – ¿*Cuál fué la obra del ilustre patricio* Martínez de Rozas?
4. – ¿*Cómo y porqué fué depuesto el* Conde de la Conquista?
5. – ¿*Cómo se instaló el primer* Gobierno Nacional Chileno?
6. – ¿*Qué espíritu predominó en la* Junta Gubernativa?
7. – ¿*Qué importancia tuvo el motín llamado de* Figueroa?
8. – ¿*Cómo se convocó el primer* Congreso Nacional Chileno?
9. – ¿*Cómo se exteriorizó la oposición á* Martínez de Rozas?
10. – ¿*Qué* partidos políticos *lucharon en el primer* Congreso Chileno?
11. – ¿*Quién era* D. José Miguel Carrera *y qué representaba?*
12. – ¿*Qué carácter tuvo el motín militar de* Septiembre del 1811?
13. – ¿*Cómo terminó la brillante actuación política de* Martínez de Rozas?
14. – ¿*A quién envió el Virrey Abascal para sofocar la* Revolución Chilena?

REFERENCIAS

Véanse las relacionadas en el Cap. II del Tít. IV.

CAPÍTULO V

LA REVOLUCIÓN ARGENTINA[1] (1809-1816)

1. El Virrey Liniers.—2. La libertad del Comercio.—3. El 25 de Mayo de 1810 — 4. Campaña del Alto Perú.—5. La expedición al Paraguay.—6. Moreno y Saavedra.—7. La victoria de Tucumán.—8. La Asamblea Constituyente.—9. La rendición de Montevideo.—10. El Directorio.—11. La declaración de la Independencia.

1. – Apenas desembarazado el Río de la Plata de los invasores Ingleses (Vse. Tít. II, Cap. II), se inicia para los habitantes de este país un período de elaboración política y social de que no presenta otro ejemplo la historia de la Independencia de las Colonias Españolas. **El Virrey Liniers.**

Los éxitos de los movimientos revolucionarios de Méjico, Nueva Granada, etc., fueron precarios y sus catástrofes rápidas y dolorosas. El año de 1815, que señala en Europa el retorno agresivo del absolutismo, vió también la triste caída de las revoluciones Sud-Americanas.

Una sola logró sostenerse. Desde que Buenos Aires, en la gloriosa semana de Mayo del año 1810, expulsó á los gobernantes Españoles, no volvió á conocer en su territorio *Virreyes* ni *Audiencias*. En las provincias propiamente Argentinas, los ejércitos realistas no cosecharon sino derrotas. Los reveses de

---

(1) El carácter general de nuestro *Compendio*, no nos permite detallar los memorables acontecimientos de la emancipación del Río de la Plata, que son, por otra parte, objeto de detenido estudio en los cursos de *Historia Argentina*, de los *Colegios Nacionales* de la República. Muy á nuestro pesar, por consiguiente, hemos de limitarnos á relatar en forma sintética, los hechos más culminantes de la *Revolución Argentina*, fijando preferentemente nuestra atención en aquellos que por *su decisiva importancia Sud-Americana*, es necesario conocer para conservar la ilación histórica de nuestro estudio.

La hueste revolucionaria acrecieron en regiones anexas al Virreinato, marcando en con jatones de batallas los futuros límites de la república.

Las causas de este éxito, *inmediato y persistente* de la Revolución Argentina, son dignas de profundo estudio. La situación geográfica de Buenos Aires la variación de rumbo de la expedición de Artigas... Lima III y los eficaces auxilios de...

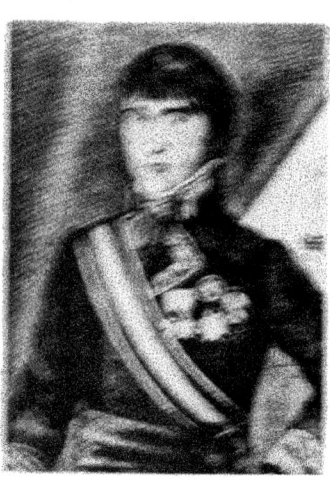

...dia rivada, desvaneció sin duda la emancipación del... por... esta no hubiese sido bastante para con-solidarla, si, la escasa impor-tancia del *elemento indígena*, y la *masculinidad del niño*...

Al... de 1810...

de Rio Tercero legado a Ascensión e Inumerario de la villa de Sevilla D. Manuel José Deguerue. Elio formó el acuerdo con la Junta de Gobierno independiente de la autoridad de Liniers. Septiembre 1808.

Se mueven por la regencia acorde de Elio, los realistas de Buenos Aires, acaudillados por D. Martín Alzaga, pretendieron formar también una *Junta de Gobierno*. El día 1ro de enero de 1809 se presentaron en la plaza Mayor de Buenos

— 204 —

Aires los cuerpos Españoles, pidiendo la destitución del Virrey.
El *Cabildo* apoyó su tumultuosa exigencia. El Virrey transigió
con los amotinados, reunió una *Junta* de notables, en la que
figuraba *Alzaga* y sus partidarios. Ya estaba redactándose el
acta de renuncia, cuando acudieron los cuerpos de Patricios
y su Comandante *don Cornelio Saavedra*, que manifestó al Virrey la decisión de las tropas de mantenerle en su puesto. *Liniers*, con este auxilio, retiró su renuncia, y aquella misma noche mandó desterrar á Patagones, á *Alzaga* con cuatro de sus compañeros y disolvió las milicias que se habían alzado contra su autoridad (1).

Fig. 492. – D. Cornelio Saavedra.

(1) Vse. *Torres Lanzas* (Archivo de Indias): Vol. I. Docs. 1392-97, 1401-407, 1442-49, 1471-77, 1482-93, etc., y Vol. II. Docs. 1503, 1517-23, 1536-38, 1543-49, 1560, 1604-09, 1612, 1628, etc., etc. *Memoria de los Diputados de Montevideo* (1808) comentada por *Liniers* en Rev. Nacional (B. Aires, 1896). Vol. XXIII, pág. 3 y sig. (Vse. también Rev. Nac. Vol. XXIV, pág. 328 y sig., etc.) *Sagui:* Últimos cuatro años, etc., pág. 103 y sig. *C. Calvo:* Anales Histcos., etc. Vol. I, pág. 73 y sig. y 116 y sig. Docs., pág. 88 y sig. *Mitre:* Hist. Belgrano. Vol. I, pág. 209 y sig. y Apce. 19 (Memoria de *Saavedra*), pág. 554 y sig. y sus notas. *V. F. López:* Hist. Arg. (B. Aires, 1883). Vol. II, pág. 264 y sig. *P. Groussac:* op. cit., pág. 157 y sus notas. *Estrada:* Lec. Hist. Arg. Lec. X. Vol. I, pág. 295 y sig. *Funes:* Ens. Hist. Vol. III, pág. 472 y sig. *Pelliza:* Hist. Arg. Vol. I, pág. 203 y sig., etc. Comp, *Torrente:* op. cit. Vol. I, pág. 3 y sig. *J. Miller:* Memoirs of Gen. *Miller* (Londres, 1829). Vol. I, pág. 31 y sig. *F. Bauzá:* Hist. de la dominación Española en el Uruguay (Montevideo 1880-82). Vol. III, pág. 525 y sig., etc., etc.

las huestes revolucionarias acaecieron en regiones anexas al Virreinato, marcando así con jalones de batallas los futuros límites de la República.

Las causas de este éxito *inmediato y persistente* de la Revolución Argentina, son dignas de profundo estudio. La situación geográfica de Buenos Aires, la variación de rumbo de la expedición de *Morillo* (Vse. Cap. III) y los eficaces auxilios de la Gran Bretaña, favorecieron sin duda la emancipación del Río de la Plata; pero esto no hubiese sido bastante para con-

Fig. 491. – D. Baltasar Hidalgo de Cisneros.

solidarla, si la escasa importancia del *elemento indígena*, y la *maleabilidad del alma nacional*, no hubieran facilitado la adaptación al nuevo régimen del *pueblo Argentino* que, consciente de su fuerza después de las luctuosas jornadas contra los Ingleses (1806-1807), secundó entusiasta la obra de sus brillantes caudillos.

En el año de 1808 gobernaba el Virreinato del Río de la Plata *D. Santiago de Liniers y Brémond*, y la plaza de Montevideo estaba mandada por el atrabiliario Coronel *D. Francisco Xavier de Elio*. Habiendo llegado á Montevideo el Comisario de la *Junta de Sevilla*, *D. Manuel José Goyeneche*, Elio formó de acuerdo con él una *Junta de Gobierno* independiente de la autoridad de *Liniers* (Septiembre 1808).

Animados por la rebelde actitud de *Elio*, los realistas de Buenos Aires, acaudillados por *D. Martín Alzaga*, pretendieron formar también una *Junta* de Gobierno. El día 1.º de Enero de 1809 se presentaron en la plaza Mayor de Buenos

Aires los cuerpos Españoles, pidiendo la destitución del Virrey. El *Cabildo* apoyó su tumultuosa exigencia. El Virrey transigió con los amotinados, reunió una *Junta* de notables, en la que figuraba *Alzaga* y sus partidarios. Ya estaba redactándose el acta de renuncia, cuando acudieron los cuerpos de Patricios y su Comandante *don Cornelio Saavedra*, que manifestó al Virrey la decisión de las tropas de mantenerle en su puesto. *Liniers*, con este auxilio, retiró su renuncia, y aquella misma noche mandó desterrar á Patagones, á *Alzaga* con cuatro de sus compañeros y disolvió las milicias que se habían alzado contra su autoridad (1).

Fig. 492. – D. Cornelio Saavedra.

(1) Vse. *Torres Lanzas* (Archivo de Indias): Vol. I. Docs. 1392-97, 1401-407, 1442-49, 1471-77, 1482-93, etc., y Vol. II. Docs. 1503, 1517-23, 1536-38, 1543-49, 1560, 1604-09, 1612, 1628, etc., etc. *Memoria de los Diputados de Montevideo* (1808) comentada por *Liniers* en Rev. Nacional (B. Aires, 1896). Vol. XXIII, pág. 3 y sig. (Vse. también Rev. Nac. Vol. XXIV, pág. 328 y sig., etc.) *Sagui:* Últimos cuatro años, etc., pág. 103 y sig. *C. Calvo*: Anales Histcos., etc. Vol. I, pág. 73 y sig. y 116 y sig. Docs., pág. 88 y sig. *Mitre:* Hist. Belgrano. Vol. I, pág. 209 y sig. y Apce. 19 (Memoria de *Saavedra*), pág. 554 y sig. y sus notas. *V. F. López:* Hist. Arg. (B. Aires, 1883). Vol. II, pág. 264 y sig. *P. Groussac:* op. cit., pág. 157 y sus notas. *Estrada:* Lec. Hist. Arg. Lec. X. Vol. I, pág. 295 y sig. *Funes:* Ens. Hist. Vol. III, pág. 472 y sig. *Pelliza:* Hist. Arg. Vol. I, pág. 203 y sig, etc. Comp, *Torrente:* op. cit. Vol. I, pág. 3 y sig. *J. Miller:* Memoirs of Gen. *Miller* (Londres, 1829). Vol. I, pág. 31 y sig. *F. Bauzá:* Hist. de la dominación Española en el Uruguay (Montevideo 1880-82). Vol. III, pág. 525 y sig., etc., etc.

2. – *Elio*, confiado en que la *Junta de Sevilla* aprobaría sus irregulares procederes, envió un buque de guerra al encuentro de los desterrados y los recondujo á Montevideo. No salieron fallidos sus cálculos. La *Junta Central Española*, equivocada como siempre en los asuntos Americanos, destituyó á *Liniers* y nombró Virrey del Río de la Plata al distinguido marino de Trafalgar *D. Baltasar Hidalgo de Cisneros*.

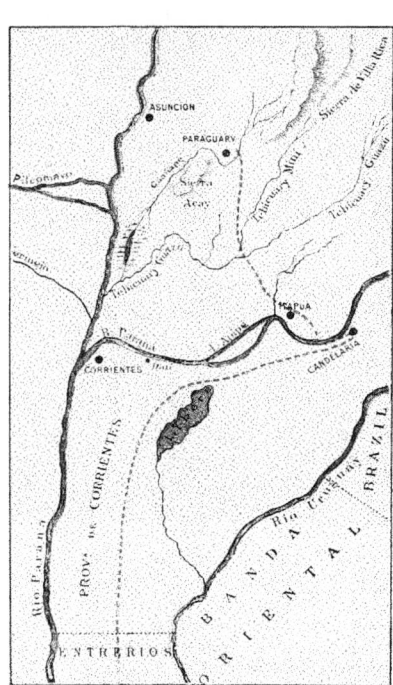

Fig. 493.—Campaña del Paraguay del General Belgrano.

Entró *Cisneros* en Buenos Aires (Julio 30-1809) animado de propósitos conciliatorios. Halagó á los *Españoles,* pero dejó en sus puestos á los *Patricios.*

Serenada que fué, en apariencia, la lucha de los partidos, fijó su vista el nuevo Virrey en el problema económico de la colonia. Las guerras habian agotado las rentas públicas. El empobrecimiento de los productores y el contrabando de los comerciantes, llevaban al Estado á la insolvencia. El drama del monopolio (Vse. Época III, Tít. I, Cap. V) había llegado á su desenlace. La única manera de solucionar el conflicto era aumentar el comercio. Debían triunfar las luminosas doctrinas de los próceres *(Belgrano, Vieytes,* etc.), que venían luchando desde tiempo atrás por la libertad mercantil de su patria. *Cisneros* ensayó un empréstito, y el empréstito fracasó. Consultó al *Cabildo* sobre la conveniencia de abrir los puertos del Virreinato á los buques Ingleses, y los *Cabildantes*, en nombre propio y en el del alto comercio Peninsular, que cifraba únicamente en los privilegios sus esperanzas de lucro, rechazaron con energía el pensamiento.

Las *clases productoras*, por su parte, se aprestaron á la defensa. Los hacendados de ambas márgenes del Plata eligieron de común acuerdo al genial letrado Americano *Mariano Moreno*, para que los representase ante el supremo mandatario. El fogoso caudillo porteño publicó entonces su célebre *"Representación de los Hacendados,"* (Septiembre 1809), clásico documento

Fig. 494.— D. Manuel Belgrano.

que pulverizó los sofismas del proteccionismo, y determinó á *Cisneros* á abrir para el comercio Inglés los puertos del Virreinato.

Como no podía menos de suceder, los efectos del decreto del *Virrey Cisneros* fueron inmediatos y brillantes. Desmintiendo los ominosos pronósticos de los reaccionarios, la libertad comercial cuadruplicó las rentas públicas y dió al Virreinato riqueza y fuerza.

La *"Representación de los Hacendados"* en su doble aspecto

económico y político preparó el terreno de la independencia. Al preconizar la intervención del pueblo en el gobierno y el aforismo ciceroniano sobre su soberanía ("*Su premalex populi salus esto*"), abrió los caminos á la democracia; al favorecer los intereses comerciales de Inglaterra, aseguró á los criollos su valiosa ayuda.

Llenaron estos acontecimientos todo el resto del año 1809. Los estallidos de Chuquisaca y La Paz, sangrientamente sofocados por *Goyeneche*, etc., agravaron la fiebre revolucionaria. El *Virrey*, alejado del partido Español por su decreto de libertad mercantil, y deseoso de con-

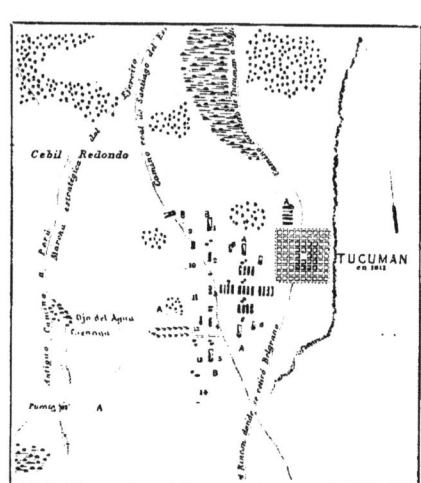

Fig, 495.— Plano de la batalla de Tucumán.

graciarse con los *Patricios*, encomendó al ardoroso libre-cambista *D. Manuel Belgrano*, la fundación de un periódico que predicase la unión y la paz ("*Correo del Comercio*"). Con el pretexto de redactarlo se reunían, frecuentemente, los próceres criollos ("*Sociedad de los Siete*"), y se preparaban para la lucha decisiva (1).

(1) Vse. *Mitre*: Hist. de Belgrano. Vol. I, pág. 288 y sig. y sus notas. *M. Belgrano:* Autobiografía (en *Mitre:* op. cit. I. Apce. I, pág. 428 y sig.). *Mariano Moreno:* Representación de los Hacendados (B. Aires, 1810), reimpresa en la Colección de sus Arengas (Londres, 1856). *Moreno (Manuel):* Vida y memorias del Dr. Mariano Moreno, etc. (Londres, 1812), pág. 124 y sig. *V. F. López:* Hist. Arg. Vol. II, pág. 351 y sig. *J. M. Estrada:* loc. cit. *Felliza:* op. cit. Vol. I, pág. 223 y sig. *C. Calvo:* op. cit. Vol. I, pág. 116 y sig. Comp. *Torrente:* op. cit., pág. 23 y sig. *Torres Lanzas* (Archivo de Indias): Vol. I. Docs. 1316, 1319, 1331, etc., y los 52 números del "*Correo del Comercio*" (3 Marzo 1810-25 Febrero 1811 (Biblioteca "*Museo Mitre*"), etc , etc

3.—El día 13 de Mayo de 1810, llegó á Buenos Aires la no- ticia de la ocupación de Andalucía por las tropas Francesas. El prudente *Saavedra*, que hasta ese día había contenido las impaciencias de los patriotas, díjoles resueltamente *"que no debía perderse ni una hora"* para deponer al Virrey. Los jefes del partido criollo habían decidido la revolución; (*Belgrano, Vieytes, Rodríguez Peña, Paso, Chiclana*, etc.,) los entusiastas *chisperos* encabezados por los *Agentes populares (French, Beruti,* etcétera),* agitaban al pueblo en los cafés, en los cuarteles y hasta en los conventos (1) y las parroquias; las fuerzas militares de la capital, compuestas exclusivamente de batallones criollos, apoyaban el movimiento. Sólo faltaba una orden para que caudillos, pueblo y ejército se lanzaran á conquistar su libertad.

Fig. 496.—El 25 de Mayo de 1810 *(Fortuny).*

En la noche del 19 al 20 de Mayo *Saavedra* comunicó al Virrey *Cisneros* que los regimientos de *Patricios*, etc., no apoyarían su autoridad por considerarla caducada con la caída de la *Junta de Sevilla*. El vacilante mandatario hubo de consentir en que se reuniera un *Congreso General* para decidir la situación. El partido Español, obligado á transigir con la opinión patriótica, logró que el *Cabildo*, constituído en *gobernador* por el *Congreso General*, encargase del mando á *Cisneros* en combinación con otros, y formando *Junta*, hasta que los diputados del Virreynato adoptasen otra resolución (Mayo 23). El pueblo no aceptó esta inútil componenda. Nombrada la *Junta* mixta el día 24, hubo de renunciar en masa aquella misma noche al saber

(1) Vse. *Adolfo Saldías:* Vida y escritos del P. Castañeda (B. Aires, 1907), pág. 25 y sig., etc.

por *Saavedra* y *Castelli* la agitación en que se hallaba la ciudad.

Al amanecer del siguiente día acudió el pueblo á la Plaza Mayor. El *Cabildo* se reunió temprano para luchar por útima vez contra el torrente democrático, y rechazó la renuncia de la *Junta*. La muchedumbre airada, al conocer esta resolución se precipitó con *French* y *Beruti* á la cabeza, por las galerías altas del *Cabildo*, y pidió la destitución inmediata de *Cisneros* y la formación de una nueva *Junta*, cuyos miembros designaría el sufragio popular. La enérgica actitud de los patriotas decidió la jornada, *Cisneros* abdicó en absoluto del mando y la revolución triunfó (25 de Mayo de 1810).

Fig. 497.—El Dr. D. Juan José Castelli.

Para formar la nueva *Junta* que, como en las demás colonias Españolas (Cap. I al IV), fué preciso *por política* cubrir con el manto de *Fernando VII* (1), fueron designados *Saavedra* como Presidente, *Belgrano*, *Castelli*, *Azcuenaga*, *Alberti*, *Malhen* y *Larrea* como Vocales y *Paso* y *Moreno* como Secretarios. Tomaron todos, previo juramento, posesión de sus cargos, y entre las salvas de artillería y el entusiasmo popular surgió á la vida de los libres la patria Argentina, y quedó instalado su primer *Gobierno Nacional* en el secular despacho de los Virreyes (2).

Campaña del Alto Perú. 4. – Las provincias reconocieron la autoridad de la *Junta* de Buenos Aires. Córdoba, sin embargo, levantó el estandarte rea-

---

(1) Vse. Memoria póstuma *Saavedra* en *Mitre:* Hist. de Belgrano. Vol. I. Apce. 19, pág. 553 y sig.

(2) *Mitre:* Hist. de Belgrano. Vol. I, pág. 301 y sig. y sus notas y Apéndices. *Calvo:* op. cit. Vol. I, pág. 145 y sig. y Doc., pág. 178 y sig. *Núñez:* Noticias Históricas, etc. (2.ª Ed. B. Aires, 1898), pág. 34 y sig. *Saguí:* op. cit., pág. 160 y sig. *Moreno:* Coll. Arengas. Prefacio, pág. 12 y sig. *Domínguez:* Hist. Argentina (B. Aires, 1861), pág. 198 y sig. *Estrada:* op. cit. Vol. I, Lec. XI, pág. 343 y sig. *V. F. López:* Hist. Arg. Vol. III. Cap. I, II, III, pág. 9 y sig. *P. Groussac:* op. cit., pág. 305 y sig. y sus notas. *Pelliza:* Hist. Argentina. Vol. I, pág. 223 y sig. *Gambon:* Comp. Hist. Arg. Vol. I, pág. 281 y sig. Comp. *Torres Lanzas:* Archivo Indias. Vol. II. Doc. 2086 á 2126 y *Archivo Hist. Nacional*, Madrid. "Papeles de Estado". Río de la Plata. Leg. 3379, 3382-83, etc., etc.

lista que defendieron el fidelísimo y caballeresco *Liniers*, el Coronel de Milicias *Allende*, y el Gobernador *Gutiérrez de la Concha*. Los *Cabildos* de Montevideo y la Asunción tampoco se sometieron á la *Junta*. El Paraguay, gobernado por *D. Bernardo de Velasco* acató por resolución de un *Congreso* convocado al efecto (Julio 21-1810) al *Cònsejo de Regencia* Español. Montevideo hizo lo propio, y ambas provincias quedaron separadas de hecho de la capital del Virreinato.

Mariano Moreno, que. por su audacia y superiores talentos predominaba en la *Junta* de Buenos Aires, se dejó arrastrar por su impetuoso Jacobinismo, é imitando á los revolucionarios Franceses del 1792, creyó necesario como *Dan-*

Fig. 498. — D. José de San Martín (1813).

ton (1) amedrentar á los realistas. Secundado por el implacable *Castelli*, inició á poco de instalado el Gobierno·Nacional, una politica de malhadado terrorismo (Vse. Cap. II) que ensangrentó

---

(1) «Les républicains, decía *Danton*, sont une minorité infime, et pour combattre nous ne pouvons compter que sur eux... *Il faut faire peur aux royalistes.*» Vse. *Taine:* Origines, etc. La Révolution. Vol. II, pág. 286 y su nota. Sobre el exaltado Jacobinismo de *Moreno*, etc. Vse. en especial *Mitre:* Hist. Belgrano. Vol. I, pág. 348 y sig. *Manuel Moreno:* Arengas, etc. Prefacio, pág. 28 y sig. *V. F. López:* Hist. Arg. Vol. III, pág. 224 y Comp. *Taine:* op. cit. Vol. II, pág. 5 y sig. *Le Bon:* op. cit. pág. 77 y sig., etc.

inútilmente la bandera revolucionaria y exacerbó la resistencia realista. Los sospechosos fueron perseguidos con saña. El bando de Julio 31, autorizó contra ellos la confiscación de bienes y la pena de muerte. Un mes antes (Junio 22), fué deportado á las Islas Canarias el ex Virrey *Cisneros* en la balandra Británica

Fig. 499.—D. Bernardino Rivadavia.

Dart, sin permitir siquiera que se despidiese de su familia (1).

A mediados de Julio salió de Buenos Aires para las Provincias del Norte (Alto Perú), una división de 1.200 hombres mandada por *don Francisco Antonio Ortíz de Ocampo*, y el Coronel *don Antonio González Balcarce*. *Liniers* y sus compañeros organizaron la resistencia, pero abandonados por sus milicias apelaron á la fuga y cayeron prisioneros de las columnas volantes de *Ocampo*, que desde Córdoba salieron á perseguirles.

Con la prisión de *Liniers, Concha, Allende, Orellana*, etc., cre-

(1; Vse. *Torres Lanzas:* Archivo Indias. Vol. 11. Doc. 2222 (Carta de la Junta á S. M. Junio 21), 2223 (Oficio Junta al Cabildo Gran Canaria), 2259 (Carta *Salazar* sobre embarque *Cisneros*), 2448 (Oficio *Cisneros* á bordo balandra «*Dart*», Agosto 30 1810, al Cap. General de las Islas Canarias), 2487 (Carta de la Audiencia), que completan y corroboran el «Informe de *Cisneros*» firmado por su esposa (Junio, 22), que reproduce el General *Mitre:* Hist. Belgrano. Vol. I. Apce. 20, pág. 56 y sig. y consta original en el *Archivo de Indias*. Est. 122. Cajón 6. Leg. 26. N.º 5.

yeron razonablemente los jefes patriotas asegurado el triunfo de la revolución en Córdoba y su provincia. La *Junta* pensó lo contrario y decretó la muerte de los jefes realistas. *Vieytes* y *Ocampo* se resistieron á cumplir la fatal sentencia y remitieron los presos á la capital. *Castelli*, *French* y *Rodríguez Peña*, enviados por la *Junta* con instrucciones terminantes, les alcanzaron en «*Cabeza del Tigre*» (Agosto 26), y con excepción del Obispo *Orellana*, les fusilaron impiadosamente. *Balcarce* y *Castelli* tomaron el mando del ejército patrio, en sustitución de *Ocampo* y de *Vieytes* (1).

Fig. 500.—D. Carlos M.ª de Alvear.

Sin pérdida de tiempo avanzaron hacia el Norte. El Presidente del Cuzco *Goyeneche* adoptó enérgicas medidas para detenerles. *Balcarce*, reforzado con los voluntarios Salteños reunidos por *Güemes* y *Chiclana*, atacó en *Cotagaita* á los realistas (Octubre 7). Fué rechazado por el Coronel *Córdoba* y se replegó á Tupiza. Rehechos alli de sus pérdidas

(1) Mis estrechos vínculos de amistad y parentesco con los descendientes del Virrey *Liniers*, me eximen de juzgar la terrible tragedia de *Cabeza del Tigre*, cuyo doloroso desenlace pone frío en el alma. Me limito, por tanto, á recordar á los jóvenes Argentinos, que ha pasado ya la época de las pasiones y los odios políticos, que si fué grande la obra de los Próceres del año 1810, no lo fué menos la decisión y el sacrificio de los caudillos realistas de Córdoba, y que en la mezcla de verdades y errores por los cuales unos murieron y los otros mataron, es pequeñísima ó nula la cantidad de elementos egoístas é impuros, en comparación con la de los sinceros y patrióticos. Vse. *Relación* fin heróico *Liniers* (Ms.). Archivo del *Conde de Liniers*. Carta *J. M. Salazar* al *Marqués de Casa Irujo*. Set. 28-1810. Archivo Histórico Nacional, Madrid (Papeles de Estado, Río de la Plata. Leg. 5840). *Núñez*: op cit., pág. 188 y sig. *Calvo:* op. cit. Vol. I, pág. 157 y sig. *García Camba:* op. cit. Vol. I, pág. 39. *Torrente*: op. cit. Vol. I, pág. 72 y sig. (*Relación P. Giménez*). *J. M. Estrada:* op. cit. Vol. II, pág. 12 y sig. *Manuel Moreno:* Vida y Memorias del Dr. Mariano Moreno, etc. (Londres, 1812), pág. 215 y sig. Archivo General de la Nación, etc. (B. Aires, 1900). Vol. I, pág. 134 y sig. *Ignacio Garzón:* Crónica de Córdoba (Córdoba, 1898-1901). *V. F. López:* op. cit. Vol. III, pág. 190 y sig. *Mitre:* Hist. Belgrano. Vol. I, pág. 351. *Pelliza:* Hist. Arg. Vol. I, pág. 261 y sig., etc., y muy en especial *P. Groussac:* op. cit , pág. 869 y sig., con sus preciosas notas y referencias, etc.

inútilmente la band[a] revolucionaria y exacerbó
realista. Los sospe[cho]sos fueron perseguidos co[n]
do de Julio 31, auto[ri]zó contra ellos la confiscación
la pena de muerte. [U]n mes antes (Junio 22), fué
las Islas Canarias e[l] x Virrey *Cisneros* en la balandr

Dart, s
siquie[
despidie:
familia (
A med[i]
Julio salió
n[o]s Aires [
Provinci[a]
Norte (Alto [
una divisi[o]
1.200 hom[b]
mandada por
*Francisco A[n]
nio Ortíz de Oc[a]
po,* y el Coron
*don Antonio Go[n]
zález Balcarc[e]
Liniers* y sus com-
pañeros organiza-
ron la resistencia,
pero abandona-

Fig. 409. — D. [Ber]nardino Rivadavia.

dos por sus milici[a] apelaron á la fuga y cayeron prisioneros
de las columnas vo[la]ntes de *Ocampo,* que desde Córdoba salieron á perseguirles.

Con la prisión d[e] *Liniers, Concha, Allende, Orellana,* etc

(1) V[é]se. *Torres Lan[za]* Archivo Indias. Vol. 11. Doc. 222[1] (C[a]
S. M. Junio 21), 2223 (Of[i]o Junta al Cabildo Gran Canaria), 22[
bre embarque *Cisneros*), 48 (Oficio *Cisneros* á bordo bal[
1810, al Cap. General de s Islas Canarias), 2487 (**Carta**
pletan y corroboran el [inf]orme de *Cisneros,* firma[
reproduce el General M[or] Hist. Belgrano. V[
original e[n] el Ar[chivo] [de] [In]dias. Est. 122.

yeron razonablemente los 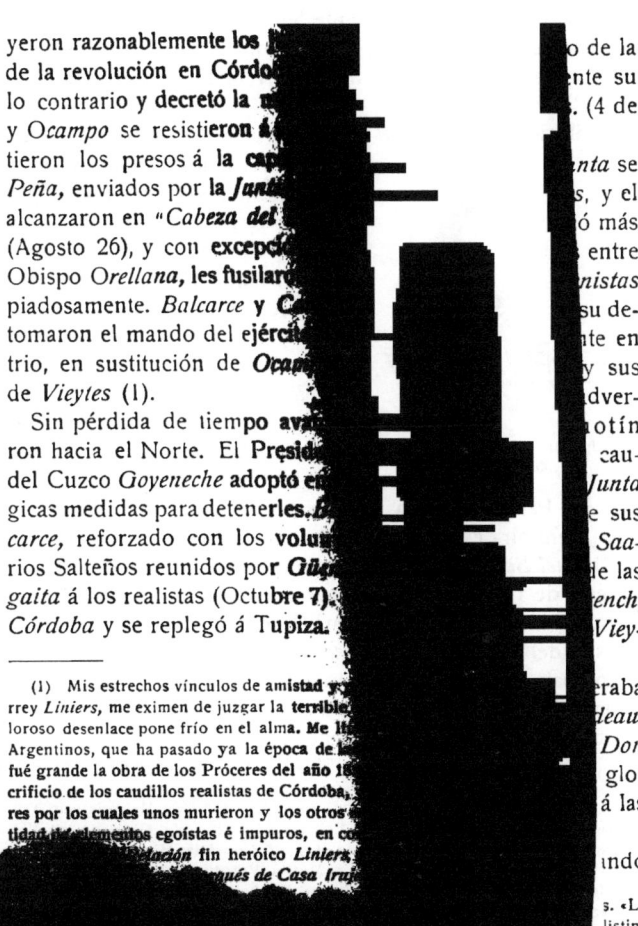 o de la
de la revolución en Córdo... nte su
lo contrario y decretó la ... . (4 de
y O*campo* se resistieron á...
tieron los presos á la cap... *nta* se
Peña, enviados por la *Jun*... s, y el
alcanzaron en "*Cabeza del*... ó más
(Agosto 26), y con excepc... entre
Obispo O*rellana*, les fusilar... *nistas*
piadosamente. *Balcarce* y C... su de-
tomaron el mando del ejérc... te en
trio, en sustitución de O*cam*... y sus
de *Vieytes* (1). ...dver-

Sin pérdida de tiempo av... ...otín
ron hacia el Norte. El Pres... cau-
del Cuzco G*oyeneche* adoptó e... *Junta*
gicas medidas para detenerles. ... e sus
carce, reforzado con los volu... *Saa*-
rios Salteños reunidos por *Güe*... e las
gaita á los realistas (Octubre 7)... *ench*,
Córdoba y se replegó á T*upiza*. ... *Viey*-

<hr>

(1) Mis estrechos vínculos de amistad y...
rrey *Liniers*, me eximen de juzgar la terrible... ...*deau*.
loroso desenlace pone frío en el alma. Me ll... *Don*
Argentinos, que ha pasado ya la época de l... glo-
fué grande la obra de los Próceres del año 1... á las
crificio de los caudillos realistas de Córdoba,...
res por los cuales unos murieron y los otros...
tid... ...tos egoístas é impuros, en co...
...*ución* fin heróico *Liniers*... ...ndo
...* qués de Casa Iruj*...

5. «La
listin-
o tra-
ó con
ra re-
ia del
dades
Plata.

con los auxilios de Jujui, obtuvo en *Suipacha,* sobre las fuerzas unidas de *Córdoba* y *Nieto,* una brillante victoria (Noviembre 7). *Castelli* avanzó hasta Potosí é hizo fusilar á *Córdoba,* á *Nieto* y al Intendente *Sanz,* en la plaza pública (Noviembre 10). El dominio de la revolución se extendió hasta el Río Desaguadero, límite de los Virreinatos de Perú y el Río de la Plata.

El triunfo de *Castelli* fué efímero. Pocos meses después de la gloriosa jornada de *Suipacha,* el Presidente *Goyeneche* sorprendió y derrotó á los ejércitos revolucionarios en su Cuartel General de *Huaqui* (Junio 20 de 1811), perdiéndose para siempre, con esta acción, las cuatro Intendencias del Alto Perú *(Cochabamba, La Paz, Potosí* y *Chuquisaca).* Los jefes revolucionarios se retiraron á Oruro con los desmoralizados restos de su ejército (1).

Fig. 501.— El Caudillo Salteño
D. Martín Güemes.

La expedición al Paraguay. 5. — Para someter la rebelde provincia del Paraguay, envió la *Junta* otra expedición militar, mandada por el General *Don Manuel Belgrano.* Salió este abnegado patriota del Paraná con cerca de 1.000 soldados, atravesó el río por Candelaria y encontró, á orillas del Paraguari (Enero 16-1811) las tropas realistas del Gobernador *Velasco.* Tres días después empeñó un combate, y aunque al principio obtuvo algunas ventajas, hubo de retirarse en derrota á las márgenes del río Tcari para esperar nuevos refuerzos de Buenos Aires.

La *Junta* envió por tierra 500 infantes y despachó por el Pa-

(1) Vse. *Núñez:* op. cit., pág. 207 y sig. *José M.ª Paz:* Memorias, etc. Vol. I. pág. 94 y sig. *V. F. López:* op. cit. Vol. III, pág. 227 y sig. *Calvo:* op. cit. Vol. I, pág. 164 y sig y Doc., pág. 246 y sig. *J. J Biedma:* Atlas Hist. Argentina. Lámina XIV, y en especial *Mitre:* Hist. de San Martin. Vol. I, pág. 203 y sig. y sus notas y referencias. Comp *René Moreno:* Últimos dias Coloniales Alto Perú, 1808-09 (Santiago de Chile, 1901), pág. 157 y sig. *Torrente:* op. cit. Vol I, pág. 81 y sig., 175 y sig. *García Camba:* op. cit. Vol. I, pág. 42 y sig. *Miller:* op. cit. Vol I (Ed. London, 1829), pág. 66 y sig., etc., etc.

raná una escuadrilla, mandada por el corsario Francés *Azo·pard*, que después de recio combate hubo de rendirse en· San Nicolás (Febrero 21) á los buques Españoles, despachados desde Montevideo á su encuentro. *Belgrano*, aislado y sin recursos, fué derrotado por las tropas Paraguayas que mandaba el Coronel *Cabañas* (Marzo 9) y hubo de proponer una honrosa convención, comprometiéndose á evacuar la provincia con el resto de su ejército. El 10 de Marzo iniciaron la retirada las tropas Argentinas, y el 15 repasaron el Paraná. La bondad, la altura de carácter y

Fig. 502.—Don Mariano Moreno.

la fortaleza de espíritu del ilustre General *Belgrano*, salvaron la honra de las banderas de la revolución en esta campaña, que si fué desgraciada como empresa política, dejó preparada la revolución Paraguaya, arrebatando un aliado poderoso á la reacción realista de Montevideo.

Al llegar á Candelaria recibió *Belgrano* orden de la *Junta* para que uniese sus fuerzas á las de los bravos patriotas Uruguayos *Benavides*, *Otorgués* y *Artigas*, que sublevados en Mercedes, se preparaban á atacar á Montevideo y hostilizar al tenaz *Elio,* nombrado (Enero 1811) por el *Consejo de Regencia Español,* Virrey y Capitán General del Alto Perú y el Río de la Plata (1).

Moreno y Saavedra. 6.—A poco de instalarse la *Junta* surgieron en su seno disidencias que no tardaron en exteriorizarse. *Moreno,* númen de la democracia en el Río de la Plata, era francamente Jacobino y centralista.

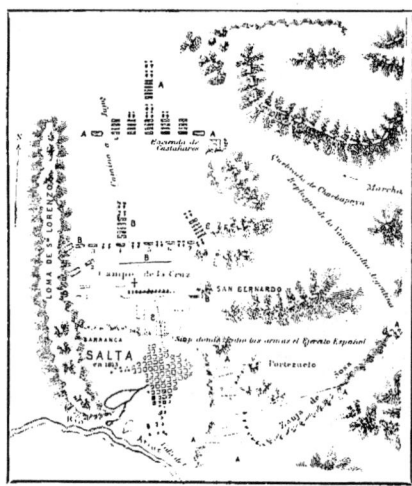

Fig. 503.—Plano de la batalla de Salta.

Saavedra, por el contrario, moderado en sus ideas, y apegado á la tradición, creía perjudiciales para el país las exaltadas medidas de su Secretario.

Por una de las resoluciones consignadas en el *Acta del 25 de Mayo,* los representantes de las Provincias debían incorporarse á la *Junta. Moreno* se oponía á esta incorporación y trató de retardarla. Los diputados de las Provincias, acaudillados por el *Dean Funes* y *D. Felipe Molina,* ganaron á su partido á *Saavedra* y á los moderados, vencieron la oposición de *Moreno* y consiguieron sus propósitos políticos. El Prócer Porteño renunció su cargo de Secretario y fué

(1) Vse. *Mitre:* Hist. Belgrano. Vol. I, pág. 352 y sig. Apces. 21 á 25. *Somellera:* Notas á la obra «Rasgos del Paraguay» en Bca. del Comercio del Plata. Vol. III (B. Aires, 1846), pág. 135 y sig. *López:* op. cit. Vol. III, pág. 322 y sig. *Gaceta de B. Aires:* Nos. Febro. 4, Febro. 12, Abril 1.º, 1811, etc. *Calvo:* op. cit., pág. 174 y sig. y Doc., pág. 310 y sig. *Gambon:* Comp. Hist. Arg. Vol. II, pág. 23 y sig., etc.

enviado á Inglaterra como Agente Diplomático del Río de la Plata. Pereció en la travesía, terminando dolorosamente su brillante carrera cuando apenas tenía treinta y tres años. (4 de Marzo 1811).

Con la incorporación de los nuevos diputados á la *Junta* se acentuó la oposición entre los *moderados* y los *radicales*, y el antagonismo entre la capital y las provincias, que asumió más tarde caracteres sangrientos en las encarnizadas luchas entre *unitarios* y *federales*. Los *Morenistas* ó radicales no desmayaron por su derrota y conspiraron abiertamente en sus clubs políticos. *Saavedra* y sus amigos se adelantaron á sus adversarios y promovieron un motín (Abril 5-6) cuyos improvisados caudillos pidieron por escrito á la *Junta* la separación de algunos de sus miembros, el nombramiento de *Saavedra* para la jefatura superior de las tropas, etc. La *Junta* accedió á estas peticiones. *Beruti, French,* etc., fueron desterrados, *Rodríguez Peña, Azcuenaga, Vieytes,* etc., ignominiosamente perseguidos (1).

Fig. 504.—Don Mariano Sarratea.

Belgrano fué depuesto del mando del ejército que operaba en la Banda Oriental y sustituído por el Coronel *José Rondeau.* Confió este Jefe la vanguardia al bravo caudillo Oriental *Don José de Artigas,* que con sus indomables jinetes derrotó gloriosamente en la jornada de *Las Piedras* (Mayo 18-1811) á las tropas veteranas de *Elio.*

Contando con los patriotas de Montevideo, y aprovechando

---

(1) Es curiosa la forma en que el Marqués de *Casa Irujo* relata estos hechos. «La Junta, escribe, quiere alejar á los Diputados más temibles: Al *Dean Funes* (de distinguido talento) le dieron la comisión de habilitar la navegación del Río 3.° El no tragó la píldora, ni se dejó deslumbrar por los elogios de las Gacetas... retardó con arte su salida y formó una poderosa coalición con los diputados del interior para reclamar participación en el Gobierno. La Junta se resistió algo, pero temerosa del mal efecto, incorporó á su seno á los nueve Diputados de las Provincias y ciudades internas, etc.» (Archivo Histórico Nacional, Madrid. Pap. Estado. Río de la Plata. Leg. 5840. N.o 37.)

su triunfo, pidió *Artigas* refuerzos á *Rondeau* para tomar la ciudad realista. El Jefe Argentino no consideró prudente el asalto de la plaza y se limitó á sitiarla, uniéndose á *Artigas* (Junio 1.º) en el campamento del Cerrito. El Virrey *Elio* obtuvo de este modo indirecto la suspensión de hostilidades, que necesitaba para rehacerse de su derrota (1).

La victoria de Tucumán. 7. — El desastre de *Huaqui* causó penosísima impresión en la Capital. *Elio*, por su parte, auxiliado por un destacamento Portugués que envió en su ayuda el gobierno de Río Janeiro, pudo estrechar el bloqueo de Buenos Aires, que llegó á bombardear (Julio 15), y consiguió que la escuadra española impidiese que los Argentinos recibiesen armas y pertrechos de sus agentes y amigos decididos del Comercio Inglés. Felizmente esta seria

Fig. 505.—Belgrano en Tucumán *(Fortuny)*.

amenaza contra la revolución quedó deshecha por las acertadas gestiones en Río Janeiro de *D. Manuel de Sarratea*. Logró este habilísimo diplomático, que el Ministro Inglés *Lord Strangford*, pretextando proteger á sus compatriotas, enviara al Almirante *De Courcy* al Río de la Plata para forzar el bloqueo Español é impedir que *Elio* lo mantuviera (Septiembre 1811). Logró, asímismo, *Sarratea*, que el Ministro *Strangford* decidiese al Gobierno Brasileño á retirar sus tropas de la Banda Oriental. *Elio*, obligado por esta intervención Inglesa, no tuvo más remedio que firmar con los Argentinos un *Tratado de Paz* (24 de Octubre de 1811.) *Rondeau* levantó el sitio de

(1) Vse. *Mitre*: Hist. Belgrano. Vol. I, pág. 408 y sig. *López*: op. cit. Vol. III, pág. 372 y sig. *J. M. Estrada*: op. cit. Lección XIII, pág. 45 y sig. *Miller*: Memoirs. Vol. I, pág. 53 y sig. Comp. *F. Bauzá*: Dominación Española en el Uruguay (Montevideo, 1880-82). Vol. III, pág. 68 y sig. *Torres Lanzas*: Arch. Indias. Vol. II. Doc. 2128-29, 2131-37, 2140-44, 2172-73, 2176, 2180, 2182-83, etc., etc.

Montevideo y se retiró á Buenos Aires con sus tropas. *Artigas*, disgustado con este arreglo, permaneció en la Banda Oriental.

Coincidieron estos hechos con la caída de la *Junta* de Buenos Aires y la constitución de un *Triunvirato*, que asumió el mando supremo del país, desplegando, gracias á las brillantes iniciativas de su Secretario *D. Bernardino Rivadavia*, gran actividad. No tardó, sin embargo, en verse envuelto en serias complicaciones políticas, siendo la más grave la conspiración realista de *D. Martín de Alzaga*, que fué sofocada con el fusilamiento de sus principales caudillos (Julio 5-1812).

Belgrano, en tanto, se había puesto al frente de los desmoralizados restos del *Ejército del Norte*, único baluarte que podía oponerse á la invasión de *Goyeneche* en las Provincias Argentinas. El *Triunvirato*, desesperanzado, ordenó al *General Belgrano* que se retirara á Córdoba, pero viendo el ilustre caudillo la decisión patriótica de los Tucumanos, decidió presentar batalla al jefe realista *Tristan*, cuya vanguardia iba á los alcances del ejército Argentino. *Tristan*, confiado en sus superiores fuerzas, inició el ataque contra *Belgrano* en Nogales, á cuatro leguas de la heróica Tucumán (Septiembre 24). Las tropas Argentinas resistieron desesperadamente y consiguieron que en la noche del 25 al 26 de Septiembre el jefe Español, se retirara derrotado hacia Salta.

Este glorioso triunfo de *Belgrano* y la diplomacia de *Sarratea* en el Brasil, aniquilaron los esfuerzos combinados de *Goyeneche*, *Elio* y *Alzaga*, y salvaron á la Revolución de una segura ruina (1).

(1) La *decisiva* importancia para la revolución Argentina de la misión de *Sarratea* en el Brasil no ha sido, á nuestro entender, suficientemente apreciada por sus Historiadores, y sin embargo, la cuidadosa lectura de la *Correspondencia Oficial* del *Marqués de Casa Irujo* la demuestra cumplidamente. Trato *in-ex-tenso* estos sucesos en mi libro en preparación sobre el *Marqués de Casa Irujo y Lord Strangford*, en el que reproduzco textualmente la interesantísima correspondencia mencionada (Papeles de Estado. Leg. 3782-83, 79, 5840-41, etc. Río de la Plata. Archivo Histórico Nacional de Madrid). Vse. en general *Mitre:* Hist. de Belgrano. Vol. II. Cap. XVII, XVIII y XIX, pág. 32 y sig., con sus notas y referencias y Apéndices N.º 27 á 32, pág. 692 y sig. *Calvo:* op. cit. Vol. I, pág. 282 y sig. y Documentos, pág. 295 y sig *José M.ª Paz:* Memorias. Vol. I. Cap. I y II, pág. 3 y sig. *J. M. Estrada:* op. cit. Vol. II. Lec. XII y XIII, pág. 9 y sig. *V. F. López:* op. cit. Vol. III, pág. 437 y sig y Vol. IV. Cap. I, II, III y IV. Lib. II. pág. 6 y sig., etc. Comp. *Torrente:* op. cit. Vol. I, pág. 162 y sig., 252 y sig. *García Camba:* op. cit. Vol. I, pág. 11 y sig. *Miller:* Memoirs. Vol. I, pág. 52 y sig., etc., etc.

8. – El día 9 de Marzo de 1812, llegaron al puerto de Buenos Aires en la fragata inglesa *George Canning*, el entonces Coronel de Caballería de los ejércitos Peninsulares *D. José de San Martín*, el Alferez de Carabineros Reales *D. Carlos M.ª de Alvear* y el Alferez de navío *D. Matías Zapiola*, que poseídos del espiritu de *Miranda*, venían á su patria decididos á luchar por la Independencia. Como más adelante veremos, el severo y abnegado *San Martín*, dedicó toda su actividad á la formación del glorioso regimiento de «*Granaderos á Caballo*». *Alvear*, ansioso de mando y prestigios políticos, se unió á la oposición radical, fundó con *San Martín* y *Monteagudo* la célebre logia "*Láutaro*" á semejanza de las de Cádiz y Londres (1) y promovió un movimiento revolucionario (8 de Octubre 1812), que anulando la influencia de *Rivadavia*, elevó al poder á sus adversarios políticos.

Fig. 506. –Escudo de la Asamblea General Constituyente.

El nuevo *Triunvirato (Paso-Rodríguez Peña y Alvarez Jonte)*, marchando francamente hacia la Independencia, convocó á elecciones generales é inauguró (Enero 31-1813) la *Asamblea General Constituyente*. Formuló este ilustre Congreso Argen-

(1) Sobre la logia "*Láutaro*", su constitución, su índole, etc. Vse. *Mitre:* Hist. de San Martín. Vol. I, pág. 145 y sig. *Id.* Hist. de Belgrano. Vol. II, pág. 271 y sig. y sus notas. Disiento del juicio sobre esta Logia del historiador Uruguayo *Bauzá:* op. cit. Vol. III, pág. 256 y sig. que sigue el *P. Gambon* en su Compendio de Hist. Argna. Vol. II, pág. 60 y sig. La filiación y carácter de la referida logia Láutaro están claramente definidos en los de la *"Gran Reunión Americana"* del General *D. Fco. Miranda* (Tit. II. Cap. II).

tino las voluntades y aspiraciones del pueblo, cuya soberanía representaba y ejercía. Los escudos Españoles fueron derribados, abolidos los títulos de nobleza, la Inquisición y el tormento, borrada de la moneda circulante la efigie de los antiguos monarcas y sustituída por el sello de las *Provincias Unidas*, con el sol flamígero y el gorro frigio de los libertos, orlado por el laurel de los vencedores. El rojo y gualda de la secular bandera Española fueron al fin reemplazados por el azul y blanco de la escarapela de los Patricios Argentinos.

Belgrano, en tanto, derrotó nuevamente á *Tristán* en la gloriosa jornada de *Salta* (Febrero 20 de 1813) y aunque no apro-

Fig. 507.—La declaración de la *Independencia Argentina* (1816).

vechó como debiera tan señalada victoria, logró detener á los realistas, y decidir al desalentado *Goyeneche* á abandonar para siempre el territorio Americano. Desgraciadamente, á las jornadas brillantes de Tucumán y Salta, sucedieron dolorosos desastres. El Brigadier Realista *D. Joaquín de la Pezuela*, nombrado por el Virrey del Perú en reemplazo de *Goyeneche*, sorprendió y derrotó los ejércitos de *Belgrano* en las pampas de *Vilcapujio* y en los ingenios de *Ayohuma* (Octubre y Noviembre 1813) (1).

9. – Al conocerse en Buenos-Aires las noticias de las derrotas de *Belgrano*, convocó el *Triunvirato* la *Asamblea Consti-* La rendición de Montevideo.

(1) Vse. *Mitre:* Hist. Belgrano. Vol. II. Cap. XX, XXI, XXII, XXIII, XXIV, pág. 132 y sig. *Id.:* Hist. San Martín. Vol. I, pág. 165 y sig. *V. F. López:* Hist. Arg. Vol. IV. Cap. I á VIII, pág. 5 y sig. *Calvo:* op. cit. Vol. II, pág. 102 y sig. *J. M. Estrada:* op. cit. Lec. XIII-XIV. Vol. II, pág. 45 y sig. *J. M.ª Paz:* Memorias. Vol. I. Cap. II, III, IV, pág. 47 y sig. *Biedma:* Atlas. Hist. Arg. Lámina XIV, pág. 34 y sig. *Gambon:* op. cit. Vol. II, pág. 60 y sig., etc., etc. Comp. *Torrente:* op. cit. Vol. I, pág. 343 y sig. *García Camba:* op. cit. Vol. I, pág. 87 y sig. *Torres Lanzas* (Archivo de Indias): Vol. III. Doc. 3870, 3879, 3393, 4178, 4186-88, 4228-29, 4271-72, etc.

tuyente, que comprendió la necesidad de concentrar el gobierno en una sola persona y nombró *Director* Supremo á *Don Gervasio A. Posadas* (Enero 1814). *San Martín* asumió el mando (Enero 26) del destrozado ejército del Perú, construyó una fortaleza cerca de Tucumán (*"La Ciudadela"*), y auxiliado eficazmente por el célebre caudillo Salteño *Güemes* contuvo los avances realistas. Convencido, sin embargo, de la imposibilidad de obtener auxilios y de la encubierta enemiga de *Alvear* y su partido, decidió con admirable buen sentido separarse de un mando que no creía deber continuar, y retirarse á

Fig. 508.—Ocupación de Montevideo por las tropas Argentinas.

Córboba. El ejército quedó interinamente á cargo del Mayor General *Cruz*, hasta que el General *Rondeau* vino á sustituirle.

Para someter á Montevideo se necesitaba una escuadrilla capaz de combatir con la Española. El Gobierno armó algunos buques mercantes y los puso á las órdenes del bravo y habilísimo marino Irlandés *D. Guillermo Brown*, que batió heróicamente á *Romarate* cerca de Martin García, se apoderó de la isla, y de sus baterías (Marzo 16), bloqueó en seguida á Montevideo, derrotó gloriosamente á las naves de *Vigodet* que le atacaron (Mayo 17), apresó un bergantín y dos corbetas y obligó á las restantes á refugiarse en el puerto. *Alvear*, por su parte, estrechó el sitio de la ciudad, que capituló, siendo ocupada con armas, buques y pertrechos, por el afortunado caudillo Argentino.

La rendición de este baluarte de la resistencia realista, si bien influyó decisivamente en la marcha de la revolución, no logró concluir con la anarquía política de la capital. El Director *Posadas*, renunció su cargo siendo nombrado *Director Supremo* el General *Alvear*, que á su vez fué depuesto por una revolución (15 Abril 1815) que elevó provisoriamente al poder á *D. Igna-*

cio Alvarez Thomas, que con la aprobación del temible *Artigas* la habia acaudillado.

La misma anarquía de la capital minaba el ejército del Norte. *Rondeau*, sin embargo, se decidió á abrir la campaña contra el enemigo y se movió hacia Challanta (Agosto) mientras *Pezuela* situaba su cuartel General en Torazora. Como la vanguardia realista derrotara la división del brigadier *Rodríguez*, el ejército Argentino hubo de replegarse á Cochabamba: *Pezuela* le cortó el paso en *Sipe-Sipe*, obligándole (Noviembre 28) á aceptar el combate, que fué tan desastroso para *Rondeau*

Fig. 509.— El Almirante Brown.

que apenas pudo emprender la retirada hacia Jujui con unos pocos dispersos. Los vencedores habrían continuado en marcha á las Provincias Argentinas, si el habilísimo caudillo *D. Martín Güemes* no hubiera logrado cerrarles el paso con sus heroicas guerrillas Salteñas, á las que se debió en gran parte la salvación del país en aquellas circunstancias difíciles.

Fig. 510.—El combate heróico del Almirante Brown.

10.—La Revolución del 15 de Abril de 1815 había exigido la reunión de un nuevo *Congreso General*. El Director Provisorio *Alvarez Thomas* convocó, en consecuencia, á elecciones de diputados y designó la ciudad de Tucumán como asiento de la Asamblea. Al llamamiento del Director Supremo respondieron únicamente las provincias de Cuyo y Tucumán y los emigrados del Alto Perú. Las Provincias de Córdoba, Santa Fé, Entre Ríos,

El Congreso de Tucumán.

Corrientes y la Banda Oriental estaban en poder de *Artigas*. Sin embargo, poco después eligió Córdoba sus diputados, reservándose el derecho de su autonomía y Salta, que de hecho era independiente bajo el poder de *Güemes,* no tardó en hacer lo propio.

Con estos elementos abrió sus sesiones (24 Marzo 1816) este memorable Congreso y nombró á poco (Mayo 3) Director Supremo á *D. Juan Martín Pueyrredon,* que si bien no pudo impedir la disolución política y social del país, logró por lo menos retardarla con habilidad y energía.

El Congreso se desarrolló con pasos vacilantes y es muy posible que sus trabajos hubiesen resultado estériles si la influencia del General *San Martín,* cuyo prestigio se agrandaba de día en día, no hubiese decidido á los diputados de Cuyo á influir para que se declarase de derecho la emancipación que en 1810 había comenzado de hecho. El General *Belgrano,* por su parte, no dejaba de instar á los diputados para que diesen este paso supremo.

Fortalecido el *Congreso* con las opiniones de estos Próceres ilustres, dejó de lado sus vacilaciones y el glorioso día *9 de Julio de 1816,* declararon unánimemente la *Independencia* del pais, labrando en seguida el *Acta memorable* que consagró legalmente las aspiraciones del pueblo Argentino y acreditó la existencia de una nueva *Nación* ante la faz del mundo.

Cierra esta declaración del *Congreso de Tucumán* la primera época de la historia autonómica de la actual República Argentina. El relato de sus luchas posteriores y de su evolución constitucional excede de los límites de este Compendio. (1)

---

(1) Vse. *Mitre:* Hist. Belgrano. Vol. II, pág. 260 y sig. y sus notas. *Id.:* Hist. de San Martin. Vol. I, pág. 235 y sig. *J. M.ª Paz:* Memorias. Vol. I, pág. 179 y sig. *V. F. López:* op. cit. Vol. V. Cap. I á XI, pág. 3 y sig. *Calvo:* op. cit. Vol. I, pág. 153 y sig. y Doc., pág. 166 y sig., pág. 231 y sig. y Doc., pág. 252 y sig., pág. 299 y sig. y Doc., pág. 340 y sig. (Acta de la Independencia, pág. 317). *J. M. Estrada:* op. cit. Vol. II. Lec. XIV-XV-XVI, pág. 80 y sig. *Pelliza:* Hist. Argna. Vol. I, pág. 345 y sig. *V. Gambon:* S. J. Lec. Hist. Argentina. Vol. II. Lec. IV-V, pág. 106 y sig. Comp. *García Camba:* op. cit. Vol. I. Cap. VII-VIII, pág. 129 y sig. *Torrente:* op. cit. Vol. II, pág. 3 y sig., 111 y sig., 205 y sig., etc. *Miller:* Memoirs. Vol. I, pág. 52 y sig. *Torres Lanzas:* Archivo Indias. Vol. IV. Doc., 5379, 5820, 5808, 5828, 4582, 4642, 4731, 4869, 5600, etc., etc. (Vse. Indice. Vol. VI, pág. 93 y sig.).

CUESTIONARIO

1. – ¿Cuál fué la única re-
volución Sud-Ame-
ricana que logró
sostenerse después
del año 1814?

2. – ¿Cuáles fueron las
principales causas del éxito inmediato y persistente de
la Revolución Argentina?

3. – ¿Qué actitud asumieron en Buenos Aires los realistas
contra el Virrey Liniers?

4. – ¿Qué nuevo Virrey nombró la Junta Central Española?

5. – ¿Qué importancia tiene en la Historia Americana la céle-
bre "Representación de los Hacendados", *que redactó*
el Prócer Argentino Moreno?

6. – ¿Qué resultados produjo para el comercio de Buenos
Aires?

7. – ¿Cómo se preparó y desarrolló la gloriosa revolución del
25 de Mayo de 1810?

8. – ¿Quiénes fueron sus principales caudillos?

9. – ¿Qué provincias desconocieron la autoridad de la primera
Junta Gubernativa Argentina?

10. – ¿Qué hechos caracterizaron y qué resultados tuvo la ex-
pedición del Alto Perú?

11. – ¿Cómo se desarrolló el doloroso suceso de "Cabeza del
Tigre"?

12. – ¿Quién era D. Manuel Belgrano?

13. – ¿Cuáles fueron las proyecciones Americanas de su expe-
dición al Paraguay?

14. - *¿Qué dos partidos se dibujaron en la* Junta Gubernativa *desde su instalación?*

15 - *¿Qué influencia tuvo la caída del genial caudillo* Moreno *en la marcha de la revolución* Argentina?

16. - *¿Qué salvadora importancia tuvo para la misma la acción diplomática de* D. Manuel de Sarratea?

17. - *¿Qué brillantes triunfos obtuvo el* General Belgrano *con el Ejército del Norte sobre las fuerzas realistas?*

18. - *¿Cuál fué la acción de la* Asamblea Constituyente *del año 1813, y quiénes fueron sus principales inspiradores?*

19. - *¿Qué consecuencias tuvieron las desgraciadas jornadas de Vilcapujio y Ayohuma?*

20. - *¿Cuáles fueron los principios de la* Marina Argentina *y que gloriosas victorias consiguió el Almirante* D. Guillermo Brown *sobre la escuadra realista?*

21. - *¿Cómo se rindió la plaza de* Montevideo?

22. - *¿Qué peligros entrañaba para la revolución la derrota de Sipe-Sipe, y qué bravo caudillo los conjuró?*

23 - *¿Quién convocó el inmortal* Congreso de Tucumán?

24. - *¿Cómo se declaró de derecho la* Independencia *de la actual* República Argentina?

REFERENCIAS

Véanse las relacionadas en el Capítulo II, Título IV.

TÍTULO IV
La etapa heróica (1815-1826)

CAPÍTULO PRIMERO

LA INDEPENDENCIA DE CHILE (1815-1818)

1. El año 1815 y el absolutismo.—2. Don José de San Martin.—3. El Ejército Libertador.—4. El Paso de los Andes.—5. La batalla de Chacabuco.—6. La Independencia de Chile.—7. Canchar rayada.—8. La jornada de Maipu.

1. — Los acontecimientos Europeos del año 1815 tuvieron **El año 1815**
gran influencia en las provincias Americanas. La restauración **y el absolu-**
en el trono Español del monarca *Fernando VII* (1814) y el **tismo.**
absolutismo que caracterizó los primeros años de su reinado,
repercutieron tristemente en las agitadas colonias. La sola
fuerza moral de la vuelta del rey cautivo determinó, en general, la obediencia del bajo pueblo Americano, dió vigor á la
resistencia Española y paralizó los trabajos de los caudillos
criollos.

No tardaron en salir de España considerables refuerzos militares para engrosar los batallones realistas (1). En el año 1816
el antiguo régimen estaba, como hemos visto, restablecido en
casi toda la América. Sólo en el Río de la Plata se sostenía el
gobierno autonómico, aunque rodeado de serios peligros.

Creían los gobernantes Españoles que los 25.000 hombres
armados enviados (1815-18) desde España contra los revolucionarios, eran bastantes para dominar en absoluto sus proyectos de independencia. «El sometimiento completo de las Amé-

---

Vse. *Conde de Clonard*: Hist. Orgánica de las armas de Infantería y Caballería
Españolas, etc. (Madrid, 1851). Estado Demostrativo. Vol. VII, pág. 172 y sig.

ricas, decían, y el afianzamiento definitivo de la tranquilidad tradicional en esos dominios, será obra de algunos meses."

Fernando VII y sus obcecados consejeros se engañaban. La revolución Hispano-Americana tenía raíces más hondas que las que le atribuían los antiguos dominadores. Los castigos y las violencias de la reacción absolutista crearon odios más pro-

Fig. 511.-- Olavarría.

fundos é infundieron en el alma criolla esa exasperación suprema que, sin contar el enemigo, acude á las armas. En vano la represión tomó caracteres sombríos, revistiendo en casi todas las colonias la forma de represalias sangrientas; en vano el cadalso sacrificó centenares de víctimas. Los caudillos Americanos no cejaron en su empresa y su constancia fué premiada con la victoria (1).

Un varón de epopeya llegó en estos dolorosos años para tomar parte en la lucha. Sol-

dado genial, gallardo, abnegado, silencioso y severo, era el héroe que América necesitaba en aquellas circunstancias críticas, el hombre simbólico de la emancipación nacional, el tipo culminante de la virtud patricia de sus contemporáneos.

D. José de San Martín. 2.—Se llamaba *D. José de San Martín y Matorral*. Había nacido en Yapeyú, aldea del territorio Argentino de Misiones, el día 25 de Febrero de 1778. A los ócho años ingresó en el

(1) Vse. la Proclama de *Bolívar* en Curúpano (Setiembre, 7-1814) en *Blanco y Azpúrua:* op. cit. Vol. V, pág. 364 y sig. En general Vse. *Gervinus:* op. cit. Vol. VI, pág. 145 y sig. *Lafuente:* Hist. Gen. España. Lib. X. Cap. XXV á XXX. Lib. XI. Cap. I, II. Vol. V, pág. 225 y sig. *Barros Arana:* Hist. Gen. Chile. Vol. X, pág. 7 y sig. y sus notas. *Cambridge Modern History:* Vol. X. Cap. I y Bibliografías, pág. 785 y sig. y 808 y sig. *Lavisse & Rambaud:* op. cit. Vol. X. Cap. II, III y VI, pág. 63 y sig. y sus bibliografías. *Jancini:* op. cit., pág. 580 y sig. y sus notas y refcins., etc., etc.

Seminario de Nobles, de Madrid, formando al poco tiempo, como cadete, en el heroico regimiento *Murcia.* Peleó, durante varios años (1789-1802), con sus dos primeros batallones, en Melilla y Orán, y en la campaña del Rosellón (1793-95) á las órdenes del ilustre General *Ricardos* (1). En 1804 pasó á Cádiz con los *Voluntarios de Campo Mayor,* en cuyo cuérpo sirvió cuatro años (1804-1808). Al estallar la guerra contra Napoleón se incorporó el brillante y disciplinado oficial Argentino al ejército del *General Castaños,* formando parte de los regimientos de caballería de *Borbón* y de *Dragones de Sagunto,* con los que combatió valerosamente en las jornadas de Bailén, Albuera, etc., logrando, por su heroismo, ser ascendido á Teniente Coronel en el campo de batalla (1808-1811). Afiliado en Cádiz á la Logia *Láutaro* (Tít. II, Cap. II), al tener noticia de la

Fig. 512.—Abanderado del Regimiento Murcia, al que perteneció San Martin.

revolución Argentina, decidió separarse del ejército Español y

Fig. 513.—Necochea.

combatir por la independencia de su patria. Sir *Charles Stuart,* Agente Diplomático Inglés en Madrid, facilitó al futuro Libertador los medios de salir de España. Llegó á poco *San Martín* á Londres, renovó en la *Logia Central* del gran caudillo *Miranda* los juramentos hechos en la filial de Cádiz y se embarcó, con *Alvear, Zapiola,* etc., para el Río de la Plata.

Al llegar á Buenos Aires (Cap. V, Tít. III), fué reconocido en

(1) Vse. *Clonard:* op. cit. Vol. X, pág. 418 y sig. *Cambridge Mod. Hist.* Vol. VIII, pág. 439 y sig. y sus bibliografías. *Lafuente:* op. cit. Lib. IX. Cap. II, pág. 278 y sig., etc.

su grado de Teniente Coronel, y se dedicó en cuerpo y alma á la organización del famoso Cuerpo Americano de *«Granaderos á Caballo»*, escuela militar en la que el genio y el carácter de *San Martín* educó una legión de héroes, tipo de regimiento en el que una disciplina austera apasionaba á los soldados por su deber, épica cohorte que informada por el alma de sus jefes, concurrió á casi todas las grandes batallas de la Independencia Sud Americana, y después de derramar en ellas la generosa sangre de sus campeones, regresó en esqueleto á sus hogares con su estandarte cien veces glorioso (1).

El Ejército Libertador.

Fig. 511.— Escudo de los Dragones de Sagunto.

3.— A principios del año 1814 (Abril 22) escribía *San Martín* al prócer Argentino *Rodríguez Peña*... «Un ejército pequeño »y bien disciplinado en Mendoza, para pasar á Chile y aca- »bar allí con los *godos*, apoyando un gobierno de amigos sóli- »dos... Aliando las fuerzas, pasaremos por mar á tomar á Lima...»

_____

(1) *Mitre:* Hist. San Martín. Vol. I. Cap. II, pág. 85 y sig. y sus notas y refcias. según los documentos del Archivo de San Martín relacionados en la Sec. 23 del Catálogo «Museo Mitre» y existentes en su Biblioteca, etc. *Barros Arana:* Hist. Gen. Chile. Vol. X. Cap. III, pág. 113 y sig. y sus notas. *V. F. López:* Hist. Arg. Vol. V, pág. 6 y sig. *Vicuña Mackenna:* El General San Martin, etc. (Santiago, 1866). pág. 3 y sig. *García del Río* (Gual y Jaén). San Martin, etc. (Londres, 1823), pág. 14 y sig. *Varios:* El General San Martín. Libro formado con motivo de la inauguración de su estatua (B. Aires, 1862). Documentos, Bibliografía, etc., pág. 115 y sig. *Juan M. Gutiérrez:* Bosquejo Biográfico del General San Martín (B. A., 1868), pág. 4 y sig., etc. Comp. *Clonard:* op. cit. Vol. VI. Lib. III. Cap. X y sig., pág. 41, etc. y Vol X, pág. 389 y sig., etc. *Gómez Arteche:* Guerra de la Independencia (Madrid, 1868-1902), en especial Vol. II, pág. 37 y sig. Vol. III, pág. 22 y sig., etc. *Archivo del Senado.* Madrid. Ms. Col. *Gómez Arteche:* Leg. 43 (Bailén), etc. *Archivo Hist. Nacional.* Madrid. Ms. Indepencia. Leg. 30. Bailén (en especial Documento W). *Id* Colegios y Seminarios. Leg. 297. Docs. 1, 2, 3, etc. *Nicolás Alcolea:* Seminario de Nobles (Madrid, 1789), pág. 5 y sig. *Solís:* Batalla de la Albuera, en *Asamblea del Ejército* (Madrid, 1859). Vol. IV, pág. 220 y sig. *Archivo de Simancas.* Hojas de servicios Leg. 7301-7327. *Id.* Secretaria de Estado. Embajada de Inglaterra. Leg. 8133 al 8331, etc.

Esta concepción, sinopsis concreta de la guerra de la Independencia Sud-Americana, era en 1814 secreta, pero tenía fuerza de idea fija en el clarividente espíritu militar del *Washington Argentino*, que renunció para realizarla el mando del ejército del Alto Perú, y pasó á Mendoza como Intendente de la Provincia de Cuyo (Agosto 1814). La situación de los patriotas Chilenos era en estos años verdaderamente aflictiva. *Osorio* primero, y el Mariscal de Campo *don Francisco Marcó del Pont*, extremaron después de Rancagua

Fig. 515.—Zapiola.

(Cap. IV, Tít. III) los rigores del absolutismo realista. Los emigrados de su tiranía afluyeron á Mendoza, y su llegada é instancias fueron para el General *San Martín* confirmación palpable de la necesidad Americana de poner en práctica sus grandiosos planes guerreros (1). Sometiólos el prudente caudillo al examen del Gobierno Argentino, que los aprobó (Julio 1.º de 1816), y sin perder momento

Fig. 516.—Manuel Rodríguez.

(1) Vse. *Barros Arana*: Hist. Gen. Vol. X. Cap. I á VII, pág. 7 y sig. con sus notas y referencias. *B. Mitre:* Hist. de San Martín. Vol. I. Cap. IX, pág. 415 y sig. y sus notas. Comp. Cartas *Pezuela Ms.* Archivo de Indias, relacionadas en *Torres Lanzas:* op. cit. Vol. IV. Docs. N.º 5364, 5410, 5498, 5504, etc., etc.

y con la base de los *"Auxiliares de Chile"*, mandados por
"Las Heras" y los *"Granaderos á Caballo"*, que mandaba
Zapiola, se dedicó en cuerpo y alma á la organización del
"Ejército de los Andes".

Fué poderosamente auxiliado
en esta magna empresa por el
célebre é ingenioso lego Mendocino *Fray Luis Beltrán*, jefe
de la Maestranza, por el Sargento Mayor Chileno *De la
Plaza*, jefe del Parque, por el
habilísimo Ingeniero *Alvarez
Condarco*, que planteó la fábrica de pólvora, y en especial
por el Director Supremo de las
Provincias del Plata, *D. Juan
Martín Pueyrredón*, que invis-
tió á *San Martín* con el cargo
de Generalísimo y le proporcionó auxilios y recursos de gran
importancia.

Fig. 517.—Caballería Española (1805).

En los primeros días de Septiembre del año 1816, el *"Ejército de los Andes"* contaba ya con 2.500 soldados. *Soler,
Necochea, Olavarría, Brandzen,
Melian, Escalada, Lavalle* y otros
brillantes oficiales se habian incorporado con entusiasmo á sus
filas. Faltaba completar el número
previsto de 4.000 hombres. *San
Martín* conferenció en Córdoba
con *Pueyrredón*, hizo esparcir la
voz al volver á Mendoza, que había acordado con el Director Supremo declarar abolida en absoluto la esclavitud, y aconsejó á los

Fig. 518.—D. Juan Martín
Pueyrredón.

propietarios de esclavos que los cedieran al ejército. Así adquirió 700 hombres más, robustos, decididos y llenos de civis-

mo. Comprendió también *San Martín* la necesidad de que los emigrados Chilenos formasen parte importante del ejército, y formó con ellos los beneméritos «*Cuadros de Chile*» y una partida volante á las órdenes de los bravos jefes *Freire* y *Portus*, que llamó «*Legión Patriótica del Sur*». Nombró además al ilustre caudillo *O'Higgins*, Brigadier General de las Provincias Unidas, y elevó al difícil é importante cargo de Secretario del Ejército al distinguido y prudente estadista de Santiago de Chile, *D. José Ignacio Centeno*.

El ejército tenía ya (Enero 1817) su número completo y estaba dispuesto para emprender su campaña emancipadora. *San Martín*

Fig. 519.– Plano del *Paso de los Andes.*

quiso darle un ideal y un símbolo. Dispuso que se proclamara Patrona de la expedición á la Virgen del Carmen, é hizo enarbolar y jurar la bandera celeste y blanca con toda la pompa religiosa y militar que exigía un acto tan solemne.

4. – El ejército estaba dividido en tres cuerpos que por diversos sitios debían trasmontar los Andes, y dos columnas volantes *(Legiones Patrióticas del Norte y del Sur)* de dos divisiones cada una, que debían cubrir la izquierda y derecha

Fig. 520.—El Paso de los Andes. *(Fortuny)*.

del ejército, completando la línea de ataque los unos sobre Talca y Curicó y los otros sobre Coquimbo y el Huasco. La primera *(Legión Patriótica del Sur)* debía pasar por el paso del Planchón, favoreciendo las operaciones de los patriotas Chilenos *Manuel Rodríguez* y *Miguel Neira*, que convulsionaron valerosa y hábilmente las provincias del Maule y Conchagua.

El día 12 de Enero salió de San Juan la primera división del extremo Norte, á las órdenes del Coronel *D. Juan Manuel Cabot,* y simultáneamente salió de la Rioja la segunda, formada por el glorioso destacamento Riojano, mandado por el Teniente Coronel *don Francisco Zeïada.* Un mes después, habían atravesado ambos destacamentos la Cordillera y ocupado las ciudades de Copiapó y Coquimbo, sublevando toda la provincia. El 14 de Enero salieron de Mendoza las dos divisiones de la

Fig. 521.—Alvarez Condarco.

Legión Patriótica del Sur al mando del Teniente Coronel *Freire* y el capitán de Caballería *D. José León Lemos,* y también en

– 694 –

menos de un mes pasaron la Cordillera, batieron á los realistas y, apoyando los trabajos de los caudillos Chilenos, se apoderaron de Talca, dominaron la línea del Maule y ocuparon *(Lemos)* el Portillo de los Pinquenes (1).

Despachadas las anteriores expediciones, ordenó *San Martín* al Coronel *Las Heras* que abriese la campaña decisiva por el *Paso de Uspallata* (3.927 metros) para sorprender la guar-

dia enemiga al Oeste de la Cordillera, penetrar al valle de Aconcagua, buscar en seguida comunicación con el grueso del ejército y fortificarse en Chacabuco. *Las Heras* rompió la marcha con el primer cuerpo del ejército el día 18 de Enero. El día 24 del mismo mes fué sorprendida la avanzada de Picheuta por un destacamento realista que fué derrotado en *„Los Potrerillos"*.

San Martín, al tener noticia de este encuentro, temió fundadamente

Fig. 522.—Las Heras.

que el enemigo, conociendo el rumbo del Ejército Libertador, obstaculizara su marcha ocupando los desfiladeros Andinos. Para evitarlo, modificó sobre el terreno sus planes estratégicos y despachó, al frente de 200 hombres al valeroso *Arcos,* que, secundado por el entonces Teniente de Caballería, *Lavalle,*

(1) Para la composición, rumbos. acciones, etc., de estas columnas volantes, Vse. *Mitre:* Hist. de San Martín. Vol. I, pág. 575 y sig. *Barros Arana:* Hist. Gen. de Chile. Vol. X. Cap. X y XII, pág. 477 y sig. y sus notas, y en especial el precioso y concienzudo trabajo histórico de *J. A. Pillado* sobre la "Bandera de la Expedición Norte del Ejército de los Andes», publicado en la Revta. "*Museo Histórico*" (B. Aires, 1893). Tomo III, pág. 129 y sig., etc.

ocupó, después de una brillantísima carga de este ardoroso oficial, la garganta de las Achupallas.

El día 19 de Enero, el segundo y tercer cuerpo del ejército, en el que iban *San Martín* y *O'Higgins,* avanzaron por las Higueras, Cuevas, Los Manantiales y el *Paso de los Patos* (3.437 metros) hasta San Antonio de Putaendo. *Las Heras,* en tanto, había entrado en triunfo en Santa Rosa de los Andes, dispersando la guarnición realista. (Febrero 8)

El día siguiente restablecieron los zapadores el puente del Aconcagua, por el que pasó el grueso del ejército (segundo y tercer cuerpo), destacando un escuadrón de Caballería á las órdenes de *Melián,* que no tardó en encontrarse en la *Cuesta de Chacabuco* con las avanzadas de *Las Heras.* El

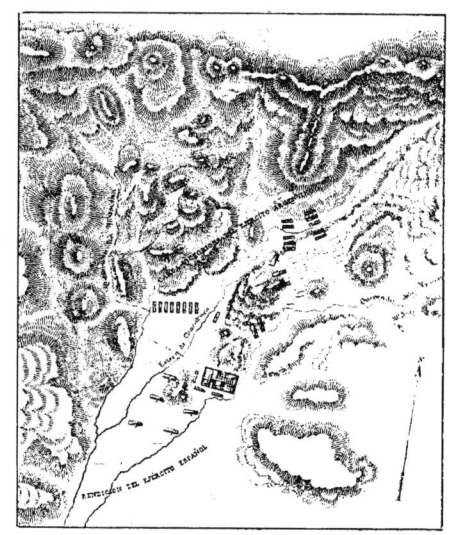

Fig. 523.—Plano de la Batalla de Chacabuco.

parque y la artillería, conducidas por *Beltrán,* descendía simultáneamente y sin perder un sólo cañón por las pendientes de Uspallata.

Así se operó la reconcentración del *Ejército de San Martín,* y se realizó con admirable y matemática justeza, á pesar de haberse desenvuelto sobre un frente de 2.000 kilómetros, la extraordinaria combinación estratégica del *Paso de los Andes,* que la ciencia militar equipara á los de *Aníbal* y *Napoleón* y

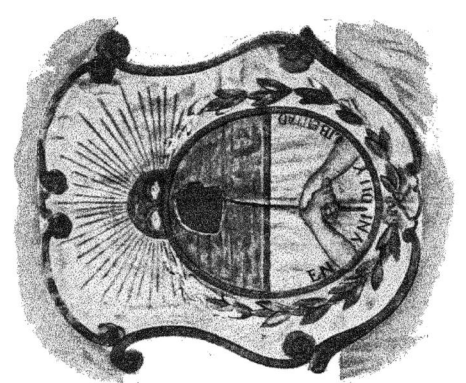

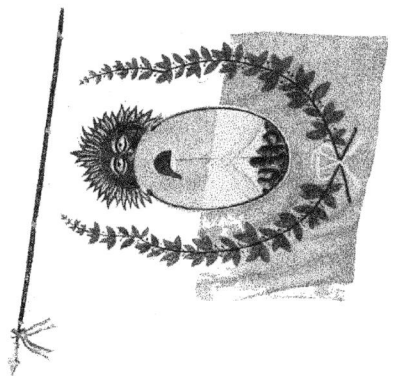

la historia relata como ejemplo de precisión, valor y eficacia libertadora (1).

La batalla de Chacabuco.

5.—El jefe realista *D. Francisco Casimiro Marcó del Pout,* no acertó á tomar medidas militares para detener á los libertadores. En vez de reconcentrar sus fuerzas en la capital, quiso acudir á todas partes y las extendió de una manera absurda. Una división de 2.000 hombres mandada por el Brigadier *Maroto,* fué á colocarse en el camino de Aconcagua. *San Martín* decidió atacarla.

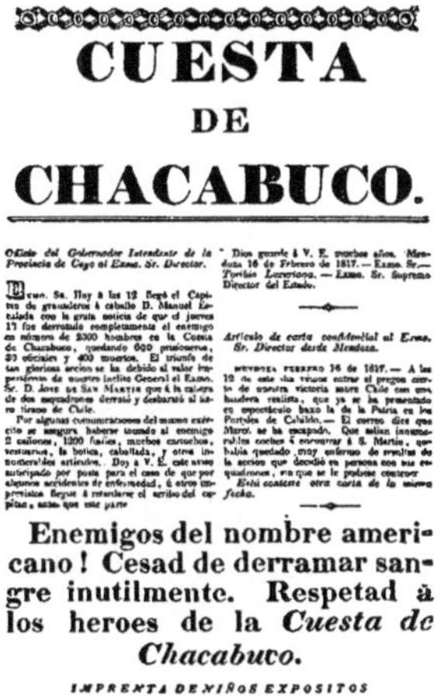
CUESTA

DE

CHACABUCO.

Enemigos del nombre americano! Cesad de derramar sangre inutilmente. Respetad á los heroes de la *Cuesta de Chacabuco.*

IMPRENTA DE NIÑOS EXPOSITOS

Fig. 524.—Parte de la batalla de Chacabuco.

En la noche del 11 al 12 de Febrero, avanzó la división que mandaba *Soler* por el camino de la derecha de la cuesta de Chacabuco *(Cuesta Nueva)* y la división que mandaba *O'Higgins* por el camino de la izquierda *(Quebrada de los Cuyanos),* siguiéndolas *San Martín* con su Estado Mayor y el resto de la Artillería.

(1) *Mitre:* Hist. de San Martín. Vol. 1. Cap. X á XIII, pág. 464 y sig. con sus notas y referencias. Según Documentos *Archivo de San Martín* (Vse. Catálogo *Bca. Mitre.* Sec. 23, pág. 675 y sig.), algunos de los cuales van copiados en la op. cit. Vol. IV. Apce. N.° 7 á 18, pág. 224 y sig. General *Jerónimo Espejo:* El Paso de los Andes (B. Aires, 1882), pág. 15 y sig. *Barros Arana:* Hist. de Chile. Vol. X. Cap. XI, pág. 519 y sig., con sus notas, etc. *Calvo:* op. cit. Vol. III, pág. 87 y sig. y Docs., pág. 95 y sig. *Gervinus*: op. cit. Vol. VI, pág. 131 y sig. Vol. VII, pág. 5 y sig., etc. *V. F. López:* op. cit. Vol. VI, pág. 646 y sig. Comp. *Torrente:* op. cit. Vol. II, pág. 235 y sig. y Cap. XXI, pág. 315 y sig. (No «pag. 256», ni «Cap. XXX», como por error se escribe en la nota 67, pág. 628. Vol. 1 de la Hist. de San Martín del General *Mitre*). *García Camba*: op. cit. Vol. I, pág. 267. *Miller:* Memoirs, etc. Vol. I, pág. 90 á 130. Vse. también General *Alvarado.* Autobiografía, en «Revista Nacional». B. Aires. Tomo XX. Serie 3.ª, pag. 12 y sig. *M. F. Mantilla:* El Regimiento N.° 11 (*Auxiliares de Chile*), en Rev. Nacnal. Tomo XX. Serie 3.ª, pág. 290 y sig. y Comp. Docs. *Archivo General de la Nación* (B. Aires). «Ejército de los Andes», 1816-1817, etc., etc.

Al mediar la mañana del glorioso día 12 de Febrero ocupó *Zapiola* con sus inmortales Granaderos la quebrada que da acceso á la parte más estrecha del Valle de Chacabuco, después de desalojar la vanguardia realista de la cumbre. Allí se le reunió *O'Higgins* con sus compañías. Dejándose llevar este bravo caudillo de sus heroicos impulsos, lanzóse en columnas de ataque sobre las posiciones enemigas fuertes de 1.000 infantes, sólo con las 800 bayonetas de los batallones que mandaban

Fig. 525.—San Martín en 1818
(Estampa de la época).

Conde y *Cramer.* A pesar de su arrojo, no pudieron los patriotas salvar el perfil de la barranca en que protegidos por la Artillería estaban acordonados los realistas y se vieron forzados á retroceder en desorden. *San Martín,* viendo así comprometida la batalla, ordenó á *Soler* que cargara inmediatamente con sus batallones y descendió él mismo la cuesta á todo galope.

O'Higgins renovó ardorosamente el ataque. *Zapiola,* cargó entonces con sus tres escuadrones de *Granaderos,* mandados por *Melian, Ramallo* y *Medina,* simultáneamente con el batallón del Coronel *Alvarado,* el 4.º Escuadrón de Granaderos del gallardo *Escalada* y el escuadrón Escolta que mandaba *Necochea,* y lograron arrollar á la caballería realista, obligando á la infantería á formar un cuadro que fué deshecho en poco tiempo por las fuerzas vencedoras. Los restos dispersos del ejército de *Maroto* se rindieron á discreción en la *Hacienda de Chacabuco.* (Febrero 12-1817).

Este brillante triunfo tuvo decisiva importancia para la Independencia de Sud-América. Contuvo la invasión por el Alto Perú que amenazaba la Revolución Argentina (Cap. V, Tít. II), y según confesó más tarde el mismo Virrey *Pezuela*, «marcó el momento en que la causa Española empezó á retroceder en las Indias»...

Con razón escribió el General *San Martín*, al dar concisa cuenta de su victoria: «*Al ejército de los Andes queda la*

Fig. 526. — Jura de la bandera de los Andes.

gloria de decir: en veinticuatro días hemos hecho la campaña; pasamos las cordilleras más elevadas del globo y dimos la libertad á Chile...» (1)

6. — Al día siguiente de la batalla de Chacabuco, pudo el pueblo de Santiago recibir con entusiasmo á sus libertadores. **La Independencia de Chile.** Reunido en *Cabildo abierto* proclamó á *San Martín* Director Supremo, y como el abnegado caudillo Argentino renunciara tal honor, fué elegido *D. Bernardo O'Higgins* para tan alto cargo.

El Gobierno Independiente quedó á poco restablecido desde

(1) Archivo del Gen *San Martín* (Bca. Mitre). Leg. 12. Chacabuco y Rev. de Chile. *Mitre:* Hist. de San Martín. Vol. II. Cap. XIV, pág. 2 y sig. y sus notas. *Id.:* El General Las Heras, en «*Museo Histórico*» (B. Aires). Vol. II. Ent. 1.ª, pág. 31 y sig. Gen. *J. Espejo:* op. cit., pág. 574 y sig. *Barros Arana:* op. cit Vol. X. Cap. XII, pág. 577 y sig. y sus notas. *Vicuña Mackenna:* El Ostracismo del Gen. Bdo. O'Higgins, pág. 250 y sig. *M. L. y G. V. Amunátegui:* La Reconquista Española (Santiago, 1851), pág. 158 y sig. *Adolfo P. Carranza:* El General Escalada, en «*Museo Histórico*». Vol. II. Ent. 1.ª, pág. 161 y sig. *Id.:* Caxaraville, pág. 367 y sig. *José J. Biedma:* Olavarría. «*Museo Histórico*». Vol. III, pág. 174 y sig. *General Alvarado:* Autobiografía. loc. cit., pág. 123 y sig. *M. F. Mantilla:* op. cit., pág. 294 y sig. *M. Camus:* Zapiola en el apogeo de su gloria. 2.ª Ed. (B. Aires, 1901), pág. 38 y sig., etc. Comp. *Torrente:* op. cit. Tomo II, pág. 318 y sig. *Miller:* Memoirs. Vol. I, pág. 130 y sig. *García Camba:* op. cit. Vol. I, pág. 249, etc. y sig. Véanse también los detallados planos del 1.o, 2.º y 3.er momento de la batalla en el Atlas de Hist. Argentina de *J. J. Biedma.* Lámina XV, etc.

Copiapo hasta el Maule. Sólo en la Concepción quedaron en pie las autoridades Españolas apoyadas por las fuerzas que había logrado reunir el valeroso Coronel *Ordóñez*. El Director Supremo envió á *Las Heras* para combatirle. Obtuvo el bravo jefe Argentino señalados triunfos en *Curupaligue* (Abril 5) y *Gavilan*, pero *Ordóñez* pudo replegarse con los suyos á Talcahuano y encastillarse en su bien artillada península.

En vano procuró el mismo *O'Higgins*, en combinación con *Las Heras*, apoderarse de la formidable posición enemiga. *Ordóñez*, con energía y pericia dignas de mejor causa, contuvo durante varios meses sus arrestados avances. Por fin, batidas duramente las tropas independientes en su decisivo ataque á las fortificaciones de la plaza, llevado de acuerdo con los equivocados planes del inepto y jactancioso oficial Francés *Miguel Brayer* (Diciembre 6-1817), y reforzado *Ordóñez* por una división de 3.500 veteranos que, mandados por su yerno el General *D. Mariano Osorio*, envió á Chile el infatigable Virrey *Pezuela*, hubo de desistir *O'Higgins* de sitiar á Talcahuano que siguió por algún tiempo en poder de los realistas (1).

El *Director Supremo* reconcentró en Talca el ejército del Sur y regresó á Santiago á reunirse con *San Martín*, que trabajaba sin descanso en disciplinar nuevos regimientos patrióticos con el inmediato propósito de impedir el posible desembarco de *Osorio* en la costa comprendida entre San Antonio y Valparaíso.

Reunidos en Santiago *San Martín* y *O'Higgins*, decidieron publicar solemnemente el "*Acta de declaración de la Independencia Chilena*", firmada por este último en Talca, (2 de Febrero) después de consultar en forma plebiscitaria la opinión de sus compatriotas. El día *12 de Febrero de 1818*, primer aniversario de la jornada de Chacabuco, formaron las tropas en la

(1) Vse. *Mitre:* Hist. de San Martín. Vol. II. Cap. XV, pág. 35 y sig., y sus notas y referencias, y Vol. IV. Apce. 18 y 19, pág. 403 y sig. *Id :* El General Las Heras. loc. cit , pág. 39 y sig. *Calvo:* op. cit. Vol. IV, rág. 2 y si:. *A. P. Carranza:* El General Escalada. loc. cit., pág. 165 y sig. *Manuel Olazabal:* Asalto de Talcahuano. en *Rev Nacional* (B. Aires, 1894). Serie 3.ª Vol. II, pág. 146 y sig. y en especial *Barros Arana:* Hist. Gen. de Chile. Vol. XI. Cap. I á VI, pág. 11 á 312, con sus admirables notas y eruditas referencias, etc.

plaza principal de Santiago, donde flameaban unidas las banderas Chilenas y Argentinas; se leyó el *Acta de la Independencia* y fué jurada por todos con patriótico entusiasmo. En ese mismo día ó en los siguientes fué jurada también la Independencia en los demás pueblos, desde Copiapó hasta el río Maule (1).

7. — La alianza Argentino-Chilena es en la historia de Sud-América un hecho de capital importancia. Empezó esta alianza en los años 1810-14 (Cap. IV y V, Tít. III), se consolidó en el Paso de los Andes y fué sellada con sangre en Chacabuco y Talcahuano. De ella surgió el *"Ejército Unido de los Andes y Chile"*, que á fines del año 1817 contaba con más de 9.000 hombres perfectamente armados y listos para combatir con los veteranos realistas de *Osorio* y *Ordoñez*. El Director Supremo *O'Higgins* contribuyó

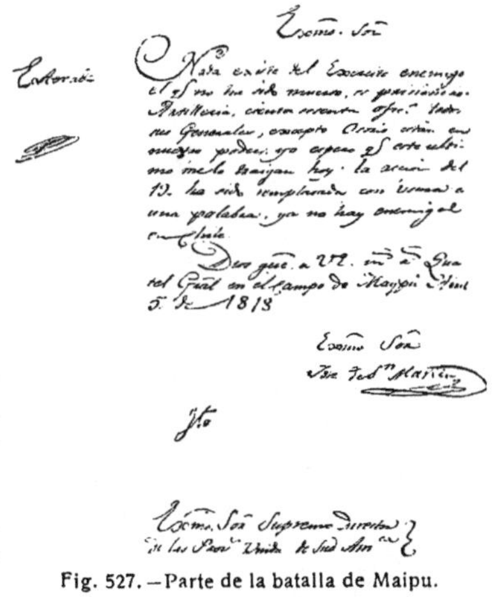

Fig. 527. — Parte de la batalla de Maipu.

celosamente á la organización de este heróico ejército y dió á San Martín el nombramiento de *Generalísimo* (2).

(1) Vse. *Barros Arana*: Hist. Gen. Chile. Vol. XI. Cap. VI, pág. 344 y sig. y sus notas. La primera bandera nacional Chilena se enarboló en 1812, y fué modificada en la forma que hoy tiene en 18 de Octubre de 1817, según diseño del ministro *Don José Ignacio Centeno* (Vse. *Barros Arana*: loc. cit., pág. 345. Nota 28, y comp. *Vicuña Mackenna*: Ostracismo O'Higgins, pág. 277 y sig.). El *Manifiesto* que hizo á las Naciones el *Supremo Director* de Chile de los motivos que justificaban la Independencia, puede leerse en *Calvo*: Anales de la América Latina. Vol. IV, pág. 29 y sig.

(2) Vse. *Mitre*: Hist. San Martin. Vol. II. Cap. XVI, pág. 82 y sig. y sus notas y referencias. Los citados originales que existen en el «*Archivo de San Martin*» y el «*Archivo Gral. de la Nación Argentina*» (Leg. «Ejército de los Andes», 1817), demuestran en Diciembre 1.º de 1817, para el Ejército unido, un total ó efectivo de 9.204 hombres. Vse. *Mitre*: op. cit. Vol. II, pág. 122. Nota 46. Vse. también *Barros Arana*: Hist. Gen. de Chile. Vol. XI. Cap. II, pág. 57 y sig., y IV, pág. 191 y sig., etc.

El día 4 de Marzo de 1818, las fuerzas realistas mandadas por *Osorio* y *Ordoñez*, atravesaron el Maule y acamparon en Talca. *San Martín* y *O'Higgins*, con 700 hombres, fueron á situarse en la planicie de *Cancharrayada*, á menos de una legua del campamento de *Osorio*. Prevenido *San Martín* por un espía de que el enemigo intentaba una salida para sorprender el campamento patriota durante la noche, resolvió cambiar su po-

Fig. 528. —Soler.

sición para adoptar otra mas ventajosa. Cuando el ejército Americano ejecutaba este movimiento táctico, cayeron de improviso sobre sus divisiones los veteranos del intrépido *Ordoñez*, y protegidos por la obscuridad lograron destrozarlas y dispersarlas. El General *O'Higgins* fué herido en el brazo derecho mientras sostenía con denuedo el desigual combate. Los desesperados esfuerzos del General *San Martín* fueron impotentes para contener á los suyos, y en medio de la más desastrosa confusión hubo de ordenar la retirada de los que con él, y hasta el último momento, resistían (Marzo 19-1818). Solo la primera división del *Ejército Unido* quedó intacta. Mandada por *Las Heras*, pudo replegarse felizmente hacia el Norte. En la retirada se le fueron reuniendo otros grupos fugitivos, llegaron á San Fernando cerca de 3.000 hombres desde donde *San Martín* y *O'Higgins* lograron que continuaran á Santiago ordenadamente.

El desastre de *Cancharrayada* produjo en la capital consternación y espanto que agravaron las falsas ó exageradas noticias de los soldados dispersos y hasta de algunos oficiales ó funcionarios, como el mayor *Arcos*, *Monteagudo*, y el indigno General *Brayer*, que habían estado cerca de *San Martín* y *O'Higgins* y gozaban de su confianza. Las enérgicas aunque tendenciosas proclamas del fogoso caudillo *Manuel Rodríguez*, y las acertadas medidas del Director Delegado *D. Luis de la Cruz*, reanimaron un tanto al pueblo decidiéndole á defender á todo trance el territorio. La llegada de *O'Higgins* (Marzo 24) que felizmente reasumió el mando supremo y concluyó con las anárquicas prédicas de *Rodríguez* y el despreciable *Brayer*, con-

Fig. 529.— San Martín en Maipu.

tra el *Ejército* y sus jefes, y la del General *San Martín*, acabaron de infundir á todos nuevo valor y esperanza. (1)

8.— Ya fuese por las disensiones entre *Osorio* y *Ordoñez*, ó **La batalla de** por el cansancio y las serías pérdidas que la acción de Cancha- **Maipu.** rrayada causó á sus tropas, no aprovecharon los realistas con

(1) Vse. *Mitre*: Hist. San Martín. Vol. II. Cap. XVII, pág. 132 y sig. y sus notas y referencias. *Alvarado*: Autobiografia. loc. cit., pág. 126 y sig. Relación Ms. del General *Las Heras* (Archivo de *San Martín*. Vol. XXVI). M. *Olazabal*: Episodios de la Independencia (Gualeguaychu, 1863), pág. 19 y sig. *Sanfuentes*: Chile desde la batalla de Chacabuco á la de Maipu (Santiago, 1850), pág. 85 y sig. *Barros Arana*: op. cit. Vol. XI. Cap. VII, pág. 358 y sig. y sus notas y referencias. Comp. *Torrente*: op. cit. Vol. II, pág. 419 y sig. *Miller*: Memoirs. Vol. I, pág. 163 y sig. *García Camba*: op. cit. Vol. I. Cap. XIII, pág. 268 y sig. *C L. Fregeiro*: Bernardo Monteagudo. Ens. Biog. (B. Aires, 1878), pág. 275 y sig. *Mariano A Pelliza*: Monteagudo (B. Aires, 1880), pág. 79 y sig. El *Mayor Arcos*, aunque duramente castigado por *San Martín*, que le obligó á asistir *como soldado* á la batalla de Maipu, fué rehabilitado por el Generalísimo en carta publicada en la *Gaceta* de B. Aires (Julio 3 de 1818). Sobre la justa y para él vergonzosa separación del Francés *Brayer* del Ejército Unido, sus villanos ataques á *San Martín* y *O'Higgins*, etc., Vse. *Mitre*: Hist. S. Martín. Vol. II, pág. 167. Nota 22, y en especial *Barros Arana*. op. cit Vol. XI, pág. 422, nota 14, y nota 54, pág. 113, etc.

la necesaria rapidez las ventajas obtenidas. En vez de seguir avanzando sobre la capital, *Osorio* se detuvo cuatro días en Talca para rehacerse, y tardó otros cuatro en llegar hasta San Fernando. Desde este punto empezó á tantear terreno desta-cando una avanzada que fué vencida por otra de *Granaderos* mandados por el valeroso Capitán *Caxaraville* (1). Este en-

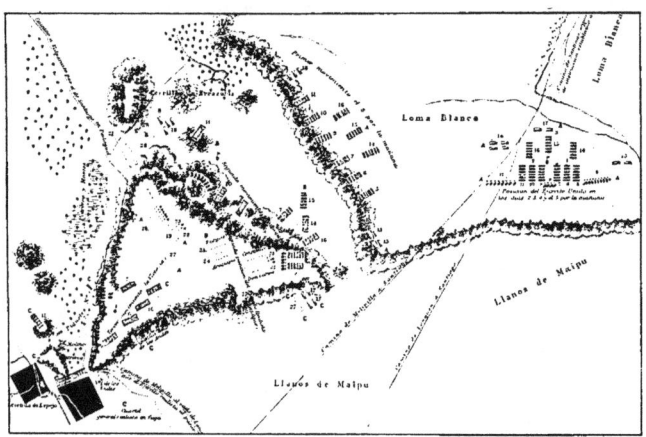

Fig. 530.—Batalla de Maipu.

cuentro fué la primera noticia que tuvo *Osorio* de que la lle-gada hasta Santiago no era tan sencilla como había presumido en su cuartel general de Talca.

De gran ansiedad y terribles afanes fueron para *O'Higgins* y *San Martín* estos ocho días. Sobre la base de la división *Las Heras* y en tan breve tiempo reorganizaron al *Ejército Unido;* desplegando energías heróicas, lograron poner la capital en estado de defensa, y acampar con 5.000 hombres en los prime-ros días de Abril en las gloriosas llanuras de Maipu, situadas á una legua al Sur de Santiago. El día 4 de Abril ya el ejército

(1) Vse. ei estudio biográfico de *Adolfo P. Carranza* sobre *Caxaraville* en «Mu-seo Histórico». Vol. II, pág. 367 y sig., etc.

de *Osorio* había pasado el río y se situaba frente á frente al de *San Martín* en la mencionada llanura.

Los dos ejércitos pasaron la noche del 4 al 5 de Abril sobre las armas. Al clarear el día 5, cambiaron algunos tiros sus avanzadas. El General *San Martín* desarrolló en las célebres lomas llamadas vulgarmente *«Los Cerrillos»* su línea de combate. En otra serie de colinas que quedan hacia el Sur, y forman como un triángulo, uno de cuyos lados es paralelo á *«Los Cerrillos»*, extendió *Osorio* la suya. La distancia entre los beligerantes oscilaba entre 500 y 900 metros, y sus fuerzas estaban equilibradas.

Como á las once de aquella memorable mañana dió *San Martín* la señal de ataque y sus intrépidas columnas se lanzaron á la carga. Los realistas resistieron con dureza y obligaron á retirarse al ala izquierda de los independientes. La victoria pareció inclinarse á favor de *Osorio* y los suyos. *San Martín* al notarlo, ordenó á sus reservas que cargasen para protejer los batallones que retrocedían y avanzó él mismo con su escolta. La batalla cambió de aspecto. Arrollada la caballería realista por los brillantes ataques de *Freire y Bueras* al frente de los bizarros *«Lanceros de Chile»* y los *«Cazadores Montados de los Andes»*, se trabó entre la infantería Argentino-Chilena y la Española el combate final. Los independientes atacaron con denuedo. Los veteranos realistas de *Ordoñez* y *Morla* resistieron sin retroceder un paso. En este crítico punto, *Osorio* creyéndolo todo perdido, huyó de la acción con su guardia, y los heróicos batallones realistas *«Burgos»*, *«Cantabria»*, *«Arequipa»*, etc., exhaustos de fatiga y sin caballería que los apoyase, empezaron á cejar. El valiente *Ordoñez*, juzgando inútil la resistencia, se retiró ordenadamente con sus tropas hasta la *«Hacienda del Espejo»*. El campo quedó por los patriotas. *O'Higgins* llegó en la hora del triunfo al lugar de la acción al frente de su escolta y aclamó á *San Martín* con entusiasmo. Abrazó el *Generalísimo* al héroe Chileno y reunidos ambos caudillos avanzaron hacia la *«Hacienda»* para completar la victoria.

El sol empezaba á declinar. *Ordoñez* fortificado en la *«Ha-*

cienda" con los restos del ejército realista, esperó con admirable sangre fría el último ataque de los vencedores. El Comandante patriota *Thomsom* con los *"Cazadores de Coquimbo"*, quiso asaltar la posición y fué rechazado con serías pérdidas. El General *Las Heras*, con mayor prudencia, rompió fuego con su artillería sobre las defensas realistas, y en menos de un cuarto de hora las deshizo, cargando luego á la bayoneta y rindiendo á discreción al enemigo. *Ordoñez* y su oficialidad entregaron sus espadas á *Las Heras*, que saludó al jefe Español como á un compañero de heroísmo.

Y así terminó la gloriosa jornada de *Maipu* y quedó coronada la primera etapa de la obra libertadora del gran caudillo de los Andes. Tuvo este triunfo transcendental importancia Americana. Con el atardecer del memorable *5 de Abril de 1818* feneció para siempre el poderío Español en Chile, surgió la *Patria Nueva* á la vida de las naciones libres, y emprendió los caminos que habían de conducirla á su actual y vigoroso progreso (1).

(1) *Mitre*: Hist. de San Martin. Vol. II. Cap. XVIII. pág. 185 y sig. y sus notas y referencias. Archivo del *General San Martin*. «Relacion de *Las Heras*» (Leg. 26) y «Papeles *Zapiola*» (Leg. 38), etc. Parte detallada de la batalla de Maipu, por *San Martín* (*Gaceta* de B. Aires. Abril, 9 de 1813). *Barros Arana*: op. cit. Vol. XI. Cap. VIII, pág. 425 y sig., con sus notas y referencias. *Calvo*: op. cit. Vol. IV, pág. 55 y sig. (reproduce el Parte de *San Martin* en la pág. 72). *López*: Hist. Argentina. Vol. VII. Cap. II á VII, pág. 57 y sig. *Samuel Haigh*: Sketches of B. Aires and Chile (London, 1829), pág. 215 y sig. *Camus*: Zapiola. op. cit., pág. 55 y sig. *Mantilla*: El Regimiento 11. loc. cit., pág. 295 y sig., etc. Comp. *Clonard*: op. cit. Vol. VII, pág. 105 y sig. *Id.*: Vol. X, pág. 389 y sig. *Id.*: Vol XVI, pág. 255, etc. *Torrente*: op. cit. Vol. II, pág. 423 y sig. *García Camba*: op. cit. Vol. I, pág. 272 y sig. *Miller*: op. cit. Vol. I, pág. 166 y sig. «Carta del *Virrey Pezuela* al Marqués de *San Carlos*» (Julio 29-1818). Ms. *Archivo de Indias*. «Estado». Perú. Leg. 2 (30). *Guido*: Vindicación Histórica (B. Aires, 1882), pág. 85 y sig. Sobre el doloroso fin del bravo jefe realista *Ordóñez*, y otros prisioneros de Chacabuco y Maipu conducidos á San Luís, etc., véase el precioso estudio biográfico de *J. J. Biedma* sobre el Coronel Pringles (B. Aires. 1894) en el que refuta con incontestables argumentos las calumniosas especies de *Torrente, Stevenson, Garcia Camba*, etc., sobre el Gobernador de San Luis, Coronel *Dupuy*, y su participación en el desgraciado fin de los referidos prisioneros (Febrero 15-1819). Comp. *General Jerónimo Espejo*. El Coronel Juan Pascual Pringles (Bahia Blanca, 1892), pág. 22 y sig., etc., etc., y *Mitre*: Hist. San Martín. Vol. II, pág. 348 y sig., con sus notas y referencias, etc.

CUESTIONARIO

1. – *¿Qué influencia tuvo en la lucha por la Independencia la restauración de* Fernando VII?

2. – *¿Qué política siguió este Monarca en los primeros años de su reinado?*

3. – *¿Qué efecto produjo en los caudillos criollos la represión y venganzas de los absolutistas?*

4. – *¿Quién era* D. José de San Martín?

5. – *¿A qué brillantes campañas asistió en la Península Española?*

6. – *¿Qué juramentos prestó en las Logias de* Miranda?

7. – *¿Qué heróico regimiento formó al llegar á* Buenos Aires?

8. – *¿Qué genial idea militar concibió para libertar á Chile y al Perú del yugo realista?*

9. – *¿Cómo y en dónde se formó el* "Ejército de los Andes"?

10. – *¿Quiénes fueron los más decididos auxiliares de* San Martín *en esta magna empresa?*

11. – *¿Cuál fué el plan estratégico del* Paso de los Andes?

12. – *¿Cuál fué la misión táctica de las* "Legiones Patrióticas del Norte y del Sur"?

13. – *¿Cómo se operó la concentración del* "Ejército de los Andes" *en Chacabuco?*

14. – *¿Qué medidas tomaron los generales realistas para detener al* Ejército Libertador?

REFERENCIAS

Véanse las del Capítulo siguiente.

CAPÍTULO II

1. – Los caudillos de la revolución Çhilena, pensaban, con razón, que la lucha por la independencia sería estéril, si no se lograba con una escuadra dominar el Pacífico. *O'Higgins* y su ministro *Zenteno* dedicaron sus energías á formarla. Salvando los inconvenientes de la escasez del Erario, compraron una fragata mercante inglesa *(Windham)* con el auxilio de los comerciantes de Valparaíso. Esta fragata, que tomó el nombre de *"Láutaro"*, y el bergantín Español *«Aguila»*, apresado en Valparaíso, que tomó el nombre de *«Pueyrredón»*, sirvieron de base á la futura escuadra Chilena. La *"Láutaro"*, mandada por el capitán Inglés *Jorge O'Brien*, y el célebre Coronel *Guillermo Miller*, logró después de un intrépido combate con la fragata Española *"La Esmeralda"*, en el que *O'Brien* pereció heroicamente, levantar el bloqueo de Valparaíso. Con la compra de otros tres barcos (*"Coquimbo"*, *"Columbus"* y *"Cumberland"*), á los que se puso los nombres de *"Chacabuco"*, *"El Araucano"* y *"San Martín"*, la escuadra Chilena quedó en disposición de batirse con la Española del Mar Pacífico. (Septiembre 1818.)

El mando de estas fuerzas navales fué encomendado al Coronel de Artillería Chileno *D. Manuel Blanco Encalada*, elevado al rango de Almirante. El 19 de Octubre de 1818 zarpó con cuatro naves llevando 1.100 hombres y 142 cañones del

La Escuadra Chilena.

puerto de Valparaíso para atacar á la fragata Española *«María Isabel»*, que convoyaba una expedición de 11 transportes, enviada desde Cádiz (Mayo 21), en auxilio de las tropas realistas del Perú. Después de mil contratiempos, la *«María Isabel»*, acompañada sólo de cuatro transportes, había logrado anclar dentro de la bahía de Talcahuano.

Blanco Encalada, con heroico arrojo y despreciando los fuegos del castillo de San Agustín, que defendía la Bahía, se apoderó, no sin ruda lucha, de la mencionada fragata Española y de algunos transportes, tomando 700 prisioneros. La *«María Isabel»* quedó incorporada á la escuadra republicana.

Fig. 531.— Lord Cochrane.

Las campañas de Lord Cochrane. 2. — Se preparaba *Blanco Encalada* á seguir su campaña contra las fuerzas navales Españolas que defendían los puertos del Perú, cuando llegó á Valparaíso (28 de Noviembre 1818), el afamado, audaz y habilísimo marino Escocés Sir *Thomas Alexander Cochrane*, que por su temperamento dominador, su carácter altivo y su desmedida ambición, se vió procesado y perseguido en su patria, y decidió abandonarla para aceptar las ofertas que en Londres le hicieron *Condarco* y *Alvarez Jonte*, agentes de Chile y de *San Martín* y consagrarse á la causa de la Independencia Americana en cuerpo y alma. La índole de este *Compendio* nos impide relatar la brillantísima carrera marítima en Europa de este deslumbrador y arrojado caudillo. Caballero andante de la libertad y la gloria, espíritu inquieto, inadaptable y *Byroniano*, era digno sucesor de los *Drake* y los *Hawkins* y debía repetir y aun eclipsar, en las costas del Pacífico, las romancescas *«agresiones en Indias»* de aquellos celebérrimos y temibles *«dragones del mar»*. (Vse. pág. 275).

El Almirante Chileno *Blanco Encalada* cedió modestamente

— 710 —

su puesto al héroe Británico. *Cochrane* fué nombrado jefe de la Escuadra chilena con el grado de Vicealmirante. En Enero de 1819, zarpó de Valparaíso con siete naves para ir á hostilizar al virrey del Perú en sus propios atrincheramientos. Las naves españolas fueron á encerrarse en el Callao, bajo los fuegos de sus fortificaciones: allí las atacó *Cochrane* valerosamente, pero después de infructuosas tentativas para sacarlas de su fondeadero, el Almirante hubo de contentarse con apresar algunas naves mercantes. Desembarcó después en varios puntos de la costa para proveerse de víveres, y volvió á Valparaíso (17 de Junio).

El Director *O'Higgins* renovó sus esfuerzos para armar otras naves que habían llegado del extranjero, y el día 12 de Septiembre (1819) pudo salir de nuevo *Cochrane* con nueve buques bien guarnecidos.

La segunda campaña del genial marino no dió resultados más decisivos. Quiso empeñar un ataque

Fig. 532.—El General Miller.

contra las naves Españolas, surtas en El Callao, pero fueron inútiles sus ardides para atraerlas fuera del puerto. *Cochrane* recorrió de nuevo la costa del Perú hasta Guayaquil, y dió la vuelta á Valparaíso.

En su viaje se le ocurrió apoderarse de la plaza de Valdivia que, junto con el archipiélago de Chiloé, quedaba todavía en poder de los Españoles. Valdivia estaba poderosamente defendida y artillada.

En la tarde del 3 de Febrero (1820), *Cochrane* se presentó frente á sus baterías y antes que los realistas hubieran podido organizar una resistencia formal, las tropas Chilenas desembarcaron, tomaron por sorpresa uno de los fuertes y obligaron á los Españoles á abandonar los otros sin oponer resistencia (1).

Las Revoluciones del Perú. 3. — Los planes libertadores de *San Martín* no podían considerarse realizados hasta ver aniquilado el poderío de los Virreyes en el Perú, verdadero centro de la dominación española en la América Meridional.

No habían dejado de sentirse en este Virreinato movimientos revolucionarios como el de *Tebalde* en el Cuzco (1803) y el de *Zela* en Tacna (1811), que fueron duramente castigados por los mandatarios realistas. De todos estos levantamientos el más notable y característico fué el que estalló en el Cuzco, en la noche del 5 de Noviembre de 1813 y determinó la encarcelación de varios patriotas ardorosos y, de *don José Angulo*, su caudillo.

Fig. 533.
Infantería Española
1814-1830.

Cuando llegó al Cuzco la noticia del triunfo de las armas Argentinas en Montevideo (Véase Capítulo V, Tít. III), *Angulo,* poniéndose de acuerdo con los mismos Oficiales encargados de su custodia,

---

(1) Vse. *Barros Arana*: op. cit. Vol. XI, pág. 600 y sig., y sus notas y referencias. *Mitre*: Hist. de San Martin. Vol. II, pág. 280 y sig., 366 y sig., etc. y sus notas. *García Reyes*: Memorias sobre la Primera Escuadra Nacional (Santiago, 1846), pág. 5 y sig. *Sayago*: Crónica de la Marina Militar de la República de Chile (Copiapó, 1864), pág. 15 y sig. *Coffin*: Journal of á residence in Chili by a young American during the revolution, 1817-1819 (Boston, 1823), pág. 149 y sig. *Miller*: op. cit. Vol. I, pág. 160 y sig., etc. Comp. *Torrente*: op. cit. Vol. II, pág. 435 y sig. Vol. III, pág. 62 y sig. *García Camba*: op. cit. Vol. I, pág. 300. Sobre *Cochrane*, en especial Vse. *Lord Cochrane, Conde de Dundonald*. Memorias (Trad. Española. Anotada por *M. Bilbao*. Lima, 1863). Cap. I á IV, pág. 1 y sig. *Id. Id.* Edición completada por el II. Duque y *H. P. Jox Bourne* (London, 1869). Vol. II, pág. 27 y sig. *Fortescue:* Dundonald (London, 1895), pág. 16 y sig., y los Ms. referentes á estos sucesos, en los Leg. 43 y 63 del *Archivo de San Martín* (Bca. Mitre. B. Aires), etc., etc.

sublevó las milicias de la ciudad (Agosto 2 de 1814), apresó al Presidente *Concha* y á otros altos funcionarios, organizó un gobierno provisorio y asumió el mando militar de la plaza. El más importante de los miembros de dicho gobierno fué el prestigioso cacique *D. Mateo García Pumacagua*, que reunió considerables contingentes indígenas y ocupó las ciudades de la Paz, Guamanga y Arequipa, después de sangrientos combates (Septiembre-Noviembre 1814). Tomó este levantamiento carácter análogo al de todos los impulsados, principalmente, por el odio de raza. La horda de *Pumacagua*, como la de *Hidalgo*, en Méjico, saqueó, asesinó é incendió desaforadamente, sin que sus jefes pudieran impedirlo.

El General *La Serna*, al tener noticia de la terrible sublevación separó una división del ejército del Alto Perú, mandada por el Mariscal de Cam-

Fig. 534. — D. Tomás Guido.

po *D. Juan Ramírez*, y ordenó que marchara prontamente contra los revolucionarios. El 28 de Septiembre les derrotó en la Paz. *Pumacagua* se replegó apresuradamente hacia el Cuzco, donde fusiló á los jefes realistas *Vicoaga* y *Moscoso*, sus prisioneros, y trató de reunir mayores refuerzos para luchar con las tropas de *Ramírez*.

Como á *Hidalgo* en Méjico (Vse. Cap. I, Tít. III), le faltaron armas y le sobraron hombres. Los veteranos de *Ramírez* cargaron con gran ímpetu en el histórico campo de *Huachiri* sobre los desordenados pelotones del ejército insurgente y lograron derrotarlos por completo (11 Marzo 1814). *Pumacagua* huyó á Sicuaní, donde los mismos rebeldes le entregaron al enemigo. Fué ahorcado y su cabeza enviada al Cuzco en una pica. Cupo análoga suerte á los demás jefes de la insurrección, pereciendo entre ellos el inspirado poeta *D. Mariano Melgar,* que había servido como Auditor de Guerra en el ejército revolucionario (1).

Después de estas sangrientas ejecuciones, el Sur del Perú quedó completamente pacificado. El General *Pezuela,* que reemplazó en el gobierno al Virrey *Abascal* (7 Julio 1816), mantuvo inalterable la tranquilidad de su territorio, y á pesar de las derrotas sufridas en Chile, á fines del año 1819 tenía en sus ejércitos cerca de 25.000 soldados, distribuídos en todo el Virreinato, contaba con jefes militares de gran mérito y poseía abundantes recursos pecuniarios.

La expedición libertadora. 4. – Los Generales *San Martín* y *O'Higgins* hacían, en tanto, sobrehumanos esfuerzos para organizar la *"Expedición Libertadora del Perú",* auxiliados por el enviado Argentino *Guido* y los miembros de la célebre Logia *Láutaro,* que tan gran influencia tuvo en esta época en los destinos de Sud-América.

El examen crítico de la astuta y habilísima conducta del General *San Martín* en esta emergencia y de la serie de acontecimientos de todo género que estuvieron á punto (1819-1820) de esterilizar sus libertadores afanes, exceden de los límites de nuestro estudio (2).

---

(1) Vse. Diario de la expedición del Mariscal *D. Juan Ramírez,* etc., por *J. J. Alcón* (Lima, 1815), pág. 2 y sig. *Córdoba y Urrutia.* Las tres Epocas del Perú, en *Odriozola.* Col. de Doc. Literarios del Perú (Lima, 1863-77). Vol. VII, pág. 141 y sig. *Vicuña Mackenna:* La Revolución de la Independencia del Perú desde 1800 á 1809 (Lima, 1860), pág. 125 y sig. *Paz Soldan:* Hist. del Perú Indepte. (Lima, 1874-78). Vol. I, pág. 21 y sig. *Lorente:* Hist. del Perú bajo los Borbones, 1700-1821 (Lima, 1871), pág. 234 y sig. *Mitre:* Hist. de San Martín. Vol. II, pág. 471 y sig., con sus notas y referencias. *Mendiburu:* Dic. Hist. Biográfico del Perú (Lima, 1874-85). Arts. «Abascal», «Angulo», «Bejar», «Melgar», «Muñecas», «La Serna», «Pumacagua», «Ramírez», etc., etc. Comp. *Torrente:* op. cit. Vol. I, pág. 349 y sig. *García Camba:* op. cit. Vol. I, pág. 90 y sig., etc., etc.

(2) Vse. *Mitre:* Hist. de San Martín. Vol. II. Cap. XXI («El Repaso de los Andes»), pág. 304 y sig. Cap. XXIII, pág. 394 y sig. y Cap. XXIV, pág. 439 y sig., con sus notas y referencias, según el «Archivo del General San Martín». Vols. II, XXXVII, XXXVIII, XXXIX, XL, XLVI, etc, *Tratado particular entre las Pcias. Unidas y Chile* para libertar al Perú (5 Febrero 1818), en la *Col. de Tratados,* etc., celebrados por la Rep. Argentina (B. Aires, 1884). Vol. I, pág. 39. Comp. *Mitre:* Hist. de Belgrano. Vol. IV. Cap. XLI, pág. 272 y sig. *Lord Cochrane:* Mem. cit., pág. 27

Mencionaremos, sólo por su decisiva importancia histórica, el célebre pronunciamiento liberal, en Cádiz, del Coronel *don Rafael de Riego* (Enero 1.º de 1820), contra el absolutismo de *Fernando VII*, en momentos en que estaba á punto de embarcarse en dicho puerto un ejército de 20.000 hombres, destinado á sofocar la Independencia Americana. Toda la política Argentina, durante la segunda mitad del año 1819, giró alrededor de esta expedición. De haber salido de España, el General *San Martín* se hubiera visto obligado á acudir, con el Ejército de los Andes, á defender su propia patria, y se hubiera forzosamente dilatado, ó frustrado, la cruzada libertadora del Perú.

Fig. 535.
Infantería Española
1814-1830.

La revolución Española del año 1820, en la que no dejaron de tomar activa parte los Agentes Americanos residentes en Cádiz (1), al imposibilitar el embarque de la formidable expedición guerrera, con la que *Fernando VII* y sus ministros creían poder reconquistar sus perdidas colonias, hizo más fácil y viable la ejecución del plan emancipador de *San Martín* y *O'Higgins.*

Lograron, por fin, ambos caudillos, reunir (Agosto 1820), en la rada de Valparaíso, ocho buques de gue-

y sig. (Ed. Espla.). *Ig. Zenteno:* Docs. justificativos sobre la expedición libertadora del Perú (Santiago, 1861), pág. 51 y sig. *Vicuña Mackenna:* La guerra á muerte (Santiago, 1868), pág. 125 y sig. *Guido:* Vindicación Histórica, pág. 158 y sig. *General J. A. Alvarez de Arenales:* Memoria Histórica, etc. (Ed. *José Arenales.* B. Aires, 1832). Apce. N.º 4. «Bosquejo Biográfico de *Alvarado*», pág. 175 y sig., y «Estado General de las fuerzas del Ejército Libertador en Agosto 20, 1820», pág. 212, etc., etc.

(1) Vse. *Lafuente:* Hist. Gen. España. Parte II. Lib. XI. Cap. III y IV (Ed. Barcelona, 1880). Vol. V, pág. 332 y sig. y sus notas. *Torrente:* op. cit. Vol. III, pág. 5 y sig. *Adolfo Castro:* Hist. de Cádiz y su Provincia (Cádiz, 1858). Lib. VIII. Cap. III y sig. *Vadillo:* Apuntes de los principales sucesos que han influído en la América del Sud (Londres, 1829), pág. 51 y sig. *Rafael Altamira:* Spain 1815-1820, en «Cambridge Modern History». Vol. X, pág. 205 y sig., con sus bibliografías, pág. 808 y sig. Comp. *Mitre:* Hist. de Belgrano. Vol. IV, pág. 305 y sig. *Id.:* Hist. de San Martín. Vol. II, pág. 399 y sig., con sus notas (en especial la nota 2, pág. 310. Vol. IV. Hist. Belgrano) y referencias, etc., etc.

rra y diez y seis transportes, bajo las órdenes de *Lord Cochrane*. En ellos se embarcaron 4.430 soldados de las tres armas (1.800 de los cuales pertenecían al *Ejército de Chile* y 2.300 al *Ejército de los Andes),* con 35 piezas de batalla y montaña, y un repuesto de armamento, equipos y vestuario para 15.000 hombres. Mandaba en jefe la expedición, el General *San Martín.* Iban como Jefe de Estado Mayor, el General *Las Heras,* como agente diplomático *D. Tomás Guido,* y como Secretarios, *don Juan García del Río* y *D. Bernardo Monteagudo.*

El avance sobre Lima. 5. — El día 20 de Agosto, por la tarde, zarpó del puerto de Valparaíso la escuadra, protegida por la gloriosa bandera de Chile. Arribó al puerto de Paracas el día 7 de Septiembre, y al siguiente desembarcó el ejército y ocupó el pueblo de Pisco. El Virrey del Perú, para neutralizar el efecto que produjo la presencia del ejército libertador, hizo publicar y jurar la nueva Constitución Española de Cádiz, y abrió con *San Martín* negociaciones pacíficas. Las conferencias tuvieron lugar en Miraflores, sin resultado alguno. El Virrey pretendía que los patriotas se sometieran al Rey de España, y *San Martín* exigía la independencia del Perú. Juzgando imposible todo avenimiento, *San Martín* mandó un cuerpo, á las órdenes del General *Alvarez de Arenales,* con encargo de recorrer varios pueblos del Sur, proclamar en ellos la Independencia y reunirse después con el grueso del ejército, que iba á situarse al Norte de Lima.

Fig. 536.—El General Arenales.

El Generalísimo reembarcó sus tropas (Octubre 29) y se dirigió al puerto de Ancon, disponiendo que las unidades de la escuadra bloqueasen el puerto de El Callao. Desde Ancon salieron algunas partidas á hostilizar al Virrey, llegando casi hasta los suburbios de la capital.

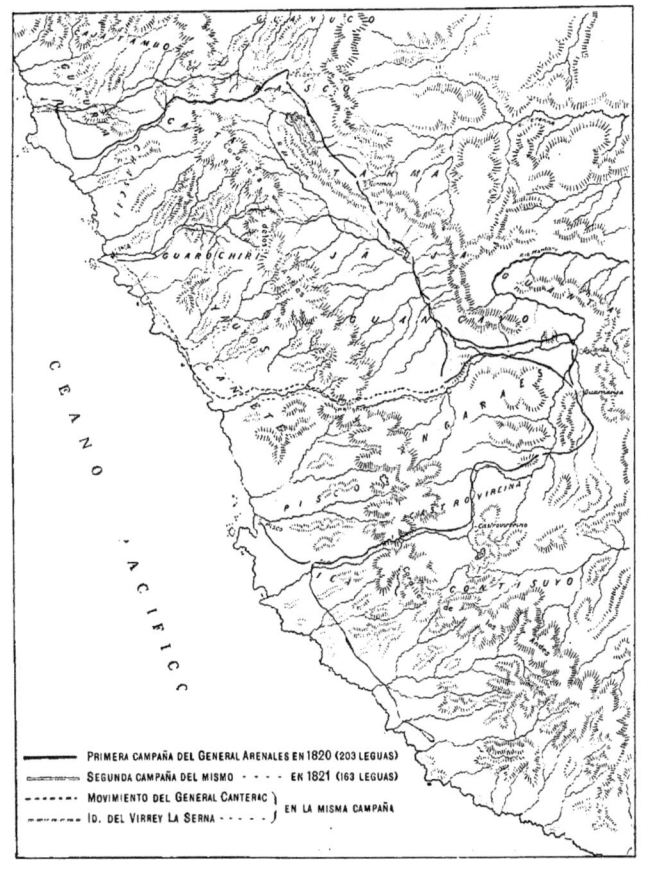

Fig. 537.—Plano de las campañas del General Arenales.

El puerto del Callao, considerado como inexpugnable, asilaba bajo los fuegos de sus fortalezas á varios buques Españoles, entre los cuales se hallaba la hermosa fragata *«La Esmeralda»*. *Lord Cochrane* decidió apoderarse de ella. Aprovechando la obscuridad de la noche, desprendió de su escuadra dos divisiones de lanchas tripuladas por 280 hombres, cayó de improviso sobre *«La Esmeralda»*, la abordó resueltamente en su fondeadero, y después de un fragoroso combate logró apo-

Fig. 538.—Acantilados de Paracas.

derarse de ella, sacándola á remolque de la bahía. (Noviembre 6-1820) (1). *San Martín* volvió á embarcarse con su ejército, tomó nuevamente tierra en Huacho y ocupó el pueblo de Huaura, sin resistencia. El Marqués de *Torre-Tagle*, Intendente de Trujillo, puso la provincia bajo el mando de *San Martín* (24 de Diciembre). Todo el Norte del Perú, desde Huaura hasta Guayaquil, quedó segregado del poder central. Buen número de jefes y soldados realistas se pasaron á los patriotas.

El General *Arenales* alcanzaba, en tanto, importantes triunfos en el interior. Después de derrotar brillantemente en Nasca al Coronel realista *Quimper* (Octubre 16), cruzó la Cordillera y ocupó la ciudad de Huamanga, desde donde domi-

(1) Vse. *Mitre:* Hist. San Martin. Vol. II, pág. 558 y sig., con sus notas y referencias. *Paz Soldan:* Hist. Perú Indpte., pág. 95 y sig. *Greg. Bulnes:* Hist. de la Expedición Libertadora del Perú, 1817-1822 (Santiago, 1887). Vol. I, pág. 76 y sig. *Lord Cochrane:* Memorias, pág. 88 y sig *Miller:* Memoirs. Vol. I, pág. 275 y sig. *Stevenson* (Secretario de *Cochrane*): Twentys Years residence, etc. (Ed. Londres, 1825). Vol. III, pág. 272 y sig. *Garcia Reyes:* op cit., pág. 73 y sig. *Saryago:* op. cit., pág. 59 y sig. *Basil Hall:* Extracts from á Journal ou the coasts of Chile, Perú, etc. (4.ª Edición. Edimburgo, 1825). Vol. I, pág. 75 y sig. *Miers:* Travels in Chile and La Plata (London, 1826). Vol. II, pág. 35 y sig. Comp. *Torrente:* op. cit., pág. 251 y sig. *García Camba:* op cit. Vol. I, pág. 348 y sig., etc.

naba el valle de Jauja (Noviembre 21) y la villa de Tarma. El 6 de Diciembre se puso en marcha hacia Pasco, aniquiló en sus cercanías á la división realista de *O'Reylli*, y abrió las comunicaciones del grueso del ejército con el destacamento de la sierra. Esta admirable operación estratégica de *Arenales*, si no obtuvo desde luego todos los resultados que debiera, popularizó la expedición libertadora en el interior del país y logró sublevarlo contra la dominación Española. *Arenales*, con sus bravos regimientos *«Núm. 2 de Chile«* y *«Núm. 11 de los Andes«*, fué á reunirse, después del triunfo de Pasco, con *San Martín*, sin ser inquietado por los realistas. (Enero 8-1821) (1).

6. — El Virrey *Pezuela* había reunido, en el pueblo de Asnapuquio, un poderoso ejército, cuya vanguardia se hallaba á la vista del campamento de *San Martín*. En Lima esperaban todos una gran batalla, y como

San Martín y La Serna.

Fig. 539.—Monteagudo.

Pezuela vacilase en atacar á los patriotas, atribuyéronlo muchos á debilidad y se inclinaron á favor de un arreglo pacífico. Los comerciantes y personajes realistas de la ciudad aconsejaron al Virrey la conveniencia de negociar un convenio con los revolucionarios. (Diciembre 1820.)

Los mismos jefes militares del campamento de Asnapuquio elevaron al Virrey una instancia pidiéndole que renunciara el gobierno en manos del Teniente General D. *José de La Serna.*

(1) *Mitre:* Hist. San Martin. Vol. II. Cap. XXVIII («Primera Campaña de la Sierra»), pág. 598 y sig., con sus notas y referencias. *Arenales:* Mem. Hist., pág. 77 y sig. Coronel *José Segundo Roca:* Rel. Hist. de la primer campaña de Arenales (cit. por *Mitre.* Hist. San Martín). *Paz Soldan:* op. cit., pág. 101 y sig. Comp. *Torrente:* op. cit. Vol. III, pág. 47 y sig. *García Camba:* op. cit. Vol. I, pág. 340 y sig., etc. Para el mapa de la región recorrida por *Arenales* en esta su primer campaña de la Sierra, véase el mapa (pág. 717) y Comp. con el admirable mapa general de la Exp. Libertadora, preparado por *J. J. Biedma,* en su Atlas de Hist. Argentina. Plancha XVI, etc.

Aparentando *Pezuela* proceder por su propia voluntad, cedió forzosamente á lo solicitado por sus tropas.

El nuevo mandatario no pudo, por el momento, hacer una guerra más eficaz que la de su antecesor á los independientes. Una división, compuesta de una parte de la escuadra al mando de *Cochrane*, y de 600 soldados enviados por *San Martín,* que mandaba el simpático y caballeresco Coronel *Miller*, realizó, en los llamados *Puertos Intermedios* (1) una brillante campaña que, si no tuvo eficacia por falta de apoyo del resto del ejército, distrajo durante algunos meses á las fuerzas realistas. (Marzo á Julio 1821.)

Fig. 540.—Inmediaciones de Arequipa.

Mientras *Cochrane* y *Miller* ocupaban con denodado empuje los puertos de Pisco, Arica, Tacna, Ica, etc., el bravo *Arenales*, con otra división de 2.000 hombres, atravesaba la cordillera por el paso de Oyon y emprendía la *Segunda campaña de la Sierra*, apoderándose de los pueblos de Pasco, Huancayo, Tarma, etc., y dominando el valle de Jauja. Desde allí escribió al General *San Martín* pidiéndole que hiciese venir á la Sierra todas las fuerzas del ejército de la costa. El Generalísimo, preocupado entonces con la rendición del Callao, no atendió las acertadas indicaciones tácticas de *Arenales*, que se vió forzado á repasar la cordillera y regresar con su división á Lima. (Abril á Julio 1821.)

En este tiempo llegó al Perú el Comisario Regio Español *D. Miguel de Abreu*, con el objeto de negociar un Tratado de

(1) Los llamados «*Puertos Intermedios*», eran los situados á lo largo de la costa del Sur de Lima, escalas entre el Callao y Valparaíso (Arica, Ilo, Paracas, etc.), cuando el Pacífico era un mar cerrado y estos dos puntos extremos determinaban los límites de su mundo comercial. Vse. *Mitre*: Hist. San Martín. Vol. III, pág. 31 y sig. y el Atlas de *Biedma:* op. cit. Plancha XVI. Comp. el Mapa del Vol. II, pág. 48 de las Memorias de *Miller*. ed. cit., etc.

El general D. José de San Martín

Paz entre los beligerantes. *La Serna* y *San Martín* aceptaron la mediación amistosa de *Abreu* y se abrieron en *Punchauca* las negociaciones (Mayo 23-1821). *San Martín* ofreció la paz bajo las condiciones siguientes: reconocimiento de la Independencia del Perú, formación de una regencia de tres miembros, y por último, el envío á España de dos comisionados *para pedir un príncipe que ocupase el trono del Perú* (1). Se abstuvo *La Serna* de dar al caudillo patriota una respuesta definitiva, hasta no consultar á los jefes superiores del ejército realista.

Fig. 541.— El General
Santa Cruz.

La opinión de estos jefes fué desfavorable para el arreglo. El Virrey se conformó con su parecer y se limitó á ofrecer á *San Martín* una tregua de un año, durante la cual pasarían ambos Generales á la Corte Española para celebrar allí un arreglo definitivo. *San Martín* rechazó esta proposición, rompió las negociaciones y renovó ardorosamente la guerra (2).

7.— El estado de la capital del Perú había llegado á tal extremo que no se alcanzaba medio alguno á los realistas de poderla conservar por más tiempo sin positivo riesgo de perder

La proclamación de la Independencia.

(1) Sobre las ideas monárquicas del General *San Martín*, sus trabajos en dicho sentido, etc., Vse. *Mitre:* Hist. de San Martín. Vol. II, pág. 538 y sig. *Id.:* Hist. de Belgrano, Vol. II, pág. 290 y sig., etc. Comp. *Saldias:* La evolución Republicana en la Rep. Argentina (B. A., 1906), pág. 72 y sig. *Carlos A. Villanueva:* La Monarquía en América (Paris, 1911), 4.ª y 5.ª Parte, pág. 128 y sig. y sus notas, etc.

(2) Vse. *Mitre:* Hist. de San Martín. Vol. II. Cap. XXIX (*Armisticio de Punchauca*). Vol. III. Cap. XXX (*Segunda campaña de la Sierra*), pág. 1 y sig. *Id :* Cap. XXXI (*Campaña de Puertos Intermedios*), pág. 31 y sig., con sus notas y referencias. *Miller:* op. cit. Vol. II. Cap. XVII y XVIII, pág. 1 y sig. *Cochrane:* Memorias (ed. citada). Cap. V, pág. 116 y sig. *Arenales:* Mem. Hist., pág. 1 á 138, y Apéndices N.o IV (1.ª Parte), y N.º I á X (2.ª Parte), pág. 175 y sig. *Paz Soldan:* op. cit., pág. 180 y sig. *Odriozola:* Col. Docs. Hist. del Perú (Lima, 1863-77). Vol. IV, pág. 273 y sig., etc. *Bulnes:* op. cit., pág. 137 y sig. *Torrente:* op. cit. Vol. III, pág. 49 y sig. (1820), 138 y sig. (1821), etc. *Garcia Camba:* op. cit. Vol. I, pág. 335 y sig. (1820), pág. 367 y sig. (1821), etc. Comp. *Torres Lanzas:* Docs. *Archivo de Indias*. Vol. V. Nos. 6916, 6929 á 35, 6980 á 86, 6993, etc.. y sobre las *Negociaciones de Punchauca*, los Nos. 6994 á 99, 7002 á 7007, 7018 á 7025, 7037 á 7040, 7052 á 58, 7060 á 62, 7066 á 7070, 7074 á 7092, 7094 á 99, 7103 á 106, 7116 á 122, etc., etc.

el país entero. En vista de ello, el General *La Serna* decidió evacuar á Lima y trasladó la lucha al interior del país. Esta resolución de los jefes Españoles, que hace honor á su inteligencia, táctica y ánimo esforzado, prolongó por cuatro años más la guerra y quebró, como veremos, el poder militar de *San Martín*, que no dió la importancia estratégica que tenía á la retirada de *La Serna*, pensando erróneamente que el triunfo definitivo de la revolución estribaba en la posesión de Lima.

Fig. 542.—Plaza de San Francisco en Lima.

El día 5 de Julio de 1821 el General *La Serna* ofició á *San Martín*, "implorando su filantropía en favor de más de 1.000 enfermos que dejaba en la ciudad", delegó el mando político y militar en el anciano *Marqués de Monte Mira*, con el encargo de conservar el orden y entregar la ciudad á discreción del enemigo, y dejando 2.000 hombres de guarnición en los castillos del Callao, se retiró con 2.500 hacía el interior. La secular ciudad de los Virreyes quedó á merced del ejército independiente.

El 10 de Julio, por la noche, entró *San Martín* de incógnito en ella. Para que el pueblo Peruano decidiese su propia suerte, dispuso la celebración de un *Cabildo Abierto*, al que debían concurrir todos los notables de la ciudad. Los asistentes á aquella memorable Asamblea proclamaron solemnemente la *independencia absoluta* del Perú (*28 de Julio de 1821*). Pocos días antes *San Martín* había hecho arrancar todos los escudos de armas Españoles que adornaban los edificios públicos.

Declarada la independencia, era necesario constituir un gobierno nacional que tuviese fuerza bastante para continuar la guerra. Una diputación del Cabildo se presentó á *San Martín*, ofreciéndole el mando supremo. El gran caudillo Argentino, obligado por el bien común y obedeciendo las decisiones de la *«Logia Láutaro»*, compuesta en su gran mayoría por los jefes del Ejército de Chile y de los Andes, aceptó el ofrecimiento del pueblo de Lima, y con el título de *Protector del Perú* asumió (Agosto 3) el gobierno de la nueva República (1).

8. — Los realistas, en tanto, reorganizaban en la sierra su ejército. Una división de 4.000 hombres, mandados por el General *Canterac*, marchó hacia El Callao para atacar los batallones patriotas que rodeaban dicha plaza fuerte. El día 10 de Septiembre, *Canterac* estuvo á la vista del ejército republicano, que se parapetó en el desfiladero de *La Legua.* En vez de empeñar combate, el jefe realista siguió

La Rendición del Callao.

Fig. 543. — El General La Mar.

hasta el Callao, estuvo allí algunos días y volvió á internarse en la Sierra. Aprovechando *San Martín* tan favorable coyuntura, decidió entablar negociaciones con los defensores de la plaza

Fig. 544. — Riva Agüero.

fuerte que sabía estaban escasos de víveres é inclinados á rendirse. Su jefe *La Mar*, Peruano de nacimiento, convencido de que *Canterac* no podía auxiliarle, envió parlamentarios al General *San Martín* y capituló con cuantas ventajas y honores permitían las circunstancias (Sept. 19), incorporándose poco tiempo después al ejército independiente. Su ejemplo fué seguido por otros jefes realistas á quienes

(1) Vse. *Mitre:* Vol. III. Cap. XXXII-XXXIII, pág. 61 y sig., con sus notas y referencias. Colección de Leyes y Decretos, etc. (Lima, 1825), pág. 16 y sig. Gacetas de Lima Independiente, 1821 á 1826. Julio, Agosto, 1821, etc. Gaceta Realista «Americano Imparcial», 1821. Archivo del General San Martín: Vol. LXV-LXVII, etc. *Paz Soldan:* op. cit., pág. 214 y sig. *Basil Hall:* op. cit., pág. 231 y sig. *Bulnes:* op. cit., pág. 154 y sig. *Stevenson:* op. cit. Vol. III, pág. 298 y sig. *Cochrane:* Memorias. Cap. VI y VIII, pág. 137 y sig. *Miller:* op. cit. Vol. I. Cap. XV y XVI, pág. 318 y sig. *Torrente:* op. cit. Vol. III, pág. 296 y sig. *García Camba:* op. cit. Vol. I, pág. 421 y sig. *C. A. Villanueva:* op. cit., pág. 184 y sig., etc., etc.

San Martín trató en general con manifiesta simpatía, encargándoles comisiones delicadas. El Coronel *Santa Cruz*, Colombiano, educado como *San Martín* en el ejército Español, fué puesto á la cabeza de una división enviada á Guayaquil para auxiliar y atraerse á los caudillos revolucionarios de dicha provincia. El General *D. Domingo Tristán*, igualmente pasado de las filas Españolas, recibió el titulo de Comandante Militar de Ica. Desgraciadamente, estas distinciones produjeron en el *«Ejército Libertador»* peligrosas discordias.

El denodado *Canterac*, que ocupaba con 3.000 hombres el valle de Jauja, haciendo una rápida y brillante marcha de más de 60 leguas, sorprendió en la *Hacienda de Macona* (Ica) las fuerzas de *Tristán*, y después de corto y encarnizado combate, las aniquiló ó dispersó por completo (Abril 7 de 1822). Este desastre tuvo gran influencia en el curso de la lucha. Se acusó á *San Martín* de irresolución y falta de acierto táctico. *Tristán* y *Gamarra* fueron sometidos á un Consejo de Guerra, cuyo resultado hirió gravemente la reputación del *«Protector del Perú»*, que había confiado las armas y las banderas republicanas á jefes que el tribunal tachó de descuidados ó de ineptos.

Fig. 545.—El General San Martín *(Scott)*.

La radiante estrella del vencedor de Chacabuco empezó á declinar. Sus actos políticos y militares se analizaban y criticaban sin reservas por sus oficiales y aun por sus soldados con anuencia del prestigioso General *Las Heras*. Para colmo de desgracias, y por motivos que es preferible silenciar, el impetuoso y arbitrario *Cochrane* había tarifado abierta y escandalosamente con *San Martín* y se había alejado con la escuadra de las costas del Perú, privando de medios de transporte al ejército.

Por otra parte, los imperialistas extravíos del *Protector*, el funesto y sistemático terrorismo de su ministro *Monteagudo* y el injusto destierro del anciano y virtuoso Arzobispo de Lima (*Las Heras*) y del apostólico Obispo de Huamanga, crearon á *San Martín* fatales antipatías entre los próceres y las altas clases sociales de la Ciudad de los Reyes, y contribuyeron como más adelante veremos, á que se retirasen del Perú, dejando á otro caudillo más afortunado la gloria de concluir la *Guerra de la Independencia* (1).

(1) Vse. *Mitre*: Hist. San Martín. Vol. III. Cap. XXXII, XXXIII, XXXIV y XXXV, con sus notas y referencias, y Vol. IV. Apéndice N.º XXX, pág. 602 (Correspcia. con *Cochrane*). *Miller*: op. cit. Vol. I, pág. 332 y sig. *Lord Cochrane*: op. cit. Cap. VII-VIII, pág. 166 y sig. *Carlos A. Villanueva*: op. cit., pág. 171 y sig., con sus tendenciosas notas y sus referencias. *Torrente*: op. cit. Vol. III, pág. 156 y sig. *García Camba*: op. cit. Vol. I. Cap. XIX, pág. 421 y sig., y Vol. II. Cap. XX, pág. 5 y sig. *Calvo*: op. cit. Vol. V, pág. 116 y sig. y Docs., pág. 123 y sig. *Bulnes*: op. cit., pág. 254 y sig. *Paz Soldan*: op. cit., pág. 231 y sig. y sus notas. *Arch. de San Martín* (loc. cit.): Vol. LX, LXI, LXIV, LXV, etc. *Gaceta Gob. Ind. de Lima*. Nos. 9 á 54, etc. *Vicuña Mackenna*: Ostracismo O'Higgins, pág. 352 y sig., etc. Justificación de la conducta de *D. J. García del Río y D. D. Paroissiens*, etc. (Londres, 1825), pág. 9 y sig. Col. *Odriozola* (Docs. Hist. cit.). Vol. VII, pág. 192 y sig. VIII, pág. 47 y sig., etc., etc. Comp. *Stevenson*: op. cit. Vol. III, pág. 348 y sig. *Mary Dundas Graham*: Journal of á residence in Chili during the year 1822 (London, 1824), pág. 72 y sig. *Miers*: op. cit., pág. 231 y sig. *Basil Hall*: op. cit., pág. 91 y sig. *Pruvonema (Riva Aguero ..?)*: Mem. y Docs. para la Hist. de la Independencia del Perú, etc. (París, 1858), pág. 49 y sig. Sobre el terrorismo de *Monteagudo*, dice él mismo en su «Memoria» (Cit. por *Mitre*: Hist. San Martin. Vol. III, pág. 214 y sig., nota, 26, etc.): «*El odio á los desoladores del Nuevo Mundo, ha sido en los »demás países el agente principal de la revolución*. Era preciso generalizar este sen- »timiento en el Perú y convertirlo en pasión popular... Empleé los medios que esta- »ban á mi alcance *para inflamar el odio contra los Españoles... Este era mi sistema*, »y no pasión... Cuando el Ejército Libertador llegó á las costas del Perú, *existian en »Lima más de 10 000 Españoles: poco antes de mi separación no llegaban á seiscien- »tos*. Esto era *hacer revolución*»... Comp. *Fregeiro*: op. cit., pág. 197 y sig. y el admirable estudio del brillante y genial escritor Argentino *D. José M ª Ramos Mejía*, sobre la «Neurosis de los hombres célebres de la Rev. Argentina» (B. Aires, 1898). Parte 1.ª y 2.ª, etc. La premura del tiempo y las dificultades de la distancia nos han impedido, con gran sentimiento, revisar el precioso y riquísimo «Archivo de *Paz Soldan*», existente en la Bib. Nacional de Lima (Vse. Catálogo de *Ricardo Palma*. «Salón América» Lima, 1891. «Papeles varios», pág. 60 y sig.), que esperamos estudien, organicen y clasifiquen cronológicamente los actuales investigadores Peruanos, para mayor gloria de su patria y anhelado progreso de los estudios históricos.

CUESTIONARIO

1. – ¿Quiénes fueron los creadores de la primera Escuadra Chilena?
2. – ¿Cuál fué el objeto principal de su formación?
3. – ¿Cuáles fueron sus primeros triunfos?
4. – ¿Quién era Lord Cochrane y por qué vino á Chile?
5. – ¿Cuál fué el resultado de sus primeras campañas navales?
6. – ¿Cómo se apoderó de la plaza de Valdivia?
7. – ¿Cuáles fueron los primeros caudillos revolucionarios del Perú?
8. – ¿Qué carácter tuvo el levantamiento de Pumacagua?
9. – ¿Cómo fué dominado por el Virrey del Perú?
10. – ¿Qué influencia tuvo en Sud-América el levantamiento liberal español del año 1820?
11. – ¿Por qué facilitó la cruzada emancipándose de San Martín?
12 – ¿Qué fuerzas componían la Expedición libertadora del Perú?
13. – ¿Qué objeto tuvieron las conferencias de Miraflores?
14. – ¿Cómo se apoderó Lord Cochrane de la fragata Española "La Esmeralda"?
15. – ¿Qué brillante campaña hizo en la Sierra el General Arenales?

16. – *¿Qué parte del Perú logró dominar con su ejército el General* San Martín?

17. – *¿Cómo fué depuesto del mando el* Virrey Pezuela?

18. – *¿Qué célebre campaña hicieron* Miller *y* Cochrane *en los llamados* Puertos Intermedios?

19. - *¿Qué importancia tuvieron las negociaciones de* Punchauca, *y cómo terminaron?*

20. – *¿Por qué abandonó* La Serna *la ciudad de Lima?*

21. – *¿Cómo se proclamó la* Independencia Peruana?

22. – *¿Qué carácter tuvo el* «Protectorado» *del General* San Martín?

23. – *¿Cómo se rindió* El Callao *á los patriotas?*

24. – *¿Qué errores políticos cometió* San Martín, *y cuáles fueron sus consecuencias?*

25. – *¿Qué efectos produjo en Lima el terrorismo de* Monteagudo?

REFERENCIAS

Generales. – *J. M. Vadillo:* Apuntes sobre los principales sucesos que han influído en el estado actual de la América del Sur. 3.ª Edición (Cádiz, 1836). *A. Florez Estrada:* Juicio imparcial de las disensiones de la América con España, etc. (Londres, 1811). *P. F. Dufey:* Resumé de l'Histoire des Révolutions de l'Amerique Méridionale (París, 1826). *Alf. Deberle:* Histoire de l'Amerique du Sud depuis la conquête jusqu'à nos jours, etc. (París, 1876-84). *José Domingo Cortés:* Dic. Biográfico Americano (París, 1875). *Carlos Calvo:* Colección completa de los Tratados, Convenciones, etc., de todos los Estados de la América Latina. 10 Vols. (París, 1862). *M. Belloc:* Hist. de l'Amerique et l'Océánie, etc. (París, 1846). *Vayo:* Hist. de la vida y reinado de Fernando VII. 3 Vols. (Madrid, 1842). *Quin. M. F.:* Visit to Spain, etc. (London, 1823). *A. Ferrer del Río:* Estudio Histórico de las luchas políticas en la España del Siglo XIX (Madrid, 1880). *General Gómez de Arteche:* Reinado de Fernando VII (Madrid, 1902). *N. G. Hubbard:* Hist. Contemporaine de l'Espagne. 6 Vols. (París, 1869-83). *V. de la Fuente:* Hist. de las Sociedades Secretas Antiguas y Modernas en España. 3 Vols. (Lugo, 1870-71). *Miñano:* Hist. de la Rev. de l'Espagne, 1820-23. 2 Vols. (París, 1824), etc., y las relacionadas en el Cap. II, Tít. II.

Especiales. – *V. F. López:* Hist. de la Rep. Argentina, etc. 10 Vols. B. Aires, 1883-1893. *Mariano A. Pelliza:* Hist. Argentina. 2 Vols. B. Aires, 1910. *J. M. Estrada:* Lecciones sobre la Hist. de la Rep. Argentina. 2 Vols. B. Aires, 1898. *Claudio Gay:* Hist. Física y Política de Chile, etc. 3 Vols. París, 1854, y Docs. París, 1852. *Barros Arana:* Hist. Gen. de Chile. Santiago, 1884-1898. 15 Vols. *Id.:* Hist. Gen. de la Independencia de Chile. 2.ª Ed. Santiago, 1863. 4 Vols. *Miguel Luis Amunátegui:* Comp. de la Hist. Política y Eclesiástica de Chile. (6.ª Ed. Valparaíso, 1867). *Lorente:* Hist. del Perú bajo los Borbones, 1700-1821 (Lima, 1871). *M. F. Paz Soldan:* Hist. del Perú Independiente. 2 Vols. (Lima, 1874-1878). *Mariano Moreno:* Col. de Arengas en el Foro y escritos. Londres, 1836. *G. Bulnes:* Historia de la Expedición Libertadora del Perú, 1817-1822 (Santiago de Chile, 1887), del Dr. Mariano Moreno, etc. (Londres, 1812). *Núñez:* Not. Históricas de la Rep. Argentina (2.ª Edición. B. Aires, 1898). *Paul Groussac:* Santiago de Liniers (B. Aires, 1907) *René Moreno:* Ultimos días coloniales del Alto Perú (Santiago, 1901). *Fco. Bauzá:* Hist. de la Dom. Española en el Uruguay (Montevideo, 1880-82). *Biblioteca del Comercio del Plata:* B. Aires. Vol. III (1846). IV (1847). V (1848). *López V. F.:* La Revolución Argentina, etc. (B. Aires, 1881). *J. J. Biedma:* D. Marcos G. Balcarce. Silueta Histórica (B. Aires, 1895). *José V. Lastarria:* Hist. Constitucional (Chilena) del medio siglo (Gante, 1866). *M. L. Amunátegui:* La reconquista Española, etc. (Santiago, 1851). *B. Vicuña Mackenna:* El Ostracismo de los Carreras (Santiago, 1857). *Id.:* La Corona del Héroe *(Bernardo O'Higgins).* Santiago, 1872. Rev. de la Guerra de la Indpcia. de Chile, Coll. Hist. de Chile, etc. Santiago, 1898. *M. L. Amunátegui:* La Dictadura de O'Higgins. (3.ª Ed. Santiago, 1882). *José L. Amunátegui:* Crónica del 1810 (Santiago, 1876-99). *Conde de Clonard:* Hist. Orgánica de las armas de Infantería y Caballería Españolas (Madrid, 1851). *Vicuña Mackenna:* El General San Martín (Santiago, 1866). *García del Río (Gual y Jaén):* San Martín (Londres, 1823). *Varios:* El General San Martín. Libro formado con motivo de la inauguración de su estatua (B. Aires, 1862). *Pruvonema (Riva Aguero?):* Memorias y Documentos para la Historia de la Independencia del Perú, etc. (París, 1858). *General Jerónimo Espejo:* El Paso de los Andes (B. Aires, 1882). *C. L. Fregeiro:* Bernardo Monteagudo (B. Aires, 1878). *Mariano A. Pelliza:* Monteagudo (B. Aires, 1880). *Samuel Haigh:* Sketches of B. Aires a Chile (Londres, 1823). (Papeles del *Brig. Gen. Guido,* 1817-20, coordenados por *Carlos Guido y Spano.* B. Aires, 1882), etc., etc., las relacionadas en el Cap. II, Tít. II (en especial la Hist. de San Martín y la Hist. de Belgrano, del General *D. B. Mitre)* y las citadas en las notas de los Cap. IV y V del Tít. III y en los Cap. I y II de este Título IV.

Fuentes Ms. — Docs. *Archivo de Indias.* (Vse. el Catálogo de *Torres Lanzas* citado. Vol. III, IV, V). *Archivo de Simancas:*

"Sección de Guerra". Leg. 2505 á 2680, 7092 á 7134, 7220 á 7256, 7301 á 7327, etc. "Embajada de Inglaterra". Leg. 8215 á 8312, etc., etc. *Archivo Histórico Nacional*. Madrid. "Guerra de la Independencia". "Bailén" (en especial Leg. 30). "Colegios y Seminarios". Legajo 297, etc. *Archivo del Senado Español*. "Colección *Gómez Arteche*" (Leg. 43. Bailén). Archivos del *Gobierno Francés*. Ministère des Affaires Etrangères. "Amerique". "Espagne", 1816-1821. *Public Record Office*. London. "Admiralty", 1810-1820. Foreing office "Spain", 1812-1821. "War office", 1812-1821. *British Museum:* "Additional Ms." "*Windham* Papers". "Board of Trade", etc. *Archivo General de la Nación*. B. Aires, 1810-1818. "*Archivo del General San Martín*". Bca. Mitre (Vse. Catálogo. Sección 23, pág. 675). *Archivo Histórico Nacional*. Santiago de Chile, 1810-1820, *Archivo Histórico del Perú*, 1809-1820. Biblioteca *Nacional de Lima*. "Salón América". "Documentos del Virreinato" (Vse. Catálogo, pág. 171 á 210), etc., etc.

Fuentes Imp. – Documentos "*Colección Paz Soldan*" y "Papeles Varios" en la Biblioteca *Nacional de Lima* (Vse. Catálogo citado, pág. 97 y sig.). Colección de decretos y órdenes. Serie II. Decretos del *Rey D. Fernando VII*, de 1814 á 1823 inclusive (Madrid, 1814-36). *Colección de Memorias y Documentos* para la historia y geografía de los pueblos del Río de la Plata (Ed. *Lamás*. Montevideo, 1849). Documentos *Históricos del Perú*. Ed. *Odriozola*. Lima. 1863-64. Documentos *Literarios del Perú*. Ed. *Odriozola*. 8 Vols. Lima, 1863-76. Sesiones de los *Cuerpos Legislativos de la República de Chile*, de 1811 á 1845. Vol. I. "Congreso Nacional de 1811". "Senado de 1812 á 1814". Vol. II. "Senado Conservador de 1818 á 1819". Vol. III. "Senado Conservador, 1819 á 1820" (Santiago, 1887). Colección de *Memorias Históricas* presentadas á la Universidad de Chile (Ley. 19. Noviembre 1842), 1843-1900. Colección de Historiadores y de documentos relativos *á la Independencia de Chile*. Vol. II, IV, VI, VIII á XII, etc. (Santiago, 1900-1904). "*El Correo del Comercio*". 52 números. Marzo 1810 á Febrero 1811 (Redactado por D. Manuel Belgrano. B. Aires). "*El Censor de Buenos Aires*". Agosto 1815 á Febrero 1819 (177 números). "*Gaceta de Montevideo*", 1810-1814. 5 Vols. "*Gaceta de B. Aires*" (ó Ministerial, ó del Gobierno, etc.), 541 números ordinarios y 240 extraordinarios y suplementos, 1810 á 1821. "*Gaceta Ministerial de Santiago de Chile*", 1817-1822. "*Gaceta realista del Gobierno de Chile*", 1814-1817. "*El Sol*". 31 números. Santiago de Chile, 1818, etc., etc. Vse. además *Mariano Moreno*: Representación que el apoderado de los Hacendados de las campañas del Río de la Plata dirige al Excmo. Virrey Cisneros, etc. (B. Aires, 1810). *José M.ª Paz:* Memorias Póstumas (2.ª Edición. La Plata, 1892). *José Rodríguez Ballesteros:* Rev. de la Guerra de la Independencia de Chile (Col. Hist. de Chile, etc. Santiago, 1898-907. Vol. VI). *Melchor Martínez:* Mem. Hist. sobre la revolución de Chile (Valparaíso, 1848). *Fray José Xavier Guzmán:* El Chileno Instruído en la Historia de su país (Santiago, 1834-35). *Diego José Benavente:* Mem. Hist. sobre las primeras campañas de la guerra de la Independencia (Santiago, 1845 y 3.ª Edición, 1856). *Lord Cochrane, Earl of Dundonald:* Narrative of services in the liberation of Chile, Perou, etc. (London, 1859 y Trad. Española, *M. Bilbao.* Lima, 1863). *Ig. Zenteno:* Docs. justificativos sobre la expedición libertadora del Perú (Santiago, 1861). *General Miller:* Memoirs, etc. (Ed. *John Miller.* London, 1829. 2.ª Ed. 2 Vols.) General *García Camba:* Memorias para la historia de las Armas Españolas en el Perú (Madrid, 1846. 2 Vols.). Papeles del *Brigadier General Guido*, 1817-1820, coordenados por *C. Guido Spano* (B. Aires, 1882). *José Arenales:* Memoria Histórica de las operaciones é incidencias de la División Libertadora á las órdenes del General *D. J. A. Alvarez de Arenales*, en su segunda campaña á la Sierra del Perú en 1821 (B. Aires, 1832), etc., los documentos publicados en las obras de *Mitre, Calvo, Barros Arana, Vicuña Mackenna, Amunátegui, Paz Soldan*, etc., y los citados en las notas de los Cap. IV y V, Tít. II y Cap. I y II de este Título IV, etc.

Bibliografías. – Véanse las relacionadas en el Cap. II del Tít. II y en el Cap. V del Tít. IV.

CAPÍTULO III

LA TERCERA GUERRA DE VENEZUELA (1815-1819)

1. Bolívar y Petion.—2. La batalla de Juncal.—3. El Congresillo de Cariaco.—4. El fusilamiento de Piar.—5. Las hazañas de Páez.—6. La sorpresa de Calabozo.—7. Los auxiliares extranjeros. - 8. Bolívar en Angostura.

Bolívar y Petion. 1.—Dejamos á *Bolívar* (Cap. III, Tít. IV) después de la segunda guerra de Venezuela, refugiado en Jamaica, esperando ocasión propicia para reencender la guerra en su país. Su genio parece sublimarse en la adversidad. En Kinston escribió su célebre *Memoria* (Septiembre 6-1815) sobre el porvenir de los pueblos Hispano-Americanos, (1) y convencido de que el *Duque de Manchester,* gobernador de Jamaica no le proporcionaría los recursos que necesitaba para emprender una nueva campaña libertadora, pasó á la Isla de Haití, donde le aguardaba mejor acogida.

El Presidente de esta República, *Alejandro Petion* (Vse. Tít. VII, Cap. I), el entusiasta armador de Cuaraçao *Luis Brion,* y el acaudalado negociante *Roberto Sutherland,* suministraron al tenaz caudillo fusiles, barcos y dinero, y el día 20 de Marzo (1816) aprestadas siete goletas y reunidos hasta 250 hombres, oficiales en su mayor parte (2), salió la expedición del puerto de Acquin, dirigiéndose á la Isla de la Margarita, donde el indomable *Arismendi,* con un centenar de pescadores y labriegos

---

(1) Carta, Septiembre 6 de 1815. Vse. *Larrazabal:* op. cit. I, pág. 390 y sig., que la comenta y transcribe.

(2) Los más notables compañeros de *Bolívar* fueron Brion, Mariño, Piar, Soublette, Briceño Méndez, Mac Gregor, el Coronel *Ducoudray Holstein,* autor de las violentísimas Memorias contra el Libertador (Mem. of Simón Bolívar, op. cit.), *Torres, Ibarra, Zea,* etc. Vse. *Gil Fortoul:* op. cit. Vol. I, pág. 244. Nota 1.

heróicos, había enarbolado otra vez el pabellón revolucionario. El 3 de Mayo fondeó la expedición en el puerto de Juan
Griego, y el día 16, una *Asamblea* celebrada en la villa de la
Asunción, reconóció á *Bolívar* como jefe supremo y á *Mariño*
como segundo.

Desde el día 1.º de Julio y durante varios meses, los patriotas perdieron el tiempo en injustificadas disensiones. Desde
Carúpano, *Bolívar* despachó á *Mariño* por mar á la costa
de Güiria, á
Piar por tie-
rra hacía Ma-
turin, y se
embarcó con
600 hombres
para expedi-
cionar por el
Oeste. El 6
de Julio ocu-
pó á Ocuma-
re, proclamó
la libertad de
los esclavos

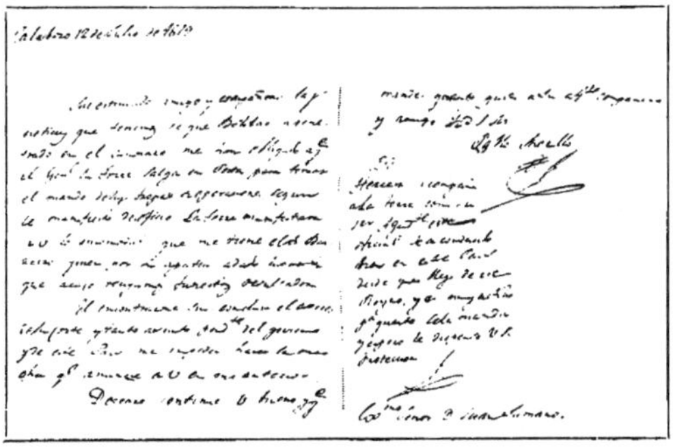

Fig. 546.—Carta de Morillo á Samano (Arch. *Conde Torre Pando*).

cumpliendo así el ofrecimiento que hiciera á sus buenos amigos de Haití; declaró abolida la *guerra á muerte*, reparando su
funesto error de 1813, y empezó las operaciones militares adelantando á sus lugartenientes *Mac Gregor, Soublette, Torres,
Briceño,* etc., para invadir los valles del Aragua.

Lograron estos jefes derrotar en Maracay á un escuadrón
español, pero su triunfo fué efímero. Amenazados por fuerzas
superiores realistas del temible *Morales,* se vieron obligados á
contramarchar á Ocumare, siendo cortados por el enemigo,
que los destrozó reciamente (Julio 13).

Bolívar, —reducido á unas docenas de soldados— volvió á
Ocumare, embarcó precipitadamente los restos del parque, hizo
vela á Bonaire, donde encontró al General *Bermúdez,* y salieron ambos para la costa de Paria en busca de *Mariño.* Hallá-

ronle en Güiria, pero acordes allí *Mariño* y *Bermúdez* en culpar á *Bolívar* por el fracaso de la empresa, desconocieron su autoridad, le amenazaron de muerte y le obligaron (Agosto 22) á reembarcarse para Haïtí (1).

La batalla de Juncal.

2. – Reunidos *Mac Gregor* y *Soublette* en Choroni, esperaron durante dos días á su general, y en vista de su tardanza, decidieron buscar su salvación en los llanos. La

abandonada columna fuerte de 600 hombres y 30 dragones, atravesó las serranías del litoral, penetró en Victoria dispersando la guarnición realista, pasó el río Guaríco, encontró allí un escuadrón de las guerrillas de *Saraza*, que venía en su busca, y juntos derrotaron en la Quebrada Honda otra división enemiga (Agosto 3), haciéndose dueños de los llanos de Barcelona. Días después (Septiembre 24) rechazaron victoriosamente, auxiliados por *Piar*, las divisiones de *Morales* y *López* en la célebre batalla del *Playón de Juncal*.

Fig. 547. – Mac Gregor.

A pesar de estas ventajas y de las denodadas correrías de *Páez*, en la provincia de Barinas, que más adelante bosquejaremos, comprendieron los caudillos vencedores la necesidad de una dirección suprema que uniformara la campaña. El ejército de *Piar, Saraza* y *Mac Gregor*, comisionó á *Zea* para que decidiese al *Libertador* á regresar al continente, y en igual sentido influyó *Arismendi*, que había obligado á los Españoles á evacuar la Isla de Margarita.

Fig. 548. – Soublette.

(1) Vse. *Restreppo:* Hist. Rev. Colombia. Vol. II, pág. 285 y sig. *Gervinus:* op. cit. Vol. VII, pág. 59 y sig. *Gil Fortoul:* op. cit. Vol. I, pag. 242 y sig. *Larrazabal:* op. cit. Vol. I. Cap. XVIII, XIX, XX, pág. 383 y sig. *O'Leary:* Docs. (op. cit.) Vol. I, pág. 312 y sig. *Mitre:* Hist. de San Martín. Vol. III, pág. 443, 448 y sig. y sus notas. *Loraine Petre:* op. cit. Cap. VII, pág. 167 y sig. y sus notas. Comp. *Ducoudray Holstein:* op. cit. Vol. I, pág. 312 y sig. *Torrente:* op. cit. Vol. II, pág. 243 y sig. *Díaz:* Rec. Rev. de Caracas. op. cit., pág. 97 y sig., etc.

Simón Bolívar, organizó una nueva escuadrilla que, salió de Jacmel, dió fondo á los siete días en Juan Griego (28 Diciembre) y arribó á Barcelona al mismo tiempo que lo hacía *Arismendi* con su columna de auxilio. Reunidos unos 700 hombres, determinaron invadir la provincia de Caracas, pero al llegar al sitio de Clarines, el jefe realista *Jiménez* les derrotó, obligándoles á volver á Barcelona (Enero 9 de 1817.)

Esta derrota decidió á *Bolívar* á renunciar á nuevas tentativas sobre la ambicionada Caracas y á trasladar la guerra al Orinoco y la Guayana, base natural y estratégica de las operaciones del ejército revolucionario y verdadera llave de sus futuras victorias. Dejó en Barcelona una guarnición de 400 hombres y ordenando á *Mariño* que con su división de 1.700 hombres esperase su regreso en Aragua, se dirigió á la Guayana con solo 15 Oficiales. Encontró al General *Piar* en las inmediaciones de Angostura, á la que había sitiado después de su brillante triunfo en San Félix (Abril 11), sobre los realistas y de sus fructíferas guazávaras en las misiones del Caroní, acciones desgraciadamente manchadas por la inútil y cruel matanza de más de 150 prisioneros Españoles y por el bárbaro asesinato de 22 misioneros Capuchinos (1).

Fig. 549.—Aldea típica Andina.

---

(1) El *General Mitre*, Hist. San Martín. Vol. II, pág. 457, en su afán de disculpar á *Piar*, afirma, que los desgraciados misioneros Capuchinos que asesinó ó mandó asesinar *«eran muy odiados por los neófitos indígenas»*. Esta afirmación del ilustre panegirista de *San Martín*, es en absoluto improbada y gratuíta. La conducta del que llama *«general negro»* (era de ojos azules, barbilampiño y de tez rosada), es á todas

Bolívar, reconocido como jefe por los vencedores de San Félix, los dividió en tres cuerpos y á pesar de la valerosa resistencia del General realista D. *Miguel de la Torre*, y después de
cuatro meses de continuas maniobras y combates, logró hacerle evacuar la ciudad de Angostura (Julio 17) y abandonar la
província de Guayana (Agosto 5).

El Congresillo 3.—La ocupación de la Guayana por los patriotas tenía de-
de Cariaco. cisiva importancia estratégica y aseguraba el triunfo de su

causa. Sirvió además para consolidar la menoscabada autoridad de
Bolívar, y para asegurar la sumisión de los jefes que servían á sus
órdenes. No bien se alejó el *Libertador* hacia el Orinoco (29 de Marzo), el voluble *Mariño*, desobedeció sus instrucciones deteniéndose
en el camino de Aragua, y dejó sa-
crificar á *Freites*, á quien cercaron
inesperadamente los realistas en
Barcelona, apoderándose nuevamente de la plaza.

Fig. 550.—Simón Bolívar (1817).

Es más: interpretando á su modo
Mariño las proclamas de *Bolívar*,
se puso de acuerdo con el canónigo *Cortés Madariaga* y convoca-
ron una pretendida *Asamblea ó Congreso Federativo*, que se
reunió entre unos pocos en el pueblecillo de San Felipe de Cariaco (8 Mayo 1817); restableció el Gobierno Federal, cambió
el nombre de Margarita por el pomposo de *«Nueva Esparta»*,
nombró á *Mariño* Jefe Supremo del Ejército y á *Brión* Comandante de la Armada.

Poco duraron en sus soñados mandos. A fines de Mayo,

---

luces condenable. Vse. entre otros autores á *Gil Fortoul:* op. cit. Vol. I, pág. 248, y
sobre la figura y color del díscolo caudillo del Juncal, Vse. *Conde* (que mandaba la
guardia que fusiló á *Piar* en Angostura). Recuerdos de la vida y muerte del General
Piar (Maracaibo, 1839), pág. 22 y sig., etc.

amenazados los anárquicos congresistas por las avanzadas Españolas, tuvieron que dispersarse, y casi todos, arrepentidos ó desengañados, partieron para Guayana á sincerarse con *Bolívar.* El canónigo *Cortés Madariaga,* que había sido el alma de la disidencia, pasó á Jamáica. *Mariño,* que con sus 2.000 hombres pretendía dominar la provincia de Cumaná, los perdió en sucesivos y desgraciados combates con las tropas realistas de *Morillo* y se vió pronto obligado á congraciarse con *Bolívar,* á quien se sometió en apariencia.

4.—Más seria y peligrosa para la revolución Venezolana fué la rebeldía del bravo *Piar.* Envanecido con sus triunfos del Juncal y San Félix, y celoso siempre de la autoridad de *Bolívar,* no bien tuvo noticia de lo decidido en el Congresillo de Cariaco, intentó seguir caminos análogos. Ni los diplomáticos consejos de *Méndez,* ni las protestas de amistad del *Libertador* mismo, lograron apaciguar al violento caudillo. El 30 de Junio pidió licencia para separarse del servicio, y en vez de ausentarse de la República, como se le indicaba en su pasaporte, se trasladó al Juncal y luego á Angostura, al mismo tiempo (Julio 18) que las tropas de *Bermúdez* entraban victoriosas en la referida plaza.

El fusilamient de Piar.

Fig. 551 —Desfiladero Andino.

Alarmado *Bolívar* por los rumores que á sus oídos llegaron sobre las intenciones y trabajos de *Piar* para unirse con *Mariño* y sustituir en el ejército el predominio de los pardos ó

Fig. 552.— Campañas de Bolívar.
(1815-19)

mestizos que creía acaudillar, al de los blancos ó *mantuanos*, ordenó al jefe rebelde que se trasladase al cuartel general de Casacoima. *Piar* desobedeció esta orden, y pasando ocultamente el Orinoco, se reunió con *Mariño*. Durante dos meses siguieron ambos caudillos haciendo correrías por la provincia de Cumaná, hasta que al fin el General *Cedeño*, comisionado por *Bolívar*, sorprendió á *Piar* en Aragua, y á pesar de su resistencia, logró aprestarlo y remitirlo á Angostura.

Un *Consejo de Guerra* allí formado, le condenó á muerte y á ser degradado, por desertor y sedicioso. *Bolívar* confirmó el fallo, dispensando la degradación, y el discolo é infortunado vencedor de San Félix fué fusilado en presencia de todo el ejército (16 de Octubre 1817).

La muerte de *Piar*, que consideró *Bolívar* como *"políticamente necesaria"*, fué un golpe de Estado que consolidó su autoridad. Sofocó la guerra civil en germen y salvó á la naciente República de un nuevo desastre. *Mariño*, que había logrado mantenerse en Cumaná á la cabeza de unos 400 hombres, abandonado por los suyos, que se plegaron á *Bermúdez*, fué sometido y se retiró á la Margarita (1).

(1) Vse. *Gil Fortoul:* op. cit., pág. 246 y sig. y sus notas. *Briceño:* Hist. de la Isla de la Margarita. op. cit., pág. 142 y sig. *Mitre:* Hist. de San Martín. Vol. III, pág.

5. — Mientras *Bolívar* y sus compañeros peleaban en las regiones Orientales, otros patriotas sostenían la lucha en el extremo opuesto de la República. Dirigía allí la guerra el hábil, osado y admirable guerrillero *D. José Antonio Páez*, que, como los realistas *Boves y Morales*, en la pasada guerra, había sabido identificarse y acaudillar á los semi-bárbaros *llaneros*, que le seguían con denodado entusiasmo. Cuando los revolucionarios Venezolanos se retiraban hacia Nueva Granada huyendo de las tropas de *Morillo*, el entonces Capitán *Páez*, al mando de 500 lanzas, destrozó en *Mata de la Miel* (16 Febrero 1816) y *Mantecal* (Junio 1816) al bravo Coronel Español *D. Francisco López*.

Fig. 553. – El General Páez.

Por aquel entonces, la causa republicana había sufrido desastrosos reveses, y los patriotas Neo-Granadinos, que huían de *Morillo*, se refugiaron en la Provincia de Casanare, desde donde, expulsados también por el Brigadier *Miguel de La Torre*, llegaron en deplorable estado á Guardalito, en la Provincia de Barinas. Formaron allí un simulacro de gobierno (Julio 1816), y de acuerdo con el General *D. Francisco de Paula Santander*, proclamaron á *Páez* jefe absoluto de la región, por ser el único capaz de mandar los *llaneros* y conducirles al triunfo.

Fig. 554.—El General Santander.

El hercúleo y valeroso guerrillero batió nuevamente (8 de Octubre) á su acostumbrado enemigo el Coronel *López*, en el hato del Yagual,

455 y sig. y sus notas. *Restreppo:* op. cit. Vol. II, pág. 366 y sig. *Loraine Petre:* op. cit., pág. 183 y sig. *Docs. para la Vida del Libertador*, 1168, 1170, 71, 74, etc. *La Croix:* Diario de Bucaramanga, pág. 120 y sig. *Rodríguez Villa:* Morillo. Vol. I, pág. 303 y sig. Vol. III, pág. 363 y sig. Vol. IV, pág. 128 y sig., etc. *Larrazabal:* op. cit. Vol. I, pág. 453 y sig. *Torrente:* op. cit. Vol. II, pág. 331 y sig., etc., etc.

cruzó temerariamente con sus jinetes el río Apure, é hizo prisionero al jefe realista, á quien fusiló.

Como los oficiales Neo-Granadinos, y entre ellos *Santander*, tuviesen noticias de que *Morillo* y *La Torre* se preparaban á pasar con fuerzas considerables de Nueva Granada á Venezuela, se separaron del caudillo del Apure. *Páez* no desmayó.

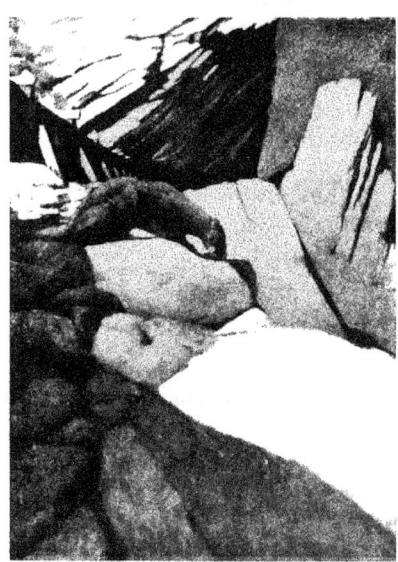

Fig. 555. — Camino de Boyacá.

Atacado por el General *La Torre* en *Macuritas* (Enero 28-1817), el famoso *llanero* obtuvo sobre los realistas otra brillante victoria, en la que la caballería Española quedó deshecha, teniendo la infantería que refugiarse en un pantano, por haber incendiado el indomable guerrillero las compactas hierbas secas de la llanura en que se desarrolló el combate.

Al día siguiente de esta memorable acción, *La Torre* se incorporó á las fuerzas de *Morillo*, mientras *Páez* se retiraba impertérrito hasta San Juan de Payara, donde se puso voluntariamente á las órdenes de *Bolívar*, con la sola condición de mantener, con sus indómitos *llaneros,* la zona entre el Arauca y el Apure, que con sus esfuerzos habían conquistado.

La sorpresa de Calabozo.

6. — En su marcha hacia el Norte el *General Morillo* alcanzó á reunir cerca de 6.000 hombres. Con la mitad de ellos se dirigió á la Isla de la Margarita, para impedir que sus habitantes

siguieran apoyando las expediciones revolucionarias que desde allí partían para Tierra Firme (Julio 1817). Los Margarite-
ños se defendieron con heróico empuje de los ataques de *Morillo,* quien después de un mes de encarnizadas luchas en la
que llamó "pérfida isla,, volvió al Continente para tratar de
contener los victoriosos avances de *Bolívar* y sus compañeros
en la estratégica provincia de Guayana.

El día 18 de Agosto desembarcó en Cumaná el infatigable
General *Mori-
llo,* fijando su
cuartel general
en Calabozo.
Allí fué á atacar-
le *Bolívar,* á
quien abandonó
la fortuna, pues
antes de que pu-
diera llegar á las
líneas enemigas,
fué destruída su
primera divi-
sión por *La To-
rre* (Dicbre. 2)

Fig. 556.— El General La Torre y su familia.
(Arch. *Conde Torre Pando*).

en el hato de la Hogaza y se vió obligado á regresar á Angostura.

Con la enérgica rapidez de costumbre, reunió otra división
de cerca de 3.000 hombres, que reforzada con los temibles ginetes llaneros de *Páez,* sorprendió y destrozó á las puertas de
Calabozo á los realistas, no sin sufrir también dolorosas bajas.

Páez partió á sitiar á San Fernando, que los enemigos evacuaron (Marzo 6) al poco tiempo. *Bolívar* quiso avanzar hacia
el Aragua, pero las fuerzas combinadas de *Morillo* y *La Torre,*
le obligaron á aceptar desigual combate en el sitio denominado *La Puerta* ó quebrada de Semen (Marzo 16-1818), donde
si la suerte estuvo un punto indecisa por haber sido herido de
un lanzazo el temerario *Morillo,* vieron en definitiva los patrio-

tas derrotadas sus armas. *Bolívar* perdió hasta su archivo particular y escapó del campo á uñas de caballo. Un mes después se vió seriamente comprometido en Rincón de los Toros (Abril, 16), y á duras penas consiguió refugiarse con sus maltrechas columnas en San Fernando (1).

Los auxiliares extranjeros. 7. —La causa revolucionaria parecía perdida. *Morillo* dominaba todo el Centro y el Occidente del territorio: en las provincias orientales, á la amenaza de los mismos, se unía la interninable desavenencia

Fig. 557.—En las cordilleras Colombianas.

del caudillo *Bermúdez,* que campaba por su cuenta. En Margarita, *Arismendi* se consideraba como señor feudal, y era dudosa la subordinación de *Páez* en el Apure. El alma del *Libertador,* sin embargo, se engrandecía en el infortunio. No bien regresó á Angostura (5 de Junio), concibió un vasto plan que entonces parecía insensato. Quiso nada menos el genial caudillo, convocar un Congreso, establecer un gobierno constitucional, trasmontar los Andes y libertar á Nueva Granada.

(1) Vse. *Páez:* Auto-Biografia (New York, 1867). Vol. I, pág. 87 y sig. *Mitre:* San Martín. Vol. III, pág. 463 y sig., 474 y sig. y sus notas. *Restreppo:* op. cit. Vol. II, pág. 130 y sig. *Rodríguez Villa:* Morillo. Vol. I, pág. 267 y sig. Vol. III. Docs. Nos. 663 á 715, pág. 484 y sig. *Gil Fortoul:* op. cit., pág. 266 y sig. *Larrazabal:* op. cit. Vol. I, pág. 518 y sig. *Loraine Petre:* op. cit., pág. 196 y sig. *O'Leary:* op. cit. Vol. II, pág. 436 y sig. *Torrente:* op. cit. Vol. II, pág. 442 y sig. Se recuerda en esta campaña el famoso paso del Apure, que pinta de cuerpo entero al bravo *Páez* y sus jinetes llaneros. *Páez* había prometido á *Bolívar* tener embarcaciones para que el ejército pasara el Apure. Llegados á la línea del río, observó *Bolívar* que no había más embarcaciones que las canoas enemigas que estaban en la ribera opuesta. *«¿Dónde tiene Vd. esas embarcaciones?»*, preguntó á *Páez: Ahí están,* contestó éste, señalando las enemigas. *¿Y cómo las tomaremos? Con caballería.* Separó 50 llaneros mandados por el Coronel *Aramendi* y se lanzó al río gritando: *«Al agua muchachos. Seguid á su tío.»* La tripulación realista rompió el fuego, pero al ser abordada, abandonó la escuadrilla. *Páez* condujo de este modo 14 embarcaciones á la orilla opuesta. *«De no haberlo visto no lo creería»,* exclamó el *Libertador* (Vse. *Mitre:* op. cit. Vol. III, pág. 484).

Bolívar veía alto y lejos. En su Mensaje del 2 de Diciembre de 1817, el Presidente Norte-Americano *Monroe,* había reconocido la beligerancia á los patriotas Venezolanos. En Inglaterra el Agente Diplomático *López Méndez* contrataba empréstitos, armas y vestuarios, no obstante las pertinaces reclamaciones del Ministro Español *Duque de San Carlos.* Era necesario crear un gobierno para infundir confianza al extranjero y demostrar que la naciente República no se apoyaba solamente en el éxito de sus armas. *Angostura,* que hasta esta fecha no fué sino un cuartel, se transformó en verdadera capital con el concurso de las más brillantes ilustraciones civiles Venezolanas y Colombianas, con cuya valiosa cooperación dió á luz *Bolívar* su célebre „*Correo del Orinoco*", que fué por dos años órgano y ariete intelectual de la empresa libertadora.

Fig. 558. – Escudo de armas del General Latorre.

Claro es que *Bolívar* no hubiera podido soñar en este magno proyecto ni lanzar para prepararle su arrogante y pomposo reto á la Metrópoli (Noviembre 20-1818), si hubiera obtenido ésta el concurso material de la *Santa Alianza,* para dominar sus levantadas colonias, pero el *Libertador* supuso que debían fracasar los manejos de la corte de Madrid, ante la actitud de la Gran Bretaña, y dedujo lógicamente que á fin de aumentar su comercio, Inglaterra favorecería necesariamente, y en toda forma la emancipación de los dominios Españoles del Nuevo Mundo.

No se equivocó *Bolívar* en sus cálculos. En 1817 varios oficiales Ingleses y Alemanes celebraron contratos con *López Méndez,* para conducir á Venezuela cuerpos de tropas organizadas. La primera expedición de este género, formada por *Hippisley,* sirvió de plantel á un cuerpo de Caballería. Los Coroneles *Wilson* y *Skeenen,* organizaron otro.

El General *English* contrató el envío de una división de 1.200 hombres. *Mac Gregor* llevó 800 á las costas venezolanas. *Elsom* condujo 500 Ingleses y 300 Alemanes, que formaron la famosa *"Legión Británica"*. Más de 5.000 hombres salieron (1817-1820) de los puertos Ingleses, organizados, vestidos y armados, para combatir en las filas de *Bolívar*. En la misma época pasó de *1.000.000 de libras esterlinas* el valor de los auxilios que el comercio Inglés proporcionó á los comisionados de *Venezuela*. Parecía, según la frase de *Morillo*, que querían trasladarse al Nuevo Continente todos los ejércitos de Inglaterra y con ellos todo el caudal de sus comerciantes"... (1).

La corte Española, en tanto, fuese por impotencia ó por tradicional abandono, desoía las contínuas instancias del referido General *Morillo*, pidiendo refuerzos, y dejaba que sus heroicos y resignados batallones de Venezuela sin haberes, auxilios, ni socorro de ninguna especie, se desesperaran por las dilaciones y la indiferencia de su menguado gobierno, y perdieran, por la fatiga y la miseria, las ventajas obtenidas á costa de sus trabajos y su sangre (2).

---

(1) «Los ejércitos ingleses parece que quieren trasladarse todos á este continente y el caudal de los comerciantes de aquella nación se prodiga largamente en habilitar las fuertes expediciones que van llegando á diversos puntos de América», etc. *Morillo* al Ministro de la Guerra. C. Gral. de Calabozo. Mayo 12 de 1819. Vse. *Rodríguez Villa*. op. cit. Vol. IV, pág. 25. Doc. 771.

(2) Las tropas auxiliares inglesas llevadas á Venezuela en 1817-1819, fueron las siguientes:

Coronel *Wilson* (caballería)................	60	plazas 1817
" *Hippisley* (caballería)....................	120	, "
" *Campbele* (rifleros)........:...........	130	, "
" *Gilmore* (artilleria, seis cañones)...........	90	, "
" *Mac Donald* y otros oficiales........	20	, "
Contingente del Coronel *Elsom*	572	plazas 1819
" " " *English*...................	1200	, "
Alemanes *(Hesianos ?)* de *Elsom*	300	, "
Contingente de *Mac Gregor*.......................	900	, "
Brigada *Irlandesa* de *Devereux*....................	1729	, "
Contingentes *Irlandeses* y del Col *Gore*...:........	387	s "

es decir, una fuerza de *5088 hombres* perfectamente armados y equipados. Vse. *Restreppo*: op. cit. Vol. II. Notas, pág. 607-609. En general sobre estos puntos, Vse. *Cambridge Modern Hist.*: Vol. X, pág. 32 y sig. (Comp. *Verona*. Política Canning). *Id.*: pág. 212 y sig., y sus referencias., pág. 787 y sig., y 808 y sig. *Chesterton*: Narrative of procedings in Venezuela, 1819-20 (London, 1820), pág. 21 y sig. Present State of Colombia by an *Officer Sate in the Colombian Service* (London, 1827). pág. 16 y sig. *Hippisley*: Narrative of expeditions to rivers Orinoco and Apuré, etc. (London, 1819), pág. 65 y sig. *G. Mac Gregor*: Memoirs, etc. (London, 1820), pág. 19 y sig.

8. — El día 15 de Febrero de 1819, se instaló solemnemente
en Angostura el segundo Congreso Venezolano. El *Libertador*
abdicó en sus manos el poder absoluto de que estaba investido, y expuso en un brillante discurso su plan de organización constitucional, renovando la idea de reunir en una sola
Nación Colombiana las repúblicas de Nueva Granada y Venezuela. El *Congreso*, no obstante la aparente resistencia de *Bolívar*, le nombró *Presidente de la República*, declarando que debía ejercer una autoridad ilimitada en las provincias que fuesen teatro de la guerra. Propuso el *Dictador* que se instituye-
se un Senado hereditario, preparando acaso la
presidencia vitalicia, que ambicionó y creyó posible siempre.

A mediados de Marzo delegó *Bolívar* el mando político en el Vicepresidente *D. Francisco
Antonio Zea*, y seguido de los 500 voluntarios
Ingleses del Coronel *Elsom*, se incorporó al
cuartel general de *Paez*, que se hallaba á orillas
del río Arauca. *Morillo*, con cerca de 6.000
hombres, ocupaba los llanos vecinos y los poblados de Achaguas y San Fernando. Los patriotas, comprendiendo que hubiera sido una
locura el aventurar batalla campal, se limitaron
á acosar al enemigo con emboscadas y com-

Fig. 559.
Estatua de Bolívar
en Lima.

bates parciales, esperando á que la estación de las lluvias para-
lizase los movimientos del ejército realista, y permitiese al republicano emprender la campaña de Nueva Granada sin peligro.
Entre estos combates, merece mencionarse el ataque de *Paez* en
las *Queseras del Medio* (2 de Abril), romántico episodio en que
probaron una vez más su osadía los llaneros.

Los meses de Abril y Mayo se emplearon en marchas y con-

Hackett: Narrative of the expedition which sailed from England in 1817 (Trad. Paris,
1819), pág. 14 y sig. *Mitre*: Hist. de San Martín. Vol. III, pág. 503 y sig. y sus notas
y referencias. *Gil Fortoul*: op. cit. Vol. I, pág 271 y sig., y 372 y sig. *Loraine Petre*:
op. cit., pág. 212 y sig. *Rodríguez Villa*: Morillo. Vol. I, pág. 354 y slg., y Docs.
Vol. III, Nos. 713 á 764. *Id.*: Vol. IV. Docs. Nos. 765 á 768, pág. 5 y sig. *Torrente*:
op. cit. Vol. II, pág. 442 y sig., etc., etc.

tramarchas, sin resultados apreciables para los beligerantes, hasta que *Morillo* se retiró á cuarteles de invierno. El 26 de Mayo pasó Bolívar revista á sus tropas en el *Mantecal:* 2.100 hombres venezolanos y extranjeros, distinguiéndose entre estos últimos la *"Legión Británica"*, al mando de su bizarro Coronel *James Rook*. El día 3 de Julio comunicaba desde Guardalito al Vicepresidente *Ceu*, su admirable plan de reconquista.

Él con la infantería debía reunirse en Casanare con el General *Santander*, para pasar á Nueva Granada; la caballería, dividida en tres cuerpos, incluyendo los jinetes de *Paez*, quedaría en los llanos para mantener en jaque al enemigo. Al mismo tiempo *Brion*, con la escuadrilla republicana y tomando á su bordo las tropas extranjeras que se hallaban en la Isla de Margarita, debía hostilizar las costas de Caracas.

Jamás había concebido *Bolívar* un plan de campaña mejor combinado. Los destinos de Sud-América iban á cambiar en el Norte, como cambiaron en el Sur, despúes de los triunfos de *San Martín* en Chacabuco y Maipu. Aquel brillante grupo de jóvenes libertadores, iban con poco más de 2.000 soldados á transmontar los Andes, destruir un aguerrido ejército Español, ocupar á Bogotá y fundar la Gran Colombia (1).

(1) Al emprender su más brillante campaña, *Bolívar* cumplía 36 años, *Revenga*, su Secretario General, 37; *Soublette*, Jefe de Estado Mayor, 29; *Santander*, que mandaba la vanguardia, 28; *Anzoategui*, que mandaba la retaguardia, 30, etc., etc. Vse. *Gil Fortoul:* op. cit. Vol. I, pág. 274 y sig. y sus notas, y Apce. No. 4 («El Poder Moral», propuesto por *Bolívar* en Angostura). *Mitre:* op. cit. Vol. III, pág. 498 y sig. *Larrazabal:* op. cit. Vol. I, pág. 547 y sig. *Loraine Petre:* op. clt., pág. 216 y sig., etc., etc. Sobre el capitulo en general, son de luminosa consulta los Docs. del Archivo de Indias, extractados por *Torres Lanzas:* op. cit. Vol. IV. No. 5331-35, 5343-52, 5358-61, 5370, 5384, 5388-89, 5397, 5402-03, 5407, 5436-42, 5461, 5470, 5490, 5503, 5526-31, 5550-53, 5567-70, 5572, 5582-94, 5599-608, 5620-22, 5634-38, 5653, 5670, 5677, 5679-84, 5691, 5695-97, 5757, 5763, etc.

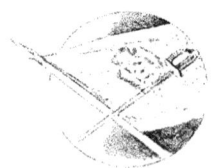

CUESTIONARIO

1. – ¿*Qué auxilios recibió* Bolívar *en la isla de Haití?*
2. –¿*Quién sostuvo la revolución en la isla de Margarita?*
3. – ¿*Qué desastroso fín tuvo la expedición de* Bolívar?
4. – ¿*Qué señalado triunfo consiguieron* Soublette *y* Piar *sobre los realistas?*
5. – ¿*Qué nueva expedición reunió* Bolívar *en Haití?*
6. – ¿*Qué triunfos consiguió* Piar *sobre los realistas?*
7. – ¿*Porqué desistió* Bolívar *de su avance sobre Caracas?*
8. – ¿*Qué ventajas proporcionó á los republicanos la ocupación de Angostura?*
9. – ¿*Qué desastre ocasionó la disidencia de* Mariño?
10. – ¿*Qué objeto tuvo el* Congresillo de Cariaco?
11. – ¿*Qué importancia tuvo la sublevación de* Piar?
12. – ¿*Cómo la sofocó* Bolívar?
13. – ¿*Qué victorias obtuvo* Páez *sobre los realistas?*
14. – ¿*Con qué tropas contaba éste bravo caudillo?*
15. – ¿*Qué importancia tuvo el triunfo de* Macuritas?
16. – ¿*Qué ventajas consiguió sobre los republicanos el* General La Torre?
17. – ¿*Qué campaña emprendió* Morillo *en la Margarita?*
18. – ¿*Qué derrota sufrió* Bolívar *en La Puerta?*
19. – ¿*Qué plan concibió* Bolívar *después de estos contrastes?*

20. – ¿*En qué se fundaba para creerlo posible?*
21. – ¿*Qué auxilios prestó Inglaterra á los revolucionarios Ve-
      nezolanos?*
22. – ¿*Cómo atendió la corte Española las repetidas instancias
      del* General Morillo?
23. – ¿*Qué resolvió el* Congreso Venezolano *de 1819?*
24. – ¿*Con qué recursos contaba* Bolívar *para realizar su vasto
      plan de reconquista?*
25. – ¿*Qué brillantes ¡efes le acompañaban en el ejército?*

REFERENCIAS

Véanse las relacionadas en el Cap. V de este Título.

CAPÍTULO IV

1.—La inundación de los llanos, si facilitaba la ejecución del El triunfo de
plán de *Bolívar* para invadir á Nueva Granada, en cuanto de- Boyacá.
tenía en sus cuarteles al General *Morillo*, dificultaba, por otra
parte, las jornadas de su ejército. El *Libertador* logró, sin embargo, reunirse con *Santander* (Junio 11-1819) al pie de los
Andes, en las fuentes del río Casanare, y desde allí emprendieron juntos la marcha hacia el Oeste. Llevaban 2.500 hombres
divididos en cuatro batallones (*Rifles, Bravos de Páez, Barcelona* y *Albión)* de infantería, y cuatro escuadrones de caballería incluyendo el célebre regimiento llamado *"Guías del Apure",* en el que figuraban los jinetes Británicos.

El día 27 de Junio empezó á sonreir la victoria á los expedicionarios, que arrollaron en el desfiladero de Paya una avanzada enemiga. Del 2 al 6 de Julio pasaron al páramo de Pisba,
lúgubre é inhospitalario desierto donde los llaneros, casi desnudos, y los impasibles sajones avanzaban ateridos por la llo-
vizna, el granizo y el viento. Muchos murieron de frío. Los
que sobrevivieron á esta increíble marcha, extenuados, enfermos, "cubiertos de solas sus armas", como diría después *Bolívar*, sin un caballo, y con escasísimas provisiones de guerra,
llegaron al ameno valle de Sogamoso, en el corazón de la provincia de Tunja (Julio 7).

— 749 —

Recogidas las armas y allegadas algunas caballerías, se batieron con buen éxito con las fuerzas realistas de *Barreiro,* en Corrales, en Gameza y en el Pantano de Vargas (10 al 25 de Julio). El Coronel Inglés *Rook,* y los jefes llaneros *Rondón* y *Carvajal* inmortalizaron estas acciones con su denuedo y sus hazañas. El día 5 de Agosto ocupó *Bolívar* la ciudad de Tunja, interponiéndose con ello entre la de Bogotá y las líneas del ejército realista.

Barreiro, para restablecer las comunicaciones con la capital, se puso resueltamente en marcha. *Bolívar* colocó su ejército á

Fig. 560. — Paso de los Andes Ecuatoriales.

orillas del riachuelo de *Boyacá,* interceptando un puente, por el que debían pasar los enemigos para seguir á Bogotá. Trabóse á poco encarnizado combate entre los 2.000 heroicos patriotas y los 3.000 veteranos realistas de *Barreiro,* logrando los primeros decisiva victoria (Agosto 7-1819).

«El ejército enemigo, decía *Soublette* en el parte oficial de la „acción, quedó en nuestro poder...; fué prisionero el General „*Barreiro,* su segundo el Coronel *Jiménez,* casi todos los co-„mandantes de los cuerpos, multitud de subalternos y más de „1.600 soldados.„

Al tener noticias de la derrota de *Barreiro,* el Virrey *Sama-*

no huyó de Bogotá (Agosto, 9), «tan deprisa, sigue *Soublette*, „que en la Casa de Moneda dejó más de medio millón de pe· „sos y en los almacenes cuanto puede necesitarse para armar y „equipar completamente un numeroso ejército.„

Bolívar entró en Bogotá el 10 de Agosto entre las aclama· ciones del pueblo, no.nbró á *Santander* Vicepresidente de las provincias libres de Nueva Granada y regresó á poco á Vene· zuela. En menos de un mes de campa· ña, había logrado trasmontar los An· des Ecuatoriales, li· bertar el territorio Neo-Granadino y poner á sus próce· res en condiciones de consumar la obra de la Indepen· dencia (1).

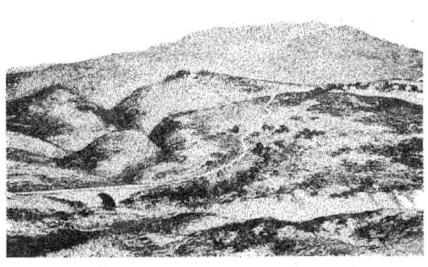

Fig. 561.—El campo de Boyacá.

2. — El regreso de *Bolívar* á Venezuela fué una serie no in· terrumpida de ovaciones triunfales. Se presentó al fin ante el Congreso reunido en Angostura y le dió cuenta de su gloriosa campaña, imponiendo como un hecho consumado la unión de los dos pueblos. El día 17 de Diciembre dictó el referido Congreso la llamada «*Ley Fundamental de la República de Colombia*», según la cual la antigua Capitanía General de Vene· zuela y el antiguo Virreynato de Nueva Granada formaban un

El Armisticio de Trujillo.

(1) La victoria de Boyacá tuvo, desgraciadamente, un epílogo bárbaro. El día 11 de Octubre el General *Santander* hizo fusilar á *Barreiro* y á 37 prisioneros Españo· les más, crueldad inútil y á todas luces condenable. Vse. *Mitre:* Hist. de San Martín. Vol. III, pág. 515 y sig. *Gil Fortoul:* op. cit. Vol. I, pág. 281 y sig. *O'Leary:* Me· morias. Vol. I, pág. 563 y sig. *Larrazabal:* op. cit. Vol. I, Cap. XXIX y XXX, pág. 573 y sig. *Loraine Petre:* op. cit. Cap. X, pág. 222 y sig. *Hiram Bingham:* journal of an Expedition through Venezuela and Colombia, 1906-07 (London, 1909), pág. 89 y sig. Para mejor inteligencia del terreno recorrido en esta campaña, Vse. el referido libro de *Bingham*, el Atlas Físico y Político de la Rep. de Venezuela de *Codazzi* (1840), la carta Orográfica de *Ponce de León y Paz*, del «Estado de Boyacá» (1864), etc. Comp. *Rodriguez Villa:* Morillo. Vol. I, pág. 401 y sig., 421 y sig., etc. Vol. IV, pág. 49, 70, 162, 218, etc. *Torrente:* op. cit. Vol. II. Cap. XXX, pág. 523 y sig., etc.

sólo Estado dividido en tres grandes Departamentos *(Vene-zuela, Cundinamarca* y *Quito)*, y cuya capital debía ser una nueva ciudad que llevara el nombre de *Bolívar*. El Congreso nombró también al *Libertador* Presidente Provisional de Co-lombia, á *Roscio* Vicepresidente de Venezuela y á *Santander* de Cundinamarca.

Estalló en tanto en España la revolución liberal ya mencio-nada (Cap. II), que obligó á Fernando VII á restablecer la Constitución del 1812. Las nuevas tendencias políticas del Ga-binete Español, y sobre todo el fracaso de la ex-pedición militar destina-da á América, determina-ron á los Ministros á ex-pedir instrucciones á los mandatarios coloniales para que arbitraran los medios de buscar una conciliación con los Jefes Republicanos (Abril, 11). *Morillo* recibió en Cara-cas (Junio, 6) estas ins-trucciones, en vez de los auxilios reclamados con tan justa y clamorosa insistencia.

Fig. 562.—Casa en que se firmó el Armisticio de Trujillo (1820).

Obedeciendo á lo ordenado por su gobierno, escribió el General Español á *Bolívar* (Junio, 17) y á sus lugartenientes *Páez, Bermúdez, Monagas*, etc., anunciando que había man-dado á sus tropas suspender las hostilidades por un mes. Al propio tiempo envió emisarios de paz cerca de *Bolívar (Gon-zález Linares y Herrera)* y cerca del Gobierno Independiente de Angostura *(Cires y Duarte)*. Recibieron estos últimos por toda respuesta "que todo lo relativo á la guerra estaba some-tido exclusivamente á la dirección del *Libertador*„, y los pri-meros lograron ponerse al habla (Agosto, 20) en San Cristó-bal del Tachira con el General *Urdaneta* y el Coronel *Briceño Méndez*, representantes de *Bolívar*. Durante tres meses conti-

RUMBOS GENERALES DE LAS EXPEDICIONES LIBERTADORAS
DE SAN MARTIN Y BOLIVAR

nuaron los dos Generales enemigos tratando por carta la conveniencia de suspender provisionalmente las hostilidades como
preliminar de una negociación de paz.

Por fin, hallándose el jefe realista en Carache y el republicano en Trujillo, fir-
maron sus plenipo-
tenciarios respectivos
*(Correa, Rodríguez del
Toro y González de
Linares,* por *Morillo,*
y *Sucre, Briceño Mén-
dez* y *Pérez,* por *Bolívar)* en Trujillo los
días 25 y 26 de No-
viembre de 1820, un
Tratado de armisticio,
que debía durar seis
meses, y otro, que se
llamó de *regulariza-
ción de la guerra,* en el
que ambos gobiernos,
abominando la pasada
lucha de exterminio, se
comprometían á ajus-
tarse en lo futuro "á
las leyes de las nacio-
nes cultas y á los prin-
cipios más liberales y

Fig. 563.—El Libertador Bolivar *(Gil).*

filantrópicos"... El Gobierno Republicano se comprometía
también á enviar á España sus *Comisionados* ó *Representantes*
para que allí negociaran la paz definitiva (1).

(1) Estos emisarios fueron nombrados por *Bolivar (Revenga* y *Echeverria),* y enviados á España con toda buena fe, pero con terminantes instrucciones. La misión de estos
comisionados Colombianos fué en absoluto infructuosa. Ni siquiera se les reconoció
en su carácter oficial en Madrid y sólo se les permitió permanecer allí *como particulares* hasta Septiembre del año 1821 (después de Carabobo), fecha en que se les dió sin
más explicaciones sus pasaportes. Vse. *Gil Fortoul:* op. cit. Vol. I, pág. 295-96, etc.

Firmados estos convenios, *Morillo* manifestó á sus comisionados que deseaba tener una entrevista personal con *Bolívar*. Se encontraron ambos caudillos en Santa Ana, y con mutuas demostraciones de afecto y á usanza de hidalgos, hicieron fervientes votos por la pronta y feliz conclusión de la paz.

Morillo regresó en seguida á Caracas, y haciendo uso del permiso que á duras penas le había concedido el Gobierno de Madrid, se despidió en dos hermosas proclamas de sus compañeros de armas y se embarcó para España, dejando al Mariscal de Campo *D. Miguel de la Torre* al mando del ejército (1).

Fig. 564. – Las gargantas del Rio Guaitara.

La batalla de Carabobo.

3.– El *Armisticio de Trujillo* no detuvo la marcha de la revolución Colombiana. A poco de firmado, y por haberse declarado por la Independencia la ciudad de Maracaibo, surgieron nuevas complicaciones, y se fijó el día 23 de Abril (1821) para reabrir las hostilidades.

Las ventajas de esta última campaña estaban, indudable-

(1) El texto del «*Armisticio*» (Nov. 25) y el del «*tratado de regularización de la guerra*» pueden leerse en *Gil Fortoul:* op. cit. Vol. I, pág. 288 y sig. Comp. *Rodríguez Villa:* Morillo. Vol. I, pág. 358 á 437 (Despedidas de *Morillo* al ejército, pág. 433), y Docs. Vol. IV. Nos. 808 á 885, pág. 110 y sig. *Larrazabal:* op. cit. Vol. II. Cap. XXXI y XXXII, pág. 11 y sig. *Torrente:* op. cit. Vol. II, pág. 525 y sig. y Vol. III, pág. 102 y sig. Sobre la autenticidad é importancia documental de las «Mémoires du *General Morillo*, etc.» (París, 1826), tantas veces citadas por algunos historiadores y en especial por el General *Mitre:* Hist. de San Martín. Vol. III. Cap. XLI y sig., baste decir que no sólo no fueron publicadas por *Morillo*, ni éste las reconoció como suyas, sino que declaró «ser completamente extraño á la publicación que llevaba su nombre». Vse. *Rodríguez Villa:* op. cit. Vol. I, pág. 478. Nota 1.

mente, en el platillo de Colombia. El ejército Español no dominaba sino la plaza de Cumaná y parte del territorio de la provincia de Caracas. Mientras *Bermúdez* luchaba en ella con dudoso éxito (Abril á Junio), *Bolívar*, con tres divisiones, fuertes de 6.500 hombres, decidió atacar al grueso del ejército realista (5.000 hombres), que ocupaba (Junio 24) *la llanura de Carabobo* y colinas circundantes, repartido en seis columnas de infantería y tres de caballería, que mutuamente se apoyaban para impedir la salida de los independientes á la llanura.

El General *Paez* flanqueó el enemigo por su derecha, penetrando en los desfiladeros. Allí se rompió el fuego de infantería, sostenido vigorosamente por ambas partes. El batallón patriota *"Apure"*, que logró pasar, no pudo resistir las cargas realistas, y ya plegaba, cuando el *"Británico"* vino en su auxilio. Este batallón, mandado por el bravo Coronel *John Farriar,* resistió á pie firme el horroroso fuego de los realistas, hasta que reorganizado el *"Apure"* y reforzados ambos con dos compañías de *"Tiradores"*, decidieron la batalla. Media hora después el ejército Español era puesto en fuga. Batallones enteros rindieron sus armas, otros se dispersaron por los bosques. *La Torre,* con los que le siguieron, logró refugiarse en Puerto Cabello (Junio 24-1821). *Bolívar* y los suyos entraron (Junio 29) vencedores en Caracas (1).

Fig. 565.—Glaciares Andinos.

(1) Vse. *Mitre:* Hist. San Martín. Vol. III. Cap. XLIII, pág. 515 y sig. con sus notas y referencias. *Montenegro:* Geog. General. Vol. IV, pág. 361 y sig. *Gil Fortoul:* op. cit. Vol. I, pág. 296 y sig. *Baralt:* Res. Hist. Venezuela. Vol. III, pág. 65 y sig. *Torrente:* op. cit. Vol. III, pág. 230 y sig. *Larrazabal:* op. cit. Vol. II. Cap. XXXIV, pág. 81 y sig. *Restreppo:* op. cit. Vol. III, pág. 106 y sig. *O'Leary:* op. cit. Vol. XVIII, pág. 44 y sig. (Parte *Bolívar.* Vol. XVIII, pág. 337 y sig.) *Hiram Bingham:* Journal of an expedition, etc., pág. 276 y sig. *Loraine Petre:* op. cit., pág. 254 y sig. (Vse. nota 1, pág. 253), etc., etc.

4.—Breves semanas pasó *Bolívar* en la capital de Venezuela, convencido de que mientras dichos paises permaneciesen dominados por la España, era dificilísimo asegurar la independencia de Colombia. Después de levantar, con secuestros y empréstitos forzosos, algunos recursos para sostener y racionar el ejército republicano acantonado en Valencia, emprendió viaje por Maracaibo hasta el Rosario de Cucutá (Septiembre 1821), donde estaba celebrando sus sesiones el *Congreso Constituyente Colombiano*, desde el día 6 de Mayo.

No podemos detenernos á estudiar la admirable, aunque efímera obra política de esta memorable Asamblea Americana. Luchando con las amenazas del pretorianismo, y aun contra-

riando las eternas ambiciones dictatoriales de *Bolívar*, se mantuvo firme en sus convicciones republicanas y borró de la ley fundamental de Venezuela y Nueva Granada el *Senado Vitalicio*, que había

Fig. 566.—Los altos valles Colombianos.

aceptado por transacción el Congreso de Angostura (1819), declarando que los pueblos de Colombia quedaban desde luego reunidos "en un solo cuerpo de Nación, bajo el pacto expreso de que su gobierno es y será siempre *popular representativo*..." Coincidió, sin embargo, con las ideas constitucionales del *Libertador* y del célebre *Nariño*, proclamando la forma de gobierno *centralista* ó *unitaria*, y dividiendo el territorio de Colombia en siete *Departamentos*, gobernados por funcionarios (*Intendentes*) directamente nombrados por el Presidente de la República. Resolvió también, con criterio liberal y amplio, el Congreso de 1821, los capitales problemas de la abolición de la esclavitud, de la condición de los Indios, de la libertad de imprenta y de las relaciones del Estado con la Iglesia Católica. Declaró (Agosto 22) extinguido el Tribunal de la *Inquisición* ó *Santo Oficio,* aplicando sus antiguos bienes y censos al aumento del erario público (1). Previa la consuetudinaria y pomposa renuncia del *Libertador* al mando supremo, el Congreso le volvió á nombrar por el voto unánime de sus miembros, Presidente de la República, nombrando Vicepresidente al General *Santander.* Tomó *Bolívar* posesión de su cargo el día 3 de Octubre, el 7 formó su ministerio y el 9 salió con dirección al Sur para iniciar su campaña contra Quito.

5. — El día 9 de Octubre de 1820, el pueblo de Guayaquil, acaudillado por los jefes militares *Cordero, Urdaneta, Letamendi,* etc., y por el ilustre prócer Ecuatoriano *D. José Joaquín Olmedo,* proclamó su independencia formando una *Junta Suprema de Gobierno,* compuesta del referido *Olmedo, Jiménez* y *Roca,* que con toda urgencia mandó una comisión al Norte para solicitar auxilios de *Bolívar,* y destacó al Coronel *Urdaneta* con 1.600 hombres para combatir al General realista. *González.* El jefe Ecuatoriano fué

La guerra de Quito.

Fig. 567.—El General Sucre.

(1) Sintetizando el ilustre historiador *Gil Fortoul* la obra del Congreso de Cucutá, etc., dice textualmente: «... El Congreso de Cucuta quiso constituir una grande y poderosa República; y si la suerte de los Estados dependiese sólo de la sabiduría de sus leyes aquel Congreso habria asegurado, por años ó siglos, el porvenir de Colombia. Sin embargo, no hubo nunca obra legislativa menos adecuada á la condición social y política de los pueblos que con ella que.taron aparentemente unidos. Realización fortuita de un ideal grandioso de Bolívar, Colombia no podía vivir *sino al amparo del genio que la creó*... Pacto ocasional entre países que tendían naturalmente á gobernarse á sí propios, la historia de la Constitución de Cucutá *será la historia de sus violaciones*... Vse. *Gil Fortoul:* op. cit: Vol. I. Parte III. Cap 1, pág. 310 y sig. y sus notas. Comp. *J. Arosena:* Estudios Constitucionales sobre los gobiernos de la América Latina (París, 1878), pág. 54 y sig. *Mitre:* Hist. San Martín. Vol. III, pág. 536 y sig., etc., etc.

derrotado en *Huachi* y las reliquias de su ejército fueron á refugiarse en Guayaquil.

Sabedor *Bolívar* de estos sucesos, envió hacia el Sur al General *D. Antonio José de Sucre*, al frente de 1.500 hombres, con el doble objeto de auxiliar á los patriotas Ecuatorianos y de someter la nueva República á las imperialistas banderas de la gran Colombia (1).

Cuando *Sucre* desembarcó en Guayaquil (Mayo 1821) encontró el pueblo alarmado por la derrota de Huachi, y dividido en tres partidos. El primero, y menos numeroso, propiciaba la anexión á Colombia; el segundo, apoyado por *D. Tomás Guido,* enviado de *San Martín,* mantenía la conveniencia de incorporarse al Perú, y el tercero y más radical, acaudillado por *Olmedo,* ansiaba la absoluta independencia.

Sucre supo mantenerse apartado en apariencia de esta grave cuestión política, y se contentó con prestar á Guayaquil sus valiosos auxilios militares. Con las tropas Guayaquileñas y las Colombianas atacó al Capitán General *Aymerich* en Yaguachi (Agosto 27-1821) y le derrotó completamente. Fué á su vez derrotado por el Coronel realista *González* en Ambato (12 Sep-

---

(1) Como ya dejamos anotado, *Antonio José de Sucre,* que por su entendimiento y nobleza de alma iba á rivalizar con los dos grandes generales de su época, había nacido en Cumaná el 3 de Febrero de 1795. A los 15 años era Teniente de Ingenieros. Luchó con *Miranda* y *Bolívar* en la primera guerra Venezolana. En 1813, ascendió á Teniente Coronel, en 1817 á Coronel y en 1819 á General de Brigada, ganando estos grados en más de 20 encuentros y batallas. *Bolívar* hacia de *Sucre* el siguiente panegírico: «... Es la cabeza mejor organizada de Colombia, metódico y capaz de las más elevadas concepciones: el mejor general de la República y el primer hombre de estado. Sus principios son excelentes y fijos y su moralidad ejemplar»... «Es el valiente de los valientes, el leal de los leales... amigo de las leyes y no del despotismo... enemigo de la anarquía, etc... Tiene el alma grande y fuerte»... (Vse. *Lacroix:* Diario de Bucaramanga, pág. 69 y sig.) El General *San Martín* decía de *Sucre:* «... Bravo y activo en alto grado, tenía consumada prudencia y era un administrador excelente... Las tropas bajo su mando observaban una disciplina severa... No sólo poseía mucha instrucción sino también conocimientos militares más extensos que los del General *Bolívar*... Fué uno de los hombres más beneméritos que produjo la república de Colombia» (*Lafond:* Voyage dans l'Amérique Espagnole pendant les guerres de l'Indépendance. Vol. I, pág. 143, citado por *Mitre:* Hist. de San Martin. Vol. III, pág. 547, nota 4). Comp. *Gil Fortoul:* op. cit. Vol. II, pág. 329. *Miller:* Memoirs. Vol. I, pág. 415 y sig. y en especial *Dr. L. Villanueva:* Vida del Gran Mariscal de Ayacucho (Caracas, 1895). pág. 12 y sig., etc., etc.

tiembre 1821), pero habiendo podido obtener auxilios y rehacerse, logró un armisticio de 90 días, que si bien salvó por el momento á Guayaquil de ser subyugado por el General *Aymerich*, dió tiempo á los realistas para preparar en Quito sus defensas.

Sucre pidió nuevos refuerzos al General *San Martín* (1), quien le anunció el inmediato envío de un contingente de 1.500 hombres y regresó á Guayaquil. Encontró á los patriotas más divididos que nunca, y como su prestigio guerrero hubiese padecido bastante con la derrota de Ambato, nada pudo hacer en favor de la anexión del país á Colombia.

Fig. 568.—Puente en el Río Juanambú.

Bolívar había enviado con el mismo propósito á su ayudante *Ibarra*, que tuvo que ceder ante la creciente influencia de *Salazar*, agente de *San Martín*, para activar los trabajos del partido favorable al Perú. El General *Sucre*, siguiendo las instrucciones de *Bolívar*, salió para Quito con la mayor parte del ejército patriota, viéndose obligado á dejar al frente de la guarnición de Guayaquil al General *La Mar*, decidido partidario del Protector *San Martín*, de la República Peruana.

Los realistas, por su parte, recibieron en esta época importantes socorros con el General *Juan de la Cruz Murgeon*, nombrado Virrey adventicio de Santa Fé, por muerte de *Samano*. Desembarcó este malogrado jefe (2) en Puerto Cabello, siguió

(1) Oficio de *Sucre* á *San Martin* (19 de Octubre de 1821) en *Paz Soldan·* Hist. del Perú Independiente, pág. 247 y sig. Comp. *Restreppo:* Hist. Rev. Colombia. Vol. III, pág. 157 y sig. *Larrazabal:* op cit. Vol. II, pág. 109 y sig. *Loraine Petre:* op. cit., pág. 275 y sig y sus notas. *Mitre:* Hist de San Martín. Vol. III, pág. 551 y sig., etc., etc.

(2) Falleció de fiebres el 3 de Abril de 1822. Vse. *Garcia Camba:* op. cit. Vol. II, pág. 16. El *General Mitre* (Hist. de San Martín. Vol. III, pág 567), dice «que murió *de pesadumbre al ver el mal estado de su causa».* Ninguna autoridad cita el ilustre historiador Argentino en apoyo de su afirmación. Parece cierto, sin embargo, que la enfermedad contraída por *Cruz Murgeon* á poco de llegar á Quito se agravó considerablemente al saber la defección de los marinos Españoles *Villegas* y *Soroa*, Coman-

hasta Chagres (Agosto 1821), reunió allí una división de 800 hombres, se embarcó con ellos en Panamá, fondeó en Atacames, y después de una admirable marcha á través de bosques y montañas, llegó á Quito sin perder un solo hombre y tomó el mando superior del territorio.

Bolívar en Bomboná.

6.—*Bolívar*, en tanto, había salido de Bogotá con dirección al valle de Canca (Diciembre 13-1821) para trasmontar las cordilleras Occidentales y embarcarse hacia Guayaquil en Buenaventura. Atravesando los valles del Magdalena y Neiva y el terrible páramo de Guanacas, pudo llegar á Cali (Enero 5-1822), después de largas y penosísimas jornadas (1). Al proseguir su marcha á Buenaventura, supo el embarque de la división *Murgeon*, y para evitarla resolvió seguir por tierra hasta Quito, mientras *Sucre* distraia en Guayaquil las fuerzas españolas. Por el valle de Conca continuó *Bolívar* su camino

Fig. 569. —Plaza de San Victorino, Bogotá
(Estampa del año 1820).

hasta Popayán, y desde allí, dejando á un lado el pavoroso territorio de Pasto que no tenía fuerzas para subyugar, torció por los desfiladeros de Bernecos y logró pasar sin oposición la ingente cañada en cuyo fondo corre el río Juanambú, cerca de su desembocadura en el Patia. Con sólo 2.000 hombres de los 3.000 que habían salido de Popayán, intentó el infatigable caudillo cruzar también el torrentoso río Guaitara, pero encontrando destruído el puente de cuerdas que unía los fragosos costados

dantes de las fragatas «*Prueba*» y «*Venganza*», que con la corbeta «*Alejandra*» fueron entregadas en Puna á los revolucionarios. Vse. *Torrente:* op. cit. Vol. III, pág. 385 y sig.

(1) Aunque contemplando un mapa cualquiera de Colombia parece cosa de poca monta el pasar de Bogotá á Cali, tal viaje es aun hoy muy largo y erizado de dificultades. Puede calcularse lo que sería á principios del pasado siglo. Vse. *Loraine Petre*: op. cit., pág. 279 y sig., etc., etc.

de su hondísimo cauce, cerca del Patia, se vió obligado á seguir su margen derecha para buscar el puente que lo cruzaba en Yaguanquer, y tomar luego el camino que unía la ciudad de Quito con la villa de Pasto.

Para detener á *Bolívar* en su marcha, destacó á *Aymerich*, que confiado en las ventajas del terreno y en la heróica tenacidad de los Pastusos, tenía por segura la destrucción de los republicanos.

En aquella irreductible y brava *«Vendée Sud-Americana»*, surcada por los ríos Guaitara y Juanambú, entre los que se levanta el inmenso y barrancoso cono truncado del Volcán de Pasto, habían sucumbido durante varios años los ejércitos invasores. Contra estas formidables barreras y contra la fuerza moral de los Pastusos, que combatían á los patriotas como á *hereies* y defendían contra ellos su fe y sus hogares, se habían estrellado los arrestos de los caudillos revolucionarios.

Fig. 570.—En la „Avenida de Volcanes" (Ecuador).

En realidad, la posición del Coronel *García*, con sus 500 veteranos y sus 1.000 montañeses, era inexpugnable. Apoyaba el ala derecha de su ejército en las estribaciones del Volcán, el ala izquierda en las gargantas del Guaitara y el centro en una eminencia, cubierta por espeso bosque y con un hondo barranco á sus pies, defendido por trincheras de grandes árboles abatidos. El *Libertador* colocó sus tropas en la llanura de *Bom-*

boná ó *Cariaco,* al borde de profunda cañada, que sólo podía atravesarse por un rústico puente que dominaban con sus fuegos cruzados las líneas enemigas. Era la tarde del 6 de Abril.

A la mañana siguiente, *Bolívar,* considerando insostenible su situación, resolvió iniciar el ataque contra los realistas. Ordenó á *Valdés* que, moviéndose con su columna por la falda del volcán, flanqueara el ala derecha enemiga, mientras que *Torres, Barreto,* etc., con sus batallones, atacaban el ala izquierda. La división *Valdés* consiguió, después de inauditos esfuerzos, escalar la montaña y dispersar la infantería realista, á la que consiguió dominar con sus fuegos. *Torres,* por su parte, trató de cruzar el barranco, pero sus bravos se estrellaron contra las trincheras de árboles y sufrieron terriblemente. Los batallones patriotas quedaron en esqueleto. *Bolívar,* desde la altura, pudo ver en cuanto se despejó el humo, la marcha de la batalla. Para proteger á *Valdés* lanzó contra el centro enemigo sus batallones de reserva *("Vencedor en Boyacá„),* en el que cifraba su última esperanza. El batallón cargó denodadamente y sufrió también dolorosas bajas. Cayó la noche. Los realistas se habían retirado. Al salir la luna, los patriotas se vieron dueños de las altas faldas de la montaña, sin haber adelantado un paso hacia el Guaitara y paralizados al borde de hondísimas quebradas y precipicios.

Las pérdidas de *Bolívar* pasaron de 600 hombres entre muertos y heridos. Los realistas, que habían combatido parapetados, apenas perdieron 250. Tal fué la estéril y heróica acción de Bombóná, que algunos historiadores han comparado con justa razón á la ruinosa victoria obtenida en Tarento (279, A. J. C.) sobre los Romanos por el caballeresco y aventurero *Pirro,* rey del Epiro clásico (1).

(1) Vse. *Th. Mommsem:* Hist. of Rome (Ed. Dent. 1868). Vol. I. pág. 380 y sig. En general Vse. *Bol. Oficial.* de Bombóná. Abril 8, 1822, en *Docs. para la vida del Libertador,* No. 2013. *Gen. M. A. López:* Recuerdos Históricos, etc. (Bogotá, 1878), pág. 54 y sig. (Tiene un croquis de la batalla en la pág. 62). *J. M Obando:* Apuntamiento para la historia, etc. (Lima, 1844), pág. 164 y sig *Restreppo:* op. cit. Vol. III, pág. 212 y sig. *O'Leary:* Mem. Vol. III, pág. 135 y sig. *Larrazabal:* op. cit. Vol. II, pág. 108 y sig. *Mitre:* Hist. San Martin. Vol. III, pág. 551 y sig. y sus notas. *Loraine Petre:* op. cit., pág. 260 y sig. *Torrente:* op. cit. Vol. III, pág. 333 y sig. *Gil Fortoul:* op. cit. Vol. I, pág. 328 y sig., etc., etc.

7. – La división auxiliar Argentino-Peruana enviada desde Puira por *San Martín* se componía de 1.300 á 1.400 hombres, á las órdenes del Coronel *Santa Cruz*. Estaba formada por el batallón *«N.º 2 del Perú»,* que mandaba el Coronel Argentino *Olazábal;* por otro batallón, que mandaba el Comandante *Villa;* por dos escuadrones de *«Cazadores á Caballo del Perú»,* mandado por *Sánchez,* y un escuadrón de *«Granaderos de los Andes»,* con su Comandante *Juan Lavalle* á la cabeza. Avanzó esta división á través de la Provincia de Loja. El General *Sucre,* después de terrible marcha, pudo reunirse con ella en Garaguro (Febrero 1822). Juntos *Santa Cruz* y *Sucre* avanzaron hacia Cuenca, que el jefe realista *Tolrá* evacuó. En Cuenca surgieron dificultades entre los aliados por haber recibido órdenes *Santa Cruz* de volver con su división á Lima (1). *Sucre,* con su acostumbrado tacto y prudencia, salvó la situación, obli-

Fig. 571.—El Coronel Lavalle.

gando á *Santa Cruz* á dilatar el cumplimiento de las tendenciosas órdenes de *San Martín.* El General realista *Aymerich* se situó en el valle de Río Bamba con el grueso de su ejército (Abril, 12). *Sucre* y *Santa Cruz,* que contaban con 2.500 hombres, provocaron con insistencia la batalla. Los realistas la rehuyeron, limitándose á ocupar inexpugnables posiciones. Descuidaron, sin embargo, proteger una quebrada, y *Sucre,* aprovechando

---

(1) La causa de la orden recibida por *Santa Cruz* del Gobierno delegado del Perú, que inspiraba el *General San Martín,* fué la cuestión de Guayaquil de que hablaremos en el capítulo siguiente. *Bolívar* nunca perdonó esta orden al caudillo Argentino, que se había embarcado en 8 de Febrero de 1822 con rumbo á Guayaquil, adonde no llegó sino más tarde, pensando acaso, al regresar á Lima, en declarar la guerra á Colombia. Vse. *Mitre:* op. cit. Vol. III, pág. 565 y nota 25. *Restreppo:* op. cit. Vol. III, pág. 209 y sig. *L. Villanueva:* Vida del Gran Mariscal de Ayacucho, pág. 180 y sig *Carlos A. Villanueva:* La monarquía en América, pág. 225 y sig., etc.

este descuido, penetró por ella con sus tropas, desplegándolas en línea de batalla en el valle opuesto. *Aymerich* se replegó á otra posición más á retaguardia de Río Bamba. Los generales patriotas dispusieron que la caballería practicase un reconocimiento (Abril, 22). Los lanceros realistas trataron de detenerla, pero el bravo Comandante Argentino *Lavalle* cargó á fondo con sus 96 *Granaderos,* derrotándolos por completo. Rehechos los realistas, volvieron á la carga.

Por segunda vez fueron arrollados por los *Granaderos* Argentinos, sostenidos por los *"Dragones Colombianos"* (1). Después de esta refriega, el ejército Español se retiró hacia Quito, fortificándose en Jalupana. *Sucre* avanzó hasta Lacatunga (Mayo, 2) y, mediante un habilísimo rodeo por las estribaciones del majestuoso Cotopaxi, alcanzó después de cuatro días de terrible marcha el valle de Chillo (Mayo, 16) á 20 kilómetros de Quito. Trató desde allí de colocarse entre la capital y el ejército enemigo. Los realistas adivinaron su intención y se replegaron á Quito (Mayo, 17).

La jornada de Pichincha.

8. – Los diez ó doce días siguientes se emplearon por los patriotas en ganar posiciones. La noche del 23 de Mayo, el General *Sucre*, siguiendo la escabrosa falda del *volcán de Pichincha*, que dió su nombre á esta gloriosa jornada, vino á colocarse con su vanguardia al amanecer del siguiente día en las alturas del referido volcán, teniendo á sus pies á la ciudad de Quito extendida como un mapa sobre el valle abierto, del que sólo les separaba una escarpada y boscosa cuesta que por una razón ó por otra los realistas no se habían ocupado de atrincherar.

Como á las ocho de la mañana, el Comandante realista

(1) Las cargas de Río Bamba son de las más brillantes de la Guerra de la Independencia Sud-Americana. *Bolívar* honró la hazaña de *Lavalle* dando al escuadrón Argentino el nombre de «*Granaderos de Río Bamba*». Vse. *Lavalle*: Contestación, etc., al «Condor de Bolivia» (Potosí, 1826), pág. 8 y sig. *Restreppo*: op. cit. Vol. III, pág. 208. *Parte Oficial de Sucre*, en *Docs. para la Hist. del Libertador*, No. 2017. *M. A. López*: op. cit. (llama á *Lavalle*, Lavayen), pág. 55 y sig. *P. F. Cevallos*: Res. de la Hist. del Ecuador (2.ª Ed. Guayaquil, 1886). Vol. III, pág. 296 y sig. *Fco. Campos*: Comp. Hist. de Guayaquil (Guayaquil, 1891), pág. 204 y sig. *Mitre*: Hist. San Martín. Vol. III, pág. 569 y sig. y nota 28, etc.

López se lanzó á través del boscaje contra las posiciones patrio.
tas. Al llegar al término de la empinada cuesta, se hallaban ya
sin aliento, y fueron rechazados por el Coronel *Olazábal*, al
frente del *"2 del Perú"* y los demás batallones Colombianos. 500
de los soldados de *López* quedaron fuera de combate. Tres compañías del batallón *"Albión"* y dos del *"Magdalena"*, mandadas por el valiente y gallardo Ge-
neral *Córdoba*, completaron la derrota echando cuesta abajo al ejército realista (1).

Viendo *Aymerich* retirarse en
dispersión las tropas de *López*, ordenó al Coronel *Tolrá* que se si-
tuase en el egido de la capital con
su caballería, para cubrir la retirada de las fuerzas hacia Pasto. *Tolrá*
desobedeció las órdenes de *Aymerich* y emprendió con sus 300 jinetes precipitada fuga. Al día siguiente (Mayo 25-1822) el General *Sucre*
intimó rendición al jefe realista.
Aymerich capituló, entregando á los
patriotas la ciudad de Quito.

Fig. 572.—El General Córdoba.

Las noticias de la victoria de Pi-
chincha llegaron con valiosos refuerzos al campamento de *Bolívar*, que se había visto obligado, después de Bomboná á repasar el Juanambú (Mayo, 10) y fortificarse en el Peñol. Reanima-
do con la caída de Quito y fuerte ya de 2.000 hombres, intimó
rendición al Coronel *García*. El bravo caudillo realista, auxiliado por el Obispo *Padilla*, de Popayán, convenció á los irreductibles montañeses de Pasto de la necesidad de capitular, y convi-

(1) Vse. *M. A. López:* Res. Hist., pág. 71 y sig. *Lavalle:* op. cit., pág. 4 y sig.
Restreppo: op. cit. Vol. III, pág. 210 y sig. *Cevallos:* op. cit. Vol. III, pág. 365 y
sig. *Mitre:* op. cit. Vol. III, pág. 570 y sig. y nota 29. *Larrazabal:* op. cit. Vol. II,
pág. 128. *Loraine Petre:* op. cit , pág. 287. *O'Leary:* Docs. Vol. XIX, pág. 300 y sig.
y en especial y bajo el punto de vista Español de la época, Vse. el luminoso capítulo
XVI. Vol. III, de la citada obra de *Torrente*, pág. 333 y sig., etc., etc.

no al fin (Junio, 8) con *Bolívar* la entrega del impenetrable territorio, mediante garantía solemne é incondicional por parte del *Libertador* para las personas y haciendas hasta de los Pastusos más indómitos (1).

Así cesó la autoridad real en todo el reino de Quito. Los vencedores enarbolaron en la capital sus banderas y lo declararon *de hecho* incorporado á la Gran Colombia. Quito recibió con ruidosas aclamaciones á *Bolívar* (Junio 16-1822) y la Municipalidad decretó la erección de una pirámide conmemorativa en el campo de la gloriosa batalla. El General *Sucre* declinó modestamente triunfos y honores en favor de su jefe inmediato.

La justicia histórica, sin embargo, lo considerará siempre como el héroe verdadero de la campaña Ecuatoriana.

La rendición de Puerto Cabello.

9. — Antes de partir para la campaña de Quito, *Bolívar* había recibido de *Mantilla* las llaves de la ciudad de Cartagena, en la que entró triunfante, después de catorce meses de asedio. Las provincias del Istmo proclamaron su independencia, y las fortalezas de Chagres y Portobelo quedaron por los patriotas (Noviembre, 1821). En Venezuela los realistas sólo quedaron ocupando las plazas fuertes de Cumaná y Puerto Cabello. En esta última el general realista *Morales*, que sucedió á *La Torre* en el mando, desplegó actividad y energía asombrosas. Con una expedición de 1.200 hombres se apoderó de Maracaibo, derrotó la división *Montilla* (Noviembre, 12), sublevó la provincia de Santa Marta y aseguró la de Coro. Los republicanos reaccionaron, con no menor energía que *Morales. Montilla* recuperó á Santa Marta y *Soublette* á Coro (Enero, 1823). El coronel *Pa-*

(1) Vse. *Mitre:* loc. cit. *Loraine Petre:* op. cit., pág. 290 y sig. Proclama de *Bolívar*, en *O'Leary.* Docs. Vol. XIX, pág. 300. *Torrente:* op. cit. Vol. III, pág. 242. *Cevallos:* op. cit. Vol. III, pág. 375 y sig. El *Libertador* declaró «que no había la menor alteración en cuanto á la sagrada religión Católica Apostólica Romana, y á lo inveterado de sus costumbres; ... que la República de Colombia se gloriaba de estar bajo la protección de la religión de Jesucristo y que no cometería jamás el impío absurdo de alterarla, etc...» *Capitulación* de Pasto, ratificada por *Bolívar* en 8 de Junio de 1822, en Docs. para la *Hist. del Libertador,* No. 2038. Comp. *Larrazabal:* op. cit. Vol. II, pág. 128 y sig., que extracta, entre otros documentos, la curiosa carta de *Bolívar* al Obispo de Popayán, *D. Salvador Jiménez Padilla*, contestando á su renuncia y pedido de pasaportes para España (op. cit., pág. 139), etc., etc.

dilla, al frente de la escuadrilla independiente (1), triunfó en el lago de Coquibacoa sobre los buques realistas que mandaba *Laborde*. El 3 de Agosto capituló el bravo *Morales* en Maracaibo. Después de una larga y heroica resistencia, capitularon también (8 de Octubre de 1823) en la plaza y castillo de Puerto Cabello, los jefes realistas *Calzada* y *Correa*.

El vencedor *Páez*, para honrar á los valerosos defensores de la plaza fuerte, acordó generosamente que su guarnición saliese con banderas desplegadas y se trasladasen todos á la Isla de Cuba en barcos Colombianos (2).

Así desapareció para siempre el dominio de España en Venezuela, y quedó prácticamente barrido de enemigos todo el territorio de Sud-América. Quedaba, sin embargo, la cuestión de Guayaquil sobre el tapete, y una parte del Perú por libertar.

---

(1) La flota independiente en Puerto Cabello se componía de la fragata «*Carabobo*» (24 cañones), del «*Mosquito*» (18 cañones), «*Zafiro*» (id.) y «*María Francisca*» (22 cañones) con un total de 500 hombres de tripulación. La escuadra Española que bloqueaba el referido puerto estaba compuesta del «*Diamante*» (24 cañones), «*Casilda*» (14), «*Hiena*» (18), «*Ceres*» (32), «*Constitución*» (14) y «*Jacinta*» (16), y la mandaba el Capitán de Navío *D. Angel Laborda*. Vse. *Torrente:* op. cit. Vol. III, pág. 429, etc.

(2) V.e. *Mitre:* op. cit. Vol. III, pág. 540 y sig. *Gil Fortoul:* op. cit. Vol. I, pág. 387 y sig. *Loraine Petre:* op. cit., pág. 290 y sig., etc., y Comp. *Torrente:* op. cit. Vol. III. Cap. XXI, pág. 416 y sig., etc.

CUESTIONARIO

1. — ¿Qué fuerzas tenía Bolívar al atravesar los Andes Ecuatoriales?
2. — ¿Cómo se efectuó esta famosa operación estratégica?
3. — ¿Qué resultados tuvo el brillante triunfo de Boyacá?
4. — ¿Qué ley dictó después de la victoria de Boyacá el Congreso de Angostura?
5. — ¿Qué se decidió en el Armisticio de Trujillo?
6. — ¿Qué célebre entrevista tuvieron Morillo y Bolívar?
7. — ¿Cómo se rompió el Armisticio de Trujillo?
8. — ¿Cómo ganó Bolívar la batalla de Carabobo?
9. — ¿Qué consecuencias tuvo esta victoria para la causa patriótica?
10. — ¿Cuál fué la obra del Congreso Constituyente Colombiano?
11. — ¿Qué forma de gobierno adoptó la Gran Colombia?
12. — ¿Quién fué nombrado Presidente de la República?
13. — ¿Cómo declaró su independencia el pueblo de Guayaquil?
14. — ¿En qué partidos estaba dividido el pueblo de Guayaquil?
15. — ¿Qué triunfos obtuvo el General Sucre?
16. — ¿Qué famosa marcha hizo Bolívar hasta Pasto?
17. — ¿Qué tenaz resistencia opusieron los Pasturas?
18. — ¿Qué tuvo de notable la batalla de Bomboná?

19. – ¿Qué brillante intervención tuvo el Comandante Argenti-
no Lavalle *en la batalla de* Río Bamba?
20. – ¿Qué audaz avance realizó el General Sucre?
21. – ¿Cómo preparó Sucre *su ataque á los realistas?*
22. - ¿Qué brillante triunfo obtuvo en Pichincha?
23. – ¿Qué resultados tuvo para Bolívar *esta victoria?*
24. – ¿Cómo se rindieron las plazas de Cartagena *y de* Puerto
Cabello?
25. – ¿Quiénes fueron sus heróicos defensores?

REFERENCIAS

Véanse las del Capítulo siguiente.

CAPÍTULO V

SAN MARTÍN Y BOLÍVAR (1822-1850)

La cuestión de Guayaquil. 1. — Si al cronista le fuera lícito disertar sobre la intervención misteriosa del *elemento providencial* en la historia, comentaría aquí filosóficamente la serie de rápidos é inesperados acontecimientos que determinaron la ruina de los ejércitos realistas del Perú; y si los desahogos personales y líricos fueran compatibles con la sencillez y precisión de los libros de síntesis histórica, trataría también de matizar este capítulo con la dilacerante melancolía que embarga su ánimo al finalizar la etapa heroica de *San Martín* y *Bolívar;* al considerar los errores constitucionales y los ambiciosos delirios que les distanciaron del alma nacional Sud-Americana; y sobre todo, al contemplarlos abandonados y solos en el triste atardecer de su ostracismo.

Siendo extrañas tales reflexiones á la índole de este *Compendio*, el autor se limita á apuntarlas al correr de la pluma, para que los jóvenes Americanos mediten sobre ellas y aprovechen sus hondas y dolorosas enseñanzas.

Hicimos notar anteriormente el decidido propósito de *Bolívar* de incorporar la agitada provincia de Guayaquil á la República de Colombia, y vimos, por el contrario, los tenaces esfuerzos diplomáticos del General *San Martín*, para apoyar á los partidarios de la independencia absoluta de la referida provincia con la secreta intención de anexionarla á la República Peruana.

El triunfo de Pichincha y la posesión de Quito fortalecieron las pretensiones del *Libertador* Colombiano. Cuando llegó á Guayaquil (Julio 11-1822), la *Junta de Gobierno,* constituída por los patriotas Ecuatorianos, había convocado ya una reunión de representantes populares para discutir el porvenir político del territorio. *Bolívar,* para quien el dominio de Guayaquil era cuestión vital y de preponderancia Sud-Americana,

apoyado en el derecho y en la fuerza, cortó por lo sano y obligó á la *Asamblea* de Guayaquil á entregar en sus manos el gobierno de la provincia que *quedó de hecho* incorporado á Colombia. La *Junta Revolucionaria* quedó disuelta y sus miembros, *(Olmedo, Roca, Jimena),* se refugiaron en los buques Peruanos enviados por *San Martín,* para apoyar su causa.

Fig. 573.— La primera entrevista de Guayaquil. *(Estampa de la época).*

San Martín creía al *Libertador* en Quito y juzgó que el medio más expedito para solucionar el conflicto, y sobre todo, para consolidar su vacilante situación en el Perú, era conferenciar con *Bolívar,* y aceptar los auxilios militares ofrecidos por el *Libertador,* para terminar la campaña emancipadora Peruana.

El día 25 de Julio llegó el *Protector del Perú* al puerto de Guayaquil en la fragata *Macedonia. Bolívar* envió á cuatro de sus edecanes para saludarle con una extremosa y diplomática carta y al siguiente día pasó en persona á bordo del *Macedonia* para abrazar á su ilustre huésped. Juntos desembarcaron luego en tierra Colombiana, porque para *Bolívar* la anexión de Guayaquil era ya asunto concluído. El pueblo aclamó con entusiasmo á los dos héroes, que se encontraban al fin para decidir los destinos de Sud-América. El del Norte pisaba en terreno firme, el del Sur se presentaba en una posición falsa, sin plan fijo y sin base sólida de poder propio. Al pisar las playas Guayaquileñas *había sido ganado de mano,* según sus propias palabras,

en la cuestión que creia poder tratar con *Bolívar* de potencia á
potencia. Aquellos dos grandes hombres chocaron desde el
primer momento y salvando siempre las fórmulas diplomáticas, mantuvieron ambos en sus entrevistas una actitud de frialdad y de desconfianza.

Las tres confe-
rencias.
2.—Celebraron los *Libertadores* tres conferencias: una en la
mañana del 26, después de las ceremonias de la recepción, que
duró hora y media; otra en la tarde del mismo día, que apenas
duró media hora y otra el día 27, que duró desde la una hasta
las cinco de la tarde. El mismo día 27, después de asistir al ban-

quete y al baile dados en su honor, el General *San Martín* se embarcó en la *"Macedonia"* y zarpó
con rumbo al Perú.

Aunque las conferencias fueron
secretas, los documentos posteriores, y en especial la célebre carta
de *San Martín á Bolívar*, de 29 de
Agosto de 1822, nos dan suficiente
luz sobre lo tratado en ellas. El
asunto de Guayaquil quedó zan-
jado en pocas palabras. *Bolívar*,
al ofrecer su hospitalidad á *San*

Fig. 574.—El Virrey La Serna.

Martín, le había notificado que Guayaquil estaba *"en el*
suelo de Colombia", y el *"Protector del Perú"* no había pro-
testado.

En cuanto á la terminación de la guerra del Perú, *Bolívar*
negó á *San Martín* los amplios auxilios que necesitaba, y no
aceptó el ofrecimiento de este último de pelear bajo sus órdenes. La cuestión fundamental sobre la organización futura de
los nuevos Estados, fué tratada incidentalmente. *San Martín*
abogó por la monarquía constitucional, con príncipes extranjeros, de acuerdo con las proposiciones discutidas con *La Serna*
en Punchauca (Capítulo II). *Bolívar*, que soñaba siempre con
la presidencia dictatorial y vitalicia, abogó por el sistema republicano.

San Martín comprendió bien pronto que el *Libertador* no quería hacer causa común con él, y decidió, con su característico estoicismo y buen sentido, eliminarse del escenario del Perú, dejando que resolviese dicha República la lucha Americana, fuese con sus recursos propios ó abriendo la puerta á *Bolívar* para que avanzase con sus ejércitos y diese á la dominación Española el golpe mortal y decisivo.

La mencionada carta de *San Martín á Bolívar,* especie de protocolo motivado de las Conferencias de Guayaquil, fué el toque de retirada del hombre de acción que se resigna á que un rival afortunado corone su grandiosa obra. No registra la Historia Americana un acto de abnegación impuesto por el destino ejecutado con más conciencia y mayor modestia (1).

---

(1) Sobre la incorporación de Guayaquil á Colombia y las conferencias de los Libertadores, Vse. Carta *San Martín* á *Bolívar.* Agosto, 29-1822 (Transcritas en *Mitre:* Hist. San Martín. Vol. IV. Apce. No. 31). Carta *San Martín* al General *Miller.* Bruselas, Abril, 19-1827 (Arch. Gen. B. Aires. Corresp. San Martín). Archivo General *San Martín* (Bca. Mitre). Vol. LXI (Carta *Olmedo*). Vol. LXXII (Mem. *Luzuriaga*). Vol. LVIII (Carta *Guido*). Vol. LXI (Carta *Bolívar.* Julio, 25-1822), etc. General *Jerónimo Espejo:* Entrevista de Guayaquil, pág. 22 y sig. *Tomás Cipriano Mosquera:* Escrito en «El Colombiano». Bogotá 28 de Octubre 1861 (De dudosa exactitud, y contradicho por el General *Rufino Guido,* Edecán de *San Martín* en Guayaquil, como lo era *Mosquera* de *Bolívar*). Vicuña *Mackenna:* El General San Martin, pág. 53 y sig. *Lafond de Lurcy:* Voyages dans les deux Amériques, etc. (París, 1844). Vol. II, pág. 173 y sig. (Vse. el luminoso bosquejo bibliográfico de este libro en *Mitre:* Hist. San Martín. Vol. III, pág. 646. Nota 54). *O'Leary:* op. cit. Vol. XXX, pág. 245 (Carta *Bolívar á San Martín* Junio, 17-1822). Vol XXIX, pág. 259 (Carta *Blanco Encalada* á *O'Higgins,*, etc. *Paz Soldan:* Perú Independiente, pág. 79, 249, etc. *Cevallos:* Hist. del Ecuador. Vol. III, pág. 161,235, 246, 373, etc. *Restreppo:* op. cit. Vol. III, pág. 223 y sig. *Loraine Petre:* op. cit., pág. 299 y sig. y en especial los admirables capítulos XLV y XLVI de *Mitre:* Hist. San Martín. Vol. III, pág. 578 á 649 con sus abundantes notas y referencias. Comp. *Larrazabal:* op. cit. Vol. II. Cap. XXXIX, pág. 151 y sig. y *Carlos A. Villanueva:* Monarquía en América, pág. 191 y sig., ambos panegiristas de *Bolívar,* siendo de lamentar que este último y brillante escritor Colombiano (*Villanueva*) lleve su admiración por el «*Libertador del Norte*» hasta participar de su prevención contra los Argentinos (Vse. *Mitre:* op. cit. Vol. III, pág. 615. etc) y afirmar con imperdonable ligereza que el *General Mitre,* no cita el escrito de *F. C. Mosquera,* que él extracta, siendo así que el ilustre biógrafo de *San Martín* no sólo lo cita, sino que hace de tal escrito la «*critica interna de veracidad y exactitud*» exigida por la Metodología Histórica (Vse. *Langlois* y *Seignobos:* op. cit., pág. 130 y sig.), comparándole con la antes citada carta del *General Guido.* Vse. *Villanueva:* op. cit., pág. 236, nota 4, y *Mitre:* op. cit. Vol. III, pág. 630, nota 32.

3.—Mientras el General *San Martín* conferenciaba en Guayaquil con *Bolívar*, estalló en Lima una revolución acaudillada
por *Riva Agüero*, que echando por tierra el tiránico y aborre-
cido poderío del Ministro *Monteagudo*, hirió naturalmente el
prestigio del *"Protector"*. La Municipalidad desterró al impo-
pular y temido ministro, y lo depuso del país. El General
Alvarado, en nombre de la fuerza armada, sancionó el movimiento con su inacción. Cuando *San Martín* regresó á Lima,
fué recibido por el pueblo (Agosto 20) con manifestaciones de

Fig. 575.—El General D. Jerónimo Valdés.

simpatía, presentándole *Riva Agüero*
y los suyos hipócritas testimonios de
adhesión.

El caudillo de los Andes no se
alucinó por estas demostraciones
obligadas. Vió claramente que la opinión Peruana no le era propicia, que
el ejército estaba desligado de él, que
su gobierno Protectoral era odiado,
y que en tales circunstancias, y después del fracaso de su entrevista con
Bolívar, prestaba un servicio á la
causa Americana ausentándose del
país (1822).

El día 20 de Septiembre instaló el primer *Congreso Constituyente Peruano*, compuesto en su mayoría de adversarios
suyos, les entregó el mando supremo y les comunicó su inquebrantable decisión de abandonar aquel escenario político.
El Congreso admitió la renuncia del gran guerrero Argentino,
le mandó levantar una estatua, le acordó una pensión vitalicia
y le confirió el nombramiento de Generalísimo de los ejércitos patrios.

San Martín aceptó los honores pero declinó el cargo. En la
misma noche del 20 de Septiembre, y después de revelar á su
confidente *Guido* las verdaderas razones de su consciente é
inevitable sacrificio, se embarcó en el bergantín *"Belgrano"*,
alejándose para siempre de las costas del Perú.

Pasó á Chile. Al llegar allí vió que su nombre era execrado y que bamboleaba la dictadura de *O'Higgins*. Estaba enfermo y casi en la indigencia: un violento vómito de sangre le postró en cama por algún tiempo. El nuevo gobierno Peruano le envió dos mil pesos á cuenta de sus sueldos. Con este mezquino adelanto y algunos recursos más que pudo reunir á duras penas, marchó á Mendoza, donde vivió obscuramente hasta principios del año 1823. Allí recibió la noticia de la muerte de su amada compañera, y supo la caída (Enero 28-1823) de su entrañable amigo *O'Higgins*, en Chile (1).

Partió para Europa acompañado de su hija. Los fondos con que contaba para subsistir en el viejo mundo los perdió un amigo suyo en especulaciones desastrosas. El banquero Español *Aguado*, su antiguo compañero de armas en la Península, compadecido de su miseria, le proporcionó una casa de campo á orillas del Sena (1824). Cinco años después volvió *San Martín* al Río de la Plata para acabar allí sus luctuosos días, pero al llegar á la rada de Buenos Aires un letrero infamante en que se le tachaba de cobarde, le hizo desistir de su propósito. Con el corazón desgarrado por la ingratitud de sus compatriotas, abandonó las playas Argentinas, á las que en vida no debía regresar. (2)

---

(1) Vse. *M. L. Amunátegui:* Dictadura de O'Higgins (3.ª Ed. Santiago, 1882) pág. 182 y sig. *Vicuña Mackenna:* El ostracismo del Gen. D. Bernardo O'Higgins (Santiago, 1882), pág. 48 y sig. *Luis Galdames:* Estudio de la Hist. de Chile. Vol. II, pág. 168 y sig., etc.

(2) «Para sostenerme en mi puesto, dijo *San Martín* á *Guido*, tendría necesidad de fusilar algunos jefes, y me falta valor para hacerlo con compañeros..... *Bolívar y yo no cabemos en el Perú.* He comprendido su disgusto por la gloria que pudiera caberme en la terminación de la campaña. Él no excusaría medios para entrar al Perú, y tal vez *no pudiese evitar yo un conflicto....* Que entre *Bolívar* al Perú; y si asegura lo que hemos ganado me daré por muy satisfecho, *porque de cualquier modo triunfará América*. No será *San Martín* el que dé un día de zambra al enemigo (los Españoles)..... Tenga la bondad de decir á mis compañeros de armas, cuán reconocido les estoy... Por ellos tengo una existencia con honor»... Vse. *Guido:* El General San Martín. Su retirada del Perú, en la Rev. de B. Aires. Vol. IV, pág. 3 y sig. Comp. *Villanueva:* op. cit., pág. 252 y sig. *Miller:* Memoirs. Vol. I, pág. 369 y sig. *Arenales:* Mem. Hist., pág. 195 y sig. *Col. de Leyes y Decretos* sancionados desde la Jura de la Ind. del Perú (Lima, 1825-53). Vol. II, pág. 10 y sig. y en especial Vse. *Mitre:* Hist. San Martín. Vol. III. Cap. XLVII, pág. 649 y sig., con sus notas y referencias, etc.

4.—Meses antes de su abdicación, *San Martín* había pro. yectado una expedición de 1.500 hombres que á las órdenes del simpático y habilísimo General *Miller,* debia salir para los *«Puertos Intermedios,«* desembarcar en Iquique y atacar en el departamento de Potosí al General *Olañeta.* La *Junta de Gobierno* nombrada por el *Congreso* que sustituyó al *«Protector,«* de acuerdo con estos planes, despachó al General *Alvarado* (15 de Octubre de 1822) al frente de 4.500 hombres con rumbo al Sur. Los expedicionarios desembarcaron en Arica (Diciembre 7) y ocuparon á Tacna (Diciembre 24), pero la lentitud y vacilación de los movi-

Fig. 576.—El Marqués de Torre Tagle.

mientos de *Alvarado,* permitió á los jefes realistas *Valdés* y *Canterac* detener el avance de los patriotas, que fueron derrotados en *Torata* (Enero 19-1823) y *Moquegua* (Enero 21) con dolorosas pérdidas, y se vieron obligados á reembarcarse en Ilo con los restos de su aniquilado ejército. Sólo *Miller,* que se había separado con 120 hombres del grueso del ejército, logró hacer una admirable marcha á través de un país lleno de enemigos, distraer seriamente á la división realista de *Carratalá* y ocupar victoriosamente algunos pueblos.

El desastre de *Alvarado* anuló el prestigio de la *Junta,* que fué disuelta, nombrándose á *Riva Aguero* Presidente de la República (Febrero 27-1823). El nuevo mandatario se apresuró á dirigirse á *Bolívar* solicitando auxilios, y el *«Libertador«* se comprometió á enviar 6.000 hombres, de los cuales embarcó 3.000 inmediatamente para el Callao, nombrando al General *Sucre* su Ministro Plenipotenciario en Lima.

Riva Aguero, en tanto, organizó un ejército de 5.000 hombres para repetir en mayor escala y con el apoyo de Colombia y Chile la fracasada expedición á *«Puertos Intermedios«.* Zarparon las tropas peruanas del Callao (Mayo 1823) al mando

776

del General *Santa Cruz,* y aunque al principio obtuvieron al.
gunos éxitos parciales en la costa, al avanzar hacia el interior
fueron derrotados por *Valdés* y *Carratalá* en Zepita, y obligados por las divisiones de *Olañeta* y *La Serna,* á reembarcarse
en Quilca, después de repasar el Desaguadero en precipitada y
desastrosa fuga (Septiembre 15).

Meses antes de estos desastrosos sucesos, el general realista
Canterac había ocupado á Lima, y los miembros del *Congreso* Peruano, refugiados en el Callao, habían depuesto á *Riva
Aguero,* declarándolo traidor á la patria (Agosto 8), entregando el gobierno al Marqués de *Torre Tagle,* y confiriendo á
Bolívar el título
de Generalísi-
mo, y más tarde,
cuando llegó al
Callao (Sep-
tiembre 1.º) el
mando supre-
mo militar y po-
lítico. No tardó
Bolívar en ani-
quilar á *Riva
Aguero,* que fué
expulsado del

Fig. 577.—Vista de Potosí.

país (25 Noviembre 1823), quedando el *"Libertador"* como
dueño absoluto.

La situación del Perú no podía ser más desesperada. El Presidente *Torre Tagle,* con parte de las fuerzas, se plegó á las
banderas realistas. El Virrey *La Serna* contaba con 18.000 hombres perfectamente disciplinados y ardorosos. Para colmo de
desgracias, la *"División Argentina de los Andes,"* cuerpo sin
alma, después de la partida del General *San Martín,* se amotinó en el Callao, cuyos castillos guarnecía, reclamando sus
sueldos atrasados. La sublevación, acaudillada por el Sargento
Moyano, y el prisionero Español Coronel *Casariego,* dió por
triste resultado la pérdida de la plaza fuerte que fué entre-

gada por los amotinados á los jefes realistas (Febrero 1824).

Felizmente, esta dolorosa defección de los legionarios del Callao, debida en gran parte á la pasividad del Gobierno Peruano, que pudo evitarla, está ampliamente compensada en los fastos militares Argentinos por el emocionante sacrificio de *Millán* y *Prudan* en Matucana (Marzo 19) y por el conmovedor heroismo del negro *"Falucho"* en los torreones mismos de la plaza perdida (1).

La batalla de Junín.

5. – *Bolívar*, en tanto, se hallaba gravemente enfermo en su cuartel general de Pativilca (Pcia. de Huaras). Apenas convaleciente, reunió con su acostumbrada energia y auxiliado poderosamente por el General *Sucre*, un ejército de cerca de 10.000 hombres, formado por tres divisiones de infantería, dos Colombianas, mandadas por *Córdoba* y *Lara*, una Peruana, mandada por *La Mar*, y una división de Caballería, mandada por *Miller* y *Necochea*, en la que había escuadrones Argentinos, Chilenos, Peruanos y de Colombia.

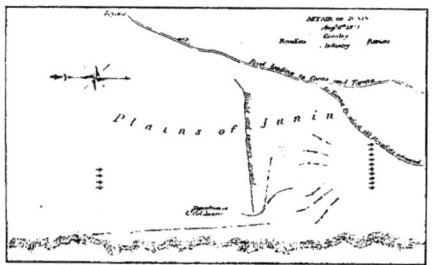

Fig. 578.—Plano de la Batalla de Junín. (*Miller*).

(1) Vse. Autobiografía *Gen. Alvarado* (Rev. Nacional. B. Aires. Vol. I. Serie III), pág. 145 y sig. *Gen. J. Espejo:* Rasgos biográficos Con. Pungles (B. A. 1888), pág 45 y sig. *Paz Soldau:* op. cit. Vol. II, pág. 18 y sig. (Sorteo de Matucana. *Relación Coronel González*, pág. 444). *Espinosa:* Herencia Española en América (Lima. 1852). pág. 234 y sig. *Herrera:* Album de Ayacucho (Lima, 1862), pág. 191 y sig, *Proctor:* Narrative of á Journey Across the Ande, etc. (London, 1825), pág. 241 y sig. *Mantilla:* El Regimiento n.° 11 (loc. cit.), pág. 361 y sig. y sus referencias. *Torrente:* op. cit. Vol. III, pág. 296 y sig. y 571 y sig. *García Camba:* op. cit. Cap. XXI á XXIV, pág. 33 y sig. *Miller:* Memoirs. Vol. II. Cap. XVII á XXII, pág. 1 y sig. y en especial, *Mitre:* Hist. de San Martín. Vol. IV. Cap. XLVIII y XLIX, pág. 2 y sig., con sus notas y referencias. Comp. la refutación del Gen. *Monet* á *Miller*, en la que niega que se hiciera sorteo alguno en *Matucana* (El Gen. Monet y el Sorteo de Matucana. Rev. Nacional. B. Aires. Vol. II. Serie III, pág. 388).

Un acontecimiento fortuito vino á favorecer á *Bolívar*, debi·
litando las fuerzas del enemigo y contribuyendo en gran parte á sus futuras derrotas. La ominosa y terrible reacción absolutista Española de 1823 y los encarnizados odios entre los
Constitucionales *(Negros)* y los *Apostólicos*, repercutieron en el
Perú. En General *Olañeta*, fuese por su ambición personal,
por sus convicciones políticas ó por su inexplicable enemiga
con los ilustrados y valerosos jefes *Valdés*, *Monet*, *Cante-*
rac, etc., se levantó en armas contra el Virrey *La Serna*, negó
su autoridad, fundado en el sombrío decreto del 1.º de Octu-

Fig. 579.—Busto del Libertador
Bolívar.

bre de 1823, baldón eterno
del vengativo *Fernando VII*,
y se dispuso á la lucha. El
General *Valdés* marchó al
Alto Perú para someterle.

Esta fratricida contienda
privó durante algún tiempo
al ejército realista de las fuerzas del caballeresco y bravo
General *Valdés* (7.000 hombres) y del poderoso contingente del obcecado *Olañeta*,
permitiendo á *Bolívar* iniciar
su campaña sobre el Valle
de Jauja, que *Canterac* do-
minaba con 1.300 jinetes y 8.000 infantes.

El ejército patriota trasmontó los Andes Peruanos por la
parte más elevada y fragosa, y el día 2 de Agosto de 1824 se
concentró en el llano de Bancas, á 36 kilómetros de Pasco.
Canterac, seguro de su fuerza, y en especial de sus gallardos
escuadrones de caballería, avanzó desde Tarma al encuentro
del enemigo. El día 6 por la tarde llegó á la *Pampa de Junín*,
al S. O. del estupendo lago de Reyes, al mismo tiempo que la
infantería patriota aparecía en las Miras, al Oriente del referido
lago, y descendían sus ginetes.

Canterac cargó contra la caballería patriota (900 jinetes),

gada por los am nados

Felizmente, es dolo
Callao, debida e gran
ruano, que pudo itarla,
fastos militares argentino
Millán y *Pruda* n Matuc
dor heroismo de negro "*I*
de la plaza perdi (1).

La batalla de Junín.

5. — *Bolívar, er* anto, se hal
cuartel general d Pativilca (P

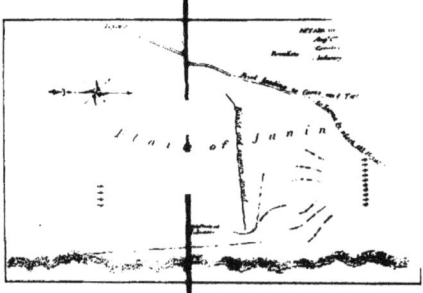

Fig. 578.—Plano d a Batalla de Junín. (*Miller*).

ba y *Lara,* una P uana, mandada por *La Ma*
de Caballería, ma ada por *Miller* y *Necochea,*
escuadrones Arge inos, Chilenos, Peruanos y a

(1) Vse. Autobiogra *Gen. Alvarado* (Rev. Nacional. B. Aires.
pág. 145 y sig. *Gen. J. ejo:* Rasgos biográficos Con. Puugles (B.
y sig. *Paz Soldau:* op. Vol. II, pág. 18 y sig. (S
Coronel González, pág.). *Espinosa:* Herencia
pág. 234 y sig. *Herrera:* bum de Ayacucho (
Narrative of á Journey ross the Ande, etc.
lla: El Regimiento n.º l oc. cit.), pág. 3
cit. Vol. III, pág. 296 y t. y 571 y sig
pág. 33 y sig. *Miller:* Me irs. Vol. I
cial, *Mitre:* Hist. de San artín. V
sus notas y referencias. mp. la
que se hiciera sorteo algo en
Rev. Nacional. B. Aires.

Un a
litando
te us

s. Fué tam-
olombiano.
lista contra
cos esfuer-
dida en el
nterac á la
"Gerona",
soldados

sin ha-
herido

suerte
da, se
llería
carga.
edras
rse á
rales
se al
asta
dos
eta
u-

seguro de su triunfo. Los escuadrones Colombianos fueron arrollados.

El bravo *Necochea* cayó mortalmente herido. *Bolívar* creyó perdida la batalla. Pero la caballería Española se dispersó imprudentemente, y esta inexplicable maniobra determinó su pérdida. El Comandante Argentino *Suárez*, que no había entrado en acción, cargó por la retaguardia á los vencedores con un escuadrón de *"Húsares del Perú"* y los demás escuadrones pa-

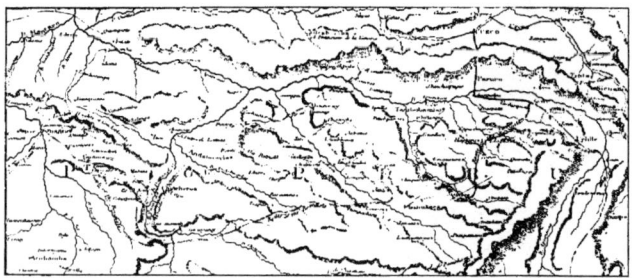

Fig. 580.—De Junín á Ayacucho. *(Miller)*.

triotas, con *Miller* á la cabeza, reaccionaron, volvieron grupas y arrollaron á su vez á los desconcertados jinetes realistas, quedando dueños del campo. Todo pasó en menos de media hora. No se disparó un solo tiro. Fué un combate de arma blanca. (Agosto 6, 1824).

Canterac, desesperado por la derrota, se retiró desordenadamente hacia el Cuzco. Antes de llegar perdió, por deserción, más de la tercera parte de sus tropas. Quedó quebrado el nervio del ejército realista, y despojada la caballería Española de sus prestigios en América (1).

(1) Vse. *Mitre:* op. cit. Vol. IV, pág. 77 y sig. y sus notas y referencias. *O'Leary:* op. cit. Vol. II, pág. 266 y sig. *Miller:* op. cit. Vol. II. Cap. XXIV, pág. 157 y sig. *Paz Soldan:* Perú Indte. 2.º Periodo, pág. 254 y sig. *M. A. López:* Rec. Históricos, pág. 118 y sig. *Larrazabal:* op. cit. Vol. II. Cap. XLIV-XLV, pág. 225 y sig. *Torrente:* op. cit. Vol. III. Cap. XXII, pág. 444 y sig. *Sir Clements Markham:* Hist. of Perú (Chicago, 1892), pág. 261 y sig. *Loraine Petre:* op. cit., pág. 321 y sig. y en especial *Camba:* op. cit. Vol. II. Cap. XXIV, XXV, XXVI, pág. 101 y sig. y Apén-

6.—Los vencedores permanecieron tres días más en Junín, se posesionaron del Valle de Jauja, atravesaron el río Pampas y avanzaron hasta Challhuanca, amagando el Cuzco sobre la línea del Apurimac.

En este punto y por considerarse *Bolívar* sin fuerzas para tomar la ofensiva, dió por terminada la campaña hasta que pa-

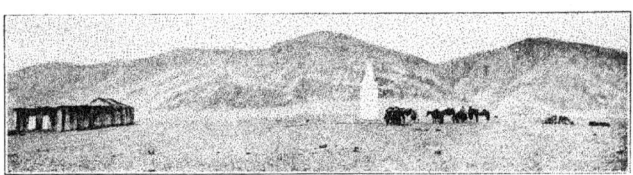

Fig. 581 — El Campo de Ayacucho. *(Estado actual).*

sara la estación lluviosa, y regresó á Pativilca. El General *Sucre* asumió el mando del ejército.

Los realistas hacían en tanto desesperados esfuerzos para rehacerse. *Valdés* regresó al Cuzco con su división á marchas aceleradas. *La Serna* y sus generales lograron reunir un ejército de 10.000 hombres, en su gran mayoría indigenas (apenas tenían 500 veteranos Españoles), atravesaron el Apurimac y tomaron resueltamente la ofensiva contra *Sucre.*

El general patriota se replegó con dirección al Norte. Al llegar al río Pampas vió cortada su retirada por los realistas. Mediante habilísimo ardid estratégico y por descuido de *La Serna,* logró atravesar el río (Noviembre 30-1824) y fué á situarse en la quebrada de Corpahuico. Fué atacado allí por

dices 3 á 23 (Docs. defección *Olañeta*, etc.), 24 (Parte de *Canterac.* Batalla Junin), 25 (íd. *Heres*), 26 (íd. Santa Cruz), 34 (Manifiesto *La Serna* y Docs. Justificativos, etc.). *Conde de Torata:* Documentos para la Historia de Guerra Separatista del Perú. Exposición á Fernando VII de *D. Jerónimo Valdés*, etc. (Madrid, 1894). Vol. I, pág. 61 y sig. (*Olañeta*). Vol. II, pág. 477 y sig. (*La Serna* y *Olañeta*), pág. 303 y sig. (Antecedentes *Pezuela, La Serna,* etc.). Vol. III bis. Apce. 3, pág. 55 y sig. (Docs. varios), pág. 569 y sig. (Correspondencia). Vol. IV, pág. 2 y sig. (*La Serna, Canterac,* etc.), pág. 329 y sig. (*Olañeta*), etc., etc. Sobre los acontecimientos políticos Españoles que determinaron la actitud de *Olañeta,* Vse. *Lafuente:* Hist. de España (Ed. Barcelona, 1880). Vol. V. Lib. XI. Cap. XVII, XVIII, XIX, pág. 440 y sig., etc.

Valdés que logró batir á la división *Lara* y dispersar la caballería (Diciembre 2). El temor de la deserción de sus soldados impidió á los realistas recojer los frutos de esta parcial victoria. Desde Corpahuico iniciaron los beligerantes una doble marcha paralela, manteniéndose á la vista, pero separados por el abismo. *Sucre* fué á situarse por fin en el accidentado valle *de Ayacucho,* al Este de la aldea de Quinua, protegido por

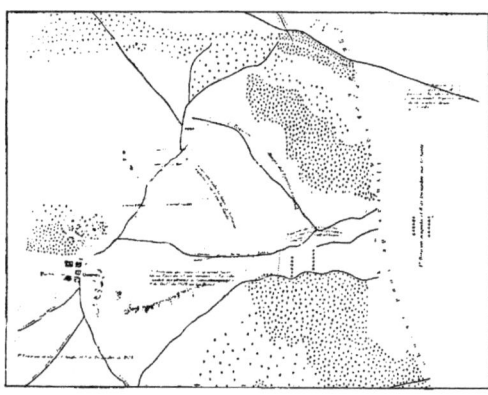

los barran- cos que lo cortaban y dominado por las alturas de Condorcanqui, que ocupaban los realistas. *La Serna* decidió dar la batalla. *Sucre* la aceptó.

Fig. 582.— Batalla de Ayacucho.

Su salvación estaba en la victoria. En la mañana del 9 de Diciembre, las columnas realistas empezaron á descender las alturas de Condorcanqui. A las diez, protegidos por un batallón que mandaba el Virrey en persona, situaron al pie del cerro su artillería. El frente de *Sucre* estaba defendido por un barranco, y los costados por quebradas profundas. La división *Valdés* inició el ataque por la derecha. Los batallones Colombianos lo resistieron á pie firme. Al sonar los primeros tiros el ardoroso jefe español *Rubín de Celis* se lanzó imprudentemente al llano. Fué deshecho y puesto en total dispersión por el bravo y entusiasta General *Córdoba*. Otro batallón destinado á sostener á *Rubín* participó cobardamente de su derrota. El General *Monet*, sin considerar que tenía sobre sí la división

– 782 –

victoriosa de *Córdoba,* avanzó con todas sus fuerzas. Fué también batido y dispersada por el joven general Colombiano. En estos críticos momentos, cargó la caballería realista contra los escuadrones republicanos. No obstante sus heróicos esfuerzos tuvo que retroceder en desorden, dejando tendida en el campo la mayor parte de su ginetes. *La Serna* y *Canterac* á la cabeza de la reserva formada por el célebre batallón *«Gerona«,* se arrojaron á la llanura para renovar la pelea. Sus soldados

Fig. 583.—Rincón de Ayacucho. *(Epoca actual).*

les abandonaron, el batallón *«Gerona«* fué deshecho sin haberse batido, y el Virrey, derribado de su caballo, cayó herido y prisionero.

El gallardo y caballeresco *Valdés,* que ignorando la suerte de las demás tropas, seguia batiéndose á la desesperada, se vió envuelto por la división Peruana de *La Mar* y la caballería de *Míller,* que decidieron la jornada con una brillante carga.

Valdés, desesperado por su derrota, se sentó en unas piedras á esperar la muerte. Sus oficiales le obligaron á replegarse á la cumbre de la montaña, donde reunidos todos los generales Españoles, trataron de reunir los dispersos para replegarse al Cuzco. Las desmoralizadas tropas se resistieron, llegando hasta asesinar á uno de sus capitanes. Puestos los jefes vencidos en la dura alternativa de caer si huían en manos de *Olañeta* ó de rendirse á *Sucre,* optaron por lo segundo. *Canterac* asumió el mando y firmó con el generoso vencedor una capitulación honrosísima (9 de Diciembre 1814). La guerra de la independencia de la América Meridional estaba terminada. Su emancipación asegurada para siempre (1).

La rendición del Callao. 7.— La capitulación de Ayacucho fué reconocida en todas partes por las autoridades Españolas. *Olañeta* se retiró de Potosí, que evacuó *Sucre* y fué asesinado en el pequeño pueblo de Tumusla (28 de Marzo de 1825), al querer dominar á su

lugarteniente *Medinaceli,* que se pasó con su batallón al campo republicano. En el Callao, el heroico Coronel *Rodil,* resistió, con asombrosa tenacidad, los ataques combinados de la escuadrilla patriota y las divisiones del General *Salom.* Hizo *demasiado por la gloria,* según la opinión de sus contemporáneos. Durante catorce meses que se sostuvo en El Callao, el hambre, el escorbuto y la miseria, acabaron con cerca de 6.000 personas. Por fin, abandonado por los buques de su escuadra, que se disolvió en el Pacífico, y habiendo agotado todas sus municiones y recursos, rindió los castillos y ciudad de El Callao, mediante una capitulación honrosísima (Enero 22-1826). Tres días antes (19 de Enero) terminó la resistencia memorable de la Isla de Chiloé, que duró nueve años (1817-1826), y capituló también con las tropas Chilenas de *Freire,* el bizarro Coronel realista *Quintanilla,* y los bravos *«Chilotes»,* que le obedecían ciegamente.

Fig. 584.—El Brigadier D. José Ramón Rodil.

---

(1) Vse. *Mitre:* op. cit. Vol. IV, pág. 88 y sig. *Miller:* op. cit. Vol. II. Cap. XXV, XXVI, XXVII, pág. 186. *M. A. López:* op. cit., pág. 125 y sig. *Loraine Petre:* op. cit., pág. 334 y sig. *Larrazabal:* op. cit. Vol. II. Cap. XLV, XLVI, pág, 239 y sig. *O'Leary:* op. cit. I, pág. 198 y sig., etc. *Torrente:* op. cit. Vol. III, pág. 480 y sig. *García Camba:* op. cit. Vol. II. Cap. XXVII y XXVIII, pág. 207 y sig. Conclusión, pág. 322 y sig. Apéndice 20, 30 (*Capitulación Ayacucho),* 31 (Parte *General Sucre),* 33 (*Bolívar y Torre Tagle,* etc.). *Conde de Torata:* op. cit. Vol. I, pág. 87 y sig. Vol. II, pág. 369 y sig. Vol. III, pág. 40 y sig. (Reputación «*Diario Sepúlveda»*). Vol. III bis. Apce. 1.º (Diario *Sepúlveda),* 2.º (Diario *Bernardo Escudero),* 4.º (Actuación *La Serna,* etc.), 5 o (Juicios Personales), pág. 2 y sig. Vol. IV (Correspcia. *La Serna, Canterac, Valdés,* etc.), pág. 75 y sigtes., etc., etc.

EL LIBERTADOR D. SIMÓN BOLIVAR

Bolívar fué recibido en Lima con aclamaciones entusiastas. El Congreso del Perú (Febrero 10-1825) prolongó la dictadura omnímoda del *"Libertador"*, llegando en su servilismo y adulación á extremos verdaderamente increíbles (1). El endiosado caudillo Venezolano creyó que toda América era feudo suyo. Impuso á los Peruanos su curiosa Constitución *monocrática*, con *presidencia vitalicia* y *vicepresidencia hereditaria,* promulga-

da, como veremos, en Bolivia (Mayo 1826), y se dirigió á Colombia. El Perú, como era natural, reaccionó pronto contra la despótica megalomanía del genial caudillo, derribó su gobierno (Enero 28-1827), restableció la Constitución democrática del 1823, sacu-

Fig. 585.—Universidad de Caracas.

dió la tutela colombiana y elevó al General *La Mar* á la Presidencia de la República (2).

8. — Cuando *Sucre* llegó á Potosí, el general D. *José Miguel* **La República** *Lanza* había proclamado ya en La Paz (Enero 25-1825) la in- **de Bolivia.** dependencia de las provincias del Alto Perú, no sólo de Es-

---

(1) En las misas de acción de gracias de Lima y otras ciudades del Perú, entre la Epístola y el Evangelio, se cantaban las siguientes letrillas. «De tí viene todo — Lo bueno, Señor — *Nos diste á Bolívar* — Gloria á tí gran Dios. — Que hombre es este, cielos — Que con tal primor — De tan altos dones — Tu mano adornó. — Lo futuro anuncia — Con tal precisión — Que parece el tiempo — Ceñido á su voz. — De tí viene todo, etc.» Vse. *Larrazabal:* op. cit. Vol. II, pág. 325 y sig. y Comp. *Mitre:* op. cit. Vol. IV, pág. 131 y sig., con sus notas y referencias.

(2) Vse. *Torrente:* op. cit. Vol. III. Cap. XXIII y XXIV, pág. 509 y sig. *Camba:* op. cit. Vol. II. Cap. XXIX-XXX, pág. 275 y sig. *Larrazabal:* op. cit. Vol. II. Cap. XLVII á L, pág. 284 y sig. *Gil Fortoul:* op. cit. Vol. I. Lib. III. Cap. II, pág. 330 y sig. y sus notas. *Paz Soldan:* Perú Independiente. Vol. II, pág. 302 y sig. *Mitre:* op. cit., pág. 105 y sig. y sus notas y referencias. *Gervinus:* op. cit. Vol. V, pág. 150 y sig., etc., etc.

paña, sino del Bajo Perú y de la nación Argentina, á cuyo Virreinato habían pertenecido. Una *Asamblea,* convocada en la villa de Chuquisaca (hoy Sucre), confirmó las declaraciones de La Paz, é influenciada por el *Mariscal de Ayacucho* y sus bayonetas, dió al nuevo estado el nombre de *Bolívar* (República de *Bolívar-Bolivia),* que fué nombrado Presidente. El 25 de Mayo de 1826, se reunió un *Congreso Constituyente,* que sancionó, con ligeras modificaciones, la Constitución *monocrática* enviada por *Bolívar,* amalgama confusa y originalísima de Cesarismo y democracia, con que el delirante legislador Colombiano creaba, en Sud-América, un verdadero imperio, del cual, conservando el titulo de *"Libertador",* seria dueño y absoluto árbitro. Con arreglo á tal Constitución, fué elegido *Sucre* Presidente vitalicio de Bolivia, conservando su jefe el poder dictatorial mientras permaneciera en el territorio.

Fig. 586.—Estatua de Bolívar en Caracas.

Sucre gobernó dignamente la nueva República, é hizo todo lo posible por conservar en ella la paz y el orden, pero á poco de ausentarse el *"Libertador",* los mismos batallones colombianos promovieron un motín, en el que el bravo y abnegado *Sucre* fué herido y hecho prisionero. Aunque el Congreso reconoció sus grandes servicios y ejemplar conducta, aceptó su renuncia á la Presidencia y reformó la constitución monocrática de *Bolívar.* Bolivia quedó dueña de su soberanía y empezó su agitada vida autonómica. El *"Gran Mariscal de Ayacucho"* partió para Quito para reunirse con su esposa (Septiembre 1828). Dos años después el gallardo, prudente y fidelísimo *Sucre,* fué apuñalado y muerto en el bosque de Berruecos (Junio 4-1830), por asesinos obscuros, instigados, no se sabe si por una venganza personal ó por la pasión política (1).

9. — El monocrático edificio de *Bolívar* tenía que desmoronarse. Después de luctuosos sucesos y convulsiones políticas ajenas á nuestro estudio, la *República de Venezuela* se separó también de la efímera Confederación Colombiana, nombró al General *Páez* Presidente Constitucional y decretó el ostracismo de *Bolívar* (Diciembre, 28-1829). Este fué el golpe de muerte para el divinizado *"Libertador"*. Su poder quedó reducido á la *Nueva Granada,* donde era al fin un extranjero y un huesped incómodo. Luchó allí desesperadamente con sus adversarios, extremó su despótica y reaccionaria dictadura, perdió sus prestigios y su fuerza, estuvo á punto de ser asesinado en su propia casa (Septiembre 25-1828), y no pudiendo resistir más, convocó el *Congreso Constituyente* en Bogotá y presentó su última y más sincera renuncia.

Fig. 587.—Sepulcro de Bolívar (Panteón de Caracas).

(1) Vse. *Mitre:* op. cit. Vol. IV, pág. 127 y sig. *Proyecto Const. Rep. de Bolívar,* y Discurso Inaugural (Ed. original. Bogotá, 1826). *Posada Gutiérrez:* Mem. Histórico-Políticas (Bogotá, 1865), pág. 129 y sig. *Gil Fortoul:* op. cit. Vol. I, pág. 345 y sig., y pág. 480 y sig. *A. Leocadio Guzmán:* Ojeada al proyecto de Constitución de Bolívar (Lima, 1826), pág. 4 y sig. *Miller:* op. cit. Vol. II. Cap. XXX y XXXII, pág. 298, 538 y sig. (Traduce el discurso de *Bolívar* y el célebre proyecto de Constitución de 1826). Apce. número, pág. 483 y sig. *Salvador Llamozas:* Sucre Magistrado (Caracas, 1894), pág. 2 y sig. *Villanueva:* Vida Gran Mariscal de Ayacucho, pág. 498 y sig. *O'Leary:* Docs. Vol. XXII, pág. 601. Vol. XXIII, pág. 29, etc. y Vol. I, pág. 9 (Bosquejo vida *Sucre* por *Bolívar,*. *Larrazabal:* op. cit Vol. II. Cap. XLVIII, XLIX, pág. 295 y sig. *Loraine Petre:* op. cit. Cap. XVII, pág. 343 y sig. *F. Blanco:* Comp. Historia Boliviana (Cochabamba, 1888), pág. 271 y sig., etc.

Le fué aceptada (Abril, 27-1830), asumiendo su enemigo político *D. Joaquín Mosquera* la Presidencia de Colombia. Poco tiempo después se separó también *El Ecuador* de la Unión Colombiana y se constituyó bajo la presidencia del General *Flores* en república independiente.

Fig. 588. —San Martín en sus últimos años.

Bolívar se sometió á su destino. Enfermo, agobiado y sin recursos pecuniarios, pasó desde Mayo á Noviembre por continuada serie de tormentos. El 1.º de Diciembre, consumido por la tuberculosis, pasó por mar á Santa Marta. Por extraña ironía de la suerte, halló su postrer refugio en la quinta que el ciudadano Español *don Joaquín Mier* poseía á una legua de la referida villa. Allí transcurrieron en soledad y tristeza sus últimos días. Recibió los auxilios espirituales (1), otorgó su testamento y firmó una sentida procla-

(1) Narrando el erudito historiador *Gil Fortoul* los últimos días del gran caudillo Venezolano, dice que «el hecho de que se confesara á última hora, *prueba solamente que ya el espíritu del Libertador no era más que una sombra».* (*Gil Fortoul:* op. cit. Vol. I, pág. 495. Nota 1). No me convencen las razones que aduce el ilustre escritor citado para demostrar sus dichos, y de todos modos, la muerte es demasiado seria y misteriosa para juzgar de ligero lo que ante su inminencia sintieron y pensaron los grandes hombres. Si el Obispo *Estévez*, de Santa Marta, hubiera dejado algo escrito de sus conversaciones con el héroe moribundo, tendríamos acaso curiosos datos sobre las *últimas ideas religiosas de Bolívar.*

ma, haciendo votos por la felicidad de Colombia. Fué la última de su vida. El día 17 de Diciembre de 1830, rindió al Creador su extraordinario espíritu.

El General *San Martín* le sobrevivió veinte años. Al volver á Europa, siguió residiendo en su modestísimo hogar á orillas del Sena. En el verano del año 1850, casi ciego y muy débil, se trasladó á Boulogne-Sur-Mer, en busca de las brisas vivificantes del Océano. Allí sintió (Agosto 13) el primer síntoma mortal. *"C'est l'orage qui mene au port"*, dijo serenamente á su querida hija, y se acostó á morir. El día 17 de Agosto entró en la agonía y á las tres de la tarde expiró. Tenia setenta y dos años (1).

Este fué el epílogo de la gloriosa epopeya de la Independencia Sud-Americana, y el triste ocaso de *San Martín* y de *Bolívar*, sus dos héroes inmortales y simbólicos.

Fig. 589.--Tumba del General San Martín.

(1) Vse. *Mitre:* op. cit. Vol. IV, pág. 144 y sig. y sus notas (la fecha de la muerte de *Bolívar* está equivocada. Vse. pág. 167). *Reverend:* La última enfermedad de Bolívar (Bogotá, 1866), pág. 8 y sig. *Páez:* Autobiografía. Vol. II, pág. 315 y sig. *Restreppo:* op. cit. Vol. IV, pág. 216 y sig. *Baralt y Díaz:* Resumen Hist. Venezuela. Vol. II, pág. 209 y sig. *Posada Gutiérrez:* op. cit., pág. 185 y sig. *Gervinus:* Hist. XIX Siècle. Vol. X, pág. 186 y sig. *Gil Fortoul:* op. cit. Vol. I. Libro III. Cap. III á IX, pág. 353 y sig. y sus notas. *Larrazabal:* op. cit. Vol. II. Cap. L á LXII, pág. 360 y sig. *Miller:* op. cit. Vol. II. Cap. XXXI, XXXII, pág. 315 y sig. *Loraine Petre:* op. cit. Cap. XVIII á XXII, pág. 360 y sig., etc. Los restos mortales del *General San Martín* están depositados en el suntuoso monumento erigido al efecto en la Catedral de Buenos Aires y los de *Bolívar*, en el Panteón Nacional de Caracas.

CUESTIONARIO

1. – ¿Qué tres partidos surgieron en la provincia de Guayaquil?

2. – ¿Qué pretendían respecto á esta provincia San Martín *y* Bolívar?

3. – ¿Cómo resolvió Bolívar *la cuestión?*

4. – ¿Qué propósitos tuvo San Martín *al entrevistarse con* Bolívar?

5. – ¿En qué forma se desarrollaron las conferencias *entre los dos* Libertadores?

6. – ¿Qué se trató en ellas, y quién llevó la mejor parte?

7. – Qué decidió San Martín *después de su entrevista con* Bolívar?

8. – ¿Ante quién abdicó su Protectorado del Perú?

9. – ¿Qué amarguras sufrió después de su abdicación el gran caudillo de los Andes?

10. – ¿Qué resultados dieron las expediciones de Alvarado *y* Santa Cruz *á los llamados* Puertos Intermedios?

11. – ¿Qué importancia tuvieron las derrotas de Torata *y* Moquegua?

12. – ¿Cómo se perdió El Callao, y qué actos heróicos compensaron la defección del Sargento Moyano *y sus tropas?*

13. ¿Cuáles fueron las causas de la sublevación del General Olañeta?

14. – ¿Cómo influyeron en la lucha emancipadora Sud-Americana?

15. – ¿*Cómo se desarrolló la gloriosa* batalla de Junín?
16. – ¿*Cómo se preparó la jornada de* Ayacucho?
17. – ¿*Qué brillantes hechos de armas decidieron el triunfo del General* Sucre?
18. – ¿*Qué importancia tiene la capitulación de Ayacucho en la historia de la Independencia Sud-Americana?*
19. –¿*Qué heróica resistencia opuso el* Coronel Rodil *en El Callao?*
20. – ¿*Cómo terminó la tenaz y memorable defensa de la* Isla de Chiloé?
21. – ¿*Cómo se constituyó la* República de Bolivia?
22. – ¿*Cuál fué el doloroso fin del ilustre* «Mariscal de Aya-cucho»?
23. – ¿*Qué principios políticos introdujo* Bolívar *en su célebre* Constitución Monocrática?
24. – ¿*Cómo recobraron su autonomía las Repúblicas de* Bolivia, Venezuela, Ecuador, Colombia y Perú?
25. – ¿*Cómo y dónde murieron los dos grandes héroes de la Independencia Sud-Americana?*

REFERENCIAS

Generales.—Vse. las del Tít. II, Cap. II, y las del Tit. IV.
Especiales.—*Baralt y Díaz:* Res. Hist. Venezuela, 1797-1830 (París, 1841). *General Tomás G. de Mosquera:* Memorias sobre la vida del Libertador Simón Bolívar (New-York, 1853). *J. J. Heredia:* Memoria sobre las revoluciones de Venezuela (París, 1895). *Larrazabal:* Vida y Correspondencia del Libertador Simón Bolívar (sólo se publicó la vida), New-York, 1877. *J. Loraine Petre:* Simón Bolívar (London, MCMX). *Restreppo:* Hist. de la Revolución de Colombia. 10 Vols. (París, 1827). *Libro del Centenario* (Bogotá, 1884). *Rojas:* Estudios Históricos (Caracas, 1891). *Rojas:* Leyendas Históricas de Venezuela. 2.ª Serie (Caracas, 1894). *Marqués de Rojas:* Simón Bolivar (París, 1883). *Ducoudray Holstein:* Hist. de Simón Bolívar (París, 1881). *Miller:* Biog. Sketch of Gen. Bolívar (London, 1820). *Groot:* Historia Eclesiástica y Civil de Nueva Granada (Bogotá, 1889-98, 2.ª Ed.). *Conde:* Recuerdos de la Vida y Muerte del General Piar (Maracaibo, 1839). *V. Lallement:* Hist. de Colombia (París, 1826). *J. V. González:* Rasgos Biográficos del General J. F. Ribas (Caracas, 1865). *Austria (General José):* Bosquejo de la Hist. Militar de Venezuela en la guerra de la Independencia (Caracas, 1855). *M. Ovalle:* El Llanero (Caracas, 1905). *Schryver:* Esquisse de la Vie de Bolivar (Bruxelles, 1899). *Blanco Fombona:* Guerra á muerte ("Constitucional de Caracas", Dic. 1906-Enero 1907). *Justo Arosemena:* Estudios Constitucionales sobre los Gobiernos de la América Latina (París, 1878). *Hipólito Herrera:* El Album de Ayacucho (París, 1878). *De Pradts:* Europe and America in 1821 (London, 1822). (Trad. Williams). *G. L. Chesterton:* Narrative of the proceedings in Venezuela 1819-1820 (London, 1820). *G. T.*

Mollien: Voyage dans la Republique de Colombia (París, 1825).
S. A. de la Plaza: Mem. para la historia de Nueva Granada
(Bogotá, 1850). *Capt. Chas. Stuart Cochrane:* Residence and
Travels in Colombia 1823-24 (London, 1825). *R. Proctor:*
Narr. of a Journey across the Andes, etc. (London, 1825).
Lieut. *Charles Brand:* Journal of a Voyage to Peru (London,
1828). *Irisarri:* Hist. Crítica del asesinato del Gran Mariscal de
Ayacucho (Caracas, 1846). *Juan R. Muñoz Cabrera:* La guerra
de los 15 años en el Alto Perú (Santiago, 1867). *Dr. L. Villa-
nueva:* Vida del Gran Mariscal de Ayacucho (Caracas 1895).
F. M. Samper: El Libertador Simón Bolívar (B. Aires, 1884),
Francisco Campos: Compendio Histórico de Guayaquil (Gua-
yaquil, 1894). *Pedro Fermín Cevallos:* Res. de la Historia del
Ecuador hasta 1845. 6 Vols.-2.ª Ed. (Guayaquil, 1886). *Espi-
nosa:* Herencia Española, etc. (Lima, 1852). *Paz Soldán:* Perú
Independiente, 1819-27. 6 Vols. (Lima, 1874-78). *Palma:* Trad.
Peruanas. 4 Vols. (Barcelona, 1893). *Sir Clements Markham:*
Hist. of Peru (Chicago, 1892). *Hippisley:* A narrative of the
Expedition to the Rivers Orinoco and Apure (London, 1819).
Hiram Bingham: Journal of an expedition through Venezuela
and Colombia, 1906-1907 (New-York, 1909). *Salvador N. Llamozas:* Sucre Magistrado (Caracas, 1894). *Blanco:* Comp. Historia de Bolivia (Cocha-bamba, 1888), etc., las relacionadas en
el Tít. II Cap. II y Tít. IV Cap. II y las citadas en las notas de
los Caps. II y III, Tít. III y en los Caps. III, IV y V. Tít. IV.

Fuentes Ms. — Biblioteca *Nacional de Lima.* Salón Amé-
rica. Colección *Paz Soldan* y «Documentos varios« (Bolivia,
Perú, etc.) *Archivos Nacionales* de Caracas, Bogotá, Quito,
Guayaquil, etc. *Record. Office.* Londres (F. O.) Corresponden-
ce. Spain, West Indies, Venezuela, Peru, Colombia, etc. 1810-
1830 (en especial Vols. 54, 56, 64, 65, 73. Correspondence
Colonel Patrick Campbell, Ministro en Colombia, 1828-1830).
Archivos del *Gobierno Francés* (Vse. *Villanueva:* Monarquía en
América) y las relacionadas en el Cap. II Tít. II y Cap. II Tít. IV.

Fuentes Imp. — Archivo del General *Mitre* (17 Vols. «La
Nación». B. Aires). Documentos del Archivo de *San Martín*
(8 Vols. Publicación de la «Comisión Nacional del Centena-
rio». Buenos Aires). *Vida Pública del Libertador* Simón Bolí-
var. Coll. Documentos (Caracas, 1826-33, 21 Volúmenes y
Apéndices). *S. B. O'Leary:* Memorias del General O'Leary.
Corresp. del Libertador, etc. (29 Vols. Caracas, 1879-88).
Interesting Official Documents relating to the United Provin-
ces of Venezuela, etc. (London, 1812). *Colección de Leyes* y
Decretos sancionados desde la Jura de la Independencia del

Perú (Lima, 1825-53). *Gaceta de Lima* Independiente 1821-26.
8 Vols. *Americano Imperial* (Gaceta Realista). Lima, 1821.
Coll. *"Gaceta Oficial"* Madrid, 1810-1830). *Antonio Rodrí-
guez Villa*: El Teniente General D. Pablo de Morillo (4 Vols.
II, III, IV, Docs. Madrid, 1908-1910). *Conde de Torata (Val-
dés)*: Documentos para la Historia de la Guerra Separatista del
Perú (5 Vols. Madrid, 1894). *Correspondencia General* del Li-
bertador de 1810 á 1830 (New York, 1826. 2 Vols.). General
José Antonio Páez: Su Autobiografía (Nueva York, 1867. 2
Vols.). *Sir Gregor Mac Gregor:* Exposición Documentada, etc.
(New York, 1839). *Lacroix:* Diario de Bucaramanga (Ed. *Fer-
nando Bolívar.* París, 1869). *Urquinaona y Pardo:* Relación
Documentada, etc. (Madrid, 1820). General *M. A. López:* Rec.
Históricos. Colombia y Perú (Bogotá, 1878). *Id.:* Campaña del
Perú, etc. (Caracas, 1843). *Joaquín de la Pezuela:* Manifiesto,
etc., sobre su separación del mando (Madrid, 1821). *Bulnes:*
Últimas campañas de la Indpcia. del Perú (Barcelona, 1897).
José Domingo Díaz: Recuerdos sobre la rebelión de Caracas
(Madrid, 1829). *Tomás Monteverde:* Pacificación de Venezuela
en 1812 (Madrid, 1883) *Posada Gutiérrez:* Mem. Histórico
Político (Bogotá, 1866). *García Camba:* Mem. para la Historia
de las Armas Españolas en el Perú (Madrid. Vol. I, II. 1846).
Mariategui: Anotaciones á la Historia del Perú Independiente
de *Paz Soldan* (Lima, 1889). *Bolívar:* Proyecto de Constitu-
ción de la República de Bolivia (Ed. Oficial, 1826). *W. Wal-
ton:* Present State of the Spanish Colonies (London, 1810).
Riva Agüero: Exposición acerca de su conducta política,.etc.
(Londres, 1824), etc., etc., las relacionadas en el Tít. II. Cap. II
y Tít. IV. Cap II, y las citadas en las notas de los Cap. II y III,
Tít. III y III. IV y V, Tít. IV.

Bibliografías. – Bca. *Coronel Pineda* (Bogotá, 1853). *Herrera:* Ensayo sobre la Historia de la Literatura Ecuatoriana
(Quito, 1860). *Vergara y Vergara:* Ensayo sobre la literatura
de Nueva Granada (Bogotá, 1867). *J. M. Rojas:* Biblioteca de
escritores Venezolanos Contemporáneos (Caracas, 1875) y las
relacionadas en los capítulos anteriores, etc.

TÍTULO V

El Brasil, el Uruguay y el Paraguay (1810-1828).

CAPÍTULO PRIMERO

LA INDEPENDENCIA DEL BRASIL (1808-1825)

1. La familia real Portuguesa.—2. Revolución de Pernambuco. - 3. La Constitución Portuguesa.—4. Proclamación de la Independencia.—5. Las campañas de Lord Cochrane. - 6. Organización política del Brasil.

1. – Considerando *Napoleón Bonaparte* (1807) necesario para **La familia real** hostilizar á Ing'aterra apoderarse de Portugal, firmó con la **Portuguesa.** España el célebre *Tratado de Fontainebleau* (27 de Octubre), privando de su corona á la casa de Braganza y despachó al mismo tiempo una división, al mando del Mariscal *Junot,* para que invadiese á Portugal.

Atemorizado el regente lusitano *D. Juan* con estas alarmantes nuevas, y siguiendo los consejos de *Lord Strangford,* Ministro Inglés en Lisboa, determinó emigrar al Brasil con toda su corte. La familia real, los miembros del Gobierno, y casi todos los nobles Portugueses, con sus familias, sus comitivas y sus tesoros, se apresuraron á hacerse á la mar, en una flota compuesta de ocho navíos, cuatro fragatas y cuatro bergantines de guerra, que convoyaban más de 40 buques mercantes. Cerca de 15.000 personas embarcaron en esta escuadra, que zarpó del puerto de Lisboa (Noviembre 29) un día antes de que entraran en la capital los ejércitos de *Junot,* que sustituyeron, sin resistencia alguna, á la bandera portuguesa, los victoriosos estandartes Napoleónicos.

El día 24 de Enero de 1808, y después de accidentada nave-

gación, desembarcó en Bahía el regente de Portugal *D. Juan,*
siendo recibido triunfalmente. Aconsejado por el prócer Brasileño *José da Silva Lisboa,* decretó la apertura de los puertos
del Brasil al comercio directo de las naciones amigas, y se hizo
á la vela para Río Janeiro, donde desembarcó el día 8 de Marzo. Fué recibido con entusiastas manifestaciones de regocijo y
aclamado Emperador por el pueblo.

El regente organizó un ministerio, nombrando al *Conde de*

Fig. 590.—El puerto de Bahía.

Arcos Ministro del
Interior y Hacien-
da y Ministro de la
Guerra y Estado, á
*don Rodrigo de
Souza,* más tarde
Conde de Linhares.

Los nuevos go-
bernantes favore-
cieron acertada-
mente la industria
y la agricultura del
pais, y contribuyeron eficazmente á su bienestar y su progreso. Fundaron el célebre *Jardín Botánico,* abrieron al público
la *Biblioteca Nacional* (1814), atrajeron, en gran escala, el
comercio Inglés, se apoderaron de la *Guayana Francesa,* y
por mediación de *Lord Strangford,* negociaron en Inglaterra
un empréstito de 600.000 libras esterlinas, que con la creación
del *Banco del Brasil,* salvó las dificultades económicas (1).

Revolución de 2. - En estas circunstancias falleció la desgraciada reina
Pernambuco. *Doña María,* y el regente, su hijo, fué proclamado, con el título de *Juan IV,* rey de Portugal y del Brasil (Marzo 20
de 1816). La dirección de los negocios públicos no sufrió

---

(1) Vse. *Armitage*: Gen. Hist. of Brazil from 1808 to 1831 (London, 1836), pág. 28
y sig. *B. M. Pereira da Silva*: Hist. Fundaçao Imp. Brazileiro (Río, 1877). Vol. II,
pág. 85 y sig. *Galanti*: Comp. de Hist. do Brazil (Sao Paulo, 1902). Vol. III, pág.
409 y sig. Vol. IV, pág. 3 á 49, con sus referencias, etc. Comp. *Cambridge Modern
History*: Vol. X. Cap. X, pág. 310 y sigtes., etc.

cambio alguno, y el Brasil quedó elevado á la dignidad de reino *de hecho,* independiente de su antigua metrópoli.

Pronto surgió la resistencia republicana. Las sociedades secretas establecidas en Pernambuco, inspiradas en las nuevas doctrinas y dirigidas principalmente por el progresista caudillo Bahiano *D. Domingo José Martins,* promovieron (6 de Marzo de 1817) un levantamiento contra la Monarquía. El gobernador *Miranda Montenegro* hubo de capitular con los revolucionarios, que organizaron un gobierno provisorio, y se prepararon á resistir á las tropas de *D. Juan IV,* proclamando el separatismo y la república, desgarrando la bandera Portuguesa, y enviando emisarios á las demás provincias para que secundaran el movimiento y contribuyeran á derrocar el régimen absolutista. El país no respondió al llamamiento de los caudillos de Pernambuco, que aislados y sin armas suficientes, no tardaron en sucumbir ante las fuerzas del monarca.

Fig. 591.—D. Juan IV.

El Gobernador de Bahía, *Conde de Arcos,* organizó un ejército de 5.000 hombres y una escuadrilla para batir á los republicanos. *Martins* y sus compañeros fueron derrotados y apresados por los jefes monárquicos; el gobierno provisorio quedó disuelto y restaurado el realista. La revolución había durado apenas setenta y cinco días. Los rebeldes fueron transportados á Bahía (29 Mayo y 9 y 19 Junio) en buques de guerra. Los caudillos *José Martins, José Luis Mendoça,* el sacerdote *Miguel Joaquín de Almeida* y varios jefes militares de los más comprometidos en el movimiento, fueron ejecutados. El resto de los patriotas fueron encerrados en las cárceles de Bahía, donde permanecieron varios años (1).

<hr />

(1) Vse. *Galanti:* op. cit. Vol. IV, pág. 49 á 71, y sus referencias. Comp. *Dawson:* op. cit. Vol. I, pág. 407 y sig., etc.

3.— La paz quedó restablecida en el Brasil, pero no desaparecieron las rivalidades entre los Portugueses y los Brasileños,
ni la agitación y el descontento de los patriotas, que sólo esperaban una ocasión favorable para manifestarse. No tardó en
llegar. En los primeros meses del año 1820, imitando los liberales Portugueses la actitud de los Españoles de Cádiz, iniciaron un pronunciamiento en la ciudad de Oporto (Agosto 24-1820), pidieron el establecimiento de una Constitución
análoga á la Española de 1812, formaron una *Junta Provi-*

soria de Gobier-
no, y convocaron
un *Congreso Cons-*
tituyente, que apo-
yó con entusiasmo
el pueblo y la guar-
nición militar de
Lisboa (Septiem-
bre 15).

El movimiento
Portugués reper-
cutió en el Brasil.

Fig. 592.— En el Jardín Botánico (Río de Janeiro).

En la provincia de
Pará proclamó el pueblo la *Constitución Liberal*, y formó una
Junta de Gobierno (Enero 1821). En Bahía se organizó una
Junta análoga (Febrero 1821).

Don Juan IV, en vista de la gravedad de los sucesos, publicó
un manifiesto anunciando su intención de mandar á Portugal
al príncipe heredero *D. Pedro*, con plenos poderes para tratar
con las *Cortes Constituyentes* Portuguesas sobre la nueva forma de gobierno que debía darse á la nación, y prometiendo
convocar en Río Janeiro un *Congreso* que decidiera la parte
de la Constitución Portuguesa que debía aplicarse al Brasil.

Este manifiesto no calmó al pueblo. El partido absolutista,
instigado por la Infanta *Joaquina Carlota*, esposa de *D. Juan IV*,
entabló lucha abierta contra el democrático y patriota, que representaba el príncipe heredero *D. Pedro*. El 26 de Febrero las

tropas Portuguesas de Río Janeiro exigieron que se jurara en el Brasil la *Constitución Portuguesa*. El rey, aterrorizado, aceptó sin discutir lo que solicitaban los amotinados, y decidió volver á Portugal, dejando á su hijo *D. Pedro* encargado del Gobierno Provisorio. *D. Juan IV* se hizo á la vela el día 26 de Abril del 1821, siguiéndole más de 3.000 Nobles Portugueses, deseosos de volver á su patria. Este fué el momento decisivo para la historia Brasileña. El monarca *D. Juan IV* lo comprendió así al abandonar para siempre el puerto de Río Janeiro. "Pedro, dijo á su hijo al despedirse, *si el Brasil ha de separarse de Portugal como se deja ver, toma tú la corona antes de que otro pueda recogerla.*"

Fig. 593.— El Ilustre Brasileño J. B. Andrada.

El príncipe *D. Pedro*, joven, entusiasta y arrestado, no desoyó el consejo paterno. El partido patriota, compuesto de los que antes mantenían los principios democráticos, se convirtió en partido nacionalista y favoreció las ambiciones del joven Regente.

4. — Las *Cortes Portuguesas*, en tanto, trataban de restablecer en el Brasil el antiguo régimen colonial y los monopolios comerciales; suprimieron algunas instituciones creadas por *Don Juan IV*, y acordaron que *D. Pedro* se trasladase también á Portugal para continuar su descuidada educación, viajando por Europa. Los Brasileños no pudieron menos de ver en todas estas medidas de la metrópoli la intención de arrebatar á su patria la importancia que había conquistado. **Proclamación de la Independencia.**

En Río Janeiro se celebraron reuniones patrióticas para pedir al regente que se estableciese en el Brasil. El 9 de Enero de 1822 fué presentada esa solicitud á *D. Pedro*. "Siendo en bien de todos y para felicidad general de la nación, dijo el príncipe al leerla, me quedo.„ Los patriotas Brasileños quedaron satisfechos.

Las Cortes Portuguesas, por el contrario, siguieron hostilizando al Brasil, con la esperanza de mantenerlo sumiso á sus tiránicas leyes.

El regente, decidido á resistir, era objeto de las más entusiastas manifestaciones de simpatía y lealtad. La municipalidad, el pueblo y la tropa le dieron el honroso titulo de *Defensor perpetuo del Brasil* (13 de Mayo). Faltaba sólo para resolver aquella crítica situación pronunciar la palabra *Independencia*. Poco tiempo tardó *D. Pedro* en dar el paso decisivo. En el mes de Agosto emprendió un viaje á la provincia de San Pablo. Hallábase á orillas del pequeño río lpiranga cuando re-

Fig. 594.— El río Pilcomayo.

cibió nuevos decretos de las *Cortes Portuguesas* que anulaban sus actos y declaraban á sus consejeros reos de alta traición. No quiso *D. Pedro* tolerar este último ultraje. Rompió en presencia de todos los decretos de las Cortes Portuguesas y proclamó la *independencia del Brasil* y su separación absoluta de la metrópoli (Septiembre 7 de 1822). La historia Brasileña recuerda este acto del bravo y simpático regente *D. Pedro* con el nombre de *"Grito de Ipiranga„*.

Al llegar á Río de Janeiro (Septiembre 15) el *"Defensor Perpetuo del Brasil„* fué aclamado calurosamente por su pueblo, el día 12 de Octubre saludado con el título de *Emperador* y el 1.º de Diciembre consagrado y coronado en la capilla Imperial con grandes fiestas públicas y general contento.

Las campañas de Lord Cochrane. 5.— Los principales instigadores de todos estos actos que elevaron al Brasil al rango de estado autonómico, fueron los ministros *José Bonifacio* y *Martín Francisco de Andrada*, ángeles tutelares, como declaró *D. Pedro* mismo, de la regeneración Brasileña.

Para afianzar la independencia dispuso el *Emperador* la organización de una escuadra. Las tropas Portuguesas se habían concentrado en la importante ciudad de Bahía, que desconoció la proclamación de *D. Pedro* y se preparó á la resistencia. La escuadrilla Brasileña, mandada por *Pereira Campos*, y las tropas que organizó el general francés *Pedro Labatut,* fueron rechazadas (Febrero, 1823).

Presentóse en estas circunstancias en Río el celebérrimo *Lord Thomas Cochrane,* que con varios marinos y aventureros ingleses venía del Perú y Chile (Tít. IV, Capítulo II). El *Emperador* le confió el mando de su escuadrilla. Con ocho buques mal armados salió *Cochrane* de Río de Janeiro (Abril de 1823) para combatir la escuadra Portuguesa, compuesta de 13 naves de guerra con 200 cañones.

Fig. 595.—El Almirante Lord Cochrane.

Estableció el Almirante el bloqueo en Bahía, y practicó con sus fragatas audaces reconocimientos. El general Portugués *Madeira,* desamparó la plaza, que ocuparon sin resistencia las tropas Brasileñas (Julio, 2) *Cochrane* con su escuadrilla siguió navegando hacia el Norte para aniquilar decisivamente la fugitiva escuadra Portuguesa. Logró su objeto el bravo marino, y después de apoderarse de varias naves mercantes y transportes, obligó á los defensores Portugueses de Bahía á regresar á Lisboa, hasta cuya barra misma fueron perseguidos por las fragatas *Brasileñas* mandadas por el Capitán *Taylor.*

Cochrane por su parte se acercó á Marañón, donde todavía resistían algunas tropas Portuguesas. Se apoderó del bergantín de guerra "*D. Miguel*", y consiguió que la plaza capitulara (Julio, 27). Enarboló en sus castillos las banderas del *Emperador,* y obligó también á embarcarse con rumbo á Lisboa á los militares Portugueses. La guerra se sustuvo todavía por algún tiempo con algunas partidas que quedaban en las provincias del Norte. Fueron derrotadas ó capitularon, y la autoridad Imperial quedó libre de enemigos exteriores (Septiembre, 1823). En el corto espacio de seis meses, casi sin ejército y con una insignificante escuadrilla, *Cochrane* logró arrebatar al enemigo gran número de naves de valioso cargamento, y extendió en todo el Brasil la dominación del *Emperador don Pedro.*

Organización política del Brasil.

Fig 596.—D Pedro I, Emperador del Brasil.

6.—La revolución Brasileña quedó consumada. Diez años de una administración regular, á cuya sombra se desarrollaron los intereses materiales y morales del país, hicieron en él simpática la Monarquía. El hecho de haber sido un príncipe de la familia real (el heredero de la corona) el que lanzó el grito de independencia, aumentó su popularidad y su prestigio y consolidó el nuevo régimen. La Constitución deslindó clara y convenientemente la acción de los poderes públicos y organizó una verdadera Monarquía parlamentaria (25 Marzo de 1824).

Las provincias del Sur aceptaron sin dificultad la nueva Constitución; pero en el Norte tuvieron lugar sucesos anárquicos.

En Pernambuco, la guarnición se sublevó contra el gobierno de Río de Janeiro, proclamando el separatismo y la república (20 Marzo 1824). *Manuel de Carvalho,* jefe de la insurrección, acusó á *D. Pedro* del crimen de querer entregar traidoramente el Brasil á los Portugueses, é invitó á las provincias del Norte á formar una liga, llamada *Confederación del Ecuador.*

D. Pedro mandó un ejército y la escuadrilla, que lograron sofocar el levantamiento.

Poco después fué explícita y solemnemente reconocida por Portugal (Agosto 29-1825) por mediación del Ministro Inglés en Lisboa *Stuart*, la separación é independencia del Imperio Brasileño (1).

---

(1) Vse. *Armitage:* op. cit., pág. 31 y sig. *Pereira da Silva:* op. cit. Vol. II, pág. 56 y sig. III, pág. 18 y sig., etc. *Galanti:* op. cit. Vol. IV, pág. 1 á 223, con sus notas y referencias, etc.

CAPÍTULO II

EL URUGUAY Y EL PARAGUAY (1810-1828)

Artigas. 1.—La revolución de la República Oriental del Uruguay fué consecuencia de la revolución Argentina, aunque aquella provincia del virreinato formó, como veremos, una nación distinta.

Desde los primeros tiempos de la guerra de la independencia Argentina, se hicieron sentir en la Banda Oriental síntomas de rebelión, no sólo contra las autoridades españolas, sino también contra los revolucionarios Argentinos: *Artigas*, militar Uruguayo que hacía la guerra á los realistas bajo el mando de los generales de Buenos Aires, fué desde 1813 el principal instrumento y promotor de esta excisión.

Después de muchas peripecias, derrotó á las fuerzas Argentinas y pasó el río Uruguay, proclamando la *Federación* en la Provincia de Entre Ríos. Las negociaciones entabladas por el Gobierno de Buenos Aires fueron rotas repetidas veces por el audaz caudillo y sus secuaces.

Este estado de cosas despertó la antigua ambición de la corte del Brasil. Algunos personajes Orientales que llegaron á Río de Janeiro huyendo del despotismo de *Artigas*, representaron al entonces regente de Portugal y Brasil, D. *Juan IV*, las ventajas de emprender una expedición al Plata, no sólo para salvar las fronteras de las continuas invasiones de los guerrilleros, sino para conquistar y anexionar al territorio portugués la ambicionada *Provincia Uruguaya*.

2.—*D. Juan IV* se dejó arrastrar á una conquista que se le pintaba rápida y fácil. El ejército Portugués, fuerte, de cerca de 10.000 hombres, abrió la campaña invasora (Junio, 1816), al mando del General *D. Carlos Federico Lecor*.

Los esfuerzos. del Director Supremo de Buenos Aires, *Don Juan Martín Pueyrredón*, fueron ineficaces para detener el avance de los Portugueses. Penetraron los ejércitos de *Juan IV* en el territorio Uruguayo, y después de destrozar en los combates de *India Muerta* (19 Noviembre, 1816) y *Gatero Catalán* (4 Enero 1817) á las guerrillas de *Artigas*, entró *Lecor* en Montevideo, ocupando la ciudad y estableciendo la domi nación Brasileña.

Fig. 597.—D. josé Gervasio Artigas

Todavía tuvo que sostener sangrienta guerra contra los bandos del implacable y tenaz caudillo *D. José Gervasio Artigas* (1). Los montoneros, vencedores á veces y vencidos otras, fueron al fin definitivamente derrotados en *Tacuarembó* (22 de Enero 1820). *Artigas* huyó hacia la Provincia de Entre Ríos, pasando luego al Paraguay. *Fructuoso Rivera*, lugarteniente del bravo y terrible guerrillero Uruguayo, se entregó á los vencedores Portugueses, con la condición. de que se le conservara en el mando de un regimiento de caballería compuesto sólo de Orientales. El General *Lecor* aceptó ésta y otras condiciones análo-

(1) Los hermanos *Artigas* eran dos, *José Gervasio* y *Manuel Francisco. Manuel Francisco* fué derrotado y preso en Canelones por el *Marqués de Souza*, en 1818. *José Gervasio*, había nacido en Montevido en el año 1758. Después de su derrota en Tacuarembó, se refugió en el Paraguay. El tirano *Francia* lo retuvo desterrado eu Caraguatay buen número de años. *Carlos A. López* le permitió residir en los arrabales de la Asunción, donde falleció á los 92 años (1850). Vse. *Rev. Instituto Histórico Brazil*: Vol. del 1863, pág. 641 y sig. Comp. *Antuña*: Lec. Hist. Nacional, etc. (Montevideo, 1899). Libro I, pág. 57 y sig. *M. Bernárdez*: La muerte de Artigas (Montevideo, 1891), pág. 3 y sig., etc., etc.

gas con objeto de asegurar su dominio en el territorio, que fué por fin anexionado al Brasil (Julio 31-1821) con el nombre de *Provincia Cisplatina*, reconociendo la soberanía del Emperador *D. Pedro I* (1822), no obstante las reclamaciones del Gobierno Argentino.

La victoria de Sarandí.

Fig. 598—La bahía de Montevideo (1825).

3.—La dominación Brasileña en el territorio Uruguayo no era cruel ni rigurosa; pero la masa del pueblo Oriental, ligada por la identidad de lengua y de raza con la población de la República Argentina, deseaba su incorporación á ella.

En Buenos Aires residían como emigrados muchos militares y ciudadanos orientales. Uno de ellos, el Coronel *D. Juan Antonio Lavalleja*, poniéndose de acuerdo con treinta y dos de sus compatriotas, reunió algunas armas, y embarcándose secretamente, se dirigió al puerto de las Vacas, en la Banda Oriental (19 de Abril de 1825). Un pequeño triunfo alcanzado el día siguiente engrosó sus filas con nuevos voluntarios. El Comandante *Fructuoso Rivera* abandonó el ejército Brasileño y engrosó las fuerzas de la insurrección. Antes de dos meses, toda la Banda Oriental estaba sobre las armas. Los Brasileños, batidos en muchos en-

Fig. 599.— El ejército Argentino en el Brasil.

cuentros parciales por *Rivera* y *Lavalleja*, se vieron obligados á encerrarse en Montevideo y la Colonia.

· Los insurgentes organizaron en seguida un gobierno provisorio en la villa de la Florida, y reconocieron la autoridad del Congreso de la República Argentina. Convocaron también la primera *Asamblea Provincial,* y proclamaron la independencia de todo el Uruguay.

Esta solemne declaración fué sancionada pocos días después por la espléndida victoria de *Sarandí* (2 de Octubre de 1825). Los Brasileños se retiraron del campo en entera dispersión, dejando cerca de doscientos prisioneros. La superioridad de las armas de *Lavalleja* quedó establecida desde entonces en todo el Uruguay.

El gobierno Argentino no habia impedido los esfuerzos de los particulares

Fig. 600. – Los 33 Orientales. *(Fortuny)*.

para suministrar armas y dinero á los insurgentes, pero no había considerado prudente declarar la guerra al Brasil.

Obligado, sin embargo, el gobierno del General *Las Heras* y del ministro *García,* por la opinión Argentina á adoptar una resolución decisiva, reconoció (Octubre 25 de 1825) á la Provincia Oriental, incorporada de hecho á las Provincias del Río de la Plata, á las que siempre había pertenecido. Tal reconocímiento importaba naturalmente una declaración de guerra al Imperio Brasileño. *D. Pedro I* la aceptó y se preparó á la defensa del territorio Uruguayo. El Gobierno Argentino, por su parte, no descuidó los aprestos militares. *D. Bernardino Rivadavia,* elevado al mando supremo de la República (Febrero, 1826), organizó una escuadrilla á las órdenes del Almirante *Brown,* y un ejército de 6.000 hombres mandado por *D. Car-*

los M.ª de Alvear, el vencedor de los Españoles en Montevideo. (Tít. III, Cap. V).

4. — Las primeras operaciones de esta campaña fueron felices para los Argentinos. En tierra y en mar batieron las fuerzas Brasileñas, pero no alcanzaron ventajas tales que hicieran prever el fin de la guerra. Por el contrario, el Emperador del Brasil reforzó su ejército y separando del mando al General *Lecor,* lo confió al *Marqués de Barbacena.* El nuevo General anunció bombásticamente que en pocos días el pabellón Brasileño tremolaría en Buenos Aires.

A pesar de esta ridícula bravata, las operaciones de la guerra no tomaron giro más favorable para los Brasileños. Una expedición de 650 hombres, enviada contra el fuerte de Patagones,

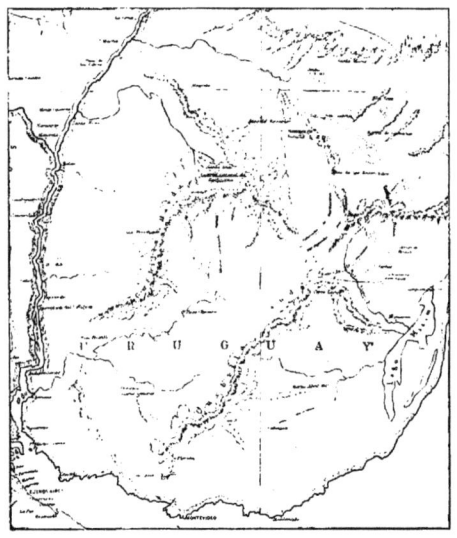

Fig. 601. — Campañas del General Alvear en el Brasil (1826-1828).

cayó casi toda en poder de los Argentinos. Una división de diecinueve naves Brasileñas, que había remontado las aguas del río Uruguay, fué atacada por *Brown* y destruída gloriosamente. En tierra, no fueron más felices; y después de una serie de fatigosas marchas y contramarchas, el General *Alvear* atacó al ejército del *Marqués de Barbacena* cerca del arroyo de *Ituzaingó*, derrotándolo por completo. (20 de Febrero de 1827).

— 808 —

La guerra duraba sólo dos años, y en ella los Argentinos habían llevado la mejor parte, pero los recursos de la República estaban casi agotados. El Brasil no se hallaba en mejor situación; de manera que por ambos lados se deseaba la paz. La primera convención que se celebró por los comisionados, dejaba la Banda Oriental en poder del Brasil. Fué desaprobada por todo el pueblo de Buenos Aires y rechazada enérgica-mente por el gobierno.

La guerra se encendió de nuevo; pero los agentes diplomáticos de la Gran Bretaña, que veían en esta guerra comprometidos los intereses comerciales de sus súbditos, se aprovecharon del cansancio general para gestionar de nuevo la

Fig. 602.—El triunfo del Almirante Brown.

paz. El 28 de Agosto de 1828, se concluyó en Río Janeiro un tratado de paz y de amistad, que fué ratificado mes y medio después en Montevideo (4 de Octubre).

El tratado no satisfacía en realidad las exigencias de ninguno de los beligerantes. Ni el Brasil ni la República Argentina ensancharon los límites de sus territorios respectivos, pero las dos naciones beligerantes reconocieron la independencia de la Banda Oriental ó Provincia Cisplatina que con el nombre de *República del Uruguay*, empezó su agitada vida constitucional y autonómica (1).

(1) Vse. *Mitre:* Hist. de Belgrano. Vol. II, pág. 412 y sig. III, pág. 3 y sig. y sus notas y referencias. *V. F. López:* Hist. Argentina. Vol. IX, pág. 194 y sig. Vol. X, pág. 5 y sig. y 334 y sig. *Pelliza:* Hist. Argna. Vol. I, pág. 531 y sig. Vol. II, pág. 25 y sig., etc. *De María:* Comp. de la Hist. Rep. Oriental del Uruguay (Montevideo, 1895-1900). Vol. IV, pág. 65 y sig. *J. A. Berra:* Bosquejo Histco. (3.ª Ed. Montevideo, 1881), pág. 145 y sig., etc. Comp. *Galanti:* op. cit. Vol. IV, pág. 236 y sig. *Armitage:* op. cit., pág. 207 y sig. *Inst. Hist. Braz.:* Vol. de 1845, pág. 123 y sig. Vol. de 1867. Pte. 1.ª, pág. 209 y sig. Vol. de 1860. Pte. 2.ª, pág. 497 y sig. Vol. de 1874. Pte. 1.ª, pag. 399 y sig., etc., etc.

5.—Después de la retirada del General *Belgrano* del Paraguay y las conferencias de Tacuari (Vse. Cap. V, Tít. III), los

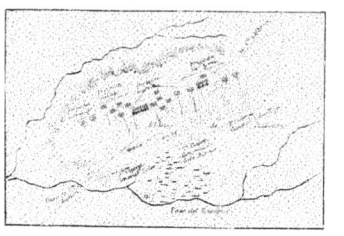

Fig. 603.—Plano de la batalla de Ituzaingó.

oficiales Paraguayos, que habían rechazado los ejércitos
de la revolución Argentina,
volvieron á la Asunción
(Abril, 1811). En dicha ciudad empezó á hablarse de la
necesidad de hacer un cambio de gobierno. La semilla
democrática arrojada por
Belgrano empezó á germinar
en muchos espíritus. El go-
bernador Español *Velasco* había perdido en la campaña contra
los independientes Argentinos gran parte de su prestigio, que
habían ganado D. *Fulgencio Yegros* y otros jefes Paraguayos.

El asesor de la Inten-
dencia del Paraguay, *don
Pedro Somellera*, natural
de Buenos Aires, empleó
su influencia en preparar
los ánimos de los patrio-
tas Paraguayos para con-
sumar una revolución en
favor de la capital del virreinato.

En la noche del 14 de
Mayo (1811), los conspi-
radores ocuparon de im-
proviso los cuarteles, habiéndose puesto antes de
acuerdo con los oficiales
que los guarnecían. En

Fig. 604.—La gloriosa carga de Ituzaingó.

ninguna parte encontraron dificultad, y la revolución quedó
consumada sin efusión de sangre. El gobernador *Velasco* no
pudo oponer la menor resistencia. Los revolucionarios confia-

ron el mando á una Junta Gubernativa, compuesta de tres miembros: *D. Pedro Juan Caballero, D. Fulgencio Yegros* y el Doctor *D. Gaspar Rodríguez de Francia.*

La revolución Paraguaya se había hecho en nombre de las ideas proclamadas en Buenos Aires en Mayo de 1810. El Doctor *Francia* dió un nuevo rumbo al movimiento revolucionario. Los antiguos servidores y partidarios de la causa real, y entre ellos el ex intendente *Velasco*, fueron apresados, junto con *Somellera* y los otros partidarios de la causa de Buenos Aires que había en la Asunción.

En seguida dirigió á la *Junta de Buenos Aires* una nota en que, al paso que le daba cuenta de la revolución operada en el Paraguay, declaraba que esta provincia no formaría parte del Estado que se iba á constituir en el antiguo virreinato, sino por medio de una confederación. La *Junta de Buenos Aires* se vió obligada á reconocer esta especie de segregación de la provincia del Paraguay. (Septiembre, 1811).

Fig. 605.— El General Alvear.

6.—La *Junta Gubernativa* Paraguaya resolvió al poco tiem- **Los Cónsules.** po la convocación de un *Congreso* en el que debían tener representación todos los pueblos de la provincia. Esta parodia de Asamblea, en la que sólo la dominante voluntad de *Francia* imperaba, abrió sus sesiones el día 1.º de Octubre, acordando que el nuevo Estado fuese regido por dos *Cónsules* elegidos anualmente. *Francia* y el Comandante *Yegros* fueron los pri-

Fig. 606.—La firma del tratado de Paz del 1828

meros elegidos, y durante tres años gobernaron el país sin resistencia.

En 1814 (3 de Mayo), se reunió otro Congreso encargado de designar los nuevos Cónsules. *Francia* le propuso que imitase también el ejemplo de los antiguos Romanos, que en circunstancias solemnes para la patria reconcentraban toda la suma del poder público en manos de un dictador, cuyas funciones durasen tres años. El Congreso aceptó esta proposición sin saber lo que se le pedía, y se inclinó en el momento á confiar á *Yegros* la dictadura. *Francia* demoró la votación durante dos días, hasta que al fin los diputados, sea porque quisieran volver cuanto antes á sus provincias respectivas, ó sea, lo que es más probable, que temiesen caer en el enojo del primer Cónsul, le nombraron al tercer día *Dictador del Paraguay* por una gran mayoría de votos.

Tan pronto como *Francia* se vió revestido del poder absoluto, comenzó á fundar el célebre y silencioso despotismo que le ha hecho tristemente célebre en la historia, poniendo en

Fig. 607.—General José M.ª Paz.

práctica y exagerando el sistema de estricto aislamiento ensayado por los Jesuítas en sus antiguas misiones Guaraníticas. (Véase página 375).

7. – El estudio de la personalidad y gobierno del austero **El Dr. Francia.** misántropo é implacable tirano *Francia*, excede de los límites de este *Compendio*. Ensangrentó el Paraguay para descomponer la vida nacional; lo aisló para despotizarlo sin freno; alteró los fundamentos de la política y la hizo reposar en el terror y la

barbarie. A imitación del régulo antiguo que derribaba en su jardín las flores sobresalientes en presencia de los mensajeros de otro Príncipe que pretendía dictarle reglas de gobierno para sus Estados, el *Dr. Francia* asestó el arma fatal contra las cabezas que se erguían, ahogando toda personalidad elevada y reduciendo al pueblo á una masa confusa, uniforme, sin clases, sin matices, resignada y atónita de espanto.

Separó á todos los funcionarios que no le parecieron adictos á su voluntad; ejecutó ó sepultó en terribles cárceles á cuantos creyó sus enemigos; persiguió tiránicamente á la Iglesia Católica, destituyendo y haciendo envenenar al Obispo

Fig 608 – D. Gaspar Rodriguez de Francia.

de la Asunción, asumiendo el Gobierno de la diócesis y prohibiendo las procesiones y los cultos nocturnos.

Reelegido Dictador perpetuo, por el Congreso de Mayo de 1817, llegó hasta el desenfreno en su tiranía tenebrosa. Usó del terror hasta el punto de ordenar que se cerrasen las puertas y ventanas de las casas, en señal de respeto, cuando él saliera á la calle, lo que hacía siempre escoltado y á caballo. Prohibió todo comercio; avivó en el pueblo el odio al extranjero, y en especial al Argentino, negó todo pasaporte, para entrar ó salir del país y hasta *prohibió los matrimonios* de las antiguas familias coloniales, para aniquilarlas y envilecerlas.

El Paraguay vivió así aislado y embrutecido por el terror y la ignorancia hasta la muerte del Dictador, que aconteció en 1840. Este sistema de gobierno se mantuvo varios años más en el Paraguay, durante las dictaduras de *Carlos Antonio y Francisco Solano López,* y sólo después de la Guerra de la *Triple Alianza* (Argentina-Brasil-Uruguay), y de la completa derrota y muerte (1.º Marzo 1870) del último tirano, entró el país á la vida de los pueblos libres (1).

(1)   *Carlyle:* M scellanies (Complete works. London, 1894). Vol. IV, pág. 1 á 54. *J. P. & W. P. Robertson:* Letters on Paraguay (2.ª Edición. London, 1839). Vol. II, Pág. 16 y sig. *Id. Id.:* Francia reign of Terror (London, 1839), pág. 12 y sig. *John Miers:* op. cit. Vol. II, pág 128 y sig. *Rengger y Longchamp:* Essai Historique sur la Révolution du Paraguay (2.ª Edición.) Paris, 1827. Trad. Española (B. Aires, 1883), pág. 45 y sig. *J. M. Estrada:* Obras completas. Vol. I (Apéndice á los Comuneros del Paraguay). Cap. I á V, pág. 475 y sig. *Carlos A. Washburn:* Historia del Paraguay (B. Aires, 1892). Vol. I. Cap. X á XIX, pág. 151 y sig., etc.

CUESTIONARIO

Capítulos I y II.

1. – ¿Cómo se estableció la corte Portuguesa en el Brasil?

2. – ¿Quién inició la revolución de Pernambuco?

3. – ¿Qué desgraciado fin tuvieron sus caudillos?

4. – ¿Qué efectos produjo en el Brasil la Constitución Liberal Portuguesa *del año 1820?*

5. – ¿Quién fué el principal caudillo del partido patriota Brasileño?

6. – ¿Qué resistencia opuso el príncipe D. Pedro *á las decisiones de las Cortes Portuguesas?*

7. – ¿Dónde y cómo se proclamó la Independencia del Brasil?

8. – ¿Qué célebre marino asumió el mando de la flota Brasileña?

9. – ¿Qué brillantes triunfos obtuvo sobre los Portugueses?

10. – ¿Qué tuvo de notable la administración de D. Pedro I?

11. – ¿Cómo fué sofocado el movimiento republicano de Carvalho *y sus compañeros en Pernambuco?*

12. – ¿Cuál fué la obra y el carácter de Artigas?

13. – ¿Qué decidió el regente del Brasil, D. Juan IV, *en vista de la anarquía de la Banda Oriental?*

14. – ¿Qué decisivas victorias obtuvo sobre Artigas *el* General Lecor?

15. – ¿Qué resultados produjeron para el Brasil?

16. – ¿*Qué caudillo Oriental proclamó la* Independencia *de la dominación Brasileña?*
17. – ¿*Cómo auxilió este levantamiento el pueblo* Argentino?
18. – ¿*Qué gloriosos triunfos obtuvo el General Argentino* Alvear *en la Guerra con el Brasil?*
19. – ¿*En virtud de qué tratado reconocieron la República Argentina y el Imperio del Brasil, la* Independencia Uruguaya?
20. – ¿*Cómo se efectuó la segregación del Paraguay de la República Argentina?*
21. – ¿*Quiénes fueron los caudillos de su revolución?*
22. – ¿*Qué decidió la* Junta Gubernativa Paraguaya?
23. – ¿*Quién fué* D. Gaspar Rodríguez de Francia?
24. – ¿*Cómo logró apoderarse del poder supremo del Paraguay?*
25. – ¿*Cuáles son las notas características de su tiránico gobierno?*

REFERENCIAS

TÍTULO V

Generales. — Las relacionadas en los capítulos anteriores. **Brasil.** — Archivos *Torre do Pombo* (Lisboa). Revista *Inst. Historico é Geog. do Brazil*. Río Janeiro, 1839-1911. (Vse. *Galanti:* Comp. Hist. Brazil. Vol. IV, pág, 309). *H. J. Araujo Carneiro:* Cartas á S. M. el Rey Juan IV (Londres, 1821). *Abreu é Lima:* Compendio Hist. Brazil (Pernambuco, 1843). *F. S. Constancio:* Hist. Brazileira (París, 1839). *Mello Moraes:* Brazil Historico (4 Vols. Río de Janeiro, 1839). *Id.:* Chorographia Hist. chronologica, nobiliaria, etc., do Brazil (5 Vols. Río, 1858-1863). *J. P. Oliveira Martins:* O Brazil e as colonias Portuguezas (Lisboa, 3.ª Edición, 1888). *Pereira da Silva:* Varoes ilustres do Brazil (2 Vols. París, 1888). *Id.:* Historia da fundaçao do Imperio Brazileiro (Río, 1864. 7 Vols.). *Id.:* 2.º Período do Reinado de D. Pedro I (París, 1875). *G. Armitage:* Hist. of Brazil from 1808 to 1881 (2 Vols. London, 1836). *E. Grosse:* Dom Pedro I (Leipzig, 1836). *Debret:* Voyages Pittoresques, etc., 1816-1831 (París, 1839). Spix. J. B. and Martins, C. J. von Reisse in Brasilien, 1817-1820 (3 partes. Munich, 1823-31). *Mello Moraes:* A Independencia do Imperio do Brazil (Río, 1877). *Abreu é Lima:* Synopsis ou deducçao chronologica dos factos mas notaveis da historia do Brazil, etc. (Pernambuco, 1845). *S. H. Alburquerque:* Comp. Hist. do Brazil (Recife, 1861). *Andrada é Silva:* Discursos (Ed. *Correa de Moraes*. Río Janeiro, 1880). Archivos do *Museu Nacional do Río Janeiro* (Río, 10 Vols., 1876-79). *Dundonald (Conde):* Narration de serviços no libertar se o Brazil da Domenaçao Portuguesa

(Londres, 1859). *J. B. Fernández Gama:* Mem. Hist. da Provincia de Pernambuco (Pernambuco, 4 Vols., 1875) *Prince Maximilian:* Travels in Brasil in the years 1815-16-17 (London, 1820). *Souza Azevedo Araujo:* Mem. Hist. do Rio de Janeiro, etc. (Río, 1820-22. 9 Vols.). *Cunha Barboza:* Estudios Históricos (Río, 1899), etc., y las relacionadas en el Tít. III, Epoca II, Capítulo único.

República Oriental del Uruguay. – Documentos para la Historia del *Virreynato del Río de la Plata* (3 Vols. Facultad Filosofía y Letras. B. Aires). Documentos relativos á la *Organización Constitucional de la Rep. Argentina* (3 Vols. Facultad de Filosofía y Letras. B. Aires). *Registro Oficial* de la Repca. Argentina, 1810-1883 (Ministerio de Inst. Púbca. B. Aires. 8 Vols.). *Tratados, convenciones, protocolos,* etc. Rep. Argentina (Ministerio de Rel. Exteriores. B. Aires). *Jalabert y Cabal:* Album Biog. de la Rep. Oriental del Uruguay (B. Aires, 1903). *E. M. Antuña:* Lecc. Hist. Nacional (Montevideo, 1899). *M. Bernardez:* La muerte de Artigas (Montevideo, 1891). *J. A. Berra:* Bosq. Hist. de la Rep. Oriental del Uruguay (3.ª Ed. Montevideo, 1881). *Isidoro de María:* Comp. de la Hist. de la Rep. Oriental del Uruguay (3.ª Edición. Montevideo, 1893). *Id.:* Páginas históricas (Montevideo, 1892), etc., las Historias generales de la *Rep. Argentina* y del *Brasil* y las relacionadas en el Capítulo II del Título IV.

República del Paraguay. – *Rengger et Longchamps:* Essai Historique sur la révolution du Paraguay, etc. (París, 1827, y Trad. Esp. *M. A. Pelliza.* B. Aires, 1883). *Gaceta de Buenos Aires* (Vol. I, II. III, Pubdos. por Junta Hist. y Numismática Amna. B. Aires). *T. Carlyle:* Dr. Francia. Miscellanies (London, 1894). *J. P. and W. P. Robertson:* Letters ou Paraguay (London, 1839). *Id.:* Francia's reign of terror (London, 1839). *Xavier Brito:* Noticia Histórica, etc., de Rep. do Paraguay (Río Janeiro, 1865). *J. S. Decoud:* Rec. Históricos (Asunción, 1894). *Charles A. Washburn:* The history of Paraguay, etc. (2 Vols. New York, 1871, y Trad. Esp. Vol. I. B. Aires, 1892). *Zinny:* Hist. de los gobernantes del Paraguay, 1535-1887 (B. Aires, 1887). *P. Groussac:* Anales de la Biblioteca. Docs. relativos al Río de la Plata (B. Aires, 1896, etc. 8 Vols.), las historias generales de la *Rep. Argentina,* y las relacionadas en el Capítulo II, Título IV, de la Epoca IV, etc.

Bibliografías. – *Zinny:* Bibliografía Hist. de las Provincias Unidas del Río de la Plata (B. Aires, 1875). *Cambridge Modern History:* Vol. X, pág. 882 (Brasil). Catálogo Metódico de la *Bca. Nacional de B. Aires* (B. Aires, 1895). Vol. II. Hist. y Geo-

grafía. Catálogo da *Exposiçao de Historia do Brazil* (Río Ja-
neiro, 1881). *José Segundo Decoud:* Paraguay (International
Bureau of the American Republics Washington, 1902). Cap.
XX, etc., y las relacionadas en el Capítulo Unico. Título III,
Epoca II, y en el Cap. II, Tít. IV, Epoca IV.

TITULO VI

Méjico y América Central y Panamá (1816-1910)

CAPÍTULO PRIMERO

INDEPENDENCIA DE MÉJICO (1816-1824)

1. Francisco Javier de Mina.—2. El Plan de Iguala.—3. La deposición de Apodaca.—4. La capitulación de Córdoba.—5. El Emperador Agustín I.—6. El plan de Casa Mata.—7. La muerte de Iturbide.

Francisco Javier de Mina.

1.—Después de la muerte de *Morelos* (Tít. III, Cap. I), el Congreso Mejicano disperso trató de concentrarse en Tehuacan y reanudar allí la resistencia contra los realistas (Noviembre, 1815). Fué disuelto por un motín militar, y los caudillos revolucionarios, que pretendieron continuar la guerra, aniquilados por las fuerzas Españolas.

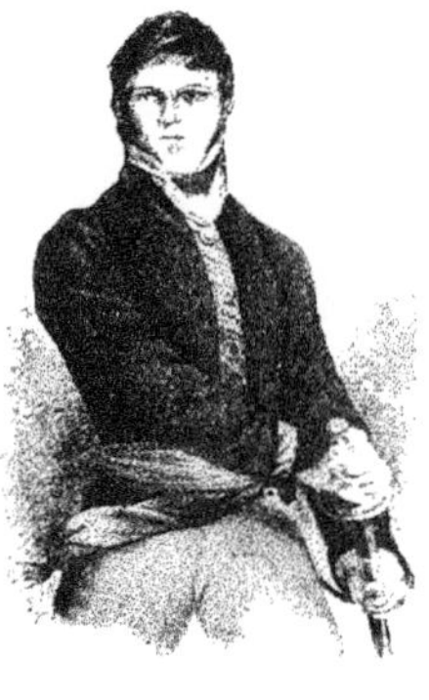

Fig. 609.- D. Francisco Javier de Mina.

El Virrey *Calleja* recibió auxilios de España y logró reunir un ejército de 40.000 hombres. Acusado, sin embargo, de lentitud en la terminación de la guerra, fué depuesto del mando por *Fernando VII*. Su sucesor *Don Juan Ruiz de Apodaca*, que adoptó una política de concordia y perdón (Septiembre, 1816), redujo la insurrección á estrechísimos límites.

Surgió en estas circunstancias el bravo, audaz y entusiasta guerrillero Español *D. Francisco Javier de Mina*, que emigrado á Inglaterra después de sus brillantes campañas contra los ejércitos de Napoleón, y afiliado en Londres á las Logias Americanas, decidió combatir en Méjico contra la reacción absolutista.

Con el auxilio de los emigrados Sud-Americanos y de algunos comerciantes Ingleses, reunió en Londres una pequeña expedición militar, con la que se hizo á la vela para los Estados Unidos (Mayo, 1816). Allí y en Santo Domingo completó su armamento y desembarcó por fin en la boca del Río Santander, á la cabeza de 250 aventureros, esperanzado en que el país Mejicano respondería á sus esfuerzos (Abril 15-1817).

Fig. 610.—El Virrey Apodaca.

Las fuerzas de *Mina* fueron aumentando considerablemente y la expedición comenzó á inspirar al Virrey *Apodaca* serios temores. Para combatirla envió al Mariscal de Campo *D. Pascual Liñán,* que sitió á los revolucionarios en el fuerte del *Sombrero,* 18 leguas al Norte de Guanajuato, obligándoles á evacuarlo con dolorosas pérdidas (Agosto 19-1817). *Mina,* sin desalentarse por esta derrota, se rehízo, batió varias partidas realistas y atacó la ciudad de Guanajuato, con cerca de

Fig. 611.—Los Portales de Cholula.

1.500 hombres. Fué duramente rechazado, hecho á poco prisionero y fusilado por los destacamentos realistas (11 Noviembre 1817).

La derrota y muerte de *Mina* aceleró la pacificación de la Nueva España. Las tropas realistas se apoderaron del fuerte de los Remedios, que defendía el heroico caudillo Fray *José Antonio Torres,* después de cuatro

meses de lucha constante (1.º Enero 1818). *Torres* huyó con quince ó veinte de los suyos y, levantando nuevas partidas, continuó la lucha. Su ferocidad y sanguinario carácter le restaron, sin embargo, simpatías entre sus oficiales que, desertando de sus filas, se entregaron, poco tiempo después, á los realistas. Aunque en el Sur del Virreinato quedaban todavia en pie algunas guerrillas, á fines del año 1819 la paz podía considerarse consolidada (1).

Fig. 612 — El Coronel Riego.

El plan de Iguala.

2. — En esta época la mayor parte de las colonias Españolas de la América del Sur habían declarado su independencia, y, por otra parte, la revolución Española del año 1820 producía entre las autoridades realistas de la Nueva España graves diferencias y disturbios. Unos aplaudían con entusiasmo el levantamien-

Fig. 613.—Medallas de *Agustín I.*

to liberal del Coronel *Riego,* otros, y entre ellos el Virrey

(1) *Méjico á través de los Siglos:* Vol. III. Lib. III. Cap. I á X, con sus notas y referencias. *Torrente:* op. cit. Vol. II, pág. 268 y sig. *Zamacois:* op. cit. Vol. IX, pág. 843 y sig. X, pág. 22 y sig., etc. *Negrete:* Méjico Siglo xix. Vol. VII, pág. 400 y sig. *Alamán:* op. cit. Vol. IV, pág. 547 y sig. *Robinson (William Davis):* Memoirs of the Mexican Revolution (London, 1821). Vol. I, pág. 79 y sig. Vol. II, pág. 16 y sig., etc. *P. M. F. Miguelez:* op. cit. Cap. XI, pág. 140 y sig., y en especial *Bancroft:* History of México. Vol. IV. Cap. XXVI, XXVII, XXVIII, pág. 626 y sig., con sus notas y referencias, etc., etc. (Vse. en especial Nota 59, pág. 685).

Apodaca, suponían, fundadamente, que *Fernando VII* aceptaba el nuevo régimen coaccionado por las circunstancias. La aristocracia y el clero de Nueva España eran decididamente absolutistas. El Virrey prestó el juramento de respetar la Constitución, y para robustecer su autoridad, pensó en constituir un gobierno militar en la Nueva España y confiarlo al General *Liñán,* auxiliado por el Coronel *Agustín de Iturbide.*

Fig. 614.—D. Servando Teresa Mier.

Iturbide era Mejicano de nacimiento y contaba en aquélla época treinta y siete años de edad. En 1816 era ya coronel de ejército, y gozaba de cierto crédito por el valor que había desplegado en la defensa de la causa realista. El Virrey le encomendó la pacificación de las provincias del Sur, donde quedaban en pie las fuerzas de *Guerrero,* y puso á sus órdenes un cuerpo de más de 2.000 hombres.

Fig. 615.—Castillo de Chapultepec.

Iturbide, en vez de obedecer al Virrey, entró en comunicaciones con el jefe patriota, uniéndose ambos para proclamar la Independencia Mejicana, de acuerdo con un plan preconcebido por *Iturbide,* conocido con el nombre de *Plan de Iguala,* por haber sido jurado por los oficiales del ejército en el referido pueblo el día 1.º de Marzo de 1821.

El *Plan de Iguala* contenía tres ideas esenciales ó *garantías:* 1.º La conservación de la religión católica sin tolerancia de otra alguna. 2.º La independencia de la España ó de cualquier otra Nación, bajo la forma de Monarquía Constitucional, debiendo ofrecerse el trono á *Fernando VII* ó á algún príncipe de su familia, y en su defecto, á un miembro de las demás familias reinantes en Europa. Y 3.º La Unión entre Americanos y Españoles sin distinción de castas ni privilegios. En otros artículos se proponía la organización de un gobierno provisorio, compuesto

Fig. 616.—Plaza de la Ciudad de Córdoba.

de una *Junta*, presidida por el virrey, y la creación de un poderoso ejército denominado de las *tres garantías*. Este habilísimo plan, que favorecía las pasiones y tendencias políticas de todos los partidos Mejicanos, fué bien recibido en todo el Virreynato, logrando *Iturbide* y *Guerrero* reunir á poco un ejército temible.

Deposición de Apodaca.

3. — El Virrey *Ruiz de Apodaca* quiso resistir al movimiento revolucionario, al qué se adhirieron las provincias. Fueron inútiles sus esfuerzos. El general *Bravo* sitió la ciudad de Puebla. Valladolid abrió sus puertas al ejército de *Iturbide* (Mayo, 21). Todo anunciaba el triunfo de los caudillos patriotas. El *Virrey* fué tachado por los jefes absolutistas de su ejército de indecisión y falta de energía. Promovieron los mencionados jefes un motín militar, y en la noche del 5 de Julio de 1821 penetraron en el palacio del Virrey para exigirle su renuncia. *Apodaca* se condujo con dignidad y entereza ante

estas pretorianas instancias. Declaró entregar el mando al General *Novella,* conservó una escolta para resguardo de su persona y se dispuso para regresar á España.

La deposición del Virrey no produjo los resultados espera-
dos. La autoridad de *Novella* fué
reconocida con dificultad y el cambio gubernativo alentó á los patriotas, que vieron la desunión de sus
enemigos. El día 30 de Julio el jefe
independiente *León* ocupó la villa
de Oajaca. La de Puebla se rindió
también al General Bravo, que la
sitiaba, é *Iturbide* entró triunfalmente en ella (2 de Agosto de 1821).

La capitulación
de Córdoba.

4.—Pocos días antes había desembarcado en Veracruz el Teniente
General *D. Juan O'Donoju,* nombrado Virrey de Nueva España, para

Fig. 617.—El Virrey O'Donoju.

implantar el régimen Constitucional. Publicó el nuevo Virrey,
al desembarcar, una proclama anunciando sus intenciones con-
ciliadoras, y pasó una nota á *Iturbide* proponiéndole una entrevista. El jefe Mejicano le invitó á reunirse con él en la villa
de Córdoba.

O'Donoju aceptó la invitación, y después de conferenciar
amistosamente con
Iturbide, firmaron am-
bos un convenio lla-
mado *de Córdoba*
(24 de Agosto 1821),
que confirmaba el
Plan de Iguala, con
la sola modificación
de dejar á las partes

Fig. 618.—Moneda del Emperador *Agustín I.*

libertad de elegir un Emperador, aunque no perteneciese á familia alguna reinante la persona elegida. *Iturbide* iba preparando su futuro encumbramiento.

El *Tratado de Córdoba* fué desconocido por *Novella* y varios otros jefes realistas. Sin embargo, después de algunas escaramuzas y negociaciones, se rindieron á lo que juzgaban inevitable. *Iturbide* entró en Méjico á la cabeza de sus tropas sin oposición alguna (Septiembre 27, 1821).

Se instaló en seguida una *Junta Provisional Gubernativa*, y el 28 de Septiembre se proclamó y firmó el *«Acta de la Independencia del Imperio Mejicano»*, organizándose una regencia presidida

Fig. 619.—Insignias de la orden de Ntra. Sra. del Guadalupe.

por *Iturbide* hasta que llegara *Fernando VII*, ó el Emperador que debía reinar en Nueva España. *O'Donoju*, que formaba parte de dicha regencia, falleció al poco tiempo (Octubre, 8). *Iturbide* quedó dueño absoluto del gobierno independiente Mejicano.

El Emperador Agustín I. 5. – Como no podía menos de suceder, el brillante Coronel *Iturbide*, militar del antiguo régimen y de aristocrática estirpe, no simpatizaba con los caudillos á lo *Morelos* é *Hidalgo* que se habían distinguido en la primera etapa de la revolución Mejicana. Les trató despectivamente, y se atrajo sus odios. El 24 de Febrero de 1822 se instaló en Méjico un *Congreso Nacional*, y en él se exteriorizó la oposición sistemática de los mencionados jefes que *Iturbide* logró vencer, ordenando la prisión de los generales *Bravo* y *Victoria*.

La situación se complicó con la noticia de haber sido rechazado por las Cortes Españolas el Tratado de Córdoba. *Iturbide* aprovechó en su favor dicha negativa. Uno de sus regimientos le aclamó *Emperador* (Mayo 18-1822), con el nombre de *Agustín I* y el pueblo secundó la actitud de las tropas. El *Congreso Constitucional*, obligado por las circunstancias y en medio de frenéticos aplausos y aclamaciones de los amotinados, acató sus voluntades y nombró Emperador á *Iturbide* (Mayo, 19) por 67 votos contra 15.

La coronación de *Agustín I*, se hizo en la Catedral de Méjico (Julio 21-1822), con solemnidad ostentosa. El Congreso concedió el título de príncipes á los miembros de la familia de *Iturbide* y declaró hereditaria la Monarquía Mejicana.

6. – El reinado del flamante monarca fué breve y turbulento. La oposición republicana aumentó en el Congreso y el Emperador lo disolvió (31 Octubre) creando una dócil *Junta Legislativa*. Las escaseces del erario le obligaron á decretar empréstitos forzosos que fueron restando popularidad y prestigio á su imperio.

El plan de Casa Mata.

Fig. 620. — El General Guadalupe Victoria.

El bravo y más tarde célebre Coronel *D. Antonio López de Santa Ana* sublevó la guarnición de Veracruz y proclamó la República (2 de Diciembre de 1822). Se le unió á poco el general *Guadalupe Victoria* y otros varios caudillos. Esta revolución se juzgó descabellada, y sus primeros pasos fueron otros tantos desastres. *Santa Ana* y *Guadalupe Victoria* sufrieron en Jalapa sangrienta derrota. Las fuerzas de *Bravo* y *Guerrero* fueron deshechas por los imperialistas (Enero, 1823). Sólo *Veracruz*, donde se refugió *Santa Ana*, siguió resistiendo contra la Monarquía.

Para rendir esta plaza envió *Iturbide* á los Generales *Cortazar* y *Echavarri*. Fuese por sus compromisos con las logias masónicas, que favorecían el movimiento republicano (1) ó por otras razones, *Cortazar* y *Echavarri* se pasaron al enemigo, y unidos con *Santa Ana, Morán, Negrete,* etc., proclamaron (Febrero 1.º 1823) el tendencioso *Plan de Casa Mata,* que al establecer la soberanía de la *Asamblea Nacional Representativa,* hería de muerte el efímero imperio de *Agustín I.* Los jefes republicanos, decididos á coronar su obra, emprendieron la marcha hacia Méjico.

Iturbide, que se había estacionado con sus tropas cerca de Puebla, intentó en vano un advenimiento pacífico con los re-

publicanos, y comprendiendo que serían inútiles sus esfuerzos para mantenerse en el trono, convocó el *Congreso* que había disuelto y en la noche del 19 de Marzo, abdicó por nota de su puño y letra su precaria corona y ofreció expatriarse para evitar turbulencias. Por orden del *Congreso* mismo se retiró á Tulacingo, dejando libre entrada en la capital á los revolucionarios que no tardaron en ocuparla (Marzo, 26), formando un *Go-*

Fig. 621.—El General Santa Ana.

bierno Provisional de tres miembros *(Bravo, Victoria* y *Negrete).*

El día 8 de Abril, los miembros del *Congreso,* sin aceptar la abdicación de *Iturbide,* pues ello hubiera importado reconocerle derechos á la Corona, declaró nula y violenta su elevación al trono, y ordenó que fuese conducido á Italia, otorgándole una pensión anual de 25.000 pesos. Se anuló también el *Plan de Iguala* y el *Tratado de Córdoba,* liberando á la Nación de todo compromiso para establecer su futuro gobierno.

--- -- -

(1) Las *Logias Masónicas Mejicanas,* monárquicas en su princip.o, ambicionaban la formación de una república centralista, y decretaron, por tanto, la ruina de *Iturbide.* Los generales *Cortazar* y *Echavarri,* pertenecían á estas Logias. Vse. *Bancroft:* op. cit. Vol. IV, pág. 793-94 y notas 40 y 41, etc.

7. – El día 20 de Abril, el *Emperador* fué conducido á Veracruz y el 11 de Mayo embarcado en el bergantín *«Rawlins»*, con su familia y algunos amigos fieles. El día 2 de Agosto, llegaron los emigrados á Leghorn (Toscana), donde desembarcaron después de treinta días de cuarentena.

La residencia de *Iturbide* en Italia fué de corta duración. A fines de Noviembre se embarcó para Londres y desde allí pasó una nota al *Congreso Constituyente Mejicano,* ofreciéndole sus servicios para defender la independencia, que juzgaba amenazada por la *Santa Alianza.*

Sin esperar la contestación á la referida nota, se hizo á la vela en Southampton (Mayo 11-1824), con rumbo á Méjico. El *Congreso* que, por medio de sus agentes secretos, seguía los pasos del ex-Emperador en Europa, le declaró «traidor y fuera de la ley», si osaba presentarse en el territorio Mejicano (Abril, 28).

Sin conocer estas declaraciones del Congreso, llegó *Iturbide* á la barra del Río Santan-

Fig. 622.—D. Agustín de Iturbide,

der (Julio, 14). El oficial Polaco *Beneschi,* que le acompañaba, bajó á tierra y solicitó permiso del jefe militar del distrito, para desembarcar con otro compañero y presentar al Gobierno un plan de colonización.

Iturbide disfrazado bajó á tierra al siguiente día. Fué reconocido en seguida por varias personas, apresado y enviado al pueblo de Padilla, donde la Legislatura Provincial del estado de Tamaulipas, allí reunida, le condenó á muerte. El ex-Emperador escribió una desgarradora carta de despedida á su esposa y á dos de sus hijos, que habían permanecido á bordo, y se preparó á morir como cristiano y como soldado.

El día 19 de Julio de 1824 fué pasado por las armas (1).

Así terminó su azarosa vida, el audaz y simpático caudillo de Iguala. Sobre las ruinas de su efímero imperio, se estableció en Méjico la *República Federal,* promulgándose la *Constitución* el 4 de Octubre de 1824, y siendo nombrado primer Presidente el General *Guadalupe Victoria.* Las vicisitudes posteriores del Méjico Independiente y Republicano exceden de los límites de este libro.

(1) Vse. *Bustamante:* Cuadro Histórico. Vol. VI, pág. 40 y sig. *Alamán:* Hist. Méj. Vol. V, pág. 575 y sig. *Zavala:* Rev. Mex. Vol. I, pág. 127 y sig. *Liceaga:* op. cit., pág. 581 y sig. *Méjico á través de los Siglos:* Vol. III. Lib. III. Cap. XVI y sig., pág. 667, etc. Vol. IV. Cap. I á IX, pág. 9 y sig., etc., con sus notas y referencias. *Torrente:* op. cit. Vol. II., pág. 365 y sig. *Bancroft:* op. cit. Vol. IV. Cap. XXIX y sig., pág. 663, etc , con sus notas y referencias, en especial nota bibliográfica, pág. 821 y sig. Sobre el carácter, actuación, gobierno y desgraciado fin de *Iturbide,* véanse en especial, *Bustamante:* Historia del Emperador D. Agustín de Iturbide (Méjico, 1846), pág. 23 y sig. *Iturbide:* Memoires Autographes (Trad. Francesa. París, 1824), pág. 17 y sig. *Villavicencio:* Carrera Militar y Política de D. Agustín de Iturbide (Méjico, 1827), pág. 54 y sig. *Breve diseño crítico* de la Emancipación y Libertad de la Nación Méjicana (Méjico, 1827), pág. 21 y sig. *José R. Malo:* Apuntes históricos sobre D. Agustín de Iturbide (Méjico, 1869), pág. 11 y sig. *Francisco Bulnes:* La guerra de la Indepcia. (Méjico, 1910). Parte II, pág. 311 y sig., etc., etc. (Vse. Bibliografía).

CAPÍTULO II

REVOLUCIÓN É INDEPENDENCIA DE LA AMÉRICA CENTRAL
(1811-1852)

1. Primeras tentativas revolucionarias.—2. La revolución de Guatemala.—3. Su incorporación á Méjico.—4. La República Federal de Centro América.—5. Su disolución y fraccionamiento.

Primeras tentativas revolucionarias.

1.—El grito de emancipación dado por *Hidalgo* en Dolores, tuvo su resonancia en Centro América. En San Salvador estalló (Noviembre, 1811) una conspiración, dirigida por el cura *D. José Matías Delgado*, que sofocó prontamente el General Español *D. José Bustamante*. A esta tentativa siguió otra más importante (Diciembre 22-1811) acaudillada en Granada por su Alcalde *D. Juan Arguello* y otros patriotas entusiastas. Aunque los revolucionarios llegaron á reunir un ejército de cerca de 1.000 hombres, tuvieron también que capitular ante las fuerzas realistas.

En Tegucigalpa y Nicaragua aparecieron partidas más ó menos numerosas, que faltas de apoyo y dirección, hubieron de disolverse, y, finalmente, en el Convento de Belén de Guatemala urdióse (1813) una conspiración que no llegó á estallar por haber apresado á sus directores, y otro tanto sucedió con otra intentona republicana fraguada en San Salvador el año siguiente (1814). Desde entonces quedó el país completamente

Fig. 623.—El Patriota Centro-Americano, J. Matías Delgado.

sosegado y pudo *Bustamante* regirlo hasta el año 1818, en que fué relevado del mando por el anciano Mariscal de Campo *don Carlos de Urrutia* (1).

La revolución de Guatemala.

2.—La avanzada edad y los achaques del nuevo mandatario, le hacían poco á propósito para gobernar un pais en el que de un momento á otro podrían surgir peligrosas contingencias. Bajo su administración, se estableció el imperio de la *Constitución Liberal Española* (1820), que produjo en Guatemala gran agitación política. Según lo dispuesto en la referida *Constitución*, debían elegirse Diputaciones Provinciales. En la de Guatemala, el partido Español obtuvo el triunfo.

Fig. 624. – Ingenio Guatemalteco.

Este incidente ahondó las divisiones existentes entre los patriotas de Guatemala y los Peninsulares, y persuadida la *Diputación Provincial* que *Urrutia* era incapaz de gobernar en aquellos difíciles momentos, le obligó á renunciar el mando (Marzo de 1821) y llamó para ejercerlo al Brigadier *D. Gabino Gainza*, Sub-inspector de los ejércitos reales en Centro América.

Gainza no logró calmar la efervescencia de los ánimos. Las

(1) Vse. *Alamán:* op. cit. Vol. III, pág. 325 y sig. *Marure:* Bosquejo Hist. de Centro América (Guatemala, 1837). Vol. I, pág. 6 y sig. *Juarros:* A statistical and Commercial History of the Kingdom of Guatemala (London, 1823). Vol. II, pág. 45 y sig. *Zamacois:* Hist. Méjico. Vol. VI, pág. 134 y sig. *Bancroft:* Hist. of Central América. Vol. III (San Francisco, 1887). Cap. I, pág. 2 y sig., y sus notas y referencias, etc.

noticias que se iban recibiendo de los triunfos de los revolucionarios Mejicanos, de la proclamación del *Plan de Iguala* y del ajuste del *Tratado de Córdoba*, excitaron á los patriotas Centro-Americanos á proclamar la independencia. *Gainza* no quiso ó no pudo oponerse á estas corrientes de opinión, y aunque por fórmula instruyó un proceso contra algunos patriotas que le dirigieron una instancia separatista, accedió á la convocatoria de una *Asamblea Popular* (14 de Septiembre de 1821),

Fig. 625. – Universidad de Guatemala.

que proclamó la independencia. El mismo *Gainza* aprobó en un *Manifiesto* la actitud de la *Asamblea* y anunció la reunión de un próximo *Congreso*.

Todos aceptaron con entusiasmo la proclamación de la Independencia, pero las opiniones en cuanto al futuro gobierno se dividieron; algunas provincias reconocieron la supremacía de *G*uatemala, otras, como Nicaragua y Costa Rica, exigian su autonomía, algunos pueblos pedían su anexión al Imperio Mejicano, otros la rechazaban.

Fig 626.—La Catedral de Guatemala.

3. – *Iturbide*, en tanto, ambicionaba desde Méjico anexionar la *América Central* á su Imperio. Los aristócratas Guatemaltecos favorecían por propia conveniencia tales ambiciones. La

Incorporación á Méjico.

— 833 —

Junta Consultiva, establecida por *Gainza* después de la proclamación de la Independencia, vacilaba ante las arrogancias del partido Imperialista. En estas críticas circunstancias recibió

Fig. 627.—Escudo antiguo de Costa Rica (1848).

Gainza una comunicación de *Iturbide* (Octubre, 19), manifestando que Guatemala "no podía quedar independiente de Méjico." La *Junta* decidió enviar esta misiva á todos los Ayuntamientos y los pueblos para que manifestaran su voluntad en el término de treinta días. La mayoría de los referidos Ayuntamientos (104) se pronunciaron en favor de la adhesión inmediata é incondicional al Imperio Mejicano. La *Junta Consultiva,* sin esperar la contestación de varios Ayuntamientos (67), y despreciando la oposición republicana, decretó (Enero 5-1822) que las provincias de la América Central quedaban anexionadas al Imperio Mejicano sin más condiciones que las estipuladas en el *Plan de Iguala* y en el *Tratado de Córdoba.*

Fig. 628.--Medalla de Guatemala (1830).

Los pueblos de la provincia de San Salvador y su prestigioso caudillo el cura *Delgado,* no sólo rechazaron el decreto de la *Junta,* sino que amenazaron en armas á los que habían aceptado la incorporación á Méjico. El bravo caudillo republicano *D. Manuel José de Arce* atacó la ciudad de Santa Ana y logró derrotar las tropas imperialistas enviadas por *Gainza*. El cura *Delgado* obtuvo en la ciudad de San Salvador otro señalado triunfo (Junio, 3).

Pocos días después (Junio, 22) y cuando temían los imperialistas de Guatemala ser atacados por los vencedores de San Salvador, llegó con cerca de 600 soldados el general *D. Vicente Filisola*, nombrado por *Iturbide* Jefe militar y político de Centro América. Marchó contra San Salvador con todas las fuerzas que pudo reunir, y redujo á la obediencia á los caudillos republicanos, no sin que se resistieran enérgica y valerosamente (Febrero, 1823).

Fig. 629.—Guatemala en 1760. *(Estampa de la época,.*

4. — *Filisola* gobernó con prudencia y honradez las provincias **La República Federal de Centro América.** de la antigua Capitanía General de Guatemala, pero los decretos de *Iturbide*, y en especial los económicos, enagenaron al sistema imperialista y de rechazo á *Filisola* todas las simpatías de los pueblos. Era ya alarmante el descontento de las provincias cuando se recibió la noticia de la sublevación de *Santa Ana* en Veracruz y de la caída del desgraciado Emperador *Agustín I*.

Ante tan desesperada situación, el General *Filisola* convocó, previo acuerdo de sus oficiales, un *Congreso* de todas las provincias Centro Americanas que debía reunirse en Guatemala y proceder en la misma forma que el *Congreso* convocado por *Gainza* en 1821. Hizo *Filisola* la convocatoria (Marzo 23-1823) y casi en todo el país resultaron elegidos representantes opuestos á la unión con Méjico.

Junta Consultiva, establecida por *Gainza* después de la proclamación de la Independencia, vacilaba ante las arrogancias del partido Imperialista. En estas críticas circunstancias recibió *Gainza* una comunicación de *Iturbide* (Octubre, 19), manifestando que Guatemala "no podía quedar independiente de Méjico." La *Junta* decidió enviar esta misiva á todos los Ayuntamientos y los pueblos para que manifestaran su voluntad en el término de treinta días. La mayoria de los referidos Ayuntamientos (104) se pronunciaron en favor de la adhesión inmediata é

Fig. 627.—Escudo antiguo de Costa Rica (1848).

incondicional al Imperio Mejicano. La *Junta Consultiva,* sin esperar la contestación de varios Ayuntamientos (67), y despreciando la oposición republicana, decretó (Enero 5-1822) que las provincias de la América Central quedaban anexionadas al Imperio Mejicano sin más condiciones que las estipuladas en el *Plan de Iguala* y en el *Tratado de Córdoba.*

Los pueblos de la provincia de San Salvador

Fig. 628.—Medalla de Guatemala (1830).

y su prestigioso caudillo el cura *Delgado,* no sólo rechazaron el decreto de la *Junta,* sino que amenazaron en armas á los que habían aceptado la incorporación á Méjico. El bravo caudillo republicano *D. Manuel José de Arce* atacó la ciudad de Santa Ana y logró derrotar las tropas imperialistas enviadas por *Gainza*. El cura *Delgado* obtuvo en la ciudad de San Salvador otro señalado triunfo (Junio, 3).

Pocos días después (Junio, 22) y cuando temían los imperialistas de Guatemala ser atacados por los vencedores de San Salvador, llegó con cerca de 600 soldados el general *D. Vicente Filisola,* nombrado por *Iturbide* Jefe militar y político de Centro Améri-

ca. Marchó contra San Salvador con todas las fuerzas que pudo reunir, y redujo á la obediencia á los caudillos republicanos, no sin que se resistieran enérgica y valerosamente (Febrero, 1823).

Fig. 629.—Guatemala en 1760. *(Estampa de la época).*

4. – *Filisola* gobernó con prudencia y honradez las provincias de la antigua Capitanía General de Guatemala, pero los decretos de *Iturbide,* y en especial los económicos, enagenaron al sistema imperialista y de rechazo á *Filisola* todas las simpatías de los pueblos. Era ya alarmante el descontento de las provincias cuando se recibió la noticia de la sublevación de *Santa Ana* en Veracruz y de la caída del desgraciado Emperador *Agustín I.*

La República Federal de Centro América.

Ante tan desesperada situación, el General *Filisola* convocó, previo acuerdo de sus oficiales, un *Congreso* de todas las provincias Centro Americanas que debía reunirse en Guatemala y proceder en la misma forma que el *Congreso* convocado por *Gainza* en 1821. Hizo *Filisola* la convocatoria (Marzo 23-1823) y casi en todo el país resultaron elegidos representantes opuestos á la unión con Méjico.

El día 29 de Junio empezó sus sesiones aquella Cámara, que tomó el nombre de *Asamblea Nacional Constituyente*, y su primer acto fué decretar (Julio, 1.º) "que las provincias de que se componía el Reino de Guatemala eran libres é independientes de España, de Méjico y de cualquiera otra potencia, así del Antiguo como del Nuevo Mundo..." Por el mismo decreto se dispuso que en lo sucesivo Guatemala, Salvador, Honduras, Nicaragua y Costa Rica se llamarían "*Provincias Unidas de Centro América*," y consti-

Fig. 630.—Antiguas armas de Guatemala.

tuirían *Estados Federales* autonómicos. Al día siguiente la *Asamblea* dispuso la división del Gobierno en tres poderes armónicos, debiendo desempeñar el Ejecutivo un triunvirato nombrado por el Congreso. Fueron designados para componerlo los patriotas *D. Pedro Molina, don Felipe Villacorta* y *D. Manuel José de Arce*. El general *Filisola* fué nombrado jefe político de Guatemala, pero como todos los Estados le hacían fuerte oposición, vióse obligado á regresar con sus tropas á Méjico (Agosto 3-1823).

Su disolución. 5.—La *Asamblea Constituyente* siguió gobernando el país en medio de motines y turbulencias, ocasionados por las ambiciones y rivalidades de los diversos caudillos de los Estados. Para conjurar estos males y consolidar la unión del territorio publicó (Diciembre 27-1823) un proyecto constitucional calcado en la Constitución de los Estados Unidos, según el cual se adoptaba en la *República de Centro América* el sistema de gobierno popular representativo federal, y se fijaban, además, ciertas reglas para que cada provincia se organizase como *Estado* de la Unión. La *Asamblea Constituyente* dictó, además, otras leyes bien inspiradas y patrióticas. El 17 de Abril de 1824 se decretó la libertad de los esclavos; en 5 de Mayo se dispu·o que cada uno de los Estados tuviera su propio Congreso, y, por último, el 22 de Noviembre de 1824 se decretó la observancia de la *Constitución Federal*, que fué jurada por todas las corporaciones y puesta inmediamente en práctica. La *Asamblea Constituyente* clausuró sus sesiones el 23 de Enero de 1825.

Aunque su obra fué pronto destruída por las facciones políticas, no puede dudarse del patriotismo y altura de miras de sus miembros.

El 6 de Febrero de 1825 quedó instalado el primer *Congreso* de los Estados Unidos de Centro América, que presidió *D. Mariano Gálvez*. La República fué reconocida por Colombia (Marzo 15-1825) y por los Estados Unidos de Norte

Fig. 631. – Sello de la Confederación de Centro América.

América (5 de Diciembre), que enviaron sus Agentes Diplomáticos. El primer presidente fué *D. Manuel José de Arce*.

La *Confederación Centro Americana* no tardó en disgregarse. Las banderías políticas, las ambiciones de los caudillos y la ignorancia de las masas, explotada por los que no tenían otra mira que su interés personal contra el de un gran pueblo, produjeron divisiones y luchas intestinas, que ensangrentaron durante años el territorio de Centro América. Por fin, los Estados de la *Confederación*, cansados y exhaustos por tan larga lucha, fueron separándose (1829-1852) y formaron las cinco repúblicas independientes de *Guatemala, Honduras, San Salvador, Costa Rica* y *Nicaragua* (1).

(1) *Juarros:* op. cit. Vol. I, pág. 297 y sig. *Marure:* op. cit. Vol. I, pág. 23 y sig., etc. *Alamán:* op. cit. Vol V, pág. 356 y sig. *Tomás Ayon:* Apuntes sobre algunos de los acontecimientos políticos de Nicaragua (León, 1875), pág. 22 y sig. *Montufar:* Reseña Histórica, etc. (Jalapa, 1834). Vol. IV, pág. 22 y sig., etc. *Suárez y Navarro:* Hist. Méjico (Méjico, 1850), pág. 327 y sig. *Squier:* State of Central America (New York, 1858), pág. 50 y sig., y en especial *Bancroft:* Central America. Vol. III (1801-1887). Cap. II á XI, pág. 23 y siguientes, con sus notas y referencias, y *Squier:* Compendio de la Historia Política de Centro América (París, 1856), pág. 48 y sig., etc.

La decadencia   1. — La *Pragmática del Comercio Libre* (1778) que inició el
del Itsmo.   apogeo comercial del Río de la Plata, marcó la decadencia de
los antiguos emporios mercantiles de Panamá y Portobello.
(Vse. Época III, Tít. I, Cap. VI.)

No le fué difícil, por tanto, á los Virreyes de Nueva Granada mantener sumisas las provincias del Itsmo, que sólo empezaron á agitarse después de recibir la proclama de la Regencia
de Cádiz, que igualaba en derechos á los Americanos con los
súbditos Españoles. Empezaron entonces á surgir, entre los
patriotas Panameños, ideas de libertad y autonomía, que el
contacto con los barcos Ingleses en Chagres y la libertad de
comerciar con Jamaica, concedida (1809) por el Virrey *Amar* y
Borbón, de Nueva Granada, hizo más concretas y vigorosas.

Los movimientos revolucionarios Colombianos (1810-11)
repercutieron también en el Itsmo. Los patriotas acogieron
con entusiasmo la idea de confederarse con Colombia y se
acentuó la hostilidad entre los criollos y los Peninsulares. La
llegada del Virrey *D. Benito Pérez* (1812), que estableció su
residencia oficial en Panamá, alejó toda posibilidad de levantamiento en el Itsmo. Panamá se convirtió temporalmente en
capital del Virreinato de Nueva Granada, y desde allí dirigió
el mandatario Español sus ataques contra Cartagena de Indias.

La fortuna volvió pronto á favorecer á los Panameños. Las
fuerzas realistas fueron derrotadas en las cercanías de Santa

Marta y el Virrey *Pérez* depuesto por la *Regencia de Cádiz,* siendo nombrado en su lugar *D. Francisco Montalvo,* que de la Habana pasó directamente á Santa Marta, dejando á Panamá entregada á sus propias fuerzas.

La ausencia de la autoridad militar favoreció la causa independiente en el Itsmo. Los patriotas siguieron con entusiasmo los progresos de los revolucionarios Neo-Granadinos, y para desalojar obstáculos obtuvieron del gobierno Español la traslación del Obis-po *D. Joaquín González,* ardiente mantenedor de la causa realista en Panamá, y la de sus aliados los Oidores de la Audiencia. Fueron tan hábiles los patriotas en esta emergencia, que las *Cortes de Cádiz,* equivocadas, como de costumbre, en los asuntos Sud-Americanos, premiaron, *por su lealtad á la causa Española,* á los criollos Panameños (1).

Fig. 632.—Panamá á mediados del siglo XIX.

2. — La restauración de *Fernando VII* detuvo otra vez los trabajos por la independencia. Como auxiliares de la expedición del General *Morillo* (Epoca IV, Cap. III), se enviaron desde España, al mando del General *Alejandro Hore,* nombrado Gobernador de Panamá, importantes refuerzos, para "asegurar la sujeción perpetua del Itsmo á la España, fuera „cual fuese el éxito de la guerra de la Independencia, de las

La expedición de Mac Gregor.

(1) *Actas Cortes Ordinarias* (Cádiz, 1813). Vol. II, pág. 206 y sig. *Arosemena:* Ayuntamientos Históricos con relación al Itsmo de Panamá (Pau, 1868), pág. 5 y sig. *Restreppo:* op. cit. Vol. II, pág. 168 y sig. *Torrente:* op. cit. Vol. II, pág. 69 y sig. *Bancroft:* Cent. América. Vol. III. Cap. XXIV. pág. 488 y sig. y sus notas, etc.

„colonias de S. M. C. en el Nuevo Mundo„ (1). *Hore* gobernó á Panamá con férreo absolutismo. Transigió, por venalidad, con el contrabando extranjero, pero persiguió á los patriotas tenazmente (1815-18).

En 1819, el oficial Escocés *Mac Gregor,* y *D. José María del Real,* Agente en Londres de Nueva Granada, organizaron una expedición para libertar el Itsmo. Salieron de Gravesend con tres buques y 400 hombres (Dic. 18-1818); arribaron á San Andrés (Abril 4-1819), después de hacer escala en Haití, ocuparon sin resistencia á Portobelo, y se unieron allí con los patriotas para apoderarse de Panamá y de Chagres.

Fig 633.—Cruzando el Itsmo (1852).

No lograron su objeto. El día 30 de Abril fueron atacados por las fuerzas realistas de *Hore,* que mandaba el Coronel *D. José de Santa Cruz,* y derrotados por completo. *Mac Gregor* logró huir á los buques y abandonó á sus compañeros, que en número de 350 fueron conducidos á Panamá y sepultados en sus cárceles. Cuando meses después (Septiembre 20-1820) se les permitió emigrar á Jamáica, fuese por la insalubridad de los calabozos, ó por otras causas, sólo quedaban con vida 120 de aquellos infelices prisioneros (2).

La Independen- 3. — Estalló, en tanto, en España la revolución de 1820. Res-
cia del Itsmo. taurado el régimen Constitucional, los pueblos del Itsmo ejer-

---

(1) *Arosemena:* op. cit., pág. 29 y sig., y *R. Orden.* Mayo 9, 1815, Madrid. Comp. *Restreppo:* op. cit. Vol. VI, pág. 95 y sig. *Torrente:* op. cit. Vol. II, pág. 178 y sig. *Bancroft:* op. cit. Vol. III, pág. 496 y sig., etc.

(2) Vse. *Restreppo:* op. cit. Vol. VII, pág. 168 y sig. Vol. X, pág. 190 (Docs.), etc. *Weatherhead* (Cirujano de la Expción. *Mac Gregor*): Expedition to the Itsmus of Darien, etc. (London. 1821), pág. 10 á 134 (Vse. Mapa). *Arosemena:* op. cit., pág. 47 y sig. *Bancroft:* op. cit. Vol. III, pág. 498 y sig., con sus notas y referencias, etc.

cieron por primera vez el derecho de sufragio. El *Ayuntamiento* elegido en Panamá se formó, en su mayor parte, de partidarios de la causa independiente. *Hore* había muerto (Julio 8-1820), y el Brigadier *Porrás*, que le sucedió, apenas pudo contener la agitación de los ánimos en la colonia. Murió también al poco tiempo (Agosto 3-1821) y fué sustituido por el Mariscal de Campo D. *Juan de la Cruz Murgeon,* que venía á sustituir al Virrey *Samano,* si lograba reconquistar la Nueva Granada. (Vse. Cap. IV, Epoca IV.)

Murgeon, francamente constitucionalista, concedió amplias libertades á los Panameños. Los patriotas fueron ganando terreno de día en día. Se declaró la libertad de la prensa. Se organizó la *Diputación Provincial* y se eligió un diputado para representar el territorio en las Cortes Españolas. Para amortiguar las antipatías entre los criollos y los Peninsulares, se concedieron á unos y otros cargos y distinciones, y se fundó una Logia Masónica.

Fig. 634.—La bahía de Panamá.

La política de *Murgeon* contribuyó al progreso de la causa patriótica. Apenas se ausentó el Virrey para emprender su admirable y desgraciada expedición á Quito (véase pág. 759), dejando al distinguido criollo D. *José de Fábrega* como Gobernador interino, los patriotas se organizaron sólidamente, activaron su propaganda, é imitando los procedimientos del *Coronel Riego* y sus compañeros en Cádiz, favorecieron en toda forma las deserciones de la guarnición militar Española.

El día 28 de Noviembre de 1821, convocaron por fin un *Cabildo Abierto,* al que asistieron todas las autoridades militares, civiles y eclesiásticas. En él se declaró la *Independencia* del Itsmo y su anexión á la República de Colombia. El *Acta de la Independencia* fué firmada, jurada y proclamada pocos días después (Diciembre 1.º) en Santiago de Veragua. Se adoptó la *Constitución Colombiana* de 1821. *D. José M.ª Carreño* fué nombrado Intendente del Itsmo y *Fábrega* gobernador y comandante general de Veragua y Alanje. Las fragatas Españolas *"Prueba"* y *"Venganza"*, que se creyeron enviadas por

El Estado de Panamá.

Fig 635.—D. Rafael Núñez.

Murgeon (véase pág. 759, nota 2), traicionaron la causa realista, entregándose al Perú. La Independencia quedó consolidada sin derramar ni una gota de sangre (1).

4. — En el año 1826 se reunió en Panamá el *Congreso Internacional Sud-Americano*, soñado por *Bolívar*, en el que desgraciadamente sólo estuvieron representadas las Repúblicas de Centro-América, Méjico, Perú y Colombia. A nada práctico se llegó en el referido *Congreso*, y el mismo *Bolívar*, disgustado con sus procedimientos, nada hizo para impedir la disolución de aquella *Asamblea*, en la que el mundo había fijado su atención, y sus esperanzas Sud-América (2).

(1) La copia de la declaración de la Indepcia. puede leerse en el *Boletín Oficial* (Panamá, 1862 y sig.). Año 1869, pág. 32, en la *Gaceta Imp. Mexicana* (1821). Vol. II, pág. 110, etc. Vse. *Restreppo:* op. cit. Vol. VII, pág. 175. IX, pág. 5 á 31. X, pág. 37 á 54, etc. *Mollien:* Voyage Colombia (París, 1825). Vol. II, pág. 140 y sig. *Arosemena:* op. cit., pág. 42 y sig. *Chas. Thos. Bidwell:* The Itsmus of Panamá (London, 1865), pág. 92 y sig. *Berthold Seamann:* Hist. of the Itsmus of Panamá (Pau, 1867). Vol. I, pág. 301 y sig. *Bancroft:* op. cit. Vol. III, pág. 502 y sig., con sus notas y referencias, etc.

(2) «El Congreso de Panamá, escribía *Bolívar* á *Páez* (Lima, Agosto 8, 1826), sería una admirable institución si fuese más eficaz... Sus decretos son ilusorios, su poder una sombra»... Vse. *J. M. Torres Caicedo:* Unión Latino-Americana (París, 1865), pág. 33-40 y 97-110, etc. *Mora:* Rev. Mex. Vol. I, pág. 354 y sig. *Zavala:* op. cit., pág. 389 y sig. *Larrazabal:* op. cit. Vol. II, pág. 375 y sig. *Mitre:* Hist. San Martín. Vol. IV, pág. 55 y sig. *Marure:* Cent. América. Vol. I, pág. 138 y sig. *Bancroft:* Cent. América. Vol. III, pág. 512 y sig., con sus notas y referencias.

En 1832, y al desgregarse la *Gran Colombia* (véase Capítulo V, Época IV), el Itsmo quedó constituído como provincia de *Nueva Granada*. En 1840, y después de sangrienta guerra civil, una *Convención* reunida en Panamá, decidió segregar las provincias del Itsmo de *Nueva Granada* y formar una república independiente. Tal república tuvo una vida efímera (1840-41). Entregado á sus propias fuerzas el Presidente elegido *D. Tomás Herrera*, hubo de someterse á los comisionados del gobierno central, y el país volvió á quedar incorporado á Colombia gozando de relativa tranquilidad durante algunos años.

La guerra de los Estados Unidos con la República Mejicana (1846-1848), el descubrimiento de los placeres de oro en California (Los Angeles), y la

Fig. 636.—Mapa en relieve del Canal de Panamá.

anexión de este Estado, y los de Tejas, Oregón, etc., á la Unión Norte-Americana (Tratado de Paz, Febrero 2-1848), dió á Panamá excepcional importancia comercial y estratégica, y avivó, naturalmente, las ambiciones Norte-Americanas de preponderar políticamente en el Itsmo y dominar en forma exclusiva las posibles comunicaciones interoceánicas. Un *Tratado* con Nueva Granada (12 Diciembre 1846), garantizó al gobierno de los Estados Unidos el derecho de tránsito por el Itsmo de Panamá, por cualquier medio de comunicación presente ó futuro. Cuatro años después (Abril 5-1850), contrató Nueva Granada con varios capitalistas Norte Americanos (*Aspinwall, etc.*), la construcción de un ferrocarril de Panamá á Colón, cuyas obras se terminaron en 1855, inaugurándose el mismo año (1).

El desarrollo minero de California, el rápido crecimiento de

(1) Vse. *Bancroft:* Cent. América. Vol. III, pág. 701-702, notas 24, 25, 26 y sus referencias; el *Boletín Oficial* de Panamá (Nov. 15-1867), etc., etc.

su población y el trasiego de valiosas mercancías por el Ferrocarril Interoceánico, atrajeron á Panamá gran número de
aventureros de la peor especie, cuyos criminosos desmanes
ocasionaron sangrientas represalias de parte del bajo pueblo
Panameño (1856-60), pusieron en graves aprietos al gobierno
Colombiano, y dieron al de los Estados Unidos pretexto más
ó menos plausible para seguir consolidando su predominio.

Por otra parte, las terribles luchas intestinas de Nueva Granada que determinaron el triunfo del federalismo acaudillado
por *Mosquera* (1861), repercutieron también en Panamá, manteniendo en perpetua agitación á sus habitantes. Al constituirse por fin los *«Estados Unidos de Colombia»*, las provincias
del Itsmo pasaron á formar parte de la confederación con el
nombre de *«Estado Soberano de Panamá»*, y decretaron (Julio
4-1863) una *"Constitución Provincial"*, inspirada en los mismos principios de acentuado liberalismo que caracterizaron la
Constitución Federal (1863) de *Mosquera* y sus partidarios.

Su separación   5.—Los artículos de las referidas Constituciones fueron le-
de Colombia. tra muerta para los demagogos Colombianos. Violaron éstos,
sin reparo alguno, los derechos autonómicos del flamante
«Estado de Panamá», y trataron como á país conquistado
sus provincias. Otro tanto sucedió en los demás estados confederados.

La reacción no se hizo esperar. El partido liberal federalista cayó vencido por los conservadores. Fué abolida la *Constitución* del 1863, la *Convención* reunida en Bogotá proclamó
otra de tendencias claramente centralistas, y los Estados federales de *Mosquera* volvieron á ser simples provincias de la República unitaria (1880), que el recto, patriótico y enérgico estadista conservador *D. Rafael Núñez* supo conservar hasta su
muerte (1896), prósperas, respetadas, tranquilas y obedientes á
sus mandatos.

Desgraciadamente para Colombia, *San Clemente,* que sucedió á *Núñez* en el Gobierno, no supo tener á raya la oposición
liberal, ni aun mantener unidos á sus propios partidarios. En
1899 estalló la más encarnizada y sangrienta guerra civil que

recuerda la historia contemporánea de Sud-América. En menos de tres años (1899-1902) perecieron más de 30.000 ciudadanos y se pelearon cerca de 200 batallas. El país quedó agotado y en ruinas, sus provincias exhaustas y anarquizadas.

La situación de las del Itsmo era verdaderamente crítica. La poderosa Compañía Francesa formada por el célebre *Ferdinand de Lesseps*, para explotar la concesión del Canal de Panamá, hecha por el gobierno de Nueva Granada (Mayo 1878) á la *"Asociación Civil é Internacional Interoceánica"* había suspendido las excavaciones comenzadas en 1881, después de agotar un capital de más de *mil millones* de francos. Deseo-

Fig. 637.—Aldea indígena (F. C. Interoceánico).

sa de recuperarlos en parte, é impotente para obtener nuevos recursos en los mercados financieros de Europa, decidió vender en Norte-América su concesión y sus obras.

Los Estados Unidos, que por evidentes razones políticas, estratégicas y comerciales ambicionaban desde los tiempos del *Presidente Grant*, abrir y dominar el canal interoceánico (*"An American Canal American-controlled"*), ofrecieron gustosos á la *Compañía Francesa* por sus obras y derechos 40.000.000 de francos, y solicitaron de Colombia el consentimiento para el traspaso mediante una indemnización adicional de 10.000.000 de francos.

Fuese por insuficiencia de la indemnización propuesta por el gobierno de Washington ó por considerar las cláusulas del proyectado contrato atentatorias á la integridad de la patria, y á los tradicionales y soberanos derechos de Colombia sobre sus provincias del Itsmo, ó por ambas causas, el *Senado de*

Bogotá mantuvo la caducidad de la concesión de *Lesseps* y se negó á autorizar su transferencia, si las condiciones ofrecidas no se mejoraban.

Lejos de hacerlo, decidieron los Estados Unidos promover en Panamá un movimiento separatista que, independizando las provincias del Itsmo, habilitara á su gobierno para contratar directamente el canal interoceánico. La revolución fué ejecutada con toda facilidad y rapidez por los liberales Panameños. El día *3 de Noviembre de 1903*, proclamaron su independencia anunciando al mundo en un curioso *Manifiesto*, que «sin odios ni alegrías», se separaban del "techo paternal" de Colombia. Claro es que los Estados Unidos interpretando á su gusto el Tratado de 1846 con Nueva Granada, y "para evitar el derramamiento de sangre" (?) enviaron sus acorazados al Itsmo, impidiendo que la guarnición Nacional de Panamá atacara á los separatistas y que transitara la de Colón por el Ferrocarril Interoceánico.

Fig. 638.— Esclusa de Pedro Miguel.

Una vez declarada la independencia en Panamá, se apresuraron los Estados Unidos á formalizar el *Tratado del Canal* con la flamante República. El día *6 de Noviembre* reconocieron su independencia, *el día 18* firmaron en Washington el *Tratado*, de acuerdo con los representantes de la fracasada Compañía Francesa, el día *2 de Diciembre* se ratificó en Panamá y el día *26 de Febrero de 1904* fué proclamado oficialmente.

El referido *Tratado* habilitaba al gobierno de Washington á construir el ansiado Canal de Panamá, á fortificar y defender militarmente sus márgenes, y á ejercer en él y en una faja de tierra de cerca de 1.500 kilómetros cuadrados (*Zona del Canal*) un dominio incondicional, exclusivo y sin limitación de tiempo. Los Estados Unidos garantizaban incidentalmente la autonomía del Itsmo y abonaban á la Compañía Francesa y á la República de Panamá las mismas indemnizaciones rechazadas por Colombia.

Así surgió definitivamente á la vida autonómica la República de Panamá, y así se apoderaron los Estados Unidos del *Canal Interoceánico*, cuya estupenda construcción inauguraron en el año 1906 (Junio, 29) y terminarán en breve (1913) para abrirlo con las restricciones que su soberanía juzgue convenientes al comercio de todo el mundo (1).

(1) Vse. *Bancroft*: Cent. Am. Vol. III. Cap. XXV-XXVI, pág. 511 y sig. Cap. XXXIV (Comunicación Interoceánica, 1801-1887), pág. 688 y sig. con sus notas y referencias. *Id.*: Hist. California. Vol. I, pág. 27-109. *Id.*: Hist. North West Coast. Vol. I, pág. 27-342. *Id.*: Hist. North Mexican States and Texas. Vol. I, pág. 18-201, etc. *Ed. Cullen:* The Darien Canal (London, 1868), pág. 182 y sig. *Arosemena:* op. cit., pág. 29 y sig. *Bidwell:* The Itsmus of Panama (London, 1865), pág. 298 y sig., 394 y sig., etc. *Boletín Oficial de Panamá* (1862 y sig.). *Ministerio Rel. Ext. Colombia.* Notas Diplomáticas sobre la rebelión del Itsmo de Panamá (Bogotá, 1903). I, II y III. *Willis Fletcker Johnson:* Four centuries of Panama Canal (N. York, 1906), pág. 38-459, etc. *Henry Pensa:* La République et le Canal de Panamá (París, 1906), pág. 114 y sig. (Bibliografía, pág. 337). *R. P. Porter:* The ten Republics (Londres, 1911), pág. 91 y sig. *R. Valdés*: Geografía del Itsmo de Panamá (2.ᵃ Edición. New York, 1905), pág. 27 y sig. *Bosquejo Histórico* del Itsmo de Panamá en el Monthly Bull. of the Int. Bureau of the American Republics (Washington, 1904, pág. 2 y sig.). *Winsor*: Narrative & Critic Hist. of America. Vol. VII, pág. 409 y sig. Vol. VIII, pág. 231 y sig., y sus referencias. etc.

CUESTIONARIO

Capítulos I, II y III.

1. – ¿Quién era D. Francisco Javier de Mina?

2. – ¿Qué resultados tuvo su campaña en Méjico?

3. – ¿Quién proclamó el Plan de Iguaia?

4. – ¿Cuáles eran las ideas esenciales de este Plan Político?

5. – ¿Qué resultados produjo la deposición del Virrey Apodaca?

6. – ¿Qué se estipuló en el Tratado de Córdoba?

7. – ¿Cómo fué aclamado Emperador *el caudillo* Iturbide?

8. – ¿Duró mucho su reinado en Méjico?

9. – ¿Cómo se proclamó el llamado plan de Casa Mata?

10. – ¿Cómo murió D. Agustín de Iturbide?

11. – ¿Cuándo se estableció en Méjico la República Federal?

12. – ¿Cuál fué el resultado de las primeras tentativas revolu-cionarias en América Central?

13. – ¿Qué sucesos determinaron la revolución de Guatemala?

14. – ¿Cuándo se proclamó su Independencia?

15. – ¿Cómo fué incorporada al Imperio Mejicano?

16. – ¿Qué Estados federales *formaron las Provincias Unidas de* Centro América?

17. – ¿Qué sabias disposiciones dictó la Asamblea Constituyen-te *Centro Americana?*

18. – ¿Cómo se disolvió la República Federal de Centro América?
19. – ¿Cómo repercutieron en el Itsmo de Panamá los movimientos revolucionarios Colombianos?
20. – ¿Qué efectos produjo la restauración de Fernando VII?
21. – ¿Cómo fué aniquilada la expedición libertadora de Mac-Gregor?
22. – ¿Cómo conquistó el Itsmo su Independencia?
23. – ¿Cómo se desarrolló el Estado Colombiano de Panamá?
24. – ¿Qué ofertas hizo el gobierno Norte Americano al de Colombia respecto al Canal de Panamá?
25. – ¿Qué acontecimientos determinaron la formación de la República independiente de Panamá?

REFERENCIAS

TITULO VI

República de Méjico.— Méjico á Través de los Siglos (Ed. *Riva Palacio*). Vol. III. La Guerra de la Independencia *(J. Zárate)*. Vol. IV. México Independiente, 1821-55 *(Olavarria y Ferrari)*. *Genaro García* y *Carlos Pereira:* Docs. Inéditos, etc., para la Historia de México. 11 Vols. México, 1905-06 (en especial Vols. III, VI, IX y X). *Arthur H. Noll:* From Empire to Republic, etc. (Chicago, 1903). *Negrete:* México en el Siglo XIX (Méjico, 1875). *Alamán:* Disertaciones sobre la Historia de la República Mejicana, etc. (Méjico, 1844-49. 3 Vols.) *Id.:* Historia de Méjico desde los primeros movimientos que prepararon su Independencia en el año 1803 hasta el presente (5 Vols. Méjico, 1849-1852). *J. M.ª Luis Mora:* Méjico y sus revoluciones (3 Vols. París, 1836). *Carlos M.ª Bustamante:* Campañas del General D. Félix M.ª Calleja (Méjico, 1828). *Id.:* Cuadro Histórico de la Revolución Mejicana (Méjico, 1832-46. 6 Vols.). *Id.:* Elogio Histórico del General Morelos (Méjico, 1822). *Id.:* Historia del Emperador D. Agustín de Iturbide (Continuación del Cuadro Histórico). Méjico, 1846. *Id.:* Martirologio de algunos de los primeros insurgentes (Méjico, 1841), etc. *Servando Teresa Mier* (José Guerra): Hist. de las Revoluciones de la Nueva España (Londres, 1813). *Anastasio Zerecero:* Memorias para la Hist. de las Revoluciones en México (2 Vols. México, 1869). *W. Davis Robinson:* Memoirs of the Mexican Revolution (Londres, 1821. Trad. Española, 1824). *Ag. de Iturbide:* Memoires Autographes (París, 1824). *Carlos Navarro y Rodríguez:* Iturbide (Madrid, 1869). *J. Ramón Malo:* Ap. Históricos sobre D. Agustín de Iturbide (Méjico, 1869). *José J. Pesado:*

El Libertador de México (Méjico, 1872). *José Ramón Pacheco:* Descripción de la solemnidad fúnebre con que se honraron las cenizas del héroe de Iguala, etc., en 1828 (Méjico, 1849). *Iturbide:* Plan publicado en Iguala, etc. (Méjico, 1821). *José Suárez y Navarro:* Hist. de Méjico y del General Santa Ana (Méjico, 1850). *Niceto de Zamacois:* Historia de Méjico (11 Vols. Barcelona, 1873 80). *Hubert H. Bancroft:* Hist. of México (6 Vols. San Francisco, 1890), las obras citadas en las notas del Cap. I. Tít. III, y Cap. I de este título y las relacionadas en las referencias del Cap. VI, Tít. I, Epoca III, del Cap. II, Tít. II, Epoca IV, etc., etc.

Centro América en general. – *Bancroft:* Hist. of Central America (San Francisco, 3 Vols., 1886). *Dumartary et Rouhaud:* Coup d'œil sur la République de l'Amérique Centrale, etc. (París, 1832). *Agustín Gómez Carrillo:* Compendio de la Historia de la América Central (Madrid, 1892). *Alejandro Marure:* Bosquejo histórico de las revoluciones de Centro América desde 1811 á 1834 (Guatemala, 1877-78). *José Milla:* Historia de la América Central desde el descubrimiento (1502) hasta su independencia de España (1821), etc. (Vol. I, II, Guatemala, 1879-82). *Manuel Montufar:* Memorias para la historia de la revolución de Centro América (Vol. III, IV. San Salvador, 1906) *Orlando W. Roberts:* Narrative of voyages and excursions on the east coast and in the interior of Central América, etc. (Edimburgo, 1827). *E. G. Squier:* Notes on Central America, etc. (New York, 1855). *Pacto de la Confederación* Centro Americana (Comayagua, 1842). *Estatuto Provisorio* de la República de Centro América, Octubre 13-1852 (Tegucigalpa, 1852). *John Baily:* Central América (London, 1850). América Central. *Gaceta Oficial* (Managua, 1849 y sig.). *Astaburuaga. F. S.:* Repúblicas de Centro America (Santiago, 1857).

República de Costa Rica. – *Manuel Arguello Mora:* Páginas de Historia (Costa Rica, 1898). *Luis Batres:* La cuestión de Unión Centro Americana (San José de Costa Rica, 1881). *Joaquín B. Calvo:* Apuntamientos Históricos, etc. (San José, 1887). *Fernández León:* Col. Docs. para la Hist. de Costa Rica (Vol. I y II. San José, 1892-94). *Manuel M. de Peralta:* Costa Rica y Costa de Mosquitos, etc. (Paris, 1898). *Boletín Oficial* de Costa Rica (San José, 1853 y sig.). *Constitución Política* de Costa Rica (San José, 1848). *Crónica* de Costa Rica (San José, 1847 y sig.). *Squier:* Compendio de la Hist. Política de Centro América (Paris, 1856), etc., etc.

República de Guatemala. – *Domingo Juarros:* A statistical and commercial History of the Kingdom of Guatemala, etc.

(London, 1823). *Eduardo Poitier:* Actuación de la Rep. de Guatemala en la América Central, etc. (Valparaíso, 1905). *G. Alexander Thomsom:* Narrative of an official visit to Guatemala (London, 1829). *H. Dunn:* Guatemala... in 1827-28 (New York, 1828). *José V. Mejía:* El Potosí. Datos Geog. é Hist. (Guatemala, 1904). *Boletín de Noticias* de Guatemala (Guatemala, 1850 y sig.) *Gaceta de Guatemala* (Guatemala, 1849 y sig.) *John L. Stephens:* Incidents of travel in Central América (New York, 1841. 2 Vols.) *R. G. Dunlop:* Travels in Central América (Londres, 1847), etc., etc.

República de Honduras. — *Henry Jalhay:* La République de Honduras (Amberes, 1898). *E. G. Squier:* Honduras, descriptive historical and statistical (London, 1870), y la traducción Española corregida y anotada por *J. M. C.* (Tegucigalpa, 1908). *César Lagos:* Ensayo sobre la Hist. Contemporánea de Honduras (San Salvador, 1908). *Boletín Oficial* de Honduras (Comayagua, 1851 y sig.). *Constitución Política del Estado* de Honduras (Comayagua, 1848). *Gaceta* de Honduras (Comayagua, 1861 y sig.). *Gaceta Oficial de Gobierno* (Comayagua, 1849 y sig.). *R. G. Houston:* Journey to Honduras (Cincinati, 1875), etc., etc.

República de Nicaragua. — *José D. Gómez:* Archivo Histórico de la República de Nicaragua. Vol. I. 1821-26 (Managua, 1896). *Id.:* Hist. de Nicaragua desde los tiempos prehistóricos al 1860, etc. (Managua, 1889). *Henry Jalhay:* La République de Nicaragua (Amberes, 1899). *Pablo Levy:* Notas sobre la República de Nicaragua, su historia, etc. (París, 1873). *Francisco Ortega:* Nicaragua en los primeros años de su emancipación política (París, 1894). *Oviedo y Valdés:* Histoire de Nicaragua (París, 1840). *Bedford Pim:* The gate of the Pacific (London, 1863). *E. G. Squier:* Nicaragua, etc. (New York, 1852). *Lindley M. Keasby:* The Nicaragua Canal and the Monroe Doctrine (New York, 1896). *Boletín Oficial* de Nicaragua (León, 1849 y sig.). *Constitución Política* de Nicaragua (León, 1838). *Correo del Itsmo* (León, 1849 y sig.). *Gaceta Oficial* de Nicaragua (Granada, etc., 1852 y sig.), etc., etc.

República del Salvador. — *M. Fernández:* Bosquejo físico, político é histórico de la Rep. de El Salvador (San Salvador, 1869). *José C. López:* Apuntes históricos del Estado del Salvador, etc. (San Salvador, 1880). *Boletín Oficial* de El Salvador (San Salvador, 1875 y sig.). *Gaceta* de El Salvador (San Salvador, 1849 y sig.), etc.

República de Panamá. — Ministerio Relaciones Exteriores. Colombia. Notas Diplomáticas sobre la rebelión del Itsmo de Panamá (3 Vols. Bogotá, 1903). *W. F. Johnson:* Four Centuries of the Panamá Canal (N. York, 1906). *C. H. Forbes Linsay:* Panamá the isthmus and the Canal (Philadelfía, 1906). *C. A. Meinhold:* La República de Panamá (Santiago, 1906). *Henry Pensa:* La République et le Canal de Panamá (París, 1906). *United States President:* Special Message concerning the Panamá Canal, etc. (Washington, 1906). *Ramón M. Valdés:* La Independencia del Itsmo de Panamá (Panamá, 1903). *George W. Goethals* (Lieut. *Col. Goethals*): The isthmian canal (Washington, 1909). *T. G. Grier:* On the Canal Zone (Chicago, 1908). *Tracy Robinson:* Panamá, 1861-1907 (Panamá, 1907). *Gaceta* de Panamá (Panamá, 1855 y sig.). *Gaceta* del Itsmo (Panamá, 1841 y sig.). Panamá Star and Herald (Panamá, 1849 y sig.), etc., etc.

Bibliografías. – List of Latin American books in the *Columbus Mem. Library* (Int. Bur. of the Am. Republics. Washington, 1907, y Suplementos, 1909, etc.). *Antonio Jáuregui Batres:* Bibliografía Histórica Guatemalteca (Guatemala, 1908) las recopiladas en las obras de *Bancroft* (México. Vol. I, pág. 21 á 112). *Id.* (Central América. Vol. I, pág. 25 á 72). *Levy* (pág. 597 y sig.). *Pensa* (pág. 337 y sig.), etc., y las generales relacionadas en los Capítulos anteriores.

TÍTULO VII

Las grandes Antillas (1789-1902)

CAPÍTULO PRIMERO

HAITÍ Y SANTO DOMINGO (1789-1844)

1. La Revolución Francesa.—2. Toussaint-Louverture.—3. Su gobierno.—4. Su derrota y su muerte.—5. La República de Haití.—6. La ocupación Francesa en Santo Domingo.—7. La República Dominicana.

La Revolución Francesa. 1.—La isla de Santo Domingo, sitio del primer establecimiento Europeo en el Nuevo Mundo, fué también la primera que conquistó su independencia. En la *parte Francesa* de dicha isla, cuyos límites se definieron con la *Española* por el Tratado de 1776 (Vse. pág. 317), vivían (1789) apenas 30.000 blancos, por más de 27.000 hombres de color *(negros ó mulatos)* libres, y cerca de 500.000 esclavos. La división entre las castas era hondísima. Los sibaríticos nobles Franceses, los *plantadores* criollos, los altos empleados coloniales y los comerciantes é industriales de las ciudades *(petits blancs)*, se consideraban raza aparte á la de los negros y mulatos (esclavos ó libres), que á su vez les profesaban odios profundos. La relajación de costumbres era general y el célebre *Código Negro*, promulgado por *Luis XIV* (1685), era letra muerta para la casta dominadora (1). En estas condiciones, los principios igualitarios de la

---

(1) Un censo de 1774 demuestra que de 7.000 mujeres de color libres, 5.000 vivían en concubinato con los blancos y de 6.000 mujeres blancas, sólo 2.000 estaban casadas legítimamente. Vse. sobre el estado de la colonia á fines del siglo XVIII: *Barskett & Justín:* Histoire Politique et Statistique de l'Ile D'Haïti (Paris, 1826). Libro III, pág. 109 y sig. (Código Negro, pág. 155), y la preciosa Monografía de *Pierre Vaissière:* Saint-Dominge. La société et la vie créoles sous l'Ancien Régime, 1628-1789 (Paris, 1909;, pág. 93-384, con sus notas y referencias.

Revolución Francesa, y sobre todo, la declaración de los *Derechos del Hombre,* no podían menos de producir graves disturbios (Agosto, 1789).

Los grandes plantadores vieron perdidos sus esclavos. Los hombres de color juzgaron llegado el momento de su redención y de su triunfo. El Gobernador de la colonia, *Conde de Peynier,* á durísimas penas, consiguió detener los avances revolucionarios de las provincias del Norte y Centro, que constituyeron *Asambleas* y se abrogaron el derecho de revisar las leyes de la Metrópoli. *Peynier* disolvió como rebeldes estas Asambleas Provinciales y procesó y ejecutó cruelmente (Marzo 9-1791) al caudillo mulato *Vincent Ogé,* enviado por los filántropos de Inglaterra y Francia *("Amis des Noirs")* para reivindicar los derechos de la raza negra (1).

Fig. 639.
Paisaje Dominicano.

Los sucesos de Santo Domingo llamaron particularmente la atención de la *Asamblea Nacional* Francesa, que dictó (15 Mayo, 1791) un decreto concediendo á los habitantes negros ó mulatos libres de las colonias, la tan ansiada igualdad con los ciudadanos Franceses.

Tal declaración produjo en Santo Domingo profunda indignación entre los blancos. La escarapela tricolor fué pisoteada públicamente, y reemplazada por el penacho blanco de los reyes. Por el contrario, los negros y mulatos, enfurecidos con la

---

(1) *Ogé, Chavannes* y sus compañeros, entregados á las autoridades Francesas por el gobernador de la parte Española de la Isla, donde se habían refugiado, fueron ejecutados en forma cruelísima. Se les destrozaron las coyunturas con mazas, fueron luego atados á una rueda con la cara al sol hasta expirar («hasta que á Dios plazca conservarles su vida», dice textualmente la horrible sentencia), y después decapitados y expuestas en altos postes sus cabezas. Con razón hablaba el *Abbé Grégoire* en la Asamblea Nacional Francesa de «la sangre de los mártires», etc. Vse. *Harry Johnston:* The Negro in the New Wordl, pág. 146 y sig., y sus notas, etc.

resistencia de sus enemigos, al democrático decreto se levantaron en armas, asesinando á cuantos blancos encontraron en las
cercanías de Cabo Francés y obligando á retirarse después de
espantosa carnicería á las tropas enviadas por *Peynier* para com-
batirles. (Agosto, 1791).

Toussaint-
Louverture.

Fig. 640.—Toussaint-Louverture.

La rebelión de los negros se
generalizó y corrió á torrentes
la sangre. Más de dos mil blancos fueron asesinados, diez mil
rebeldes perecieron en combate ó de hambre, y algunos centenares fueron llevados al patíbulo. La ciudad de Port-Louis
fué ocupada y saqueada por los
rebeldes. La de Puerto Príncipe entregada á las llamas (Octubre, 22).

2.—La noticia de estos horrores produjo en Francia sensación hondísima. La *Asamblea* organizó una expedición
de ocho mil hombres y la envió á las Antillas á cargo de tres
de sus miembros, *(Ailhaud,
Santhonax* y *Polverel),* que al llegar á Santo Domingo se inclinaron á favor de los negros, obligando á rendirse á los colonos blancos que resistieron (Abril, 1793) y desterrando á algunos como enemigos de la República.

La reacción no se hizo esperar. Los plantadores blancos que
quedaban en la Isla, prepararon (Junio, 20-1793) un vigoroso
ataque á la ciudad de Cabo Francés, y con 1.200 hombres
asaltaron (Junio, 20) la Casa de Gobierno que ocupaban los
Comisarios Republicanos. Llamaron éstos á las armas á los mulatos y á los negros, halagaron sus tradicionales odios de raza,
consintieron horribles carnicerías en toda la isla y lograron
aterrorizar á los blancos rebeldes.

Los colonos que pudieron escapar se refugiaron en los Estados Unidos y en Inglaterra, donde pidieron buques y tropas para tomar posesión de la Isla de Santo Domingo, en nombre de la Gran Bretaña. Juzgó el gobierno Inglés fácil y ventajosa la empresa, y envió un cuerpo de 700 hombres mandados por el entonces Coronel *Whitelocke,* que ocuparon la ciudad-puerto de Jeremías (Septiembre, 1793) y auxiliados luego por los colonos, lograron dominar parte de la Isla de Santo Domingo y gran extensión de sus costas. Los *Comisarios Republicanos* huyeron á Francia confiados en que mientras ellos buscaban recursos sabrían los negros y mulatos defender su libertad contra los invasores.

Fig. 641.—La Catedral de Port-au-Prince.

Las tropas de color reconocieron entonces por jefe al célebre y heroico caudillo negro *Pierre Dominique Toussaint-Breda,* más tarde llamado *Toussaint-Louverture.* Había nacido esclavo en la plantación del Conde de *Breda* (1746). El administrador *Bayon,* de dicha plantación, educó sólida y cristianamente á *Toussain,* distinguiéndole entre los demás esclavos, que le adoraban y respetaban como hombre de inteligencia y valor extraordinario (1).

Toussaint-Louverture fué, en efecto, el Espartaco de la raza negra. Su habilidad política, su sereno valor, su irreprochable conducta moral, su abnegación y su patriotismo, impuso respeto á propios y extraños y le dieron inmenso prestigio. Los mulatos y los negros le secundaron con entusiasmo, y el gobierno Francés le confirmó en el mando de todas las fuerzas

---

(1) *Toussaint* no olvidó este beneficio. Cuando todo lo que pertenecía á la raza blanca era destruido y sacrificados los colonos, *Bayon,* gracias á la influencia de su antiguo esclavo, pudo escapar á los Estados Unidos con su familia y un rico cargamento. Vse. *Barskett & Justin:* op. cit. Lib. IV, pág. 278.

que defendían la Isla, dándole el título de *General de la República*. Cinco años mantuvo el caudillo negro viva y tenaz la guerra contra los invasores Ingleses y sus aliados los colonos blancos. En vano el Gabinete de Londres y las autoridades de Jamaica enviaron nuevos refuerzos. A todos supo vencer *Toussaint* con sus batallones de color que de día en día se hicieron más disciplinados y terribles.

Fig. 642.— Gruta Bon-Dieu (Haití).

Su gobierno.

Por fin, el general inglés *Maitland* se vió obligado á celebrar un *Tratado de Paz* con *Toussaint* (Mayo 9-1798), por el cual le entregaba todos los puntos ocupados hasta entonces por sus tropas, y reconocía en Santo Domingo la soberanía de la Francia (1).

3.—Desde entonces *Toussaint-Louverture* fué el caudillo indiscutible de la isla. Restituyó sus propiedades á muchos de los antiguos colonos, persiguió los vicios y relajación del mundo negro, combatió enérgicamente las abominaciones del fetichismo y de la magia que infestaban el territorio (2), reabrió con gran pompa los templos Católicos y gobernó con celo, honradez y actividad incan-

(1) Vse. *Harry H. Johnston*: The Negro in the New Wordl, pág. 139 y sig. *Barskett & Justin*: op. cit., pág. 175 á 300. *Gragnon de Lacoste*: Toussaint-Louverture (Paris, 1877), pág. 23 y sig. *John R. Beard:* Life of Toussaint-Louverture (London, 1858), pág. 14 y sig. *Charles W. Elliot*: Santo Domingo, its revolution and its hero, etc. (New York, 1855), pág. 79 y sig., etc., y las historias generales de la «*Rev. Francesa*» (1789-1803).

(2) Vse. sobre este punto, la preciosa síntesis de *Vaissière*: op. cit. Cap. III (Le Monde Noir), pág. 153 y sig., con sus notas y referencias. Comp. *Harry H. Johnston*: op. cit., pág. 132 y sig., etc.

sables. Los trabajos agrícolas de las plantaciones se reanudaron con nuevos bríos, y el comercio y la población aumentaron sensiblemente.

Ocupóse también *Toussaint-Louverture* de ejecutar la cesión hecha por España á Francia *(Tratado de Basilea,* 1795) de la parte Española de la isla. Se apoderó sin resistencia de las ciudades Castellanas. En todas partes procedió con recta intención y gran prudencia y nadie pensó en oponerse á sus justicieros mandatos.

Desentendiéndose de las viciosas prácticas coloniales, convocó una *Asamblea* y presentó en ella un proyecto de *Constitución* que fué sancionado y promulgado (Julio 1.º 1801). Se declaraba en esta *Carta Fundamental,* tan admirada por *Bolívar* (Véase Cap. V, Tít. IV), que la colonia formaba parte como provincia autonómica de la República Francesa.

Se restableció el Culto Católico como religión oficial, y se confió el gobierno á un *mandatario vitalicio* con facultades para elegir su sucesor. El comercio fué declarado libre, y los negros y mulatos quedaron igualados en derechos y obligaciones á los blancos (1). *Toussaint-Louverture,* nombrado

Fig. 643. — Paisaje característico (Haiti).

---

(1) La esclavitud fué abolida de hecho. La isla se dividió en distritos y en cada uno de ellos había un inspector que vigilaba la vuelta al trabajo en las plantaciones de los esclavos que debían ser pagados por sus servicios. Anticipándose *Toussaint* á los modernos socialistas, ordenó también que los propietarios *repartieran entre los trabajadores la quinta parte del producido de sus fincas agrícolas.* Vse. *Harry H. Johnston:* op. cit., pág. 154 y sig. *St. John Spencer:* Hayti or the Black Republic (2.ª Ed. New York, 1889), pág. 73 y sig., etc.

gobernador vitalicio, se apresuró á enviar la *Constitución* para que fuese revisada y aprobada por la Francia.

4. — Tal era la situación de la Isla cuando *Napoleón Bonaparte*, entonces *Primer Cónsul*, decidió restaurar en ella el antiguo régimen, restablecer la esclavitud y deshacerse del heroico *Toussaint-Louverture* y demás jefes negros. A fines del año 1801 envió á Santo Domingo una expedición de 25.000 hombres que, mandada por el General *Leclerc*, llegó al Cabo Francés en poderosa escuadra.

Fig. 644.
Dessalines.

El General negro *Cristophe*, lugarteniente de *Toussaint*, juzgando inútil la resistencia, prendió fuego á la ciudad y se refugió en las montañas (Febrero, 1802). *Toussaint, Dessalines* y otros jefes de color, se declararon en abierta rebelión, y desechando las falaces promesas del General *Leclerc*, pelearon con desesperado valor. Después de tres meses de lucha tenaz, proclamó el jefe Francés el restablecimiento de la esclavitud, logró que capitularan algunos generales negros, y el mismo *Toussaint*, abandonado por todos, rindió sus armas (Mayo, 1-1802) retirándose á su posesión de Ennery. Poco tiempo después, y con fútil pretexto de nuevas y soñadas rebeliones, fué embarcado para Francia, conducido al desembarcar con numerosa escolta hasta Rochefort, separado allí de su amada familia y sepultado en los calabozos del Castillo de Youx, cerca de Besançon (Junio, 15). Después de diez meses de dura cautividad (Abril, 27-1803), murió de hambre, de frío y de tristeza (1).

Fig. 645.
Boyer.

(1) El corto espacio de que dispongo no me permite diseñar con la extensión que merece la extraordinaria figura histórica de *Toussaint-Louverture*. Fué valeroso guerrero, hábil estadista, irreprochable en su vida pública y privada y sinceramente católico. No tuvo ninguno de los vicios de su raza y encarnó todas sus virtudes. Su inteligencia, su honradez, su modestia y su lealtad á la palabra empeñada asombraron á los oficiales Británicos que le conocieron de cerca. Esta lealtad inquebrantable determinó su desgracia. De haber traicionado á la Francia en 1800, aceptando el *Trata-*

5. – La dolorosa suerte de *Toussaint-Louverture* excitó á los negros mandados por *Dessalines, Cristophe* y *Clervaux*, á expulsar á sus tiránicos dominadores. El General *Leclerc*, irritado por su resistencia, extremó sus crueldades y multiplicó las ejecuciones y los tormentos. Los generales negros siguieron luchando, auxiliados por la fiebre amarilla, que diezmó las filas Francesas. El General *Leclerc* fué una de sus víctimas (Noviembre, 2-1802), siendo sucedido en el mando por el General *Rochambeau*, hijo del célebre compañero de *Washington* (Vse. Titulo I, Cap. II).

Fig. 646.
Cristophe.

Tampoco consiguió este General terminar la guerra. Para colmo de su desgracia, Inglaterra, entonces en guerra abierta con Francia, mandó una escuadra bloqueadora á la Isla. Sitiado el general Francés en tierra por *Dessalines*, y por la referida escuadra en la costa, se vió obligado á rendirse á discreción á los marinos Británicos (19 Noviembre 1803). Los últimos restos del brillante ejército Francés quedaron prisioneros de Inglaterra. De los 35.000 hombres enviados por *Napoleón* para restablecer la esclavitud en Santo Domingo, sólo cinco ó seis millares regresaron vivos á Francia.

Fig. 647. – El General Petion.

Los caudillos negros, al verse libres de sus enemigos, proclamaron la independencia de la Isla, que tomó el nombre de *República de Haití* (Enero, 1.º de 1804). *Juan Jacobo Dessalines*, nombrado Presidente vitalicio, persiguió atroz y sanguinariamente á

do que Inglaterra le ofrecía, no es probable que *Bonaparte* se hubiese atrevido á enviar la expedición de *Leclerc* á Santo Domingo. El martirio de *Toussaint* en Besançon es uno de los más desconsoladores é injustos que recuerda la historia. Vse. en especial *Sir Harry H. Johnston*: op. cit., pág. 157 y sig. *Barskett & Justin*: op. cit. Lib. IV y V, pág. 180 y sig. *Gragnon de Lacoste*: op. cit., pág. 54 y sig. *John R. Beard*: op. cit, pág. 45 y sig. *Charles W. Elliot*: op. cit., pág. 129 y sig. *St. John Spenser*: op. cit., pág. 89 y sig. *Joseph St. Remy*: Mémoires du Général Toussaint-Louverture, etc. (París, 1853), pág. 21 y sigtes., etc.

los colonos Franceses, y excitado por ridícula ambición de reyezuelo Africano, se declaró Emperador con el nombre de *Jacques I.*
Sus criminosos desmanes le hicieron aborrecible para sus tropas mismas, que le asesinaron en una emboscada (Octubre, 17-1807). Fué sucedido por *Henry Cristophe,* que también se proclamó Emperador en el Norte (Cape Francois), siendo disputado en el Sur (Port-au-Prince) su poder por *Petion,* con quien al fin repartió la dominación de la Isla.

Fig 648.—Port de Paix (Haití).

Las turbulencias y luchas civiles ensangrentaron durante años los territorios de ambos caudillos. *Petion,* sin embargo, de superior cultura que *Cristophe* (1), desarrolló la riqueza nacional y hasta pudo auxiliar con buques y dinero al *Libertador Bolívar* (Vse. Tít. IV, Cap. IV).

A la muerte de *Petion* (1818) y *Cristophe* (1820), el bravo General *Boyer* consiguió reunir las disgregadas provincias Haitianas y reconstituir la República. Amenazado, sin embargo, por una flota Francesa, se obligó á pagar al gobierno de *Carlos X* la enorme indemnización de 6.000.000 de Libras Esterlinas (1825), que fué reducida á 3.600.000 por

Fig. 649 —Moneda de Haití.

(1) *Petion,* el desinteresado y entusiasta amigo de *Bolívar,* era mulato, había sido educado en Francia cuidadosamente, sirvió en los ejércitos de la República y regresó á Haití con la expedición de *Leclerc.* Por el contrario, *Henry Christophe,* era negro y había nacido en la isla de Granada (1757) donde fué mozo de hotel y esclavo, comprando con las propinas su propia libertad. Tenía gran talento natural y era en extremo ambicioso y cruel. Se suicidó (1819) al ser derrotado por *Boyer.* V. *Harry H. Johnston:* op. cit., pág. 141, 147, 160 y sig., y sus notas, etc.

el gobierno de *Luis Felipe*. En el año 1838, la independencia de la *República de Haití* quedó definitivamente reconocida por su antigua metrópoli (1838) (1).

6.— Desde que *Toussaint-Louverture* tomó posesión de la La ocupación Francesa en Santo Domingo. parte Española de Santo Domingo, hasta el año 1808, permaneció esta región bajo la dependencia de Francia. En el dicho año se exaltó el patriotismo de los antiguos colonos contra sus dominadores Napoleónicos, estallando una rebelión, encabezada por el bravo caudillo *don Juan Sánchez Ramírez.* Logró este decidido patriota reunir cerca de 2.000 hombres bajo sus banderas y derrotó en sangriento combate al Gobernador Francés *Ferrand,* que (Noviembre, 7-1808) se suicidó para no caer prisionero.

Fig. 650.— Mansión Colonial Haitiana.

Los rebeldes marcharon sobre Santo Domingo, y, auxiliados por algunas naves Inglesas, se apoderaron de la ciudad, después de desesperada resistencia. La *Junta Central de Sevilla* dió á *Sánchez* el nombramiento de Capitán General é Intendente de la reconquistada colonia.

La revolución Española del 1820 repercutió también en ella. El arrogante é impetuoso tribuno *José Núñez de Castro,* proclamó la independencia, depuso al Brigadier Español *D. Pascual Real* y organizó un gobierno patriótico, á cuya cabeza se colocó él mismo (Noviembre, 30-1821).

La España, agobiada entonces por sus propias luchas, no

(1) Vse. *Barskett & Justin*: op. cit. Lib. VI á X, pág. 390 y sig. *Rainsford*: An historical account of the black Empire of Hayti (London, 1905), pág. 137 y sig. *Harvey*: Sketches of Haity (London, 1827), pág. 19 y sig. *Jos. St. Remy*: Petion et Hayti (París, 1854-58), en especial Vol. I, III y IV. *Madiou (fils)*: Hist. d'Haïti (Port-au-Prince, 1847-48), pág. 29 y sig., etc.

pensó en atacar á los revolucionarios. El gobierno de Haití decidió, en cambio, incorporar la región sublevada á sus dominios. *Boyer,* Presidente entonces de la República negra, marchó con 1.200 hombres contra Santo Domingo, y después de depóner á *Núñez de Castro,* hizo tremolar la bandera Haitiana en la ciudad independiente (Enero, 21-1822).

La República Dominicana

Fig. 651.—Emblemas Nacionales de Haití.

7.—El gobierno de *Boyer* fué tiránico para los colonos Españoles, que fueron vejados y menospreciados por los negros. El uso de la lengua castellana fué prohibido en todos los actos oficiales, reemplazándose por la francesa. La dominación Haitiana duró veintidós años.

Por fin, en 1844, los Dominicanos creyeron llegado el momento de sacudir el yugo. En la noche del 27 de Febrero, algunos patriotas asaltaron los cuarteles, y al día siguiente, el General Haitiano *Desgrotte,* capituló con los sublevados, retirándose en seguida con todas sus tropas.

Los revolucionarios se apresuraron á organizar un gobierno provisorio, é imprimieron gran actividad á los preparativos bélicos. Los Haitianos, por su parte, pusieron sobre las armas un ejército de 30.000 hombres. Sufrieron, sin embargo, dos espantosas derrotas en Azúa (19 de Mayo) y en los alrededores de la ciudad de Santiago (30 de Mayo de 1844).

Fig. 652.—Tambores del culto *Vudu.*

Nació entonces la *República Dominicana,* y aun, combatida

por los negros, que no querían abandonar su proyecto de reconquista, y envuelta en constantes guerras civiles, supo mantener su independencia en medio de las más difíciles circunstancias (1).

(1) *Jose Gabriel Garcia:* Compendio de la Historia de Santo Domingo (3.ª Ed.
Santo Domingo, 1893), Vol. III, pág. 177 y sig. *Id.:* Partes oficiales, etc., de la *gue-*
rra Dominico-Haitiana (Santo Domingo, 1888), pág. 2 á 76 y sus notas. *H. de Poyen:*
Hist. Militaire de Saint-Dominique (Paris, 1899), pág. 187 á 364, etc. *Mariño:* Elementos de Geografía física, histórica, etc., de la República Dominicana (Sto. Domingo,
1898), pág. 39 y sig., y las autoridades citadas en las notas anteriores, etc.

CAPÍTULO II

LA REPÚBLICA CUBANA[1] (1808-1902)

1. El Comercio libre.—2. Sociedades secretas y conspiraciones.—3. El despotismo de Tacón.—4. Narciso López y su obra.—5. El periodo reformista.—6. La guerra de los diez años.—7. La obra de José Martí.—8. Máximo Gómez y Maceo.—9. La guerra Hispano-Americana.—10. La República de Cuba.

El comercio libre.

1. — Cuando llegaron á Cuba las noticias de los sucesos Españoles del año 1808, el *Marqués de Someruelos* que gobernaba la Isla, convocó á las autoridades, hizo proclamar á *Fernando VII,* y declaró la guerra al invasor Napoleónico. Reconoció también la autoridad de la *Junta Suprema* de Aranjuez, enviando como diputados á las *Cortes de Cádiz* á *Jáuregui* y á *O'Gavan,* sustituído más tarde (1813) por el insigne patricio Cubano *D. Francisco de Arango y Parreño.* Si prescindimos de la sublevación de *Aponte,* que á ejemplo de los caudillos de Haití aspiraba al predominio de la raza negra, la Isla permaneció tranquila hasta que *Someruelos* finalizó su gobierno.

Fué sustituido (1812) por *D. Juan Ruíz de Apodaca,* que hizo jurar (Julio de 1812) en todo el territorio la Constitución Liberal Española, abolida dos años más tarde por *Fernando VII* (1814). Dicho monarca concedió á los puertos Cubanos á instancias de *Valiente* y *Arango,* entonces Consejeros de

---

(1) La proximidad de los acontecimientos que determinaron la independencia de la heróica República de Cuba y mi amistad con varios de los que en uno y otro bando actuaron en sus últimas luchas, me obligan á abstenerme de emitir juicios personales á su respecto. Me limito, pues, en este capítulo á extractar las Nociones de la Historia de Cuba del *Dr. Vidal Morales y Morales,* admirablemente adaptadas á la enseñanza, por *D. Carlos Vidal y Huerta* (Habana, 1906), y remito á los estudiosos á las obras citadas en las *Referencias* de este Título VII, cuya selección debo en parte á la gentileza del sabio Director del Instituto de la Habana, *D. Eduardo P. Plá,* á quien me complazco en dar aquí público testimonio de agradecimiento.

Indias, el *libre comercio* con todos los mercados extranjeros. Tal concesión y el honrado gobierno económico del Superintendente de Hacienda en la Habana D. *Alejandro Ramírez,* aumentaron extraordinariamente la prosperidad de la Isla.

2. – El pronunciamiento de *Riego* en Cabezas de San Juan Sociedades secretas y conspiraciones. se repercutió en Cuba, como en toda Sud-América. Las tropas españolas de la Habana se sublevaron, obligando al General *Cajigal* á jurar la Constitución (Abril, 16-1820). En el gobierno de este jefe y en el de su sucesor *Mahy,* gran número de sociedades secretas y logias masónicas (La Cadena, Comuneros, Carbonarios, etc.), mantuvieron la Isla en constante agitación política. Las elecciones de diputados fueron tumultuosas y surgieron serios conflictos entre los hijos del país y los milicianos peninsulares.

El General *Vives,* sucesor de *Mahy,* encontró el territorio anarquizado. Las hazañas de *Bolívar* excitaban los espíritus de los patriotas y la separación entre Cubanos y Españoles era cada día más acentuada (1823). *Vives* logró sagazmente sorprender los planes de

Fig. 653.—Antigua torre de la Fuerza (Habana).

la sociedad secreta «Soles y Rayos de Bolívar« que aspiraba separatismo, desterró á muchos de sus miembros é impuso á otros penas pecuniarias.

Al restaurarse en España el Gobierno absoluto (1823), *Vives* abolió en la Isla las garantías constitucionales, suprimió las milicias, las diputaciones y la libertad de imprenta (Enero, 1824) y estableció una *Comisión Militar* permanente para juzgar el bandolerismo y los delitos políticos que fué más tarde instrumento de tortura contra los patriotas. En esta época los próceres Cubanos *Iznaga* y *Betancourt Cisneros,* decidieron conferenciar con *Bolívar,* consiguiendo que en el Congreso de Panamá (Vse. Tít. VI, Cap. III) se tratase de la emancipación de Cuba y Puerto Rico. La oposición de los esclavistas Norteamericanos, y la disolución del referido Congreso, impidieron que se arribara á nada práctico.

Algunos patriotas, sin embargo, mantuvieron en perpetua alarma á las autoridades Españolas de la Isla con la amenaza de expediciones libertadoras. Dos de ellas fueron sorprendidas en el Camagüey y sus jefes *(Aguero* y *Sánchez)* ejecutados como espías en Puerto Príncipe (16 de Marzo de 1826).

También fué sorprendida por el gobierno de *Vives* otra conspiración tramada en las logias masónicas de la Habana *(Legión del Aguila Negra)*, para independizar á Cuba.

Fig. 654.—Conducción de tabaco (Isla de Cuba).

El despotismo del General Tacón.

3.—A la muerte de *Fernando VII* (29 de Septiembre de 1833) é iniciada ya la primera guerra dinástica en España, la Reina Madre *Doña María Cristina* sancionó la ley llamada del *Estatuto Real,* que fué promulgada en Cuba con odiosas restricciones. No se suprimió la Comisión Militar ni se privó á los Capitanes Generales de sus facultades omnímodas.

En estas circunstancias, vino á gobernar la Isla (1834) el General *D. Luis Tacón,* que temeroso de nuevas conspiraciones patrióticas, pretendió ahogarlas en absoluto con sus despóticos rigores. Desterró al gran escritor Cubano *D. José Antonio Saco* (Septiembre, 1843), anuló el Real decreto que suprimía la odiosa Comisión Militar, y violó en toda forma las libertades y derechos políticos de la Isla. Las Cortes Españolas, por su parte, siguiendo los equivocados consejos del mismo General *Tacón,* se negaron á admitir en su seno á los diputados

Cubanos, invocando el pretexto de que Cuba debía regirse por *leyes especiales* (1837), que no se dictaron entonces.

Si como político fué *Tacón* intolerante y rígido, como gobernante fué probo, activo y digno de encomio. Persiguió sin descanso el juego y el bandolerismo, tolerados por su antecesor *Vives,* dió prestigio á los tribunales de justicia, disciplinó el ejército y realizó muchas obras de ornato y utilidad pública. Fué sucedido en el mando (1838) por el General *Ezpeleta.*

En el gobierno de este jefe y, sobre todo, en el de *D. Gerónimo Valdés* (Véase Cap. V, Tít. IV), surgieron dificultades con Inglaterra respecto al tráfico de esclavos Africanos y á la interpretación del tratado de 1835, que establecía el derecho para España é Inglaterra de visitar y

Fig. 655.—La bahía de Santiago de Cuba.

detener los buques negreros y conducirlos á los *tribunales mixtos* (Habana y Sierra Leona). El Cónsul Británico en la Habana, *David Turnbull,* ardiente antiesclavista, fué relevado de su cargo por pedido de *Valdés* y embarcado para Europa (1842).

Reemplazó á *Valdés* el General *D. Leopoldo O'Donnell,* que renovando el régimen de *Tacón,* procesó inquisitorialmente á los que creyó complicados en la vasta conspiración anti-esclavista urdida en la jurisdicción de Matanzas. Se arrancaron á látigo las confesiones de los acusados, imponiéndose á cerca de 100 la pena de muerte y entre ellos al inspirado poeta Cubano *Gabriel Valdés (Plácido),* que fué fusilado en Matanzas (Junio 28-1844).

Los procedimientos terroristas de *O'Donnell* restablecieron la sumisión de los esclavos y acaso evitaron un levantamiento general de los hombres de color, que hubiera reproducido en Cuba los horrores Haitianos.

4. – La guerra de la independencia Cubana propiamente dicha, empezó con las temerarias expediciones del General *Narciso López*. Este célebre jefe, nacido en Venezuela (1798), sirvió durante años en los ejércitos Españoles, donde fué ascendido por sus hazañas hasta el grado de Mariscal de Campo, y vino á Cuba con el General *Valdés*, á cuyas órdenes desempeñó diversos empleos. Gobernando en la Habana *D. Francisco Roncaly*, sucesor de *O'Donnell*, organizó *López* una conspiración *(Mina de la Rosa Cubana)*, de acuerdo con otros caudillos patriotas. Este fué el principio de su odisea emancipadora. Obligado á emigrar á los Estados Unidos con sus compañeros, se consagró en cuerpo y alma á la causa Cubana y unido al severo patricio *Betancourt Cisneros*, favoreció la idea de anexionar la Isla á los Estados Unidos, que como *medio ó recurso* para promover la revolución había hecho camino entre los patriotas (1849).

Fig. 656.—El General
Narciso López.

Con los auxilios de la *Junta Cubana* existente en Nueva York desde 1848, organizó *Narciso López* en Nueva Orleans una expedición de 600 hombres bien armadcs, que desembarcaron en Cárdenas (Mayo, 19-1850) haciendo ondear por primera vez la gloriosa bandera de la *"estrella solitaria"* en las costas de Isla de Cuba. Los expedicionarios derrotaron después de corta lucha en las calles de Cárdenas la guarnición Española, pero desalentado el General *López* al ver que ningún Cubano respondía á su llamamiento, regresó aquel mismo día con sus tropas á los Estados Unidos.

En Noviembre de 1850 se encargó de la Capitanía General de Cuba el General *Concha*, no menos rigorista que *Tacón* y *O'Donnell*. Como destituyese violentamente á los Ediles de Puerto Príncipe, la *"Sociedad Libertadora"* constituída en Camagüey decidió organizar una revolución secundando los pla·

nes de los patriotas emigrados. Fué acaudillada por el entusiasta prócer *D. Joaquín de Aguero,* que en el partido de Cascorro proclamó con otros patriotas la independencia de Cuba (Julio 4 de 1851). El movimiento fracasó dolorosamente. Derrotados los revolucionarios en San Carlos por las tropas Españolas, muchos perecieron. *Aguero* y cinco de los suyos lograron huir, pero sorprendidos á los pocos días por el enemigo, fueron fusilados (12 de Agosto de 1851). El mismo melancólico resultado tuvo el levantamiento promovido en Trinidad por *Armenteras, Arcis* y el joven poeta *Fernández Echerri.* Después de breve tiroteo con una avanzada Española, cayeron prisioneros en las márgenes del río Ay, y fueron fusilados (Agosto, 18-1815).

Pocos días antes había desembarcado cerca de Bahia Honda otra expedición organizada por el infatigable *Narciso López.* Ignoraba el bravo caudillo el fracaso de los movimientos de *Armenteras* y *Aguero* y creía encontrar en ellos

Fig. 657.—D. Carlos Manuel de Céspedes.

poderoso apoyo. Al conocer la triste verdad, decidió vender cara su vida. Dejando cincuenta hombres á las órdenes de *Crittendem* para proteger su retirada, se encaminó hacia las Pozas. *Crittendem* y los suyos, viéndose perdidos, trataron de huir en cuatro lanchas. Apresados apenas se hicieron á la mar por el vapor "Habanero", fueron pasados por las armas (Agosto, 16). *Narciso López* fué también capturado en los Pinos de Rangel y conducido á la Habana, donde murió en infamante cadalso (1.º de Septiembre 1851).

Las conspiraciones no cesaron con estos suplicios. El general *Cañedo,* sucesor de *Concha,* sofocó otra tentativa revolucionaria ocurrida en Pinar del Río, fusilando al joven impresor *Facciolo,* y enviando á sus compañeros á presidio. El mismo

— 871 —

Concha, encargado por segunda vez del gobierno de la Isla, ahogó en sangre la grave conspiración separatista organizada por el prestigioso Catalán *Pintó* y por los Cubanos, *Cadalso, Gener*, etc. El desgraciado *Pintó* fué ejecutado en la Habana (22 de Marzo 1855) y la misma suerte cupo al gallardo *Estrampes* (Marzo, 31), apresado en Baracoa á bordo de una goleta Americana, con armas y pertrechos.

El período reformista.

5. – La conciliadora y hábil política del caballeroso General *Serrano*, sucesor de *Concha*, cerró temporalmente la era de las conspiraciones. Supo *Serrano* halagar á los hijos del país prometiendo reformas, y con la imponente manifestación de duelo que organizó en los funerales del virtuoso mentor de la juventud Cubana *Luz y Caballero* (Junio de 1862) acabó de conquistar la simpatía de todos.

Fig. 658.
Monumento á los estudiantes muertos en 1871.

El partido *reformista*, iniciado y presidido por el brillante escritor político Cubano *don Francisco de Frías*, y apoyado en Madrid por el General *Serrano*, consiguió un Real decreto (Noviembre, 25-1865), convocando á una *Junta de Información* sobre reformas de Cuba y Puerto Rico. Cuba eligió para formar parte de dicha *Junta* diez y seis comisionados. Desgraciadamente, las conferencias en Madrid (1866-67) no tuvieron resultado práctico. El Gobierno no sólo desdeñó los prudentes consejos de la *Junta* y trató de desacreditar á los comisionados Cubanos, sino que aumentó las ya recargadas contribuciones de la Isla.

Esta actitud del gobierno Español hizo ver á los patriotas Cubanos la inutilidad de intentar nuevos arreglos. Convencidos de que no mejoraría nunca su situación política, decidleron romper con la Metrópoli, y se aprestaron á la lucha.

La guerra de los diez años.

6. – El abnegado caudillo *D. Carlos Manuel de Céspedes*, "padre de la patria Cubana", supo encarnar las aspiraciones de su pueblo.

En la madrugada del memorable día 10 de Octubre de 1868, se levantó en armas, proclamando á *"Cuba libre"*, en el ingenio de Demajagua, y diez días después se apoderó de la ciudad de Bayamo, cuyo comandante militar capituló honrosamente. Estos felices principios aumentaron el prestigio de *Céspedes* y pronto fué secundado por los patriotas de Camagüey, acaudillados por *Cisneros Betancourt*. No podemos detenernos á reseñar las interesantes alternativas de esta lucha libertadora en la que *Céspedes, Agramonte, Gómez, Maceo, Varona, Sanguilly* y otros brillantes caudillos Cubanos, demostraron su abnegación y su patriotismo. El levantamiento de las *Villas* (Febrero de 1869) y la *Convención Constituyente* de Guaimaro, unificaron la campaña. La gloriosa bandera de la *"estrella solitaria"* fué aclamada por las divisiones revolucionarias del Camagüey, del Oriente y de las Villas; los patriotas pelearon con tenacidad y denuedo y derrotaron en distintas ocasiones á los soldados Españoles, no menos sufridos y valerosos. Muchos Cubanos cayeron,

Fig. 659. — El General Máximo Gómez.

como el bravo *Agramonte*, en el campo de batalla (Enero de 1873). Otros, como *Goicuria*, los *Agueros*, el abnegado *Zénea*, y los estudiantes mártires del 27 de Noviembre (1871), fueron fusilados por el único delito de amar la libertad de su patria.

Fué en vano que el General *Dulce* enviara comisionados con proposiciones de paz á los patriotas del Camagüey, y que el imprudente *Lersundi* armara 30.000 *voluntarios* Españoles, halagando sus ambiciones de predominio y avivando la hoguera de sus odios. Fué inútil que *Valmaseda* dictase el primer *bando de reconcentración* de los campesinos y que los desatentados *voluntarios* fusilaran en la Habana al pueblo indefenso y asaltaran las casas de algunos patricios. Los revolucionarios no se arredraron.

Auxiliados por sus compañeros *Lemus, Aldama,* etc., desde los Estados Unidos, mantuvieron durante diez años (1868-78) heroica y encarnizada guerra, combatiendo contra pundonorosos *oficiales* Españoles y admirables *soldados,* que pelearon también como buenos, y fueron víctimas de las ambiciones, del egoísmo y de los desmanes de los funestos *voluntarios.* Des

Fig. 660. — El General
Antonio Maceo.

graciadamente, las rencillas regionales y políticas de los caudillos Cubanos debilitaron su causa. *Céspedes,* destituído de su mando, se retiró á la finca de San Lorenzo, donde fué sorprendido y muerto por las guerrillas españolas (Febrero, 27-1874). Las tropas de las Villas desertaron de sus regimientos, y el general *Vicente García* promovió una grave sedición en las lagunas de Varona.

A mediados de 1877, la República era un cadáver. Circulaban rumores de paz en las poblaciones y en el campo, y el Presidente *Estrada Palma* cayó prisionero de los Españoles (Octubre, 19-1877). Aunque el Gobierno de la revolución mandó ahorcar á los prácticos del ilustre general *Martínez Campos* por llevar proposiciones de rendición, todos comprendían que era imposible seguir resistiendo. Al empezar el año de 1878, se reunieron algunos jefes patriotas y acordaron solicitar del general Español la suspensión de las hostilidades.

El día 10 de Febrero de 1878 se firmó por *Martínez Campos* y los jefes Cubanos el *Convenio del Zanjón.* Las tropas revolucionarias depusieron las armas y se acogieron al indulto.

La obra de José Martí. 7. — Durante catorce años la Isla permaneció tranquila. La esclavitud quedó definitivamente abolida el día 7 de Octubre de 1886. El General *Calixto García* y algunos otros jefes, de acuerdo con la Junta Revolucionaria de los Estados Unidos, intentaron nuevas sublevaciones (1879-1883), pero no encontraron eco en el país, consagrado entonces á reconstituir su riqueza agricola.

Para conmoverlo nuevamente se necesitaba un gran agitador político. Esta fué la misión del ardoroso caudillo *José Martí*, alma de la independencia de su patria. Reunió *Martí* desde la emigración las distintas agrupaciones Cubanas en un sólo partido revolucionario, consiguió aunar las voluntades de los caudillos dispersos, y logró que se organizaran centros conspiradores en todas las provincias de la Isla.

Fig. 66..—D. José Martí.

La situación financiera de Cuba vino en cierto modo á favorecer estos planes revolucionarios. Las reformas propuestas por el ilustre y clarividente estadista Español *D. Antonio Maura*, entonces ministro de Ultramar (15 de Junio de 1893), hicieron concebir á los patriotas gratas esperanzas; pero fracasadas estas reformas y sustituídas por otras menos liberales propuestas por el ministro *Abarzuza* siguió en aumento el malestar económico de la Isla.

El día 24 de Febrero de 1895 se alzaron en armas numerosos grupos en distintas localidades de Oriente y Matanzas. El General *Gómez* lanzó desde la Isla de Santo Domingo su célebre manifiesto (25 de Marzo de 1895). El General *Antonio Maceo*, con otros patriotas, desembarcó cerca de Baracoa (Abril 1.º). Diez días después, y casi al mismo tiempo que el General *Martínez Campos* volvia de España con grandes refuerzos, llegaban *Gómez* y *Martí* á las playas de la Isla. Puestos de acuerdo los tres jefes revolucionarios, empeñó el General *Gómez* el sangriento combate de *Dos Ríos*, con las fuerzas Españolas. En él pereció heróicamente el intrépido *Martí*, que para obtener mayores recursos se disponía á regresar á los Estados Unidos.

Sin desalentarse por esta desgracia, el General *Maceo* inició una serie de operaciones en el Oriente que aseguraron la vida de la revolución. En una de ellas (Julio, 13) murió el valeroso General Español *Santocildes*, y corrió serio peligro el mismo General *Martínez Campos*. La audaz campaña de *Maceo* permitió al General *Gómez* invadir el Camagüey, unirse allí con *Cisneros* y otros caudillos, y asegurar la sublevación después de sangrientos combates. El feliz arribo por Sancti Spíritus (Julio, 24) de una expedición de los Estados Unidos afirmó también la guerra en el territorio de las Villas. El día 13 de Septiembre se reunió en Jimaguayu la *Asamblea Constituyente* de la Nueva República, y se organizó un *Consejo de Gobierno*. *Máximo Gómez* fué nombrado, por aclamación, General en jefe, y *Antonio Maceo*, su lugarteniente.

Fig. 652.— El General Martinez Campos.

Máximo Gómez y Maceo. 8. – El día 22 de Octubre iniciaron los revolucionarios su marcha invasora. *Máximo Gómez* pasó la trocha del *Júcaro*, y con gran habilidad táctica atravesó el Camagüey. *Maceo* se unió con él, y después de contínuos y sangrientos combates con las fuerzas Españolas, penetraron ambos caudillos en la rica zona de ingenios de Cienfuegos y llegaron hasta la provincia de Matanzas, derrotando las fuerzas del General *Martínez Campos* en *Coliseo* (Diciembre, 23).

A principios del año 1896 las fuerzas de *Máximo Gómez* estaban casi á las puertas de la Habana. *Maceo* recorrió la provincia de Pinar del Río de Este á Oeste, librando incesantes combates (8 á 25 de Enero), y después de conferenciar en el Galeón (Marzo, 10) con *Máximo Gómez*, se dirigió al Occidente de la Isla. El General en jefe marchó hacia el Oriente, donde ya operaba con gran éxito el General *Calixto García*.

Después de la sangrienta jornada del *Coliseo,* el General *Martínez Campos* renunció la Capitanía General de la Isla y regresó á la Península. Esta justificada renuncia del bravo y prudente pacificador del *Zanjón,* fué funesta para Cuba, y, sobre todo, para España.

Su sucesor, *D. Valeriano Weyler,* creyó poder dominar á sangre y fuego la revolución triunfante. Reprodujo la «guerra á muerte» del *Conde de Valmaseda,* y ordenó la *reconcentración* de los campesinos en las poblaciones, hacinando impiadosamente en ellas á millares de ancianos, mujeres y niños, que perecían, en gran parte, víctimas del paludismo y el hambre.

La guerra se hizo encarnizada y sin cuartel. Las Juntas Patrióticas Cubanas de los Estados Unidos multiplicaron su actividad y enviaron poderosos auxilios á la Isla. *Calixto García* rindió en el Oriente las plazas de Guisa y de las Tunas. *Maceo,* rivalizando por sus talentos militares y su audacia con los grandes guerrilleros de la Historia Americana, se mantuvo varios meses (Marzo á Diciembre de 1896) en Vuelta de Abajo, combatiendo casi á diario con los admirables y sufridos soldados Españoles, enviados desde su cuartel general de la Habana por el tenaz y equivocado *Weyler.*

Fig. 663.—El General Vara del Rey.

Burlando la activa vigilancia del General *Arolas,* logró *Maceo* (Diciembre, 4) atravesar la célebre trocha de Mariel á Majana, establecida por *Weyler* como decisivo recurso táctico. Pasó en un bote la boca del puerto del Mariel, y avanzó hasta las cercanías de la Habana con reducidas fuerzas. Desgraciadamente para la causa Cubana, el heroico guerrillero pereció á los pocos días (Diciembre, 7) en un casual y luctuoso encuentro cerca de *Hoyo Colorado* (San Pedro) con la columna Española que mandaba el comandante *Cirujeda.*

9.—Año y medio hacía que gobernaba militarmente en la Isla el General *Weyler*, sin que hubiese logrado terminar la guerra en ninguna de sus provincias, ni conseguir otra cosa que ensoberbecer á los empecatados *voluntarios*, agotar la sangre, la salud y la paciencia Espartanas del abnegado ejército de operaciones, extraviar la sana opinión del pueblo Español sobre la gravedad del conflicto de Cuba, y el valor de sus caudillos, y dar al partido imperialista de los Estados Unidos el ansiado pretexto humanitario (?) para intervenir en la contienda, y defender diplomáticamente la indefendible urgencia de tal intervención ante todas las Naciones del mundo.

Fig. 664.— El Almirante Cervera.

El General *Weyler* fué sustituído en el mando por el General *Blanco*, que llegó á Cuba (Octubre 30 de 1897) con orden de implantar en su territorio la *autonomía* decretada por el gobierno de la Metrópoli. Era ya inútil, y no satisfizo á nadie. Los patriotas, seguros de su triunfo, rechazaron con energía estas obligadas y tardías reformas.

Los *voluntarios* se amotinaron en la Habana, condenando las concesiones hechas á los Cubanos, y exigiendo al General *Blanco* que continuase la implacable política de *Weyler*.

En estas críticas circunstancias, ocurrió en el puerto de la Habana (15 de Febrero de 1898) la infortunada explosión del acorazado Norte-Americano „*Maine*", en la que perecieron más de doscientos cincuenta hombres. Nombradas por el Gobierno Norte-Americano y por el Español comisiones investigadoras del origen de la dolorosa catástrofe, dictaminó la Comisión Norte-Americana (en contra de la Española), que el poderoso buque había sido destruído por una mina submarina.

Los imperialistas Norte-Americanos, los agitadores, la prensa, y el pueblo entero, excitados hasta el delirio por este hecho, decidieron al *Congreso de los Estados Unidos* á aceptar, sin mayor examen, el informe de su comisión investigadora, y el bélico mensaje del presidente *Mac Kinley.* En la madrugada del 10 de Abril de 1898, se aprobó por ambas Cámaras una resolución conjunta *(joint resolution)* imponiendo á España la renuncia de su dominación y el retiro de sus tropas de la

Isla de Cuba, que «era de hecho y debía ser de derecho libre é independiente».

El estudio de los acontecimientos de la guerra entre España y los Estados Unidos, que siguió á esta declaración del Congreso de Washington, exce-

Fig. 665.— El *Cristóbal Colón* en el Combate Naval de Santiago.

de de los límites de este *Compendio.* La toma del Caney, en la que pereció gloriosamente el bravo general Español *Vara de Rey,* y el asalto de la Loma de San Juan (Junio, 18 de 1898) por los célebres jinetes *(rough-riders)* del entonces Coronel *Roosevelt,* decidieron la campaña por tierra. El combate naval de Santiago de Cuba, en el que el ilustre Almirante Español *D. Pascual Cervera* y sus heroicos subordinados supieron sacrificarse estoicamente y morir por su honor y por su Patria, costó á España la destrucción de su escuadra é hizo insostenible la situación de los defensores de la plaza, que capitularon (Julio, 17) honrosamente.

10. – España pidió la paz por medio del embajador Francés **La República** en los Estados Unidos; se suspendieron las hostilidades, se **Cubana.** firmó en Washington el protocolo preliminar de paz (Agosto 1-1898) y algunos meses después los plenipotenciarios de los

beligerantes formalizaron en París el *Tratado* de este nombre (10 de Diciembre de 1898). En él renunció la triste y vencida España sus seculares derechos de soberanía sobre Cuba, Puerto Rico y las Filipinas. La Habana fué ocupada militarmente por las tropas Norte-Americanas y las guarniciones Españolas abandonaron para siempre la Isla.

Una vez asegurada la tranquilidad del país, los generales Norteamericanos *Brooke* y *Leonard Wood*, encargados del *gobierno de la intervención* (Enero de 1899), convocaron á elecciones generales para formar una *Convención Constituyente*. Reunióse dicha Asamblea á fines del año 1900, y seis meses después (Junio de 1901) dejó promulgada y puesta en vigor, de acuerdo con el Presidente de los Estados Unidos, la *Constitución* de la *República de Cuba*.

El memorable día 29 de Mayo de 1902, el comisionado militar Norte-Americano *Wood*, hizo solemne entrega del gobierno de la Isla al *Congreso* elegido por sufragio popular y al ilustre patriota *Estrada Palma*, nombrado Presidente de la nueva y hermosa República.

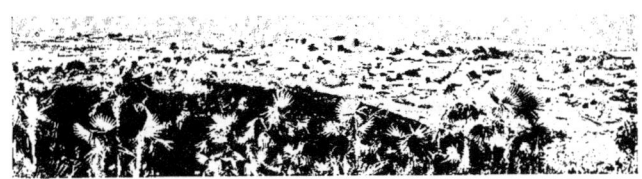

CUESTIONARIO

Capítulos I y II.

1. — ¿Cuál era el estado de la colonia Francesa de Santo Domingo á fines del siglo XVIII?

2. — ¿Qué perturbaciones produjo en ella la declaración de los Derechos del Hombre?

3. — ¿Quién era Toussaint-Louverture *y qué tropas acaudillaba?*

4. — ¿Qué tuvo de notable el gobierno de Toussaint-Louverture?

5. — ¿Cómo aniquiló Napoleón *á* Toussaint-Louverture?

6. — ¿Cómo terminó en Haití *la dominación Napoleónica?*

7. — ¿Cuándo quedó definitivamente consolidada la independencia de la República de Haití?

8. — ¿Qué triunfos obtuvo el caudillo Haitiano Boyer *en la parte Española de Santo Domingo?*

9. — ¿Cómo surgió y se consolidó la República Dominicana?

10. — ¿Qué ilustres Cubanos consiguieron de Fernando VII *la declaración del* libre comercio *de la Isla?*

11. — ¿Qué influencia tuvo en Cuba el pronunciamiento del Coronel Riego?

12. — ¿Cómo favoreció Bolívar *la causa independiente Cubana?*

13. — ¿Cuáles fueron los acontecimientos más notables de los gobiernos de los generales Valdés, Tacón *y* O'Donnell?

14. – ¿*Cuál fué la obra del General* Narciso López?

15. – ¿*Cómo perecieron los primeros caudillos de la causa patriótica Cubana?*

16. – ¿*Qué resultados produjo en Cuba la* política reformista *del General* Serrano?

17. – ¿*Cuál fué la actitud del Gobierno Español en esta época?*

18. – ¿*Cuáles fueron los principales acontecimientos de la llamada* Guerra de los diez años?

19. – ¿*Cómo terminó esta heróica lucha de los patriotas Cubanos?*

20. – ¿*Cuál fué la obra del ilustre patriota Cubano* José Marti?

21. – ¿*Qué brillantes campañas realizaron los generales Cubanos* Gómez y Maceo?

22. – ¿*Qué señalado triunfo obtuvieron sobre las tropas del general* Martínez Campos?

23. – ¿*Qué dolorosa catástrofe precipitó la intervención de los Estados Unidos en la guerra de la independencia Cubana?*

24. – ¿*Qué resultados tuvo la destrucción en Santiago de Cuba de la escuadra Española?*

25. - ¿*Cómo se constituyó definitivamente la* República Cubana?

REFERENCIAS DEL TITULO VII

Generales: Antillas. – *Sir Harry H. Johnston:* The negro in the New Wordl (London, 1910). *E. Regnault:* Histoire des Antilles (París, 1849). *Thomas Coke:* A History of the West Indies, etc. (Liverpool, 1811. 3 Vols.) *Jomini:* Guerres de la Révolution (París, 1820-24. 15 Vols.). *Adrien Dessalles:* Histoire générale des Antilles (5 Vols. París, 1847-48), etc., y las relacionadas en los capítulos anteriores.

República de Haití. – *Sir James Barskett* et *M. Placide Justin:* Hist. politique et statistique de l'île d'Hayti (Paris, 1826). *Ph. Garan Coulon:* Rapport sur les troubles de Saint-Dominique (Paris, 4 Vols., 1797-99). *Marius Rains ford:* Historical account of the Black Empire of Hayti, etc. (London, 1805). *John R. Beard:* Life of Toussaint-Louverture, etc. (London, 1853). *Charles Wyllys Elliot:* Saint Domingo its revolution and its hero (New York, 1855). *Joseph St. Remy:* Mémoires du Général Toussaint-Louverture, etc. (París, 1850). *Id.:* Petion et Hayti (París, 1854-58. 5 Vols.). *Inginac* (Secretario *Boyer*): Mémoires (Kingston, 1843). *Charles Malo:* Histoire de l'iie de Saint-Dominique (París, 1819 y París, 1825). *M. B. Bird:* L'Homme noir, ou notes historiques sur l'indépendance Haitienne (Edimburg, 1877). *F. N. Leger:* Haiti, her history and her distractors (New York, 1907). *Thomas Madiors (fils):* Histoires d'Haiti (3 Vols. Port-au-Prince, 1847-48). *St. John Spenser:* Hayti, or the black republic (2.ª Ed. New York, 1889), etc.

República de Santo Domingo. – *Samuel Hagard:* Santo Domingo, past & present (New York, 1873). *De Poyen:* Histoire militaire de Saint-Dóminique (París, 1899). *José Gabriel García:* Compendio de la Hist. de Santo Domingo (3.ª Ed. Vols. I y III. Santo Domingo, 1893-96). *Id.:* Guerra de la separación Dominicana. Col. Docs. (Santo Domingo, 1890). *Id.:*

... Conquera ó sea de la parte an-
... (Santo Domingo, 1876).
... minico-Haitiana (Sto. Do-
... Terada: Historia de Santo
... B. Deschamps: Rep. Do-

República de C... Aguilera Rojas: Francisco Vi-
ente ... ... de 1866 (Habana, 1909).
Antonio ... ... ma posesión é incendio
(Habana ... ... confinados á Fernando
'60 ... ... M. de Céspedes (Habana, 1899).
E. Blanchet: ... ...istas filibusteros (Matanzas,
...00) R. Cabrera ... ... (7.ª Ed. Philadelfia, 1891).
F. Calcagno: ... ... etc. (Habana, 1878). Victor M. Concas: ... ... Almirante Cervera (Madrid,
'8991 Pascual ... ... La guerra Hispano-Americana
El F... ... ... Quesada: Carlos Manuel de Céspedes etc. ... ... B. Cisas: La guerra separatista
le Cuba ...adr ... ... Collazo: Cuba intervenida
(Habana i 400) ... ... (Habana, 1901). Id.: A pie
y descalzo (Hal ana ... R. Figueras: Cuba y su evolución
social (Habana ... ... Gómez Núñez: La guerra Hispano-Americana (lad... ... ... F. Figueras: Hist. de la Isla
de Cuba (N. ... rk ... 1865-66). R. Guerrero: Crónica de
la Guerra de Cuba ... ...na, 5 Vols. 1895-97). R. E. Garrigó: América. José Martí ...bana, 1911). Halstead Murat: The
story of Cuba. ...er struggle for liberty, etc. (Chicago, 1896). Vi-
... Morales: Hombres del 68 (Habana, 1904). Id.: Iniciadores y primeros martirs, etc. (Habana, 1901). Id.: Nociones Hist. de Cuba. Adaptación C. de la Torre y Huerta (Habana, 1901). Mestre Amabil. La Question Cubaine (Paris, 1896).
R. Merchan: Cuba, justificación de su guerra, etc. (Bogotá,
1896). J. Miró: Operaciones militares del ejército invasor al
mando de D. Antonio Maceo (Costa Rica, 1896). Id.: Cuba.
Crónica de la guerra (Habana, 1909). José Martí: Obras (Habana, 1901). G. C. Musgrve: Under the flags in Cuba (Boston, 1899). J. Muller y Tejro: Trafalgar y Santiago de Cuba
(Habana, 1904). Id.: Capitulación de Santiago de Cuba (Madrid, 1898). R. M.ª Labra La reforma política de Ultramar
(Madrid, 1901). E. Mendo.: Hist. de la guerra Hisp. Americana (2.ª Ed. Méjico, 1898 J. A. de Olañeta: Juicio de residencia del Excmo. Sr. D. Miguel Tacón (Filadelfia, 1839).
C. Pedroso: Máximo Gómez, Biográfico (Roma, 1905). Jacobo
de la Pezuela y Lobo: Dic.Geog. é Hist. de la Isla de Cuba

(4 Vols. Madrid, 1863-66). *Id.:* Hist. de la Isla de Cuba (Madrid, 1868-78. 4 Vols.). *A. Pirala:* Anes de la guerra de Cuba (Madrid, 1895). *E. Piñeiro:* Morales mus y la Rev. de Cuba (N. York, 1871). *Id.:* Vida y escrit de *J. C. Zenea.* (París, 1901). *G. Quesada:* Cuba prepared (ashington, 1905). *Quesada y H. Davenport Northrop:* The ar in Cuba, etc. (1896). *Quesada, Marchan, Pierra* y *Navarr* Free Cuba, her oppresion, struggle for liberty, etc. (*G*eras Editor. Filadelfia, 1896). *Lieut. Hardy Richardson:* Hi and adventures of the Cuban expedition *(Narciso López).* Cincinnati, 1850. The American-Spanish War, á history *by th war leaders* (Norwich-Conn, 1899). *Gonzalo Reparáz:* La erra de Cuba (Madrid, 1896). *José A. Saco:* Coll. papeles Is de Cuba (París, 1858-59). *Id.:* Coll. póstuma íd., íd. (Habat, 1881). *Id.:* Obras (New York, 2 Vols., 1858). *R. de la Sagra:* ist. física, política y natural de la Isla de Cuba (12 Vols. Pa, 1842-56). *M. Sanguily:* Victoria de las Tunas, etc. (New rk, 1897). *D. F. Valdés:* El 27 de Noviembre de 1871 (2.ª Ed Habana, 1887). *Enrique S. Varona:* Cuba contra España (N ork, 1895). *V. Weyler:* Mi mando en Cuba (Madrid, 1912). *Zaragoza:* Las insurrecciones en Cuba (2 Vols. Madrid, 1 2 y 73). *H. H. Sergent:* The campaign of Santiago de Cuba Vols. Chicago, 1907), etc., etc.

Bibliografías. – *Winsor:* Narrati & Critic Hist. of America. Vol. VIII, pág. 270 á 294. *Carlo M. Trelles:* Bibliografía de la segunda guerra de la Ind. C ana y de la Hispano-Yankee (Habana, 1902). *Gonzalo de uesada:* Cuba (Int. Bureau of the American Republics. shington, 1905). Cap. XVII, pág. 315 á 512, etc., y las ge ales relacionadas en los capítulos anteriores.

Memorias para la historia de Quisqueya ó sea de la parte antigua Española de Santo Domingo (Santo Domingo, 1876). *Id.*: Partes oficiales de la guerra Dominico-Haitiana (Sto. Domingo, 1888). *Antonio del Monte y Tejada*: Historia de Santo Domingo (Tomo I. Habana, 1853). *E. Deschamps*: Rep. Dominicana (Barcelona, 1907), etc.

República de Cuba. *— E. Aguilera Rojas:* Francisco Vicente Aguilera y la Rev. de Cuba de 1866 (Habana, 1909). *Antonio M. Alcover:* Bayamo, su toma posesión é incendio (Habana, 1902). *F. J. Balmaseda:* Los confinados á Fernando Póo, con biografía de *Carlos M. de Céspedes* (Habana, 1899). *E. Blanchet:* Corsarios, contrabandistas, filibusteros (Matanzas, 1900). *R. Cabrera:* Cuba y sus jueces (7.ª Ed. Philadelfia, 1891). *F. Calcagno:* Poetas de color. *Plácido,* etc. (Habana, 1878). *Victor M. Concas:* La escuadra del Almirante Cervera (Madrid, 1899). *Pascual Cervera y Topete:* La guerra Hispano-Americana (El Ferrol 1899). *Céspedes y Quesada:* Carlos Manuel de Céspedes, etc. (París, 1895). *Juan B. Casas:* La guerra separatista de Cuba (Madrid, 1896). *Enrique Collazo:* Cuba intervenida (Habana, 1900). *Id.:* Cuba Heróica (Habana, 1901). *Id.:* A pie y descalzo (Habana, 1901). *F. Figueras:* Cuba y su evolución social (Habana, 1907). *Severo Gómez Núñez:* La guerra Hispano-Americana (Madrid, 1901). *P. F. Ciuiteras:* Hist. de la Isla de Cuba (N. York, 2 Vols., 1865-66). *R. Guerrero:* Crónica de la Guerra de Cuba (Barcelona, 5 Vols., 1895-97). *R. E. Garrigó:* América. José Martí (Habana, 1911). *Halstead Murat:* The story of Cuba, her struggles for liberty, etc. (Chicago, 1896). *Vidal Morales y Morales:* Hombres del 68 (Habana, 1904). *Id.:* Iniciadores y primeros mártires, etc. (Habana, 1901). *Id.:* Nociones Hist. de Cuba. Adaptación *C. de la Torre y Huerta* (Habana, 1901). *Mestre Amabile:* La Question Cubaine (París, 1896). *R. Merchan:* Cuba, justificación de su guerra, etc. (Bogotá, 1896). *J. Miró:* Operaciones militares del ejército invasor al mando de *D. Antonio Maceo* (Costa Rica, 1896). *Id.:* Cuba. Crónica de la guerra (Habana, 1909). *José Martí:* Obras (Habana, 1901). *G. C. Musgrave:* Under the flags in Cuba (Boston, 1899). *J. Muller y Tejeiro:* Trafalgar y Santiago de Cuba (Habana, 1904). *Id.:* Capitulación de Santiago de Cuba (Madrid, 1898). *R. M.ª Labra:* La reforma política de Ultramar (Madrid, 1901). *E. Mendoza:* Hist. de la guerra Hisp. Americana (2.ª Ed. Méjico, 1898). *J. A. de Olañeta:* Juicio de residencia del *Excmo. Sr. D. Miguel Tacón* (Filadelfia, 1839). *C. Pedroso:* Máximo Gómez, Biográfico (Roma, 1905). *Jacobo de la Pezuela y Lobo:* Dic. Geog. é Hist. de la Isla de Cuba

(4 Vols. Madrid, 1863-66). *Id.:* Hist. de la Isla de Cuba (Madrid, 1868-78. 4 Vols.). *A. Pirala:* Anales de la guerra de Cuba (Madrid, 1895). *E. Piñeiro:* Morales Lemus y la Rev. de Cuba (N. York, 1871). *Id.:* Vida y escritos de *J. C. Zenea* (París, 1901). *G. Quesada:* Cuba prepared (Washington, 1905). *Quesada y H. Davenport Northrop:* The war in Cuba, etc. (1896). *Quesada, Marchan, Pierra y Navarro:* Free Cuba, her oppresion, struggle for liberty, etc. (*Guiteras* Editor. Filadelfia, 1896). *Lieut. Hardy Richardson:* Hist. and adventures of the Cuban expedition *(Narciso López)*. Cincinnati, 1850. The American-Spanish War, á history *by the war leaders* (Norwich-Conn, 1899). *Gonzalo Reparáz:* La guerra de Cuba (Madrid, 1896). *José A. Saco:* Coll. papeles Isla de Cuba (París, 1858-59). *Id.:* Coll. póstuma íd., íd. (Habana, 1881). *Id.:* Obras (New York, 2 Vols., 1858). *R. de la Sagra:* Hist. física, política y natural de la Isla de Cuba (12 Vols. París, 1842-56). *M. Sanguily:* Victoria de las Tunas, etc. (New York, 1897). *D. F. Valdés:* El 27 de Noviembre de 1871 (2.ª Ed. Habana, 1887). *Enrique S. Varona:* Cuba contra España (N. York, 1895). *V. Weyler:* Mi mando en Cuba (Madrid, 1912). *I. Zaragoza:* Las insurrecciones en Cuba (2 Vols. Madrid, 1872 y 73). *H. H. Sergent:* The campaign of Santiago de Cuba (3 Vols. Chicago, 1907), etc., etc.

Bibliografías. — *Winsor:* Narrative & Critic Hist. of America. Vol. VIII, pág. 270 á 294. *Carlos M. Trelles:* Bibliografía de la segunda guerra de la Ind. Cubana y de la Hispano-Yankee (Habana, 1902). *Gonzalo de Quesada:* Cuba (Int. Bureau of the American Republics. Washington, 1905). Cap. XVII, pág. 315 á 512, etc., y las generales relacionadas en los capítulos anteriores.

EPÍLOGO

La independencia de la Isla de Cuba, último dominio Español en el Nuevo Mundo, vino á consolidar los únicos lazos perdurables de unión entre la metrópoli y sus antiguas colonias. El tiempo y la reflexión hicieron olvidar funestos errores y fueron extinguiendo circunstanciales odios. Cayó, como el legendario castillo de Klingsor, lo aborrecible y lo despótico; el ángel de la paz y de la libertad curó las heridas de siglos, como Parsifal las llagas de Amfortas, y las nuevas Naciones de América, guardadoras del *Santo Grial de la Raza Latina,* quedaron unidas entre sí y con el viejo solar Castellano por los indisolubles vínculos de la tradición, del lenguaje, de la fe cristiana y del amor...

Lightning Source UK Ltd.
Milton Keynes UK
UKHW051636051218
333149UK00009BA/646/P